HUMANITIES AND THE IDEA OF THE UNIVERSITY

哈佛燕京学术系列

人文学与大学理念

哈佛燕京学社 主编

图书在版编目（CIP）数据

人文学与大学理念／哈佛燕京学社主编．—南京：
江苏教育出版社，2007.7
（哈佛燕京学术系列）
ISBN 978-7-5343-8211-6

Ⅰ. 人… Ⅱ.哈… Ⅲ.①人文科学—研究②高等教育—研究
Ⅳ.C G64

中国版本图书馆 CIP 数据核字（2007）第 108604 号

出 版 者	江蘇教育出版社
社 址	南京市马家街 31 号 邮编：210009
网 址	http://www.1088.com.cn
出 版 人	张胜勇
书 名	人文学与大学理念
作 者	哈佛燕京学社
责任编辑	任 晖
集团地址	凤凰出版传媒集团有限公司 （南京市中央路 165 号 210009）
集团网址	凤凰出版传媒网 http://www.ppm.cn
经 销	全国新华书店
印 刷	北京嘉恒彩色印刷有限责任公司
厂 址	北京市海淀区四季青乡西冉村 259 号 电话：010-88435200
开 本	640mm × 940mm 1/16
印 张	33
字 数	400 千字
版 次	2007 年 8 月第 1 版第 1 次
定 价	46.00 元
发行热线	025-85400774 8008289797

目　录

编者手记

黄万盛

一

编辑出版这本《人文学与大学理念》是哈佛燕京学社发展“人文学和大学教育”计划的组成部分。近年来，哈佛燕京学社对大学理念的讨论非常重视，杜维明教授和我主持的每周一次的“哈佛儒学研讨会”，用了一个学年的时间，集中讨论“人文学与大学理念”，并根据讨论的成果召开了专题工作会议。除此之外，哈佛燕京学社还在日本，香港、台湾地区参与举办了同一主题的学术讨论会，以期利用哈佛燕京的资源调动各个地区的力量，为推动这个论域的深入开展略尽绵薄，并且，以此为基础，成立了旨在促进人文研究和教学的“人文网络”。同时，我们希望能把美国近百年来探索大学理念的重要文献和其他国家的一些学者关于这一问题的思考引介给中国学界，成为可资借鉴的参考，使中国的关于大学的思考同时也成为对全世界大学建设的重要贡献。这是编辑这本文献的初衷和期待。

讨论大学理念，很难绕过哈佛。哈佛不仅是莘莘学子的求学梦想，也是大多数人认同的大学典范。德国总统就曾放言花几百亿美元，建造德国的哈佛。即使在中国，一些大学的改革，尽管似是而非，也声称要所谓的哈佛模式。至于中国追求“办成世界一流大学”的雄心壮志，更是尽显了哈佛的典范效应和影响。我就接待过许多来哈佛访问的中国院校代表团，校长、教授、行政管理人员，无一不是询问学校管理、课程设置、职称评议，诸如此类的哈佛经验，择良而栖，从善如流，心态相当诚恳。甚至中国政府每年都要派遣几十名地市级官员来哈佛政府学院，主修行政管理课程，可见对哈佛的敬重远非寻常。当然，照搬哈佛的经验未必能够真正解决中国大学改革的各种问题，但是，哈佛所体现的大学理念可以而且也应当是反思大学本质的重要参照。哈佛是美国大学史的标尺,无论是追随哈佛的风度,还是突破哈佛的局限,美国大学的演变几乎不可能摆脱哈佛的影响。现在看来,这影响已经不仅仅局限在美国,而且光被四海了。

初到哈佛工作时,除了兴奋,更多好奇。还是学生的时候就听留洋的老教授高深莫测地说过,“先有哈佛,后有美利坚合众国”,后来,又听许多人重复过,甚至中国国家领导人访问哈佛时说的也是同一句话。为什么人们会不无夸张地认为一所大学可以塑造一个国家?大学是干什么的?到底什么是大学的本质?来哈佛的十年间,这些问题经常划过脑海,也每每被人问及,尤其是中国学界开始讨论大学理念以来,这类问题更成了常常争辩探索的主题。

在我看来,哈佛的精彩其实简单,就是以人文教育为中心培养人才,培养能够引导和改变社会的精英人才,而不简单的是哈佛把这个基本理念一如既往地贯彻了三百多年,无论社会风潮千变万化,就是不改初衷,坚持把人的培养作为哈佛最基本的使命。如此作为,相当不易。因为,最近一百多年,美国资本主义突飞猛进,社会变化迅捷炫目,大学深陷其中,各种考验如滔滔激流,改变人文培养的信念,而把大学导向其他目标的改革尝试层出不穷比比皆是,但是哈佛不为所动,中流砥柱,义无反顾地高举人文教育的大旗,引导美国大学教育的人文方向。这才是真正可贵的,人文,而且坚持!

综而述之,近百年来,体现在美国高等教育中的大学理念大致有五个方面:一、大学的基本使命是授业解惑,教书育人;二、大学的主要作用在于发展知识;三、大学应当服务社会;四、大学的任务是接续文化,弘扬传统;五、大学是社会政治批判的中心。一般说来,这五个方面都非常重要。难道大学不是为了教书育人?难道大学可以不生产知识?难道大学可以没有任何文化信念和传统使命而仍然是大学?难道大学是世外桃源而与社会毫无关联?难道大学可以没有社会政治责任,并且放弃它的批判性?显而易见,这是不能想象的,尤其在今天这个以资本现实和民主信念的二元激荡所构建的社会,这五个方面似乎不可或缺。但是,它们之间是不是并举不倚无所轻重,是不是相互自洽而不抵牾?是不是如同它的表面陈述那样一目了然,而没有内在设陷?事实上,如果不仔细梳理分辨,所谓大学的理念仍将是各云其云,不得要领。

二

所谓教育，教书育人，这是不言而喻之理。儒家传统中的“成人之教”、“圣贤人格”，古希腊的“人文教育”（liberal arts education），体现的都是把培养有教养、有境界、有思想、有责任的人当做教育的核心理念。按照这个理念，大学的教育应当是教最高深的书、培养最全面的人。不幸的是，这个理念在近现代社会受到了相当大的干扰破坏。其主要原因来自西方传统教育理念的内在分裂和近代工业社会崛起所带来的压力。

在儒家思想中，成人教育面对所有的人，所谓“有教无类”，所谓“人皆可为圣贤”；而在希腊，人文教育只是贵族和自由民的权利，奴隶无权享有。到了罗马帝国时代，战俘使奴隶人口急遽膨胀，战事和建设需要大量的技术劳力，为了培训奴隶，发展出专门针对奴隶的“技能教育”（skill education）。人文教育与技能教育不仅分裂，更是身份等级的象征和权利。

18 世纪法国大革命后，废除贵族等级制在教育上的隔离，实行公民教育，才使得人文教育成为全社会所有人的教育理念。而且，技能教育也不再是等而下之的奴隶教育，平民教育的理想使技能教育登堂入室，并且逐渐成为高等教育中非常强势的部分。不错，必要的技能教育应当是人文教育的组成部分，可以拓展人的理解空间，丰富人的本质。儒家教育理念在先秦时代就有把“六艺”作为君子必修的传统。而在西方，即使对平民教育认识最早的法国，也只是在不久前才在法兰西学院的院士团专门设了两个终身院士席位给手工艺专家，服装设计师皮尔·卡丹就是手工艺的法国院士。

但是，技能教育本质上具有的功利倾向，如果不受人文理念的约束，就会污染和改变教育的根本使命。高等人文教育不同于蒙童教育，蒙童教育主要是关于做人的规范操守的训练记忆，从而逐步领会做人的原则和道理，大学的人文教育不是一般的做人道理，而是把学生当做未来能够领袖群伦的精英加以培养，这些人无论在什么领域都能焕发人的光彩，为人师表，都是照耀人们前进方向的明星。这样的教育，主要不是技能教育，而是人文教育。通过哲学的教育，掌握人类的睿智，探索存在的奥秘；通过宗教学的训练，追寻人的终极关怀，开阔存在的意义；通过历史学的学习，积累人类的集体记忆，把历史的经验教训转化为存在的自觉；通过文学的研读，理解人的精细深刻的情感世界，使得所有的存在都是感同身受、心领神会的生命共同体；通过政治学、社会学的探讨，了解种种的苦难无奈、不尽如人意，以明确和强化存在的责任；同样，通过自然科学基础理论的教学，领悟客观世界的复杂深邃、无穷无尽，以丰富和完善人的精神世界，如此等等，缺一不可。这也被称做"通识教育"，区别于专业和特殊的"技能教育"。

哈佛在这方面颇有心得，它长期坚持人文教育的理念，坚持对本科生进行体现人文教育基本精神的核心课程(core courses)教学，并且因应时代的转变而不断调整具体科目。最近调整后的哈佛核心课程主要包括七个基本方面：外国文化、历史研究、文学艺术、道德伦理、数量分析、社会分析和自然科学，这七个方面下属的具体科目则有数百种之多。这一举措突出反映了哈佛的宗旨，培养人才，先人后才，不能成人，何以成才？哈佛并不简单地排斥专业人才的培养，它的研究院里云集了相当数量智能卓越的青年才俊，但是这些人几乎没有不受过人文学训练的，其中大部分师出专事本科人文培养的人文学院(liberal arts college)。这就保证了这些专才无论从事什么专门领域，都有人文关怀的深厚背景。

现在，重视人文学理念，在美国比较深入人心了。以我孩子的经历为例，他在美国读的是 liberal arts，毕业后，在通讯行业找到一份工作，很快当了地区经理，管理几十家分店。与他同时进入这家公司并且担任同样职务的另一位年轻人，他的工资比我的孩子少 25%，孩子问他的老板：为什么我的工资会比他高？老板的答复非常简单：因为你是 liberal arts，你的背景和他不一样。我不敢说这是普遍现象，但是，的确可以透露在日常生活中人们对人文学的重视和信任。然而，确立这种信念，却是风摧雨倾，来之不易。最主要的压力就是源自"技能教育"的挑战。

19 世纪后半期，资本主义市场的发展摧枯拉朽突飞猛进，工具理性、拜金主义、技术主义猛烈地撞击人文学的大学理念，以技能培养为中心的理念挑战着传统的大学使命，技能教育为主的学校(professional college)纷纷涌现。即使是哈佛也成立了商学院、法学院、医学院、政府学院等专科学校。可是，正是人文学教育的长期坚持，才使得这个社会拥有一批思想文化精英，可以在技术主义、功利主义、消费主义大化天下的恶风险浪中力挽狂澜，并且用人文原则耸立起坚固的大堤，阻挡资本恶流的肆意泛滥。甚至像爱因斯坦这样杰出的物理学家都在强调人文学教育对于专业教育的绝对必要，把那种没有人文背景的纯粹技能训练讽刺为"训狗术"。因此，虽然技能教育仍然还有市场,但很少人会认为这是大学理念了。

在中国,长期以来,人文学在教育理念上被边缘化,更为严重的是,这种情况还在日甚一日不断恶化。人们经常感叹如今的社会世风日下、人心不古;相当多的学者呼吁重建人文关怀,痛贬拜金主义、功利主义的社会腐化;一些大学校长也曾向我抱怨文科招不到好学生,只能在理工科落选的人中矮里拔高、拙中取精。绝大多数的人认为,这些状况的根本原因在于改革开放以来的市场经济导致了人们一切向钱看,腐化了人的道德良知。毫无疑问,这是相当重要的方面。可是,问题在于,西方世界的资本主义市场比中国的市场经济发达得多,为什么那里精神崩溃的程度却没有这么恶劣?虽然,它也存在各种各样的问题,但基本都在有效控制中。也有人认为是政府责任,政府的行为导向及分配政策出了问题。当然,这肯定也是原因之一。可是,到目前为止,中国政府仍然是世界上职能最为庞大的政府,而且政府在精神建设上投注的力量远大于其他国家,为什么没有预期的效果?更何况按照现代民主理论政教分离的原则,政府在精神领域中应当尽量少干预。

因此,可以说市场经济是原因,政府行为也是原因,我完全接受,甚至在这些方面都存在可以进一步深入挖掘的余地。但是,或许还有更隐蔽更重要的方面可以反思。归根到底,对市场经济存在如何理解的问题,更进一步,就有如何发展市场,并且如何制约市场的问题;即便政府行为也是由人来完成的,组成政府的人是什么样的理念,就会干出什么样的事情。在这个意义上,一个重要的问题就是,"**政府的理解力**"是不是健康?是不是充分全面?政府处理各种各样的问题,如果它对问题的了解存在偏差,怎么指望它能够正确解决问题呢?而这又不是仅仅依靠维护行政权威就可以解决的。最为不幸的是,政府乃至整个"**社会的理解力**",不是简单地取决于它的主观意愿,如果意愿可以决定理念,那每一个主体便都是前无古人的划时代创造者,这是相当可笑的。事实上,在政府理解力的背后存在有迹可寻的历史谱系、精神脉络,这才是理念缘何而来的真正线索。所以,一般意义上的批判政府、讨伐社会恐怕是远远不够的。在历史脉络的理解上,往往批判者和被批判者没有什么本质区别,假如让批判者们去处理具体问题,或许他们还不如那些被批判者的道行和功力。这是极有讽刺意味的历史玩笑,无奈的是,它经常发生。

最基本的问题是我们的人文性到哪去了?为什么我们没有足够的人文力量来抗衡功利主义、拜金主义对社会的腐化污染?今天看这个问题,可以说,这是"先天有余,后天失调",令人痛心扼腕。对于放纵利益追求将造成的社会破坏，中国的先哲洞若观火，早有警示，所谓“义利之辨”、“天理人欲之辨”；而且他们清楚地看到了解决问题的正确途径，肯定人的正当利益需求，同时特别强调对人的精神境界的教育，所谓人文化育。提升人的素质，自觉地抵抗过度的“人欲”，并且要求政府实现“均富”，体恤苍生，阻止寡头富豪恃强凌弱，防止暴富成为引领风尚的社会典范。德沃金那个非常出名的判断“财富不是价值”，在两千多年的儒家传统中实在只是基本的常识。但是，随着近代西方的军事入侵，从“体用之争”起，重视器用的功利主义在民族主义的包装下貌似合法地粉墨登场，到了“洋务运动”，一发不可收拾，普遍的物质主义、技能主义席卷了整个中国。经久的重视人文教化的思想传统中断了，取而代之的是声光化电；私塾教育的文化传承停止了，政府按照自身的理解创办大学。盛宣怀建立的北洋水师学堂、南洋水师学堂，只是炼钢造船，人文教育基本不在视野之内。京师大学堂虽然是文科设置为主，但也是旨在为政府培养行政官僚，功能性的考虑占了主导地位，文史的训练只是跻身官场的周旋能力和才具噱头，直到民国时，蔡元培出任校长，文科教育才开始真正回到人文学的意义上，才成为所谓北大传统的精神脊梁。

这种重视技能实用的倾向，到了五四时期愈发变本加厉，科学主义、工具理性成为那个时代精英们的当然之选，中国重视人文培养的传统遭到了猛烈的清算，成了腐化灵魂的毒药，束缚手脚的枷锁，不清除它中国便不能进步、不能发达！从此，科学的大纛迎风飞扬，扫荡礼乐教化的阴嶂毒雾。中国驰向现代的航船就是在这样的风潮中扬帆起锚，在一条偏离人文目标的航线上，经常地触礁搁浅不正是它的宿命吗。这一路走得太苦了！可是，怨谁呢？这是我们民族的精英塑造的“公共理解力”，也是“政府理解力”，它选择了这样的航线，这样的方向。毫无疑问，这样的理解力也孕育了中国近现代的大学理念，短短百余年的中国大学史，从开始到今日，一直都在科学主义、功利主义、技能主义的规划和纠缠中畸形成长，其中的偏执相当惊人，甚至连大学停课、全国性地废除文科、只办理工科的“人间奇迹”也创造出来了。这是“五四”前后中国思想界极端的偏废人文、崇尚科技的心态的必然结果。我记得，即使是革命激情澎湃的列宁，在他去世前的1923年，也曾经提出，社会主义就是普鲁士铁路，加上美国技术，加上托拉斯，加上美国国民教育。什么是美国国民教育？就是从大学的人文理念发展出来的通俗的素质教育。而中国却差不多从大学中把人文理念清扫干净了。

问题不在于大学里是不是还有文科，而是只要技能主义成为大学理念，文科也可以变成技能训练，哲学可以只是一套仅供背诵的教条，历史可以只是某年某月发生的事件，文学只是文学家加作品，只要你练出一套掌握这些“知识”的功夫，照样可以在竞争残酷的就业市场谋得一份有头有脸的体面差事，而那些化育心灵的人类智慧、历史记忆、情操体验无论如何不是技能训练所能了解，当然也不能成为技能教育的目标。我们的大学文科教育不就是年复一年地大批制造“文科技工”吗？假如我们把罗马时代的“奴隶技能教育”作一个换向思考，现在这种偏废人文学的技能教育就是“技能教育奴隶”，通过技能教育把人教育成市场的奴隶、职位的奴隶、金钱的奴隶。假如人的大学生涯只是因为这些方面才有意义，大学就只是在培养市场社会的奴隶了。罗马是奴隶被迫接受技能教育，现在则是人不屑于人的意义，主动争取当奴隶，这是多大的讽刺！何其可悲！“君子之德风，小人之德草”，高等教育如此热衷于就业性的技能教育，又怎么能遏止整个社会追金逐银的糜烂风尚呢？糟糕的是，这样一种浅薄腐朽的大学理念，在中国大学理念的探讨中，居然还有人为之称道，堪称奇哉！

我就读到这样的文章，貌似公允、不偏不倚地主张大学理念不必定于一尊，可以有各种各样的大学理念，可以是发展人文的大学理念，也可以是发展工科的大学理念，甚至还举出了哈佛大学和麻省理工学院为例，证明不同大学理念都可以办出世界一流大学。我想，导致这种观点，一方面是对大学理念问题缺乏深入了解，另一方面是对哈佛和麻省理工学院的望文生义。大学理念是探讨大学的本质和大学的根本宗旨，不是可以做什么还是不可以做什么，而是无论你做什么都不能摆脱的基本立场。发展文科、理科、工科，培养文科人才、科学家、工程师，所有这一切的背后有一个基本原则，大学是培养这些人成为服务和引导社会的精英，而不是谋取一己之私利的能工巧匠，因此他们必须接受人文学教育，增长智慧和知识，开阔胸怀眼界，陶冶情感情操，培养理想境界，理解责任使命，在这个基础上成为专家人才，可以在各个领域为社会作出贡献。这就是大学的使命，关于这一使命的理解就是大学理念。除此之外，没有什么各种各样无分彼此的大学理念。但是，在哈佛和麻省理工学院的区分上，的确存在发展不同专业的特点，应当如何理解？长期以来，哈佛是主动自觉地不发展工科，其中主要的原因是坚持以文理教育培养人文关怀，防止工科的技能主义倾向污染哈佛的基本精神。表面上看，麻省理工学院是工科大学，可是它在发展工科的过程中，不断认识人文学的重要性，现在的麻省理工学院决不是单纯的工程技术教育，它强有力地发展人文学的基本领域,它的哲学系是美国最好的哲学系之一,有着像乔姆斯基这样声名卓著而又心系天下的哲学家;它在政治学社会学方面,曾经有着象罗斯托这样影响美国政治走向的重要学者;它的经济学不仅有萨缪尔森这样的伟大学者,现在仍然有像克鲁格曼这样杰出的坚持人文理念的著名经济学家;它的历史系甚至早就开设了中国历史的课程。这样的学校还能把它理解成单纯的工科院校吗?而且,这样的取向在美国已经相当普遍,加州理工,得州农工学院的文科和人文学教育都很强大,一般的文科大学已很难比肩。应当认真问一问的是,曾经的工科学校为什么会致力于发展人文学,他们看到了什么?难道我们还好意思把工科也当做什么大学理念加以呵护吗?值得高兴的是,国内的理工科大学,例如清华、上海交大、西安交大等都已经注意到发展文科的重要性,开设了文史哲专业,有些还是国家级的文科基地。当然,文科是人文学的必要条件,但它不等于人文学,从设置文科到普遍的人文学教育,还有很长的路要走,但愿这一切不是逢场作戏的花拳绣腿。

三

大学理念成长过程中的另一个考验是,大学的使命是否主要是生产知识。17 世纪以来,人类的知识规模迅速膨胀,这些知识的出现绝大多数都与大学有关,因为大学云集了社会最优秀的知识分子,并且,新知识强有力地改变了社会。由此,一种观念出现了:大学的主要使命应当是生产知识。由于这一观念的推动,出现了一批研究型大学,例如普林斯顿大学、芝加哥大学,哈佛的相当大部分也可以看做是研究型大学。毫无疑问,大学肯定是知识生产的基地,众多的知识精英不生产知识才是奇怪的事情。但是,知识生产能否作为大学的核心使命?能否取代教书育人的基本功能?

有几个不可避免的后果必须考虑。

大学不是研究院,研究院可以比较单一地从事研究性的知识生产工作,而大学终究是要教书育人培养学生的。如果生产知识作为大学的核心理念,那么在人才培养方面,就会注重知识性的人才,轻视人文学教育。这样培养的只是专才而不是人才,大学为社会培养在各个领域都能体现人文胸怀的精英的理念便不能落实。因此,大学可以生产知识,而且没有新知识的不断充实,人文培养也难以开拓广阔的境界,但是知识生产不能优先于人文培养,更不能代替人文学教育。

突出知识,又如何处理智慧?知识教育与智慧培养很不相同,哈佛有一段著名的铭文:为增长知识和智慧走进来,为服务祖国和同胞走出去。它突出知识教育和智慧培养的双重任务。在哈佛校园里,哈佛铜像的基座上刻着哈佛校徽的浮雕,其中有两本是打开的书,另有一本是书脊向上书页匍匐。一个有意味的象征性解释是,两本打开的书代表了知识,可以通过书本获得,另一本是代表智慧,不是仅仅通过书本就能得到。这是非常重要的理念,具有世界观的意义。至今为止,虽然有所谓"主观知识",或者普兰尼的"个人知识",但是压倒性的知识理解仍然是"客观知识",知识的可靠性取决于对特殊性和主观性的排斥,取决于在同等条件下可以反复验证的普遍有效性,否则不成其为知识。因为这个规定,意义世界、价值领域、审美境界都不在知识范围,它们不能满足知识的量化和确定性要求。但是智慧却不同,远比知识复杂,智慧一定和主体有关,或者是个人,或者是群体,没有什么非主体的智慧;智慧一定和生命经验相关,一定和生命情景相联系,它是理解、洞察、预见、决断、协调的能力。因此,智慧的培养,需要参与、体验、领悟;而知识教育却可以通过耳提面命、死记硬背、作业考试来完成。这是相当不同的。当然,知识的积累可以丰富智慧培养,智慧的培养也可以增强知识理解,其间可以相通。但是,智慧的确不是通过知识教育和书本阅读就能直接获得的。由于这个区别,教学的途径和品质也就大相异趣。无关乎老师的教学技巧高超或是低拙,知识教育基本上是单向的教学授受,在大学实验室里,学生基本上是导师的打工下手,根据导师的计划亦步亦趋。但是智慧培养的教学却是另外的景象,它是建立在老师和学生双方的体验性反思和辩难的基础上,哈佛文理学院的课堂上,老师和学生的相互提问相互质疑是司空见惯的现象。近年来,回国讲学的机会渐多,很深的感受是课堂上学生反思性的提问实在太少了,大概这是经历了太多的知识教育养成的习惯吧。这样的人才怎不滋生官场中唯命是从不思创造的陋习?可是,反思出智慧啊!

突出知识生产的大学理念最大的问题是以知识标准规定了大学教学方向。这是非常危险的。这种取向在进行文科教育时,阉割了文科的人文性,不仅把文科变成知识教学,与智慧无甚关联,而且按照知识的标准裁剪文科,凡是不符合知识量化和确定性原则的都不是大学文科教育的内容。因此,文、史、哲、政、法、社、经在课堂上成了了无生气的各种符号。哲学只剩下逻辑、语言、分析哲学,历史变成了史料学和史实学,文学成了文本和形形色色流派征候的辨析标签。在美国,大学哲学系一度是分析哲学一统天下,哈佛也不例外,直到今天分析哲学仍然是许多大学最主要的课程。我并不一般地反对分析哲学或文科的知识化教学,至少它可以帮助人们比较正确地提出问题,然而,哲学的本质是"爱智慧",信仰、审美、伦理、宇宙大化的存在和意义这些古往今来的哲学领域,无论如何不是依靠对语词、概念、句法作近乎数理的分析就能真正解决的。在最近的几十年里,哲学看起来就是一门科学,它的深邃和睿智被一堆枯燥无味的公式代替了。这种状况终于变得不能容忍,就在我写这些文字的时候,今年十月,哈佛教授委员会发表了一份非常重要的报告,指出"由于集中于狭窄的学术问题,而不是学生可能面对在哈佛大门之外真实世界的问题",哈佛要求所有的大学生必须学习宗教、美国历史和道德规范,虽然"哈佛不再是一个带有宗教使命的机构,但宗教是哈佛毕业生在他们的生活中将面临的事实"。这个委员会的联合主席哲学家爱立森·茜梦(Alison Simmons)在电视访谈中表示,"作为大学教授,如果他们不信奉宗教,则不必面对宗教,但在世界上,他们将必须面临宗教问题"。其他的一些常春藤大学也先后作出差不多同样的决定。我相信,长期以来知识排斥意义的教学情况将会真正改善。

中国的大学也无法置身在知识垄断教学的潮流之外。五四科学主义、工具主义的心态潜移默化地长期影响着大学教育。胡适、傅斯年们就认为不能量化的就不能成为学术研究的对象,以至于台湾"中研院",在很长时间只集中发展史语所,因为历史史料和语言文字是确定的、可以量化的。而文学、哲学无法精确定量,所以长期边缘化,所谓文哲所,直到几年前,才摘掉"筹备"的牌子,由偏房而正室。中国一些名牌大学的历史系里,有不少颇有声望的教授,其中有我熟识的朋友们,诲人不倦地教导学生搜集考证史料,以为这是历史学的真学问,而把那些关于历史意义的问题贬为大而无当,唯乾嘉朴学和实证主义马首是瞻。当然,掌握确凿史料,澄清事实真相,是历史研究的基本要求,那种曾经猖獗一时罔顾史实胡说八道的恶劣学风,令人厌恶憎恨。但由此而过分地夸大其词,把不过入门的"功夫"当做至高境界来培养学生,也会贻害天下。这导致了"历史终结"的危险,当没有新的史料可以发掘研究时,这个历史事件的研究便结束了。事实上,许许多多的历史事件被历朝历代的人们反反复复地研究琢磨,并不是因为新史料的发现,而是历史事件本身含有的深刻智慧和意义启示永久地激励着探索的渴望,吸引着人们不断地涵咏体味,培育着人们在历史中更新成长。这是永恒的寻求,天荒地老,永不终结。

中国古代的先哲们对于功夫和境界有精确的定位，所谓小学大学之辨，小学者，音韵、训诂、考据，大学者，“大学之道在明明德”，从来没有治小学者，堪为大师大德，也从来没有大师大德者不会小学功夫。孔、孟、董、程、朱、陆、王等等，哪一个不是治小学的高手，哪一个不是纵论天下的大学担当！小学和大学，孰轻孰重，孰小孰大，本是一目了然，无须赘言。可是今天，大学教“小学”，“小学”出大师。这不可笑吗？

知识生产作为大学理念的另一困难是，专业化对人文学的宰割。从18世纪“百科全书”派以来，知识的分类越来越精细，知识生产所要求的知识准备，难度越来越大。一个学者穷尽一生的努力都未必能在一个专业中的一个课题上真正有所建树。因此，对于人的专业化要求越来越细腻，近乎苛刻。虽然这些年来，强调跨专业、跨学科，甚至跨文化，但是，很难阻挡学科专业间门户森严划地为牢的趋势。这种状态不只是自然科学中的现象，而且也有力地冲击人文学科领域。文科学者中一辈子研究一个人、一个流派、一本书，比比皆是，屡见不鲜。在文科教学中，文学、历史、哲学，早就被分成不同的专业，而且在这些专业中又划分出第二梯次的专业，例如中国哲学史、西方哲学史专业等等；这还不够，还有第三梯次，例如中国哲学史中先秦专业，或宋明理学专业；事实上，这还嫌粗，一个历史断代中，还有人物研究的分工；即使人物研究，还可以劈出早期晚期之分。好端端一个人文学被肢解得如此七零八碎。在这样的学科分疏下，贯通于文史哲、融汇在政社经之中的人文学很难在大学教学中立足。我的孩子就曾疑惑不解地问过我：为什么今天培养不出达·芬奇这样的人物？

的确，从人文学教育的历史来看，对人的素质和境界的塑造，重要的就是强调一个“通”字，通识加通才。调动文科和其他学科的各种资源培养人的综合素质，通过文史哲的相互浸渗融会贯通，形成宽阔而又深邃的视野、充满理性智慧而又不失人伦情感的生命立场、清醒地了解自我责任而又能推己及人的生命关怀、端坐于书房同时又可以行走于社会的生命自由、既在庙堂之上又在江湖之远潇洒自如的生命风度、可以参悟苍天玄远也可以体知草木冷暖的生命美感，而不仅仅是被肢解的文科中的专业人士。这样一套理想标准，体现在个人身上，是人的综合素质；体现在社群、民族、国家的集体身份上，就是公共智慧。专业化的最大祸害就是瓦解了个人的综合素质和群体的**公共智慧**。不突破专业化的局限，综合性的公共智慧便不可能产生。

而现在的大学教育离这样的人文培养理念还差很远，由于知识专业化的主导，搞哲学的往往没有历史意识，也没有文学品位，有的甚至连文章训练的小学功夫都不及格，除了故作高深的唬人姿态，就是文理不通的一无所有；搞历史的经常蔑视哲学的训练，把哲学当做妨碍历史研究的空疏学风，避犹不及，至于文学体现的情感理解那更是专业历史学的客观历史最忌讳的；文学的情况稍好些，但哲学和历史的作用并不是至深智慧和集体记忆的内在自觉，而更像是装点门面的杂碎配料。被专业化如此隔离的文科怎么可能培养人文学通才呢，甚至连专业知识生产的质量能不能自保都很令人怀疑。事实上，我并不排斥知识生产，相反，能够生产精致的学问非常值得敬重。一个理想的社会，应当是最精致的学术，引导负责任的媒体言说，进而引导健康的大众文化。最坏的情况是，肤浅浮躁的学术，产生急功近利的媒体声音，导致最恶俗的大众文化。我们今天究竟是最好的良性循环，还是最坏的恶性互动呢？所以，最精致的学问，不管你是否自觉，它终究是有社会人文责任的。离开了人文学的基础培养，仅仅依靠专业化，精致博大的学问从何而来？人类的公共智慧又从何而来？

四

那么为社会服务是否应当是大学理念呢？是，但又不是。

20 世纪 60 年代，加州大学柏克莱分校校长克拉克·科尔（Clark Kerr）提出，大学教育目标就是为社会服务，就是满足社会增长的需要。引起美国大学界关于大学理念的激烈争论，把大学作为服务社会的工具，这种社会功利主义的理念受到了广泛的批评，以增长社会经济效益为目标不能成为大学的基本理念。但是，问题没有终结，20 世纪 80 年代以来，全球化给大学更大的考验，强调大学提供社会多元知识服务，走出象牙塔的呼声，再次成为一些学术领袖质疑大学理念的主要立场。这方面的考虑对于正在迅速发展中的中国应当具有特别的意义。

如何理解大学与社会的关系？毫无疑问，大学是社会的组成部分，是社会各种横向组织的重要构成。但是，大学又完全不同于企业、银行、市场、社团等其他的社会构成。借用孟子的说法，士、农、工、商，士为四民之首，大学是社会之首。塑造社会方向，提升社会品质，这是大学存在于社会的意义。

如何办大学,在长远的意义上,就是建设什么样的社会的问题。正是在这个意义上,大学的本质才成为关心人类发展的人们反复探讨的课题。尤其当社会处在重大转型的时期,关于大学使命的争辩,就会愈发激烈。19世纪后半期的美国,当代中国,都是转型社会,都伴随了广泛的大学理念反思。每一次社会转型,大学几乎必经一次洗礼,以考验大学的人文理念能否持守;而每一次大学的改革,也都会推动社会的相应改变,这个二重奏是千年大学史中不变的基调。大学与社会存在如此紧密的关系,它怎么可能不服务于社会呢?但是,它的服务不是急功近利,不是短期行为,而是通过培养杰出的人才保证社会健康发展的方向。哈佛体现的基本精神就是如此。如同我在本文开篇时所说,先有哈佛后有美利坚。就是哈佛和像哈佛一类的大学培养的人才,在各个行业里砥柱中流,从总统到议员、企业家、银行家、神学家、民间领袖,等等,一个有着深厚人文关怀的精英群,领导了美国的发展方向。即使它的政治领袖愚蠢无知,造孽犯乱,社会的良知仍然能够改变错误,扭转方向。这就是人文学的力量,是社会的道德良心、公共智慧、理想担当、精神领袖。大学就是着力培养这样的人才而永久地服务于社会。

但是,这种意义上服务社会的理念现在受到了严峻挑战。这一挑战的主要目标就是要求大学改变自主的学术教学研究传统,为企业和市场服务。在美国,由于20世纪80年代的全球化突然展现了广阔的劳动力市场和产品市场,传统制造业大量东迁、移入亚洲,美国本土产业面向高科技转型,而高科技获得的高利润,诱导全球性开发高科技的冲动。一时间,高科技成了追求财富最具刺激的春药。企业把目光转向大学,要求大学贡献高科技产品,加入占领市场、淘金掘银的疯狂浪潮。而其时的美国政府却削减了在教育和基础研究方面的投入。大学,尤其是公立大学,屈于捉襟见肘的财政和抵挡不住的诱惑,羞涩地开始接受企业的投资,开发高科技产品,沦为企业的同谋,市场的帮凶。此口一开犹如决堤,市场的洪水一泻千里,大学人文主义理念,惊涛裂岸,风雨飘摇。甚至哈佛这样的人文学堡垒也感受到水沫雾絮、潮击浪拍的扑面压力。前不久关于哈佛校长下台的新闻传播甚广,有各种各样的原因,但是真正重要的原因恐怕是他的计划背离了哈佛的人文主义传统。看到硅谷对美国高科技产业的重大影响,他企图把哈佛变为"东部硅谷",发展成美国生物工程的中心,与哈佛人文学的发展背道而驰,这种趋从市场需求的大学理念理所当然地受到哈佛教授们的坚决抵制。一如哈佛这样的学校都有如此故事,我们可以想象市场经济对大学的渗透已经到了何种程度。这是一种由大学为社会需求和经济效益服务的理念所孵化出来的"学术资本主义"！它的危险是从根本上颠覆"学术人文主义"的传统。

市场污染了学术自治的精神，原本独立于市场之外的大学，现在正迅速成为市场的一部分，大学转向科技知识生产，而教授专家越来越像工程师、技术员，学生在市场诱导下苦练资本游戏，成绩谁在乎，挣钱为要务！谁能空手套狼，从股票证券市场中圈到最多的钱，谁便是英雄好汉，楷模典范。甚至血拼消费，竞比排场。在美国，学校仅为一年级新生提供宿舍，每年暑假，学校便把宿舍维修一新，以期宾至如归。这一切，寒酸了。新生人影尚未到，工程装修已喧嚣，学生自费把宿舍修饰得像酒店一样。纽约大学有些学生干脆入住五星级宾馆，每天超长豪华林肯车接送上学，成为大都会新传奇。面对记者采访还振振有词：这算什么，我挣的钱我自己花，说明我有这个能力！这大约可以看做大学为市场服务的"杰出产品"吧。至少我没有办法想象，还是学生就热衷在市场中圈钱的人，怎么能甘心没有市场价值的人文学训练。其实，不仅仅是学校，一切精神性领域的处境都很尴尬，把财富当做身外之物的教会也不例外。教堂尖塔，晨曦暮霭，肃然伫立，曾经是通向上帝的庄严象征，现在则被教会出租，成了电信公司的信号塔。许许多多，为数甚众。上帝被出租了！满街都是犹大啊！

这种状况在开始时就引起美国大学界的警觉、忧虑，不少大学努力加强核心课程的人文要求，以减少市场对大学的污染，大学理念的探讨反思成为美国思想界的重要课题，很多重要的思想家针对学术资本主义的扩张，提出进一步坚定发展人文学的信念。还有学者直接把学术资本主义作为研究解读的对象，思考具体的因应之道。斯劳格特(Sheila Slaughter)和莱斯利（Larry L. Leslie)合作出版了《学术资本主义》(*Academic Capitalism*)一书，受到了广泛的重视。

在中国，情况有所不同。中国的民营企业科技含量不高，大部分是服务业、房地产业，和劳动力密集的制造业，这种产业类型对高科技开发几乎没有需求，加上民营企业的资本规模和民营企业家的投资心理习惯，因此，中国企业目前还不大可能对大学进行资本渗透，现在遑论企业压迫大学而导致"学术资本主义"实在是夸大其词了。但是，这不意味着大学为社会效益服务的理念没有影响中国大学，相反，这种理念对中国大学造成的危害甚至比在美国的影响更严重。这是因为，在美国还有长期的学术人文主义传统可以抗衡，而在中国，从"五四"以降，中国大学始终在振奋民族富强国家的现代性压力之下,追求社会效益名正言顺地成为大学使命。功利取向、效益原则在民族主义、国家主义和革命理想主义的包装下,成为最有激情的自觉责任,而坚持学术独立、大学自治的人文学立场,一再地受到清算批评,在大学毫无立锥之地,大学反抗学术资本主义的精神资源早就被彻底解构了。因此,当市场的力量崛起,在美国是人文学的争辩抵制,而在中国却几乎是兴高采烈的喜悦拥抱,高尚的功利主义立即转化成恶俗的功利主义,轻而易举,几无阻挡。

中国式的学术资本主义虽然受企业影响不大,但是另有两个独特而强大的力量,其一是政府的权力资本的干预,其二是市场的影响力。大学的资本构成无非两种,公立大学和私立大学,虽然像哈佛这样的常春藤私立大学成绩卓越,蜚声世界,但是美国公立大学仍然占了很大比重。在法国,几乎所有的大学都是公立的,即使对外国留学生也基本免去学费,仅收很小数额的注册费,只有极少数的专业学校是私立的。欧洲绝大部分国家的大学是公立的。在中国,绝大部分的大学都是政府办的。为什么各国政府都会用国家财政来支持大学?这是因为:一、必须保障公民受教育的权利,不能让可以受教育的人,因为经济原因,被排除在大学之外;二、大学关系国家的未来,而未来是无价的,不可能要求以人类的明天来支付今天的投资;三、大学代表精神生产的价值,这是市场价值无法衡量的,因此大学不能也不该成为盈利的企业;四、大学云集了知识精英,社会精华,这是人类最宝贵的财富,尊重他们,善待他们,是人类的良知,政府的责任。孟子强调"养士",中国的确有养士和敬重读书人的传统,在西方,康德也说过知识分子是不应当靠出卖体力而生存的人。任何一个政府如果污辱读书人和知识分子的尊严,就必定是丑陋短命的政府。

因此,政府办大学是人类文明的体现,是人文发展的结果。然而,政府办大学需要特别警惕政府对大学的干预。用我的钱,就得听我的话,以为既然是政府出钱办大学,政府就可以干预大学的教学和行政,这是非常危险的心态,它会损坏大学的学术和大学的品质,即使是善意的干预,也同样是对大学的学术独立和教学自治缺乏必要的尊重。西欧国家对这方面有比较清醒的认识,有些国家甚至通过立法,防止政府干预大学,也就是说政府有出钱的责任却没有干涉的权力。这背后有重要的认知立场,公立大学不是官办大学。国家的钱说到底是纳税人的钱,用纳税人的钱办大学是社会共识,体现社会的公共意愿,这叫公立大学。公通共,是所有人,是天下,公又是正,是公道。

而政府是社会行政管理机构，俗称“官”，即使现在的公文中也仍然习惯用“官方”、“政府官员”这类词汇。合理的政府必须体现和代表公意，既然是“体现”“代表”，就不是等同，因此，官不等于公。何况要求“体现”公意，本身就意味着有不体现或者不充分体现的可能，要求“代表”，也有可能是没有代表，或者代表了一部分利益集团虚假的公，这就是为什么政府必须接受监督的原因。因此，政府只是社会构成的一个部分，政府如果认为有权力对大学指手画脚，那大学就成了官办大学，而不是公立大学了。我之所以近乎繁琐地区分官和公的不同，实在是因为这个世界上有太多的以“公”自诩的“官”。其实，真正的贪官并不可怕，因为贪官代表私是一目了然的，可怕的是不知道官公之分，以为是官就是公，那样官意就遮蔽了公意，这个社会就只剩下政府意志，而看不到人民意愿了。

在这个意义上检讨政府与大学的关系，考虑中国国情的特殊性，从长远来看，政府应当逐步减少对大学的干预，让大学有充分的时间来发展中国自身的大学传统，而我们在这方面的资源积累是相当稀薄的。大学的建设和发展有自己的规则和特殊性，不是政府行为可以完全了解的。学术的发展，人的培养，是长期过程，来不得急功近利，揠苗助长，应当让大学尽量少受社会的干扰，放眼长期的目标，为社会贡献智慧和人才。何况大学是社会精粹所在，他们的智慧不在行政官员之下，应当相信他们有能力建设真正一流的大学。我们中华民族历来有重视教育的传统，现在中国政府非常期望建设世界一流大学，重金投入，这是大学史上的大手笔，令人赞叹。身为海外学人，当然希望国家教育蒸蒸日上，精英才俊层出不穷。但是，越是大笔投入，越应当警惕过度干预。我注意到，国家教育部经常出台各种教育“工程”，高教主管部门也忙于对“工程”有关单位的考核评估，使得这些大学穷于应付。其实，一流大学不是靠“工程”理念创造出来的，而是通过长期积累，形成有质量的教学品格。中国搞大学合并，或许有自己的理由，但是，结果是一部分有百年历史特色的大学消失了，那是花多少钱都买不来的资源！像大兵团作战那样大规模结集大学资源到底和一流大学有什么必然关系？普林斯顿大学就是袖珍大学，但绝不妨碍它是世界一流大学。难道搞出一百万人的大学就是一流大学了？政府着力发展大学教育是好事，但是要尊重教育事业的特殊性，切忌以政府意志来规划大学，那就不是公立大学，而是官办大学了。像什么“教育产业化”，把大学推向企业推向市场的大败笔，切切不可重演。应当充分听取资深教授专家的意见，严格按照他们的意见发展中国的大学，那样才有可能建设真正一流大学。尊重大学精英，不只是问寒嘘暖的慰问体恤，而是真正尊重他们的智慧，尊重他们所代表的大学尊严。我在法国时，就看到政府总理巴拉杜带着如何处理法国工人罢工的难题，去大学拜会社会学家阿兰·图海纳，求教他的意见和智慧，而不是政治领袖习以为常地视察训话指示。

除此之外，政府承担国家管理和发展的责任，因此，政府向大学投资经常会把国家效益考虑作为对大学的要求，使大学发展经由权力资本的导向而直接面对市场，其客观效果与美国企业渗透大学造成学术资本主义是相同的。政府除了支付大学日常行政开支，还掌握了数额巨大的所谓“项目经费”和“基地”建设经费，不论主观动机如何，这笔经费的分发客观上成了政府控制学术规划、学术方向、学术风气的主要手段。高科技应用开发的项目经费要高于基础研究，自然科学要高于文科，在文科中，所谓国家工程项目要高于普通教育，可见，这些经费中真正落实到文科，尤其落实在人文教学上只是挂尾零头，与大学应负的主要责任完全不成比例。何况，有些大学甚至对国家拨给文科的经费，还要雁过拔毛，克扣留存。毫无疑问，科技开发需要较多的资金，自然科学研究的资金需求也要大过文科，但是大学的最根本的任务是教学，是培养人，是培养全面发展的人，政府投入教育的资金究竟应当优先保证教学，还是以项目开发为重？如果项目开发成为学校教学经费的主要来源，那政府和美国企业用项目渗透大学、推动学术资本主义在大学的膨胀又有什么区别？不同的是企业用的是自己的钱，政府使用的却是纳税人的钱，这些钱更应当用于发展公共教育，而不是用于盈利项目的投资。在中国，家庭用于教育上的投资在家庭总收入中占的比例远远超过美国、法国这些发达国家，这是值得认真关注的问题。当然，中国民间社会历来有重视教育的传统，但是用这个理由来说明家庭教育投资的超大比例，实在太过牵强。根本问题是教育在政府投资布局中比重太低，而且在大学教育理念中科技开发比重太大，这就造成纳税人通过交税已经支付了公共教育，却还要在税后收入中对教育作二次投资，而且数额巨大。这是危险的信号，说明我们长期保障公共事业的制度优越性正在迅速流失。这后面更深入的问题是，政府应当如何定位？一个健康的政府不能采取市场行为，尤其不能成为市场的一部分，更不能动用纳税人上缴的国家税收参与市场运作，政府应当在市场之外，以公共身份来解决市场不能解决的问题，同时限制市场的胡作非为对公共事务的伤害。尽管中国是在特殊的转型阶段，政府负有帮助健全市场的责任，但是，虽然如此,政府甚至更有必要形成清醒的认识,减少和禁止政府的市场行为和市场角色,以保障市场和公共事务都能健康发展。

在大学建设中,以项目经费这样的手段来干扰大学的基本任务,还有谁安心于认真教学呢?几乎每个人都被要求报项目,没有项目就没有经费,而且能不能搞到项目或多或少还和职称升降等连在一起,在这种压力下,一个大学教授的主要精力还会集中在教书育人上吗?更为甚者,这种经费与项目挂钩、项目与人挂钩的做法严重影响了大学风气。各地争抢项目,送礼行贿,暗中串联,弄虚作假已是公开的秘密,而且,手段高超,风过无痕,堪称极致。为人师表者因此而斯文扫地,大学教授所代表的文化身份和道德资本已经残破不堪。搞到项目的人,尤其是几个国家项目在握,不免财大气粗神色飞扬,俨然成功人士的庸俗风度粗鄙作派;而弄不到项目的人就只有等待别人眷顾的萎顿和无奈。那些仍然坚守教学为己任的人们,与孤傲的信念相随相伴,难免是清贫拮据。这景象,真叫人情何以堪!

其实,国家资助学术的结果不该如此,相反,是那些得不到市场垂怜的学术,可以而且应当优先获得国家的雨露阳光。我们面对的最大困境是市场经济不可阻挡地改变和控制了人们的存在方式,市场价值强势霸道地主宰了社会的评价标准。但是,人文价值却绝不是市场价值原则可以理解的,它无法明码标价,不能买进卖出,因此对于市场而言它毫无价值,然而,人文精神对于人类的自我成长却有极高的价值。具体到文化精神产品也是同样道理,极尽宣泄、目中唯我、只求情绪的当下挥霍、何在乎持久的审美回味,已经成为当代快餐式文化市场的消费特色和经营主旋律,光怪陆离、声嘶力竭、摇头晃脑、标新立异构成流行风尚、青春卖点。在这样的市场中,扬眉吐气、大化人间的是流行歌曲、现代摇滚,忍辱负重、门可罗雀的是经典歌剧、交响乐、芭蕾舞。这些高雅艺术团体温饱尚且难求,谈何继往开来,但是,它们的文化产品所代表的精致价值难道是那过眼烟云的流行小曲可以比拟的吗?政府是应当发展那些充满市场价值的流行艺术,还是应当投资保护人类艺术的精华?法国政府在这方面有清醒的自觉,每年在国家财政中划出近百分之七的经费,用来保护人类文化的精华,使得这些体现人文价值的极品绵延传承,不至于被市场经济扫荡殆尽。这个信念应当成为政府投资大学的基本原则。政府不能按照市场价值的大小来决定学术教育的高低贵贱,高科技应当投资,应用科学,自然科学也应当投资,这都没有问题,可是,大学的第一要务是教书育人,必须首先保证有充足的经费支持大学教学。假如穷乡僻壤的苦难学子交不起学费上不起大学，假如那些热忱于教学的老师不能维持基本的体面生活，假如学校领导为了区区奖金而忙碌于那些仅仅是为创收的培训班，假如权力资本的引导使得人文学彻底地边缘化，大学丧失了它的精神方向，政府的大学投资就是大失败，政府就愧对天下苍生、莘莘学子！

最好不要低估市场对大学的污染，永远都别低估，尤其是那些仍然坚持把大学要服务社会效益当做大学理念的人们。我所以强调政府应当逐步减少对大学的干预，而不是立即兑现，除去体制的原因，是因为我不认为我们的大学已经有能力贯彻学术独立、大学自治的原则。看看我们的大学吧，市场已经把大学改造成什么样子！在为人师表的行列中，沽名钓誉者有之，剽窃抄袭者有之，嫖娼宿奸者有之，招摇撞骗者有之，哗众取宠者有之，欺世盗名者有之，趋炎附势者有之，现在，连拐卖人口者也涌现了，大学正成为丰富业余生活街谈巷议的笑柄。毫无疑问，这是极少数，绝大多数是好的，而且，绝大多数永远都是好的！可是，就是这极少数值得我们考虑当下的大学风气。在传统学术中，一个教授之所以优秀，是因为他在学术上的成就，教育上的奉献，而现在一个教授的成功却可以是市场价值的认可，是他在市场社会的话语权力。因此，荣耀于“上书房行走”，热心于电视出镜率，满世界地应邀讲演，挖空心思地制造耸人听闻的莫名话语，对一无所知的领域敢于放谈高论，这种以知名度为生的“市场教授”现在却不是少数，而且如鱼得水，欣欣向荣。市场的规则在腐化学术规则，而被腐化的学术则腐化着大学的理念和青年学子。这些成功的“市场教授”所产生的示范效应，正是市场污染大学最有效的途径。如果不把这种风气从大学中清除出去，大学会被治理成什么模样呢？若人重，必自重！大学的尊严建立在教授群体的尊严上，人们敬重教授是因为他们有学问，有教养，有良知，是可以信赖的人间师表。假如教授的贪得无厌超过了一般商人，假如教授捞钱的手段甚至比奸商更狡诈阴损、厚颜无耻，那就别怪这个社会看不起读书人，因为，读书人自己毁了自己的尊严。因此让商人做回商人，而不再是混迹于大学的商人教授、市场教授，以匡复大学的尊严，恐怕也是当务之急了。在这方面，海外回国服务的专家教授们，务请自重！一些学有所成的海外学者，有的甚至是名声响亮的资深教授，也热衷于欺名劫色，妙手圈钱，权势熏心，凶吵恶斗，热衷于到处曝光，乱抖风姿，满嘴媚词谀语，每每惊人之论，不着边际，无奇不有，真让人叹为观止！其实，就算是一个沉默的花瓶，也要好过口无遮拦的胡言乱语，至少还有被欣赏的价值。海外归来，无论如何应当把国外办学的经验教训带回国内，帮助发展大学教育,这是基本责任,怎么能与最阴暗的龌龊同流合污、沆瀣一气,把开放的中国当做个人大发利市、竭尽表演的舞台呢?

所以,小心谨慎地对待大学为社会效益服务的理念,无论是政府,还是民间,那后面的陷阱会让人坠入深渊。

五

大学理念中还有另外两个方面,大学的使命是承续传统,大学应当是社会批判的中心。囿于篇幅和时间,只能简要述之。

大学的使命当然包括继承传统。大学所以能教书育人,就在于它掌握了集中在传统中的人类智慧的伟大谱系。风俗习惯可以通过民间生活方式传承绵延,但是,精致深刻的伟大智慧不通过专门的研究教学是不会代代相传的。因此,强调传统教学作为大学理念的组成部分,对中国建设一流大学极为重要。世界上,没有一所重要的大学可以不通过传统教育而成为一流大学。传统教育是对人的根源性、人的存在的精神依据和人继往开来的历史使命的教导塑造,它是人文学最基础也最重要的方面。中国从五四至今,经过"打倒孔家店"和《共产党宣言》"两个决裂"的灌输,社会意识形态中弥漫着强烈的反传统心态。今天的中国,无论是在日常生活,还是在大学教育中,传统资源都已是稀薄无几、岌岌可危。"韩剧"在中国的热播就是佐证,那里传播透露的精神品位、文化气息、伦常道理、历史情调,原本是中华民族的文化精神积累,是塑造自我、养育后人的历史财富,但是,在我们这里,它的故乡家园,被革了一百年的命;然而,在韩国却保存下来,以至于今天我们要透过韩剧才能重新欣赏领略我们自己的历史精华和生活风度。不仅仅是影视戏剧方面,即使在大学中,能够深刻准确负责任地讲述传统的教授也已经寥寥无几,这不能不说是中国大学建设的紧迫危机。

但是,正因为存在这样的危机,就更需要注意另外一种极端,把传统的讲授变成怀旧之恋、复古愁绪。传统不是僵死的知识教条、古旧的简帛文献,它是存留在历史文本中有生命的伟大智慧。在这个意义上,反传统的暴戾心态和墨守陈规陋习的恋古情怀事实上同出一辙,都不了解传统是有生命有创造力的历史智慧。法国思想家布尔迪厄曾经指出,每一个人都是"文化中介"(Culture Agent,或译"文化作用者")。就是说,每一个人都接续文化,同时又用自己的生命行为使文化丰富增值、更新成长,唯如此,文化才是一个族群用历史书写的集体智慧。换一个角度,也可以说,文化传统在每一个历史阶段都应当面对人生疑惑、社会困境而创新生长,否则它就不能算是智慧,它的生命也就此结束。孔子说“圣者时也”,就包含这个道理。因此,中国今天的传统教学应当以传统资源直面我们的时代,我绝不认为,以儒家为核心的中国文化,可以不经过民主、自由、人权这些价值的考验,不对市场经济、市民社会、宪政法治作出创见性的回应,而成为中华民族的当代智慧和人类社会的普世价值。这是大学传统教学上最重要也最艰巨的课题。不是坐拥一片绿水青山,着上不伦不类古装,满嘴上古旧制,顽固抵制西学,就能让传统继往开来发扬光大,那充其量不过是痴人梦中的镜花水月罢了。严重的问题是,在今天的中国大学里,真正识古通今者少而又少,这沉重的责任能够托付给谁?所谓“自由主义”者,不屑于传统智慧;所谓“左派”,在反对文化殖民主义中,却没有任何传统的声音;而恪守国学的学者,又有几分心情真正面对西学?呜呼,谁堪重任?

大学应当是文化、社会、政治的批判中心,这同样是大学的使命。大学是知识分子的集结地,用康德的说法,知识分子是自觉地担当人类道义和责任的人。而中国古代读书人最感人动天的抱负就是“士以天下为己任”,这个情怀塑造了一批中华民族深刻睿智高瞻远瞩的文化思想大师,同时也养育了一代又一代前赴后继舍生忘死的志士仁人,鲁迅称之为“中华民族的脊梁”。因此,以深刻的智慧、广博的知识、天下为公的道义责任,批判社会生活中一切违背人类良知的错误、偏见,乃至政策举措,是大学当仁不让的职责。何况,大学的人文学教育,如果离开了社会批判,它的责任意识又如何体现?

但是,大学的社会批判不同于民间意气、群众造反,因为大学有大智慧,所以对大学的社会批判有更高的要求,大学的社会批判必须体现宽广的视野、长远的责任,成为有建设性的积极力量,而不是仅仅放纵一时快意恩仇的否定性批判。因此,大学的社会批判如何避免破坏的激情,而自觉成为有深刻同情的社会生活的“忠诚的反对者”(loyal opposition),这对发展大学的公共批判意识是不可回避的挑战。

另一方面,任何一种社会批判很难完全避免“政治正确”的权威心态,尤其是知识分子因为掌握文化资本,更容易产生“真理在握”、“唯我独尊”的意识形态情结。如何防止意识形态批判的片面性,而使大学社会批判多元多样?如何做到不是意识形态批判限制人文学的宽广视野,而是人文学的深切关怀使得社会批判更加中肯平实？如何发挥人文学同情的涵盖能力，以抵制社会批判的不同立场成为人文学内耗的根源？这是警惕批判性意识形态污染大学人文教育的重要课题。在哈佛，经常有不同学术立场、相反批判意见的教授就同一社会问题、学术问题同台讲课，以帮助学生了解问题的复杂性，同时培养对反对观点的尊重理解，在反对的声音中获得克服自身盲点的资源。这个经验或许可以参照，但是，其背后开放的人文胸怀却是更重要的大学基本精神。在中国的大学和社会生活中，不同的意识形态观念，甚至不同的学术观点，往往不共戴天、你死我活，相互间的交流、尊重、理解、学习非常困难，严重的甚至人身攻击，或者因言获罪，这不仅妨碍了学术的交流发展，也影响了社会生活公共资源和社会资本的贮存积累，对国家和社会的长期发展有害无益。因此，在大学中，身为民间表率而自觉追求和培养宽广的有涵盖能力的人文胸怀，对于改善社会生活、政治生活的质量，建设一个有宽容度、有涵盖性、有互动的创造力、有公共智慧自觉积累的和谐社会，对于以中华民族的人文资源创造人类社会生活新的典范，将会具有持久而深远的意义。

希望这些不成熟的思考能够帮助理解本书的精华，理解人文学和大学理念的丰富含义。当然也希望得到各种各样的批判意见，使得大学理念的探讨深入开展，成为中国大学建设必需的思想资源。

最后，我要特别感谢北京大学历史系的牛可副教授，确定本书选题时，他正在哈佛燕京学社做访问学者，他积极参加我们关于大学理念的讨论。在本书的选题、翻译、编辑的工作上，他投注了大量的精力，可以说，没有他的努力，这本书绝不会是现在这样。春夏秋冬，他几乎每天都会来我的办公室，探讨各种问题，涉及最多的，还是人文学与大学理念方面。我本人也在和他的对话中，受到许多的启发。还有北大社会学系的李康副教授也参与了本书的选题、翻译工作。从他们身上，我真正看到中国大学的建设有远大的前景，只要锲而不舍，中国一定可以办出世界一流大学。

这不是遥远的梦！

四稿于哈佛

2006 年 10 月

哈佛大学校长查尔斯·埃利奥特的就职演说,1869 年 10 月 19 日[①]

查尔斯·埃利奥特

到底是语言学、哲学、数学,还是科学才能提供最好的心智训练?通识教育(general education)应该主要是文学的还是科学的?以往在这些问题上无休止的争论,对我们今天并没有实际的教益。我们这所大学认识到,在文学和科学之间没有真正的对立,一致认为不应该在数学和古典学或者科学和纯粹哲学之间作出简单狭隘的取舍。我们希望拥有全部这些学科,而且让它们都处于最佳状态。敏锐的观察,合理的思辨,生动的想象,还有清晰有力的表达,都是同样重要的方面;没有必要为了发展一个方面的能力而压制和削弱其他方面。通识教育最终延伸到专业教育之前,一所大学不会十分关心知识的应用。诗歌、哲学和科学合在一起的确能增进人类的物质福利,但是科学和诗歌一样,其存在最主要的理由并不在功利方面。在思想和行动的各个领域,真理和正义都是超越功利的。

如果有人要说当今美国学院里有什么课程应该讲得比现在少一点,这简直会落为笑柄。在我们这个年代里,学院领导层唯一合情合理的目标就是在所有的知识领域里拓展、深化和活跃美国人的教育。还要经过好几代,美国最好的教育机构才能成长壮大到需要精简修整的程度。我们这些清教移民始祖的后代仍然非常感谢先辈们为各种学问奠定了广泛的基础。

但遗憾的是,近世的讨论对世界上与重大教育问题相关的智慧宝库几乎

---

① *A Turning Point in Higher Education*: *The Inaugural Address of Charles William Eliot*, Cambridge, Massachusetts: Harvard University Press, 1969.

没有作出什么贡献。在今天有谁像路德那样吹响了召唤语言学习的号角?①在弥尔顿②对以不计收益的学习语言的方式作出阐述之后的两个世纪里,几乎没有任何重要的言论。如果有哪个年轻的美国人想了解如何从教育的旅程中获益,如何从最初的愚昧走向最终的卓越,那么他所能得到的最睿智的教益仍然只能来自培根。英国和美国的教育相对于最优秀的教育思想家的理念而言,可以说落后了几百年。或许最能说明这一点的是广泛存在着的对系统的英语研究的忽视。可悲的是,洛克的这些话在今天仍然是何等恰切:"如果我们当中有什么人能操一口超出一般水平的流利纯正的母语,那么要么是出于偶然,要么是因为他的天赋,或者还有其他原因,但反正不是来自他受到的教育,也不是来自他的教师的指点。"

关于哪个主要的知识部类在教育上的价值最大,争论旷日持久。这其中产生一个最积极的结果是,人们终于确信,只有采用正确的教育方法,才能把这些学科都容纳在一个合理的框架之内。年届 18 岁,只掌握了百十页拉丁文和希腊文以及一些干巴巴的数学知识的小伙子之所以进入学院,不是冲着他们的教师的局限性来的。许多学院毕业生对什么是科学的观察、推理和证明不甚了了,这不能被归因于他们的天性,须对此负责的是从小学直至学院的不明智的教学体系。年轻人是有可能对各种主要的思想方法都切实地领略一番的。在语言学中有一种思想方法,在数学中有一种思想方法,在自然和物质科学中有一种思想方法,在信仰中还有一种思想方法。只要加以聪明的引导,即使是孩子也能喝到所有这些知识甘泉。有待解决的实际问题不是教什么,而是怎样教。教师们应该从其他劳动领域里完成的革命中得到教益。在新英格兰不可能用长柄镰刀割草,在西部不可能用短柄镰刀割小麦。从前仅有百十人的土地上现在要供养成百万的人口,大拖网和围网就必定取代那一根鱼线,蒸汽升降机就必定要取代肩扛手提,疾驶的火车就要取代木排路上的轮轴牛车。在教育上,有一大批嗷嗷待哺的人。在奥维多③的那口大井旁有盘旋而上的小路,一队队的驴子驮着甘甜的井水走在路上,这在当时是令人钦佩的建筑,但今天我们把福莱什湖④的水引到我们的房间里。奥

---

① 宗教改革领袖马丁·路德曾称布道者最大的特权和责任就是学习和阅读希腊语和希伯来语。——译注

② 约翰·弥尔顿(1608—1674),英国诗人。——译注

③ Orvieto,意大利中部盛产白葡萄酒的地方。——译注

④ Fresh Pond,哈佛大学所在的马萨诸塞州坎布里奇市的一个小湖,至今仍是坎布里奇市的饮用水源。——译注

维多井应该能够提醒一些人注意那些还没有消失的教学方法。有好的方法，我们完全可以自信能够做到这一点，即在给学生们提供各自不同的可以作为一生当中的主要职业的领域的详细全面的知识之外，我们还可以帮助这些20岁或者25岁的年轻人对人类知识兴趣的主要领域从总体上获得一个准确的认识。认为这是不可能的，无异于对人类绝望。因为，如果没有很大数量的人在最大限度上对诸多知识领域有个总体的了解，那么就不可能有所谓明智的民意这回事。而在现代世界，民意的明智是社会进步的一个条件。

对于已经在名义上被纳入美国的课程的教学科目，人们已经就其教学方法的革新提出了意见。而这些意见不仅适用于大学，还适用于直至小学的各级学校。美国的学院有义务对美国学校形成补充作用。无论有什么基本教学内容是学校没有能够提供的，学院都必须弥补。近些年来各级学校的进步使得学院可以提高其教学水平，而且使高年级的教学方法适应成年男子而不是男孩子的需要。学院的这种改进是根据各级学校的利益而作出的行动和反应，这种行动和反应将会持续进行下去。大学不是空中楼阁，而是建立在前人遗留下来的社会和文化的基础之上。如果这个结构需要重建，那么这种重建就必须从其基础开始。所以，在我们所处的教育的上层位置上，一蹴而就的重组是不可能的。哈佛学院可以对中小学作出引导，推动它们丰富和扩大学习的课程，而最近教授会已经决定要提供这种引导。在初级拉丁语和希腊语方面的要求，将被置于全面的知识形式和总体原则的框架之中；作为一种基本要求而开列出来的经典作家的名单将被扩大；对学生了解自然地理的要求将被提出来；我们还将提出对学习基础机械学的有关建议；将为诵读和分析批评英语作家的文章设立奖项。同时，哈佛大学将认真考虑它对其他学校所提出的建议。

在研究学问的各个系科里，哈佛大学都将通过反复考察、深入思考来探求最好的教学方法。这所大学相信应该全面地研究语言。它努力争取所有的语言，包括东方语言、希腊语、拉丁语、罗曼斯语言、德语，特别是我们的母语，都有一席之地；我们要看到它们都处在同一个制度、同一个历史脉络、同一个学科方法、同一个研究系科当中。在教授语言学时，我们这一代美国人要创造比以往更好的方法，或者从海外采借好的方法；我们还要发明或者从欧洲移植比现在通行的方法更便捷更全面的教学方法，要调动更多的人才，以便能迅速和稳定地采集语言文化的最好成果，而且使我们有时间在其他领域里有所创获。

哈佛大学认识到自然和物理科学是教育不可分割的组成部分，而且长期以来一直本着这种观点行事。但是它希望以更合理的方式来教授科学，不仅仅是照本宣科，不是主要靠记忆，而是通过亲眼观察和亲手实践。嘲笑酸腐的文法和无聊的诗句的一些科学家应该扪心自问，在世界范围内，通行的教授科学的方法在总体上不如教授语言的方法来得聪明。哈佛大学将在各下属学院和职业学院发展对科学的学习研究；而且要针对各种智力要素加以训练——包括观察的能力、归纳推理的能力、冷静想象的能力以及诚实和恰当地作出判断的能力，由此使科学得以不断创新和逐日积累。一个学习基础知识的学生读一本即使是非常好的教科书也不能得到这种训练，就算他把这本书读得滚瓜烂熟也不行；而且，这种训练也不是说他坐在一个最出色的教师的讲台下就能获得的。

如果说有什么课程在教育方面似乎有其明确而稳定的定位，那就是数学。而且在过去 15 年里，在这所大学也还没有任何别的系像数学系那样，积极地探索运用新的教学方法和工具。如果小学也像我们这里一样，热心于探索提高教学多样化的办法，那就好了。

在任何内涵广泛的教育纲领中，历史学以及精神哲学（mental philosophy）、道德哲学和政治哲学都占有重要的地位，这一点是大家都认识到的。但是没有人比那些能把这些课程教得最好的人更清楚地知道，目前在这些课程中通行的教学方法是多么的粗糙。这些课程不能只通过书本来加以教授，它们必须经由有着活跃、全面和公正的头脑的教师来变得生动鲜活和清晰明确起来。死记硬背一串年代日期并不等于学习历史。爱默生先生说，历史学就是传记。在很深刻的意义上这是正确的。年轻人会很快地对那些在历史事件中扮演角色或者代表了一个时代的男女人物产生兴趣，而将历史事实传授给年轻人的最好办法当然是利用这种兴趣。从这样建立起来的一个基点出发，他们的兴趣就可能扩展到广泛的领域。特别是对年轻人来说，与其关注乏味的延续几百年的一个细小问题，不如让他们带着浓厚的兴趣进入一个伟大的历史时刻。

各哲学课程是不能带着权威性去讲授的。它们并不是完备的科学，它们充满了有争议的问题，充满了悬而未决的问题，充满了深不见底的玄思。教师的职责不是为学生解决哲学的和政治的争议，甚至也不是告诉学生说一组观点胜过另外一组观点。把观点展示出来，而不是把观点强加于学生，才是教授所应该做的。应该让学生了解争论中的各方，让他们了解每一个体系的突出特点。应该给学生展示仍然在学术机构中广泛存在的观点和大体上已经过时的哲学,同时还要展示那些引领时尚的哲学中到底有什么是新东西。教育这个词本身就是对教条式的教学的持续抵抗。认为教育包含着教师以权威的方式纳入他们认为正确的东西,这种观念在修道院或者神学院可能是合理的和恰当的,但在大学和公立中学,在从小学到职业学校的各级学校里,这种观念都是不可容忍的。学院文化的一个可贵后果就是开放的心智,它需要训练出审慎的思考习惯,调教出哲学思辨的方法,以一种总体的方式了解从前人那里积累下来的知识,浸透着谦卑的精神。正是以这种方式,我们的大学在这个时代里才能服务于基督和教会。

本科学院的入学考试的分量、广度和深度不断增加,这可能会使一些观察者感到沮丧。逐年地看,实际的要求的提高几乎是感觉不到的;但是,如果向后看10—20年,那么这种变化就相当明显了,而且都是向着一个方向变化。这种考试的声誉和重要性在稳定地提高中,而且这种提高也说明了各级中小学的进步。美国学校不断进步,有朝一日能提升到德国大学预备高中(gymnasia)的水平,那时我们就可以期待美国学院比现在更接近德国哲学学院(Faculties of Philosophy)的水平。现在实际上的入学考试可能近似于法兰西大学(the University of France)①的第一轮考试。这个考试是法国男孩子在中学生活结束的时候参加的,通过后取得文理学士学位。这个学位被授给刚从中学毕业的年轻人,从来不经过大学教师。接受学位的人当中有很大一部分将不进入大学。来参加我们哈佛学院入学考试的人的平均年龄要比法国的文理学士大。这个考试不仅检验考生的能力,而且也检验他们的中学教育质量。这是他们一生中的一个重大时刻,尽管没有像法国那样有一个学位做标志。我们的考试是由学院的教授和辅导教师(tutor)主持,而他们与考生之间以往不曾有过任何关系。如果学院随后的考试都能由从学院以外聘请来的主考者公平地加以操办,那么这真是一大收获。当教师主持他自己课程的考试时,就不会有有效的考试。如果科学、神学、医学和牙科的学位考试由有威望和影响的专业团体委任的独立的主考委员会来操办,那么这些学位的意义就会被大大加强。同样的道理也适用于法学学士学位,这个学位的授予应该不要像现在这样只要来上学就能获得,而是既要参加考试又要通过考试。

① Universiti de France,实际上是法国在19世纪管理教育的中央行政机构,而不是通常意义上的大学。——译注

美国之所以是现在这种让授课的人来主持学位考试的做法，部分原因是因为在任教师之外缺乏既透彻了解考试科目，又精通教学，知道如何客观地同时对学生和教师都进行考察的人。这个困难现在能够被加以克服了。然而这种做法存在的主要原因是，教授会是唯一能够明智地授予学位的实体，而同时学位的获得又只是经过一段规定的学习过程而没有经过严肃的考核，只是完成一段时间的在校学习而不犯什么大错就可以。要改变获得大学学位的方式，就应该引入独立于教学实体的考试机构。就学院本身而言，监事会(the Board of Overseers)在过去一年里已经朝着这个方向迈出了一步。

严格的入学考试对整个学院的教学有一个良好的效果，就是防止把教学资源浪费在那些不合格的人身上。一个入学标准很低而毕业标准很高的学校，比如西点，就要被迫让它的很大一部分学生在中途退学。所以就导致很多个人不幸，还有大量资源的浪费，包括公私双方。但是在另一方面，我们不必假定每一个在哈佛学院入学的学生都应该毕业。他们必须通过严格的年度考试。进入哈佛学院的学生中有超过四分之一的人不能获得学位。

仅仅在几年前，所有从这个学院毕业的学生都上同一套课程。所有的人都按同样的分量学习各科课程，而不论他们各自有什么样的禀赋和偏好。无论是在专业上还是在教师上学生都没有选择。这在美国学院中仍然是普遍采用的体制，而且这种体制有其积极的捍卫者。这种体制的好处是简单。而我们的先辈的教学方法——一个是初级读本，一个是问答教学，还有一个是给所有孩子准备的鞭尺——的好处也是简单。总的来说，一个单一的共同课程计划，差强人意地按照满足平均程度的需要而设计，对大多数美国人来说似乎是一件十分恰当和自然的事情，即使这个课程计划是针对成年人的。

作为一个民族，我们不去把分工的原则运用到心智活动上，而且我们对为适应高级职业岗位的需要而培养专门人才有时不甚在意。老百姓认为，一个美国佬能够担得起我们在不知不觉间拿到高处的任何东西，而被送到高处的东西都是荒谬的和有罪的。我们习惯于看到某个人出自乡间坊里，登堂入室成为法官或者牧师，而且我们对普通人能否安全地使用天纵之才总是将信将疑。我们在习惯上对我们的立法者的知识和经验的数量有什么样的要求？我们通常认为我们的外交家就应该接受什么样的专业训练？在紧要关头，这个国家的确是知道该往哪里去的。经过了多年来的惨痛教训，我们才终于认识到对军人进行的专业训练在战争中是有价值的。对天赋能力倾向的潜在力量认识不足，对集中于一个领域的专业训练的价值认识不足，这将把民族带入危险的境地。

智力上的特点是因人而异的，这一点在教育上还没有得到充分重视。在整个少年时代，在校学习的内容应该是有广泛代表性的，所有主要的知识领域都应该被涉及。但是一个19岁或20岁的年轻人应该知道他最喜欢什么，以及他最适合做什么。如果上大学前训练的内容足够广泛，那么入学前他就会知道自己到底是最适合学语言还是哲学，是最适合学自然科学还是数学。即使他没有什么喜欢的东西，那他至少也该有讨厌的东西。对于这个年龄的学生，教师应该会明智地放弃小学女教师的那种做法，把一张打着零分的卷子丢给声称不会算这道题的孩子。当一个年轻人的独有的兴趣和能力展现出来的时候，那就让他虔诚地迎接它们的到来，让他感谢上帝，鼓足勇气。从此以后，他就知道了自己通向充满快乐和热忱的工作的道路，知道了上帝给他指引的道路，知道了通向成才和成功的道路。从一个民族所掌握的工具的多样性中可以推断出它的文明程度。在石斧和机器工厂之间经历了数千年。当各种器具越来越多的时候，每一种器具也变得越来越精巧，适应于非常专门的工作目的。构成国家的人民也是如此。对个人来说，专注于一件事，最大限度地开发他自己的能力，是唯一明智的选择。但是对国家来说，它最需要的是知识生产的丰富多样，而不是千篇一律。

上述原则正是建立选修课学习制度的理由，而这种制度在过去20年里已经在哈佛学院逐渐发展起来。目前，只有在一年级才有所有人都必须遵守的必修课程大纲。在其余的三年中，一半以上的学习时间要分配给学生自己选择的课程，而选修课的清单中包括二年级的六门，三年级的九门，以及四年级的11门。选修课的内容是非常广泛的，虽然还有明显的缺陷。选择课程的自由度是很大的，但也有很强的限制。有一个框架必须被加以填充，而所要填充的东西中有大约一半是固定的必修课程。给学生提供的选择并不是在博文型(liberal)学业和专业学业或者应用性学业之间。可供学生选择的所有课程都是博文型的和学科型的(disciplinary)，而不是狭窄的和专门的。在这种体系之下，学院的确并不要求每个文学学士学位的候选人都要修一组固定的科目。但是，文学学士学位的要求仍然可以说是很高很严格的，必须有四年完全投入到博文文化的学习当中。

有人声称，选修课制度必定会削弱联结同一年级学生的纽带。的确如此。但是，如果我们看到减弱年级内的密切联系有着更有力的原因，那么这一点就不是特别重要了。学院的年级的规模越来越大，这不可避免地在这方面导致一个大的变化。150 人的年级不可能像以往 50 人的班级那么密切地联系交往。年级人数的增多是一种进步。如果我们再考虑到学生平均年龄的增大,那么采用不同于老教学方法的新方法就更加显得必要,即使这种改变再没有别的理由了。选修课体系有利于学术的成长,因为它使得人天生的偏好和特长能够得以自由发挥,为选择工作的热情提供了可能性;因为这种制度减轻了教授的负担,也减轻了热心于特定课程的学生的负担,使他们不必与一群不得不上自己不喜欢的课的学生待在一起,而教授面对一个有生气的小班级,可以讲得更丰富多彩,而不必在要给很多班级上同样的课程的情况下多次重复讲授同样的内容,由此就能够扩大教学的内容。所以,哈佛学院打算努力建立、改善和扩展选修课体系。这在管理上的困难最初似乎是巨大的,但过不了多久这些麻烦就会消失。

关于讲授和背诵孰优孰劣,已经有很多讨论了。两种办法都是有用的,讲授是为了启迪、引导,以及提供全面的方法论,而只有对整个领域有所洞察的人才能做到这些;背诵是为了确保和证明一个学生能够透彻掌握所学的有关文章和作者,是为了在对话中进行评论并取得举一反三的效果,是为了模仿和竞争。单单背诵很容易流于枯燥乏味的重复,而单单讲授又经常变成毫无用处的浪费精力。讲授者像是往漏斗中灌水,水可能是好水,可惜都漏掉了。心智是在工作中成长的。然而,如果说可以靠学生自己来掌握和欣赏他所阅读的作者,而不必以不断的提问和重复来促进学习,那么不要背诵也完全是可以的。与此相应,在大学的高年级,就有一种减少背诵要求的明显趋势;学生勤勉与否,由阶段性的考试来加以检验。这种趋势的方向是正确的,只是应该加以谨慎的控制。

在关于讲授和背诵的讨论中又出现了有关教科书及其用途的一些强烈的观点。教师和学生双方都对教科书和手册感到厌烦,这是非常自然的事。在很大程度上,这些书本的确很不完善,有待于博学的教师加以不断的修改。在目前教科书水平很低下的情况下,教科书内容的陈旧重复,是其具有的令人气恼的缺陷的部分原因。让头脑跟得上学问的进步是不容易的。然而,我们不能因为教科书的突出缺陷而以偏概全地指责教科书的用途。很少有哪个教师能比他的领域中所有的手册的水平更高明。一般说来,科学方面的手册要比语言、文学和哲学方面的手册差得多,但过去 20 年里我国医学教育上的主要进步就是将系统的教科书背诵纳入讲授课程,而以往讲授课程是理论教学的主要手段。医学学生的训练培养,为我们提供了一个最好的例子(尽管也并不充分),从中了解主要属于科学方面的教育方法的成果。一个好的医学院里的中等水平的学生在三年里经历的变化,最能说明他在这段时间里所受到的训练的有效性。

总体上对所有的学院、个别地对我们这所学院,都有某些共同的误解。对此我想在这里谈上几分钟。首先,尽管人们都熟知学生的周围会有一些道德危险的说法,但在一个人从少年到成人的关键过渡时期,没有什么别的地方比一个好的学院更安全了。学院共同体的安全在很大程度上来自丰富多彩的活动。学院里的舆论氛围尽管很容易被引向歪路,但总体上还是高品位的。学院里有学术的品位和习惯,有真挚的友谊和鲜明的爱憎,有热情的争论,有对人品问题以及深刻的政治和宗教问题的讨论,所有这些都能使人远离怠惰、粗鄙和堕落。无论是群居还是独处都充满了教益。虚伪、欺诈和假造的荣耀在这里都难以容身,大话空话和多愁善感只能遭到嘲笑。在这所学院,对真情实感的压制的确太多了。谨慎而矜持总是比无忌的多言更能得到尊重。但是无论是美国北方佬式的羞怯和英国人式的呆板都不被欣赏。这一点特别会影响到你们这些仍然是本科生的年轻人。当你们感到对一个教师的真心赞佩,当你们对工作涌起一股热忱,当你们为一些妙语感到一阵欣喜,那你们就把它表达出来吧。别为你们的这些情感而感到羞怯。对一个唤醒你们身上的美好力量的教师,就让你们对他的爱戴之情油然而生吧。追随一个智力上的高人,这是很大的快乐。我们美国人太容易失掉这种快乐了。而德国和法国学生却能得到它。如果日后哪一天你终于对你年轻时曾经付出的敬意展露笑容,那么我相信,这时你的眼中也一定充满了泪水。

许多优秀的人都看到过学院里的等级秩序的坏处,但是我们为什么不应该期待现在的年轻人比他们的前辈做得更好呢?有多少男儿女子只是从最高尚的动机出发去履行他们的日常职责?——为了上帝的荣耀,为了解救人间的苦难。大多数人工作只是为了面包,还有一些人是为了蛋糕。学院的等级序列是为了强化更高尚的目标。在为建立品格而进行的奋斗中,不要排斥任何必要的辅助。拒绝盟友是危险的,其恶果仅次于轻视敌人。然而,如何发明出一种评估大学生的品行和能力的恰当方法,却是一个被讨论了很长时间的问题,还没有得到令人满意的答案。等级作为一种激励因素其最大的坏处就是导致自说自话,而等级在有抱负的人身上就会产生这种东西。一个年轻人越不在意他自己的心智教养,越不在意他自己的智力进步,简单地说就是越不在意他自己,就越好。

学院里繁琐的纪律在朋友和敌人那里都受到很多关注。我们应该记住，关于礼节的规则虽然对保持优雅得体的行为举止是必要的，但无论如何也不应该是繁琐的。虽然理论上有所谓“一段安静的时间”的说法，但这无论如何也不能被认为是大学的最大成功。大学的成功，不能以校内的惩罚是多还是少来衡量。在一所学府里，成功或者失败的标准与极少数淘气孩子的恶作剧无关，也与个别人的胡作非为无关。判断成功与否，必须看每一年里是不是增加了新的课程，是不是有对学问的高涨热情，是不是积累了文化和人格的财富。让孩子式的淘气成为一种不光彩的东西，最好的办法莫过于培养学术气质和男子汉气概。要提高一个共同体的风格气质，只能从道德伦理入手。我们大学的条例中有关大小过失的章节需要被加以修改和删减。但是，让我们把施之于儿子的规则也施之于父亲。我们过去使用的那些规章现在看来过于细致精确，但在当时无疑是明智和恰当的。正是为了教化出可敬的举止和对神圣事物的正确态度，当时有在星期天必须穿黑衣服的规定。当时黑衣也并不是唯一被认为符合礼节的装束，但是，当现在我们已经不再遵行这种特定的关于礼貌的规则的时候，我们也并没有就此而更不重视良好的教养，因为所改变的只是外在的形式，而不是实质。

哈佛学院以往一向能够，而且现在也仍然能够吸引来自各种生活背景的学生。从那些不大关心他的儿子在坎布里奇①花多少钱的城市里的商人和专业人士，到那些要付出很大牺牲、很早就开始准备才可以把他的儿子送进学院的农民和技工，各种阶层各种职业的人在过去和现在都希望把他们的儿子们送到这里来。在这所大学里总是有一群年轻人，他们在这里花费的每一块钱都是他们挣来的或者借来的。每年都有许多没有任何生计来源的年轻人进入这所学院。如果他们要证明自己是有能力有性格的男子汉，那么他们就不会因为缺钱而中途辍学。现在每年有两万多美元的钱被用于资助那些生计困窘的学生，此外还有各种费用的减免和众多的私人捐助。费用减免和私人捐助将是源源不断的。正是因为有这些用以帮助贫穷学生的资金来源，哈佛董事会才可以说没有让一个好学生仅仅因为贫困而不能来到坎布里奇，或者中途辍学。但是，帮助是有一个统一的条件的，那就是受帮助的人必须是可造之材，必须有出色的品行。哈佛共同体并没有义务向所有的孩子都提供卓越的教育，而只是有义务接受那些**精英**，那些有能力、又通过艰苦的工作

① Cambridge，哈佛大学所在地。另译为“剑桥”、“康桥”。——译注

证明了他们还有必要的坚韧和毅力的人。由于贫困会使得进入学院的道路更为艰辛,而这又会成为检验某人是否值得被接受的原因。此时此刻,在这个国家没有任何一个学院比哈佛更有资格由于经济方面的条件而接受一个贫穷的学生。奖学金的基金主要是过去 15 年的成果。未来的情况仍将是有保证的,因为我们可以期望,这一代中受益于那些基金的人和那些在日后的生活中取得成功的人已经无法去感谢那些到了天堂的恩人,他们将转而以多出所欠于他们的恩人(而不是欠于学院)许多倍的数量把回报施与他们的后辈。当然还要建立各种奖学金。给有前途的年轻人雪中送炭,为他们智力上的发展和自由助一臂之力,难道还有比这更荣耀的特权吗?天堂里的天使都会艳羡凡间竟有如此美妙之事。赢得奖学金的欢乐将不只限于奖学金的获得者,这份欢乐也将降临到他的家乡,给那里的热切期待中的心灵带去欢乐。奖学金将不仅给获奖者带来好处,这种好处将一代一代延续下去,而且在延续的每一步中都将扩大。感谢使美好事物代代相传的这种神奇力量,没有什么别的投资能够取得这种诗书教化的收益。最穷的学生和最富的学生都在这里受到同样的欢迎,只要与他们的贫穷或者富裕相伴随的是能力、志向和纯洁。在这个唯以赚钱为务的国家,学者的贫穷有着不可估量的价值。美德和荣誉的真正标准存在于贫穷之中。拯救教会的是贫困的托钵修道士,而不是大主教。是那些有担当的贫穷学者和教士使现代社会免受其自身的财富的破坏。奢侈和学问永远是同床异梦。尽管如此,这所学院之所以有其独特的品格,很大程度上在于那些从高雅的家庭里把良好的教养、高贵的品味以及一种男子汉特有的敏锐老练带到这里的人们;他们还带来了开放而活跃的思维方式、智力的兴趣,以及一种对公众的责任感。富家子弟和贫家子弟一样,能步入这些学问的殿堂,能自得其所地置身于一群有教养有智慧的人当中,这是极大的幸运。失去那些在其生命早期阶段因为财富而享有家庭和社会优势的人,与失去那些贫家子弟一样,对学院来说都是重大损失。在这方面,哈佛学院与整个国家的利益是一致的。如果富人愚昧而粗鄙,则是国家之难。得自父辈的财富如果不能与文化为伍,即为难以缓减的灾祸。哈佛学院有时被指责为太过贵族气。如果贵族是指一个愚蠢而狂妄的阶级,以财富、出身和热衷于欧洲风尚为其特性,那么再也没有比这个指责更荒谬的了,因为哈佛学院在情感上有浓厚的美国风格,在气质上有强烈的民主精神。但是还有一个贵族阶层,哈佛人已经属于它,而且我们希望我们永远属于它。这个贵族阶层,在男子汉的体育竞赛中遥遥领先,把学术专业领域中的各种荣誉和奖项尽收囊中,在智力的劳动和竞争的各个领域中都以卓越而著称;这个贵族阶层,在和平时期最牢固地象征着公共荣誉和公共声望,在战争中在枪林弹雨中一马当先冲锋陷阵。

对于目前广泛进行的关于妇女教育和职业问题的讨论,有必要就哈佛大学的态度予以简短的解释。美国是展开这些讨论的天然场所,因为在这里,女性的状况在过去和现在都比别的地方强。美国人通常憎恶各种类型的限制,无论是宗教的、政治的还是社会的。性别平等,两性之间既没有特权又没有压迫,是美国家庭一个令人愉快的习惯。在这场大讨论进行的过程中,哈佛大学的责任是保持一个谨慎和观望的政策。董事会将不会接受妇女作为学生进入本科学院,也不会接受规定学生居住在学校附近的其他下属学院。这个问题涉及人格尚不成熟、却已届婚龄的成百上千的青年男女,要让他们共居一处,其困难非常大。如果建立必要的督察规章,则学校又将不堪此重负。然而,董事会不是因为受到关于女性先天能力的粗陋观念的影响才作出这个决定。对于女性的天然的心智能力,这个世界几乎毫无所知。只有经过几代人的公民自由和社会平等,才有可能获得必要的数据资料,从而充分展开对妇女的天然倾向、品位和能力的讨论。再者,董事会觉得对妇女到底是不是适合职业追求还难以持有定论。对这个悬而未决的问题作出裁决,这并不是哈佛大学的事。在这个国家,哈佛大学并不能承担保护社会不受不合格的律师、牧师和医生损害的责任。社会必须通过有效防止任用这些人来保护自己。实际地而非理论地考虑决定大学的政策。当包含着很深的偏见、争议性很强、又缺乏经验的问题引起密切关注并具有危险性时,只有一种办法是明智和合理的,那就是小心谨慎地试验。实际的问题是要设计出一种安全的、有前途的和有指导意义的试验方案。为了进行这种试验,董事会打算向合格的妇女提供新设立的大学教学课程。在这些课程中,大学将向那些曾在好学校就读的青年妇女尽可能多地提供她们所期望的博文文化(liberal culture)课程。这些课程当然在职业上并没有直接的价值,但能在智力和人格两方面都起到丰富和扩展的作用。大学希望以此来对妇女的知识解放作出贡献。它希望通过自己的这种努力帮助妇女在教学职业上奠定更好的基础,而教学是妇女在其中已经获得明确认可的一个职业领域。它希望提供给妇女的这种高等课程能够对女子学校产生反向的作用——引导它们去除表面化的做法,增进实质性的教育。

哈佛大学的领导机关是各院系教授会(the Faculties)、监事会和董事会

(the Corporation)。作为一个研究和教学的所在,大学在任何时候都是由教授会所决定的。大学里的教授、讲师(lecturer)和辅导教师是知识和激情的源头活水。他们具体地体现着教学的可能性。他们被组织在几个不同的实体——也就是各学术和专业院系当中,每一个院系都在实际上决定各自的程序和规则。对于教学方法的讨论是这些实体的主要工作。事实上,进步主要来自教授会。在过去15年或20年间,文理学院和医学院的教授会的确取得了显著的进步。过去本科生们都觉得,学院教授会(the Academic Faculty)把时间主要投入细碎的规则问题上。这是事实,但不能夸大这个事实。学院教授会是哈佛大学最积极、最敏锐、最热诚的群体。他们的确经常得去讨论一些细微的问题,而在不明就里的旁人看来,这些问题似乎太过琐屑。但是在教育中,技术细节要起重要作用。一年级学生的德文课是作为一个辅修课程每星期上一次呢,还是作为选修课上两次?这个问题可能看上去无关紧要,但是20年后这个决定将导致一个重大的差别——这一代毕业生懂德文和不懂德文的差别。通过不断聘用新的辅导教师和助理教授(assistant professors),学院教授会将得到更新,这方面它比大学内的其他机构都做得更好,也更频繁。有两种人可以被造就成好教师——青年和永远不会变老的人。学院教授会不间断的讨论已经产生了一个后果,这就是沃克尔①校长治校初期以来所经历的变化。而且它从不疲倦。新人接续旧的讨论,一年比一年进步大。教授会中的分疏并不在于新老成员之间。区别总是在老的激进派和年轻的保守派之间。

医学院教授会提供了同一原则的另一个例证,这个原则就是为了哈佛大学的真正进步,必须主要依靠教师集体。今天的医学院几乎比15年前强过三倍。其教学力量大大增加,其教学方法也有很大的改善。这个成绩是该学院教授会努力的结果。

既然教授会是如此重要,那么一个关键的问题就是,如何保持和提高这些实体的质量。为哈佛大学找到称职的教授是非常困难的事。有出众能力的美国人很少会为这个职业所吸引。他们的薪酬一向太低,而且这个辛苦的工作没有按部就班地升迁这一说,而在其他的学术职业中这可能是完全可以期待的东西了。供求规律,或者说商业的法则是,生产者和消费者之间的自

① James Walker(1794—1874),哈佛大学自然宗教、道德哲学和公民政体教授,于1853—1860年担任哈佛大学校长。——译注

然竞争能以最佳方式规范商品的质量和价格,但这个法则在高等教育领域从来都是运转不灵的。尽管这个法则的一些鼓吹者有很高的声望,但我们仍然几乎可以肯定这个所谓的法则在我们这个领域从来都是运转不灵的。这里的原因是,学生的父母和学院监事会对一流教师的需求是一种盲目的需求,而高质量的教师的供给是如此有限,消费者没有足够的机会来了解到他所寻求的商品的真实质量。消费者一开始就不能作出正确判断,而且持续地不能正确判断。而且,一种需要并不必然就是有效的需求。每个人都知道,这个所谓的法则要经得起这样一个事实的考验,即对短缺斤两、掺杂低劣和假货赝品的防范经常是十分不完善的,即使是在市场上特定商品十分充裕且购买者十分了解这种商品的情况下也是如此。智力最高的社区在购买服装和食品杂货方面也无力自我保护。当所要购买的东西是学问、启迪力和个人影响力的时候,供求法则就土崩瓦解了。大学不能像一条铁路或者一个纺织厂那样来经营。

然而在学院教授的立场上,有两个实际的进步将会产生非常好的效应。他们的日常薪金必须而且将会被增加,而困扰他们的重复授课必须被减少。选修课制度的一个优点就是,通过削减班级和分组的规模,以及增加课程的种类和数量,教授们的工作量将变得更为适当。

经验告诉我们,最有本事和热情的教授将对知识的传承贡献出某种东西;或者即使他们自己发见不多,他们也会对捍卫、解释和传播其他人的知识贡献有所作为。尽管如此,这一代美国教授的首要职责必须是经常地和勤勉地授课。除了给天文台支付的资金,哈佛大学没有任何一笔资金单纯是为了保证做学问的人有空闲和手段从事原创性研究。

对所有关心如何以美国特有的办法通过私人公司的力量来为社会提供高等教育的人来说,监事会的组织和功能值得予以认真关注。从1866年以来,监事就由校友选举产生。每年选出五个人,任期六年。这个机构由此具有广泛而十分明智的选民基础,而且能很快得以更新。如何以精巧的方式提出两倍于当年产生的空缺数量的候选人提名,是值得作为一个可能在政治上被运用的制度设计而加以仔细研究的。监事会的实际职责是促进和监督校长和董事。如果没有监事,校长和董事就成了一个私人董事会,自己让自己永久存在下去,而且自己控制自己。由于实际上有两个统治机构,哈佛大学就拥有美国各级政府都拥有的那种主要的保障机制,也就是具有不同类型的章程、力量和特权的两个实体之间的自然对立。监事们虽然和董事会在为大学谋福利和促进学术进步方面有着最深切的共同利益,但他们对董事会总是持有一种怀疑和警觉的态度。他们应该总是处在一种推动和查询的状态之中。监事会履行的是公共监督职责,其重要性不容低估。我们都希望哈佛大学经久不衰,对社会的贡献不断扩大,经验证明这个希望的实现必须被寄托于这种双头组织。英国的做法是建立一个私人的董事实体,由它们根据某个或某些创立者的个人指示来运转一个学校或者慈善团体。这当然已经被证明是一种极为糟糕的做法。一代一代地算下来,我们就会看到这样建立起来的制度总是寿数不久。如果不是有监事会的存在,导致英国私立学校衰落的原因也将威胁我们这所大学的生存。这些学校一般都是由亲信的董事会管理,自我选举,自我控制,缺乏行动的主动性,更自绝于外部的激励和帮助。这种实体对人性太不负责任。人们在一生中的一个阶段来到这种地方,被托付给学校,在这个阶段人们觉得休息是甜美的,而且似乎最容易的办法就是最好的办法;因懒惰而要承担的后果尽管在实际上非常沉重,但他们觉得似乎要比因勤奋而承担的责任要轻很多。英国学校的这些董事会经常为捐赠者那些不但行不通、而且阻碍有系统的进步的意愿和指令所牵制。这里也没有关于全面检查和公开报告的系统规定。我们不能自我夸耀说,在类似的环境下我们就一定能避免同样的危险。我们在英国教育界的一些优秀的朋友对这些急需修正的弊端甚感痛切,乃至于主张所有这些学校的捐赠基金都应该被废除,而且将来一概不批准此类基金会的设立。法国的法律实际上就禁止由私人来创办此类基金会。

与监事对大学予以督察并对其状况进行公开报告的权力相伴随的,是其建议和敦促实施改进措施的重要职能。一个规模巨大的大学的惰性是可怕的。如果美好的过去使我们安于现状而不能对将来未雨绸缪,那么这美好的过去就必定成为危险的东西。我们的监事会的当前的章程已经敦促其他几个新英格兰学院的校友会,对迄今为止一向是唯一的权威的董事会下属的资产管理委员会施加一种类似的控制。

我们现在该来谈谈大学的心脏——董事会。这个机构掌握着基金,作出人事任命决定,制订工资标准,而且理所当然地对大学的规章制度体系上的各项变动享有创议的权力。这样一个执行机构的规模必须是小的,这样才能有效运转。它必须总是包含具有财政上的可靠判断力的人,而且文化学术各专业也应该在其中有足够的代表。董事会也应该更新,但要慢一些,因为对大学最为重要的是,大学董事会应该有稳定的目标,应该有一种独立于个人、而且能代代相传的主流精神。那么这种精神应该是什么呢？第一，这应该是一种兼容并包的(catholic)精神。一个大学必须是本土的，而且它必须是富有的；但是最重要的，它必须是自由的。自由的和煦之风必须吹进大学的每一间屋子里。狂风怒号中种子将不能生根发芽。思想自由的气氛正是文化和科学成长的适宜环境。这所大学热切地企望能通过培养知识上诚实、思想上独立的人来服务于国家。董事会要求所有的教师都必须庄敬自重、虔诚高洁，但是像对待学生们一样，董事会给他们自由的空间。大学不是由一个宗派，而是由一个国家来建立。

第二，驱动董事会的精神必须是一种忠诚的精神——一种对他们所承担的多种多样的托付的忠诚。数以百计的人，无论贫穷还是富有，都怀抱着做一些泽被后世的事情的美好愿望，把他们的金钱托付给校长和哈佛学院的董事。董事会一直在尽其最大努力来使这个愿望变成现实。199 年前，威廉·宾诺亚(William Pennoyer)将其在英格兰诺福克郡几处地产的租金捐出，要使这所学院里的“两个研究助理(fellow)和两个学者得到永久的教育、培育和供养”。得自这笔遗赠的收入从来没有被辜负。今天四个宾诺亚奖学金中的一个由威廉·宾诺亚的兄弟罗伯特的直系后代所享有。而丹福斯(Danforth)总督的一个直系后代在今年得到了丹福斯在 1699 年捐赠的财产所获的收入。董事会在重要的事情和不那么重要的事情上都是一样的忠实。董事会在一个方面是被上帝所赐福的：在董事会的全部历史中，在七代人的时间里，从来没有因为职员和下属的过失而造成损失。董事会因忠实谨慎地对待其重托而享有声誉，这是他最可宝贵的财富。若非如此，学院就会损失所有其他的东西，而且无法生存——这是无法弥补的损失，学院的灭亡将因此而指日可待。对于接受捐赠的董事会来说，立捐赠遗嘱的人首先要看它是不是值得信任以及它是不是能长久存在。董事会怀着感激之情接受各种用以促进学术的馈赠，但是他们相信，只有对这些馈赠的使用范围不加以过于狭窄的限制，才能最有效地增进大学的利益。当捐赠者想要使其捐赠被限于某个专门的用途时，董事会就会同意将这笔基金在捐赠者的名义下被单独立项，使其各种支出都能够被用于捐赠者所指定的目的。然而，这种个别投入的办法却造成一个后果，就是无法保证单笔的捐赠被纳入总的基金当中。一项自行决定用途的资金，会因为一个投资上的判断错误就受到损失甚至全部丢失。这种损失的概率按一代人的时间看并不大，但如果按世纪来算，那就很可观了。资金可以从总体上被派用于工资、书籍、宿舍、公共建筑、奖学金、本科生和研究生、科学收藏,以及实验室的花费,这些都是有持久的意义和效果的用途;而经验证明,关于基金的使用如果给出过于具体和细致的指令,就必定会经常导致使用效果不良,这无非是因为每一代人的需要和习惯都处在变化之中。

第三,董事会应该总是充满进取精神。像学院这种机构,如果在已有成就的资本面前固步自封,必会未老先衰。对于投资基金,即使是对其中一个很小的零头,董事会也应该总是想方设法使其产生更大的收益。因为这一笔钱意味着一个新的教授职位。它应该总是努力去争取设立更多的教授职位,招聘更好的教授,获得更多的地产和房产,购买更好的设备。它应该热情、敏锐、不知疲倦,应该从不把时间花在欣赏自己的荣誉上,总是迅速地欢迎和利用社会的慷慨,在促进知识进步和公众美德的事业中能够勇于克服困难、付出劳动,确保一个光明的前景。

先生们,对于我所描述的这所学院的董事会的真正精神,你们已经看清楚了。我所勾画的是新英格兰风格的高贵化身,这种风格已经使我们成为一个自由和明智的民族;而且,如果上帝愿意的话,这种风格还将在全世界为提升人类而发挥伟大的作用。

在其所承担的责任以外,董事会实际上付出的努力要比社会所能想象的多出许多。在过去20年里,大学的事务在数量和复杂性上都比过去增加了很多。时不我待,董事会成员的确感受到巨大的压力。在这些日子里,董事会以其出色地履行了职责而赢得了极高的荣誉。

大学校长首先是一个执行官员。但是,作为两个统治实体以及全部教授会的成员,他也必须在这些实体的争论中发挥影响;而他与大学或多或少的密切关系,以及他或大或小的个人影响力,也许的确使他有资格施加这种影响力。一个事必躬亲的行政官员,只能做很少的一点工作,而且这点工作也不会做好。校长的首要职责是一种监督的职责。他应该知道每一个高级职员和普通职员的工作是什么,知道这些工作是怎样做的。但是,要校长能招之即来,来决定从购买门垫到任命教授的所有大小事务,这种时代已经过去了。在政府里、工厂和所有大公司里普遍施行明确分工、逐级负责的原则——而且这也是使现代军队成为可能的一条原则——也必须在这所大学被采用。校长应该有能力辨别出复杂而持久的讨论的实质内容是什么。他必须经常能在一个有待试验检验的理论中选择出最有价值的那一部分,而且必须判断出想做的事中有哪些是可以做的,必须决定许多计划中有哪一个最具备执行的条件。他必须四下察看，也必须放眼前方：四下察看，是为了抓住获得金钱的机会，是为了确保杰出的教师和学者尽入囊中，是为了影响公众对学术发展的态度；放眼前方，是为了预估公众对教育问题意见的起伏变化对哈佛大学的影响，是为了预估供养大学的机构的进步，是为了预估大学所提供的专业的环境条件的变化，是为了预估新的专业的兴起，是为了预估人群中的社会和宗教习惯的逐渐转变。哈佛大学必须使自己迅速适应它所为之存在的人民的风尚中发生的显著变化。在任何一个国家里，高等教育机构都是一面忠实反映该国自身历史和风格的镜子。在这个变动不居的国家，大学和社会相互之间的作用和反作用比在那些僵硬呆板的社会更敏感、更迅速。所以对校长来说，他绝对不可以先要看看怎么建房子才能搞明白建房子的计划是怎么一回事。他可以从与各种各样的人的交往中获益，可以在每一次关于教育、立法和社会学的真正讨论中获益。

校长最重要的职能是在人事任命方面向董事会提出建议，特别是对那些还没有得到时间和机会让大家认可自己的青年的任命。正是在履行这个职责的过程中，校长掌握着哈佛大学的未来。除非他具有洞察力，除非他能够——有时需要他能透过表面现象——识别出真正的绅士和天生的教师，否则他就不能做好自己的工作。这是校长最为沉重的一项职责，所以其他的考虑居于次位。每天都看着一个坏的任命所导致的恶果，必定是其职务上最为痛苦的折磨。幸运的是，一项明智的任命所产生的良好效果也是难以估量的。在这里和在任何地方一样，好的比坏的更具有渗透力和扩散性。

势在必行的是，规范校长职责的大学条例需要重新制定，哈佛学院的习惯需要在某种程度上予以修正，以便使较为次要的任务不会排挤校长承担的更为重要的任务。但是，无论校长的职责是多么重要，我们都不能忘记他首先是一个法定的执行者。重要的是他的人格和判断力，而不是他的意见。他是多个审议协商机构的执行官员，而在这些机构里，先经过讨论，然后又多数票表决形成决定。这些决定约束着他。他不能把自己的意见强加于任何人。大学是世界上最不适合独裁者的地方。学问总是共和制的（republican）。它有崇拜的偶像，但没有掌握一切的家长。

社会可以为大学做些什么？社会可以给大学以爱、荣誉和珍视。爱它吧，给它荣誉吧。大学就是由公众的这种爱戴和尊敬所支撑。在她的孩子的忠诚中她能够看到力量和勇气。董事会、监事会和几个院系的教授会都有必要感受到的是，公共意见的领袖们，特别是哈佛学院之子们在支持着他们，随时准备给他们以慷慨而明智的帮助。所以,我们欢迎州首席法官、各位参议员、各位法官和其他本州的贵宾,他们出席这个古老的仪式,显示了马萨诸塞州对她最古老的大学感到骄傲。所以,我们也欢迎在此济济一堂的校友,他们的到来证明了他们对学院的挚爱,而学院在经历了各种变化之后仍是他们的家园。珍惜它吧。这所大学尽管在美国学院中是富有的,但与欧洲的伟大大学相比却仍然是非常贫穷的。美利坚共同体对这所大学的期望已远远超出它满足这种期望的能力。我们必须既满足普通的大多数人的需要,又满足少数优秀人士的渴望。我们担当不起忽视艺术的后果。我们需要木板房,也需要树林和草坪,而很快在这个迅速扩张的城市里我们就没有机会再得到这些了。但是最重要的是,我们需要教授职位、书籍和设备,由此来促进教学和研究的繁荣。

那么,大学能为社会做些什么呢?第一,它将以丰厚的学问、诗书和虔诚来回报社会。第二,它将培育一种公共责任感,而正是这种伟大的美德才使得共和国成为可能。哈佛学院的建立就是公共精神的一种豪壮行动。在一个多世纪的时间里,正是因为教区及教区内的私人捐赠者的公共精神,哈佛学院才得以保持一个宽阔的生存空间。在过去50年里,学院之友的公共精神使其捐赠数额扩大为原来的四倍。在这里成长起来的一代又一代青年对创建者的虔敬的心意作出了怎样的回报?他们是不是为自由增添了荣誉,是不是热爱着他们的祖国?要回答这个问题,我们可以去看为国效力的纪录,可以去看参议院、内阁和外交机构人员的名单,可以去看陆军和海军的名册。光临此地的可敬的人们在全世界面前显示了这所学院的毕业生的公共品质。他们的服务不是为了图利。其他的工作领域更吸引他们而且回报更丰厚,但是他们充满了为公众服务的高贵志向。就在最近一些时期还有人怀疑:文化是否是无私的?具有优雅的品位风度的人真的热爱自由吗?他们准备为了自由而忍受艰辛吗?或者简捷地说,这个世纪里的绅士是否会被证明忠于高贵的理念,就像以往的时代里忠于国王一样?在那边的老运动场上,为了纪念正是在那里培育起来的英雄气概,即将矗立起一座圣洁的纪念碑,它将世世代代对那些浅薄的质疑给出一个令人信服的答案。因为在碑门的上方将镌刻如下碑文:"纪念为国捐躯的哈佛之子们。"哈佛大学的未来将无愧于它的过去。

(牛可　译)

真正的哈佛[①]

威廉·詹姆斯

当一个人从另一个并非自己读书的学院获得一枚勋章时,他会把这看做是一种荣誉。今天,这种荣誉光临本人,我想,它的价值已远远超过荣誉本身,因而我更乐意把它视为一种来自朋友的人格善意(personal good will)的荣耀表征。由于我意识到了这种善意和友好,我想谈谈自己的真实感受,以回报主席先生的盛情美意。

我并非贵校的毕业生。我甚至没有在(哈佛的)科学学院取得过任何学位,而40年前我却在该学院从事过一些研究。我没有任何选举校方领导的权利,而时至今日,我似乎也从来没有感觉到自己仿佛是完全意义上的哈佛大家庭之一员。哈佛意味着许许多多,她是一所学校,一个催人思想的思想之家,也是一个社会俱乐部;而在我们这些文学学士中间,其俱乐部方面的意味是如此强烈,其家族联系是如此密切和微妙,以至于我们所有生活在这里的人都会和我本人有同样的感觉:无论我们可能在这里生活多久,都会在毕业典礼这一天产生些许局外人的感觉。我们无课可上,常常置身于局外。这感觉可能是愚蠢的,但却是一种事实。我相信,我亲爱的朋友谢勒、霍利斯、兰曼,或者罗伊斯的感觉永远也不会像我的朋友巴雷特·温德尔那样快乐,或者说在类似今天这样的时日里,他们的感觉永远不会像温德尔待在家里那般快活。

① 在1903年6月24日哈佛大学毕业典礼上,威廉·詹姆斯荣获法学博士学位,这是他在此次毕业典礼的午餐会上发表的演讲,刊印于哈佛大学《毕业生杂志》,1903年9月号。本文选自威廉·詹姆斯:《纪念与研究》,纽约:朗曼-格林出版公司,1912。

我希望利用我现在讲话的特权为这些局外人说几句,因为我属于他们中的一员。许多年以前,这些局外人中,有一人从加拿大来到此地,他声音高亢,完全不同意我的所有哲学观点。一天,在一次演讲中,正当我慷慨激昂、滔滔不绝之际,他高亢的声音突然在我头顶炸响,给我当头一喝:“但是,博士!博士先生!请暂且严肃一点!……”他的声音如此真诚严肃,以至于引得满堂突然像炸开了锅似的一阵大笑。现在我也要求你们在我作这一简短讲话时暂且严肃一点。今天,我们正为我们自己感到荣耀,而无论何时,只要我们在这样一些日子里高喊哈佛这一名字,我们就狂欢不已,手舞足蹈。一俟人们纯情发动、心血来潮,便迎来让人心潮澎湃、无比感动的日子。但是,在我们这种对往日的同窗好友、对昔日的校园和钟声、对各种纪念物和俱乐部,以及对这熟悉的(查尔斯)河流和士兵墓地的纯天然性情感(mere animal feeling)的背后,必定有着某种更深刻更合乎理性的东西。无论如何,这背后应当有某种可能的根本性理由,能够解释为什么人们会如此欢腾雀跃,激动不已,因为他们是哈佛的儿女,不曾因为某种无法言说的可怖的偶然出生而预定成为耶鲁或康奈尔大学的学子。

任何一所大学都能够培养这种类型的俱乐部式忠诚,产生这种预先特别仰慕某一大学的心理之唯一合理的根据,可能就是该大学卓尔不群的精神气质。但是,仅仅是成为这种纯俱乐部式家族意义上的大学学子——我不在乎是什么样的大学——并不能保证你能够获得任何真正的精神气质的优越性。

那种认为书本学习可以成为解除各种社会之恶的老式观念在今天已经完全破产。尽管我们这所大学的校长去年还对教师们放言这一观点,我还是这么说。我们的校长是位心性乐观的人,那时候他似乎认为,只要学校能够更好地履行其职责,社会的恶就会烟消云散。但是,社会的恶从来就没有消失过。每一个文化层次都必定会在人们的头脑中打上它自己特殊的烙印,如同某一块土地会生产出甘蔗,而另一块土地则会生产出越橘一样。如果有人问我们这样一个歧义性的问题:“我们今天所处的文化层次可能隐藏的恶是什么?”我想,我们不得不作出更具歧义的回答:这些隐藏的恶是欺骗和投机取巧,是沉溺于欺骗和投机取巧;是伪善之言和对伪善之言的同情——是“达成”(getting there)这一语词之纯粹外在意义上的“成功”之极端理想化的自然结果,而尽可能取得尽可能大的成功正是我们现在这一代人的特点之所在。某位讽刺家说过,人们为自己的行为所寻找的理由恰恰是那些使他们能够为其想做的行动所发明的理由。我们可以说这也同样是由于相同教育所导致的结果。我们清楚，大学毕业生在各个方面都面临着各种公共问题。坦慕尼协会(Tammany)①最坚定的支持者就是哈佛的学子……哈佛学子就像记者一样，为他们能够在各个方面创造可能有益于他们自己的新闻价值而感到自豪。在某位哈佛拥护者那里，你可以找到的都是公共的滥用。

在这种成功的意义上，在这种世界性的意义上，以及在这种俱乐部意义上，成为一名大学学子甚至是成为一名哈佛学子，并不足以确保任何成功，而只能在为大众崇拜和平民目的的服务中提供一种较高的智力教育而已。在这一外在的哈佛内部，有一个明确意味着比这更多东西的内在的哈佛吗？如此众多的外来者来到这里又是为了什么？他们来自我们国家最遥远的边陲僻壤，没有什么引荐，也没有什么校际关系；无论是成为这所大学的专业学生，还是成为其科学学子；无论是作为毕业生，还是一位穷学生，都在创造着他们自己的生活。他们很少或从不关闭他们的理想之门；在哈佛校旗耀眼夺目的日子②里，他们便盘旋在这红色旗帜的海洋之中。但尽管他们为自己在这里所找到的滋养而陶醉狂欢，他们的忠诚却要比俱乐部成员通常具有的那种群集式忠诚更为深刻、更为微妙，因而具有更深沉内在的灵魂。

的确，存在着这样一个内在的精神的哈佛，而我所谈到的和我为之讲话的这些人都是她真正的传教士并将她的福音传播到尚不信教的人们中间。当他们来到哈佛时，首先并不是因为她是一个俱乐部，而是因为他们已经听说了她坚持不变的原子论的构成；她对例外和奇特的宽容；以及她对于个体职业和个体选择之原则的奉献。是因为她的课程不拘一格，丰富多彩；是因为她哺育了如此丰富多样的富有生命力的理想，并给这些理想的价值实现开辟了广阔的天地；所以，即使她在大学间举行的运动会上明显处于无可挽救的二流(或者偶尔进入一流)的位置，在她看来也很不错，以至于运动会虽然不过是一次运动比赛而已，但哈佛对耶鲁的比赛胜利却不是整个法则和预言的胜利，玩具气枪也不是命运劫数的爆发。

真正的教会永远是看不见的教会。真正的哈佛也是看不见的哈佛，她在她更富于真理追求的灵魂中，在她无数独立而又常常是非常孤独的儿女们身上。思想是我们大学应该成为的植物园中的珍贵种子。注意！当上帝让一

① Tammany，亦称“Tammany Society”，坦慕尼协会，系美国民主党在纽约市成立的一个极有力量和影响力的政治组织，成立于1789年。

② 指哈佛毕业典礼。——译注

位思想家在这个世界上自由思想时——卡莱尔或爱默生说过，那时候一切都得重新安排。但是，这些思想家在他们年轻的时候却几乎总是非常孤独的人。“唯有孤傲的太阳方能凌空高照，唯有浩荡的激流方能永流不息。”最值得人们合理仰慕的大学是孤独的思想者最不会感到孤独、最能积极深入和能够产生最丰富思想的大学。在这样一种情况下，在不同的大学之间进行比较可能没有多大的意思，而她们那些纯俱乐部式的品质，并不能使她们广泛地区别开来：所有的大学都必定是值得人们忠诚的，她们都能激起学子们对她们的感情。但是我相信，作为独立而孤独的思想家的温床，哈佛仍然站在各高校的前列。思想家们将会发现，这里的思想氛围是如此的宜人，以致他们可以愉快地度过他们孤独的思想时光。当哈佛给她的儿女们打上一种单一沉重而又刻板的品格烙印之时，也将是她的衰败之日。我们的无拘无束正是我们最值得自豪的东西。让我们共同期待这种无拘无束（的思想风格）永葆青春，创造无限硕果。

（万俊人　译）

论美国教育体系[①]

罗伯特·哈钦斯

我想很简短地谈谈美国高等教育的前景。此时此刻,美国高等教育的前景并不特别看好。[②] 在这个国家的各处,人们都在叫嚷,说花在教育上的很多钱纯属浪费;而且当讨论触及高等教育时,这种众口一词的喧嚷声就更大了。现在正在制订各种取消高中的计划,其理论依据是:所有平民大众都享有的教育的年限是八年。公立的两年制学院(public junior college)必须消失;而且,即便要保留州立大学,我们也必须把之所以作出这种迁就的原因归结为这些大学的毕业生的政治权力,而不能说是因为人们广泛认为这些大学是有用的。

我不相信这种灭绝一些类型的教育组织的运动会走得很远。它们在成长过程中对真正的需要作出了反应,而这些需要现在比以往更迫切了。它们之所以成长起来,是因为年幼的人们不能变成工人,而必须成为学生。众所周知,形势比我们以前所能想象到的更加恶化了。从 1920 年到 1930 年,17 岁到 18 岁学生的高中入学人数增加了 196%。据报告称,在过去两年间芝加哥地区的两年制学院的入学人数增加了 100%。本地区各高级中学的毕业生正在吵嚷着要求得到继续接受教育的机会,但学校体系却容纳不下他们。

---

① Robert M. Huchins, "The American Educational System", *American Journal of Education*, vol. 91, no. 4 (Aug., 1983),本文是于 1932 年 12 月 20 日在芝加哥大学校长任上的一篇讲话,原载于 *The School Review*, vol. 41 (February 1933),第 95—100 页。

② 当时正是大萧条时期。——译注

即使是在困难时期，这种来自公众的压力也是不能持久地加以抵制的。高中、两年制学院和州立大学将生存下去。当然，它们将是在勒紧裤腰带的状态下生存下去。但是这些学校受照顾的特点太过明显，以至于那些呼吁取消它们的人不大能认真地听取别人的观点。想想看，如果这些学校关闭了，在芝加哥会发生什么。即使在这些学校里没有老师上课，它们也必须敞开大门，为的是让孩子们不要流落到大街上。也许有人会说可以让他们待在家里，但是你只要去看一眼他们的家就知道该怎么回应这种说法了。那会是一家六口在夜里挤在一间小屋里的场面，你几乎不能指望他们白天还待在家里。

教育机构的大门将继续敞开，但要缩减规模；公立学校的缩减可能会有两种办法：一种是限制学生的机会，另一种是削减教师的报酬。第一类精简办法的根据是这样一种假设，即有某种最小限度的教育将给国家造成最大限度的负担。但是我要请求你们相信的是，国家的最小限度的义务就是在力所能及的范围内让人们得到最大限度的教育。我们现在不仅不应该削减面向学生们的机会，而且应该扩大之。我们现在不去扩大学生们的机会，是因为我们觉得负担不起。但是或迟或早我们会看到，我们不能继续用差不多同样的方式对待所有的高中学龄的学生。我们最终必须要有可供选择的其他高中水平以上的课程。这些不同类型课程必须延伸到公立学院。我认为确定无疑的是，在未来，两年制公立学院的入学人数一定会经历从前的高中曾经经历过的那种增长，而且这些学院的教学内容也将根据它们自己的学生的需要作出改变，而不是去顺应国人的传统偏见或者大学的要求。

我觉得任何普遍削减教师待遇的举动都会招致严重的后果。为削减教师工资而找出的理由是，其他所有人的收入都减少了。这个说法完全正确，但与这里的问题毫不相干。教师的报酬一向很低。多年来教育行政机构的一个首要目标就是提高教师的待遇。比如在我们这所大学，教师的平均工资在 1908—1931 年间几乎翻了一番。然而，按照这一时期美元的购买力来衡量，普通教授的实际收入事实上每年减少 75 美元。在经济繁荣时期教师没有靠商业投机获利。鉴于教育的重要性，我们必须不遗余力地把最好的人吸引进来。这一努力的一部分就是提供合理和牢靠的报酬。

这些看法当然也适用于所有诚实和能干的公务人员。我们有这样的人，而他们从来都没有得到过多的报酬。最近对政府雇员的普遍减薪是这次经济萧条最令人丧气的方面之一。如果我们想要得到值得尊敬的公共服务，我们就必须对那些能为公共服务赢得尊敬的人给予回报。削减公共开支的办法是清除那些败坏公共服务的声誉的人。

然而,尽管那些希望不惜任何代价都要实行无差别减税的人发出了狂暴的攻击,教育仍将会生存下去。我对学术研究——这种活动是大学主要的和特有的任务——的未来并不那么乐观。州议员们将就用于教育的公共资金进行投票表决,目的是使州立大学继续向他们的孩子们和他们的选民的孩子们敞开大门。他们会给那些有明确的和当下的实际利用价值的研究项目拨款。但是我看不出他们会给那些为使州立大学成为真正的大学所需的开支拨款,看不出他们会给那种我们称之为学术的研究探索拨款。目前即将实施的削减将对州立大学的预算产生影响,这大体上涉及两类支出,即工资和研究经费。但是如果学术研究消亡了,大学也就没有资格再被称为大学,教育将失去生命力,未来的文明将会因为今天省下来的每一分钱而付出相应的代价。

假如私立大学能够像过去那样高举学术研究的大旗,那么整个情形还不至于像我感觉到的这般不济。但它们几乎都不这样做。随着它们的投资收入的减少,它们被迫开始对来自学生的收入予以强调。这促使它们将教学维持下去以吸引学生。如果有作出进一步的精简节约的必要,它们就必然会进一步缩减在研究上的支出,但是在教学上会继续保持足够的分量,以吸引足够多的学生。我看不出这种局面的恶劣后果能够被避免,除非在公众、私人捐赠者和大基金会方面能本着一个信念来行事,即研究和学术万万不可在这次危机的打击下死去。

在外行人中培育这种信念的一个主要困难在于美国高等教育的组织。外行人不明白什么是高中,什么是学院,什么是大学;而我们也只能做些最微薄的努力来向他们作出说明,因为我们自己也有些糊涂。如果我们能将我们的体系加以合理地组织,那么公众理解上的最大的障碍就会烟消云散。

这样一种合理的组织必须从小学开始。现在很清楚的是,小学的任务可以在六年内被完成。小学之后应该有一个中级教育单元,也就是一个预备性质的而不是终结性质的阶段,期限是三—四年。在中学以上应该有一组可供选择的学业过程,具体地说就是一个终结性质的而不是预备性质的阶段。这个阶段应该不短于三年不长于四年。其中的一种学程应该致力于通识教育。其他的学程则应该从事各种技术训练,目的是适应这一类人的需要,即那些不会进入工程和商业专业学校继续深造,但其学业是在这些方向上而不是在通识教育上的人。

通过六年的小学，三年或者四年的中学，以及三年或者四年的技术类和文化类的终结性学程，我们就可以期待满足我们的人民在18岁或者20岁之前的教育。在18岁或者20岁时就该开始大学教育。

大学不是一种大众教育的工具；大学是一种以增进学术为目的的组织。所以，我们应该把它与高级中学、学院和技术学院（technical institute）区别开来。正如我们已经看到的，学生应该在目前的学院二年级结束后进入大学。这样他们的入学年龄就是在18—20岁之间，具体时间取决于他们完成中学和学院教育的速度。除非他们有学术的或者专业的兴趣，否则他们就不应该进入大学。学院阶段应该在学院停止。在大学里教师和学生的目的应该是在一种学术和专业的氛围中从事那种最高级的学术和专业工作。在对教师和学生的选择中应该考虑这种目的。

这种组织方式的优势是，它能为公众和我们自己明确界定教育体系中每一个制度单位的功能。这样每一个单位的活动都能按照它自己的理念、根据它自己的表现来加以检验。目前，大多数高中的最后两年与大多数学院的头两年之间是重叠和雷同的。在大多数学院，专业工作和通识教育是以毫无建设性的方式纠缠在一起的，甚至从入学的第一天起就是如此。大学的功能就这样被学院的责任和学院的气氛搞得模糊起来。学院的后两年与研究生学业之间的距离比学院的后两年和学院的前两年之间的距离更小；学院的头两年和高中的后两年之间的类似程度比学院的前两年和学院的后两年之间的类似程度更大。

这个总体情况已经让人觉得够混乱了，但两年制学院还要带来更多的混乱。这是一个不能令人满意的制度单位。由于它的学生每年有一半要毕业，所以它就不得不要么将高中再延续两年，要么就模仿大学的前两年。全国的450所两年制学院与高中后两年的自然联系现在被人为地分割开了，这是因为致力于标准化的机构要求它们进行这种分割。如果允许高中和两年制学院整合在一起，就很可能产生组织上的合理化、统一性以及经济节约等效果，而出现这种效果的可能性是如此巨大，以至于这种许可是不能被长期耽误的。

到这种许可一旦作出的时候，它不应该意味着把高中延伸到学院，而是应该意味着把学院延伸到高中。这将使我们拥有一个堪与德国的预备高中（gymnasium）和法国的公立高中（Lycée）相比的机构，在这里要求有最高素养的教师和最严格的学术标准。如果由学院来掌握高中的后两年,这种效果就会得到保证。由此,从事真正学院型工作的学院就可能出现在这个国家。

同时,从事真正具有大学特性的工作的真正的大学也会在美国发展起来。但是你也许会问:“如果这个计划的好处之一是学院和大学的分化,那为什么还要在大学里设学院呢?”我的回答是,学院在大学里没有位置,除非是为了试验的目的。大学的目的是推进知识发展。学院只是作为一个试验性组织而属于大学,其任务就是推进关于学院这种组织的知识。由于大学教师素质很高,所以大学可以就有关学院教育的各种问题进行试验,并努力制定一种使致力于履行通识教育的学院可以采行的模式。这就是芝加哥大学现在正在做的事情;这就是学院在这所大学获得一席之地的原因。

有了六年制的小学,有了三年制或四年制的中学,有了着力于通识教育的三年制或者四年制学院,以及并行的提供各种技术教育的三年制或四年制机构,有了开始做那些芝加哥大学在三年级开始时做的事的大学,我们就会拥有一个简单而连贯的组织。这种组织将会得到理解和支持,将会把一种我们的文明所需要的教育提供给美国青年。美国大学,特别是私立大学,又特别是芝加哥大学的任务是,以其荣誉和智能来推进这个全面的计划的某些部分,最终使教育和学术更加繁荣,进而使教育和学术之光照耀和引导我们的人民。

(牛可　译)

高等教育的革命[①]

理查德·霍夫斯塔德

一

在讨论1870—1910年间美国高等教育所发生的革命时，不可能满足目前流行的那种思维方式下产生的期望，即要求把文化局面描述为一种不断衰落的状态。我们不得不说，这是一个有着显著成就的时代。我们把大学和一种学术职业的存在作为我们的文化遗产中的要素而视为理所当然之事。但是在内战以前，这两样东西在真正的意义上在美国都还不存在。它们是在一代人时间内被创造出来的，而且是在这样一个先前仅有一些小学院的国家——这些小学院散落在各地，当时正在不同程度上处于凋敝阶段。

为了评估这种学术革命，首先有必要冷静、客观地考察一下这些老的学院。由于受到当今在教育上的失败感的困扰，我们很容易把老学院想象得比实际上要好。我们想到了当代如此之多的大学教育中的非人性，同时渴望着一端是马克·霍普金斯、另一端是学生的那根圆木；[②]我们想到了现代课程

---

① Richard Hofstadter, "The Revolution in Higher Education", Arthur M. Schlesinger, Jr. and Morton White (eds.), *Paths of American Thought*, Boston: Houghton Mifflin Company, 1963, pp. 269—292.

② 马克·霍普金斯(Mark Hopkins, 1802—1887)，美国教育家、神学家，曾任威廉斯学院院长。宗教思想保守的霍普金斯并不是一个非常重要的学者和思想家，但是以其教学深得学生爱戴，拥有伟大教师的盛名。威廉斯学院的另一位院长詹姆斯·加菲尔德曾评论说，要建立一个理想的学院，只要有一根一头是学生、另一头是霍普金斯的圆木就行了。——译注

的混乱无序，同时盼望着老的经典课程；我们盯着许多现代学院培养出来的文理半通不通的学生，同时期待着出现能追随贺拉斯、德摩斯梯尼、西塞罗和塔西佗的毕业生。我们往往会忘记，如果哪个学院能给本科生提供霍普金斯院长（他本人在知识的某些方面是倒退的），①那么这个学院在其他方面给学生的就实在是太少了；我们也会忘记古代的伟大作家接受的教育通常都是一种文法上的训练；我们还会忘记，学生们以往经常对旧体制下琐屑的纪律和枯燥的教学感到忍无可忍，进而大举闹事。

如果说老时代的学院有时也培养出素质良好的毕业生，那么这也只能在很小的程度上可以归因于学院课程本身的内容。内容陈旧的数学课，肤浅的自然科学课，教学质量低劣的古典学课当然在学科上还是有价值的；但是对一个典型的老时代的学院学生来说，如果他在现代文学（包括英语）、现代语言学（除了有些学院开设一点法语课程之外）、历史学，或者是政治经济学方面学到了些什么东西，那么他要么是通过非正式的和课外的学习而获得这些知识的，要么就是在一些难得的偶然情况下得到了特别的机会。我们可以用历史学的地位来说明这种课程内容的贫乏。直到1884年，大学运动的领导人已经开始对本科生学院教学进行全面改造，查尔斯·威廉·埃利奥特还指出："绝大多数美国学院……都不把历史课列入入学要求，而且根本没有历史学的教师。"②我们不能认为这只是那些低等级的学院的情况；因为埃利奥特评论说，达特茅斯根本没有历史学教员——甚至连临时的历史授课教师都没有；而普林斯顿只有一名历史学教授（他同时也是政治学系的教授），同时却有三名希腊语教授。

有时校友们会对旧式学院感到怀恋，但教授和院长却很少会这样。大多数认真的回忆学院生活的文字都充满抱怨。亨利·亚当斯在其《教育》一书中对19世纪50年代的哈佛学院发出尖锐的讥评，给无数读者留下深刻印象。亚当斯对哈佛的批评有所夸张、有失公道，但也无非是代表了大批毕业生和很多教育者对他们的学校发出激愤之辞。至于教育者本身，人们当然记得他们在自己领域里的作品中有一大部分都是用来表达不满的，但是即使已经考虑到这个情况，人们还是会对他们发出的批评的篇幅之长、指责的观点

① 在其杰出的著作《马克·霍普金斯和圆木》（*Mark Hopkins and the Log*, New Haven, 1956）中，弗雷德里克·鲁道夫（Frederick Rudolph）考察了霍普金斯和威廉斯学院所代表着的老学院的神话。这项研究审慎明断，但结论却打破了人们对旧式学院的美好想象。

② Charles William Eliot, *Educational Reform* (New York, 1898), p. 105.

之令人信服留下深刻印象。内战前杰出的教师和校长，如乔治·蒂克诺(George Tick-nor)、弗朗西斯·维兰(Francis Wayland)、菲利普·林德斯里(Philip Lindsley)、亨利·塔潘(Henry P. Tappan)、F. A. P. 巴纳德(Frederick A. P. Barnard)①等人，在其教育学著作中都透露出毕业生那种记忆中的抱怨，也预演了后来的查尔斯·威廉·埃利奥特、安德鲁·D. 怀特(Andrew D. White)②和丹尼尔·吉尔曼等大学建立者的尖锐批判。

除了受到州政府微薄的支持的少数所谓大学，旧体制下的学院都是各个教派所创建的。教派间的竞争，再加上地域间的竞争，使得教育资源不能集中起来加以利用，不能形成数量有限的规模足够大、经费足够多的院校。相反，全国各地散布着基础薄弱的微型学院；内战前建立的学院中只有五分之一存活了下来，失败的比率如此之高，简直令人难以置信。那些存活下来的往往也太小，无法有效地履行教育的职责；而且它们缺乏复杂性，缺乏多样性。我们往往想当然地把哈佛、耶鲁和达特茅斯这些较大、较好和较著名的学校作为老学院的代表，这些学校到19世纪50年代时所拥有的教师人数仅仅是在15—25人之间，学生人数不过三四百。但是19世纪60年代，大约200余所只有七八个教师、50—100个学生的更小、更差、更无名的学院要常见得多。这些学院中有许多在质量上和那些名校无法相提并论。教派间的竞争使得这些学院长期不能扩大规模和提高水平。家长对他们的儿子是否受到良好的教育漠不关心，只在意他们能不能混个文凭出人头地，所以这些学校也就不觉得有必要努力提高，只是年复一年地混日子而已。“迄今为止，我们到底有过什么样的关于大学的理念？”——朗费罗发出如此质问。“答案很简单：两三座砖砌的建筑，一座小礼拜堂，还有一个校长在里面做祈祷。”③说这话的时间是在1829年，但在一代人之后，除了几个幸运的学校之外，情况也并没有大的改观。

老式学院里教师的表现参差不齐，很难制定一个普遍的标准来评估其工

---

① 蒂克诺(1791—1871)，教育家和历史学家；弗朗西斯·维兰(1796—1865)，教士和教育家，布朗大学第三任校长；菲利普·林德斯里(1786—1855)，长老会牧师兼教育家，曾任纳什维尔大学校长；亨利·塔潘(1805—1881)，牧师、哲学家，曾任密歇根大学首任校长；巴纳德(1809—1889)，教育家和科学家，曾任哥伦比亚大学校长。——译注

② 安德鲁·D. 怀特(1832—1918)，历史学家、外交家和教育家，康奈尔大学的建立者和首任校长(1865—1885)，并曾任美国驻德国、俄国公使和驻德国大使。——译注

③ 转引自 Orie W. Long, *Literary Pioneers* (Cambridge, Mass., 1935), p. 166.

作。当然总是会有出类拔萃的教师,能够激发学生的心智。古典学的课程如果教授得法,就能开发学生的工作能力,培养他们在修辞方面的领悟力,激发他们对学习的热爱。为数不少的饱学之士就是出自小的学校,其中就有战后大学大发展过程中的大学领导人和学者。本科生文学社团和辩论社团的图书馆往往比学院的图书馆更好,借阅也更方便,使得本科生自我教育和互助学习成为可能并取得良好效果,所以这些社团总是成为学院生活最富有成果的方面。有的时候,有学院院长给高年级学生开设的道德哲学方面的顶级课程,成为真正的智力启发的根源。

但是大体而言,老式学院的教室是个枯燥乏味的地方。学生们不得不去上一整套课程而极少能有选择课程的机会,也几乎不能选择教师。他们不得不遵从千篇一律的教学程序,而整个教学几乎完全由日复一日的背诵组成,其中的纪律规定繁琐而严苛。教师像警察一样管理学生,①所以教师和学生之间的敌对终年不断地爆发出来。每个学期都发生学生造反,标准的学院恶作剧是把一头牛牵到教堂里。严格的纪律和絮絮叨叨的说教总是激起紧张和愤怒,在这种氛围中,如果有哪个教师和受他照管的学生之间建立了亲密无间的或者鼓舞人心的关系,那必定是其个人的心地纯良和处事精明克服了窳劣的制度安排而取得的成功。

去学院读书不是什么令人愉快的事,对学生将来的安身立命也并不特别有用。早在18世纪后半叶,数量还很少的美国学院倒是也在课程现代化方面做了一点事情,以图使其教学赶上启蒙运动中科学和思想发展的步伐,并克服教派控制学院所造成的局限性。这些学院颇为成功地教育美国革命的那一代人。但在19世纪最初的几十年里,美国的教育资源过于分散,教派的控制又十分严密,学院进一步发展的能力受到抑制。它们和国家智力生活越来越相互脱节,而在工业主义兴起之后,它们与职业和实际生活也越来越脱节。当然,对那些有意做牧师的人来说,一个学院的文凭总是有职业上的价值的;而且学院教育的资历,至少文凭本身,还总是职业领域里一种身价的标志,也能带来社会声望。但是在法律和医学领域,学院文凭并不是必须的,而

① 在此可参看安德鲁·怀特所言:"我已经在自己的学院生活中了解到,各类学院教师已经在履行警察的职责时受到严重伤害。我看见过一个教授被学生赶出教室,他狼狈地夺门而出,后面的书、靴子和脱靴器被掷向他的脑袋。甚至一位可敬的学院院长兼神学博士在管理员的陪同下巡查宿舍时也遭受了这种狂暴的侮辱。"Andrew D. White, *Autobiography* (New York, 1922), p.166.

且美国的大多数工程师都是在西点接受的训练。一些家长对学院的这般不尽如人意的情况也无可奈何,只好讥讽学院是价格低廉的看护所。布朗大学校长弗朗西斯·维兰在1842年评论说:"家长们都向我保证说,他们不得不把他们的儿子们送到学院里,因为他实在没有财力把他们送到好的会计事务所里去接受培养。"

尽管价格低廉,但到内战时期,它们所能吸引来的学生与人口增长的速度相比已经大大下降了。在1826年,每1 513名适龄男青年中只有一名进入学院;到1855年,这个比例下降到每1 689人中才有一个;到了1869年,每1 927名适龄青年中只有一名进入学院。学院的发展远远落后于人口增长,而且差距扩大的速度越来越快。查尔斯·肯德尔·亚当斯(Charles Kendall Adams)①说:"我们正面对着一个可悲的事实:一向被认为是完善的学术根本所在的训练已经年复一年地逐渐丧失了在人民心目中的地位。"②但是当他在说这些话的时候,大学的革命已经展开了,教育界正在发生剧烈的变迁。

二

经过多年来似乎毫无成效的激荡鼓动,大学时代在突然间开启。的确,在19世纪50年代已经作出了一些准备,包括在教育问题上生动活泼的批评和新的计划;而且的确也有少数顶尖学院,特别是耶鲁和哈佛,在内战前已经取得了一些成就,从而使它们进入了一个类似于较小的德国大学的发展阶段。但是,教育的状况在内战后的年代里突然发生如此之大的变化,却是观察家们根据以往的情形无论如何也预见不到的。1868和1869是非常突出的两年——在1868年,康奈尔大学在安德鲁·怀特的领导下开张;次年,查尔斯·威廉·埃利奥特被选为哈佛大学校长。在埃利奥特就职后七年,他的朋友丹尼尔·考伊特·吉尔曼开始执掌约翰斯·霍普金斯大学。这些人领导了大学革命,创立了多个新的大学模式,奠定了大学生活的基调。当这些人在美国东部迅速建立现代大学、培育高级研究的时候,詹姆斯·布里尔·安

① 查尔斯·肯德尔·亚当斯(1835—1902),历史学家,曾任康奈尔大学校长。——译注

② *Representative Phi Beta Kappa Orations*, ed. Northrup, Lane, and Schwab (Boston, 1915), pp. 160—161.

吉尔也将大学理念的动力带到了密歇根各州立大学中最大的一个,尽管其成就并不如前面几位大。

这四个人和四个大学代表了改革的第一波,其后又有其他人跟进。明尼苏达和威斯康辛在19世纪80年代取得了显著的进步。在1889年至1891年间,G. 斯坦利·霍尔(G. Stanley Hall)、威廉·雷尼·哈伯尔(William Rainey Harper)和戴维·斯塔尔·乔丹(David Starr Jordan)分别创立了克拉克大学、芝加哥大学和斯坦福大学。在新旧世纪交替之际,亚瑟·特文宁·哈德里(Arthur Twining Hadley)、伍德罗·威尔逊和尼古拉斯·默里·巴特勒(Nicholas Murray Butler)分别接掌耶鲁、普林斯顿和哥伦比亚,推动这些老学校全力投入大学革命的潮流之中。

哈佛尽管不如康奈尔和约翰斯·霍普金斯那么富于创新精神,但仍然充当着大学变革运动的领导者,这部分地是因为它拥有其他新建立的大学所没有的声望。埃利奥特取得了一个伟大的大学管理者在获得充分支持的情况下所能取得的最大成就。在埃利奥特开始担任校长的时候,哈佛由哈佛学院、神学院、法学院、医学院、牙医学院和理学院组成,大约有1 000名学生和60名教师。在他于1909年任期结束时,哈佛已经增加了文理研究生院、应用科学学院和商业管理学院,拥有大约4 000名学生和600名教师,而且其所接受的捐赠基金由250万美元增加到2 000万美元。规模并不等于质量,但是哈佛已经发展出了高等研究,而且已经大幅度地提高了本科生教学和专业教学质量。简而言之,它已经由一个小型的、羽翼未丰的大学成长为一个伟大的大学。其他的大学虽无哈佛那样的雄心壮志,但也开始效法哈佛。①

毫无疑问,内战和大学运动的加速发展有某种关系,因为它提供了科学技术发展的动力。在1861年,马萨诸塞州通过立法,授权设立麻省理工学院;次年,《莫里尔法》通过,州立大学以及州立农业和机械学院获得了成百万英亩的土地的补贴。但是主要还是由数量之大前所未有的私人基金开启了这一运动,而且代表了发展方向的也是私立学校。以前各州政府未能成功推行、同时又为教派所阻碍的资助大学的工作,最终被战后的百万富翁成功地接了过去。

---

① 一个学校的规模和财富实际上对其成就大小有至关重要的意义。乔治·皮尔森(George W. Pierson)指出,哈佛在这一阶段所得到的捐赠是如此丰厚,相形之下,即使是普林斯顿和耶鲁这样的对手也显得“朴素而贫穷”。“American Universities in the Nineteenth Century: The Formative Period”, in Margaret Clapp, ed., *The Modern University* (Ithaca, 1950), p.80.

战后对高等教育的捐助如此丰厚,老式学院却如此贫穷,两相对照,差距之大无论如何形容都不为过。比如,当普林斯顿在 19 世纪 30 年代中期因校友的扶助而复兴时,最大的一笔捐助是 5 000 美元,而这个前所未有的争取捐助的努力的总目标不过是区区 10 万美元。威廉斯学院建校时所得到的捐赠是 14 000 美元,而阿默斯特建校时也只有 50 000 美元。哥伦比亚在战前得到的最大的一笔现金捐赠是 20 000 美元。人们一定会拿这些数字和埃兹拉·康奈尔捐赠给他在伊萨卡新建的学院的 50 万美元作个比较;而康奈尔通过出售《莫里尔法》下在纽约分配到的地契,在 20 年内就将它的基金扩大到 250 万美元。其他大学得到的初期捐赠:约翰斯·霍普金斯是 350 万美元,范德比尔特是 100 万美元,洛克菲勒捐给芝加哥大学的是 3 000 万美元,斯坦福是 2 000 万美元。而哈佛在埃利奥特任期结束时,其基金已经达到 2 000万美元。在 1878 年以后的 20 年里,私人基金向各高等教育机构的捐赠总额至少达到 1.4 亿美元。

当富人开始捐出他的金钱时,民众也开始送出他们的孩子,学生人数相对减少的趋势在 1869 年以前最终被扭转。在 1870—1910 年间,美国人口增长了一倍,而高等教育入学人数却增加了几乎四倍。美国的父母比以往更愿意把他们的儿子送进学院,而且也开始把他们的女儿送进学院。① 研究生教育与男女合校一样,完全是这 40 年的产物:耶鲁大学的第一个博士是在 1861 年被授予的;研究生入学人数由 1871 年的 198 人增加到 1890 年的 2 382 人,再增加到 1910 年的 9 370 名。本科生招收的来源也在扩大,因为公立高中的数量由 1870 年的 1 000 所增加到 1900 年的 6 000 所。在 1898 年,初中在读学生的人数是 20 年前的五倍。

伟大大学的启动,既靠了富人的慷慨解囊,又要有博大开放的胸怀。几十年来,有远见的教育家一直在呼吁要除去教派主义套在高等教育上的枷锁,但收效甚微。突然之间,在短短几年的时间里这个枷锁被去掉了,而且几乎像是在没有付出什么努力的情况下被去掉的。大体而言,那些新的捐赠人虽然并不是不信教的人,但他们还是希望让研究工作不受教派主义限制的干扰。他们愿意把大把的钱给出去而不去干涉花钱的方法。小学院的家长制

① 实际上,西部和南部所有的新建州立大学都或多或少作为理所当然之事而采行男女合校政策。在 1880 年,有 51% 的学校是男女混校,到 1898 年,这个数字达到 70%;女生人数在这期间由大约 2 700 名增加到 25 000 名。到 19 世纪末 20 世纪初,有五分之四的学院、大学和职业学校招收女生。

也在一时之间被放弃了，一同消失的还有教派主义的氛围。

在关于课程的争论中，以及在不同学科各种相互竞争的主张之间发生的争论中，也出现了同样的开放大度的心态。就此人们会想到埃兹拉·康奈尔著名的宣告："我要建立的是一个任何人在任何研究领域里都能得到传授的学校"；或者会想到埃利奥特在其就职演说中的开场白：

> 到底是语言学、哲学、数学，还是科学才能提供最好的心智训练？通识教育(general education)应该主要是文学的还是科学的？以往在这些问题上无休止的争论，对我们今天并没有实际的教益。我们这所大学认识到，在文学和科学之间没有真正的对立，一致认为不应该在数学和古典学之间，或者在科学和纯粹哲学之间作出简单狭隘的取舍。我们希望拥有全部这些学科，而且让它们都处于最佳状态……
>
> 如果有人要说当今美国学院里有什么课程应该讲得比现在少一点，这简直会落为笑柄。在我们这个年代里，学院领导层唯一合情合理的目标就是在所有的知识领域里拓展、深化和活跃美国人的教育。还要经过好几代，美国最好的教育机构才能成长壮大到需要精简修整的程度。①

三

大学革命打破了教派主义强加给美国教育的制度性桎梏，同时达尔文主义打破了高等教育的思想桎梏。在内战后产业界的需求使科学获得实用价值的同时，达尔文主义又使科学在思想领域里赢得显著的权威。美国科学家对达尔文主义的反应是迅速而又热切的。到1873年，当最后一个反对进化论的重要科学家路易斯·阿加西兹(Louis Agassiz)入土为安时，达尔文主义已经横扫美国科学界。达尔文本人早在1869年就获得了入选美国哲学学会(American Philosophical Society)的殊荣，而这比他自己的大学剑桥大学授予他荣誉学位早了整整十年。

在达尔文主义的挑战到来之前，就有一些比较开明的教士展现了灵活性，给人留下深刻印象。然而，只要教士们还在学院生活中积极地抵制达尔

① *Eliot*, *Educational Reform*, pp. 1—2.

文主义,那么他们的抵抗就只能败坏他们控制教育的老办法的声誉,并证明埃利奥特的看法的正确:“大学不能建立在教派的基础之上。”比起科学家找到机会就攻击保守的牧师这个事实,科学家开始嘲笑牧师是一种更要命的情形。

科学家和牧师一样,都已经开始进入一种完全不同的知识环境。在旧时代的教派学院里,宗教正统曾经是检验一个学者是否能胜任其工作的重要标准。在很多地方,一个教授必须首先是一个属于合适的教派或者秉持恰当的神学信条的基督徒。比如在 1854 年,杰出的化学家奥利弗·沃尔科特·吉布斯(Oliver Wolcott Gibbs)被哥伦比亚大学拒聘,因为包括几位牧师在内的主教派校董不能容忍他的上帝一位论。这个事件只是全国范围内诸多类似事件中的一起,而它导致少数开明校董对把哥伦比亚建成一个真正的大学失去信心。但这种情况很快就在整体上发生了变化。在内战后的几十年里,进化论科学和主导性的科学理念扩大和张扬了这样一种主张,即将能力作为师资聘任的标准。一旦能力取代了宗教正统,新大学的推动者就开始不动声色地在遴选教授的过程中将教派标准弃置一旁,而且他们发现董事会也支持他们这样做。开明的人知道,赖以实现他们创建可与欧洲大学——首先是德国大学——并驾齐驱的伟大大学的梦想的唯一条件就是,根据学识是否出众来甄选教师,而不考虑其他任何因素。

诸如吉尔曼、怀特和埃利奥特等世俗大学的推动者所采取的并不是一种进攻性的战略,而是一种沉静的坚持和局部调整的战略。这些人并不想让科学和宗教之间的紧张关系导致不必要的对抗和斗争。他们是管理者和推动者,而不是煽动者,在自己的道路上沉稳而坚定地向前推进。他们避免争论,不动声色地将宗教利益弃置一旁,靠时间的流逝、靠他们的事业无可置疑的实际效果来渡过难关。他们宁可绕过重要的宗教据点,而不是对其予以正面进攻,因为毫不奇怪的是,他们都绝不是没有宗教情感的人。安德鲁·怀特写过一部两卷本的书叫《科学和神学的战争史》,但对他来说,书名中“神学”这个词非常关键。他的看法是,这个词指的不是真正的宗教,而是阻碍科学发展的神学教条。无论如何,这部书直到 1896 年才出版,当时怀特创建大学的工作已经完成,而且从康奈尔校长职位上退休已达 11 年之久。实际是怀特向来不是胆大妄为之人。比如,他曾将菲利克斯·阿德勒(Felix Adler,后来的伦理文化学会的创建者)请来讲授希伯来和东方文化。但是当阿德勒的宗教宽容思想在当地宗教界激起广泛批评时,大学当局就拒绝在他三年聘期期满后续聘他。在副校长威廉·拉塞尔辞退阿德勒时,怀特似乎也没有表示任何反对意见。

新建的、也更有活力的高等院校的世俗化进程是自上而下地、首先从大学捐助者开始而推展开来的。具有重要意义的一点是,在大学革命中的三个先锋大学中,有两个是由了解教派镇压的恶果的有贵格派背景的百万富翁所捐助的,另外一个哈佛也有其宽松的上帝一位论传统。而且,巨额资金的捐赠者期望由商人和有办事经验的人,而不是由教士来掌管他们的赠与和遗产。当大学变得不再那么重视由教士在其中充当权威的事务时,牧师处理这些事务的能力似乎也下降了。这些学校规模很大,以至于被认为是伟大的企业,其发展似乎只能通过经营和推销方面的技能来实现。随着时间的流逝,教士悄悄地退出了学校统治机构。在哈佛,监事会和董事会这两个委员会在1874年时共有36位成员,其中有七位教士;到了1894年,只剩下一位教士。麦格雷斯(Earl McGrath)对15所私立大学的领导机构的研究显示,在1860年,大学董事中有39%是教士,但到了1900年,该比率下降到23%,而到1930年更是下降到7%。

董事会越来越多地由那些着眼于事业需要和研究发展的人所主导,所以董事会也就很自然地开始考虑由普通教徒来担任校(院)长。根据一种庄严的传统,校(院)长的职位以往是由教士占据,但随着董事会的世俗化,校(院)长的职位也世俗化了。哥伦比亚在这方面是先行者之一,它在1864年选择化学家和博物学家巴纳德担任校长,后来又由商人和政治家塞斯·罗(Seth Low)接替他的校长职位。19世纪的哈佛早先已经有过两位平信徒担任校长——1829年就职的乔赛亚·昆西(Josiah Quincy)和1860年就职的柯尼利厄斯·费尔顿(Cornelius C. Felton),后来在1869年由科学家埃利奥特接任牧师托马斯·希尔(Thomas Hill)的校长职位。康奈尔和约翰斯·霍普金斯一开始就由平信徒担任校长,而克拉克大学的首任校长是心理学家斯坦利·霍尔,斯坦福大学的首任校长是生物学家戴维·斯塔尔·乔丹。耶鲁的首位平信徒校长是1899年就任的经济学家亚瑟·特文宁·哈德里(Arthur Twining Hadley),普林斯顿的首位平信徒校长是政治学家伍德罗·威尔逊。

逐步推展开来的学院世俗化进程的最后一个阶段是在19世纪末20世纪初。卡内基教育发展基金会(the Carnegie Foundation for the Advancement of Teaching)建立于1906年,旨在向私立的非教派学院的教授提供退休津贴;对那些与宗教派别有密切关系的学院,以及那些要求其董事会成员必须是正式教会成员的学院,该基金会都将其排除在其慷慨赠与的对象之外。许多因教派隶属关系而受害的品质良好的学院都很欢迎这个规定,因为它们可以用它们需要这个基金的赞助作借口来摆脱教会的控制。一些学院宣称将继续保留它们和教派的关系,但也修改了它们的章程,以获具接受援助的资格。最初只有 51 个院校符合基金会提出的非教派性质的要求,但在随后的短短四年里,又有 20 多个学院设法获得了这个资格,而且此后还有更多的院校也达到了这个目标。当然还有几百个学院仍然维持着教派的属性,但大体而言,这些学院都处于高等教育金字塔的底部。教派主义大体上只能与美国教育中的落后者相随而行。

四

如果我们要探寻大学革命背后的教育信念,我们就会看到一些当时似乎已经十分彰显而几乎没有什么新鲜之处的理念。这些理念已经由杰斐逊、蒂克纳、塔潘等人清楚地预见到了,所以在 1869 年以后的年代里已经不再被认为是新东西了。真正的新东西是贯彻这些理念的手段和决心。尽管如此,在大学时代这些信念还是必须得到重新申述,而且必须在抗衡顽固的旧思想的过程中被真正确立起来。埃利奥特曾经说,在他担任哈佛校长的最初 20 年里,他"在和那些往轻里说也是不赞成我的人说话时通常都非常留心"。鲍都因(Bowdoin)学院的海德院长回忆说,在他担任院长的前 25 年间,他曾经"被误解过,被歪曲过,被诽谤过,被憎恨过"①。

以往当教育在英美学院传统中被加以理解时,品格的形成被认为比智力的发展更重要,对既有知识的传播被认为比对新知识的探索更重要,纪律被认为比激励更重要。当然这些方面并不必然是对立的。无论是旧体制的支持者还是新体制的推动者,都很少有人会说在品格和智力之间、在保存过去的知识和获得新知识之间存在着对立。但是在所强调的重点方面却无疑是有差异的,而这种差异到一定程度是会导致真正的敌对的。正是因为这个原因,埃利奥特、吉尔曼和怀特等人不能仅仅申述他们的理念,而且必须为此发动运动、制造声势。如果要把开发智力作为中心任务,则重视培育品格和纪

① Samuel Eliot Morison, *Three Centuries of Harvard* (Cambridge, Mass., 1936), p. 358.

律的学院就必须改弦更张。而且,虽然培育研究能力不是为了挑战继承传统的重要意义,但这的确引发了课程和教学方法上的巨大变化,而以往的课程和教学方法几乎完全是以保存知识的理念为基础的。只要是在达尔文主义的科学时代高扬世俗知识的理念,那么无论你是否愿意引发争议,都会对教派卵翼下的学院构成一场颠覆性运动。

关于高等教育的发展方向,新一代人有着一种完全不同于传统观点的认识,而这在很大程度上来源于这些人在德国大学里的经验。①从 19 世纪初以来,自德国回国的留学生就带回来了一种关于大学工作的观念,而这种新观念与他们得自美国学院的经验完全是相互抵牾的。学术是专业化的和高深的,以使学生和教师能够脱离初级水平,在专业领域中达致精深。对学生来说,自由不仅意味着选择所学科目的机会,而且意味着独立地形成自己的行事习惯和目标的空间。德国人对学术的理想化,使得教授们获得了一种在美国闻所未闻的社会地位。德国的教育自由理念(不可与现代政治—学术自由观念相混淆)强调,教授有权自由地追求自己的学术兴趣而不必顾虑课程方面的限制。美国学院一向是让教师适应课程的需要,而德国的大学则是使课程适应教师的专长。一个成名的德国教授可以讲授他愿意讲授的任何东西。而学生在追求自己所选定的专业化的学术目标时,也可以自由地选择自己的教授,甚至可以选择别的大学。德国对 Lehrfreibeit(教学自由)和 Lernfreibeit(学习自由)的强调在英美的民主、竞争和自由放任的观念中是可以被转译的(尽管在转译的过程中所强调的重点发生了转换)。② 当新的开放式课程体系在美国学院里蔓延开来时,所有的学术科目都被认为是生而平等的,所有的教师和所有的学生都获得了通过自由选择学习研究的方向而去追求知

① 尽管德国对美国大学理念的影响明显占据了优势,但英国的影响也持续存在;在一些较好的学院以及耶鲁和普林斯顿等一些大学里,英国的影响尤其强大。英式教育重视本科生的品格的培养,重视学校内部所谓的精神氛围,这是它的一个明显特点。此外热衷于建造壮观的建筑物,而且尽可能使校园远离闹市区,这也是英式学院的特点。相对于研究而强调教学的特点依然延续了下来。在一些大学——最突出的又是耶鲁和普林斯顿,本科生学院在大学的各个组成部分中占据着中心地位,这又是一种英美传统的延续。英式的教育传统还有一个特性,就是以培养学识广泛的领袖群体,而不是以培养专家群体为目标。最后,英国那种对本科生体育活动的热衷在美国得到了继承和发扬;但是英美之间有一个不幸的差别,即英国人在校园体育中强调的是业余精神和广泛参与,但美国人却以商业主义和观众体育取而代之。

② 关于对这一转换的描述,参见 Walter P. Metzger in Richard Hofstadter and Walter P. Metzger, *The Development of Academic Freedom in the United States* (New York, 1955), ch. VIII.

识的快乐的权利。教授和他们所开设的课程都要经受公开竞争的考验，从而更加符合古典经济学中所描述的经济行为的模式。如果说上述描述能包容所发生的事情的全部，则未免有夸张之嫌，但这的确是引导事物发展方向的理想。

所以说，大学教育的原则在某种意义上说的确是新的。这些原则包括如下几点：第一，教育必须从教派和政治的控制下解放出来。而且，它必须从家长式的控制下解放出来，学校的董事必须把教育、课程和学科方面的事务交给教师群体。董事必须把他们自己当做商业经营者和总体上的监督者，但是必须在大体上放弃对教育过程的控制。①

第二，虽然不是在法律上，但是的确是在事实上，教授群体现在被承认为构成大学的中坚力量。宏大壮观的建筑，气度恢弘的校长，深受尊敬的教会监护者，人数众多、举止得体的学生群体，所有这些都不再被认为是什么重要的事情。大学是知识精英荟萃的地方。卓越的教师从国内海外被招聘而来——除了他们的学术和科学成就，别的都被认为是无关紧要的。他们被认为是大学的心脏和灵魂。为了吸引他们，大学必须要提供可观的薪酬，而且整个社会必须愿意使学术职业在工资、声誉和自由方面与其他职业大体相当。

第三，大学必须使高深的研究成为它主要的关注点。研究生院并不是一个补充或者装饰，而是一种必需和一种模式。不仅高级的学者必须被充实到研究生院的教学中来，而且好学生也必须被有效地吸收到这里，也就是说，一定要提供奖学金。人们认为，所有的教学，包括专业研究课程和本科生课程，都必须在由高级研究和试验所创造的氛围中得到提高。在哈佛有人反对建立研究生院，他们提出没有必要在这方面和约翰斯·霍普金斯竞争，而且研究生院将会削弱本科学院。埃利奥特针对这种看法回答说：“研究生院将加强本科学院。只要我们的教师认为他们的工作仅仅是给本科生提供这么多课程，我们这里就永远不会有第一流的教学。如果他们必须同时给研究生和本科生上课，他们就会感到他们的课程有无限的空间，就能保持那种持续的

① 当然这一点应该是清楚的，即大学并不是产生于民主，也不是由教授群体所创造的。大体上，大学是自上而下地被创造和加以改革的。大学是精英领导集体的胜利的结果，或者说是开明专制的成功的产物。从长期看，它们之所以推进了学术“民主”，仅仅是因为它们把如此之多、又如此杰出的教师集中起来，从而不得不作些让步，让教授们实行自治。

探索，从而为第一流的教学创造必要条件。”①

第四，老式学院对社会在科学和职业方面的要求的抵抗终于停止了。科学和技术教育不再受到冷遇或者被隔离在单独的“科学”学院，而是被作为教育过程不可分割的一个组成部分。

第五，本科生教育和本科生课程得到了全面的革新。科学在学业过程中的地位不断得到提高。但是更为显著的变化是，以往在课程中仅仅稍有涉及的社会科学以及现代文学和语言学的地盘的不断扩大。在选修课制度之下，本科生被赋予了很大程度的自由来选择他们的课程。现在各个学科都为争取到更多的学生来上课而相互竞争，这使得那些新颖、有趣的课程从中获益（不幸的是，这也会使那些容易的课程成为热门）。枯燥乏味的背诵课不再受欢迎并最终消失，而更生动活泼的教学方法、小型的讨论组（取法自研究生的讨论课）以及自然科学方面的演示和实验室工作得到重视。选修课体制在给本科生提供了更专业化的课程的同时，也给教师提供了教授他们自己感兴趣的科目的机会。结果是授课者的积极性被调动起来，这又极大地促进了教学的丰富多彩。

老式学院最大的弱点并不是他们陈旧的课程，也不是其规模、水平都很有限的师资力量，而是它们那种极为笨拙的背诵式教学方法。这种方法使得最有趣的课程也变得毫无生气，并且把智力上、学术上真正优秀的教员变成训练员。②詹姆斯·弗里曼·克拉克（James Freeman Clarke）在哈佛1886年的毕业餐会上的讥讽也许是出自非常认真的心态：“从前，教师唯一的职责就是听取学生的背诵，然后给他们打个分数。现在教师终于获得了教学的机会。这是现代教育最伟大的发现之一；这个发现就是：教师的职责就是教学。”③

---

① 转引自 Morison, *Three Centuries of Harvard*, pp. 335—336。

② 就此可参照安德鲁·怀特1876年在耶鲁所讲的话：“教授们大多数是真正优秀的人，而且其中至少有一位也就是詹姆斯·哈德利（James Hadley），如果是在柏林或者莱比锡，本来是会从所有基督徒当中吸引大批学生的。但是他们却受到一种制度的钳制。这种制度能造就地道的学究，却不能提供一丁点儿学问。”White, *Autobiography*, I, 27.

③ Morison, p. 347. 克拉克（1810—1888），自由派教士和神学家，曾任哈佛神学院教授和哈佛学院监事。——译注

五

在大学时代之前,已经有人终生在学院里教书,但却从来没有学术职业这回事。在各学术领域中,没有明确的和公认的关于能力的标准;职业上和学术上的专业化一般并不被认为是学院教师的特权;而且没有活跃的学术市场,所以相互竞争的院校通常不能也不愿为人才而付出代价;很少对专业化的研究和实验提供机会和设施;专业学术组织和出版物很少。专业学术生活所需的这些基本条件是如此显著地匮乏,所以也就没有后来的那种专业团结精神。这种专业团结精神是在1870年以后逐渐以非制度化的方式展现出来的;而在1915年,随着美国大学教授联合会(the American Association of University Professors)的成立,这种专业团结精神最终确立了其制度化的表现形式。

除了在一些顶尖的学校,专业化程度低的问题是在大学时代被缓慢地克服的。我们也许不必过多考虑学术世界底层的那些学校(比如佛罗里达州立农业学院),也不必过多考虑这些学院里教农学、园艺学和希腊语的教授水平到底如何。但是杰出的学者经常不得不屈尊充当训练员以及管些鸡零狗碎的事情的风纪督察员,不得不忍受低度专业化状态下的沉闷乏味。佛蒙特大学在19世纪60年代的校长布里尔·安吉尔(Burrilll Angell)发现这所大学没有足够的钱来充实其师资,于是就亲自去上那些无人承担的课程,包括修辞学、德育、历史学和国际法。戴维·斯塔尔·乔丹19世纪70年代时在伊利诺斯州的隆巴德大学任教,他要开设自然科学、政治经济学、基督教证据学、德育、西班牙语和文学等方面的课程,还要充当棒球队的投手。埃利奥特对这个体系(或者说根本不成体系)造成的恶果了解得很清楚,因为他在19世纪50年代在哈佛任助理教授时就深受其害。他在致查尔斯·埃利奥特·诺顿①的信中说道:

> 在学期开始时的背诵课上,我通常会感到有点厌恶,特别是对数学背诵课。我希望能在我所感兴趣的、而且课后加以研究的科学科目上开

① 诺顿(1827—1908),学者、批评家和翻译家,曾任哈佛大学艺术史教授。——译注

设课程,但是我作为一个研究化学的人还得上四个班数学背诵课,而且看不出这种情况有改变的可能……本科学院的工作占据了我太多的时间,所以无法去从事原创性的科学研究。而这种工作要求你付出达到生理极限的工作时间,有时甚至要超过一点这个极限。①

老学院图书馆的虚弱对专业化的工作是一个差不多同样大的障碍。一个享有特权的学者如乔治·蒂克纳可以建起一个拥有13 000册图书的私人图书馆,主要是在他自己的专业上。但是正是通过这种努力,或者通过很不方便地利用他们学校之外的公共图书馆,美国学者作出了重要的学术成就。蒂克纳曾指出,当他加入哈佛时,其图书馆只有两万册图书,仅仅是哥廷根大学图书馆藏书的1/10。到1839年时哈佛图书馆的图书增加到五万册,耶鲁图书馆是唯一一个超过这个数量的一半的高校图书馆。在全国范围内,只有16所学院的图书保有量超过一万册。直到1873年,宾夕法尼亚大学的图书馆有两万册图书,与费城商业图书馆的12.5万册相形见绌。这种贫困的状况一直持续到内战后。在1869年,当吉尔曼刚刚从耶鲁的图书馆馆长职位上卸任时曾指出:"耶鲁学院手头没有一个钱来为今后两年买书,其微薄的购书费用在两年前就已经花完了。"②对熟悉大学时代之前的这些情况的学者来说,图书馆的发展是极为振奋人心的。到1900年,作为顶尖图书馆的哈佛图书馆已经拥有56万册图书和35万册非正式出版物。那些不如哈佛的大学图书馆如宾夕法尼亚大学图书馆也达到可观的藏书量,约为哈佛的三分之一。

早先老学院里实验科学的条件之差较图书馆的状况乃有过之。美国的学院不给教学提供专用的实验室,甚至通常不给教师的科学实验提供实验室。在耶鲁,杰出的科学家老本杰明·西利曼(Benjamin Silliman, Sr.)在这方面无计可施的情况下,只能在教室里给学生演示一些实验。他不愿意让学生们到他的私人实验室里,因为担心他们会"妨碍我和我的受过训练的助手,(或者)搅乱或者打碎我的实验设备"③。小西利曼是他父亲的助手,他在1842年终于在耶鲁得到了一间屋子,在这里他可以给一些学生上实验课了,

① Henry James, *Charles William Eliot* (Boston, 1930), I, 87.

② Fabian Franklin, *The Life of Daniel Coit Gilman* (New York, 1910), p. 80.

③ 转引自 Dirk J. Struik, *Yankee Science in the Making* (Boston, 1948), p. 339。

但是这不是一个正式的安排，与学院的教学并没有程序上的关系。1847 年耶鲁建立了谢菲尔德科学学院，哈佛建立了劳伦斯科学学院，这代表着向建立学术实验室迈出了一步，但是对自然科学的教学和研究的支持仍然不足。这方面情况的重大改观是在 1870 年以后有了更大笔的捐赠之后才发生的。

专业主义从高等院校扩展到各个学科。在内战以前也有一些专业学术组织，但是它们通常要么是地方性组织，如马萨诸塞州历史学会(the Massachusetts Historical Society)、美国人文和科学学院(the American Academy of Arts and Sciences)、美国文物学会(the American Antiquarian Society)，要么是那种无所不包的非专业化的组织，如美国科学促进联合会(the American Association for the Advancement of Science)。现在各种不同的学科在吉尔曼和约翰斯·霍普金斯大学的激励下开始建立它们自己的专业组织，而其中许多学科是首次进入大学课堂。在 19 世纪 70 和 80 年代，学术社团开始迅速增多；到 1908 年，已经有 120 个全国性学生社团，此外还有无数的地方性组织。又是在约翰斯·霍普金斯的驱策下，专业性季刊开始发展，由数学家、化学家和语文文献学家为先导。芝加哥大学遵循约翰斯·霍普金斯大学的先例，成为又一个专业杂志出版的中心。

研究生教育和专业水平的发展从学术研究领域扩展到职业学院。法律和医学教育在 19 世纪已在美国开展起来，但专业化程度很低。法学院几乎不能提供比好的律师事务所里的非正式的学徒制训练更好的东西。埃利奥特发现，哈佛法学院的境况令人惭愧，20 年来毫无变化，三个忙着他们自己的私人业务的律师占据了教席，来就读的学生中只有不到一半人是学院毕业生，而且他们不用通过考试就能获得法学士的学位。这位新任校长在 1870 年强力推举克里斯托弗·朗代尔(Christopher C. Langdell)担任法学院院长，由此启动了一系列变化。这恰逢其时地为全国范围内法学教育的发展起了先导作用。强大的师资力量被建立起来，法学院学业由 18 个月扩展为 3 年，笔试被规定为必需，案例研究法取代了老的教科书方法。这些改革最初受到抵制，但在十来年内其成效已经显露无疑。在这一阶段，学生人数也增加了一倍，而且《哈佛法律评论》也已经创刊。1893 年以后，只有学院毕业生才可以入学。哈佛确立了一套为其他院校所广泛仿效的模式。

当年在法学教育废弛不堪的时候，医学教育也是病入膏肓。老式的私人医学院基本上是一种营利机构，缺乏实验设备和附属医院，教学是靠课堂讲授和少量的解剖课程来对付。学制通常是一学年，学费收入由参加授课的当地医疗从业者所瓜分。医学“教授”的职位就由这些人来购买。考试是简短的口试。即使是在哈佛,考生只要在九位主考人中获得五票赞成就能通过考试,也就可获准行医。没有州委员会来制定标准。埃利奥特认为:“美国医学院的普通毕业生是无知的,一般都不称职。在他们毕业的时候,想到就是这些人要拿着文凭游走于社会,简直令人不寒而栗。”①

在埃利奥特的主导下,哈佛医学院的改革与法学院的改革同时开始。为期三年的学制被建立起来,笔试制度也得以确立,同时要求那些申请获得医学博士学位的人必须通过所有科目的考试。1893 年约翰斯·霍普金斯大学建立了它那伟大的医学院,要求必须有学士学位才能入学。当亚伯拉罕·弗莱克斯纳(Abraham Flexner)在 1910 年作出他那个著名的调查时,他认为约翰斯·霍普金斯是美国医学院发展的方向,而且通过测量其他医学院与约翰斯·霍普金斯的距离来给其他学院评级。他的这个研究在美国医学教育中开启了一场普遍的改革。② 而在 20 年前,美国并没有一个医学院能好到可以成为标准的程度。

但是,大学革命对其他专业的影响与它对学术专业本身的影响有同样重要的意义。而今,学术不仅在历史上首次发展出了开展大规模创新性学术工作的能力,而且首次培养出了社会批判以及参与美国社会中的政治辩论的能力。如果我们只看哲学和社会科学领域,在大学运动中成长起来的一大群人也足够显眼了:法学方面的奥列弗·温德尔·霍尔姆斯(Oliver Wendell Holmes,朗代尔第一次招聘的教授之一)和罗斯科·庞德(Roscoe Pound),经济学方面的索尔斯坦·维布伦和约翰·康芒斯,哲学方面的约翰·杜威和威廉·詹姆斯;历史学方面的查尔斯·比尔德、卡尔·贝克尔(Karl Becker)、詹姆斯·哈维·鲁宾逊和弗雷德里克·特纳。思想和学术方面重要而具有原创意义的运动,包括实用主义、法律现实主义、制度经济学,还有“新史学”,都是这一时期的产物。这与早先借取尾随苏格兰现实主义和古典主义经济学教条的情况形成令人耳目一新的对照。

① 转引自 F. C. Shattuck and J. L. Bremer in Samuel Eliot Morison, ed., *The Development of Harvard University, 1869—1929* (Cambridge, Mass., 1930), p. 558。

② 弗莱克斯纳(1866—1959),美国著名教育家,著有《美国学院》(1908)、《欧洲的医学教育》(1912)、《医学教育的比较研究》(1925)、《美国、英国和德国的大学》等书。受卡内基基金会委托,他对美国的医学教育继续调查研究,于 1910 年出版了《美国和加拿大的医学教育》一书,倡导医学教育要建立在坚实的科学研究的基础上。——译注

实用主义本身就是美国学术工作最重要的产物,它部分地是把来自达尔文进化论和英美判例法的洞见运用于哲学问题的结果。在某种意义上,实用主义几乎成为美国自由主义的官方哲学。它完美地适应了一个新时代:在这个时代,学术人开始克服他们传统的在公共生活上的消极性,转而积极介入政治事件的形成当中。思想的生活和政治的生活之间长期存在的疏离在19世纪末20世纪初被克服了;在学院生活和政治的新的合流中,约翰·杜威、艾伦·史密斯(J. Allen Smith)①和查尔斯·比尔德起到了具有代表性的作用。新的大学运动已经培育了经验研究的专门技能,其后果之一就是:学术人不仅获得了声望,而且获得了一些真正有市场的能够被用于公共生活的建议咨询能力。毫不奇怪的是,这些人在进步运动中扮演了重要的角色,无论是在全国范围内还是在各州的层级上。在拉福莱特领导下的威斯康辛州,大学服务于改革的州政府的理念令人瞩目地得到了实现。在全国范围内,教授加入政府的事已经变得习以为常,不会引起特别的注意。在1918年,本身就是大学运动的产物的伍德罗·威尔逊前往巴黎,随行的是一个由约150名学者组成、负责在和平谈判中提供技术咨询的团队。此时此刻,招纳专家效力似乎已经完全被认为是理所当然之事,仅招致了很少的负面评论。

六

每一次革命都有过犹不及之处,有令人失望之处,甚至还有复旧回潮的热月。而大学革命也不例外。美国大学革命的领导人仅仅了解他们不得不去克服的专业化和实用性不足的情况,但是未能很好地预见和防止过度的专业化和过度的职业主义所带来的恶果。现代大学的缺点正存在于它的优点当中。如果说以往的老学院保留了太多的过去已经死亡的东西,那么,新的大学却是太容易受当下各种大小新事物的影响。老学院尽管在质量和成就上是有限的,但却有其明确的形态和模式,而且有坚定的目的感。新的大学经常失去它的中心,变成一个松散的联合体,其各部分的目标似乎总是处于重叠之中。它用过度专业化取代低度专业化,用对青年的放纵取代苛刻的纪

① 詹姆斯·艾伦·史密斯(1860—1924),政治学家,是著名的《美国政府的精神》(1907)的作者。他的著作和思想对进步主义运动产生了很大的影响。——译注

律，用无休止的、有时甚至不加鉴别的对创新的热衷取代复古主义，用愚鲁的职业教育主义取代非实用性，用嚣张的科学主义和拙劣的实证主义取代对科学的忽视，用对这个反智主义社会的恭顺逢迎来取代对变革的顽固抵抗。

选修课体系演变的过程能很好地说明变革的困难。到1910年时已经可以看到，那些在进行选修课改革试验的过程中走得太快太远的院校已经出现了课程上的混乱。学生们从预先固定的课程体系中解脱出来，但是他们选择课程时主要是看它是不是容易，或者是不是有娱乐性。有些人胡乱拼凑一堆课程，就能够取得足够的学分来混个文科学士的文凭，但这样一来就几乎体现不出任何博文教育的实质。20世纪的学院进行了新的课程规划，其目的就是要克服这种杂乱无章的态势，为此要设计出有内涵的核心课程，并重新肯定老学院的理念，即在专业教育之前在通识教育上给学生打下一个最低限度的基础。

尽管老学院将品格和纪律置于智力发展之上，但它从来没有怀疑过这一点，即教育在根本上是关于人的心智(mind)的事。现代大学有多重的目标和考虑，要努力满足各种需求，所以有时会沦为一种文化加油站。这种趋势在州立大学达到极端。正如一位州立大学校长曾经宣称的："州立大学坚持认为，没有什么知识上的服务是不光彩的，是它不屑于去从事的。"①1930年，亚伯拉罕·弗莱克斯纳发表其著名的调查报告《美国、英国和德国的大学》(*Universities: American, English, German*)。他在其中描述了大学最糟糕的一种情形，就是自贬身段地去做些鸡零狗碎的事情：开设函授课程，提供广告、柔道、用餐礼仪、家庭衣物洗烫之类的课程；有关于洗碗的方法和棉制内衣中的细菌成分的毕业论文，还有论"共同的令人厌恶之事的起源和性质"的毕业论文。论及此处，作者流露出与他早先说到差劲的医学院时同样的轻蔑厌恶之情。

谈论这些事情，是为了提醒我们对大学革命的评价不可过高。但是任何人只要仔细看看老学院，再仔细看看大学改革者的业绩，他就不会简单地主张我们应该回到过去。我们继续前行，怀抱着一个好不容易才达到的清醒认识，即对存在着的问题往往难以拿出完美的解决办法，所以我们试图在职业和智识之间，在通识和专才之间，在科学和人文学这两种"文化"之间求得平衡。毫无疑问的是，在每一种教育的安排规程中都会有所遗失，也都会有所

① 转引自 Logan Wilson, *The Academic Man* (New York, 1942), p. 175。

贻误。教育是这样一个领域:身在其中的每一个人都自认为是专家,而且每个人都怀抱着他认为可以实现的理想国。我们在思考我们所认为的有良好教育的人到底是什么样的,我们要求以某种方式创建大批量地培养这种人的学校。但是,优良的教育要求在制度的优秀与个人的能力和愿望之间建立一种精彩的、令人愉快的结合。

(牛可　译)

1900 年以后的大学：历史的透视[1]

爱德华·西尔斯

第一次世界大战前的大学

1900 年的局面

在 20 世纪初，一种关于大学的理念给世界上各主要大学都留下深刻的印记。大学的理念是在大约一个世纪以前由德国思想家所倡导的，体现在 19 世纪德国大学身上。就知识成就，以及在德国和世界范围内所享有的声望而言，当时德国大学正处于如日中天的状态。牛津和剑桥刚刚从几个世纪的蛰伏中被完全惊醒。大学在整个欧洲大陆兴旺发达起来。法国最终达到一个新的发展阶段，拥有了作为法律上具有法人资格的学术实体的真正的大学，取代了地方性的、缺乏交往的大学教师队伍和一个集中的教育管理机构(这个机构以往错误地被称为法兰西大学[Universitè de France])。在加拿大、澳大利亚和新西兰，大学也开始生产学者。这些人后来多数曾去英国大学里担任教授，后来很快就回到他们自己国家的大学里，因他们自己的工作和他们培养出的学生而成名。俄国的一些大学、奥地利的维也纳大学，以及奥属波兰的古老的克拉科夫大学，都成为享誉国际的科学家和学者以及前途

① Edward Shils, "Universities Since 1900: A Historical Perspective", in *Order of Learning: Essays on the Contemporary University*, edited with an introduction by Philip G. Albach, New Brunswick and London: Transaction Publishers, 1997.

远大的年轻人的家园。在印度,一些政府和传教士建立的学院开始开设水平与其有嫡传关系的英国大学相仿的本科生课程;在加尔各答,一位伟大的大学副校长阿索托什·穆克吉(Asultosh Mukherjee)已经在着手发起一个建立研究生培养体制的运动,方向是以研究为基础的高级学位制度。在北京,北京大学已经在 1898 年建立起来了,其目标是培养未来中国青年一代中的精英分子,向他们开设西学和中学的各个方面的课程。日本已经在卓有成效地实施其目标明确的建立多所帝国大学的计划,要向年轻人教授所有的现代的——也就是西方的——知识。

在美国,凭借其巨大的财富、道德上的严肃性、对国家和教派的忠诚,以及对荣誉和远大目标的追求,大学和学院处在繁盛兴旺当中。东海岸的老牌大学仍然致力于将上流社会和中上阶层的子弟培养成基督徒绅士和社会领袖,但是它们也在致力于推进学术和科学知识的进步。在中西部地区,威斯康辛、伊利诺斯、衣阿华和密歇根等州立大学在过去 20 多年里已经在学术和公共服务方面取得相当成就,使得这些大学中洋溢着乐观向上的气氛。站在最前列的是那些新建的私立大学。芝加哥大学和巴尔的摩的约翰斯·霍普金斯大学受到德国模式的深刻影响,已然在培养新一代科学家和学者方面在全国范围内居领先地位。在西部,加州大学伯克利分校已经成为一所成就斐然、前途远大的学校。

现代大学理念是 18 世纪末 19 世纪初的产物。在 20 世纪初,这种理念已经接近实现。

大学作为一个单独的世界:大学的内向性

从内部看,在 20 世纪最初 20 年里,大学与半个世纪以前其在向大学理念迈进的过程中已经达到的状态并没有特别显著的差异。

最低限度的联系和独立性

从大学与外部世界的关系看,在这一时期,大学与社会的其余部分的界限已经相当清楚地被划分,使之能独立于它所身处其中的社会。它们有界定不明确、但却完全属于自身的目标,而这种目标在很大程度上将为全社会所接受,无论是社会的上层还是下层。大学向社会中的一部分人提供高等教育,而这部分人的年龄和家庭出身都是特定的。大学向年龄在 18—22 岁的年轻人——主要是男性——提供教育,这些人大多来自上流社会和中产阶级家庭。他们的教师要从事研究。

大学里教授的各种门类的知识中有一些被认为是从事特定职业——特别是医药、法律和宗教等职业——的研究和实践所必需的前提条件。高级的公职同样也是一个需要大学提供教育上的前提条件的职业。工程职业在一些国家也需要大学来提供基础性训练。在某些国家——可能尤其以美国为甚——大学的一些教学内容的目的是为了向私营工商业部门提供毕业生。在许多国家,大学教育的目的是为了把青年培养成合格的高级中学教师。

教学和内向的关注点

大学里所教授的科目中有一部分是为了适应某些实用性专业工作的知识需要。除此之外,大学还必须满足那些认为知识本身就具有内在价值的人的需要,向他们提供教学上的培养和研究上的训练。与此密切相关的是,这些人的目的是增进和传播一种对世界、对社会、对人类的工作的理解和珍重。在不同程度上,各个大学成为学者和科学家、教师和学生的共同体,一种由对学问的共同热爱所维系起来的共同体。对他们来说,学问包括那些已经为人所知的知识和那些可以被确认为“原创性研究”的知识,无论这些知识以后被派到什么用场、产生什么效果。这个共同体是大学的心脏和核心,虽然不能被等同于整个大学。

在这一阶段,大学的规模也使得大学能在一定程度上自成一体。这里的意思是说,当大学在本着其传统的价值主张——对科学而言是普遍的适用性,对社会科学和人文学而言是对整个社会和文明的兴趣——行事时,它能达到一种制度形态所能达到的最大限度的独立性。

当时研究的花费并不太高昂,研究项目可以在较小的规模上开展。这是大学能保持其与外部社会的分界线的重要原因之一。即使在那些办国立大学的国家,除了给大学提供用以满足它们的几个目标的一般性拨款之外,政府给学术研究只能提供很少量的专门财政支持。

20 世纪初在大多数西方国家里,大学之所以能够独立自足还有一个原因,即大学教师已经成为一个全职性的职业,这就使得他们不再有必要去大学之外挣钱。大学教师还成为一个终身职业,而不再是通向法律职业和教会职业的道路上的暂时栖身之所。而在上一个世纪,牛津和剑桥的各个学院里的许多研究助理(fellow)就曾经把大学作为中转站。

自主性和外向的关注点

大学对外的方面就是其自主性。在这一阶段直到第一次世界大战,大学一直在拓展和巩固它的自主性。在西欧、北欧和北美,教会逐渐放弃其参与统治大学的责任。事实上,在世界其他各地,大学也普遍建立了自身的自主性。

然而,在某些情况下,大学和社会的界限还是被打破了。其中的一个因素与财政支持有关。如果一个大学作为一个机构不能或者不愿意通过出售其服务而供养自己,那么它与社会的界限被打破就是自然而然的事了。

大学的内部:权威的分配

集中化和内部权威

大学的自主性要求它避免来自外部世界的干预。大学的决策中心在大学的边界以内,但这并不意味着权威在大学内部被加以平均分配。在德国的大学里,学术人有相当程度的自我管理权,但权威的分配是很不均衡的。在每一个院系的教授会内,或者在大学的每一个重要部门内部,正教授掌握着决策的权力。在英国的现代大学里,教师队伍中级别较低的人在大学评议会内只有很少的代表,但所有的教授都是参议会当然的成员。在美国,无论是公立大学还是私立大学,情况也与此类似。美国大学有相当程度的自主性,但是在内部事务上,“教授会”甚至正教授群体作为一个整体是没有什么权力的。校长在董事会的最高权威之下在大学内部行使权力,虽然有时他们会向系主任或学院院长征求意见。不仅资历浅的教师没有发言权,有时正教授对个性强的校长也无法施加影响。

美国大学的中心权威的力量有助于强化大学四周的边界。面对外面的世界,大学由校长来“代表”。校长主宰着大学并监督着教师的活动,他要保证教师绝不会“败坏大学的名誉”或者“损害大学的声望”。这就是为什么当有些教师参与校园外的激进政治活动时校长会严厉地对待他们的原因。

在20世纪初,大学校长的权力从上面受到董事会的限制,从下面受到学院院长和系主任的限制。由于院长和系主任是由校长任命的,所以两者之间的关系往往是和谐的。金字塔形的权威结构使得大学里的人觉得大学是一个步调一致的整体。但实际上这种一致性的程度并没有人们感受到的那么高,因为各门科学内部不同领域的专业化以及各个不同的专业学院的专业化造成了相互之间沟通的障碍。

1900 年时,在英国古老的大学里,学院在大学内部的权力比起 50 年前有所削弱。所以学院里资深学者当中的贵族式的民主就意味着在英国的两个老牌大学里没有类似于美国的那种权力集中。

大学的内部:系和学科

知识的再分工,以及由此导致的大学内部的分工是不可避免的。尽管哲学家和神学家会寻求一种统一的原则来作为所有的制度化知识部类的基础,但是显而易见的是,即使能够找到这样的统一原则,它也不可能克服自然现象和人类行为的多样性。最早的欧洲大学一开始就有一个架构,包括四个系科即哲学、法律、医学和神学。并不是所有的早期欧洲大学都有全部四个系科,但是一个完整的大学必须具备这四个系科,各系科的实质内容和研究主题互不相同。到了 19 世纪末,将大学划分为不同的部门、系和教授职位就被认为在实践上是必要的,同时也是不可避免的。没有一个教授被认为能够掌握所有的知识,而只在大学里度过一段有限的时间的学生则当然更是永远做不到这一点。大学里的专业科目之间的差异和多样化十分明显,与之相伴随的是新的教席和新的系科的设立。

以往在很大程度上由业余爱好者所掌握的许多学术科目现今都被大学收入囊中。当大学统辖了这些学科之后,它也就改造了这些学科。大学引入了更严格的研究方法。大学使得研究成为一种以标准化的程序为基础的工作,而不再像以往那样靠一连串的灵感发挥和天才式的玄想而进行。考古学、民俗学研究、人类学以及其他学问都成为大学研究的对象,而对这些学问的研究也变得更有章法。学术研究领域里发生了扩张、分化和重新组合,出现了新的学问,这就要求开设新的课程,招聘新的教师,有时还要建立新的系,设立新的教席。

在大学内部,由于不同的系和不同的教学职位的存在,不同的学科之间就有了相当严格的区隔。在欧洲大陆的大学里,学科是由教授职位加以界定的。通常是一个教授职位对应一个科目。但是在某些科目中可能根本没有教授职位,因为这个科目被上级部门认为不够重要或者学习这门学科的学生不够多。

当然,“学科”相互之间是会有重叠的,尽管许多学者——特别是在德国和美国的学者——试图划分每个学科之间的边界,以求减少相互重叠。但是这种努力在知识上是永远不会完结的。即便如此,对大学的管理结构而言,学科边界无疑还是非常重要的。那些跨越学科边界的人被认为是半吊子。有的时候,那些自己的领域受到侵入的人会憎恨那些入侵者。在某些国家学生可以选修课程,但教授却不能自由地选择研究的课题。美国就属于这种情况;德国的情况有所不同,但大体上也是如此。

尽管人们认可了各个学科的存在,或者至少认可了学科的观念,但大学还是不可能原封不动地保留学科的既有状态而不加任何修改。创建学科的主要推动者是大学教师,他们在开辟一个新的研究路向时要吸收多个其他学科的知识和技术,也会因为新的研究领域的发展而从其他科学家那里得到足够多的回应。

到第一次世界大战结束时,大学内部的专业化和学科界限受到各种质疑和批评。这种情况在美国比在欧洲更明显。

大学内部:道德意愿

早在第一次世界大战之前,大学学生人数的增加导致了教师人数的相应增加。而这意味着,由于人们认为大学教师应该能直接从事研究(自然科学领域中后来情况变得几乎全然如此),所以学术发表的数量也就有了显著的增加。学术发表的增加成为一种强大的力量,推动了关于特定研究对象的详细知识的发展,又在更广泛的研究领域中起到限制学者的知识和兴趣范围的作用。

知识的生产已经成为大学的首要功能,它致力于为生产知识而培养年轻人,也致力于为智力实践型的工作而培养年轻人。

在威廉·冯·洪堡的大学理念中,大学的目的在于塑造人格,在于通过研究经验而形成一种对生活的总的观点。这是 19 世纪和 20 世纪没有成功实现的大学理念中的一个重要部分。尽管如此,通过学术研究来塑造人格的理念中还是有一部分内容存活了下来,这就是科学上的诚实和科学的精神气质(ethos of science)的观念。

在这个特定的方面,欧洲和北美的大学成功地向学生灌输了一种宝贵的道德态度,也就是诚实地对待科学和学术研究的责任。这要求学术人愿意承认同一领域中其他人的工作成就的价值。能否对任何领域里进行的观察和理论采取一种批评态度,包括对自己的观察和理论采取批评态度,是确认研究成果的真理价值的前提。客观性具有内在的价值,尽管人们有时会以客观性为由来拒绝甚至反对采用道德判断,或者以客观性为由来否认道德判断的有效性,但客观性本身就是对真理的一种道德衡量。由此,科学的精神气质就成为学术伦理的一个组成部分,张扬着大学作为一种制度所具有的价值。通过这种方式,科学的精神气质强化了这样一种认知,即学术生活与市场和政治领域里的生活是不同的;而且也宣告了一种主张,即学术生活至少与其他的生活领域有着同等的尊严。这应该被认为是大学在20世纪前几十年时取得的道德成就。

学术秩序中的大学

在每一个国家的社会里,各个大学都保持着相互之间的联系。在各个学科当中,在各学科对它们在大学里的天职的认识当中,所有的大学都共同遵奉着一种知识传统。大学有共同的知识文化,而且有一种共同的观念,即把自身看做全身心贯注于学问或者有序的知识的独特制度形式,但是各个大学也在一个声望的层级结构中处于不同的等级位置中。在每一个国家的社会中都有少数大学高居于其他大学之上,并形成一种其他大学愿意效仿的模式。

在国际范围内也有一种学术秩序,其中各个大学,特别是那些在各自的国家最为杰出的大学相互之间保持着联系。这种联系的具体途径包括:某些科学和学术上的出版物、个人之间的友谊、客座讲学和访问研究、异国留学、国际科学和学术团体,以及国际学术集会和讨论会。

大学的国际性对大学在制度上的独立自足构成一种必要的和根本的限制。由于大学要靠大学以外的个人、政府和私人商业机构来获得资助,又要承担培养年轻人从事知识—实践型职业的责任,所以大学的独立自足的程度必然受到限制。同样地,学术自身的特性也会给大学的独立自足特性带来限制。学术的发展是集体活动的结果;由于印刷和其他交往的物质形式的存在,学术发展的集体活动的地域范围得到了巨大的拓展,远远地超越了任何单个大学的范围。

在20世纪前20年里,德语仍然是科学出版物最主要的语言。世界各地对德国大学的成就是如此仰慕,以至于人们认为,如果要立志从事科学或学术职业,就要掌握德语,至少要达到能熟练阅读的水平。法语和英语也是必需的,但其必要性没有德语那么迫切。由于第一次世界大战的发生,德语作为各国大学之间国际沟通的语言基础的首要地位有所动摇。

这说明,以普遍的有效性、吸引力和说服力的知识为特征的这些机构具有不可抗拒的国际性。任何想要获得最前沿的知识的科学家,任何想在研究中避免探究已经被证明是错误的问题,或者想避免重复别人已经做出的发现的科学家,都必须去看那些相关自然科学领域中的出版物。

与单个大学的自主性相伴生的是其自足性(self-containedness)。而这种自足性充其量不过是局部性的,实际上是一种相对于非学术的要求和非学术的标准的自主性,而不是相对于外部的学术要求和标准的自主性。学术的全国性秩序和国际性秩序是对单个大学的自足性的限制,但是这两个秩序对任何大学的运作都是不可或缺的。

处于世界内部的大学:商业和工业

大学在弥合自身与工业和商业之间的鸿沟方面是很缓慢的。在德国,大学有意识地努力拉开与商业的距离。在法国,商业科目被明确地排除在高等专业学院(grandes ècoles)和大学以外;技术科目虽然有可能被高等专业学院接受,但却完全被大学拒之门外。另外一种与法国截然不同的情况是美国,它的一些大学在 1900 年前已经有了一些建制完备的商学院和工学院。这些学院的毕业生当然会进入商业领域,但是许多其他没有商业专业训练的学生也跻身商界。

化学是第一个工业和学术系科在其中发生紧密合作的学院科学,后来在工程学上也产生了这种工业和学术系科的密切交往。但大学的其他部分对"做生意"往往是冷眼相对,对其采取的是排斥而不是接受的态度。

美国的州立大学经常把州立的农学院作为自己的一个组成部分。(在有些州,州立大学并不容纳"农业和机械学院",而后者是作为一个单独的高等教育机构而建立起来的。)在农业科学家和农民之间通常有一种紧密的、往往会取得丰硕成果的合作关系,因为农民能够利用大学里的科学研究的成果。

在英国,坐落于工业区的现代大学的情况有所不同。在这里,当地的工业家时常会出资设立一些专门以工业上的问题为研究对象的科研课题的教授席位。

在法国,产业界和大学之间泾渭分明。由于学院科学家和当地工业家的努力,图卢兹大学在 20 世纪初年的确有过建立与产业界的关系的尝试,但这种努力并不多,而且持续的时间很短。

通向世界的道路:社会调查和政治

通过规范而系统的经验调查去发现社会,这项工作并不是发端于大学的。当大学开始展开这类调查工作时,它们和先前的业余调查者一样,关注的是社会中最阴暗的方面,比如贫富差距以及犯罪和恶习。

学院社会科学在19世纪晚期的德国和美国发展起来,不管社会科学家愿意不愿意,在这个过程中它都成为公众关注的一个焦点。在一些国家,大学教师积极介入了公共事务和政治活动。他们调查穷人(工人阶级和流氓无产者)的生活状况,调查破裂的家庭、轻罪、酗酒、流浪和其他被认为不合社会规范的非正常现象,并发表他们的调查结果,以此来影响公共舆论和政治讨论。大量的经验性学院型和非学院型的社会学研究在关注这些问题。许多作者提出对这些消极现象的治疗办法。还有许多人之所以研究这些消极现象,是因为他们对这些现象产生的知识上的兴趣,或者是因为这种研究已经成为学院型和非学院型社会学和政治学的一种传统。

在19世纪晚期,一些大学教师、学生和毕业生试图将高等教育送到那些没有或者无法上大学的人民大众中去。他们为将大学教育的好处扩大到大学以外而尝试了各种制度形式,包括成人教育、工人教育以及函授讲座和函授课程,以及"社区中心"。

导致大学与其外部的社会相分离的界限被打破的另外一个原因与上述情况有密切关系,这个原因就是学术人对政治的兴趣的高涨。这种情况在19世纪已然十分明显。有些学者试图从事国会工作,而另外一些学者则撰写政论文章,还有的学者积极介入关于思想和学术问题的公共讨论,比如关于进化论、对《圣经》的"高级批评"(higher criticism)、科学研究的自由或者范围更广泛的学术自由。但是这样的学者人数并不是很多,只有极少数学者通过公共平台发表言论或者参与竞选公职,并由此介入政治活动和共同讨论。学者们偶尔会成为公众政治人物,但其他人无论其观点如何,都不直接参加政治活动。

大学从来都不是像有些批评者所指责的那样是象牙塔。大学本来就不可能成为象牙塔。但是,大学也远非"服务"型的机构,并不是根据别人的需求来提供知识和技艺。民粹主义的批判者以此来指责大学,但他们的理由并不很令人信服。

大学模式的扩张

19 世纪最重要的一个发展趋势就是德国大学模式向美国的扩张,以及德国模式对法国和英国的高等教育改革所产生的影响。到了 19 世纪末 20 世纪初,直接仿效德国大学模式的潮流已经消退了。美国大学已经不再模仿德国模式;美国学生去德国留学的人数也大大减少,而且随着美国介入第一次世界大战,这一运动最终停止了。俄国也受到德国模式的影响。

美国学院模式在中国和日本产生的影响是非常明显的。许多新的学院和大学是在基督教传教士的大力帮助下在这两个国家建立起来的。在印度,单一制(unitary)大学是按照英国地方性大学的模式而建立起来的,它与此前 19 世纪中叶按照伦敦大学的模式建立的联合制(federated)大学并肩而立。

由此起源于德国的新型大学就成为一个世界性的模式。

两次世界大战间的大学

战争的影响:恢复的任务

在第一次世界大战期间和战后最初的几年里,大学经历了突然的变化。学生和青年教师要去服兵役;年长的教师特别是科学家也要改变关注的重点,去从事对各自国家有军事上价值的研究课题。金属、炸药、化学战和防化技术、航空、医药和外科学发挥着巨大的效力,也吸引着科学家的注意力。科学家中有一些人已经穿上了军服,但大多数人仍然在大学里工作。历史学家、语言学家、古典学者、经济学家从事着密码编制或者密码破译、国际法问题、食品供应、交通、行政管理、军火和飞机生产等方面的工作。

战争结束以后,执行战争任务的组织机构被解散了,大学则要恢复往日的正常状态。大学的组织形态仍然和战前一样,但其与外部的主顾的关系则发生了显著的变化。

第一次世界大战结束后的几年时间在某种程度上是恢复期。大学也花了一些时间才恢复正常的工作秩序。它们并不是在各方面都取得了成功。欧洲大陆极端民族主义造成的恶劣状况在几年后才得以扭转。而战胜国的大学对德国大学的联合抵制一直持续到 20 世纪 20 年代上半期。科学和学术的国际交流的正常化恢复得更慢。美国的大型基金会在复原的过程中行动很是活跃。

尽管如此,大学的复原在很大程度上是成功的。欧洲和美国大学至少在一段时间里恢复到它们在一战前十年间的状态。大学又成了“它们自己房子的女主人”。

有两个国家的大学并没有加入这个复原的过程。俄国的大学在战前已经在越来越大的程度上成为欧洲的科学和学术共同体的一个组成部分。但战争结束后,俄国大学又因饥荒和内战而在物质上受到很大损失。作为混乱和政权的有目的的政策的结果,俄国大学的许多方面实际上被拆解了。在苏维埃政权缓慢地建立起来的过程中,许多杰出的教授流亡海外,而那些留在国内的则受到折磨和损毁。后来斯大林主义兴起,开始了“大审判”和“大清洗”,更是使得大学无法恢复元气。

法西斯主义政权在意大利的建立对大学的影响几乎与俄国的情形一样具有灾难性。

德国的大学在战争结束后努力要恢复战前的卓越地位,但国家社会主义政权打断了这一进程。它们只是部分地恢复了元气,但是在物理学、数学、化学、古典学和古代中东研究等领域,德国大学成功地修复了早先的优势地位。国家社会主义政权一上台就将所有犹太人或者有犹太血统的人驱离教学岗位,几乎无人能够幸免。属于自由主义者或者社会主义者的教师要么被解职,要么被迫退休或辞职。那些被解职或者以其他方式离职的学者占了当时德国全部学术职业人员的近1/3。有一些人在当时幸免于难,但在大约5年后也被解聘。如此之大的师资流失所造成的严重损伤使得德国大学面目全非。

这样,在两次世界大战中间的20年里,欧洲的大学深受Nachwuchs(学术接替)的崩溃的困扰,第一次世界大战期间许多有前途的青年学者和科学家在战场上送了命;紧跟着又是政治动荡和内战,以及专横的独裁政权的搅扰和政治干预,使大学深受其害。狂暴的民族主义浪潮冲击着大学,使得诚实而严肃的研究变得十分困难。第二次世界大战,以及战前欧洲大陆的极端民族主义又一次打破了学术上的国际共同体。纳粹在欧洲大陆关闭了许多所大学,为害极大。苏联在波兰的所作所为也好不到哪里去。

政府的财政支持

在那些多少还维持了自由民主宪政的国家,大学成功地恢复到在一战前被认为是正常状态的情形。这个时期主要的创新是对大学和科学研究的财政支持的方式的改变。在德国,一个主要的革新是战后初年建立的德国科学促进会(Notgemeinschaft der Deutschen Wissenschaft)。很久以后法国也步其后尘,建立了科学研究全国委员会(Conseil national de la recherché scientifique)。英国的大学拨款委员会(University Grants Committee)也是一个成功的创新。

在两次世界大战之间的 20 年里,大学拨款委员会为英国大学所做到的只不过是欧洲大陆政府多年以前已经给予大学的那种支持。大学拨款委员会的独特性在于,它并不是政府的一个部门,而是一个接受政府资金的独立机构。英国大学的地位也与德国大学不同,最初不像后者那样几乎完全依靠政府财政支持。到第二次世界大战爆发时,除了牛津和剑桥之外大多数英国大学都走上欧洲大陆大学的道路,依赖于政府的财政拨款。

美国和加拿大的州立或省立大学仍然几乎完全靠州或省立法机关的拨款投票获得经费来源。这些大学中的多数只有很少的捐赠基金,而且其收入中只有极小的一部分来自向学生收取的低廉学费。其中一些学校开始接受私人公益基金用于特定目的的捐赠。在美国,私立大学无法从中央政府或者联邦政府获得任何资金;大多数私立大学的经费要靠捐赠基金的收入和学生缴纳的学费,并辅之以个人的捐赠和私人公益基金的捐赠。学费和其他收费构成了私立大学总经费额中一个主要的部分。

当时的大学还有一些属于那个时代的特征,即处在包围中的大学的相对自主性受到威胁,使它们免受“干扰”的独立性——洪堡称之为“宁静”(Einsamkeit)——受到威胁。第一次世界大战结束后不久,英国政府就设立了医学研究理事会(Medical Research Council),并向其派拨资金,以支持该委员会下设的研究机构开展科研工作,并对大学、医学院和医院等独立机构的研究予以支持。稍后,科学和工业研究理事会(Council for Scientific and Industrial Research)于 1916 年成立,履行与医学研究理事会相同的职责,只不过它针对的是工业方面的研究项目。当科学家从事工业企业感兴趣的研究课题时,他们就会获得科学与工业研究理事会的资助。德国的德国科学促进会和法国的全国科学研究委员会也向个人特别是大学提供研究拨款。

上述做法的结果是,在20世纪20年代,科学家和学者为了获得研究所需的资金而开始将眼光投向大学以外。

私人公益基金的作用

大约同一时期,私人公益基金开始活跃起来。在美国,卡内基教育促进基金(Carnegie Foundation for the Advancement of Teaching)和(洛克菲勒)普通教育理事会(General Education Board)在第一次世界大战前开始运作。它们都开始对大学感兴趣。前者建立了一个给大学教师提供退休金的计划,后者向大学提供大数额的捐助。卡内基基金还委派了一个专门委员会对医学教育进行调查,对改进美国的医学院发挥了重要作用。

在1929年以前,洛克菲勒名下的几个基金会对大学或者大学内的特定部门予以支持。1929年以后,它们甚至直接向教师个人予以资助。这种政策变化也预示了大学向放弃自足性或者自主性的方向转变,而这种自足性或自主性在一战以前几十年间一向是大学的重要特征。

在第二次世界大战前夕,各基金会的官员们开始承担启动重大研究计划的职责,而不再允许大学或者大学内的个人在这方面自作主张。当然,学者个人是不是按照官员们的期望去从事基金会的工作,完全在学者自己。但尽管如此,研究课题并不是由学院科学家个人开列的。由此,科学研究的中心轻微地偏向了大学以外,大学作为一个很大程度上自足的机构的自主性受到削弱。

大学内部:最初的重心扩散

与大学重心的这种轻微外移相伴随的是,美国大学内部的中心也出现了最初的扩散的情况。权力过于集中的大学校长开始一步步地将某些权力下放出去。不担任行政职务的教授在大学内部决策上的分量增加了一点,这在更大程度上是由习惯成自然而导致的,而不是因为大学的规章和决策程序上的变化。然而,在两次世界大战之间的时期,这种变化是比较轻微缓慢的。

两次世界大战之间的那段时间里的另外一个发展趋势是,美国大学内部开始组建一系列的研究所和研究委员会。德国大学内的研究所并不是很新鲜的事情,以往研究所通常是与教授职位挂钩的。在德国,研究所是大学的一部分,而不是大学中心外移的一个阶段或者一个组成部分。

大学模式的扩张

在两次世界大战中间的年代,除英国之外任何欧洲国家都没有在其殖民地建立大学。同时,承袭自早期欧洲大学的当代欧美大学模式的扩散在内涵和速度上都既不如一战前的时代,也不如二战后的时代。大学模式的移植仍然延续着早先形成的轨迹。

同时,思想和人员的流动仍然在继续进行中。英国和其他欧洲国家的人继续前往印度,到官办学院和由欧洲传教士创办经营的学院里任教。美国人以及一些英国人和欧洲大陆国家的人在美国教会在中国创立的大学里任教。燕京大学就是这个大学模式的扩张和移植的过程中取得学术影响的一个例子。北京大学完全是由中国人创建的,但它将移植西方大学模式作为其明确的目标。它对思想运动作出了巨大贡献,其最有勇气的一个举动是将约翰·杜威请到中国来。

在日本,主要的大学都是帝国大学,其师资全部来自本国学者和科学家,许多人按照从西方学到的方式从事研究,其中一些人具有很高的研究水平。此外在日本也有一些由传教社团按照欧美模式建立的大学和学院。

在中东,大学和学院仿效的是欧洲的模式,包括法国、英国和德国。在 20 世纪 20 和 30 年代,只有那些受美国人倡导和接受美国的财政支持的学院移植了美国模式。开罗的美利坚大学建立于 1920 年,同年在贝鲁特也成立了美利坚大学,但它是那些更古老的教会学院的后继者。中东的国立大学必然是依照欧洲模式而建立的。具有阿拉伯传统的爱兹哈尔大学在这个地区没有成为被追随的模式,它也向着欧洲模式的方向推行了改革。

学术秩序扩展中的大学

位于新泽西州的普林斯顿大学于 1929 年设立了高等研究院,这是知识秩序的培育最初从大学向外扩展的另外一个标志,至少对美国而言可以这样说。高等研究院的目标是办成一个专门从事人文学科和那些不需要昂贵设备的自然科学研究的机构。虽然最初也有人想设立研究生培养计划,但建立一个专门从事研究的机构的想法还是占了上风。高等研究院意味着一种向一小群杰出科学家和学者提供自由和宁静的环境(Freiheit und Einsamkeit)的努力。其创立者认为美国的大学以往并没有向最高层次的智力生活提供这种好处。

纽约市的贝尔电话实验室,以及纽约州申尼克塔迪(Schenectady)的通用电气实验室,是最初的附属于工业企业的伟大实验室中的两个代表。它们致力于最优秀的学院科学家水平上的那种科学研究。在化学和电气工业之外,一战后的时期里工业企业和学院科学家进行的合作就比较少了。与化学有关的制药业也是一个应用科学和工业企业建立新型合作关系的平台。

农业作为经济生活中的一个部门由来已久,在这个领域里生产和科学研究之间有着密切的联系。美国的联邦政府鼓励建立州立农业和机械学院以及与这些学院有密切关系的州立农业试验站,也鼓励县公职人员充当研究和农业实践之间的中介,这些行动都特别有效地促进了学院科学家对实际事务作出贡献。

第二次世界大战期间和战后的大学

对大学的新的要求

1939—1945 年间世界大战的来临使世界发生了很大的改变,它对大学也产生了很大的影响。在战争进行的过程中,洪堡曾经清晰而有力地加以阐述过的大学的指导原则受到冲击,而作为一种制度的大学的边界受到了侵蚀。

大学、大学教师和学生都投身于战争,他们介入实际事务的广泛程度是史无前例的。学生和青年教师被征召入伍,这与一战时期一样,但持续的时间更长,牵涉的人更多。在英国和美国,更令人注意的是那些主要由学院科学家组成的大型研究团队:它们制造原子弹和雷达,改进军事医学和军事外科,而且管理大型的经济计划。在大型的密码破译计划中,学院学者特别是数学家和人文学者发挥了非常重要的作用,使人们看到,虽然这方面的技术成就比较一般化,但无论在战争中还是在和平时期,学术上的训练和经验对实践性工作计划的执行是大有助益的。德国的学院科学家对德国的军事行动的贡献却不能与英美两国的科学家相比。

英美两国的学者在战争中的经验,以及外界对他们的成就的赞赏产生了一个后果,即大学在社会中的角色发生了深刻变化。社会对大学提出的期望和要求更高、更多样化、更持久了。在以往,大学和大学教师由于以合理规范的方式追求真理、通过加深对世界的理解来提高人类的尊严,并因为对人类过去的成就进行评价和阐释而受到尊崇,但现如今大学和大学教师的形象和地位发生了深刻的变化。对实际的利用价值的期待取代了尊敬。学术人自己关于大学的信念也沿着同样的方向发生着变化。学院学者对自己为实际事务作贡献的能力满怀自信,这的确导致外界对他们提出更高的期望。

在所有这些国家里,政府都承担起了支持大学的责任,之所以如此是有着各种各样的原因的:培养公务人员、律师、物理学家、教师、教士,培养有知识的人;在一些国家,大学还要培养工程师和商人,为改进农业和卫生而默默工作。总之,政府向大学提供了更多的可支配经费。

大学似乎成为一种制度工具,承担着增加社会财富、预防和治疗疾病、给社会提供更好的食品,以及提高国家的国际威望的责任。没有什么工业的国家雄心勃勃地要提高它们的工业生产,大学被认为是实现这个目标的有效工具。大学能够培养计划人员和技术专家,无论在富国还是在穷国,这都被认为是大学的一个责任。

大学进入公众视野和政治视野的中心,还得益于另外一个因素。大学越来越被认为是实现社会平等理念的工具,或者至少是实现由社会下层升进到中产阶级的愿望的工具。多年以来,大学生通常都是富家子弟,或者来自社会地位较高的群体,下层甚至中下层家庭的子弟一般被认为是上不了大学的。(就此而言,美国的州立大学多少是个例外。)尽管公众完全了解这种情况,但这似乎是一个人们无能为力的生活现实。在第二次世界大战前,大学并不觉得这种状况会给自己带来什么麻烦,而政府也不认为这是什么大不了的事。

但第二次世界大战改变了这一切。战后平等主义情绪成为潮流,这首先体现在“军人复原资助”(demobilization grants)和“士兵福利法案”(GI Bill of Rights)等鼓励退伍军人上大学的措施上。这使得许多本来可能永远上不了大学的年轻人接受了高等教育。除此之外,还有那些因战争和服兵役推迟或中断原来计划中的大学学业——这种情况在欧洲很多,而且时间长达六年——的年轻人也在战后涌进大学。这两类人如今使得大学入学人数激增。

所有国家的政府都实行了旨在增加年龄在18—22岁的大学就学人数的政策。为了达到这个目的,各国政府提高了中学入学人数,又增加了学生助学金、奖学金和贫困补助。

所有这些要求和目标导致大学里人满为患。各种课程和讨论班的人数增加了很多。战争中校内建筑一度限于停顿;在一些欧洲国家,很多大学建筑物受到损坏甚至摧毁。与此相关的另外一个结果是,学生,特别是低年级的学生受到教师关注的减少。

政府财政资助的增加

所有这些因素——包括外界对大学的表现提出的要求,大学在和平时期的研究工作对大学提出的要求,要为国家做出与战争时期一样了不起的发明和发现的成就的目标对大学形成的压力,平等主义的兴起,物质条件和设备无法满足这些要求的现实,教师和学生人数的增加——都导致政府对大学的财政支持的巨大增长。在政府投入急剧增长的同时,个人和基金会也向大学提供了巨额资金。这种情况在美国特别突出,在英国和联邦德国也较明显。

各国的大学数量都增加了。新型大学奠定基础的伟大时代——宗教改革时期、反宗教改革时期以及19世纪——都未曾经历这般情形。在美国,大学数量的增长是通过原有大学的分裂而实现的。在一些州里,州立大学通过在本州内建立多个分校而多次分裂;在另外一些州里,低级的高等教育机构——农业和机械学院,以及师范学院——升格为大学,要么成为州立大学的分支,要么成为单独的大学。通过开设研究生课程,学院变成大学。在英国,大学的数量有了巨大的增加,许多大学完全是新建立的,还有一些则是大学下属学院和地方性技术学院升格为大学。类似的大学数量和大学生人数增加的情况也出现在德国、奥地利、意大利、荷兰、丹麦、挪威和芬兰。整个撒哈拉以南非洲在二战以前只有一个大学学院即塞拉利昂的福拉湾学院(Fourah Bay College),但战后也新建了几十所大学。印度在战前只有不到20所大学,战后将其大学数量增加了六倍。战前日本只有两个主要的帝国大学以及一些市立和私立大学,战后其大学数量增长的幅度也与印度类似。在加拿大、新西兰、澳大利亚和南非,大学数量也都增加了数倍,而且原有大学的规模也有了扩大。

尽管许多国家的政府在二战结束后几十年里在向大学提供财政支持方面颇为慷慨,但政府资助并不足以满足大学向学生提供校舍场地、增加教师工资、提供辅助设施和管理服务方面的要求。同时,科学研究的成本在增加,为保持实验室和图书馆正常运行所需的书籍和工作人员的成本也在增加。世界各地的大学所面临的这些问题都是共同的;一个大学如果不能支付足够高的薪水给教师,不能购置设备和维持图书馆、实验室,那么它就会在全球性的大学竞争中败下阵来。然而,无论大学富裕还是贫穷,学生人数在大多数时候还是继续逐年增加。

政府在大学内部影响的扩大和大学内部事务的增多

随着这一阶段政府对大学财政支持的增加,政府对大学内部事务的兴趣也提高了。政府所关心的不仅仅是大学如何花费由它提供的巨额拨款,也不仅仅是要使大学保证不侵吞和滥用这些经费。政府要求大学更多地"吸纳"学生。政府决定大学的管理机构的构成。在美国,政府已经开始干涉大学的人事任命。最重要的是,政府机构增加了大学里"任务取向的研究"的分量。政府对大学的这些干预在各国程度有所不同,但总的来看政府在大学的存在比以往有了大幅度的提升。

结果,大学内部行政事务的分量增加了,与之而来的是官僚机构的大幅度膨胀。为了争取更多的资金和对资金使用的情况进行说明,现在要填越来越多的表格。对于教授如何支配自己的时间,政府也更关心了。"经营管理",这个以往在大型企业里使用的词汇,现在也被引入了大学。大学变成了一个比以往繁忙得多的地方。众多的教师和学生,各个大学及其下属系科的规模的扩大,课程、讲座、讨论会数量的增加,助理人员、文秘、管理人员、技术人员等职业人群的规模的扩大,所有这些都使得大学呈现出一派凌乱、繁忙和紧张的景象。

大学教师的日子更紧张忙碌了。他们必须要和更多的学生会面,不仅要在上课的时候面对学生,而且还要进行直接的辅导。研究生和学生研究助手的数量增加了,这意味着要把更多的时间花在学生身上,讨论他们的研究,阅读和批改他们的学位论文初稿。为了学生的求职,他们要写更多的推荐信;为了同事和以前的学生能争取到奖学金、基金会赞助和其他大学的教职,他们也得写更多的推荐信。系内部的权威的下降,意味着由各系教师共同参加的会议的增多;而且由于系的规模扩大,现任教师要阅读更多的求职者和申请晋升者的著作。

同事和助手之间在研究上的合作的内容和范围都扩大了,这意味着在研究的管理上要花更多的时间,而对研究的管理和研究本身并不是一回事。众多学者同时致力于几个研究计划,而由于这些计划的推行要靠大批研究助手,也由于支持这些研究计划的拨款是有时间限制的,所以负责计划的学者必须要掌握好研究工作的进度。由于研究不仅仅要求做出一系列最新的观察，而且还要求掌握以往的文献，要求阅读或者至少浏览期刊和专著上的相关研究。每一个领域里的研究人员数量都增加了，期刊和出版物的数量也增加了。杂志和文章数量增多了，认真对待学术责任的评阅人的工作量也更大了。这也是要求学者花费更多时间的一个原因。

所有这些因素加在一起，造成了一种距离洪堡所说的大学教师"宁静"的必要条件相去甚远的状况。

大学和外部世界：经济

经济学者，无论是作为学者、时事评论家还是公职人员，从 19 世纪初开始就一直试图通过发表文章、在政府委员会中的任职，以及不时地参加政府行政部门的工作而影响政府的经济政策。

学院经济学家充当政府或者财政部长的首席经济顾问的情况并不罕见，就此可以开列一长串名单：休·道尔顿（Hugh Dalton）、约翰·梅纳德·凯恩斯、休·盖茨克尔（Hugh Gaitskell）、路德维希·艾哈德（Hudwig Erhard）、雷蒙·巴雷（Raymond Barre）和马丁·费尔德斯坦（Martin Feldstein）。政府的货币政策当然更是经常受到学院经济学家的影响。学院经济学家也致力于"发展经济学"，特别是在亚洲和非洲的新国家以及拉丁美洲的老国家里，学院发展经济学家介入了政府活动。

然而，在科学研究当中大学和经济才有着最为切实的密切关系。自从分子生物学发展起来后，在生物技术的实际应用中学院科学和牟利的工业企业已经有了相当程度的交往和合作。

政府财政支持的不足驱使学院科学家去寻求私人企业的资助并与之在研究上建立密切的合作关系。大学和企业的接近，不仅仅是因为学院科学家急需更多的研究经费。工业也在发生变化，而这导致工业企业更加愿意走进大学。

某些领域里的技术变得越来越具有科学的特性，也就是说技术中的科学成分越来越突出。结果是工商企业对利用这种类型的技术越来越感兴趣，对由大学科学家开展的（或者容易由大学科学家开展的）科学研究工作也越来越感兴趣。在科学发现和科学发现在工业中的实际运用两者之间有了更紧密的关系；从科学发现到科学发现的实际运用之间的时间被大大缩短了。工业企业对科学发现的成果的需求更加旺盛活跃了。结果工业企业也就更着意于使那些对它们有实际价值的研究能够开展下去。

由于技术中的科学成分方面发生的这些变化,所以无论是关心增加财源还是期望提高收入的科学家个人都尝试在大学和工业企业之间进行各种形式的合作。这些合作形式包括:大学占有大学科学家在实验室里取得的科学发现的专利权;大学设立公司来对这些专利加以商业性利用;科学家个人建立私人商业企业,利用他们自己的研究成果来为自己赢利;大学和私人企业合资和合作建立研究所。

微生物、电子、计算机等领域里的工业企业往往建在大学周围。加利福尼亚的硅谷以及麻省理工学院和哈佛大学附近的"128线"就是这种关系的原型。这种合作关系的另外一个变种是"科学园区"(science park)。美国和英国的一些大学都向私人企业出租校园周围的土地和建筑物,而这些企业当然是有对大学里的科研成果加以利用的商业兴趣的。

对那些急于增加财源的州立大学和私立大学的管理者来说,这些变化是很有吸引力的。这些变化也使得很多科学家被吸引到大学里来,因为他们期望他们的研究成果在这里可以更快地得到利用。同时这些变化也激起了一些学者的反对,因为他们认为这是对学术自主甚至学术自由的侵害。有人担心,这些安排会危及学术自由的一个关键点,即发表的自由。他们担心,由于获得专利需要一段时间,而且与专利有关的商业企业为了取得竞争优势,会扣留他们创造出来的知识中的关键部分,所以发表会被延迟。毫无疑问的是,对于应该作什么研究、如何作研究,以及在什么时候和什么地方发表研究成果,传统上对这些问题的决定都是在大学内部作出的;但现在由于从科学发现到科学发现的产业性、营利性利用之间的周期被缩短了,大学内部在这些问题上的决定权受到影响。

欧洲大陆的大学并不经常遇到这些问题,因为那里的大学在很多领域里对产业界很冷淡。

大学和外部世界:社会

当大学将社会科学吸纳进来时,它也就接受了它与社会之间的藩篱上被打开一个缺口。只要大学研究的是那些在时间和空间上都远离现实的玩意儿,或者说是那些超越时间和空间的东西,它就可以不受当代和周围事物的影响。然而,当大学把对当代社会的经验描述作为一个合法的学科接受下来之后,对校园以外的事情所具有的认知上和道义上的浓厚兴趣就必然会对大学与其周围社会相分离的状况构成冲击。

在20世纪60年代的美国和英国，“穷人”突然重新成为公众讨论和政治讨论的热门议题，同时这个问题也重新受到学院社会科学家的关注。对贫困问题予以再发现的同时，恰逢政治家和公共言论家中兴起一种对科学寄予不加批判的信心的潮流。政府和学术界都产生了一种共同的兴趣，试图以科学的方式解释贫困现象的意义和成因。这促生了一批“任务取向的研究”（mission-oriented research）项目，有大批经费可供这些研究项目利用。私人基金会也是如此。上述情形的结果是，大批经验性社会研究都属于受命开展的研究。

当代的经验性社会研究已然成为一种耗费巨大的研究，因为在短时间内在一个广大的区域内进行的取样调查要求有为数众多的访谈调查队伍，而且要想使所采用的技术准确可靠，就要有数量相当大的编码和程序处理的人员和设备。这种研究的经费的主要（但不是唯一的）来源是政府机构。为了获得研究所需的经费，学院社会研究工作者就得求助于对相关问题有兴趣的政府或者私人基金。而这意味着，关于研究主体的决定在越来越大的程度上来自大学之外。

这种局面与自然科学很类似，尽管社会科学并不需要那些昂贵的设备，如射电望远镜、电子显微镜和加速器等。“科学的”社会研究不再是单打独斗的事了，实际上需要相当大的研究队伍，所以也就要求有比较多的经费。因此，这种研究也就从属于经费供给者的目标。这又是一个造成大学重心外移的原因。

大学和外部世界：政治

在20世纪初，大学内部对政治事务没有广泛而浓厚的兴趣。大学领袖往往正式地效忠于现行体制和当权的政府。除了法国和意大利，大学教师中很少有社会主义者。政治学和社会科学（Staatswissenshaften）即使被列入课程，也不处理当代问题。它们研究的是政治思想史、宪法学和行政管理。也许对当代政治最感兴趣的情形是在法国，主要是在高等师范学校（Ecole normale superieure）和索邦大学的教师当中。

除了一些臭名昭著的例外以及在战时爱国主义狂热的不正常情况下，大多数学者在政治观点上都很温和，而且也不热衷于在公开场合抛头露面。而学生们在政治上则更积极也更直率，他们往往采取极端的立场——在大多数欧洲大陆国家是民族主义立场，在英国是和平主义立场。在美国，作为对

1929 年大萧条和罗斯福总统的"新政"的反应,学者们对政治的兴趣提高了。除了在那些极权主义政权已经上台或者处在极权主义边缘的国家,大学的运转受政治争议的影响并不大。在一战和二战之间的年代里,自由民主国家的大学里的教学、研究和人事任命大体上没有因为教师和学生的政治信仰而受到影响。

对那些参与大学外的政治活动或者持有强烈的非学术的政治信念的学者来说,他们会面对,而且也会遵守这样一个规矩,即在他们的政治信念和教学研究之间应该是相互分离的。他们通常不试图鼓动学生接受他们自己的政治信念或者加入他们的政治派别,他们也不图谋在大学的人事任命上提携与他们有共同政治信念的人。他们大体上倾向于接受这样的观念,即大学是一个自足的和有界限的社团,他们对这个实体负有义务,而这种义务与他们的外部政治信念和愿望相适应。所以不论他们有什么样的政治信念,就他们相信不同领域理应相互分离而言,他们都是自由主义者。

也许这种判断还需要作一个修正,即那些同情共产主义的人当不在此列,但是这个修正也并不重要。许多共产主义政党和派别的追随者、同情者都不遵行马克思主义关于科学和学术不可能与阶级斗争相分离的理论,他们通常是会尊重不同领域之间的边界的。或许他们和那些国家社会主义的追随者形成对照,因为后者嘲笑资产阶级学术及其对追求客观性的热望。那些在共产党政权下的大学里身居要职的学者也是这样。

在 20 世纪 60 年代的自由民主国家里,大学、大学教师和政治活动的关系发生了变化。首先,大学生发起了一系列针对大学的闹事事件,此中出现了一种新的对政治和学术的态度。造反的学生虽然在名义上抗议本国政府的政策,但他们的示威和闹事活动一般都限于大学的场地和建筑物内。虽然他们宣称自己是整个资产阶级自由民主秩序的敌人,但他们的行动主要集中在大学内,目标也只是针对大学。在美国、法国、德国和意大利,以及在较小的程度上在英国,大学生占领和涂抹学校的建筑物,集体罢课,有时还破坏或者捣毁设备。总的来说他们把大学搞得污秽不堪、乱七八糟,有时连他们自己都无法活动。他们对他们的老师和大学管理者蛮横无理,斥责他们是政府和资本家的帮凶和爪牙。大多数教师对这些学生的行为惊恐不已,但是许多受到惊吓的教师还是宣称学生们对资本主义社会和大学的憎恨是有道理的。也有一些教师——主要是年轻教师,但也包括一些老教师——积极鼓励学生。

到20世纪70年代中期，闹事终于结束了，但对那些将大学推向混乱的学生也并没有采取什么规戒行动。大学变得更平静和有秩序了，而随着时间的推移，校园最终被打扫得干干净净。后来入校的学生就不那么好斗了；实际上，他们对造反的学长并没有表现出任何同情。

尽管如此，当年的闹事和破坏还是阴魂不散。在德国、荷兰、法国和其他欧洲大陆国家，新的大学法被颁布，学生由此得以分享大学的管理权力，教授的权力被削弱，但下级教学人员的权力被提升了。在德国，这些新的法律显著地受到前所未有的联邦政府干预的影响："框架法"（Rahmengesetz）的生效决定了各州的大学立法的总体状况。此前各州在执行大学法时并没有受到限制。西德的"框架法"肯定了集团大学（Gruppenuniversität），进而卡尔斯鲁厄的西德宪法法院（constitutional court of Karlsruhe）最终确认了集团大学。

集团大学从根本上破坏了洪堡的大学理念。集团大学的首长把大学看成是一个在根本上不一致的各种利益互相发生冲突的地方，而洪堡则是把关于真理的价值的共识以及发现和传扬真理的共识确立为大学的要义。事实上，在德国大学已经被联邦立法机构和宪法法院界定为一个政治机构，其任务是对学生、各级教师、管理者、文秘和保管人员之间的不同利益进行调和。这说明，造反的学生已经非常成功地破坏了大学的边界。

大学的政治化是深具悖论意味的。大学的政治化是一个政治现象，但同时其范围却主要集中在大学以内。它没有改造社会的步骤。政治化的人文主义者声称文化传统是资产阶级和财阀统治的工具，而他们所主导的大学政治化的目标就是要贬斥文化传统，进而达到消解市民社会的目的。他们的政治活动是已故的赫尔穆特·舍尔斯基（Helmut Schelsky）所说的"穿越制度的长征"（the long march through the institutions）的组成部分。这个长征的目标是破坏自由民主社会，通向这个长远目标的过程要经过大学自内向外的解体。更直接的手段是控制课程和人事任命。就此而言现代文学和语言系科受到了影响，但在各个大学或者各个国家，情况并不是在同等程度上都如此。美国的大学处在这个运动的前沿，但运动的理论来自西欧国家，主要是法国和德国。

大学和知识的秩序：学术团体

大学教师很少能发现自己和同事之间能在知识和思想上互相补充互相促进的关系，他们之间往往远不是志趣相投的。于是他们会走出各自的大学,去寻找那些相互之间能够在知识上给予对方所需要的东西的人。

大学不能满足其教学研究人员的智力兴趣,这种例子有很多。无论是在一国范围还是在国际范围内,科学和学术共同体的一个特征就是经常举行学术会议、讨论会和成立工作小组。在 19 世纪中期学术讨论会还很少,但是 1945 年以后,学术会议的数量以及举办学术会议的社团的数量都有了大幅度的增长。会议不再是在整个学科和多个学科的层次上进行。已经成为普遍情况的是:会议所涵盖的不是整个学科或者整个次级学科层次上的研究方向,而是很具体的课题或者说很专门的问题。全国性学术共同体和次级学术共同体是这种情况,国际性的学术组织也是这种情况。国际性的学术团体以及国际性的学术会议、工作小组和讨论会在 1939 年以前很少,在 1900 年以前更是罕见,但如今已经习以为常。而且,大学里的生活已经变得十分紧张忙碌,常常使大学人心烦意乱。

上述情况都可归为"高等研究所"大量出现的原因。大学过去一向是高等研究的机构,而且高等研究是大学的心脏。如今为了保持大学的心脏,却必须将这个大学的心脏置于大学的体外。

在 20 世纪下半叶,大学已经不再享有大约 1870—1939 年那段时间里在科学和学术研究上的独特地位。大学已经在与业余学者的竞争中占了上风,现在它要面对独立的研究所的竞争。

研究所在人类历史的大部分时期都不存在。第一个现代的研究所是柏林的全国科学技术研究所(Physikalisch-technische Reichsanstalt),它建立于德国大学正如日中天的 1878 年。创建这个研究所的一个理由是,大学不能开展德国社会所需要的全部研究。在这个研究所建立之后,其他国家也建立了类似的机构。英国 1902 年在特丁顿建立了国家物理实验室(National Physics Laboratory);美国在华盛顿特区建立了国家标准局,同时卡内基学会(Carnegie Institution)也在华盛顿建立。这些机构反映了人们对大学开展研究的能力信心不足,也反映了一个观念即认为有一些研究不能也不应该在大学里进行。从那时以来,独立于大学的研究机构的数量有了大幅度增长。

大学的心脏:条件和展望

自 20 世纪 50 年代以来,来自大学内外的离心力的强度和种类都已经大大增加了。在这种情况下人们会问:作为一个发现和传播关于重要事物的最先进的基本知识的自主的中心,大学还有什么是属于自己的?

大学内部的官僚化正在急速发展;大学内部的政治化也在迅速蔓延。外部的官僚化因素和政治因素对大学内部生活——即追求和获取严肃的知识的生活——的影响也在增强。财政需求,服务于社会的愿望,大学教师在知识、政治和金钱上的愿望都在影响着大学;在承担传统的学术功能的同时,人们还期待着大学担负起来自大学之外的许多责任。

国家作为一种外部力量支持大学的各种行为方式,与商业企业建立更紧密的合作关系的紧迫要求和可观回报,在政府和私人捐赠之外获得别的经济收益的需求,通过介入大学之外的政治活动和公共活动而获得影响力和回报的机会的增多,都对作为知识共同体的大学产生了促使其崩解的影响。

专业化对发现的进程而言比其他任何因素都更加不可或缺,而它也是沿着上述方向起作用。它使得专业化的个人与其在同一所大学、从事相邻科目的研究的同事之间的联系被削弱,而强化了他与在其他大学从事与自己相同的专门课题研究的同行之间的联系。大学以外的捐赠者给学者个人的奖助也具有同样的效应,个人与大学之间的纽带变得脆弱了。

大学经受多少困难就会取得多大的成功。如果大学不是在19世纪和20世纪的大多数时间里做得如此之好,人们也不会对它们寄予如此之大的希望,给予它们如此之多的支持和赞赏。凭借其最优秀的成员的勤奋、明智和想象力,大学取得的成就是如此之多。这些品质都是属于个人的品质。而如果在个人内心中没有那种在他们所学习、研究和教授的课题中发现真理的强大意愿,这些品质就不会持续而旺盛地迸发出来。

对真理的渴求和追求真理的力量并不是来自传统。如果学者个人已然拥有内在的潜力,那么传统和学者所在的机构的内部智力氛围一定起重要的作用。传统维持和引导着个人智力潜能的实现。

19世纪的大学部分地是由此前的大学环境中延续下来的传统所塑造的。这些传统存在于最好的年长和年轻的大学人身上,在最杰出的教授和最勤奋好学的学生身上展现出来。这些人是幸运的,因为他们找到了通向他们的研究课题的传统和通向他们的大学的传统的道路。反过来他们也体现了学问的传统,并帮助与他们共事的人专注于学问。这样,对他人的行动所展现出来的智力水平在内心深处会有一种赞赏,而这种赞赏又会被提升为大学的共同体意识,其中有一种独特的精神气质,也有一整套关于奋力追求知识的集体意识。詹姆斯·加菲尔德说恰当的教育无非是一根一头是马克·霍普金斯、另一头是学生们的圆木,这种说法无疑是错误的。积淀和灌输知识传统的机构具有根本的重要意义。大学就是这样一种最卓越的机构。如果没有大学，科学和学术就不会像它在 19 世纪和 20 世纪里那么快地发展。

大学的力量部分地存在于其群体意识的运作之中，存在于大学对自身作为一个独立而团结的整体的一种自我认识当中。而这样一个独立而团结的实体意味着它要确立规范和准则，要制定一种统一的标准，大学的每一个成员都必须根据这些规范、准则和标准来实现自身的价值。

19 世纪和 20 世纪的大学包含着一个在教师之间、教师和学生之间以及学生之间形成的共同体。共同体是拼合而成的东西，并不是大学中的每一个人都在同等程度上参与这个共同体。有些人虽然在行政上或者在功能上属于大学，但他们并不具有另外一些人所具有的那种强烈的集体意识。大学的重要性的提高带来了巨大的变化，那么，拥有这种共同体的大学在何种程度上经受了这些巨大变化的考验呢？

对这个问题无法给出明白的答案。大学具有的人文主义的一面已经受到了严重的破坏，这种情况不仅仅发生在美国。曾几何时，人文学科，也就是“文理学科”或者“哲学院”是大学的中心。大学的其他部分里当然也有伟大的科学家和学者，但是大学究竟应该是个什么样子，这是由人文学各系科和人文学的教师群体来体现给他们的同事的。

在 20 世纪晚期人文学方面有一些杰出的学者，但是他们并没有主导性的地位，而是在一种和大学并不合拍的人的包围中守卫着自己的精神价值。这些与大学精神并不合拍的人目前正处于一种具有破坏性的骄纵和狂乱之中。他们已经割弃了养育他们自己的传统，取而代之的是那些价值很小的玩意儿。他们不是大多数，但是他们有自己的一套做法，其强固的程度和影响力远远超过了他们的人数。很多人并不同意他们的观点，但是他们在那些盛气凌人的少数人面前缺乏自信。

社会科学中的情况是复杂的。社会学的主体部分仍旧是我行我素，对大学的其他部分漠不关心，对自己的研究和自己的研究生之外的一切事情都漠不关心。由于社会学努力使自己成为一门科学，而且其作出的调查获得了广泛的尊敬，所以它在学科的层级体制中获得了较高的地位。同时在整个欧美世界，所谓的“社会学理论”中充斥着 20 世纪 60 和 70 年代的激进主义思想的碎片。这是一个广泛的现象，不局限于任何一个国家。经济学家的处境更好。他们所从事的是一个要求很高的学科，而他们对此充满信心，通常也因此而受到很高的尊敬。由于他们的研究对象的重要性，外界对他们的研究的需求很大;但是他们的研究变得高度技术化,在大学里很少能引起其他人的兴趣。

历史学也取得了很多杰出的成就,受到很多关注。历史学家稳定地维持着高生产率。但是历史学也深受时尚思潮的困扰,关于历史研究的目标是在多种多样的历史学课题下探求真理这样一种信念受到了挑战。尽管如此,这个学科仍然坚持以严格的学术方法训练历史学者;而且只有通过诉诸历史研究,大学才能收复人文学科研究失去的阵地。在许多国家的大学里,东方研究也比较坚定地维护着自己的学术立场。如果说大学里还有大学理念的话,那么它一定是存在于这个领域。东方研究仍然在抵制着人文研究退化的趋势。但是,由于东方研究与现实生活的距离比较远,吸引的学生很少,所以它也面临着资源进一步减少的危险。

人类学中散布着相对主义和不可知论的气氛,而且经常遭受来自学科内部的攻击,被指责为帝国主义的工具,或者被说成是当前西方大国对"第三世界"的"新殖民主义"野心的一个组成部分。

大学里学术秩序最稳定的部分是各门自然科学。自然科学家取得的成就是切实的,而且是受到广泛承认的。他们受政府部门的注意,经常被招去提供咨询。即使是那些蔑视科学、认为它是腐朽的资产阶级社会的一个组成部分的人,也希望进行更多的科学研究,而且希望政府对科学研究提供更多的支持。科学家相互之间无论是在政治上还是在科学上的分歧都不会损害他们的学术热情,也不会损害他们对自己所做的事情的重要性的自信。而且,他们不允许政治信念方面的因素影响他们自己的工作,影响他们对那些政治上和自己有分歧的人的学术工作的评价。在某些学术圈子里科学的价值受到贬损,但在自然科学家那里这种情况并不明显。他们关心自己的系科和学生。他们抱怨政府支持的不足,但这并不影响他们对自己的学科的热诚。他们对作为整体的大学并没有很大的兴趣。

医学院和医学教师的情况与此类似。他们知道全世界都指望他们提高人体健康水平;而且自从 19 世纪初以来,他们已经取得了巨大的进步,所以他们对自己的学科和学生沿着他们的道路继续取得成就充满信心。医疗水平的提高引起了极其困难的道德问题,医疗卫生方面存在着极其复杂的经济和管理问题,但医学家们对这些问题并不在意。

大学里的自然科学在学术上取得的成就和荣誉是如此之多,所以虽然各学科自身也有一些困难的问题和尚未消除的不良影响,但这并未使它们丧失信心。然而,由于专业化和工作的繁忙,自然科学家也倾向于忽视大学是一个紧密地结合起来的整体,而且有时还忽视学生和青年教师,从而在向学生传输科学精神方面产生不良后果。他们的工作不大可能因此而走进死胡同,但是由于他们的兴趣和努力过于集中和专门,大学作为一座整体会因此而受到损失。

这样,在大学即将结束其近两百年的航程时,在它已经取得了巨大的知识成就,并改变了我们关于自然的全部知识和关于社会的知识的很多方面时,作为一种制度的大学驶入一片危险的海域。至少有一部分大学已经力图使自己八面玲珑,对外部世界更加迎合和包容,或者更专注于改变或者消除外部社会带来的影响。

大学已经成为前进道路上的车站,它为其他人提供服务,但并不很在意于维护自己作为社会的中心制度的地位,也并不很关心自己所担负的扩大规范的知识和增进理性判断力的重大责任。维护大学履行这种功能的能力,是大学履行它对社会的其他各种各样责任的前提。

为了成功地做到这一点,一个大学必须具有某种程度的内向性。它必须努力维持自己作为法人团体的地位,而这个团体被赋予在高级的层次上传承、扩展和深化知识的责任。

当然,它不应该也不可能是完全自足的。无论是它的知识目标,还是其财政来源的经济和政治条件,抑或是其对社会的责任感、对向社会提供规范的知识和理性的判断的责任感,都永远不会允许大学成为完全自足的组织形式。大学从其中世纪前辈那里传承下来的自主传统具有不可估量的价值,但这种传统并不要求大学完全孤立于社会。而且,在 19 世纪和 20 世纪大学发展最辉煌的阶段里,它无论是在实际上还是在理论上都没有与社会相分离。大学从来不是一座象牙塔。它在未来几十年里所要面对的危险实际上恰恰是它会成为象牙塔的反面。危险在于它将会连塔都不是了。一旦这种情况发生,大学就不再是理解和反思世界的制高点。如果大学不再是塔,它也就不再能履行社会所要求它承担的诸多职责。

在 20 世纪 90 年代初,外部世界受惠于大学在 19 世纪和 20 世纪初积累起来的精神资源和传统。这种资源、这种传统必须得到不断的维护、补充和调整,而这不仅是思想过程,也是社会的或者制度的过程。如果这些精神资源和传统在以往不是不断地得到利用、重新阐发和扩充,那么它们早就丧失了活力和效力。大学正在处于这个离心运动的潮流当中,而这是一种危险。

需要有更多的向心力来使得传统得以丰富，进而使传统继续发挥其良好的作用。

（牛可 译）

参考书目

Ashby, E., Anderson, M., 1966, *Universities: British, Indian, African: A Study in the Ecology of Higher Education*. Harvard University Press, Cambridge, Massachusetts.

Bartholomew, J. R., 1989, *The Formation of Science in Japan: Building a Research Tradition*. Yale University Press, New Haven.

Ben-David, J., *Fundamental Research and the Universities*. Organization for Economic Cooperation and Development, Paris.

Ben-David, J., *Centers of Learning: Britain, France, Germany, United States*. University of Chicago Press, Chicago, Illinois.

Berdahl, R. O., 1959, *British Universities and the State*. University of California Press, Berkeley, California.

Beyerchen, A., 1977, *Scientists under Hitler: Politics and Physics Community in the Third Reich*. Yale University Press, New Haven, Connecticut.

Busch, A., 1959. *Die Geschichte des Privatdozenten: Eine soziologische Studie zur grossbetrieblichen Entwicklung der deutschen Universitäten*. Enke, Stuttgart.

Clark, B. R., 1977, *Academic Power in Italy: Bureaucracy and Oligarchy in National University Systems*. University of Chicago Press, Illinois.

Committee on Higher Education, 1963, *Report* [Robbins Report]. Cmnd 2154, HMSO, London.

Craig, J. E., 1984, *Scholarship and Nation Building: The University of Strassbourg and Alsatian Society, 1870—1939*. University of Chicago Press: Chicago, Illinois.

Cummings., W. K., Amamo. I., Kitamura, K., (eds.) 1979, *Changes in the Japanese University: A Comparative Perspective*. Praeger, New York.

Daalder, H. , Shils, E. , (eds.), 1982, *Universities, Politicians, Bureaucrats: Europe and the United States*. Cambridge University Press, Cambridge.

Geiger, R. L. , 1986, *To Advance Knowledge: The Growth of Ame rican Research Universities ,1900 —1940* . Oxford University Press, New York.

Government-University-Industry Research Roundtable 1990, *The Academic Research Enterprise within the Industrialized Nations: Comparative Perspective*. National Academy Press, Washington, DC.

Halsey, A. H. , Trow, M. A. , 1971, *the British Academics*. Faber and Faber, London.

Jarausch, K. H. , (ed.), 1983, *The Transformation of Higher Learning, 1860 —1930 : Expansion, Diversification, Social Opening, and Professionalization in England, Germany, Russia and the United States*. University of Chicago Press, Chicago, Illinois.

Nagai, M. (ed.), 1971, *Higher Education in Japan: Its Take-off and Crash*. University of Tokyo Press, Tokyo.

Oleson, A. , Voss, J. , 1979, *The Organization of Knowledge in Modern America ,1860 —1920* . Johns Hopkins University Press, Baltimore, Maryland.

Paul, H. W. , 1985, *From Knowledge to Power: The Rise of the Science Empire in France ,1860 —1933* . Cambridge University Press, Cambridge.

Ringer, F. K. , 1969, *The Decline of the German Mandarins: The German Academic Community*, 1890—1933. Harvard University Press, Cambridge, Massachusetts.

Schelsky, H. , 1971, *Abschied von der Hochschulpolitik oder die Universitit im Fadenkreuz des Versagens*. Bertelsmann, Cütersloh.

Schelsky, H. , 1969, *Einsamkeit und Freiheit: Idee und Gestalt der deutschen Universitit und ihrer Reformen*. Bertelsmann, Düsseldorf.

Shils, E. A. , (ed. And tr.), 1973, *Max Weber on Universities: The Power of the State and the dignity of the Academic Calling in Imperial Germany*. University of Chicago Press, Chicago, Illinois.

Trow, M. A. , 1973, *Problems in the Transition from Elite to Mass Higher Education*. Carnegie Commission on Higher Education, Berkeley, California.

Versey, L, R. , 1965, *The Emergence of the American University*. University of Chicago Press, Chicago, Illinois.

Vucinich, A., 1984, *Empire of Knowledge: The Academy of Sciences of the USSR1917 —1970*. University of California Press, Berkeley, California.

Weisz, G., 1983, *The Emergence of Modern Universities in France, 1863 — 1914*. Princeton University Press, Princeton, New Jersey.

Wittrock, B., Elzinga, A., (eds.), 1985, *the University Research System: The Public Policies of the Home of Scientists*. Almqvist and Wiksell, Stockhom.

教育的七个黑洞

埃德加·莫兰①

据我观察,在知识的教学中,有七个黑洞,也就是说七个基本问题,它们或是被肢解,或是不为人所知。在初等教育、中等教育和高等教育中都是如此。所以,我作的建议同样适用于这三级教育,当然根据等级不同可以灵活掌握。

第一个黑洞是知识的问题被忽略。这显得不合情理,因为教育正是提供和灌输知识的。不错,教育提供知识,但是人们从来不教授什么是知识。然而,知识不只是一个哲学家和认识论学者研究的问题。是的,所有的知识都含有谬误和错觉。笛卡儿就说过,谬误的特性是不认为自己是谬误。要知道我们犯了错误就必须具备辨别错误的能力。

因此,教授知识的问题就是要对谬误和错觉的原因保持警惕和注意力。沙农②的信息最低限度理论告诉我们,所有信息的传播都有扰乱、引发争议、传播谣言、歪曲事实的危险。当然,有一些改正的办法,但是信息不都是知识。我们甚至可以说,把信息加起来并不足以获得知识。我一会儿还要谈到这个问题。我们的问题就是谬误的问题。我甚至要说,在生命世界,在动物世界,在猎物和猎手的世界,认识活动就是企图引诱猎物犯错误,以便将它吞噬。因此自然界中存在错误的问题。对人类来说,这个问题提出的层次更

① 埃德加·莫兰(Edgar Morin),法国当代最重要的思想家之一,法国国家科研中心的名誉导师,世界多所大学的名誉博士。本文是他的一篇演讲录,他在此基础上应邀为联合国教科文组织撰写了一份建议书:《未来教育所需要的七个知识》。

② 沙农(Claude Elwood Shannon,1916——),美国数学家,与威弗(W. Weaver)同为信息理论的创始人。——译注

高,因为人类有思想、有幻想,而凡是有思想、有幻想的地方,就有产生错觉的可能。知识的问题可以让我们将哲学和今天我们称之为认识论的科学结合起来。

哲学的关键问题之一是思考知识的性质。有一点为18世纪末期的哲学家康德所强调:我们自认为认识物质,但要知道这个认识对不对,认识首先要认识自己。在康德看来,人的精神将自己的结构和范畴强加于外部世界,据此,它对现象产生了一种感知力。今天,大脑的科学以其特有的方式证实了这一想法:感官受到的刺激,例如光子使眼睛受到光亮的刺激,立即被一种二进制的语言译成电码,通过视觉神经传达到大脑,大脑经过无数次处理产生了一种感知力。这意味着什么呢?人的大脑在一个保险箱,即颅骨当中,它从来不直接与外部世界交流,而是通过感官间接与外部世界联系,也就是说,所有最基本的知识都同时是翻译和重建。然而所有的翻译都有犯错误的危险,意大利人就说:traduttore-traditore①。我们也知道有一部分光亮的刺激,例如红外线,还有紫外线,都是我们眼睛看不到的。因此,自以为认识是不够的,必须真正知道这个知识是否确切。这意味着教育应该重视错误的根源,无论是个人的、文化的、历史的,还是范例的。

先说个人的根源。首先,在幻觉和感觉之间没有本质的区别。也就是说,如果我有一个幻觉,我相信这就是现实。只有当我向周围的人谈起我的幻觉的时候,他们才会使我翻然醒悟。换句话说,为了对我们看到的东西确信无疑,我们永远需要与他人交流。当我们阅读一篇文章,我们的眼睛跳过大量的字母,几乎是幻觉般地重建整体。也就是说,与我们阅读的东西合作的还是我们的大脑。我可以举一个可能让你们觉得粗俗的例子,但却是最近发生在我身上的事情。我在离自己家不远的地方,突然想尿尿,这是上了点年纪的人经常遇到的情况。这时候,我看到一家我很熟悉的商店的招牌,上面写着:"小便处"(urinoirs)。我真是又惊又喜,再仔细一看,原来是"灯具"(luminaires)。很明显,开始看到的是出自我的想象。在错误的个人根源之中,有一种被盎格鲁—撒克逊人称做 self deception(自我欺骗)的说法,即对自己说谎。Self deception 有好几种形式:我们的大脑无意识地对我们的回忆和记忆重新加工,我们选择对我们有利的事实,排除我们不喜欢的事实,我们以自我中心的方式重建过去,之后,这个自我暗示使我们忘记了自己的缺点,

① 直译:翻译—叛徒;意译:翻译即背叛。

而将所有的罪恶,所有的坏处都归咎于他人。因此,错误就在我们身上。我认为教育很早就应该引用许多当然是具体的例子向孩子和学生指出错误的可能性,而且还应该教他们学会正视自己,因为是什么可以帮助我们与 self deception 做斗争呢,是反省,如果可能的话,最好是自我批评式的反省,我们永远需要别人的帮助。我们必须重新找到这个被遗忘的做法,它曾经通过蒙田①和普鲁斯特②表现过它的美德,也就是研究自己精神复杂性的能力,因为每个人的精神都是复杂的。

在文化方面,尤其是在僵化的社会,有一些观念被当做不可辩驳的事实强加于人,这些观念在人的童年就打上了深深的烙印,铭刻(imprinting)在人的头脑中。幸亏,即使在教条得极其可怕的社会,多样性也总能产生出几个倔犟的、不信邪的人,但是对大部分人来说,这个烙印是非常深刻的,加上社会强加的标准化措施,使所有持反对意见的人都遭到排斥,有时甚至在肉体上被消灭。我们知道在科学的初始阶段,伽利略被迫作过自我批评,布鲁诺在罗马遭火刑。当然,我们现在处于多元文化的时代。当然,科学活动本身具有自我控制的手段,哪怕仅仅是通过辩论、说理。还有这样一个事实:所有人,无论他们的信仰和观点如何,都不能不承认某些观察和试验的结果。但是在人文科学领域,也可以说是伪人文科学领域,有些思想观念显得无可置疑,至少是在教员,或者老师在大学里有很大权力的情况下是如此。幸亏这些思想观念在讲授它们的人退休或死后就消失了。但是,让我们看一看科学的历史吧。在19世纪,哪怕是对那些有过惊人发现的人来说,宇宙也是一架受决定论支配的机器,一个拉普拉斯③想象的聪明的精灵能够通晓过去和未来。还有一种化繁为简的理论:如果我们认识基础的部分,就可以继而认识全部。如今这些思想正在被抛弃。因此,如果你看得出来,你会发现即使在检验程序从未间断的领域也存在错误的根源。

在历史(historique)方面,我要说,如果你们允许我做个文字游戏的话,存在歇斯底里(hystérque)的错误,例如,举一个稍微离我们远一点的例子,关于第一次世界大战的争论,那时在法国和德国有一个强大而且爱好和平的社会

① 米歇尔·德·蒙田(Michel de Montaigne,1533—1592),法国思想家、作家。——译注

② 马塞尔·普鲁斯特(Marcel Proust,1871—1922),法国作家,代表作为《追忆似水年华》。——译注

③ 皮埃尔·西蒙·拉普拉斯(Pierre Simon Laplace,1749—1827),法国科学家,根据他的宇宙起源论假说,太阳系出自一个旋转的星云。——译注

党，它们都明确反对步步逼近的战争。但是，战争一旦爆发，这两个党都各自加入了神圣同盟，此后，每个民族的宣传机器都将最卑鄙无耻的行为归咎于对方，整个战争期间都是如此，直到大家都厌倦了战争为止，但可惜已经太迟了。今天，同样的悲剧事件正在以同样的方式在中东地区重演，我们都知道消息是怎么一回事，当然了，有些人喜欢将不利于他们的那部分消息掩藏起来，为的是突显对方的罪恶行径。

最后，是被人们通常称为范例的问题。对我来说，一个范例是由一些重要的概念和它们的逻辑关系组成的，它将对现实的某种看法强加于人。让我们举一个简单化的范例，它旨在通过在动物界存在的现象来认识人。于是，猴子已经使用工具，蚂蚁有一个自己的社会，利他主义靠基因遗传，等等。于是，人被降低为动物。或者我们还可以举一个分离的范例，它旨在通过排除人的动物性来认识人，这就是基本上在大学占主导地位的范例。生物系研究生物人，社会科学系研究生理人和社会人，而实际上，两者组成的是一个不可分割的存在。真正的问题是在人与自然之间连续不断和辩证的关系中认识人类，但是这样的范例是一个很难适应环境的文化。我们这个时代的知识，在我们看来是毋庸置疑的，但是对于后代人来说却是极其不够，或者是贫乏的。你们知道卡尔·马克思说过："人不知道自己是什么，也不知道他们做什么"，而他自以为知道人是什么，他们做什么，但是他错了。帕斯卡①说过，知识的领域在扩展的同时也增加了它与无知的领域的触点，实质上，我们知道得越多，我们对宇宙、自然、生命获得的知识越丰富，我们越走向不可知的神秘境地。

这就是第一个黑洞，第二个黑洞与第一个也有联系。人们不教授确切的知识。然而，稍微了解一点儿认识心理学的人都知道，确切的知识并不是那些在形式或数学程序上极端复杂的知识，而是能够将信息和数据放到特定情景中去的知识。众所周知，一句话的意思取决于文章的上下文，这是所有做过将外文译成本国文练习的人都知道的，这是一个从词到意，又从意到词的转化过程，最后重新建立意义。同样，有一天，你们听人谈到科索沃，这个词对你们来说很陌生。必须要建立一个背景，甚至只建立背景还不够，还必须了解古代历史，奥斯曼帝国的历史，共产主义危机的历史，巴尔干的历史。只有这时我们才开始明白科索沃是怎么回事。这是因为建立背景是非常必要

① 布莱斯·帕斯卡（Blaise Pascal，1632—1662），法国哲学家、数学家。——译注

的,我要说,这在技术性企业中同样重要。例如,纳赛尔上校①根据需要建造的阿苏旺水坝,是为了给社会和埃及经济提供能源,并且整治河流,阿苏旺水坝本身造得很好。只是人们之前没有想到,水坝将一部分能够肥沃尼罗河下游河谷的河泥挡住了,而且把尼罗河两岸人民作为食物的一部分鱼也挡住了。你们知道埃及富饶的地区主要是尼罗河畔,其两边都是沙漠,因此,这导致向已经人满为患的城市的移民,许多农民流离失所,甚至可以说,还导致尼罗河涨水,泛滥成灾,在两三年之间,河水肥沃了比沿河更宽的一带地区,今天人们发现堆积起来的河泥威胁到水坝的安全,这就是说,人们作过许多这样的决定,尤其是在苏联,许多庞大的技术性企业,都是在没考虑后果和脱离实际情况下建造的。因此,我以为,背景教学是知识的迫切需要。就拿经济学来说吧,它是技术上和数学上最发达的人类科学,但是为什么从人的观点来说,它却是最落后的呢?从人的观点来说它是最落后的,因为它脱离了人的背景,脱离了人类社会多元的特性。脱离了人的现实的经济是一个缺乏远见的经济。当然,人们不能预料诸如目前的中东冲突再次造成石油价格上涨,同时股票在华尔街和其他地方下跌。一个能够万无一失地预测人类现实的科学是不存在的,但是人们至少可以丢掉确信能够预言的教条。所有教条主义的未来学家都垮台了,而且从20世纪70年代开始在历史舞台上销声匿迹。必须补充一点,经济学离不开计算,因为它要处理相当数量的数据,但是,如果经济学家最后竟相信唯一重要的现实是可以计算的现实,那么所有人的生命、幸福、不幸、悲伤等等就都消失了。经济学可以认识一切,处理、解决一切问题的信念是一个在90年代占统治地位的幻想,现在,在世界各地,这个信念正在被粉碎。

背景本身也需要它自己的背景,今天,知识应该参照总体状况。总体状况当然是我们这个地球的状况,这里面既有地方事件对整体的影响,也有整体行为对地方事件的影响,这是我们自伊拉克战争、南斯拉夫战争和目前的中东冲突以来都知道,而且可以验证的。让我们再扩展一下思路,还是那个帕斯卡,他在17世纪的时候提出过一个原则,他说:“所有一切事物,哪怕是离我们最遥远的,互相之间也是以一种令人难以觉察的方式联系在一起的,

① 纳赛尔(Gamal Qbdel Nasser,1918—1970),埃及政治家,1956年担任埃及共和国总统,将苏伊士运河收归国有,1957年在苏联的技术援助下开始建造阿苏旺水坝。1967年,埃以六日战争失败后,纳赛尔被迫辞职,但全民投票结果使他重新执政,直到1970年去世。——译注

如果我不了解整体,就不可能了解部分;如果我不了解部分,也就不可能了解整体。”什么是确切的知识?这就是在部分和整体之间往来如梭的知识,是尝试将部分放到整体之中的知识,不是对整体的看法模糊不清的知识,整体是由部分之间的相互作用构成的,它反过来又对部分具有追溯效力。尤其因为我们受制于支离破碎的知识,分门别类的知识,也就是那些使我们无法把握背景和整体的知识,我们就更应该教授确切的知识。在我看来,被人们称做知识的文明,同时也是一个盲目的文明,因为我们既看不到整体的问题,又看不到基本的问题。当然了,专家们声言,只有一般的概念没用,但是为什么专家对什么是爱、善、政治、世界、真理有他的看法呢?这些看法不也是空洞的、愚蠢的吗?可是专家不也有这些一般的概念吗?因此,在我看来,必须**将知识接通**。

第三个黑洞是人的同一性。奇怪的是,我们的同一性完全被教育计划所忽略。正如我对你们说过的,你们可以在生物学中了解一点儿生物人,在心理学中学到一点儿人的心理,等等。但你们知道人的真实存在是不能撕裂的。我们是生活在一个社会中的个人,而且我们属于一个种类。请注意,我们存在于社会之中,但是这个社会也存在于我们身上,因为自从我们出生,就已经带有文化的烙印。我们属于一个种类,但是同时,这个种类就是我们自身,而且它的存在取决于我们。如果我们拒绝与异性配偶结合,我们这个种类就会灭绝。因此,个人—社会—种类之间的关系就像神圣的三位一体一样,其中的一位产生另一位,而且在另一位的身上存在。人的真实存在是三位一体的。再者,我相信今天人们可以使所有的科学都集中到人的同一性上。解散某些学科将有利于促进这一汇合。应该看到在20世纪下半叶,一个将许多学科集中到多学科科学中来的革命已经开始。宇宙学,地球科学,生态学,史前学就是如此。就拿宇宙学来说吧,它为了想象宇宙伊始的情况,使用微观物理学,粒子加速器,还借助观察,以及对世界的哲学思考。例如,伟大的天体物理学家于贝尔·勒韦①、哈金斯(Hawkins)、米歇尔·卡塞②等人,他们都在思考我们存在于其中的这个不可思议的宇宙。但是对于人的同一性来说,重要的是知道我们处在一个微不足道的、迷失在宇宙中的星球上。

---

① 于贝尔·勒韦(Hubert Reeves,1932——),加拿大天体物理学家、宇宙学家。——译注

② 米歇尔·卡塞(Michel Cassé),法国当代天体物理学家,巴黎天体物理学学院研究员。——译注

我们的使命不再是征服世界，就像笛卡儿、培根、马克思曾经以为的那样。不，我们的使命是使我们这个小小的星球文明化。另外，地球科学证明，我们处在一个由宇宙残渣构成的星球上面，这些残渣是由以前太阳的一次爆炸产生的，现在要弄清楚的是，这些聚集起来的残渣如何创造了某种组织——自动组织，形成了我们的地球。还要说明地球产生了生命，我们就是生命的孩子。生物学，进化论向我们揭示，我们身上带着的最初的活细胞是如何发展、繁殖和多样化的，尽管如此，当我们想到我们的同一性的时候，我们应当想到我们身上有宇宙初始阶段诞生的粒子，我们身上的碳原子产生于先于现在的太阳而存在的太阳，它们是由三个氦核同时相遇而产生的。我们知道分子和神经分子是在地球上形成的，我们知道我们是宇宙的孩子，同时由于我们的知识和我们的文化，我们又变成相对来说的陌生人。斯宾塞·布朗①曾说过："让我们来想象一下，宇宙想认识自己。"它无法立即认识自己，必须要有一定的距离。我们自己想看自己的时候，我们要先把自己视为客观对象。所以，宇宙伸出了一只手臂，相当于一个柄，在这个手臂的末端，它创造了一个有思维和认识能力的体系，当这个体系转向宇宙的时候，既可以说是成功了，也可以说是失败了。为什么说失败了呢？因为这个延伸物成为他所属的那个世界的陌生人。这就是我们的命运。我们是这个世界的孩子，同时我们又是相对来说的陌生人，对于人的同一性来说，重要的是既知道这个属性，又知道这个陌生性。

此外，我们应该教授从猿到人进化过程的知识——史前学。这个持续了几百万年的过程，以及在此过程中，两足直立、手、工具、大脑的发展导致火的使用和语言的产生，最后是人们称之为文化的东西，即不能通过遗传获得，而要学习的东西。所有这个过程向我们揭示了我们既是动物，又超越动物，同时让我们明白了一个最基本的问题，这就是人类的统一性和多样性。文化是不能遗传的东西，必须要学习，但是它的存在有赖于各种文化，而各种文化是非常不同的。语言也是一样，它的存在有赖于其他不同的语言。音乐的存在也有赖于其他不同的音乐，也就是说，人的这个统一性只能通过不同的形式来实现，实际上，人类的丰富性可以产生这个多样性。我们有必要学会把人类既看做一个整体，又看做多样化的，哪怕仅仅是为了让我们这个地球上的

① 斯宾塞·布朗（George Spencer Brown，1923——），英国数学家、哲学家、神秘主义者。——译注

人相互了解。

我现在来谈第四个黑洞。这就是我们世界的处境，今天被人们称做世界一体化的东西，但是，你们知道，世界一体化只是一个进程的现在阶段，这个进程早在征服美洲和达·伽马①环球航行的时候就开始了。先是产生了一个细菌的一体化，因为西欧的细菌蜂拥到美洲印第安居民的身上，接着是美洲的细菌又蜂拥到欧洲，当然还有迁移，番茄、马铃薯传到欧洲，拯救了欧洲的饥民。马被运到美洲，但是，你们知道这并不是一个和谐的进程，而是一个伴随着凶杀、屠杀、武力统治、贩卖黑人的残暴进程，所有这一切孕育了这个被人们称做全球化的时代，与我们现代相对应的时代。20世纪的全球化时代也是经过两次世界大战，一次世界危机形成的，也就是说，我们对这个现实有一种悲剧感，但是，这个现实有双重性，因为在殖民化和对美洲印第安人统治的同时，一个名叫巴托洛梅·德·拉斯·卡萨②——尽管他是一个中世纪在西班牙受迫害而改信天主教的犹太人后裔——的神甫说：印第安人也是人。像我们一样，他们也有灵魂，完全不像西班牙神学家们所断言的那样，因为耶稣没有生在美洲，所以印第安人没有灵魂。还有蒙田，他坚持不同文明价值的理念。还有孟德斯鸠，他通过剖析自己作西方的自我批评。还有人权，当然，人权最初只属于统治者，但是后来为被统治者夺取，就像西欧发明的民族的概念，后来在20世纪风靡全球一样，就像民主的历史，刚刚诞生的时候羞羞答答，非常有限，今天也尚未在所有的地方生根发芽，但是我要说，有两个一体化，一个是今天的经济霸权、标准化，也就是市场的世界一体化，另一个是人权的、展现人类博爱的世界一体化，它通过一种新类型的世界公民而进行，他们就是无疆界医生组织的医生、国际特赦组织、保护弱小民族的国际幸存者组织、绿色和平组织，以及其他组织的活动分子。

认识我们的星球是困难的：各式各样的进程——经济的、神话的、社会的——纵横交错，尖锐复杂，对知识构成挑战。了解目前发生的事情已经很困难。奥尔特加·伊·加塞③说过："No sabemos lo que nospasa, eso es lo que

① 达·伽马（Vasco de Gama，1469—1524），葡萄牙航海家，1497年首次绕过好望角，航行至印度。——译注

② 巴托洛梅·德·拉斯·卡萨（Bartolomé de Las Casas，1474—1566），西班牙教士，他反对西班牙征服者对印第安人的残暴压迫，著有《印第安史》。——译注

③ 奥尔特加·伊·加塞（Ortega y Gasset，1883—1955），西班牙历史哲学家，继康德的纯粹理性之后，提出生命理性的思想。——译注

nos pasa."(发生在我们身上的事情,是我们恰恰不知道发生了什么事情)了解现时必须与它保持一定的距离,可是今天,一切都加快了,一切都变得复杂,了解现时几乎是不可能的。但要讲授的正是这个困难,一定要让学生知道,简单地说地球唯一重要的问题是人口、食物、原子弹,或者生态是不够的。有一大堆问题纠缠在一起。尤其是今后人类面临生死存亡的问题,核武器、生态受到威胁、民族主义浪潮汹涌,加上宗教推波助澜。今后,人类结成了一个命运共同体,这也是要揭示的。我就此提出第五个黑洞。人们讲授确定性,我们要讲授不确定性。今天,所有伟大的科学,从微观物理学到人类进化学都成为确定性和不确定性之间的赌博。在所有领域,特别是人类历史领域,必须讲授出人意料的事情。欧里庇得斯①在三部悲剧的结尾都说过:"诸神为我们准备了意想不到的事情,我们期待的没有发生,而发生的是出乎我们意料之外的。"然而这个2 500 年前的思想,我们却一忘再忘。所以,意料不到的事情不断发生,柏林墙的倒塌,南斯拉夫的战争,当和平进程似乎即将度过最后几道难关就达到目标的时候,中东战争爆发,前功尽弃,一切又都成为问题。一定要正视不确定性,首先是个人的不确定性,因为尽管我们有社会医疗保险,我们每个人不仅不确定自己的死期——虽然知道死是必然的——而且不确定自己的命运。人们以为在爱情中找到了幸福,可是两三年以后,发现两个人都犯了错误。疾病总是对我们突然袭击。我们没有受过面对不确定性的锻炼。还有历史的不确定性。没有人再能预言几个月以后,明天,后天,世界会是什么样子。在这个昏暗的世界,我们被迫在充满不确定因素的海洋上航行,时而穿行于确定的群岛之间,这就是人类的冒险。今天,我们知道这是未知的冒险,我们需要一种教育,能帮助我们面对这个冒险而不气馁。

第六个黑洞是教授人类的理解。理解不仅在不同宗教之间、不同文化之间是必要的,在我们之间也是必要的。令我非常惊讶的是,即使在同一个家庭当中,在父母和子女之间,兄弟姐妹之间,互不理解的现象也越来越严重。为什么由于我前面谈到的某些进程,自我欺骗,自我辩解,极端自我中心,发生争论和家庭纠纷时缺乏理解力,这一切产生了一个恶性循环,一个人的愤

① 欧里庇得斯(Euripides,前480—前406),古希腊悲剧作家,善写女性悲剧人物,与埃斯库罗斯和索福克勒斯并称为古希腊三大悲剧大师,代表作品有《美狄亚》、《安德洛玛刻》、《特洛伊的妇女》等。——译注

怒造成另一个人的愤怒,而不是停止辱骂别人。如果不系统地、具体地进行理解教育,怎能期待人际关系哪怕有些许改善呢?这就是我要说的第六点。

最后一个黑洞,简单地说,我刚才讲过,我们既是个人,又是同一个种类的成员,同一个社会的成员。如果有一个伦理,一个人类的伦理,它首先是一个个人的伦理,也就是说,为自己,为个人荣誉的伦理。但是,它同时也是一个为社会的伦理,社会只有是民主的才有意义,因为在一个民主的社会,一个公民应能感到与他人休戚相关,并对他人负有责任,因此有一部分伦理是为社会的。今天,地球既是一个整体,又处于四分五裂,应有一个全人类的伦理,也就是说,努力使我们超越这个混乱的状态,战争的状态,并且开始使我们的地球文明起来。

(陈力川 译)

理性的原则:学生眼中的大学

雅克·德里达

今天,怎么能不来谈论大学之道呢?

我用否定式(怎么能不)来表述我所提的问题,是出于以下两个原因。一方面,我们都知道,与以往相比,我们越来越不可能将我们在一个或几个学科中所从事的研究,从我们对那项研究所在的政治和制度条件进行的反思中分离出来。这样的反思是不可避免的。反思再也不是对教学和科研的**外部**补充;反思必须通过我们的研究对象来进行,同时与我们的理念、步骤和目标一起来塑造我们的研究对象。我们不能不来说说这一问题。另一方面,"怎么能不"这个问题的提出,是想让各位注意我这一初步反思所体现的一种**否定的**,或者**预防性**的特征。的确,为了给讨论开个头,我在此就只说说如何能不谈论大学之道。在我看来,某种类型的不得不防的风险表现形式,是无底洞,而另一些则是保护主义者的屏障。

今天的大学,有没有所谓存在的理性(法语:raison d'etre)?我特地用一个相当符合法语表达习惯的词组来提出我的问题(raison d' etre)字面上的意思就是"存在的理由")。虽则只言片语,那个词组包含了我将谈论的全部内容:理性和存在,当然已经包括在其中;还有与理性和存在有关的大学的本质;还有大学的起因,目的性(finalite)、必要性、正当性、意义和使命;一句话,它的**归宿**。理性的存在是存在的理由,是为了获得存在的正当性,是为了含义、目的和归宿。它也是为了一个起因,能够以"理性原则"或者"充分理性定律"来解释,也就是有时候所说的——是理由,也是起因(依据,ein Grund),也就是落脚和根基、立场。在莱布尼兹——这一公式的创立者之后,在raison d'etre这一词组中,因果性最终体现在对于起因的感觉。而这不仅仅是感觉,还是“理性的原则”。你要问大学有无存在的理由,其实是在疑惑“为什么是大学呢”?然而这“为什么”的问题几乎是在问“具备什么样的观点”。大学具备什么样的观点?什么是大学的观点?再则:我们从大学的角度能看到些什么?或者说,我们就像是在船上,置身于其中;或者说我们是从港口眺望浩瀚的大海,何等的逍遥随意,“au large”(法语)也许你已经注意到,我在问“什么是来自大学的观点”的时候,我是在对詹姆斯·西格尔两年前发表在《辨析批评》上的那篇无懈可击的寓言标题“学术研究:来自康奈尔的观点”作出我的回应。的确,我今天要做的,无非是用我自己的方式来破译这篇寓言。更确切地说,我要用我的代码来意译我从那篇文章中读出来的东西——就康奈尔大学的观点及其所处的位置而言,那就是这所大学在地志学上戏剧化和典范式的本性和学院政治本身:有关康奈尔观点的地志政治学(Topolitics)。

形而上学从一开始就将视觉与知识,知识与有关如何学习和如何教授的知识联系在一起。更具体一点说,在亚里士多德的《形而上学》开篇就是如此。我一会儿会回过头来谈谈其篇首语的政治含义。现在,且让我们看第一句:“Pantes anthropoi toi tou eidenai oregontai phuse”(就其天性而言,所有的人都具有知的欲望)。从知觉产生快乐这一事实中,亚里士多德认为他看到了一种迹象,“即便那种知觉未必有用”。那种无用知觉的快乐阐释了为知而知的欲望,亦即没有实用目的性的求知欲望。相对于其他感觉而言,这对于视觉来说尤其如此。哪怕视野中没有任何实践活动,我们也偏爱“通过双眼”的感觉,而那也不仅仅是为了采取行动。这一知觉自然会带来超越实用性的理论思考,并为我们提供比任何其他东西更多的知识的来源;的确它揭开了笼罩无数差异的面纱。我们偏爱视觉,如同我们偏爱发现和揭示差异一样。

但是仅仅是视觉就足够了吗?仅靠学习和教授就足以揭示差异吗?有些动物凭知觉就能产生记忆,从而变得更聪明(phronimotera),具有**学习**的能力(mathetikotera)。但是要知道如何学习,同时学习求知之道,仅靠视觉、智慧和记忆是不够的。我们得学习如何去听,如何倾听(ton psophon akouein)。我曾开玩笑说为了成为好的听众,我们得闭上自己的眼睛。蜜蜂知道许多东西,因为它们有视觉;然而它们无法学习,因为它们属于没有听觉的那一类动物(me dunatai ton psophon akouein)。于是乎,与表象相反,大学,那个人们知道如何学习和学习求知之道的地方,是永远不会成为像蜂窝那样的场所的。

亚里士多德,且让我们顺便提一下,就激发起了这样的悠久传统,即对蜜蜂的哲学**主题**、蜜蜂的感觉和官能,以及蜜蜂存在的理由,发表琐屑的评论。当他以蜜蜂社会为例,将人的工作与蜜蜂的劳动加以区分时,马克思显然也不会是最后一位过分阐发这一主题的人。在试图从这巨大的哲学蜜蜂群中采集琼浆玉液时,我发现谢林1803年在《大学研究方法》中的一段评论,颇合我意。

论及蜜蜂的性别,总会带出有关自然主义、机体论或生机论的话语,因为与之配合的是有关知识完整性和跨学科统一性的主题,即大学作为有机社会系统的主题。这符合跨学科研究最经典的传统。在此我引一段谢林的文字:

> 在专门的科学领域从事周密严谨研究的天赋,以及为了那高远志向进行工作的能力,被称做科学天才。它是基于对包括专业知识在内的每样事物的观察能力之上,并凝新颖性和统一性为一体。任何不在这体现统一性和完整性(der Ein-und Allheit)的精神下形成的思想必定是空洞无物的,必将受到质疑;任何无法适应那充溢蓬勃生机的完整性的事物是一枯死的枝条,按照生物规律早晚将被淘汰;无疑在科学的王国,还存在无数无性蜜蜂(geschletslose),由于未被赋予创造的能力,它们便只能重复生产无法成为有机体的枝条,成为其智能匮乏的外部标记(ihre eigne Geistlosigkeit)。

(我不知道在那时候谢林脑子里出现的既无听觉又无性别差异的蜜蜂是什么样的。但我知道即使是在今天,这种说法所提供的武器仍大有市场。有位教授最近写道某个理论运动[“解构主义”]在大学内部的主要支持者是同性恋者和女性主义者——这一事实看来对他非常重要,而且无疑是一个无性化的标记)

睁开双眼来知晓,闭上双眼——或者至少是在倾听——为了知道如何去学习和学习如何去知道:我们有了理性动物的第一幅素描。如果大学是科学和教学的机构,它是否要超越记忆和视觉呢?以什么节奏?为了听得和学得更好一些,它是否要闭上眼睛或者将视野变窄?有节奏地做?以什么样的节奏呢?为了学习而闭眼不看,当然这只是说话的一种方式而已。没人会从字面上来理解我的意思,我也无意提倡眨眼的技巧。我坚决地拥护新的大学启蒙(Aufkarung)。不过,我还是要像亚里士多德那样,冒险地将我的表达比喻再扩展一点。在《动物》一书中，他将人与那些双眼发硬和干枯的没有眼皮的动物加以区别。眼皮是种鞘或者是覆皮腺，用来保护眼睛，使眼睛每隔一段时间就能闭上，进入黑暗的深思或睡眠。干瞪着发硬双眼的动物的可怕，在于它一直在注视着。而人呢，可以将眼皮闭上，调整一下隔膜，缩小他的视觉，以便能听得更清，记得更牢，学得更好。那么一所大学的眼皮可能会是什么呢？大学绝对不能像一头患硬化症似的双眼干硬的动物那样；当我刚才问大学应该如何定其眼界并调整其观点，那是质问大学存在的原因和大学本质的另一种方法。作为一个有机体的大学能否脚踏实地，看到自己的目的地？大学是不是掌握自己隔膜的主人？

现在我已张开这一视角，请允许我关上视角，眨一下眼睛，允许我向你们吐露我的秘密，用法语来说是 confidence，在英语里那就得称做忏悔了。

在准备演讲稿之前，我发现自己通常是在准备我在讲演时将遭遇到的情形。那永远是一场痛苦的经历，一个字斟句酌，令人瘫痪的静谧场合。我觉得自己像只猎物，在黑暗中寻找出路，却一无所获。每个出口都被堵死。就目前的情况来看，由于三个原因，这种不可能性的条件变得更为糟糕。

首先，这可不只是一场平淡无奇的演讲；相反它倒是有点像就职演说。当然，在我 1975 年首度来此演讲之后，康奈尔大学曾多次慷慨地接待了我。我在这里有许多朋友，康奈尔事实上是我曾任教的第一所美国大学。那是在巴黎，1967—1968 年间，大卫·格罗斯弗格尔一定还记得：他与保尔·德曼共同负责领导一个项目。但在今天，我是第一次以安德鲁·迪克森·怀特“无任所”教授的身份发表讲话。在法语中“无任所”是大船对穿越其航线的小船使用的一种表达方式：“过去。让路。”在这种情况下，贵校给我的荣誉称号缩短了你我间的距离，同时也徒增我那困兽般的苦痛。这就职演说是否是用来质问大学存在理由的一个良机？我是否得像陌生人般不合礼仪地在主人面前扮演预卜凶兆的先知，一个像以利亚谴责诸王的权力，宣告王国末日来临那样的末世论预告者，来回报贵校的周到和好客？

我第二个担心的理由是我发现自己相当不谨慎、盲目和缺少先见之明，用戏剧化的手法来勾勒出康奈尔的景观。而那景观从一开始就是个大问题。有关这一景观的问题牵涉到机构透视，即贵校的地貌，是伸展还是筑围，是生还是死的取舍选择。从建校伊始，保持地貌景观的完整性就具有极为重要的意义。康奈尔大学首任校长安德鲁·迪克森·怀特早就认识到了这一点。我要向他表示敬意。当校董们想把大学设立在离镇近一点的地方之时，以斯拉·康奈尔将他们带至东山之巅,让他们看他心目中大学的方位之所在。“我们眺望全景,”安德鲁·迪克森·怀特写道,“这天天气极好,景色美不胜收。以斯拉·康奈尔强调选择方位的理性考虑,主要在于要有更多的扩展空间。”以斯拉·康奈尔给出了很好的理由。由于董事会成员们有足够的理智来同意他的方案,理性占了上风。但是在这一回理性是否就站在了生命这一边呢?通过援引K.C.帕森斯有关康奈尔校园规划的记述,詹姆斯·西格尔观察到(以下为我的引文):

> 对于以斯拉·康奈尔而言,有关大学景观的联想与死亡有某种关联。的确康奈尔的规划看来是受到了浪漫崇高主题的影响,以确保一个勤奋耕耘的人面对某种景观时,能浮想联翩,触景而省思,而对一系列论题进行哲学探讨——孤独,志向,悲伤,死亡,精神性,“经典式的灵感”——自然而然地便引申到了有关文化和教学法的问题。

这真是一件生死攸关的事情。问题出在1977年,那时校方打算在大学镇桥和秋日河斜拉桥上竖上护栏,以制约任何由河谷景观激发的自杀念头。“屏障”是校方使用的说辞,而我们可说“隔膜”,这是从希腊语借来的一个词,字面上的意思就是“起分隔作用的栅栏”。在桥的下方是联结着学校和周边地区,联结着校内和校外的深渊。在校区委员会作证的一位教员毫不犹豫地表示他对屏障,那无异于隔膜和眼皮的反对意见。用他本人的话来说,他的反对是基于屏障挡住视线,即意味着“摧毁了大学的本质”。

这是什么意思呢?大学的本质又是什么呢?

也许你能想象到我是如何地以一种敬畏之情,就此议题准备向诸位发表谈话——相当崇高而又得体地——谈论有关大学本质的话题。我在这里使用的崇高是康德意义上的崇高。在《科系的冲突》中,康德断言大学应为“理性的思想”所主宰,而这思想是指现今能够教授的整个领域(das ganze gegenwartige Feld der Gelehrsamkeit)。其实在现今并没有能充分把握现今的任何经验可言,没有像样的教条整体,没有可教授的理论。但是那种不充分的受压感恰恰是悬于生死一线间的那种绝望之极的崇高感。

康德还说接近崇高首先预示着压抑。我在思考今天对诸位发表讲话时所感到的压抑,还有第三个原因。当然我也决意将我的讲话局限在预先设定的言论范围,只谈应避免的风险、深渊和大桥,甚至界限这些缠人的可怕的问题。然而,那还是太多了,因为我不知道如何来挑选和甄别议题。我在巴黎任教时曾上过一学期的有关大学问题的讲座课程。另外,我最近也应法国政府要求,撰写建立国际哲学学院的计划书,满满的几百页里包罗了所有被估计到的困难。要在一小时内谈这些东西可不只是一场挑战。当我试图鼓励自己做点白日梦,我想起“无任所”这一词组所蕴涵的诸多意义。我寻思一位不属于任何院系,甚至于不属于学校的“无任所”教授,并非想旧日在巴黎大学被称为 un ubiquiste“无处不在之士”那种人。一个“无处不在之士”是不附属于任何特定学院的神学博士。在这一语境之外,一个“无处不在之士”在法语里的意思是一个足迹遍布各地的神行太保式的人,能给人造成一种同时出现在所有地方的错觉。也许一个“无任所”教授,虽不完全像“无处不在之士”那样,是一位长时间逍遥自在,“au large”(在法语,而不是在英语里,这一词组通常当成一个航海术语来用,意思是在公海之上),在与世隔绝的休假之后,偶尔靠一靠岸。他对于语境,礼节俗套,和变化的环境一无所知。从而他得以在远处深思冥想。人们惬意地闭上双眼来聆听他用合适的辞藻来表述有关学院的图解式的、广为挑选的见解。然而在他花了这么多时间来作一种持久而笨拙的努力,来捕捉他的听众的善意之后,他们也许会感到遗憾。

据我所知,还没有人建立过反理性的大学。所以我们可以合理地假设理性一直就是大学存在的理由,以及理性与存在之间某些本质的联系。然而我们所说的理性原则并不单是理性。我们不能一头扎进理性的历史长河,探究辞源和概念,陷入翻译时令人费解的场景,从**逻各斯**转到**推理**到**理由**,**理智**,Grund,根据,Vernunft,等等。三个世纪以来人们所说的理性原则是由莱布尼兹经过数度缜密考虑和系统阐述的。他那广为引用的观点就是“没有没有理由的事情,没有没有原因的结果”(Nihil est sine ratione seu nullus effectus causa)。在海德格尔看来,莱布尼兹自认为正宗、权威和严谨的公式见于他晚年的 *Specimen inventorum* 一文中:“在所有的推理中有两项第一原则,(逻辑上)不矛盾的原则,当然……还有提供理性的原则(Duo sunt prima principia onmium ratiocinationum,principium nempe contradictionis...et principium reddenda rationis)。第二条原则是说对于任何真理——任何真正的命题,也就是说——是有可能提供一个理性解释的。”或者说,按字面上的意思翻得更直接一些,**理性能够赋予**任何真正的命题。

除了所有那些哲学上的大词——理性,真理,原则——这些词通常受到众人关注,理性原则还坚持认为**必须提供**理由。(在法语中这一表达法与莱布尼兹的 redde rerationem 即 rendre raison de quelque chose 相对应;它的意思是解释或者是为某一件事提供说法——英译者注)但是相对于理由来说“提供”意味着什么?理由能否成为导致交换、流通、借贷、债务、捐献和报复的因素?然而在那种情形中,谁会为债务或职责**负责**,以及为谁负责?在 reddere rationem 这一词组中,ratio 并不是由形而上学而传递给人,zoon logon ekhon 即**理性动物**的一种能力或权力的名称(如 Logos, Ration, Reason, Vernunft)。如果我们有更多时间的话,我们可依莱布尼兹对于词义转换的解释,从 principium reddendae 到提供理由的原则,到作为理性官能的理由——到最后,康德对于理性作为原则官能的定义。不管是在哪一种情形,如果理性原则中的 ratio 不是一种理性官能和权力,那就意味着它不是一件我们能在世界上存在的生灵和物体之间遇见、付出并交回的东西。有关这一理性的问题必须与有关情态动词“必须”和词组“必须得以**提供**”的问题区别开来。“必须”一词似乎覆盖了我们与原则关系的本质。它似乎为我们标出了规定,债务,职责,要求,命令,义务,法律,必要性。只要可以,理性必须付出。我们能够不加预防,在康德纯粹实用理性的意义上,将其称之为道德的必要性吗?对于纯粹实用理性的批判决定了“实用”的意义,而它是否用尽它的含义,或者说显示了辞源,我们对此并不明了。然而,预设前提是难免的。它可以显示对于纯粹实用理性的批判在持续地召唤理性的原则,召唤它的“必须”,尽管它自然不属任何理论秩序,也仍然不是康德意义上简单的“实用性”和“伦理”。

但是,这里牵涉到了责任问题。我们必须对理性原则的召唤作出回应。在 *Der Satz vom Grund*(《理性原则》)中,海德格尔历数了他称为 Anspruch 的组成部分:规定,申请,要求,需求,命令,召集;它总是使发表某个讲演成为必要。我们看不到演讲的文字,但我们倾听演讲,我们被要求回应理性的原则。

这确实是个有关责任的问题。但是对理性原则的回应与为了理性原则的回应是相同的行为吗?是相同的场面吗?是相同的景观吗?而且大学在这一空间中又是处于什么位置?

回应理性原则就是提供理性,通过原因来理性地解释后果;同时以本原(arche)或根源(riza)为基础来提供正当性的理由和根据。请记住那个莱布尼兹的时刻,其独创性和新颖性不容低估,回应理性原则也就是回应亚里士多德有关形而上学,第一哲学,以及找寻“根源”、“原则”和“原因”的要求。在这一点上,科学和科技方面的需求追溯到了一个共同的根源。海德格尔的不断出于冥思苦想中的一个问题的确就是有关将此根源与 17 世纪理性原则的问世相隔开的那漫长的“孵化”时期。这一原则不但在字面阐释方面构成自西方科学和哲学开端之后的一种需求，同时为一个据称是“现代”理性，形而上学，和技术科学的时代提供了推动力。不对理论原则制度化进行探讨，人们将无法去**思索**在19世纪西方国家重构现代大学的任何可能性。

然而**为了**理性原则（也就是说为了大学）而作的回应，**为了**这一召唤而作的回应，对于基础原则（Der Satz vom Grund）的根源或者根据所作的提问，并不是在**面对**这一原则时简单地遵从或者回应。我们在应对这一召唤时所倾听的方式，与我们在质询此召唤的含义、根源、可能性、目标和局限性时的方式是不同的。我们在询问这一原则的根据时是否遵循了理性的原则，而这询问本身是否是一个提供理由的原则呢？我们不是这么做的——并不是说我们不在遵循这个原则。我们在这里所论述的是一个循环还是深渊？如果是循环的话，它包括试图为理性而提供理性的解释，为理性原则提供理性，为了在某一点上使理性原则自然明了而诉求这一原则，而在海德格尔看来，在这一点上，理性原则恰恰无法解释理性本身。如果是深渊，洞眼，Abgrund，这一空荡的峡谷将无法为了提供理由的原则来为自身提供理由。于是，提供理由本身，就像大学一样，只得将自身悬于那最为奇特的空虚之上。我们是用理性来为理性原则提供解释吗？为理性而理性，这理性吗？为理性和它的原则而忧虑，这理性吗？事情并不那么简单；然而试图打消这种顾虑，并以那些经历过顾虑的人自身的非理性主义、蒙昧主义和虚无主义为资鉴，未免过于匆忙了些。谁能更忠实地回应理性的召唤，谁能用更为敏锐的耳朵倾听这一召唤，谁能更清晰地分辨差异，是那些以问题回应并且对召唤所含的可能性进行思索的人，还是那些不想听到任何有过理性之理由的问题的人？顺着海德格尔问题的理论，这已经通过微妙的变调和加重音，根据在nihil est sine ratione公式中强调的特殊词语，得到充分的体现。这一论点蕴涵两层意义，取决于你强调的是“sine”或者“est”还是“ratione”。由于时间关系，我不能探究这重点变移所牵涉到的所有决定。依照同样的理由，我也不会试图重构一个诸如海德格尔和查尔斯·桑德斯·佩尔斯那样的对话。而对于大学和理性原则而言，这样针对一个复合主题的对话恰恰是奇特而又必要的。在一篇令人关注的《职业精神的局限》文章中，萨谬尔·韦伯引用了佩尔斯在1900年，于美国“讨论高等教育的角色”会议上的如下结论：

直到最近我们才看到美国科学界举足轻重的人物来讨论教育目的，

而一点也不用提及曾经激励那些名不虚传的科学研究者的动机。在这件事上我也并非无可指摘,因为在年轻时我曾写过一些文章来宣扬和支持那名为实用主义的教条,以及其中蕴涵的所有能加以引用的含义和每个概念的精髓。如果理解得当,那也不错。但在最终引用这一教条时,问题还是产生了;那时我看来是倾向于让概念服从于行动,所知服从于所干。我以后的生活经历教会我唯一的那真正值得向往,而且无须为此提供理由的,就是为思想和行为提供理性。理智本身的存在不需要任何理由。

为了能使佩尔斯和海德格尔之间这样的对话得以发生,我们不得不**超越**“概念”和“行为”,理论观点和实践,理论与技巧在观念上的对立。这一**超越**的段落是佩尔斯在不满冲动之际勾勒的:它最终会有什么应用意义呢?佩尔斯不过是勾画了海德格尔觉得最为关键的路径,尤其是在他的 *Der Satz vom Grund* 里,我无法像在其他场合那样顺着这条路径来发展思路,而只能冒着过分简单化的风险,从中抽出两条主张。

1. 与理性原则的现代主导性相配合的,必须是将存在的本质作为**客体**来进行的解释。这是对一个作为象征(Vorstellung)的**客体**,一个在主体**前面**放置和定位的客体进行的解释。这后者,一个称“我”的人,一个确认自身的本我,于是就能在技术上把握他自身的整体性。representatio 的前缀“re”还表达了一种冲动,一种对事物进行解释和提供理性的冲动——我们**遭遇**这一事物的存在,是我们**使之**存在,是我们把它带至象征的主体,即有知觉的自我。如果有时间的话,我们就能在此重构海德格尔让语言为他服务的过程(一方面是 begegnen, entgegen, Gengenstand, Gegenwart 之间的互动,另一方面是 Stellen, Vorstellen, Zustellen)。理性原则,Satz vom Grund 告诉我们,这一象征关系——就其整体引申而言,不仅是一种知的关系——必须得有根有据,确信无疑,并且得以保障。于是一种主导性就此得以确保。这种主导性是为了象征,为了 Vorstellen,为了对于客体的那种关系,也就是说相对于那个位于主体**之前**,能够说出“我”并且对于自身存在确信无疑的存在的主导性。但是这一对于存在——之前的主导,不能被降缩至对于视觉或者是 theoria 而言的主导,甚至还不是针对那个视觉比喻方面的主导。在其中海德格尔完全表明了他对于这种修辞式解释的预先假定的保留态度。在此这并不是将可见与不可见加以区分的问题,而是将有关视觉和光线的思维方式,以及对于倾听和声音的观念加以区分的问题。然而正确无疑的是，在海德格尔意义上那种漫画象征人，能随意赋予自身一双永远睁开的干硬的双眼，死死地盯着他力图主宰或肆意蹂躏的自然，似乎要从天而降，扑向猎物一般。由理性原则装置而成的帝国要成为帝国，只能取决于隐匿其中的有关存在的问题，以及有关理由和根据（提供或者获取根据：Boden-nehmen），begrunden（激励、辩护和授权），尤其是有关 stiften（即树立或着手实施，海德格尔对此赋予某种非同寻常的意义）的问题，是否能保持隐匿不见。

2. 如今这一现代技术—科学的机构，即大学不但建立在理性原则之上，同时还建立在隐匿于那个原则之中的东西之上。虽然看似一笔带过，海德格尔有那两段话对我们来说相当重要：他主张现代大学是建于理性原则之上并以此为根据；而且大学依赖这一原则。但是如果今日之大学，现代科学之所在，“是以提供根据的原则为根据”，在此之间没有一块能让我们遭遇理性原则本身的地方；没有一块能让我们对理性原则进行思考，明辨和追根究底的地方。在大学内没有一块能使人寻思理性原则召唤之声来自何方的地方，没有一块地方能使人考察有关要求提供和发布根据和理由的来龙去脉：“Woher spricht dieser Anspruch des Grundes aus seine Zustellung?”对于大学的发展来说，这一无意识中对理性原则根源的掩饰，并无坏处；的确，海德格尔还顺便对那种大学发表了赞美之词：在科学领域内取得的进步，跨学科交流的蓬勃发展，对于推理论证的热情，等等。但所有这一切都是在深渊之上得到阐发，并且是悬于“峡谷”之上——建立在那些自身所依据的看不见和无思想的根基之上。

我是在阅读中得到这点体会的，而不是让你们对海德格尔的 Satz vom Grund，或者是他早年有关大学的文本（尤其是他在 1929 年发表的就职演说 *Was ist Metaphysik*? 或者是 1933 年的校长讲话 *Die Selbstbehauptung der deutschen Universitat*）进行显微放大的研究——我在其他地方曾试图作过这一研究，在巴黎，无疑这会是我们在演讲结束之后的讨论话题——而不是在深渊边上冥想，哪怕那是在有“屏障”保护的大桥之上，我想还是言归正传，回过头来谈谈有关我们在大学所碰到的实实在在的棘手难题吧。

在好几个问题上，那些用来提供理由和依据的框架，或者基础，以及基本教旨的方方面面都将它们自身强加在大学的空间里，不管我们是在考虑有关它在广泛意义上存在理由的问题，还是它特殊的使命，还是教学和科研的政治性。每次，问题的关键都是理性原则被当成了提供理由和依据，或者是基础,或者是制度的原则。现今正在进行的一场大辩论的主题就是科研和教学的政治性,以及大学在这一领域可以发挥的作用:是中心作用还是边缘作用,是进步的作用还是颓废的作用,是合作还是独立于那种有时被认为更加符合某种目的(finalites)的研究机构。在所有高度工业化的社会,不论其政治体系如何,不论政府传统上在这一领域扮演何种角色(我们都知道,在这方面即使是西方的民主制度之间都有相当的差异)——这场辩论都倾向于使用类似的措辞——我不是说它们是相似的。在所谓的发展中国家,形成问题的模式当然有所不同,但它们无论如何也离不开先前的模式。如此错综复杂的问题不能永远——再也不可能——被降低缩小至一个以国家为中心的政治问题。它确实是以多国的军事—工业综合体或者是技术—军事网络,以多国或跨国为表面形式的国际技术—军事网络为中心的。在法国,这场争辩有时是围绕被称之为研究的"目的性导向"这一主题来进行的。"目的性导向"式的研究是那种设置好程序和有重点的研究。从利用方面(即亚里士多德所说的"takhreia")来看,是以专制方式进行组织的研究,不管我们是在说技术,还是经济学,医学,心理—社会学,或者是军事力量——我们事实上已经论及上述所有的领域。在某些国家,科研的政治性与政府—管理的或"全国性的"结构有紧密的依赖性,这一问题无疑会有更大的敏感度。但我相信在所有技术发达的工业化社会,情形正在变得越来越相同和类似。还在不久以前,在谈到"目的性导向"研究时,我们所说的——其实就是佩尔斯所指的——"应用"研究,一个越来越明显的变化就是,如果某项科研不是马上可以应用或者有应用价值的话,它或多或少会延缓其回报性,使用性,和"目的导向"性。而且出问题的并不仅仅是有时被称做纯学术研究的技术—经济,医学,或军事"副产品"。因"目的导向"而走弯路、拖延和分程递送,以及其他方面的问题,变得越来越令人窘迫。于是乎,大家都尽一切可能,将这些东西一并纳入对已经程序化的研究的理性盘算过程。此外,像"目的性导向"这样的说法比"应用"更受人喜爱,因为这个词儿的"功利性"弱一些;它使将高尚目的写入研究计划成为一种可能性。

你也许会纳闷,在法国,与这个"目的性导向"研究概念想左的主张会是什么。答案是基础,"基本"的研究,不会预先声称为某一功利性目的服务的不偏不倚的研究。以前人们有可能相信纯数学,理论物理,哲学(尤其是哲学内部的形而上学和本体论)是受到保护,不受权力干涉,任何机构或国家,或者在国家指导之下的程序计划,以及公民社会和资本的利益都无法接近的基础学科。在作为唯一权威的理性原则指导之下,这类基础学科只会关注知识、真理和公正无私的推理求证。

而且我们比任何时候都要更清楚地知道,有关基础和目标—导向研究之间那种对立的意义既是真实又有限。以彻底的观念和实践上的僵化和刻板来维持这种对立是非常困难的,尤其是在包括理论物理,天体物理(只要想想天文学这个引人注目的例子,它作为一种无私钻研的范式存在了这么多年,才开始具有实用性),化学,分子生物学在内的现代规范科学领域。这些领域之间的联系都比以往更为密切——在其中的每一个领域中——所谓的基本哲学问题再也不是在事后以抽象,有时候是认识论问题的方式提出来的;而是在科学研究的核心以最广最繁多的方式提出来的。人们再也无法分清哪一方面是技术,哪一方面是理论、科学和理性。人们不得不接受技术科学的说法,而且对于这种说法的接受确认了联结客观知识、理性原则和对于真理关系的某种形而上学的限定的一种本质的姻亲关系。我们再也不能——这是海德格尔在最后提醒并号召我们彻底全面考虑的——将理性原则同处在现代性领域中的有关技术的概念分离开来考虑。在知识的系统组织中,人们再也无法维持康德曾试图建立的被他称为"技术"模式和"知识体系"模式之间的界限——而那也曾经是组织大学系统的根据。这知识体系是系统的艺术。"在理性主导之下,我们的知识总的来说,"康德说,"不是组成狂想曲,而必须组成一个能够单独支持和赞同理性基本目标的系统。"为了知识体系的这一完整性,康德反对以随意发生和非主要的而不是本质的观点和目的为依据的,在实证上是"目标—导向"式的唯技术的整体性模式。

于是在康德试图定义的两个目的之间存在着一个局限,一个是引导基础科学的本质和高贵的理性目的,另一个则是只能以技术模式和必要性来加以系统化的非主要的和实证的目的。

今天,在研究的目的导向中——请恕我冒昧地回顾这些显而易见的观点——已经无法对应这两种目的。例如,人们已经无法将那些被认为"有价值的",甚至于在技术上对人类有利的研究项目,与那些具有毁灭性后果的项目区分开来。这已经不是新闻;但是在历史上,从未有像今天那样把所谓的基础科学研究,同时用来为军事目的服务。人们已经无法对军事的本质,军事技术的局限,甚至于军事项目所负责任的范围作出定义。当我们听说在今日世界,每分钟有两百万美元被用于军备,我们会假设这一数目代表的仅仅是用于制造武器的费用。然而在军事方面的投入不仅于此。军事权力,甚至于政治权力,或者从更广泛意义上来说,整个防御和攻击安全机构都不仅限于从基础研究的"副产品"中得到利益。在技术高度发达的社会,这一机构通过国家或其他部门,直接或者间接地建立程序,制定方向,发出指令,投资资助看起来一点也不像"目的—导向"式的第一线研究。在物理,生物,医学,生物技术,生物—编程,数据处理和电讯领域,这尤为突出。我们只需提到电讯和数据处理,便可判断这一现象的严重程度:研究的目的——导向是没有极限的;在这些领域所有工作的运行开展都得"考虑到"技术和工具的安全。为战争,国家和国际安全服务的研究项目得涵盖包括信息,知识储备,语言的操作使用和语言的本体,以及所有的符号系统,翻译,密码编制和密码破译,临场和缺席感的转换,解释学,语义学,结构和生成语言学,语用学,修辞学在内的整个领域。我是故意以漫不经心的方法来罗列所有这些学科,但总的说来,我要以文学,诗歌,艺术和小说收场:在理论上这些学科可以作为工具在意识形态作战中派上用场,因为这其实是在摆弄指代功能的那些广为人知的各种竭尽歪曲之能事的变量而已。这一理论总是可以在通讯策略,指挥理论,精妙的祈使表达军事语用学领域得到运用(比如说,在何种情况下,新的电讯科技都能以声音表达发出清楚的指令吗?如何控制产生模拟和幻影的新资源?等等)。为了强化在法国印度支那和阿尔及利亚战争期间被称做"心理行动"的威力,人们尽可从容地使用社会学和心理学的理论公式。其后果是,只要能做得到,军事预算可以投资任何科研项目,鉴于这些项目产生的滞后利益:"基础"科学理论,人文,文学理论和哲学。而涵盖了这些领域的哲学系,这个被康德认为在寻求真理过程中不为任何功利目的所用,而且不为任何权力所左右的地方,再也无法拥有这样的自主权了。这个领域的成果总是可以为人所用。尽管在表面上它的结果和生产应该没有什么用处,它却可以永远让话语的主人忙个不停:专家,来自修辞学、逻辑和哲学方面的专业人士,不然的话他们或许会在别处耗费精力。或者还有,在某种情形下,它同样会确保价格不菲的意识形态方面的馈赠,为了一个能在一定限度内支付这一切的社会。另外,如果把科研的随意性后果也加以考虑的话,那些看上去用处不大的研究(如哲学或者人文)也总能带来最终的利益。科学的历史激励着研究者将这种随意性的盈利,作为全盘综合考虑的一部分。研究者随后便着手调整他们能够掌控的手段,现有的财政支持,以及资金的分配。国家权力或者它所代表的力量无须禁止研究或者审查言论,尤其在西方。他们只要能够限制资料和规范对生产、传送和扩散的支持过程就足够了。在广泛意义上，比起康德的时代，这种新的“审查”制度更为复杂而且还无处不在。在康德时代，大学的研究论题和整体地貌设计都是围绕皇家的审查运作来进行组织的。今天，在西方的民主体制下，这种形式的审查制度已几近全部消失。这种禁止限制得通过众多分散的渠道才能发挥其功能，难以汇总成一个制度。一种话语能否被接受，研究项目能否被核准，课程是否合法，则取决于来自于评估鉴定机构的表态：对于评估鉴定的研究，在我看来，是为了维护学术尊严，行使学术责任的不可或缺的任务之一。在大学内部本身，那些看来是来自外部的力量（舆论、基金会和大众传媒）施加着比先前更具决定性的影响。大学的出版社，特别是在美国，正在充当承担这极为重要责任的媒介，这是因为在原则上大学法人社团的成员代表了科学的标准，必须同许多其他的目标相协调。当这种随意性的盈利面不得不变窄时，研究资助的限制就会影响那些难以在短时期内产生效益的学科。那会在这些专业内部，引起各种各样的效应，有些效应看来与此诱因似乎也不直接相干——而这诱因本身也是由多种因素决定的。对于随意性利润确定的任何变动，永远是取决于一个社会与整个世界舞台相关的技术—经济形势。在美国，比如说（而且这还不是唯一的例子），经济法规允许某些剩余价值——通过私人基金会和其他的渠道——来支持研究或者一些暂时或者看起来无法盈利的项目，这点已经不用我再多说了。我们还知道一些军事研究计划，尤其是在北约，也会对语言学，符号学和人类学调研提供合理的补助。这些往往又会与历史，文学，解释学，法学，政治学，心理分析学等学科产生关系。

信息或者信息化的概念，在这里扮演的角色可谓神通广大。它将基础性和纯粹理性的研究汇入了目的导向性和技术性的研究，于是目睹了形而上学与专业技术的首度交融。与此相关的是“形式”的价值——那种**看到的**和**做完了**的形式，为了**在看**而看和**在做**而做的形式——也并非闻所未闻：让我们现在暂且搁置这一难点。在 *Der Satz vom Grund* 中，海德格尔将这个“信息”概念（与这个词在英语里的理解和拼读一样，而他还把美俄当做以形而上学为专业技术的对称同质的两个洲相提并论）定位在对理性原则即通盘考虑原则的依赖之上。即使是不确定的原则（他会以同样的称呼来指某种对于不可判定性的解释）也继续在有关象征和主—客关系的问题论证中得到体现。于是他称之为原子时代，还引用了由诺贝尔奖获得者奥托汉和当时的国防部长，“基础”物理学家弗朗兹·约瑟夫·施特劳斯作序的题为“我们应该感谢原子”一文。信息确保了谋划的保险性，也是对保险进行谋划的保证。我们由此有了对于理性原则的时代的认识。据海德格尔的回忆,莱布尼兹被认为是终身保险的发明者。海德格尔说,理性原则以信息的形式,成为我们整体象征的主导,勾勒了一个所有一切都依赖于原子能传送的时代。正如海德格尔指出的那样,在德语中传送一词,还可以用来指邮政传递。它属于Gestell之链的一节,来自于Stellen,是体现技术现代性的一大特征。在这个意义上,“信息”是消息储存、归档和交流的最经济、最快捷和最清晰(无歧义的,eindeutig)的方式。它必须指导人们如何维护那些满足其需要的东西,亚里士多德如是说。电脑技术,数据库,人工智能,翻译机等所有这些东西的构建,都是基于这一对计算语言的工具主义决断之上的。信息并不是简单地以传递信息内容来提供信息。它给予一种形式,“in-formiert”,“formeirt zugleich”。它将人放置在一种形式之中,使他能够确保自已对地球和地球以外的主导地位。所有这一切都得作为理性原则的效果来考虑,或者,更严格地说,作为对于这一原则的主导解释,在我们倾听其召唤时的某个重点来考虑。但是我已经说过我在此无法应对如此严重的问题;它在我论题的范围之外。

那么,我的论题又是什么呢?我是鉴于何种考虑才对我今天所论及的那些话题发表看法的呢?我是在特别思考在大学内部或者面对大学,不管你是不是附属于大学,唤醒或者给责任重新定位的必要性。

那些在研究当今语言的指导性和信息性价值的分析家必定会看到经过如此这般解释的理性原则的这种局限性。这在任何学科都有可能发生。然而如果说分析家们最终着手研究的是有关幻影的结构或文学小说,有关语言的诗韵而不是信息价值,有关不可判定性的效应,等等,他们会同样对由权威局限和理性原则力量而引起的可能性感兴趣。在那个基础上,他们会试图重新定义在大学全面受制于信息化技术条件下的新的责任。显然这不是一个有关拒绝这些技术的问题。而且这也不是草率地在语言的工具性根源和前一工具性(“正宗的”和具有规范“诗意”的)根源之间建立对立的关系。很久以前,我曾在其他地方试图显示,如此对立关系的意义实在有限,而且可能处在海德格尔的考察范围之内。技术工具化绝对凌驾于一切之上。因而这并非是将某种非理性的蒙昧主义作为工具化的对立面。就像虚无主义一样,非理性主义是一种与理性原则对称,从而依赖于理性原则的姿态。有证据表明——作为非理性主义的有关奢侈的主题——始于那个理性原则形成的时代。莱布尼兹在《新近发表的有关人类认识的散文》中对此表示了谴责。提出这些新问题有的时候有助于保护哲学和人文学科中一直在抵御技术化的那一方面;它也还可以保护那部分已经深深埋起的,比理性原则还要久远的记忆。但是我在这里所主张的手段常常会被某些"人文"学科或者实证科学保护者感到是种威胁。它被解释成这样,是因为解释者本身从来不试图去理解历史以及他们所在机构特有的观念体系,即与他们本专业有关的义务论。他们无意去了解他们的学科是如何构成的,特别是从19世纪初以来在理解原则的严密监督下构成其学科的现代专业形式。这是因为理性原则会同时具有蒙昧主义和虚无主义的效果。这种效果在欧洲和美国的那些相信他们在维护哲学、文学和人文学科,抵御那些同样也与语言和传统有关的新的提问模式的身上得到或多或少的体现。而这种新的提问模式是对于责任的一种新的确认和新的负责任的方式。我们很容易看到大牌教授或名牌院所的代表在失去方寸和控制的场合,是倒向蒙昧主义这一边,还是虚无主义那一边;在这样的场合,他们忘记了他们所声称的在研究中理应维护的原则,突然间开始恶言相向,不经大脑思考便对那些他们显然未曾翻阅过的,或者在他们在其他情形中会假装不屑一顾的中不溜的报章中看到的文本说三道四。

若要使谈论我所倡导的这种新的责任成为一种可能,只有发出实践这一责任的召唤。它将会是一个思想社区的责任,在那里基础和目的性导向研究之间再也没有明确的界限,或者说再也不受先前状况的影响。我是在广义上称呼这一思想的社区——一个"逍遥自在"的社区——而不是一个研究社区,科学社区,或者哲学社区,因为这些社区的价值大多会屈从于理性原则的绝对权威。而今,理性只是思想的一种——这并不意味着思想是"非理性"的。这样的一个社区能对理性和理性原则的本质,对基本的,首要的,激进的,以及广泛意义上的**原生性的**价值观进行考察。它会试图引出这一提问的所有后果。没有人能确信这样的思考能够会聚成一个社区,或者建立一个传统字面意义上的机构。我们必须重新思考社区和机构的含义。这一思考还必须揭示——这是项没有尽头的任务——目的导向理性的所有诡计,那些表面上不偏不倚的科研能靠自身重新获得的,以及各种项目得以重新投入的路径。那并不意味着"目的—导向性"本身是件必须反对的坏事。恰恰相反,我是在定义一种崭新训练的必要性。这种训练能使学生为评判这些结果而着手准备新的分析,并且在可能的时候,择其所需,为其所用。

如前所述,去年我和一些同事应法国政府请求起草一份有关成立国际哲学学院的报告。在那份报告中,我坚持强调我在这个特定语境中称之为"思想"的维度——一个不能降低到技术、科学和哲学层次的维度。这个国际学院不仅仅是一个哲学学院,而且是一个哲学本身也会遭到质疑的地方。它不仅是一个向那些在今天被看做是不合理的研究类型开放的地方,或者是一个向包括一些被称为"基础"的,在法国和国外院校未尽展开的研究开放的地方。我们将向前再走一步,提供一个场所,可以对基础性和纲要性研究,以及与之对立的位于各个领域的导向性研究进行深入的探讨。就像我在先前的讲座中所提到的,这一报告面临着它所承担的政治、伦理和司法方面的后果。由于时间关系,我无法在此向诸位介绍其中的详情。

这些新的职责不会是纯学术性的。如果承担这些责任是件困难和极度冒险的事情,那是由于它们必须保持对于传统的生动的记忆,同时又要做到继往开来,着眼于研究计划的未来。这些职责所激发的话语、研究和占据的立场,就科研机构而言,已经不再仅仅是来源于知识社会学,社会学或政治学。这些学科无疑具有比以往更强的必要性;我根本无意否定它们的重要性。然而无论这些学科有什么概念工具、原理和方法论(马克思主义或者新马克思主义,韦伯或新韦伯式,曼海姆式,各种流派兼而有之,或者完全自成体系),它们从来没有接触,就其自身而言,始终以理性原则即现代大学的立校之本为基础。它们从来不会从对主导和认可其话语的客观性和客观化过程入手,对于科学的规范标准提出质疑。不管其科学价值如何——可以是具有相当的价值——这些机构的社会学在这个意义上来说始终处于大学内部,处于机构内部,受到那些它们主张要分析的规范、项目和空间的控制。在它们继续尊崇的辞藻、礼仪、表达模式当中,还能观察到这一点。于是我敢进一步断言马克思主义和心理分析的话语,包括马克思和弗洛伊德本人所写的著作,**鉴于**它们本身已应由科学实践计划和理性原则而变得标准化,是属于机构内部,而且不管怎么说都与我方才分析的主导大学的话语是同质的。学界以外的人偶尔会提及这套话语。而这一事实本身并不能改变事情的本质。它只不过在某种程度上解释了即便这套话语声称自身所具有的革命性,事实上并不总会触动大学内最保守的势力。不管人们是否懂得这套话语,只要它不会威胁院校机构的基本原理和义务论,及其辞藻、礼仪和程序,就已足矣。在其经济和生态条件下的学术景观,也极易适应此类话语;然而,如果它不是简单地将那些在大学基础和非基础层次提出问题的人排除在外的话,它会更为可怕地回应那些有时对马克思主义,心理分析,科学,哲学和人文学科提出类似问题的人。这不单是一个屈从于理性原则的人所**阐述**的问题,就像我正在做的那样,而是为自己改变写作模式,教学情景,学术交流的程序和步骤,以及改变与语言，其他学科，院校机构内外的关系作准备。那些沿着这条路径冒险前行的人，在我看来，他们本身无须与理性原则作对，也无须向“非理性主义”屈服。他们可以在大学**之内**，随同其记忆和传统，继续履行其严格的专业要责并发挥才干。这里有一个双重的姿态，一个双重的假设：确保大学的专业特色和学术的正统，同时在理论和实践上越走越远。对于那些任何国家都会有的大学专业人士，这一双重姿态显得不合时宜，甚至无法忍受。那些专业人士会携起手来，竭尽阻挠和审查之能事，并且同时以所谓“专业主义”和“反专业主义”来谴责那些唤起人们新的责任感的有识之士。

我无意在此探讨正在贵国兴起的有关“职业精神”的论争。其特点，至少从某种程度上来说，是美国大学历史所独有的。但我将以“职业”这一宽泛主题来结束我的演讲。冒着与我的敦促相左的危险，我想提醒诸位警惕另一种贸然轻率的反应。我试图定位的责任不可能是简单的。它必然包含多个场位，多层次的地带，经过持续变易的假设，一种策略性的节奏。我先前说过我只谈论某种节奏，比如说，眨眨眼睛，而且我只会以一种风险来对付另一种风险，以屏障对深渊，以深渊对屏障，上下左右，旗鼓相当。

除了技术性的结果之外，甚至于除了技术性结果和充分理性原则的对立之外，除了技术与形而上学的密切关系之外，我所称的“思考”也有着自身的风险（但我相信这一风险是不可避免的——它是未来自身的风险），也就是说在某种形势下，它会被社会和政治力量重新利用来为其利益服务。的确这样的“思考”是不可能在特定历史，技术—经济、政治—制度和语言条件之外产生的。是故尽可能保持警戒的战略分析，应始终如睁大的双眼，从而抵制这种重新利用的企图。（在此我想对有关海德格尔思想“政治性”的某些问题定位，尤其是那些出现在 *Der Satz vom Grund* 发表之前，比如说，在 1929 年和 1933 年就职演说里所涉及的问题）

然而，我只想谈谈有关“职业”的双重问题。首先：大学所具备的基本使命是否就是培养有时可以说是独立于学校之外的专业才能？其次：在什么条件下——大学在其内部所确保的任务——是为教学方法和尊重某种规范的研究教授而进行的专业才能的再生产？人们可以肯定地回答第二个问题，而不用考虑第一个问题，并试图在市场之外维护大学内部的职业规范和价值，在**大学之外**维护社会工作的目的。至少，在这两个意义上，我们所谈到的“思考”的新的责任，必须伴随着怀疑甚至于排斥大学职业化的运动，尤其是针对第一个意义上的，依照市场供需和纯粹技术化的才能来实行的专业化。至少在这个程度上,这样的“思考”能够最小限度地产生高度传统化的知识政治性。其效果会在技术—政治权力之中的社会等级中体现出来。我不是说这种“思考”与那种政治是一回事,而且有必要回避政治。我说的是在某种条件下它可以为那种政治服务,于是乎所有的一切都归结到对于那些条件的分析。在现代,康德,谢林,尼采,海德格尔和其他无数有识之士,都毫无歧义地表示:学术责任的本质特征不能是职业化的教育(在康德看来,学术自主的纯粹核心,即大学的本质,必须定位在哲学系科之内)。难道这一断言不是对形而上学,我是指亚里士多德的**行而上学**那深刻的和分成等级体系的政治评判的一种重复?在我开头念的那段话之后,你会看到一种已经就位的理论—政治等级。在顶端,是理论知识。它不是受到功利追逐的那种知识;拥有这种知识,而且永远是有关成因和原则的知识,是一个社会运行时的领导者或者是 arkhitekton。他的地位要高于那些手工劳动者(kheiroteknes)。他们的行为如同燃火一般,是不受知觉支配的。这位理论家般的领袖,有深知通晓一切却无须“实际”的技能,在本质上是一位**教师**。除了通晓成因和占有理性或者**逻各斯**这一事实之外,他还有另一个认知的标记,即“从事授教的能力”。于是在教授的同时,他也是在领导,驾驭和组织手工劳动者的实证研究。这位理论家般的教师是一位领袖人物,因为在初始和指挥过程中,他始终是在一边。他发号施令——他是总理或王子——因为他通世故,知原则,讲道理,并且胸有成竹。他在事前比任何人都要善于回应理性的原则。对他来说,那是第一原则,是原则之原则。所以他不受任何人的指令;相反,是他在发布命令,规定限制,并制定法律。难怪这一至高无上的科学,由于缺乏功利性而被赋予无穷威力,是在那些有可能使业余爱好有用武之地的地方或者区域,得到发展和壮大的。于是,亚里士多德指出,数学在埃及的发展,得益于属于王子种姓阶层的那些成员所享有的余暇。

在讨论现代或现代之前的大学时,康德、谢林、尼采和海德格尔并没有说与亚里士多德同样的话,而且他们所讲的也未尽相同。但他们又的的确确说了同样的话。尽管康德将社会分工的工业化模式引入了大学,他将所谓的“较低层”的科系,哲学科系——定位在一个生产纯粹理性知识的地方,一个大学的真谛和大学的自主相遇的地方。在那里,真理的表述不受控制,也不必顾虑“功利”——康德将这一科系不但**置于专业教育之上**,而且将其**置于职业教育之外**:纯粹理性的知识体系凌驾于技术体系之上,位于后者之外。在他的《关于我们教育制度之未来的演讲》中,尼采谴责科学界内的分工,谴责为政府服务的功利性和新闻性的文化,谴责大学的职业化目的。在培训的领域做得越多,就越需要思考。正如他在第一次讲演中所说的:“人不仅要有观点,还要有思想!”在海德格尔 1929 年名为《什么是形而上学》的就职演说中,他对大学组织的技术化及其专业的系科化表示痛惜。即便是在他的《校长演说》中,他在为三大业务(科研、军事和知识)争取其应有的地位,并回忆说这三者具有同等的历史地位和同样的独创性(他先前曾回顾说,在希腊人看来,理论不过是实践的最高形式和精力的一种典型模式)的同时,海德格尔还是猛烈地谴责了学科的区隔化以及“为了职业而进行的外部培训”,并称之为“懒散和不正宗的玩意儿”。

不管你情愿还是不情愿,当你决意将大学从“有用”的项目和职业目标抽离之时,你总会发现自己在为一些无法确认的目标服务,在重新建构种姓、阶级或者企业的权力。我们正处在无法改变的政治地形之中:出于更为深奥和极端的考虑而前行一步,甚至于超越“深奥”和“极端”,超越首要的和**本原**的东西,只要朝着那种初始的无政府状态再进一步,就有生产或再生产等级的风险。“思考”在需要理性原则的同时,还需要超越理性原则,需要处在既是**本原**的又是无政府的状态之中。两者之间的差异,好似呼吸与重音一般,只有通过“思考”才能有所决断。而作出那一决断永远是一场冒险;而且还总是在冒最坏的风险。通过制度化的计划来消除风险,无异于设置面对未来的屏障。思考决断不可能是一件机构内的事情和一个学术瞬间。

这一切并没有对政治,甚至于责任,作出任何定义。它最多不过是在某些消极的条件下,提供“消极的智慧”,如康德在《科系冲突》中所说的:预先告诫,并且对这古老命题的现代重新阐述过程中必定出现的景观保持警惕。既要注意深渊峡谷,也要留意大桥和屏障。既要当心大学向外的过度开放,也要留意那闭关自守的形象,既不为任何利益服务,也不使自己变得毫无用处。要注意目的性;没有目的性的大学会是个什么东西呢?

无论是在中世纪还是现代,大学都无法保持其绝对的自主性和在严格条件下的自身整体性。八个多世纪以来,“大学”是我们的社会给一个补充体所起的名字。这一补充体既外向又自恋,在启蒙的同时也进行控制。在这个双重的基础上,大学理应**代表**社会。而且它也以某种方式这样做了:它重现了社会的透视图,观点,冲突,矛盾,社会的作用和差异,及其对于在整体内实现有机联合的欲望。在大学的“现代”话语中,有机式的语言总是与“技术—工业”式的语言有所关联。然而由于技术装置的相对自主性,其实是一个机器和人工假体的自主性,这一大学的人工制品只有在得到反思,也就是**分离**的机会之时,才**反映**了社会。在此这一反思的时间,不但标志着大学体系的内在节奏相对于社会生活的一种独立性,疏松其指令紧迫感,而且还确保其进行学术活动的宝贵自由。这是给予机会的一片空地:好似口袋内部的凹入部分。这反思的时间同时也是一种背弃反思所处条件的机会,好比是在获得一个崭新的光学装置之后,我们终于看见了景观,不仅是看到自然地貌,城市,桥梁和深渊,还可以看到"看"的过程。好比是通过崭新的声学装置来倾听着"倾听",也就是说,在一种诗意的电话术中捕捉听不见的声音。反思的时间同时也是另一种时间;它对于它所反映的对象来说是异质的,它给召唤以时间,它被称为思考。它是一个在大学**内部**呈现自己的机会,而人们不知这是否属于大学历史上的一个事件。它也可以是短暂而充满矛盾的:它可以撕裂时间,就像被克尔恺郭尔唤起的那一瞬间。对于大学来说,他是一个陌生,甚至于充满敌意的思想家。他却给予我们比学术反思自身更多的能对大学本质进行思考的东西。这一事件的机会是刹那间的机会,如"眨眼"一般;它在"眨眼间"发生。然而我得说,它是在"眼睛的曙光"中发生的。因为只有在西方大学西风最为盛行的拂晓时分,才会有很多产生这种思想"曙光"的机会。在"危机"的时代,就像我们所说的,颓败和复兴的时代,当一个机构在"眨眼"之际,刺激思考能够为一个忠诚的守望者渴望记忆和向往未来带来**同样**的瞬间。其守望者的忠诚足以把握住一个未来的机会,换句话说,一种他尚未具备的,还没有出现的单一责任感。这并不在他掌控和权限之内。把握记忆,同时把握机会——这可能吗?为他所没有和没有发生的事情**负责**,这是一种什么感觉?然而如果不是为了那些不属于我们的东西,还有什么是我们觉得要**负责**的呢?是为了什么,未来会属于并且归结于另外一方?还有机会——能把握住它吗?难道不是,正像它的名字所暗示的那样,坠落甚至于是颓败的风险,会在"峡谷"之底降临在你们的头上吗?我无从知道。我不知能否同时把握记忆和机会。我曾情不自禁地想过把握了记忆也就是把握了机会。两者缺一不可。这一双重把握和维护,将是大学命定的一种责任,是它的规律、存在的理由和真理。让我们再次冒险眨下眼吧:真理是它所把握的东西,也就是说它保存的和被保存的东西。我在这里想到的是veritas(真理)这样的名字已印在许多美国大学的校徽之上。它赋予守护人职责,要求他们诚实地和忠实地执行监护它本身的任务。

请允许我回到我**开头**所提的这个问题:今天,怎么能不谈论大学之道呢?

我是否已经说了该说的，做了该做的呢？我是否已经说了如何不谈今天的大学的道理呢？或者我是否还是该说说在今天的大学内应该不做什么的问题？

只有他人才能回答。从在座的各位开始。

凯思琳·波特和爱德华·P·莫里斯（英译者）

（潘天舒　译）

约翰·杜威的教育哲学及其批评者[①]

悉尼·胡克

在约翰·杜威诞辰100周年,不过也是逝世7周年之际,杜威的教育哲学受到美国最高政治权威的谴责。在《生活》周刊(1959年3月15日)公布的一封信件里,艾森豪威尔总统写道:“必须不停地向教育工作者、父母和学生挑明我们教育体系的诸多缺陷。必须引导他们放弃他们向来受杜威教诲而盲目遵循的教育路线。”这位总统曾经短暂担任哥伦比亚大学校长,而杜威在那里教了超过1/4世纪的书。

这一批评将来自不同意识形态阵营的针对杜威教育哲学的攻击推向了高潮。多少著作和文章成篇累牍地发挥着同一项主题。与批评美国教育之多方面不足相伴而来的,还有攻击杜威正是美国之失败的首要原因,这种攻击声势浩大,虽然理据不清,却是直截了当。甚至连海军和海军陆战队都派上了用场。这方面嚷嚷得最厉害的著作之一,是海军中将里科弗(Hyman Rickover)的《教育与自由》,它更合适的题目应当是“为打赢下一场战争而进行的教育”。它的大部分批评意见甚至都不试图认真讨论杜威的核心教育学说,这既引人注目,又意味深长。相反,它只是在哀叹美国教育的种种失误与欠缺——特别是看到在苏联技术进展下隐含的对于自由的未来的威胁。

他们对于今日教育的关注虽然只是唤醒不久,倒也算合情合理,然而给人的印象却是:喊得最响的晚近的批评者,自己并未在批评中展现出良知

① Sidney Hook:“John Dewey: His Philosophy of Education and its Critics”,胡克在工业民主联盟1959年4月召开的约翰·杜威诞辰一百周年纪念会上的演讲的扩充版,New York:Tamiment Institute,1959。

(conscientiousness)的价值观念,而那是他们要求我们的学校在课程中强调的。他们似乎是在为我们所处的困境寻找一个替罪羊,而不是找出真正导致这种困境的原因。如果他们真的读过杜威,而不只是斥责他,就会注意到,杜威本人毕生都在批评美国的教育,有时甚至会把矛头指向美国教育的小型私立机构,而这种机构最初的倾向是“进步的”,其出发点正是基于他的原则。更重要的是,造成我们时代的危机并引发目前对于美国教育现状的歇斯底里的这些因素,杜威在很久以前就有所预见,并且提出了警示。

一般都认为,我们的危机的基本轮廓是由两个重大现象会聚在一起塑造的。其一是科学技术对于社会、工业和文化所造成的转型效应,其二是苏联的扩张,美国把它看做自己谋取世界主宰的主要对手。

杜威在其一生的后50年间,把我们的时代概括为科学革命的时代。他呼吁教育工作者关注科学革命的广泛后果,关注它给我们的生活方式所带来的变化。他敦促本着全面的、人性的宗旨,详细探究、疏导并掌控这些变化所必需的各项制度、原则与方法。在半个多世纪之前,他就呼吁要改进初等学校中的科学教学,为此他写道:“我相信,对于科学研究的态度是并且应当是在早年养成的。”他将科学知识视为自己的知识典范,并且提议,应当采纳不同于具体技术和方法的科学知识的基本思考**逻辑**或**模式**,作为明智地思考社会政治事务的一种规范。有些批评者随声附和,谴责杜威弄得美国的学校对我们的科学技术世界的挑战准备不足,可正是这些人在不久以前还指责杜威是“科学主义”,过分强调科学经验的模式而贬低其他思考模式。道理其实很简单,谁只要认真研究杜威的教育观念,就不会被晚近的技术进展弄得惊慌失措。

这个说法同样适用于现状中其他重大的爆炸性因素。杜威在其一生的最后20年,尤其是在第二次世界大战期间,当苏维埃政权受到职业人文学者和科学家的欢呼、受到三军将帅和政客们的欢呼,被视为民主力量的可信盟友的时候,描绘了其对于自由世界的威胁的实质。他并没有等到克里姆林宫发射的卫星上了太空,才认识到大难临头。当克里姆林宫在地球上建立自己的卫星国的时候,甚至在此之前,他就已经公开指出了这些预兆。从20世纪30年代中期的莫斯科肃反开始,他就已经开始对这种性质进行了深入研究。

之所以会出现让里科弗将军及其幕僚恼怒不已的当前的特定危机,正是因为缺乏这种明智的外交政策,对此各路政客和三军将帅应负主要责任。在上一次世界大战期间,美国的教育体系并不见得有哪里更好,某些方面比现在糟糕得多。可我们有足够的政治勇气认识到希特勒主义的实质,认识到其胜利对于自由的前景意味着什么。我们能够引入应急的研究计划以确保我们的胜利。

随后又发生了什么?那些负责政治决策和国防政策的家伙未能提供遏制更新近也更危险的对于自由的威胁所要求的领导才能和远大目光。他们反复不断地犯错,反复不断地凑合,只不过从委屈忍让的绥靖变成了胡叫乱嚷的恐吓。他们没有能力主动创议明智的政策,因为他们对于民族主义、对于共产主义、对于新兴科学革命对世界产生的影响,一概缺乏明确的把握。

不要误会,我的意思是要说,外交政策的得失成败**直接**源于教育哲学或实践。可对他们所称的进步教育恼怒不已的反杜威阵营中那些自命不凡的家伙,言下之意似乎正是这样的假定。因为他们真正哀叹的,是相对于极权主义世界力量的不断增长,我们的状况的确很严峻。而这种严峻的状况证明,过去那些负责有关方面政策的人欠缺政治上的明智,有时甚至是欠缺基本的政治知识。就算教育与这个问题有关,我们也得看看那些把持战略位置发号施令的人受了什么教育。那些人不正是从"珍珠港事件"到现在一直忽略科学的国防的需要,也系统地忽略了民主意识形态之战的机遇,未能让美国成为世界殖民解放运动的领袖的人吗?那些政客和三军将帅不也都是从进步教育中或者秉持杜威教育哲学的精神成长起来的吗?

里科弗将军和一些批评杜威的人感兴趣的,似乎是一种将会帮助我们赢得下一场战争的教育。如果说杜威的教育哲学确实指导了美国教育,启发了美国外交政策的设计师们,那么他们就该关注如何避免一场世界大战,维护并推广自由社会的遗产。因为这是杜威哲学的基本教育目标——在一个和平、自由**但也蕴涵危险**的世界上提供理智创见的教育——的一种必然推论。

那些人责怪他陷入一种自鸣得意的自然主义,因为人"在"自然"之中","属于"自然,尽管如此,杜威所感受到的自然至少有着两大特征:这是一个蕴涵危险的世界,纵然程度时轻时重,却是始终存在;但这也是一个满含机遇的世界。危险比机遇更为显见,因为绝大多数时候,机遇有待寻求,有待创造或发现。世界变幻莫测,但通过思考能够扩大机遇从而消减危险。如果一种教育教会人在一个蕴涵危险的世界里活出精彩一生,就不可能是里科弗们正确斥责的那种"温吞吞的教育",但也不一定就是他们现在大声抱怨的充斥技术、数学和科学课程的"硬邦邦的教育"。世界之所以蕴涵危险,也许不仅仅是因为我们不懂高深的数学和物理,还因为我们不懂基本的政治学、经济学和社会心理学。

三点核心观念

现在我要简述我所认为的作为杜威教育哲学核心的三点主要观念:一是他的经验学说,二是他的民主观念,三是他对科学方法在教育中的地位的强调。

"经验"这个词意思有很多,但杜威的界定使其关涉到人的学习过程。所有的教育都受到经验的塑造,但在杜威看来,并非所有的经验都具有真正的教育意义。只有当个体更加清醒地意识到所处环境的问题和挑战,作出这种反应的经验才被他视为真正具有教育意义。这样的反应增加了我们对于环境或自我的实际或潜在的控制力。抛开其自然主义不论,杜威的经验学说属于后康德主义。人类并不只是忍受或承受事件,而是积极主动地去经验这些事件。所谓经验这些事件,就是以某种方式领受它们,以某种特定的方式作出反应,能够表现有机体的总体状况,反映有机体成长的文化情境和历史情境。

如果有机体消极被动,也可以通过机械训练等形式的条件调节,培养它作出反应。没有任何真正的人类学习过程与动物学习过程完全不同。某些活动要素,某些关注从而作出选择的要素,总是会存在的。即便是阅读,看起来像是消极的吸收,但除非思维可以说是主动出击,去把握行文之意,否则不可能作出理解。单凭截出来的光信号和视网膜映像是不够的。一种经验的意义,重要的内涵,正是依赖于思维的这种把握或出击,回应经验的各个要素并与其建立关联,以及在经验的各个要素之间建立相互联系。

杜威的经验学说并非源于任意武断的哲学假定,而是来自现代心理学。实验结论以许多方式证实了他的看法:不诉诸观察者的积极角色、历史情境与文化情境,连一个人所观察到的东西也不能给出充分的说明。艾姆斯(Adelbert Ames)等人揭示道,知觉不仅仅是对于被给予物的简单映射,而是某种互动的结果,或者更准确地说,是有机体与环境、自我与非自我之间的某种相互作用。正是基于这种经验学说,杜威认为人这种动物尽管受到自身存在的先在条件的束缚,也能够在局限之内重新定向、重新决定世界与自身,对他的思维和行动能够影响到的事情担起道德上的责任。

杜威会说,所有这些都只是在描述经验是什么,我们如何借助经验并通过经验学习。但关于教育经验应当如何,杜威还有一种规范性的视角。他区分了经验的两个向度:**影响**(impact)与**效应**(effect)。经验的影响指的是直接感受到的激动或厌烦、赞同或反对、愉快或痛苦。在经验的这个向度上的积极回应持续时间较短。它比较微弱,或者说像脉冲,随着场合变化而消亡。第二个向度则是对于后续经验的效应。如何衡量这种效应,可以根据学习者在其当下经验中看出多少意义,对其可能的提示或解释作出何等反应,并就此准备好对未来的经验作出更好的理解并取得一定的控制。

在杜威看来,这就是为何"一种基于经验的教育的核心问题,就在于选择能够富于收益、富于创造地存现于后续经验的当下经验"。为此必须作出一系列的选择,不仅要落实到有组织的主题,而且要落实到某种特定的主题,不仅要落实到学科,而且要落实到某种特定的学科,不仅要落实到教学方法,而且要落实到某种特定的教学方法。不过,它们都具有两个共同点。

首先,它们的选择都是基于经验持续性的考虑,或者更准确地说,基于所期望的经验持续性的考虑。这样,我们才能更容易地基于过去的经验去接受未来的经验。这不等于说忽视主题,而是说要恰当地组织主题。这不等于说所有的主题都同等地重要。"计划课程体系时必须首先考虑是否必需,其次考虑是否精致。"至于何为必需,取决于好几项变量。其次,主题、方法和学科的选择都必须便于最大程度地让学习者在学习过程中主动参与。

这样强调教育经验活动的因素,符合杜威将"观念"解释为有关在恰当情境下执行的行动或操作的默含计划,将"理解"解释为参与到一项共同事业的协同行为,将"真理"解释为具有转化能力的实验活动所产生的有理据的断言,将"理智"解释为创造性思维,即通过符号的运用,行为改变了情境以解决其出现的问题。

关于"观念"、"真理"、"理解"和"理智"的这些解释是否站得住脚,在此我不打算讨论。就像其他所有的解释一样,它们也都各自存在争议。但我还是要强调这些解释以及杜威的经验学说的性质,因为它使我们能够对有关杜威教育哲学作某些评估。

我这里所特别指的观点是,杜威强调面向社会的调整,如果不是面向当前的社会,那就是面向某种未来的社会。里科弗将军写道:"美国人民从未授权学校用生活求适训练和行为条件调节来取代教育。可我们已经允许学校拿杜威的观念做实验很长时间了。"

还能有比这更彻底的误解吗？如果批评杜威，说理智的培养更容易造成与社会相疏离或对立，或者更容易产生改良社会、转变社会的欲望，就算这种批评属于误解，也还更有理据一些。要想有理智，就必须有观念。所谓有观念，就是认同这种观念或者准备依照这种观念行动。而依照这种观念行动，就意味着将某种具有导向的变迁引入环境或自身。根据杜威的看法，之所以说我们塑造了我们所处的环境，部分原因在于，我们对于环境的回应是一种有赖于我们的关注和兴趣所在的有选择的回应。而之所以说我们**只是在一定程度上**塑造了我们所处的环境，是因为我们不得不不假思考地接受环境中的绝大部分因素，思考只是偶尔为之，也因为一切健全的思考的结果都必须承认，确实存在某些东西，强制影响着我们的所作所为。但是，我们生活在其中的世界，无论个人世界还是公共世界，私人世界还是共享世界，就我们可以在其中有理智地行为而言，都**在一定程度上**属于我们的创造。因此，若是我们换一种方式思考和行动，环境中的有些特性会有所不同，我们对这些特性有所负责。

唯一像里科弗将军说的那样不假思索地适应其环境的人，处在麻木、漠然、无所用心、无所事事的状态。而要在存在问题的世界里保持清醒和活力，就意味着保持警觉，处于防备，准备根据将会存在或将要发生的事情有所作为。可笑的是，“适应”这个词在教育上带有贬义，或许更有理由用在某些批评杜威的人所持的观点上。

在“适应”的这些意涵中，有一个指的是服从现状，不仅仅是**了解**生活的状况，而且是顺从其规范。“适应了的”个人将社会的风俗习惯、传统的行动方式融合到自然必需的强迫冲动之中。过去，和有关这类适应的教育联系在一起的，是机械训练、习惯遵从、自动反应、既定条件下执行既定任务，假定做什么事情通常只有一种正确方式，而最终界定这种方式的必然是握有权威的某个人。这种教育不像是现代教育，更像是传统军事训练。

有些观点认为，教育的功能就是把被尊称为“过去的伟大传统”的主题“灌输式”或“填鸭式”地塞进学生脑子，拿学生当被动无为、只等填满的仓库或容器，而不是有待激发和培养的主动力量。这些观点里就包含着和“适应”类似的观念。这样的途径不能使学生认识到，所学的主题**何以**值得去学。它也不能让观念、人和事件栩栩如生地显现在那些正在学习的人的直接经验或想象经验之中。

所有这些关于适应或**自我**求适的观念，都不属于杜威的教育哲学。因为它们并未将社会的适应视为教育成长的道德律令，也未根据学生的需要和能力调整课程体系，以实现最大可能的教育成长。根据杜威的哲学来设计和教授课程，就会寻求促进在任何相关之处主动理解事物何以变成现状，如何可能改善或恶化，为此我们的个体责任或社会责任何在。它致力于让学生敏锐地感受到，自己完成正规学校教育后，将会在更广阔的背景中遇到的那类问题。它不是罗曼蒂克，不是乌托邦。尽管它通过开启另类视野而解放了心智，但也因为认识到并非所有另类选择皆有可能或同等可能，而约制了意志，束缚了想象。为了引入有理智的变迁，就必须学习并接受某些特定的客观条件。任何不会在某些事情上有所退让的人，任何试图在神话或希望的玫瑰色图景中消解不容抹煞的事实的人，都算不上聪明。但是，只要当条件作用于人，人也能作用于条件。你可以选择让自己淋湿，或是学习如何在雨中保持干爽，对天气作出适应。天气如此，生活中感受到意义的其他任何东西亦是如此，即便是死亡。只要你保持自觉意识，就能够决定关于自己死亡的某些重要的事情。我们的死亡可以卑贱如走狗，也可以堂堂正正。

“适应”或“不适应”之类的用语，就像“遵从”或“不遵从”的用语，本质上都是关系性的。不具体指陈某个情境作用，就像大多数批评人士的做法，其实毫无意义。除非我们知道该适应**什么**，该**如何**适应，遵从什么或不遵从什么，否则这些用语就只有情感性的论调，却没有认知性的意涵。只要提供具体情境和用法，杜威唯一会赞同的适应，就是培养独立或创造性的理智的适应。

理智与传统

我并不是想说，所有针对杜威经验学说的批评的特点都和上文讨论的完全一致。他的经验学说首先是一种说明心理材料的经验假设。说到底，其概括必须通过观察来检验，通过分析来澄清。如果我们考虑教育的宗旨与方法，就会清楚它对于教育哲学的意义。有些宗旨有悖于经验的正常进程，会产生不必要的挫折、摩擦或苦痛，代价太大，所以需要预先排除这些宗旨。不过，即使基于同样的经验学说，不管是杜威的还是其他什么人的，仍有可能主张不同的教育宗旨。至此，我们从心理学的层面转到伦理学和社会哲学的层面。不妨打个比方来说得更清楚一些：根据我们所知的有关视觉的生理学和心理学，可能会认为某些教授阅读的方法不可取，予以排除。但就算我们对教授阅读的最佳方法达成共识，这种共识本身并不能决定阅读的内容，或者**该**读什么。

不过，如果根据杜威自己的著述，对于其经验学说，某些批评者立意固然良好，在其他方面也是所知甚多，但他们作出的许多批评，我不得不说，自己很困惑，难以理解。比方说，伯克森（I. B. Berkson）教授将杜威乃至所有的经验主义者所指的“经验”单纯解释为生物性与社会性的互动过程，而排除了伦理性与观念性的要素。好像经验的社会成分还不曾充满着伦理立场和价值观念！

有许多的批评因为都基于固定的假设进行攻击，所以如出一辙地批评杜威和经验主义者“给人留下的印象是，我们能够从直接经验中得出结论，而无须作任何假定”。（Berkson，*The Ideal and the Community*，Harper）这让杜威犯了大错，违背了自己的探究学说的基本原则。在他看来，开放的心智并不等于空洞的心智。之所以会产生怀疑，并不是因为我们一无所知，而是因为我们假定为真的东西并不显现为真。如果说杜威认为思维起于零点，任何主题，特别是**历史性的**主题，可以由一个一夜之间发育起来的心智了解，这样的观点纯属奇谈。即使对于18世纪的唯理论，它也未免有些夸张。

如同皮尔士（Charles Peirce）所说，我们不能同时怀疑一切。这是经验主义传统的常识之论。同时，人们，尤其是孩子，更常见的问题不是多疑，而是轻信和教条，这是一个简单的经验事实。这说明了经验主义者并不是强调无须预设和假定，也就是始终必须想当然接受的东西，而是强调我们刚开始学习时就培养探究习惯的重要性，强调随着学生逐渐成长，这些探究习惯也越来越重要。正如杜威在《经验与自然》里所说的，“已经知道的东西，已经被接受为真的东西，非常之重要；没有这些，探究活动寸步难行”。

经验主义太注重原初的、直接的经验，以至于在学习活动中排除了传统，排除了对于历史和过去的某种感受，这样的批评成为许多不同的批评流派中反复出现的主题。这一点甚至在他们引证杜威的如下表述的时候也很明显，杜威大致是说“我们的职责是保存、传递、校正并推广我们所接受的价值遗产，让我们的后辈在接受它们的时候，它们能够比我们接受的时候更加巩固，更加普及，并且更受公认”。我确信，这种批评乃是基于一种十分幼稚的历史观，以及一种毫无根据的担心，觉得一旦我们有理智地考察现在，就能始终逃避诉诸历史。

不妨用个实例来检验一下这种批评。眼下最热门的时事话题就是小石城的种族融合。任何一位从事社会研究的教师都会认为它属于不容忽视的相关主题。但是,又有谁会不诉诸政治、法律、经济和伦理等方面的**历史性**因素,就有理智地讨论它呢?社会文化方面的主题的整个构造都是从历史的经纬中编织出来的,历史的经纬线虽然长短不一,但都根深蒂固地纠缠在一起,我们需要某种相关性原则,剪断它们之间的关联,以便理解对于现在的意义。坚守对于民主、自由和公平竞争的某种理念;信奉关于联邦、州和个人权利的某种观念;赞同多数人治理,不管是绝对的多数还是暂时的共识,以及它们与少数群体之间的关系——没有这些方面的某种有理有据的立场,如何能够评价小石城的事件?但是,一旦我们试图将这些立场扎根到历史之中,就会发现单单说一个历史是不够的。有许多种历史,我们要从它们中间选择指导方针,是选择杰斐逊还是汉密尔顿,林肯还是卡尔霍恩①,威尔逊还是德布兹②,归根结底是一种道德评判,而我们必须展现这样的道德评判在当下依然具有生命力。在考虑社会事实的时候,我们无法逃避历史的首要性。在考虑社会政策的时候,我们也无法逃避道德的首要性。

那么,关键在哪里?我不妨直说,关键就在于我们是否接受不带批判的历史,也就是一种名义上尊重传统、实质上夹带偏见和歧视的传统主义;或者说在于我们接受的是一种忠实于真的历史取向,还是一种从有关过去的知识中发现真的历史方法。杜威会赞同帕斯卡的主张——尽管提出这种主张的理由不一样——就是"无论古代可以诉求何种权利,真理始终拥有先验的诉求,无论其发现是多么晚近的事情"。

> 比如说,以下摘自伯克森的《理念与共同体》的一段话:如果有关宗旨明确的活动和审慎批判的理智的严格培养,完全取代而不只是补充对于热诚奉行原则的灌输,以及对于确定的道德宗旨的指导,那就会失大于得。对抗权威,否定传统信念,拒绝就为了正确的目的而去做正确的

① 卡尔霍恩(John Caldwell Calhoun,1782—1850):美国副总统(1825—1832),共和党领袖,主张每个州都有权拒绝接受国会的法令,极力维护奴隶制。——译注

② 威尔逊(Woodrow Wilson,1856—1924):美国总统(1913—1921),民主党人,领导美国参加一战,倡议成立国联并提出十四点和平纲领,获1919年诺贝尔和平奖。德布兹(Eugene Victor Debs,1855—1926):美国劳工领袖,参加创建社会民主党和参加组建世界产业工人联盟,曾五次成为社会党的总统候选人,晚年遭迫害入狱。——译注

> 事情,其实很可能导向现有准则的松动,而不是提升行为规范。经验主义由于缺乏对于既有秩序的信心,不知不觉中对已成惯例的风俗习惯和已被接受的制度形式产生了不信任,**即便它们有助于有理有据的社会宗旨**。(黑体为引者所加)

在我看来,这段话其实表达了传统主义者和充满疑虑的保守主义者长年以来对于理智的腐蚀效应的抱怨。经验主义之所以受到指责,是因为它引发了对于惯例形式的怀疑,"**即便它们有助于有理有据的社会宗旨**"。可是,如果它们**的确**有助于有理有据的社会宗旨,审慎批判的理智又为何要坚持怀疑呢?上面引的这段话的措辞本身完全可以很方便地被普鲁士教师和法国南部波旁王室采用,让人相信既有的制度有助于有理有据的社会宗旨,而像伯克森这样的自由派会第一批起来反对他们。

然而,这段话的假定却是,孩子们开始上学时原本是一个个多疑的多马①,在家里所受的养育来自某种装备有辩证的武器的批判理性宗教。但每一位教师都知道,孩子们来上学时,都带着各自所在共同体的偏见,准备相信被告知的一切,甚至不能容忍言谈举止、衣着思维方面的任何差异。他们甚至会认为,青少年的越轨行为是过分带有批判性的理智所造成的。青少年越轨的原因有很多,却和学校里发生的事情基本没什么关系。不过即使有某种关联,也可以更有理由地论证说,是学校没能向孩子们展现既有各项法律和制度的有理有据的社会宗旨,没能让孩子们对这些理据产生栩栩如生、富于想象、令人信服的认识,从而使得学生们更容易漠视这些法律和制度。

杜威在《人性与行为》中提请我们注意:"不是所有成天念叨'理念'、'理念'的人都会进入理念王国,只有那些知道并尊重通向理念王国之路的人才会进入理念王国。"引领我们进入理念王国的道路,必须借助我们可以利用的理智(或理性、科学探究)的最佳方法来修造。至于我们最终是否达到这一王国,并不像我们的方向何在、我们如何通往这一方向那样重要。就算对于目标和理想达成一致,在实践当中也没什么意义,除非我们能够就达到这些目标与理想的具体方法和步骤也达成一致。就算有可能遭到误解,我也要说,那些声称自己目标一致但方法、手段和步骤不一致的人当中的差异,要大

① 多马是耶稣十二门徒之一,对耶稣复活表示怀疑,被称为 doubting Thomas,后亲手摸到耶稣伤痕时才开始相信。——译注

过那些在后面这些问题上达成一致、将是否进一步赞同“终极”目标——就算存在这样的目标——的问题留待争论的人当中的差异。每一个处在具体历史情境下的“终极目标”都可以被分析成“倒数第二个目标”。在杜威看来,正如使用不同的手段会通向不同的目标,不同的道路也会通向不同的王国。

历史在教育中的地位如此,主题在教育中的地位、教师在教育中的功能也是如此。杜威有关经验和教育的学说中绝对没有任何意思认为主题和/或教师可以舍弃。关于这一点的错误认识来源于对杜威有关教育中民主的观念的某种误解,有时也是分歧。我现在就来谈这个问题。

教育中的民主

众所周知,杜威的教育哲学认为民主在教育中居于核心位置。尽管“教育中的民主”这种表述已经成了陈词滥调,乃至于很少有人会公开宣称反对这种提法,但它其实有许多不同的含义。人们通常假定,杜威有关教育中的民主的观念就算不是必然带来对于平庸的膜拜,带来对于理智卓越的彻底贬损,也会起到助长的效果。要想评定这种指责是否有根据,就必须审慎考察杜威所说的民主和教育中的民主都是什么意思。

在大多数情境下,民主指的都是一种政府形式或政治过程,由此,那些统治者经过被统治的成人中大多数的自由给予的赞同选举而出。尽管杜威在这个意义上是个民主派,但他并不认为民主或者其他任何政治过程或制度本身就是目标。他认识到,一个民主制度照样有可能功能不良,有能力做出令人厌恶的行为,比如在对待美国南方或其他地方的少数族群问题上。他终其一生都在参照一种他称之为“道德上、观念上”更基本的民主观念,批评美国民主的功能运转。

杜威观点的实质在于,民主致力于对共同体内每一个体的平等关注,关注其作为一个人的发展。而教育就是发现并解放那些个人能力的主要手段。教育能够让人们有能力在与其同伴相和谐的同时,实现其最大可能的**独特的**成长。平等关注和平等对待并不是一回事,倒是可以和不平等的对待相配,只要这种对待是每个个案的思想成长和情感成长的必然要求。他说:“道德平等意味着不可通约性,意味着不能普遍应用共同的、量化的标准。它意味着内在的质性，要求有**独一无二的**机会，**各见差异的**表现……”道德平等或观念民主的原则是世界上最具革命性的原则，因为它涵盖了一切社会制度。

对于杜威的任何忠实阅读都会表明，首先得到关注的就是个体，而成为一个个体，就是以某种独特的、重要的方式与众不同，哪怕有许多东西与他人共享。从概念上讲，很难以一种形式规则表述这种平等关注和不平等对待的和谐统一。但我们可以通过另一种制度来具体说明：在一个健康快乐的家庭里，孩子们的年龄、体力和智力天赋各不相同，所以，如果父母平等对待他们，就显得荒唐。而之所以荒唐，恰恰是因为他们受到了平等的考虑，平等的评价。当然，不能拿一个家庭作为一个复杂社会的典范，社会也没有父母可言，但在伦理上，家庭体现了杜威相信应当展现在民主制度下社会制度功能运作中的原则，或者应当成为控制和指导其功能运作的精神原则。要是注意一下，杜威是多么经常地用家庭来做比方，以提出教育方面的建议，结果会令人印象深刻。比如他的名言：“最好的、最聪明的父母对于自己孩子的期待，必然是共同体对于其所有孩子的期待。对于我们学校的其他任何理念都是狭隘的，不讨人喜欢的；如果依此施行，会破坏我们的民主。”

如果认为这种观点指明了杜威想要说的意思，那它就愈发显得重要，因为它的措辞显然有些夸张。我们从未依照这种理念行事，却也从未破坏我们的民主，因为照此设想的民主其实根本不曾存在过。但这些话确实是满怀激情地表达了一整套价值观念，如果我们想要更加接近民主理念，就必须用这些价值观念来指导我们的行动。这种理念依据的是自由的首要性，是有权利与众不同，是有权利成为一个个体，乃至于尽管社会制度被视为协助人格成熟的不可或缺的手段，也必须比照它们所产生的人的经验的特性，对所有社会制度提出批评并作出改良。作为个体的人是在意义的次序而非时间的次序上首先出场。

从这种民主哲学中得出的教育方面的推论，与那些从中看出从意识形态上为平庸辩护的端倪的批评者得出的推论大为不同。事实上是刚好相反。平庸是因为把某种单调一致的模式强加于个体的差异，是因为企图让每一个人都在同样的时间谈论、吟颂和思考同样的事情。怎么能够把杜威的哲学解释成倡导不要对有天赋的孩子给予特别关注以便充分发掘其天赋？从历史的角度来讲，最早对给予有天赋的孩子适当的受教育机会表现出关注的，正是受到杜威深刻影响的教育工作者和心理学家。无论如何，教育必须致力于卓越！但是否只有一种卓越？一种卓越是否一定会牺牲另一种卓越？是否一定像勒南(Ernest Renan)说的,所有不适合圣餐台的东西就都必须扔给狗吃?或者,更具体地说,就因为我们应当尽力为智商最高的学生提供教育激励,以获取最大成果,所以我们就不应当为智商较低的学生尽力,以获取最大成果吗?如果就是这种意思,那我们对于平等的关注又体现在哪里?

我们必须区分两种标准:一种是成就的标准,在某些职业向个体开放之前,个体必须努力达到这些标准,并可以被合法地排除在外,以有利于他们自己和社会;另一种是成长和进步的标准,适用于每一个个体。教师关注的是后者,因为他认为对于人的教育是自己的责任。这并不意味着消除或淡化主题,不意味着用游戏取代学习,不意味着充斥着轻松课程的自选餐厅,而是维持了甚至更高的标准,有待每一个学生去努力,直至实现**自己的**最佳。这样的路子也完全可以和预先指定的课程与学习相配合。因为即使说所有的需要都是个体的,其中也会有许多需要在同一段时间里,处在具有共同的危险与机会的相同世界里,成为共同的需要。有些东西是每个人都需要了解的,但不是每一样东西都需要被所有人知道。

要想更好地把握这种民主的教育观的意涵,可以拿它和另一种观点相对比,就是不仅仅**区别**(discriminate between)不同的能力,而且**歧视**(discriminate against)某些能力。这类观点倡导某种精英体制,其中的奖赏和权力都会流向那些由于天赋或社会优遇(两者常常难以分开)而达到所在等级之首的人。它意味着智力等级是决定人的价值等级的关键,并迟早会决定在社会地位和政治权力的等级中的位置。因此它不仅仅是区别对待,而且是贬损人格。有时候,这种观点也会自称民主派,但它所提出的建议及其内在精神都是在反对杜威所理解的民主。

比如说,我们不妨来看看霍金(William Hocking)教授的观点,他在教育方面有广泛的著述。在他看来,真正的民主在于不考虑能力差异而适用于所有人的"**同一标准的民主**"。他打了个比方来说明自己的意思:"我们在进行体育竞赛的时候,并不会为了赛跑选手的便利而调整英里的长度:竞赛的民主并不在于假定每个人都必须得奖;而在于所有参赛者的时间和空间测量都是一样的。高等教育中的民主也应当是这种意思。为了保证这种正直,就必须有失败者,必须削减大众涌入学院的趋势。"(*Experiment in Education*, Regnery, 1954)这一点在实践当中的意涵表现在以下问题里:"可是,愿意淘汰自己毕业班中50%学生的学院又在哪里?"

霍金并没有说明为什么民主的这种意涵只体现在高等教育,而不体现在中等教育甚至初等教育。如果像他说的那样,“人人都有权利和义务成为一个全人”,那为什么不是每一个人都有权利接受那种会让他更接近某种层次的整全的教育?这一切和根本上作为社会保护机制的各级学位或职业技能证书又有什么关系?尤其是,教育过程和赛跑有什么关系?就算是在赛跑当中,我们也不会指望肢体残疾的人或眼睛失明的人站在头一条起跑线上,除非我们是尼采主义者。就算把学习进程当成一场竞赛来考虑,谁听说过50%的赛跑选手得了奖?为什么不淘汰90%的毕业班学生,为什么不干脆淘汰所有的人,只留下头一个到达的胜利者?

这样的类比暴露了支撑这种教育观的观念,其实是一种潜意识里的反民主观念,几乎可以说是普鲁士式的观念。教育不是赛跑,不是格斗,不是竞赛,虽说如果得到恰当的实施,这些也可以作为教学的技巧,增加学习的热情。如果我们宁愿使用这种语言,那么更好的说法是让个体和自己的潜能赛跑,由于潜能会随着成就的增长而增长,也就意味着这场赛跑就像教育和自我教育的过程一样,永无止境。

与将教育视为赢取奖励和权力的过程的这种观念相伴随的,是将社会看成一个上下等级分明的社会,其中的分化原则是智力,而不是出身、社会地位或财富。但不管分化原则是什么,只要牵涉到正式或非正式的上下等级,就有可能产生剥削。最好要认识到,我们争取社会正义与政治自由的重大运动,并不归功于等级秩序分明的欧洲社会中的受教育阶级。整体上讲,在几百年来争取扩大人权的斗争当中,他们支持的是教会、国王和社会现状。高智力和专业教育赋予他们在复杂社会中发挥特定功能的义务与权利,但不那么高的智力和普通教育也能如此。除非养成相互尊重,相互承认有许多种可取的区隔方式,否则整个区隔原则就只会激起怨恨,象征着社会的势利,成为助长特殊利益的工具。如果在一个社会里,教育良好的阶层与教育欠缺的阶层之间,智力较好的阶层与智力稍逊的阶层之间,都存在着阶层斗争,那就不仅会破坏道德平等的原则,而且受教育最好的阶层很可能会失败。

教育中的民主还有一个方面,与现代美国教育有密切的关系。但不仅是批评杜威的人,而且有一些缺乏才智的追随杜威的人,都曲解和讽刺了它。这种观点认为,在相应的层级上,学生的教育经验,包括他的群体活动、学校作业和班级组织,都表现出民主伦理的某些核心价值。如果一个国家有不同的种族和多种族群,而其中家庭本身又可能是最初酝酿狂热偏见的温床,那么上述活动就更有必要了。且不论“品格教育”究竟是什么,这种教育的开展更有可能是通过生活而不是布道。如果让学生对自己学校生活的某些方面担负起责任,既不需要侵占学习时间,也不一定妨害实施这些活动的严肃性。技艺高超的教师能够巧妙地组织教学,教学课程或作业常常能吸引所有孩子参与其中,担任角色,承担责任。

要让这种观念显得荒唐可笑,最简单的办法就是尽力用大城市中,特别是晚近有大批移民涌入的大城市中,社区生活与家庭的瓦解所产生的年轻的流氓恶棍来执行。有时候,车载斗量的思辨学问,还比不上一星半点的常识之见。尽管杜威从未意识到问题已经非常普遍、非常严重,但他的确认识到,那些躁动不安、桀骜不驯的学生,"始终妨碍着其他人的教育活动……排斥或许是特定时段上**唯一**可用的手段,尽管不是彻底的解决办法"。(黑体为引者所加)

每一位在教室里实际授课的老师都知道,只要有一两个这样的学生,就能让真正的教学无法进行。然而,共同体,或者更准确地说,那些谴责现代教育的报章杂志与教育方面的压力集团,举这类分子(在过去他们要么不上学,要么被人漠视)的存在为例,证明现代教育的失败。而杜威或其他人的教育哲学里绝没有要求学校发挥精神病院和/或警察机关的功能。对于这类学生,有些事情是应当做也是可以做的。一个民主的社会也应当给予他们平等的关注。但为了他们自身以及其他孩子的考虑,必须坚决将他们排除在正常的学校环境之外,直至他们改过自新。

反科学的教条主义

杜威有关教育的一些独有观点并非源于其整体的实用主义哲学。相反,他的实用主义哲学在一定程度上乃是基于对某些教育过程的观察和反思,它们看起来非常成功地教会学生获得了某些值得向往的技能、习惯、价值观念和有关主题的知识。杜威别具一格地认为,人的学习方式,个体差异对于学习的影响,兴趣、悟性和努力的相互关联,对于这些方面进行科学的心理学研究,相比于不加批判、零碎猎奇的常识方法,会给我们更加可信的知识。他主张,我们应当用这种知识来设计并检验教学方法。如果我们想要教阅读或其他什么值得教的主题,并且要获得最佳教学效果,都会有一种糟糕的教学法,一种不错的教学法,乃至一种优秀的教学法;会有一种合适的教学时间和不合适的教学时间;但首先,要想找到这些问题的答案,会有一种可信的方式和不可信的方式。而可信的方式就是科学探究。

现在慢慢清楚了,对于杜威教育学说的大量批评本质上乃是基于拒绝认为,科学心理学应当成为我们考察有效教学问题的指导。这是因为,如果现代教育(假定它也是想教会三 R①)相比于传统教育,面对的孩子大致相当,成效却不能令人满意,那么最简单的办法就是对教学方法和技术作必要的变革,而最愿意这么做的正是现代教育工作者。

然而,令人惊奇的是,正是攻击杜威和现代教育属于反智主义的那些批评者,拒绝遵守将科学探究的方法用到所争议的话题。他们甚至不要求这种探究。这方面有一个例子很能说明问题。基础教育理事会,一个在教育界影响力不断上升的压力集团,狂热地反对杜威的教育哲学以及所有基于这种哲学的实践。里科弗海军中将对于现代教育的许多观点就来自于它。在基础教育理事会的一份正式公报中(Council for Basic Education Inc.,1958 年 2 月),讨论了"初等教育的七大有害教条",它们都源自公报所谓的"过去三十年盛行的官方教育哲学",这其实指的就是和杜威有关的一系列观念与学说。

这七大有害教条中就有一项是科学知识的教条。根据这项教条,现代教育工作者坚信"关于孩子和学习过程的性质,心理学和社会学研究已经确立了足够的'真理',可以就儿童教育的方法乃至内容提供绝对可靠的指导"。当然,这只是在这些"理智主义者"的脑袋里,而不是哪一位有头脑的教育工作者的脑袋里,才会认为心理学的发现为教学方法提供了"绝对可靠的"而不只是可信的指导。然而,公报的讨论还是想要驳斥 *The Three R's Plus* 一书(明尼苏达大学,1956)中报道的科学教育心理学获得的两点知识:一是"两位数除法对于四年级学生来说太难,应当推迟到六年级";另一点是语法教学对于"中等才智的孩子无益"。(顺便说一句,基础教育理事会公报的作者对该书论点的转述并不准确。第一点说的是两位数除法对于**中等才智的**四年级学生来说太难,第二点说的是"旧式的"语法教学,就是说注重形式的词类词性教学,丝毫不涉及观念表达,对于中等才智的孩子无益。此处——并且不只是这里——转述的不准确造成了严重的误导)

这个古典教育和基本教育的捍卫者对于这些知识诉求的批评性回应,并不是先考察如何得出这些主张,或引证受控探究获得的其他材料,在此基础

① Three R's:初等教育的三要素(读 reading,写 writing,算 arithmetic)。——译注

上挑战它们的真实性。他一开始就要否定“这种不假思索地相信科学和科学方法有能力发现有关人的所有真理”。可是,并没有任何人断言,科学有能力发现有关人的所有真理。提出来的只是一个比较温和的命题:科学探究表明,教授有些东西的有些方法比其他方法更加有效一些。如果要否定这个命题,不能单单否定没有任何人断言的主张,即科学有能力发现有关任何东西的所有真理。要想否定比较温和的主张,只能基于具体的证据。

这位现代教育的批评者最接近于给出此类证据的地方是他告诉读者:“所幸仍然有教师根据自身的观察和常识知道,大多数四年级学生并非发育实在不良,无法征服两位数除法的难题;而适当教授的英语语法对于熟练而得体地使用我们自己的语言有莫大的帮助。”这种批评的谬误一目了然。没有任何教师能够观察到大多数的四年级学生。他或她只能够观察自己所知道的那些四年级学生。但这只是一个非常小的群体。除非有理由相信,它是一个具有代表性的样本,也就是并非经过特殊选择,要求经过科学探究而不只是依靠常识。而它也可能只是大多数四年级学生的一个非常不可信的标志。就算有些教师根据某个样本作出这项报告,对于该样本的代表性我们不加怀疑,它也不能告诉我们大多数教师观察到的也是如此。无论如何,它没有回答谁的观察更加可信的问题。这是因为,不仅仅是要看有多少教师报告的观察作数,而且要看他们的观察所遵循的观察方法和受控方法。

不管怎么说,我们在这里关注的事情很难用相当的或然率来确定,不过也不是不可能。批评现代教育的人不去探究这个问题以及类似的问题,而是想通过心灵决断、印象主义和仓促判断来搞定这些事情。他们只有把事情搞得更糟。他们绕开了问题,因为他们没能界定问题之所在。问题并不在于“适当教授的英语语法”是否有益,而在于它如何教授才算是“适当”,是注重形式的词类词性、图解分析之类的教学,还是通过对用法和理解上的失误的订正分析来教。

比这些逻辑上的基本谬误甚至更糟糕的是,他们企图通过诉诸政治标准或伦理标准来确定所探讨的话题何为事实。这位批评者写道:“我们相信,教育(无论如何,人们认为它是要改变、重塑和升华作为动物的人)不能满足于某种行为规范,而必须致力于指明何为应当。”换句话说,就算大多数四年级学生**没有能力**学习某些东西,他们也**应当**学习它们!可是,敦促一个人应当去做他没有能力做的事情,这是否合情合理?我们当然必须区分两种情况:一是“应当”之事意味着“可以”之事;一是“应当”之事无法去做。一个孩子要是有正常的听力和声线,就应当学习唱歌。但如果他发育成一个男低音,我们是否应当坚持认为,他"应当"继续唱男高音或童声高音?如果我们所教的人不能辨别音高,这里的"应当"就属于无的放矢了。

早在批评他的人之前很久,杜威就直言不讳,我们的大部分教育的问题就在于,大多数孩子所学的东西,其质和量都没有达到他们所能学的程度。借助科学心理学,现代教育力求让他们尽其所能地多学一些,学好一些。它的**课程计划**是达到每一个体能力的巅峰,牢牢把握他的兴趣,诱发他的努力和动机,让他尽可能地接近巅峰。即使通过课程计划未能实现这一点,也不是因为太讲求科学,而是因为还不够科学。当然,学校也必须面对一些规范性的任务,并且没有人比杜威更强调教育的道德面向的重要性。但是,当问出以下问题:我们应当有怎样的行为?什么值得追求、什么值得拥有?在这个情景中最好说什么、做什么?当这些问题属于切题之问的时候,我们是否能超过杜威的回答:要回答这类问题,不是靠习惯,不是靠趋势,不是靠直觉,也不是靠启示,而是靠了解情境中所有有关事实的批判性的理智。杜威所说的理智指的是运用科学探究的**模式**,不同于探究具体主题的具体技术。在杜威看来,自由文明的终极权威就是科学方法的权威,大致可以解释为理智的方法。

这里无法对据说的初等教育中七大有害教条逐一进行分析。实际上它们都不是教条,而是首要原则。这个压力集团的代表在讨论这些原则的时候,暴露了思想生活中的一大罪恶:面对真正的问题时拒绝进行探究。杜威和这个集团以及同盟学派中批评他的大多数人之间分歧的真正要害,就在于人的判断中权威的性质。杜威认为,权威来自于具备自我矫正的步骤的科学方法模式;而他们认为这种权威还从属于其他某种东西。

关于教育和社会,关于教育和科学,杜威在半个世纪以前所说的一切重要的东西(除了有关职业教育前景的某些预测),今天看来甚至更加令人信服。当世界开始迅猛变迁的时候,他已经开始思考这些问题。他提出,如果教育单单被视为传承过去的文化,年轻人就不能真正做好准备,迎接未来并主宰未来。今天,我们的世界变迁的步伐比他所看到的还要令人眩目。且不论生存和自由的问题,简单生存的问题已经是前所未有的严重。唯有理智**能够**拯救我们,但理智**将会**拥有的机会却比过去要少。

杜威的理智概念牵涉到对于情感、意志和知觉的教育,而不仅仅是形式推理的能力,或者脱离观察、实验和实践的考虑,练习有时所说的**思维或智**

力。他在《民主与教育》中写道:“根本没有所谓的过度理智,但确有一样东西属于有失偏颇的理智。”

如果我们拒绝认为科学方法,自由理智的方法,在事实和价值的判断中拥有至高权威,我们又能够用什么来取代?每一种替代选择都在某个方面涉及某种制度权威,而历史证据表明,这种制度权威固然自称超越一切利益,却会听任自身走向滥用,成为某种披上公共权威象征外衣的特殊利益的表达。

障碍与机遇

杜威的教育哲学在能够发挥社会效力之前,必定会遭遇一些重大的障碍。某种意义上讲,这种哲学承诺得太多。根据它对教育的设想,教学变得远为复杂,相比传统的形式,艺术的成分要多得多。它要求教师的能力比大多数教师可能的现状更高;它要求的代价比现在大多数共同体愿意付出的更多;它的前提是存在一个尊重人文、尊重科学的社会,其中所有的重大问题都本着杜威哲学的精神予以回应。但事实并非如此,并且在很长一段时间里很可能没什么改观。在人口没有得到控制、而是迅猛增长的地方;在依然推行种族隔离和歧视的做法的地方;在权威主义的教区学校与公立学校分庭抗礼的地方;在共同体深陷于战争的现实存在,乃至于必须首先考虑国民安全的眼前必需的地方,杜威的大部分教育哲学读起来都像是空中楼阁。它能够做些事情,但在讲求实际的人看来,这有时候不像有太大用场。

在危机中,似乎没有人操心个体人格的发展,视其为基本的教育方面的绝对律令。公众,甚至是大多数教育工作者,都更关注特定的手段,尽管从来也没有充分的理据。对杜威的教育哲学的反应很难就其本身来说明。如果这个世界是一个民主的世界,热爱自由的世界,福利经济的世界,那么杜威的教育哲学就完全有可能被广泛接受为**唯一的一种**公共教育哲学,哪怕永远不是一种官方意识形态。而我们自己的社会只要其存在本身受到不断扩张的极权主义的威胁,就不可能成为这样的世界。不过,这只是一个大大的“如果”,还有其他许多的“如果”呢。

这就意味着,除非作出协调一致的政治努力和社会努力,增强民主共同体的制度框架,否则杜威的教育哲学最终会沦为无效。纳粹根本不接受这种哲学,布尔什维克一旦看到杜威的哲学更关注孩子的个体人格而不是他们的阶级出身,也就拒绝了所有的进步主义教育实践,这都不是偶然的。在一个种族主义的共同体里,不可能恰当地实施这种哲学;在城市贫民区里的学校资源极其匮乏,市政机关贪污腐化,流氓阿飞和作奸犯科的家伙横霸邻里,也不可能恰当地实施这种哲学。实际上,要想在显然不成熟的、不利的条件下采纳杜威的教育哲学,所导致的后果也许会比在那些普遍采用传统训练和教导方法的情境中所看到的更加糟糕。

这一切体现出某种双重的挑战。首先,空喊为芸芸众生谋最大福利的最佳教育体系的优点是不够的。我们必须找到在一个远远算不上最佳的世界上最好地利用这种教育体系的方法。我们必须富于创造性地作出调整、重塑、改进,具体场合具体实践,利用一切机会向前推进,就像纽约的出租车司机,只要我们知道我们将要去往何方。每一位教育工作者都必须主动耕耘自己之所在,利用自己之所有,在地方教育的层面上努力营造同情自己的公共舆论和公共支持。在这个过程中,有理智的教师必须将充满爱心的父母变成自己的忠实助手。

其次,我们必须记住,如果没有在教育之外的其他领域,比如社区关系、工业、政治等领域获得成功,我们也不能在教育领域获得成功。不同的领域进步的步伐各不相同,但所有的领域都有未知数。除非我们能够改进自己所在地的民主共同体,除非我们能够在自己的个人生活以及和邻里之间的面对面关系中实现更大的民主,否则杜威的教育哲学就只能是成效有限。

在这个意义上,整个社会都是教育的战场,因为杜威的教育哲学需要其自由主义哲学的支持,反之亦然。服务于自由或自由人的理智必须重塑社会制度,让它们能够为所有人提供平等的机会和平等的关注。只有这样,我们才能够提供这样一种教育哲学,不仅针对今日的美国,也针对未来。按照杜威的预想,在这样的未来里,"自由而充分的人类关系是为目标,而充满理智、坚持合作的实验活动是为方法"。

(李康　译)

知识的大众化：约翰·杜威论专家和美国民主[1]

劳拉·M. 威斯特霍夫

1900 年，约翰·杜威向美国心理学联合会（American Psychological Association，APA）发表主席演讲，敦促他的同事们采用科学的方法作为工作的基础。他提出，心理学会“提供一种洞察力，帮助（他们）认识到控制着目标的形成和执行，并进而使人类以健全、理性和可靠的方式去努力的诸种条件”。他的这个演讲后来被证明是向新世纪发出的一个具有深远眼光的欢迎词，因为它预见到了社会科学知识将被人们当做社会改革的基础。但是杜威也就社会科学各专业的局限性和专家在未来年代的作用发出警告，说“心理学永远不会告诉我们要做的哪些事才是道德的，而只能告诉我们如何做而已”[2]。由此可见，由谁来决定道德地运用社会科学的问题，以及由谁来决定社会科学在一个民主的和科层制的社会中转化为公关政策的问题，在新世纪来临之际困扰着杜威。本文探究杜威关于由于依赖专家作为政策制定者而给民主

① Laura M. Westhoff, “The Popularization of Knowledge: John Dewey on Experts and American Democracy”, *History of Education Quarterly*, Vol. 35, No. 1 (Spring, 1995), pp. 27-47.

② John Dewey, Address before the American Psychological Association (1899), *Psychological Review*, Vol. 7, 1900, in *John Dewey: the Middle Works, 1899 1924*, Edited by Jo Ann Boydston (Carbondale, Ill., 1976), 1: 130-150.

社会构成的潜在威胁的思考。①

正如杜威的演讲所表明的，通过对那些削弱机会和自由并损害生活质量的经济和社会问题进行深入考察，日益壮大着的社会科学承诺要使美国社会更加平等。19 世纪晚期政治和经济上的混乱局面为替代性的经济和社会道路创造了条件，许多社会科学的从业人员最初正是在这种情况下投身改革的。劳工动乱，例如 1877 年的罢工、牧草集市(Haymarket)骚乱和普尔曼(Pullman)罢工等②，以及不时发生的严重的经济衰退，将许多社会科学家转引向社会改革的道路。复杂的现代社会似乎需要官僚和知识分子的专家型管理，而这为他们的专业化提供了根据。③

学术界的专业化趋势反映了 19 世纪晚期社会其他领域里在很大程度上由工业化、城市化和日益加深的相互依存引起的发展变化。正如罗伯特·韦布所言，美国社会的迅速增长导致了孤岛型共同体(isolated island communities)的解体，也导致了商业、市镇和大城市之间形成相互依存的网络，而其中的理性化又导致了一个专业化的职业人员阶层的兴起。为了扩展研究，控制进入研究领域的资格，并通过培育具有排斥性的学术共同体而提高职业化水平，职业性的社会科学组织被设计组建起来。它们划分学科，促进客观公正的研究。在客观性的名义下，它们贬抑学者的社会行动主义，并进一步将专家和公众隔离开来。专业化保证了社会科学专家在社会公平取向的政策的制定方面获得了更大的影响力，但是吊诡的是，这种萌发中的专业主义文化

---

① 我对“知识”(knowledge)这一术语的使用来自 John Dewey, *Democracy and Education: An Introduction to the Philosophy of Education* (New York, 1916), pp. 184-191。杜威在这里区别了作为一种程序的知识——探索的结果和进一步的探索的资源——和作为信息的知识。虽然杜威认识到作为个体的人是不能拥有全部的知识的，但他还是强调随时掌握信息对有效地处理问题所具有的重要意义。杜威认为，掌握这些“知识”是民主的决策的基础。关于杜威在其他意义上使用“知识”一词的详细情况，参见 Lawrence A. Cremin, *American Education: The Metropolitan Experience, 1876 1980* (New York: 1988), 406ff.

② 分别指 1877 年的西弗吉尼亚州、宾夕法尼亚州及其他地区的铁路工人罢工，1886 年芝加哥罢工工人和警察之间的流血冲突，以及 1894 年伊利诺斯州普尔曼、芝加哥等地的铁路工人罢工。——译注

③ Robert H. Wiebe, *The Search for Order*, 1877-1920 (New York, 1967); Burton Bledstein, *The Culture of Professionalism: The Middle Class and the Development of Higher Education in America* (New York, 1976); Thomas L. Haskell, *the Emergence of Professional Social Science: The American Social Science Association and the Nineteenth-Century Crisis of Authority* (Urbana, Ill., 1977); Mary O. Furner, *Advocacy and Objectivity: A Crisis in the Professional lization of American Social Science, 1865 1905* (Lexington, Ky., 1975).

导致民主的潜力受到了削弱,因为它贬抑独立的价值评判,同时鼓励了对专家的依赖。①

通过考察杜威关于界定专业化的学科和专家在民主国家里的作用的问题上的立场,我们可以看到进步主义时代的这个悖论,而这个悖论一直持续到今天。杜威在普尔曼大罢工的高潮中迁居到芝加哥,他看到了将社会科学用于改革的重要性,也感到自身为一种社会行动的责任所召唤。但是他也担心,学术界的职业化会阻碍知识的大众化,并使科学知识难以为公众所接触,进而危害参与性民主。他的信念使他与他的许多——但绝不是全部——同事意见相左,而这些人都是主张专家在社会科学学术建设与政治、社会政策形成当中扮演一种虽然狭窄、单调但却规范的角色。

为了避免滥用专家的作用,杜威提出了一套替代性的民主观点,其基础是知识的大众化,以及社会共同体在社会政策制定中的首要地位。"大众化"(popularization)一词借取自劳伦斯·克雷敏(Lawrence Cremin),意指知识的广泛传播,尤其是当这种知识传播成为社会和政治上的公共意见和政策的条件时。杜威相信这种知识是民主的政策制定的基础,进而指出:"民主是一个广泛和全面的理念,国家机器即使在最佳状态中也不能完全体现这种理念。要实现民主理念,就必须使它深入到人类各种形式的联合体,包括家庭、学校、产业界和宗教。"②就此而言,共同体生活是民主的实质,而杜威担心对专家的依赖会削弱个人在共同体中的积极参与。

研究杜威的社会思想的历史学家认识到他有一种推动知识大众化的强烈愿望,也认识到他拒斥由专家来管理的社会,但是他们大都低估了在他对社会科学学科体制发展的鼓励与他的民主共同体理论之间存在着的张力关系。例如,在讨论杜威对美国民主的论述时,多萝西·罗斯关注的是杜威的实用主义对社会科学的贡献,但是她的讨论由于没有探究杜威如何认识标准的社会科学方法的缺陷而失去了平衡。在《美国社会科学的起源》一书中,

---

① Wiebe, *Search for Order*; John Higham, "The Matrix of Specialization", Laurence Veysey, "The Plural Organized Worlds of the Humanities", and Dorothy Ross, "The Development of the Social Sciences", in *Organization of Knowledge in Modern America, 1860 1920*, edited by Alexandra Oleson and John Voss (Baltimore, MD., 1979); Furner, *Advocacy and Objectivity*; Bledstein, *The Culture of Professionalism*, xi.

② John Dewey, *The Public and Its Problems* (Denver, colo., 1927), 143. 参见 Cremin, *American Education: The Metropolitan Experience*, 其中有对20世纪的知识的大众化的进一步讨论。

罗斯描述了杜威的一个信念,即通过科学的实际运用,人们就可以排除历史时间中的不确定性,避免历史的失序。她进一步指出,杜威坚持科学、民主和工业资本主义这一系列自由社会的典型支柱,但他是把这些因素作为创造社会和谐的工具加以重新认识的。以这种方式,他淡化了个人和社会之间的对抗,将这种对抗仅仅作为通往至福千年的道路上的一个历史时刻,由此将美国的民主经验包容到一个历史变迁的问题当中。①

对社会科学来说更重要的是,杜威敦促在社会问题的研究中采用科学的方法。他的实用主义对罗斯所说的科学主义(Scientism)起到了至关重要的作用。按照罗斯的界定,"科学主义"的目标在于预测和控制社会和经济力量,利用科学的方法收集、分析和利用信息材料。在知识的追求方面,它主张的是不偏不倚的和专业性的行为。罗斯指出,20世纪发展起来的科学主义也经常以"纯科学"的名义使社会科学家隔绝于社会行动。尽管杜威希望在一个尽可能自然的环境——比如芝加哥大学的实验室学院(Laboratory School)——中做实验,运用参与者—观测者的技术;但他在芝加哥大学和全国各地的后继者却有兴趣建立一门"教育科学",其基础是通过非个性化的调查和验证而获得的可量化的、客观的知识,而这样就会把教育变成一个有权威性的学科。罗斯对社会科学的界定和批评与杜威十分相似,但罗斯没有重视杜威对社会科学知识的大众化和道德性运用的关心。②

罗伯特·韦斯特布鲁克在《约翰·杜威和美国民主》一书中更成功地评价了杜威的激进民主理论对围绕着美国社会中专家的作用所展开的争论的意义。韦斯特布鲁克指出,杜威"关于如果被赋予合适的条件,人类就能作出明智判断和行动的信心"使得他区别于其他的自由主义者,而这些人想要剥离民主的实质性内容,而仅仅在程序性的意义上运用这个词,而且他们还要力图使精英的权威最大化,同时使他们尽可能免受公众的压力。③该书别有

① Dorothy Ross, *The Origins of American Social Science* (New York, 1991), 163-169. 杜威的著作,特别是其早期讨论民主问题的著作中显示出他一种至福千年式的民主观。例如参见 John Dewey, "The Ethics of Democracy", in *John Dewey: The Early Works, 1882-1898* (Carbondale, Ill., 196), ed. Jo Ann Boydston, 1; and "Christianity and Democracy," in ibid., 4。

② Ross, *The Origins of American Social Science*, ch. 10; and Ellen Condliffe Lagemann, "The Plural Worlds of Educational Research", *History of Education Quarterly* 29 (Summer 1989): 210-212.

③ John Dewey, "Creative Democracy: The Task before Us" (1939), in *John Dewey: The Later Works, 1925-1953* (Carbondale, Ill, 1981), 14: 227, cited in Robert Westbrook, *John Dewey and American Democracy* (Ithaca, Y. Y., 1991), xv.

洞见之处在于他考察了杜威和沃尔特·李普曼等民主现实主义者之间的分歧;而李普曼等人认为,由于大多数个人不能把握现代社会的复杂性,所以他们容易为政客的操纵所影响。根据这些现实主义者的观点,激进民主正在失败,保留其残存的影响的唯一希望在于一个由能够发现、理解和对付复杂的社会问题的专家组成的政府。韦斯特布鲁克清楚地显示出杜威对这种精英主义观点的拒斥,但他只是表示杜威的立场代表了20世纪初美国社会当中一个更广泛的运动。

记述19世纪末关于社会科学发展道路的争论的历史文献显示,存在着一些在界定美国社会科学的斗争中未被采用的路径。特别是玛丽·弗纳在《号召和客观性》一书中指出,社会科学面临着一种紧张,即在首先将他们推向研究领域的改革和他们作为能够为社会政策提供指导的客观的科学家而受到承认的需要之间的紧张。在这两端之间进行调和的结果,是导致了越来越使积极介入争议性的社会改革的学者感到可疑,而且往往不利于他们的专业化。到20世纪初,社会科学家已经首先通过标榜自己在科学上的客观性而赢得了专业上的承认,但这是以牺牲对社会运动的广泛参与为代价的。①

但这并不是关于专业化的故事的全部。罗宾·蒙西关于女性改革网络的研究揭示了一个模式,这对社会科学史的简单解释提出了挑战。19世纪晚期从赫尔会馆(Hull House)②成长起来的网络在地方和全国范围内都导致了强有力的改革机构,其形式是幼儿部(Children's Bureau)。这种妇女占据主导地位的领域有一个显著的特征即高水平的职业化,芝加哥大学的社会服务管理学院(School of Social Service Administration)最有代表性。然而,正如蒙西所显示的,专业化、民主化和宣传鼓动之间并不必然是对立的关系。情况往往是,妇女要求获得权威的主张来自于她们作为社会改革者的经验,而这个由妇女控制的领域总是能吸引许多非职业妇女参加到工作中来,因为这个领域要依靠当地人的参与和支持才能成功地实施其计划。由此,一个别样的提倡行动主义的女性社会科学网络就在男性控制的学院社会科学各专业之外发展起来了。③

---

① Furner, *Advocacy and Objectivity*.

② 进步主义运动中芝加哥著名的社区服务和社会改革的中心,由简·亚当斯(Jane Addams)和艾伦·盖茨·斯塔尔(Ellen Gates Starr)于1889年创立。——译注

③ Robyn Muncy, *Creating a Female Dominion in American Reform,1890 1935* (New York, 1991), 160.

杜威的思想与这两种专业化模式都有相适切之处。他为社会科学中的客观性而奋斗，尤其致力于提倡使用科学的方法。但是他也追求专业知识的大众化，这一点类似于蒙西的女性运动所取得的那种成就。也许杜威正是受了这个女性运动在赫尔会馆时期的渊源的影响，因为正是在芝加哥大学的年代里，他形成了自己关于知识和专家的角色的思想，而这些思想后来在20世纪20年代引起了他和民主现实主义者的争论。本文追溯杜威的立场演进的过程，首先讨论了杜威对知识的性质的历史主义理解。对知识的性质的理解是关键，因为这直接导致了他倡导知识和社会行动的统一。本文探究杜威为什么反对专家对知识的垄断，认为这是对民主的威胁，以及他怎样鼓吹知识的大众化，以期创造一个更有活力的民主共同体。通过考察最全面地表达了杜威的政治理论的《公众及其问题》，本文还讨论了他关于知识和专家在民主共同体中的地位的论述。尽管杜威将专家的工作从象牙塔、离群索居的书斋和实验室中解脱出来的努力往往不能达到目的，但正是因为这些目标还没有被实现，所以他发出的信息是至关重要的。它提供了在20世纪末重新审视民主的一个鲜活的途径。

杜威生于1860年，他成长的时期正值美国社会发生急遽的结构变迁，而美国例外论的传统因为这种变迁而被动摇。例外论根植于这样一种信念，即美国能够避免工业化、城市化和阶级分化的破坏性效应，进而避免欧洲经历过的那种社会和政治动荡。作为上帝的选民国家，美国兼具宗教信仰、强大的工作伦理、独特的政治传统、具有流动性的阶级结构，以及广袤的无主土地等诸般优越性，从而将自然而然地到达至福千年的胜境。但是到了1870年，自然科学中的革命性发现，特别是查尔斯·达尔文在《物种起源》中所阐发的进化论，削弱了正统的宗教信条。奴隶制的问题也向美国人表明，他们的政治体系并不能防止严重到使国家陷入内战的社会分裂。伴随着迅速的工业化和城市化的，是一个显然将永久存在的工人阶级，这冲击着共和党人观念中那种独立的自耕农场主和企业家兴旺发达于一个流动的社会结构中的图景。这些情况使得美国人越来越担忧自己的国家不再是行进在通向至福千年的大路上，而且感到这个国家也要受到历史进程中的各种力量的摆布。

这种对“历史主义”（historicism）的认可在19世纪末促使社会思想家去寻求消除、改善，或者至少缓解迅速膨胀的工业社会的各种弊端的办法。历史主义也影响了杜威对知识的演进以及知识在全部历史过程中的运用的理解。他关于知识的演进的思想与这样一种信念密切相关，即历史发展已经改变了知识和个体的概念,个体获得了发现知识的能力以及通过参与政府运用知识的权利。①

到了19世纪末,杜威接受了詹姆斯·克鲁朋伯格(James Kloppenberg)所说的“激进的知识论”。这一理论认为,真理根植于人类的经验,而不是来自永恒和必然的理念。与此相应,关于真理的知识不是抽象玄奥的,而是一种对所有的个体开放的永无休止的试验,因为真理的结果是由人的活动所检验,而不是由纯粹的沉思和特殊的训练所检验。由此,个人就获得了理解和塑造社会的力量,也就能避免把对社会的管理置于命运的摆布或者专家(以及哲学家、教士和官僚)的掌握之中。就杜威对民主的信念以及他反对将专家隔离于社会的思想而言,他关于历史上知识的演进和运用的理念具有中心意义。②

杜威早期的一篇题为“知识问题的意义”的文章可以说明历史主义在杜威关于知识的思想中的地位。该文指出,在历史发展的过程中,哲学家已经失去了对人类为何追求知识的原因的洞察。由此他们陷于关于认识论的无聊讨论之中,而这妨碍了他们去认识知识的社会价值。由柏拉图的作品和亚里士多德关于“认识你自己”的教导出发,杜威把哲学的诞生描述为一个学科。他指出,在柏拉图和亚里士多德“短短两代人的时间里”,“哲学和生活的分离以及反思性理论与实际操作的隔绝已经完成了”。他发现,到中世纪晚期,“在国家和教会当中,在政治和精神生活方面,中世纪精神的关键特征就是,真理只有通过有组织权威的中介才能向个体呈现出来”。为了在“野蛮人的进攻”面前保持人的精神福祉,就必须宣称真理和现实的知识是普世的、客观的,而且是高居于个体的情感和思想之上的。这种主张支撑了教会的权威,并通过支撑教会的权威而支撑了国家。③

内在于这种中世纪体系中的是一种对个体意志的认可,但是同时此中也有一种“自觉认识,即可以让(个体的)这些偏好和冲动自由发挥的时代还没

① 我对历史主义的界定,即承认物质、政治和文化诸方面的经验将随着时间推移而引发变化,是以多萝西·罗斯的有关论述为本的。Ross, *Origins of American Social Science*, ch. 1 and ch. 2.

② James T. Kloppenberg, *Uncertain Victory: Social Democracy and Progressivism in European and American Thought, 1870-1920* (New York, 1986), 65. 特别参见 Chapter 2, “The Radical Theory of Knowledge”。

③ John Dewey, “The Significance of the Problem of Knowledge,” in *The Early Works*, vol. 5, p. 8, 10.

有到来”。如果个体在这样一个体系中伸张他自己,那就只能带来混乱和破坏。文艺复兴和宗教改革正是个体伸张自身发现知识和真理的能力的历史时刻。在此时,

> 作为主导性思想的进步观念,作为权利的源泉和标准的个体的观念,以及知识的问题,都是一并产生的。解放了的个体感受到一种召唤,要去创造新的天堂和新的人间,而且感受到他自己被赋予了一种履行神召的使命所需的力量,所以对科学的需求,对发现和检验真理的方法的需求就成为绝对的必要。由此个人要提供控制和法律,而不仅仅是提供激励和创议。但是除非一个人现在不再去接受和吸收真理,而是开始去寻求和创造真理,这一点还有什么意义呢?如果没有了由权威强加的真理可供依赖,就没有了对真理的权威的保障。所以,达到和利用这个真理的可能性就变成了现代生活问题的基础和条件。

在全部的历史过程中,哲学沿着一条道路前进,其方向是“这种主张,即个人能够由他自己发现和检验真理,进而个体不仅能够指导自己的事务,而且能够成为生活的组织本身的有影响的和决定性的因素”①。到19世纪末期,杜威相信美国的民主为这种理想的实现提供了一个环境。

在杜威之前,18世纪晚期和19世纪的社会思想家确信这一进程是通向更大程度的民主的。而且正如罗斯和克鲁朋伯格所阐明的,这样一种观念在整个19世纪对社会科学以及哲学和政治思想的发展产生了重大影响。具有重要意义的是杜威拒斥知识论上的感觉主义和理性主义的二分法。他就此发展了一套工具主义思想,主张知识和行动的统一,从而为处理这种二分法提供了一个解决办法。他提出“哲学因此是一种方法,而不是产生真理的源泉,也不是检验真理的最终标准”。杜威指出,这个学科必须采用科学的方法来理解世界,而且必须要濡染一种对心理学和社会伦理的兴趣,由此可将哲学带入公众的领域。②

杜威在给夫人爱丽丝·奇普曼·杜威的一封信中重申了这些思想。在

---

① John Dewey, “The significance of the problem of knowledge”, in *The Early Works.*, pp. 12—14.

② Ibid., p. 22; Ross, *Origins of American Social Science*, ch. 1; and Kloppenberg, *Uncertain Victory*, ch. 3.

描述他在1894年迁往芝加哥后不久向亚里士多德学会(the Aristotelian Society)提交的一篇论文时,他表示:"哲学必须通过使自己面对行动的经验而变成试验性的。"在此杜威呼吁哲学家介入生活的实践问题。但是他的下一个论断更能说明问题:"民主的问题就是科学和哲学是否能够变成行动的工具的问题。"①在这里再一次出现了杜威关于科学的概念。科学是一个工具,是一个用以建立民主的方法。作为一个工具,科学要求科学家能保证使它得到运用。

杜威对民主的描述进一步地号召专家们去投身于实际问题,而不是在对"纯"科学的追求中远离社会问题。他对专家在知识的民主化中的作用的看法在他的学术生涯中一再显现出来,而且,在职业和学术领域日益偏离社会行动主义的潮流中,他的观点也越来越强固。在19世纪80年代,杜威所任教的大学本身就是进步主义时代关于学术界参与社会号召的大论战的舞台。经济学家爱德华·贝米斯(Edward Bemis)受到攻击,并被解聘,表面的原因是其学术成就不足。但正如福尔纳所表明的,贝米斯被认为是激进分子,所以也被认为对大学捐赠人是一个威胁。虽然历史资料显示杜威对此解聘事件保持沉默,但他和贝米斯有共同的熟人和工作关系。尽管杜威作为哲学和教育系的系主任保持了很高的专业水平,但私下里他仍然通过和赫尔会馆的联系而积极参加社会改革和知识的大众化方面的工作。②

杜威通过他的文章和书籍公开阐发了积极推进知识的大众化的思想。比如,在《学究和投机者》("The Scholastic and the Speculator")一文中,杜威拿商业来打比方,以说明知识作为一种被使用和分享的商品,已经被分配给了精英"学究"。在这个故事的前半部分,亚里士多德象征着知识,而杜威阐述了在中世纪之前学究是如何将知识从生活中抽象出来的,不是"为了好好地观察知识,不是为了把知识从遮蔽和混淆着它的一大堆东西中抽取出来,以使其本身的特性彰显出来",而是为了垄断知识。"学究不是商业性的;他不取也不予,不为了予而取,也不为了取而予;他取他所能得到的一切,却只在受强迫时才给予——这种强迫就是我们所说的文艺复兴。学究是'抽象的';他是哲学上的守财奴,是那种想节省真理而唯恐真理被散掉的人。他收

① John Dewey to Alice Chipman Dewey, 20 Nov. 189, John Dewey Papers, Collection #102, Special Collections, Morris Library, Southern Illinois University, Carbondale.

② *The Early Works*, pp. 150-151.

藏自己的宝贝的那个结实的箱子叫'体系'。"①

这里杜威描述学究时批评的意味是显而易见的。这种人是自私的人,是"守财奴",他们为自己而聚敛知识,而且知识锁在一个"结实的箱子"里。杜威用引号来描述哲学家的方法,以此来质疑其合法性。杜威对学究的刻画揭示了他对现代社会里的专家的作用的态度。到19世纪末,"修道院的经房……变成了专业学术报告厅;多得不计其数的'权威'取代了亚里士多德……无休无止的专著、期刊填补了亚里士多德的评注者留下的空白"②。在这里杜威再一次表达了他对新的学术专业的怀疑;他指出,正如读经房里的学究陷于其在"结实的箱子"里的工作而无法自拔,19世纪末的知识分子也为他们的专业的特性所局限。

再来看投机者。和他在商业中的同类一样,他愿意把自己积累起来的知识花费出去,以期发现对实际问题"有利可图"的解决办法。他是试验型的。学究一向是从"时间的残骸"之中搜集人类的智力财富,他"抱定这些财宝,相信这些东西自己会展现它的全部意义";而投机者则必须把智力资本"再投到生活的压力之下,(他)必须让(他)积累起来的知识资本去经受事实的考验"③。至此讨论已达要点。这两种人能够解决他们在知识的运用上的差异而不相互破坏吗?学究能否让别人来分享自己的知识,而投机者能否明智地运用自己的知识?

与其对二元论的拒斥相一致,杜威主张一种调和的途径,其方式是"一种思想的商人,他既积蓄又花费,但却从不盗用他人的财富,也从不赌博"④。他将为了社会目标而聪明地使用知识。在过去的多个世纪里,学究们为了自己的好处而不是社会现实的目的去追求知识,然后把知识囤积在远离社会的地方。尽管从文艺复兴以后,特别是在19世纪末,兴起了解放性的知识论,但专家仍旧可能延续这种做法,特别是随着知识被分割成细碎的、专门化的和职业化的学科,这种可能性就更大了。在批评"专业学术报告厅"和"多得不计其数的权威"时,杜威怒斥其同时代人忽视他们的知识具有潜在的实践价值。他敦促他们效法投机者的特性,要从投机者那里学会接受周围世界的不确定性,接受社会试验的风险。从他的这篇文章中浮现出来的理想学者的

---

① John Dewey, "The Scholastic and the Speculator", in *The Early Works*, Vol. 3, p. 149.

② John Dewey, "The scholastic and the speculator", *in the Early Works*, pp. 150-151.

③ Ibid., p. 152.

④ Ibid., p. 154.

形象是如此这般的:他承认知识和行动之间根本的联系,而他会亲自投身于实际事务当中,而不是埋首于"纯"科学之中。

作为美国哲学学会(the American Philosophical Association)的主席,杜威有机会敦促他的同事采取他关于知识和学问的性质的思想,而这些思想意味着要使哲学更加实际。杜威在1905年的主席演讲中抨击当时席卷整个哲学界的关于认识论的高度技术性的争论,认为这是成事不足败事有余的。现实主义者和理想主义者关于观念和经验的意义的争论只能损害哲学家关注真正的社会问题的能力,因为这种争论不过是出于这两派争取各自在哲学界的优越地位的努力而已。他敦促他的同事担负起"对当前时代予以解说的任务,去认识这个时代各种迫切需要认识的趋势,要恢复、巩固和扩大尽可能好地运用智能的责任,一种作为工具的责任"。在通篇演讲中,杜威都在谈论哲学家和普通人的共同事业,因为他们都在寻找思想的自由和信仰的解放。哲学(以及其他专业学科)的真正问题在于"毫无情感的冷静,绝对的疏离,对现成的和最终的现实的完全屈服"。杜威认为,民主政体中的专家有责任去认识生活中的不确定性,但仍然要投身于社会行动,同时要把他们的知识贡献出来,帮助平民大众作出明智的决定。①

在20世纪初,特别是在第一次世界大战后的年代里,杜威发出的信息变得更加重要。美国在大战中的经历使得许多进步主义社会思想家和改革者的幻想破灭。杜威最初对战争满怀热望,认为这是在世界范围内创造和平和民主的一个机会,但是伍德罗·威尔逊没有能够兑现其"赢得和平"的承诺,这使杜威大失所望。进一步让杜威感到震惊的是对舆论的操纵、偏执狂热、中央政府动员计划后诸项公民自由权利的取消,以及1919年的恐红症。战争的经历加速了官僚政府的扩张,也加剧了政府各部门领导人对专家的依赖。一场表面上是为了"民主"的战争反而使得美国政府对民众要求作出反应的能力下降了。②

杜威憎恶为第一次世界大战所加剧的导向专家管理的趋势,认为专家管

① John Dewey, "Beliefs and Existences", in *The Middle Works*, vol. 3, p. 98, 85. 威斯特布鲁克从理想主义者和现实主义者关于认识论的争论的背景出发讨论了杜威的主席演讲。他的解释是合理的,但是鉴于本文的目的,杜威的深层目的,也就是推动学术专业的社会效用,才是讨论的重点。

② Westbrook, *John Dewey and American Democracy*, ch. 7 and ch. 8, 以上两章就杜威对第一次世界大战的支持和幻灭提出了进一步的洞察。

理使得政府脱离了选民的控制。杜威认为，专家脱离了社会生活的网络，就不再有资格决定社会政策，因为只有那些穿着鞋子的人才知道鞋子舒不舒服。一些政治和社会哲学家很容易接受向专家社会的转变，甚至呼吁这种转变。比如，李普曼在20世纪第一个十年持有和杜威类似的民主观点，但是李普曼的思想在1920年以后变得越来越具有精英主义色彩。李普曼等民主现实主义者指出："民主信条的根本谬误……在于这样一种观念，即使人们从限制中解脱出来——这当然重要而值得欢迎——的历史运动对那些摆脱实施统治的限制的人来说，要么是他们的统治能力的来源，要么是他们的统治能力的证明。但事实上这两个东西毫无共同之处。一个明显的替代是由那些智力上合格的人来实施统治，由专家知识分子来统治。"写于1927年的《公众及其问题》是杜威对这种批判激进民主的观点的回应。杜威同意李普曼认为美国大众对政治缺乏热情的观点，但他却不接受民主现实主义者关于公众对政治的态度消极的原因的解释，也不接受他们解决这个问题的办法。①

该书的书名显示，杜威的意图是列举出公共问题，并说明这些问题何以阻碍了激进民主的成功。杜威把"公众"界定为对控制行为和行动的间接的、广泛的和持久的后果有共同关切的由个体组成的群体。公共行动的必要性首先来自人类行动之不可预见的和非直接的后果。为了防止有害的行动，公众就必须通过他的代表即国家和政府而介入。杜威认识到不同的公众或者不同的群体的存在，但是这些概念与我们今天所谓的利益集团并不一样。他期待的是一种克服社会分化的共同体精神，而利益集团所代表的正是社会分化。②

杜威指出，公众的"首要问题"是"实现自身被承认的目标，以使得在选择自身的代表以及界定自身的责任和权利时能有分量"。但是有各种因素使得美国的公众不成熟、无组织、无生气。廉价的娱乐转移了他们对政治的关注。美国人在社区中进进出出，往往无法和当地人群建立重要的联系，这样，流动性就成为凝聚力的障碍。杜威还补充说："各种问题在公众面前纠结在一起，是如此广泛和复杂，所牵涉的技术事务是如此专业化，细节问题是如此

---

① Dewey, *The Public and Its Problem*, 204—205, 207. 此处对民主现实主义者以及对杜威和李普曼的争论的讨论来自 Westbrook, *John Dewey and American Democracy*, pp. 293-318。但关于杜威对李普曼和民主现实主义者的反对，我的评价与威斯特布鲁克不同，我认为杜威的立场典型地体现了一个关于知识的大众化的范围更广泛的文化斗争。

② Dewey, *The Public and Its Problems*, p. 77.

众多而且游移不定,以至于公众(无法)在任何一个时间段内界定和维持自身。”①

现代社会的复杂性导致了精英专家的统治。但是杜威并不像民主现实主义者那样积极地看待这一点。他指出,这将导致公众和政治进程的疏离。如果公众消极冷漠,对各种问题的复杂性感到昏昏然,那么这也许就是“因为这样一个事实,即社会的真正能量被训练有素、经营事务的专家引向非政治事务,而政治的运作却是靠过去形成的用以应对完全不同的形势的一个机器和一些思想”。当整个政治都显得如此虚假,无法提出任何真正有价值的选择和解决问题的办法时,为什么选民要去投身于政治呢?杜威指出,当公众能够认识到他们的利益并建立起一个共同体时,民主现实主义者用一种类型的政治机器去统治公众的考虑才会是无效的。②

所以,解决问题的第一步就在于建立一种共同体意识。在更简单的社会里这个任务更容易些:“美国的民主政体是从真正的共同体生活中发展出来的,而真正的共同体是指在地方性的和小型的中心里形成的联合,那里的产业主要是农业,生产主要依靠手工工具……联系的形式是稳定的,即使组成共同体的个体是流动的和不断迁移的。拓荒者的环境条件对个人的工作、技艺、灵活性、创造力和适应能力提出了很高的要求,也对居民社区的社会交往能力提出了很高的要求。”杜威这种浪漫的美国例外论不应掩盖他发出的信息的重要意义:人际交往中的熟悉、社会联合的状况,以及交流沟通,都是他所说的共同体的应有之义。“无论在哪里,只要有其后果被加入其中的所有个人认为是好的共同活动,而且这种好处的实现能够激发人们基于这种共同活动对大家都有好处而保持它的愿望和努力,那么就有了共同体。”③

对杜威来说,共同体意味着共同的道德、智力和情感目标,以及维护这些目标的自觉努力;至少在以往它还意味着当地的和面对面的沟通。但是技术进步破坏了这种状况,带来了社会革命。快捷的旅行和远距离交通通信从外部给共同体带来干扰。他指出:“地方共同体在既非自愿又无预告的情况下发现它们自己的事务要受到离他们很远的无形的组织的影响。”一个复杂的、相互依赖的社会发展起来了,它释放了以往处于蛰伏状态中的个人的潜力,

① Ibid., p.77, 137.
② Ibid., p.123, 147.
③ Dewey, *The Public and Its Problems*, p.111, 149.

但是也起到了破坏共同体的作用。这些社会变迁的结果是“伟大社会”（the Great Society），这是杜威取自格雷厄姆·沃拉斯（Graham Wallas）的一个说法。对杜威来说，这个社会是一个全国性的，甚至国际性的交往和结合的网络，它直接影响个人的生活，却不能给个人提供影响这些制度的手段。①

对美国个人主义的崇拜的兴起之时，恰逢伟大社会高歌猛进，而对个人和社会之间至关重要的相互依存的认识受到侵蚀。在《知识问题的重要性》一文中，杜威从文艺复兴时期知识的解放出发来解释个人主义。由于个人认识到他们有能力来塑造自己的生活，所以他们就要求从权威那里得到自由，特别是从教会和政府的权威那里获得自由。“为反抗运动寻找理据在知识方面是必要的，而且现有权威是施加在制度生活方面的，所以诉诸某种内在于反抗的个体中的不可分离的神圣权威就成为一个很自然的出路。由此，‘个人主义’就诞生了，这是一种赋予个体的人以隔离于任何联合的权利的理论，除非他们为了自己的目的而根据天赋的或自然的权力组成一些联合。”②用自然法及其在经济学上的对等物即自由放任来评估个人权力，就确立和巩固了美国的政治和社会制度赖以建立的基础。

但是杜威对“个人主义”予以抨击，认为它使得男男女女脱离于他们的社会联合的自然状态，是一种为了论证美国经验的正当性而造就出来的文化建构。他指出：“并没有被普遍认识到的是，特定行为的根本的和有再生能力的条件既是社会的，也是有机的。”人们以往已经在生活中被联合在一起，而这种联合影响了他们作为个人相互之间的关系。杜威拒斥一种使个体和社会相互冲突的自由主义；这种自由个人主义通过建构“自然法”的方式来将个人置于社会之上，从而将会摧毁共同体。③

更有甚者，自由个人主义作为一个规定性的政治原则大行其道之际，正是历史变迁已经使得它作为一个主导性原则不再有效之时。商业和工业革命的大潮席卷而来，大型的、非人性化的组织迅猛发展，削弱了共同体、工作所在地和政治当中个人行动的重要性。具有讽刺意味的是，杜威认为，自然权利理论和个人主义从它们在美国被制度化的那一刻起就变成一种危险了：“那些引发了民主政府形式、普选权、由多数投票选择行政和立法人员的做法

① Ibid., p. 98.

② Dewey, *The Public and Its Problems*, pp. 86—87.

③ Ibid., p. 103, 97.

的力量,也造就了使一种社会和人文理想受到妨碍的局面,即要求政府成为具有包容性的、友爱地联合起来的公众的真正工具的理想。”虽然现实生活的条件已经发生了变化,但观念却落在后面;美国人固守他们那种传统的、具有分裂性的个人主义,这妨碍他们去应付社会弊端。“由蒸汽和电力建立起来的伟大社会也许还是一个社会,但它决不是一个共同体。”①

于是乎,现代技术及伴随而来的智力增长加速了伟大社会和个体的解放,进而破坏了共同体意识。而正是在人们重新安排自己的共同目标的历史时刻,恰恰非常需要这种共同体意识来塑造公众。我们在这里强调杜威对共同体的重视是很有必要的,因为他感到能够真正解决公共问题的唯一办法就在于建立在有调节的、以面对面交往的沟通为基础的“伟大社会”。他始终没有完全搞清楚一个复杂社会如何能够使其巨大的交往和流动网络顺畅起来,但是他的确寄希望于“共同体组织”(这也许是指他所熟悉的芝加哥和纽约的赫尔会馆和社会福利机构之类的组织)来弥补因家庭、社区和教会的解体而出现的空白。虽然杜威不能确定这些群体在建设共同体精神方面究竟如何,但他在论文结尾时还是断言,现代社会巨大的智力资源“仍然处于沉睡之中,其交往沟通是破碎的、含糊不清的和衰弱的,直到现代社会获得地方性共同体作为其中介时,这种状况才会得到改变”②。

杜威再三提醒他的读者注意,通往共同体的道路和通往民主的道路是一致的。对于一个以民主方式运作的共同体而言,个体必须“根据自己的能力在组织和指导自己所属的群体的活动上,在根据需要参与维护群体所要维护的价值上,承担自己的一份责任”。与他对严格的个人主义的拒斥相一致的是,他没有将个体与共同体相分离,或者将个体凌驾于共同体之上。相反,他把个体对群体生活的参与强调为个体的自我实现的关键。但是共同体也负有对个体的一种责任:“从群体的角度出发,他要求根据共同的利益和福祉去解放群体中的成员的潜力。”③所以他所设想的民主是积极的,因为这种民主提供了个体充分发挥其潜力的手段。

---

① Dewey, *The Public and Its Problems*, p. 109.

② Ibid., p. 219.

③ Dewey, *The Public and Its Problems*, p. 147, 149. 与杜威思想的特点相一致的是,他首先诉诸教育来满足这些需求。《学校和社会》(*The School and Society*)和《民主和教育》(*Democracy and Education*)是杜威的计划的最好的说明,他的计划的主旨是:对孩子们的教育要激发他们的全部潜能,由此来帮助建设民主共同体。

杜威对共同体的强调要求全部共同体成员的参与。由此就显示出,民主现实主义者之由专家治理社会的主张无法有效解决公众的组织瓦解问题。他们的论辩基于一个错误的逻辑:如果美国的公众如民主现实主义者所宣称的那样,是无知的、轻率的、琐碎的和偏执的,那么他们就永远也不会允许知识分子们的贵族统治发展起来。但是更重要的是,杜威指出,当政策已然形成之后,专家就应该只影响政府行政事务。那么应该由谁来决定这些政策呢?绝不是同样的专家。他们不能根据社会的真正利益来行事,因为他们不懂这些问题:"一个由专家组成的阶级不可避免地会脱离公共利益,成为一个固守私人利益和私有知识的阶级,而私有知识在社会事务中根本不是知识。"杜威对知识精英阶级的发展的关心是一个重要的点,因为在20世纪,把知识分子看成是外在于阶级结构的无私的观察者,是一种有吸引力的观点。杜威拒斥这种观点,不仅是因为这种观点忽视了专家决策者的阶级特性,而且因为它使得他们脱离"于社会需要的知识,而他们却被认为是服务于这些需要的"①。

杜威主张,共同体必须为决策负起责任;而且作为实现这个目的的一步,他要求有更自由的社会研究和更广泛的知识传播。去除法律上的限制并不能确保自由的思想和沟通。相反,自由的思想和沟通要通过积极的追求来获得。他指出,美国人对新思想没有开放的心态,而忠诚于老旧的、受尊崇的理想生活的象征符号。在这里,杜威先行提出了后来罗斯对美国例外论的那种批判。美国人忠诚于美国制度,把美国制度放在"个人权利"、"民主"、"共和主义"之类千篇一律的辞藻中供奉起来崇拜,使得人们难以认识到历史变迁对我们社会的影响,更难以认识到我们的制度也需有所变更。结果,新知识扩散到公众意识当中、进而引发社会行动所需的时间就被拖得相当长。杜威相信,以科学的思想方法为目的的教育能够克服这些困难,因为"科学标志着将心灵从习惯性的目标中解放出来,使得对新目标的有系统的追求成为可能"②。

在20世纪20年代的背景下,杜威对自由研究和知识的大众化的呼吁作为一个重要的文化批判是非常醒目的,因为在那个年代,在爱国主义热情和

---

① Ibid., -207; Christopher Lasch, *The New Radicalism in America,1889-1963 : The Intellectual as a Social Type* (New York, 1965); and Lewis Perry, *Intellectual Life in America: A History* (New York, 1984).

② Dewey, *Democracy and Education*, p. 223; Dewey, *The Public and Its Problems*, P. 142.

学术自由的思想之间,在传统价值的力量和现代学术思想的力量之间正发生着正面的冲突。第一次世界大战的批评者受到压制,导致几个学者受到解职和迫害,其中包括杜威的朋友和哥伦比亚大学的同事詹姆斯·卡特尔(James Cattell),而他曾对确保杜威被哥大聘任起了很大作用。斯科普斯案①不仅威胁了言论自由和宗教自由,而且侵害了自由的科学研究在美国生活中的作用。通过批判美国文化中的气度褊狭之处,杜威也斥责他的同事,敦促他们将自己的工作从大学和政府办公室的阴影中摆脱出来,进入公众领域的阳光下。在这个过程中他联合其他学者,特别是他以前在哥大的同事詹姆斯·哈维·鲁宾逊(James Harvey Robinson),一道呼吁知识的大众化。当时有人因在学校讲授进化论受到攻击,而这也在更广的范围内代表了学者所受到的威胁。有感于此,鲁宾逊提出"对科学研究所积累下来的惊人成果予以重组和重申,以便真正能够充分影响公众意见,进而打击反动思想运动,比如布赖恩(William Jennings Bryan)先生最近动用其雄辩天才所捍卫的那种思想"②。

鲁宾逊的《知识的人文化》(*The Humanizing of Knowledge*)鼓励科学家使知识变得统一和民主起来。科学已经使得普通人丧失了在追求无偏见的知识的过程中获得"效用、美和精神愉悦"的热望,也使得科学对公众而言成为没有趣味和用处的东西。鲁宾逊敦促学者超越自然科学、社会科学和人文科学的巨大分裂,认为这种分裂只能导致使人类对自身经验的了解支离破碎。学者们不应该使知识破碎化,而应该对知识予以重新综合,使之能够为大众所理解和接受。必须把知识"重新整合在一起,并充分考虑普通人吸收新知识的方式"③。鲁宾逊认为,虽然知识的大众化是有困难的,因为公众已经习惯于认为科学研究是专家的事,对科学研究的成果也不闻不问,但是,如果学者们写的书能短一些、浅显一些,让这些书对人们对他们所了解的世界的关切能有所回应,那么知识的大众化还是有可能取得成功的。

杜威投身到鲁宾逊的改革运动当中,他力图通过传媒推行教育,来弥合

① 1925年,田纳西州代顿市的中学教师约翰·托马斯·斯科普斯(John Thomas Scopes)因在授课中违犯上帝造人的基督教教义而被起诉并被判有罪。——译注

② James Harvey Robinson, *The Humanizing of knowledge* (New York, 1923), pp. v-vi.

③ Ibid., pp. 84, 74-75. 与此有相似旨趣的是,成立于1928年耶鲁人类关系研究所(the Yale Institute of Human Relations)的主旨就是促进对真正的社会环境中的人类行为的研究。杜威早先在密歇根大学和芝加哥大学的同事和朋友詹姆斯·安吉尔(James Angell)对该研究所的开办给予了支持和帮助。参见 Lagemann, "The Plural Worlds of Educational Research", p. 213.

不同的公众群体、专家和政府在沟通上的鸿沟。但是和鲁宾逊一样，他也认识到，以全面的和令人感兴趣的方式把专业化的知识提供给普通人不是一件容易的事。杜威对鲁宾逊关于让书籍走近大众的呼吁予以扩展，敦促人们认识到知识的"表述具有根本的重要意义，而且表述是一门艺术"。艺术和社会研究的自由一样，实际上是公共意见产生的一个必要的前提条件。他指出，"艺术家一向是新闻的真正供应者，因为表面上所发生的事并不是新的，它所激发的情感、认知和评价才是新的"①。这段话显示，杜威相信个体能够符合伦理地行事。这个信念来自他的一个假定：知识的传播能够激发起理智和情感两方面的反应，而这又会使公众在政治行动中团结起来。

但是杜威开出的药方既有局限性也有危险性。杜威主张艺术家利用他们的记忆来激发公众的热情，使公众在行动中步调一致，这几乎无异于号召进行宣传。在看到第一次世界大战的教训之后，他本来是应该认识到操纵公众情绪所带来的危险的。而这正是李普曼的论点：民意太容易摇摆。对此杜威的反驳是，教育良好、见识广博的公众是不会成为宣传的牺牲品的。但这个反驳丝毫不能帮助我们解决如何才能克服民意被误导和被操纵的潜在危险的问题。而且，杜威没有在这里提出关于知识的传播过程这个关键的问题，而正是这个问题导致了他对专家阶级的不信任。如果艺术家是指画家、雕塑家和作家，那么由谁来雇用他们呢？学者的背后是提供经费的个人、组织或者政府，是动机或许不那么纯良的集团，那么公众如何保证学者的研究和陈述能够免于偏颇和扭曲呢？杜威指出一个知识分子精英阶层会很容易与大的经济利益集团结盟，但却忽视了艺术家也有这种可能性。②

从三十五年前杜威与富兰克林·福特(Franklin Ford)和"思想新闻"计划的经历来看，杜威不能成功地处理知识的扩散问题这一点就更有趣了。福特是一个记者，先前曾因对出资人对新闻报道的内容横加阻挠而大失所望，后来期望设立一家不受赞助人干预的报纸。杜威觉得这是一个"将一段生命注入哲学"的机会，能够检验自己关于知识的社会效用的思想，所以就加入了这个计划。杜威提出的建议书体现了他使科学和学术变得有用的工作目标。它"将不会超越事实……(它)将直接阐述思想，而不是把思想包装在以往历史的外衣中……(它)将处理科学、学问、国家、学校和教会等问题，将这些问

① Dewey, *The Public and Its Problems*, p. 183, 184.

② Ibid. pp. 205-206.

题作为由人以及人的共同利益所组成的变动着的生活的组成部分,而不是把这些问题留给仅有技术性兴趣的孤立隔绝的各个知识部门来处理"①。这个计划因为许多原因而失败了,但在此之前杜威的雄心勃勃的目标就在新闻界受到公开的嘲笑。令人讶异的是,在这个插曲之后,杜威没有更直接地谈论艺术家和公众如何才能够驱除笼罩在追求和传播知识的人们头上的新闻业出资人的幽灵。

尽管《公众及其问题》有其问题,但杜威还是强有力地发出了一个给专家的信息,而这在他的激进民主理论中居于中心地位:专家必须在作为创建民主共同体的前提的知识的大众化当中扮演关键的角色。这是专家的道德义务的关键点。他曾在《知识问题的意义》与《学究和投机者》两篇文章中讨论过这个问题,曾在任美国哲学学会主席时鼓励他的同事致力于知识的大众化,而且也曾投身于新闻界"思想新闻"的活动,以此来实现知识的大众化。由于采取这样一个立场,杜威就在哲学和社会科学专业领域内占据了一个有趣的地位。正如罗斯所谈到的,他的实用主义是推动社会科学走上科学途径的最重要的发展之一。②而且,正如他在美国哲学学会的演讲中所说的,他认为科学方法是人类用以了解世界的最可靠的方法;他要求哲学家(以及其他社会科学家)采用科学的方法。就此而言,杜威是福纳所描述的专业化进程中的先锋。

但是杜威对科学主义的呼吁并没有排除积极地运用通过科学研究而获得的知识,而且也没有倡导对学科加以严格的划分。在社会科学家都以专业化的名义而回避社会行动主义的时代里,杜威要让专家承担起一种道德责任,也就是使知识大众化并符合道义地使用知识的责任。他在1930年写道:

> 没有任何一个科学探索者可以私藏他的发现或者将其仅仅转入私人账户而不丧失其科学立场。任何发现都属于全体工作者的共同体。每一个新思想和新理论都必须被提交给这个共同体,以获得证实和检

---

① Willinda Savage, "John Dewey and 'Thought News' at the University of Michigan," *Michigan Alumnus Quarterly Review*, Vol. 56, 1950, p. 204. 杜威本人揭示说,这个计划对福特和他本人的年龄和经验来说都显得过于雄心勃勃了。关于"思想新闻"计划更详细的情况,参见 Savage 书;Westebrook, *John Dewey and American Democracy*, pp. 51-58; Neil Coughlan, *Young John Dewey: An Essay in American Intellectual History* (Chicago, 1973).

② Ross, *The Origins of American Social Science*, ch. 10.

验。有一种协同工作和寻求真理的共同体正处于扩张之中。完全可以肯定的是,这些特征现在已经不局限于在谋职程度上从事技术性活动的小群体。但是这种群体的存在显示了当前存在的一种可能性——这是对扩张构成挑战的多种可能性当中的一种,但没有提供退却和收缩的理由。①

杜威力图说服他们的同事拒绝将知识和专家与公众隔离起来,并采纳他对民主共同体的看法,这种努力在多大程度上是成功的?他的批评者攻击他的信念太过理想主义、太过天真,认为个体不可能克服他们各自的差异而负责地参与民主政府。的确有一些人采用了杜威的建议(特别是在教育方面),但这些人后来却发现他们的努力偏离了原来的方向而成为"进步主义教育"运动,此中杜威关于学校改革的语汇往往还在,但他的方法和目的已经消失。社会科学家听从了杜威采用科学方法的号召,但对他的主张的理解也许过于表面化,忽视了他关于符合道义地参与社会生活的呼吁。正如罗斯所指出的,社会科学家已经创造了收集和分析信息的模式和方法,也学会了摆弄"诸如货币供给、消费选择、投票和社会疗法之类的玩意"。但是由于没有杜威的社会自觉,"对那些不能被测量的事物视而不见,从而也就往往对自己所作所为的人文和社会后果视而不见"②。在杜威辞世40年后,他的理念中几乎没有什么得到了实现,认为他的思想过于理想主义和天真幼稚的评断似乎是有根据的。

杜威本人应对他的失败承担部分责任,因为他的方案具有乌托邦色彩,忽视了美国社会中实际存在的社会和政治分裂。从表面上看,他的方案似乎抹煞了个体在社会中的经验的复杂性。杜威其实也认识到个体同时属于多个群体,所以他号召这些群体相互之间要灵活而充分地沟通互动。但这却无助于个人和公众分清利益的优先次序,也不能就此预先排除不同的群体及其成员之间的相互对抗。他有一种信念,认为所有人都可以通过沟通和仔细的考虑而发现共同的目标。杜威与阿列克斯·德·托克维尔遥相呼应,他指出,激进民主的价值在于"它能够促使人们认识到他们之间存在着共同利益,

① Dewey, *Individualism, Old and New* (New York, 1930), pp. 154-155. 罗斯和福纳的书中提供了一些例子,说明了20世纪初社会科学家当中的社会行动主义的衰落。Ross, *Origins of American Social Science*; Furner, *Advocacy and Objectivity*.

② Ross, The Origins of American Social Science, p. 472.

尽管对共同利益到底是什么的认识是混乱的;激进民主要求讨论和公开性,这又会对何为共同利益的问题有所廓清”。所以公众的基本问题是“提高争论、讨论和劝说方法和条件”①。而要实现这种提高,首先要靠知识的大众化来提供一个能够达成真正的交往沟通的基础。

也许杜威在对交往和深思熟虑的呼吁中低估了个人主义和“自然”权利传统的力量,而这两种观念在个人和社会之间制造了一种错误的对抗,而且危害了社会改革。尽管他之确立伟大共同体的目标是他的社会心理学和社会哲学的自然逻辑结果,但他为实现这一目标所画出的路线图却不能向熟悉个人主义路径的美国人提供真正的方向和路标。克鲁朋伯格深刻地指出,杜威所寻求的无非是一种道德上的转型,以此来克服社会分裂,为自己的民主共同体提供保证。这个判断无疑是准确的。在20世纪初美国人尚不如今天的人们在讨论社会问题时这般玩世不恭,但是即使是对当时的美国人来说,杜威的思想也缺乏现实性和准确性。克鲁朋伯格指出这是因为杜威有这样一种认识,即没有一种计划是可以永远确定无疑的,因为计划依赖于人的决定和行动,而人的决定和行动却是持续变化着的,并且不断地重新塑造政策。尽管如此,我们仍然必须认识到杜威对激进民主和教育的信心。杜威始终相信,教育能够最终导致道德在最广泛的层面上发生变化,这使得他接受了自己的思想中的不确定性,即使这一点使他面对广泛的批评。②

尽管杜威的思想有种种弱点,但在杜威的生前身后,都有很多美国人为民主共同体的理想所吸引。强调个人和共同体之间的互益关系的共和主义原则在建国时就是塑造这个国家的力量。自那时起就有关于和谐的共同体生活的一整套言说,而这套言说左右着内战前的手工业者、工会领袖、人民党人、空想社会主义者、教育家、女权主义者和许多社会改革家的理想。在不久以前,20世纪60年代的学生运动也体现了这样一种客观的看法,即美国的民主可以保证一种包括全体人的符合道义的共同体生活。当杜威奋力在共同体的理念和自由个人主义价值之间进行调和时,如此深刻地影响了美国对自

① Dewey, *The Public and Its Problems*, p. 207, 208, 147; Dewey, Human Nature and Conduct, in *The Middle Works*, Vol. 14, ch. 16. 杜威亲身参与了费城波兰人社区克服文化障碍的试验。参见 Westbrook, *John Dewey and American Democracy*, pp. 212-222.

② Kloppenberg, *Uncertain Victory*, ch. 10, particularly pp. 401-410.

身历史的理解的美国例外论传统也渗透到他的作品之中。①

但是杜威对知识的大众化的要求代表了一个新的实现伟大共同体的方法，它挑战了20世纪初美国文化所呈现出来的形态。正如劳伦斯·克雷敏所敏锐指出的，大众化提出了关于价值的问题：什么样的知识是最有价值的？由谁来决定哪些知识应该得到传播？杜威在颂扬民主化的同时也相信，通过参与共同体生活，个体最适合回答这些问题。在这个意义上，杜威代表了激进民主的声音，创造性地试图在对专家的需求和广泛的政治参与之间作出调和。

杜威教导说，那些将个体和社会对立起来的错误观念是社会性地建构起来的；而他相信通过知识和沟通的大众化，这些错误观念可以被消除。以这种方式，他能够克服民主现实主义者关于美国民主的那种悲观态度。让他人来分享知识并不是贬损知识或者使知识庸俗化，相反却是提高个人生活和共同体生活的质量的手段。这在很大程度上是自由的社会研究的目标，是社会科学家的使命。作为哲学家、心理学家和教育家，杜威一定认识到了他向知识分子提出的任务是多么的繁重艰巨。他向专家发出的最重要的信号也许是，他们应该产生批判性的自我意识，应该质疑现有制度，应该以他们的知识去建设一个与美国人自称的美国例外论相称的民族国家共同体。通过他的工作和活动，杜威恳切地请求他的同事们将知识——民主的必要工具——送到所有人的手中。

（牛可　译）

① Sean Wilentz, *Chants Democratic: New York City and the Rise of the American Working Class, 1788-1950* (New York, 1984); John Thomas, *Alternative America: Henry George, Edward Bellamy, Henry Demarest Lloyd and the Adversary Tradition* (Cambridge, Mass., 1983); Lawrence Goodwyn, *The Populist Moment: A Short History of the Agrarian Revolt in America* (New York, 1978); Carl F. Kaestle, *Pillars of the Republic: Common Schools and American Society, 1780-1860* (New York, 1983); Todd Gitlin, *The Sixties: Years of Hope, Days of Rage* (New York, 1987).

斯坦福的理想命运[①]

威廉·詹姆斯

外国人评论我们的文明时都一致认为，美国学术机构的特权就是领受捐助。我们多数的富翁们，要不是创立了一所学院，至少也会挑选一所他们乐于向其慷慨捐助遗产或财物的学院或大学。如果他们自己不曾受过高等教育，就更可能是这样。约翰斯·霍普金斯大学、芝加哥大学、克拉克大学，都是领受这类捐赠的突出例子。年复一年，我的母校哈佛大学收到的捐款从100万美元持续增加到了250万美元。

我们的成功商人似乎总把高等教育理想化，以为它能够救世。这几乎有些令人悲哀。他们自己不曾享受高等教育，于是就竭尽全力地使后代的青年更幸运些。这些慷慨的捐赠者思想上通常没有多少创造性。他们墨守成规，由于缺乏内在的见识，他们的善意只能是不明确的。他们通常所能想到的，就是一所像所有老学院那样的新学院，要么他们就为一所大学添加新楼，或帮助它扩建。至于大学内在结构的改善，他们则没有一点明确的主张。学校质量的改进总是取决于各校长们和教师们的才能。捐助者只提供船桨，制定航线和把握航行则全靠校墙内的专家们。我说这些话的时候，你们可能都想到了艾略特、吉尔曼、霍尔和哈珀——我不过就近举几个例子而已。

今天是斯坦福的奠基者日——这个日子的设立，是为了激发和唤起我们所有人意识到我们永久或暂时所属的这所小学校的深刻意义，为此我才被邀请到此讲话。对我来说，除了简洁明了地表达我个人所获得的印象，不可能有更好的做法。我是无数美国教师中的一员，生长在大西洋海岸，但今年被

① 本文选自威廉·詹姆斯：《纪念与研究》，纽约：朗曼一格林出版公司，1912。

接纳为斯坦福的一员。我不像漫不经心的观光者那样，全然从外部来看事物，而是部分地从内部去观察。我或许可以说是一个典型的观察者。如果我的印象成立的话，别人的印象也同样成立。这些印象合起来看，大约就成了对利兰和简·斯坦福创立的这所大学的历史判断。

"没有远见的人们必然消亡。"斯坦福先生和夫人显然最富于远见卓识。他们看到了一个绝对独一无二的创造机会，并以非凡的胆识抓住了这个机会。斯坦福先生去世后，斯坦福夫人以激昂的热忱，克服了种种足以令人灰心的障碍，使得原计划如愿施行。她的非凡之举在英雄主义历史上留下了一页篇章。在那些黑暗的岁月里，校长和教师们能在动荡和匮乏之中，甘苦与共，忠心致力于大学的事业——也是他们的事业，这同样是英雄之举。

而今天的结果怎样呢？今天，主音已胜利地奏响。第一步已确然无疑地迈出。独一无二、无与伦比的物质基础永远有了保证。它逻辑地要求其精神的上层建筑同样的独一无二、无与伦比。

当然这所大学必须给每个来访者留下的首要印象，就是它的独一无二性和无与伦比性。它的特征对你们来说太熟悉了，几乎不需要我在此重述。古典的景致，让人想起希腊，它的由乳色光焰所构成的氛围也是希腊式的，环抱我们的群山仿佛沐浴在以太、浮液和阳光之中；离大城市不太远也不太近，既方便，又不受侵扰；气候又如此宜人，每天早上醒来都能精神饱满地开始新的一天的工作；高贵的建筑设计得如此大方，做什么都宽绰有余，生活民主，没有人过于富有，但就他们的更高层次的需要来说，所有的人都享有共同的馈赠——潜心探求真理的天才（多数人的天才都不庸俗），在哪儿还能找到比这更好的工作地方呢？让自由的风吹吧！（Die Luit der Freiheit weht!）所有的传统都是个人主义的。官样文章和机构被减少到最低的程度。干扰和烦人的分心几乎不存在。同它的明洁和幽静相比，东部的学校既昏暗、拥挤，又混乱不堪。难道它还不应兴盛起来？这美好的开端似乎为斯坦福召唤来的命运必定是这样的：不必在财富和范围方面，而应在精神品质上，它应当富有热情和独创性。我刚说过，奠基者为我们胜利地奏响了主音，奠定了基础：他们已经确立的品格是独一无二的。从此有赖于斯坦福现在和将来的员工，有赖于越来越多的毕业生的献身和富于同情心的卓识，在创立者的视野所止之处开拓新的视野，以确保往后所走的每一步都能像第一步一样，更加特别突出大学的品格。

构成一所大学最本质的品格是什么？多年前在新英格兰，据说路边的一条圆木上，一端坐着一个学生，另一端坐着马克·霍普金斯，那便是一所大学。一个学校的质量取决于学校里人的素质。你可以有楼房，有委员会、理事会和规章制度，有大量的纪律机构并完善你的教学方法，你可以挥霍到无人可及的程度；但这样的话，你只不过给平庸的美国大学群增添了一份微不足道的样品，除非你能至少引进几个真正的天才，给机构注入某种生机，否则这一切都毫无意义。而一旦你有了几个天才，机构的大部分便可以不需要。精神生命几乎像传染病一样会在接触之中从一个人传到另一个人身上。教育从长远来说是一件在每个学生和他的机构之间展开的事情。我们过多谈论的方法，只起了次要的作用。给学生提供机会，让他们自己利用机会，不管是好是坏，他们会设计出自己的命运。最重要的是为他们提供更多的人际接触。一所大学至少能在学生内部提供这种接触，因为它吸引这个国家的青年中较有志向的人们聚在一起，结成朋友，并相互激发。但是，由于美国人对机构的过分依赖，我们到现在才开始意识到，一所大学的关键就在于它的风气，而风气的好坏则只取决于人的素质。事实上，人们开始认识到，构成一个国家财富的，最重要的是她拥有多少优秀的人物，而不是其他什么。在实际领域，人们已经始终意识到这一点，而且懂得一个大政治家或工业领袖是无价的。然而在宗教和道德领域，在诗歌和艺术领域，在哲学和神学领域，道理也是一样的。天才们是催化剂，他们聚在一起时——像在某一时期某些地方曾经发生的那样，那儿所有的人们几乎都感染上了他们所激发起来的活力。其作用不可估量，常常也难以详述，但其影响却是重大深远的。谁能衡量那些杰出的德国诗人和学者们——他们大部分是学术人物——对德国民族的灵魂产生过多大的影响？

人们是从纯经济的角度才刚刚开始理解天才们的重要性。我们如何能衡量巴斯德对法国，达尔文对英国，奥斯特瓦尔德对德国，伯班克对我们美国的经济价值？将来每个国家主要应该关心的是去发现谁是一流的思想家，并给他们以协助。在这里，价钱变得毫不相干，而回报必定是无法比拟的。这便是世上明智之士的见识。由于大学已经是发现和鼓励思想优越性的一种机构，最成功地做到这一点的学校难道不应该最快升到重要突出的地位吗？

斯坦福为什么不能马上把这点作为她的重要政策？她具有前所未有的自由，不像西海岸其他大学要受到州的束缚，也不依赖于学生的学费，所以学生人数也不受限制，从我所列举的物质方面看，也十分理想。她只需具备其创立者所体现的胆略，就可以成为一个光辉的学术生活基地，并肯定会为全世界所倾慕。让她拥有自己的位置！让她守持自己的命运！让她不仅从美国，而且从英国、法国、德国、日本等世界各地召唤伟大的探索者！她这样做不是自以为是，因为她在坚定的思想事业方面的优势是无可比拟的。让这些人遵循她的美好传统来建设这所大学！斯坦福开初创立的时候，其中就有某种超常卓异的东西，如果必要的话，她应该始终不害怕超常卓异，让她不要模仿！她应当领头，而不是追随。特别在教授待遇的高低方面，不要让她为庸俗的传统所束缚。这一天必定很快就要到来，那时某一所美国大学将在教员的待遇问题上打破所有的先例，继而在质量上领先，达到优越的地位。我希望斯坦福就是这样一所大学。天才们是敏感的植物，在某些方面像不受约束的人，必须温和体贴地对待他们。他们的生活不必十分富足，但他们不能为琐事所扰，他们需要书和仪器，他们总是工作过度，所以需要常常给他们休假。最后，为了心灵的发展，他们需要不时到四处旅行。在追求质量的地方，无论代价再大，最高的质量都是便宜的。

从所有这些条件来考虑，斯坦福教工和学生的质量从一开始就惊人的优秀。再加上中间这么些年的成绩都汇入传统，我们今天坐在这里，难道还不能构想她在将来一个世纪的前景么？她的范围不必多么宏大，而必须紧密集中，她不单单教育青年男女，而且更应该是一个培养学者的地方；她应该致力于探索真理，发挥影响，制定标准，在国外传播学术成果，在美洲和亚洲之间架起通道，帮助两大洲较有学识的人们更好地相互理解。

这是怎样的历史啊！斯坦福怎能不开始进入这样的历史呢？

（游冠辉、陈亚军　译，万俊人　校）

美国特有的博文学院①

尤金·朗

博文教育的传统使命所享有的专利业已过期。人们现在一般会认为，那种使命甚至包括非常专业化的本科课程计划。与此同时，在市场上，原汁原味的博文教育经验正受到诸多压力的困扰：成本提升，学费上涨，人们越来越要求职业培训成为本科学习的首要内容。单是这些压力，就大大阻碍了独立寄宿制博文学院的未来。不仅如此，当前的社会变迁和社会需求的环境更是进一步加剧了它们的后果。其结果，这些学院的教育地位受到根本挑战，它们长久延续的竞争活力也遭到严重威胁。

本文将探讨以下问题：就人们已经认识到的问题而言，博文学院是否已经丧失了它们的重要性，它们**作为博文学院的传统使命**是否面临消亡？如果的确如此，如果听任"自然选择"的进程继续，是否会有严重后果？如果有，原因何在？要维持生存，该选择何种对策？"负责任的公民身份"作为一种积极因素，是否会成为一股重要的促进力量，让博文教育的使命重获新生，再展活力？

全美大约有 3 500 所学院与大学。如果标准足够宽松，其中大约有 800 所可以宣称具备某种博文教育的特性，同时具备"独立"和"寄宿制"的资格。尽管如此，最新修订的卡内基分类表仅列出了 125 所学院为颁授博文学士学

---

① Eugene M. Lang，"Distinctively American：The Liberal Arts College"，*Daedalus*，*the Journal of the American Academy of Arts and Science*，1999 年冬季号，卷 128，第 1 期，"美国特色的寄宿制博文学院"专辑，第 133—150 页。尤金·朗系 Swarthmore 学院董事会名誉主席，"我有一个梦"基金会创建者和名誉主席，独立博文学院董事长联席会（CBC）创建者与名誉主席，以及纽约社会研究新学校大学校董。

位(baccalaureate,博文Ⅰ类)的机构,即"基本上属于以(博文)学士学位课程为主要重点的本科学院"①。名单中既不包括同时提供博文学士课程的可授博士学位的大学,也不包括虽然开设博文学士课程、但得到博文学位的毕业生不足40%的学院。虽然本文将集中讨论颁授博文学士学位(博文Ⅰ类)的这组机构,但在显而易见的某些方面,有关它的一些结论也适用于更广泛意义上的高等教育。

这125所学院尽管在卡内基分类表中同属一类,但在规模的大小、独立性强弱、学术与非学术的培养方案、资源、设施等方面有着巨大差异。同时必须注意到,这类学院中只有一所是在1950年以后创办的,而同样是在1950年以后,美国的学院总数几乎涨了四倍。不仅如此,自1950年以来,有许多博文学院停办,要不就是为了维持生存与它校合并,或是放弃博文教育的特性,而以学士学位(bachelor)或初级职业学位(first professional degree)作为所提供的最高学位的四年制学院数量则下降了超过12%。

博文教育使命的历史回顾

博文学院和其他许多学院与大学一样,其哲学理念的根源有着悠远的传统,可以追溯到三百多年前的新英格兰创建了第一批相对隔绝的飞地,来教育享有特权的男性白人。从他们中间选出的青年学子受到纪律严明的盎格鲁—撒克逊教育传统的培养,而这种教育传统的宗旨在于灌输担当一个宗教至上的共同体的领导所应具备的各项素质。在传输知识的同时,他们在学术上受到的严格管束也是为了发展个人品质和才智,发育成日后被令人困惑地概括成"全人"的那一种人,准备在公民责任的框架内有见识地行使职责。伍德罗·威尔逊在任普林斯顿大学校长时,谈到过19世纪初年"在学院里建立起哲学的生活与国家的生活之间宽容的和谐",说的就是这种传统。②

时至今日,博文学院已不像它们的先辈,不会普遍觉得必须扮演某种主动角色,让学生们准备好服务于所在共同体。当今博文教育课程体系的设计宗旨,很少在于越出校园环境来推行其使命中的公民职责一面。相反,它们

① 《高教纪事报》(*Chronicle of Higher Education*)1998年10月23日发布的卡内基分类表。
② Woodrow Wilson,"Princeton in the Nation's Service",*Forum* XXII(1896年12月)。

尽管也意识到自身在高等教育界业已确立的声望和历史上的角色，但内部的学术事务日程已经基本耗尽了它们的精力。

这一变化历经过去150年，这段时间里，美国的人口稳步增长，经济结构自农业经工业转向服务业主导，产生了新的教育需求。为满足这些需求而新建的高教机构，包括赠地学院①、开设理工科课目的职业学校、研究型大学、研究生院以及各类职业学院。高等教育就此日益成为美国生活中不可或缺的组成部分，而与此同时，博文学院却继续坚守其传统课程体系，与所在社区愈益隔绝。它们开始成为实质上的学术孤岛，视应用性学问为某种有失身份的东西。

博文教育的改革者们确实考虑到，需要改变立场，调整课程，鼓励更密切地关注社区问题和社会变迁。实际上，眼下的四年学院生活充斥着体现社会关怀的严肃讨论和杂乱无章的志愿举动。多样性，多元文化主义，贫困，言论自由，弱势群体增权，环境，人口变迁和经济变迁，赞助性行动②，社会性别，机会平等，诸多议题渗透着人文学科和社会科学方面的课程体系。学生介入社会议题所展现出的负责任的公民身份素质广受称赞，但学院却很少以富有意义的方式介入这些议题，让学生准备好担当在认识、理解和回应这些议题时作为公民的积极角色。

柏拉图的社会哲学对负责任的公民身份有强制性要求，被认为是博文教育典范的基石。几乎所有的博文学院都在公开声明的使命中表明了这一点。尽管如此，博文教育的课程体系一方面标明效忠典范，其设计却并未明确表现出旨在灌输公民责任的品质，亦即传输知识、理解以及能力，能够对社会议题作出思虑周至、合乎伦理的判断，要感到有动机促动和道德义务，促进民主社会中的建设性参与。博文学院似乎满足于自认为，传统的博文教育本身即

---

① 赠地学院(land-grant college)：根据1862年通过的第一个《莫里尔法案》建立的美国众多高等学校皆属此类，其中最著名的如麻省理工学院、伊利诺斯大学厄巴纳主校区、威斯康星大学麦迪逊主校区等。法案规定政府为每名代表本州的国会议员赠送该州三万英亩联邦土地。土地变卖后所得款项用以资助建立学校，讲授“农业和农机技术”。虽然该法案明确表示不排除其他科学研究和文科研究，但其意图显然是为了适应迅速工业化的国家对训练有素的技术人员的需求。——译注

② 赞助性行动(affirmative action)，又译积极行动、反歧视行动等，旨在鼓励企业、学校等在人员招募时有意向黑人、妇女、少数族群、残障人士等倾斜，以缓解对于这些弱势群体的社会歧视。对于这类政策是否妨碍自由竞争和社会公平，是否造成潜在的反向歧视，争议颇多。——译注

已将公民身份的特定品质融入学生的心灵，最终会以多种方式在学生本科毕业后回报社会。

博文学院在回应公民职责方面的局限或许在一定程度上反映出，对于社会议题和确认它们身份的那些“口号”，组成学院的各个部分，即行政管理部门，教员，学生，董事会，校友，彼此之间缺乏共识。它也可能反映出，在评估这些议题对于博文教育的相关意义时，或者不管怎么说，评估这些议题要求得到关注的优先性时，伦理上存在不确定性，实质上也有分歧。它还可能体现出，害怕陷入一些特定的立场，其回应行动有可能打开潘多拉之盒，引出更严重的问题和更具争议的回应。正如小普林斯（Gregory S. Prince, Jr.）所言：“对于公民责任的教育就是对于变迁的教育，而该项任务将会产生张力、抵抗乃至愤恨。”①最后一点，学院也可能退守最低限度的理念：“为学识而学识”不需要课程之外的任何理据。

不管作何解释或开脱，学院不介入时务，并没有反映它们的绝大多数学生乐意发起或者介入触动他们的理想主义、情感或正义感的社会事业。莱文（Arthur Levine）已经指出，学院学生中有64%正在介入某种社区服务活动。②虽说如此，这些活动由于缺少某种制度性的强制性要求，基本都属于杂乱无章的校外课余冒险，处在学术培养方案的边缘，对所涉及的问题和处理这些问题所需的条件缺乏充分理解就草草进行。他们的目标常常缺乏明确界定、评估标准、延续机制，以及有始有终的责任感。

公民身份和社会责任的议题对所有的学院和大学都有影响，影响到它们的行政管理、财务预算、人员调配、内部关系乃至学术生活。它们使得教员、行政管理人员、学生、董事和校友各方面多种不同的视角和自认的利益相互冲突。这些机构中绝大部分会凭借其制度特性、课程取向以及市场上的位置，在一定程度上避免这种影响。偏重理科、研究或职业训练的学术培养方案会钝化社会关怀，消磨课外活动的动力。

与之相反，独立寄宿制的博文学院本质上就特别容易遭受这些冲突的影响。规模较小，资源有限，使得维持一种博文教育的特性愈发困难，因为它们竭力要包容或协调多样性、财政资助、另类生活方式、新技术、社区关系、对于

---

① Gregory S. Prince, Jr.,“Are We Graduating Good Citizens?”,*Educational Record*（1997夏/秋季合刊）。

② Arthur Levine, Jana Nidiffer, *Beating the Odds: How the Poor Get to College*（San Francisco: Jossey-Bass Publishers, 1996）.

学生参与公益服务的要求等多种迫切需求。对于这些活生生的议题,以及其他直接触及公民身份和社会责任的问题,强求一致的回应只能是成效甚微,甚至可能使问题进一步恶化。

除了与担负社会责任的公民身份相维系的问题,博文学院还面临着在一个富于竞争的环境下维护自身传统学术品格的问题:一方面,它们已经丧失了独占博文教育的排他性特权;另一方面,它们预期的学生中越来越多的人坚持本科教育也应提供有吸引力的职业教育内容。但这不等于说赋予博文教育的价值已经消减。相反,或许正是因为威胁其未来的那些因素,博文教育典范作为民主文化的特性,作为领袖才能的条件,在教育上的突出地位比以往更显重要。事实上,随着专门职业和服务业成为美国经济主要的增长部门,拥有一个博文教育学位已经被视为未来管理者的一项弥足珍贵并且常常是不可或缺的雇用条件。

常变常新的博文教育

博文教育和思想生活或精神生活方面的其他体系一样,都必须定期更新自身使命的内涵,最直接的做法就是调整其内容与结构,以应对一个已经经历并且仍将继续经历重大变迁的民主社会的需求和宗旨。这一点无甚新鲜可言。在博文学院的历史上,变迁的压力贯穿始终。杰出的教育家们,比如查尔斯·埃利奥特、约翰·杜威、Frank Aydelotte、Alexander Meiklejohn 以及 Arthur Morgan,①他们创新迭出,再加上常年不断的招收下一级合格生源的需要,激励着各学院作出多种多样的回应。

对于精英主义的诉求也已经受到更多约束。区别对待的做法如今隐蔽得多了。校园内种族多样性的明证实属必然。有关社会性别的权利与考虑普遍得到尊重,并且得到实质上的容纳。异彩纷呈的课程概念已经进入博文

① Frank Aydelotte(1880—1956):美国顶尖博文学院 Swarthmore 学院院长(1921—1940);Alexander Meiklejohn(1872—1964):哲学教授,美国顶尖博文学院 Amherst 学院院长(1913—1923),观念新锐,反对过分重视体育,辞职时多名教员同时离去,多名学生拒绝领取文凭,后在威斯康星大学与追随者建立实验学院,无固定课程,强调高深研习,学术上吸引学生,制度上遭到失败;Arthur Morgan(1878—1975):美国顶尖博文学院 Antioch 学院院长(1920—1936),曾被罗斯福总统任命执掌田纳西河域管理局。——译注

教育的词典:“任选”、“领域分布要求”、“核心课程”、“多主业”与“双学位”、“辅修专业”、“课程群”(concentrations)、“实习课程”、“优等生高级课程”以及各种各样的“跨学科”活动。课程体系的调整已经用美国哲学实用主义的传统淡化了欧洲柏拉图观念论的传统。因此,它们现在提供更多的语言课程(并且常常没有拉丁语和希腊语),一定程度上更大的文化多样性,不断更新、修正的阅读书目,以及更大分量的科学课程和职业教育课程。从负面来说,由于运行开支不断提升,使得在竞争愈益激烈的市场上招收到充足生源更显迫切。有许多学院,特别是那些财政预算严重受限的学院,不得不应对节约教学成本、放宽入学条件、降低学术业绩考核标准的问题。

近几十年来,博文学院和所有学院与大学一样,也都被迫应付迅速增长的外来压力:知识和沟通的边界日新月异,富于挑战;学习工具面貌一新;设施维护与折旧换新;全球化考虑;组成群体愈益多样化;服务需求不断增长。对于这些压力很少能够容易地或者不受质疑地作出周到的回应。克服学术运作和特权的壁垒的需要,与伙伴学院保持灵活的关系,开支与融资,有关资源调配的内部冲突,强烈的个人偏见,还有传统的滞性,这些都会阻碍回应。

此外还有一些强大的内部压力,不过其中最有力、最坚定的压力就来自教员。雅莫林斯基(Adam Yarmolinsky)恰如其分地把教员描绘成任何一个学院的立法机构。① 不经他们同意,就开不出任何教学计划,毕业不了任何学生,也雇用不了任何教员。他们的特权,他们所属学科的拥护,终身教职的问题,校园内对于资源的竞夺,对每一项课程上和制度上的决策都会产生重大影响。

博文学院自傲于拥有这样一群教员,他们以始终致力于本科教学,坚守传统博文教育环境下的价值观而著称。即如格里高列(Vartan Gregorian)所言:“博文教育的核心就是教学。”②然而,有许多优秀的教师正越来越被专业化在学术上和金钱上的回报所吸引,投身于愈益狭隘的学科分支领域,优先考虑自己的科研,只是分一点时间用来教学生。越来越多的教师埋首各自的学科,将自身的责任局限在教室和实验室,争夺的只是学生的主修专业,让他们可以根据科研的需要来培养,却很少考虑他们的非学术生活的内容或导

① Adam Yarmolinsky,“Constraints and Opportunities”,收于 Nicholas H. Farnham 和 Adam Yarmolinsky 合编的 *Rethinking Liberal Education*(New York:Oxford University Press,1996)。

② Vartan Gregorian1989 年在位于罗德岛州普罗维登斯的布朗大学的就职演讲。

向。王(Frank Wong)注意到,这种专业化和“职业名利和专业文凭”维系在一起,虽然眼界狭隘,却是大行其道,问题严重,与人类价值观念、社会的需要、学生的个人发展都失去了关联。①

与教员相比,博文学院的管理人员和董事们也同样发现自己正在转向内部事务。可以理解,对于公民身份和社会责任方面的有关议题的关注,除非是和校园危机相关联,否则就会被运作和预算方面的优先考虑所替代。虽然公开发表的使命宣言和年度报告几乎无一例外地提到这些公民议题,但这类语言通常只是体现一种恰当修辞的仪式,而非具有实际功能的博文教育凭证。修辞意味着实质上的决策,学院除了组织学生的思想生活,并不接受教化有责任的公民身份的职责。

重振博文学院之未来

博茨坦(Leon Botstein)指出,知识的组织和传递方式本质上属于社会观念与行动的框架组成部分。② 明格勒(James Mingle)借鉴管理学大师彼得·德鲁克的断言,即任何组织的宗旨都能够在组织之外找到,主张虽然一种制度的力量来自于其传统,但主导其未来的却是外向的参与。③ 博文学院的日常运作规程却与这些箴言不符。**如果说真正作为博文学院的**博文学院要继续发挥在高等教育界的重要角色,就必须以当代的用语重新界定自身的使命。除了变换修辞,重新界定的工作还必须诉诸某种开明自利的哲学,明确将“社会观念与行动”和“外向参与”作为主动进取的关注主题。这项工作必须将机构方面和学生方面的目标与社区和有责任的公民身份方面的目标有效地联系在一起。要完成博文教育课程体系,据称要实现学生发展成“全人”的目标,就绝对不能让教室和校园的界限将机构的职责局限于知识增长和学术体验。

---

① Frank Wong,“The Search for American Liberal Education”,收于 Nicholas H. Farnham 和 Adam Yarmolinsky 合编的 *Rethinking Liberal Education*。

② Leon Botstein, *Jefferson's Children: Education and the Promise of American Culture* (New York: Doubleday, 1997).

③ James R. Mingle,“Responding to the New Market for Higher Education”, *AGB Priorities* (11) (1998 年夏季号)。

博文教育的哲学,是一个公民身份、社会责任和社区密不可分的民主社会的哲学。对于促进有责任的社会行动和社区福祉,一个受过教育的公民群体是基本的工具,其特征在于不懈努力,对社会议题提出明达、仁义、周至的评判,并依据这些评判展开恰切的行动。要分辨这些议题,可以看它们对于人类权利和福祉的影响,与社区的关系,所在的环境,所服从的规则,以及所遵循的公平原则。

大约150年前,托克维尔在讨论公民身份的特性时注意到,作为个体的美国人不像其他国家的人民,对于自己邻居和社区的福祉担负了特别积极的责任。从那以后,这个国家的人口迅猛扩张,愈益多元,经历了人口、文化和经济各方面的巨大变迁,加之新技术和全球化的各种力量影响,已经大大消磨了这种特性。现在许多人往往会忽视或拒绝经常介入他们认为没有特别直接地影响到自身的社会议题。怀疑主义和愤世嫉俗已经在很大程度上取代了对于我们民主社会的种种规则、过程、制度的敬重。政治、政治决策、政治领袖的品格已经越来越失去了在大众情感中的魅力。对于政治的冷漠是如此大行其道,以至于某次选举哪怕只有一半享有投票权的公民实际投票,也成了不同寻常之事。与美利坚的熔炉传统维系在一起的多元主义的纽带感,已经被常常无视共享价值观念的多元文化之分离主义所消蚀。今天激起强烈的公民抵抗的原因,往往是些鲁莽从事、目光狭隘的"我们对他们"式的表达,它们最令人瞩目的特性就是文化偏见,愚昧无知,或是在社区各群体之间缺乏相互理解。

这些状况还表明,美国教育对于一个广泛变迁的社会的诸般需要所作出的回应存在严重不足。几乎从任何统计指标来看,对于一个自由民主社会的存在不可或缺的公立教育体系已经衰败。特别是在初等教育和中等教育层面上,对于必须学会在一个与父辈成年时非常不同的社会中活出精彩一生的年轻人,该体系并不能满足他们的教育需要。今年入学的孩子几乎有一半丝毫不能保证得到大专教育,而发生这种状况的时代,却是80%的新就业岗位所要求的准入技能,相当于至少两年专科教育。抛开其他负面后果不谈,这些不足已经大大限制了够格进入高等教育的学生人数,这种后果对于博文学院尤显严重。

整体上说高等教育,具体来说博文学院,在协助改造国家教育体系现状方面贡献甚微。各学院与大学占据着教育阶梯顶层的特权位置,却没有表现出多少趋向,要向下不懈努力,促使整个教育过程对于每一个人都是卓有成效的。没有任何基于“同舟共济”的假定的长远协作。相反,各机构的招生努力却是更激烈地竞夺生源,而可供竞夺的生源里,有能力基本不借助外来支持干预而攀登教育阶梯的合格生实在有限。

对于滋养学生的理念,扩展他们的社会视角和思想视野,为今后在社会中的最终位置作好准备,本科四年是最富成效的时段,而对于大多数学生来说,也是最后一个时段。无论机构的性质如何,课程怎样,课堂内外的本科教育过程都应当妥为设计,灌输民主的价值观念,对于各项民主制度的敬重,伦理的视角,公民的义务,社会的责任,以此丰富学生的经历。博文学院能够率先垂范,促成这一事业,本身就是其使命之中的显著内涵。

对于博文学院的广泛挑战

发展能够提供这样的丰富经历的课程体系和讲演方式,是对高等教育的一种普遍而广泛的挑战。尽管在制度的层面上,高等教育肯定会原则上赞成这类目标,但大多数学院和大学却有可能觉得这种挑战令人生畏,缺乏实际贯彻的可能,负担太重,或者超出了它们的教育章程的范围。那些似乎与现行学术规程没什么关系的社会宗旨捉摸不定,没多少机构会愿意为满足这些目标而重新制定自己的教育规划。有些机构也许会坚持认为,它们现有的规程已经对公民关怀作出了充分应对。

但是博文学院不能就这样轻易地打发了这种挑战。一方面,如果它们真的这么做,完全可以视为否认了某种道德责任,否定了自身在高等教育中扮演的传统角色。另一方面,不知幸或不幸,在和这个挑战维系在一起的主要社会议题当中,有一些是博文学院无论如何必须面对的,哪怕它们尚未尝试这样做。不过尤其重要的是,那样会淡化它们迎接这一挑战的特定资格。

博文学院是在制度上长期担当服务社会宗旨的职责的天然实验室。它们属于相对同质的实体,摆脱了巨型大学复合体中的日常运作与校园政治所常见的彼此冲突的利益倾向和局部诉求。这些学院作为自成一体的小型共同体,提供了有利的环境来发展并检验课程体系与相关培养方案的内容,将有责任的公民身份塑造成本科经历中富有意义的组成部分。只要不受到职业教育的优先考虑的淡化,它们的学术领域和校园特性就会提供许多机会,以鼓励富于思想、勇于创新的行动。对于将思想立场与人类关怀相维系、并且这种维系有助于社会行动的培养项目，这些学院的博文教育倾向往往会更加积极地作出回应。在考虑并贯彻重大决策和立场的时候，它们更有经验和学院内外的群体展开协商与合作。桑德尔具体指出，博文学院的定位就是要发展"个体平衡个体责任与社群责任、公民责任与个体自由、制度的程序特性与其使命和规划的内涵等方面的能力"①。

即使考虑到它们的未来存在隐患，博文学院也完全可以将丰富美国教育的挑战视为一种特殊的机遇，以重建它们在高等教育中的历史角色和在市场上的独特性的竞争力。博文学院可以将有责任的公民身份列为本科要求中的独立维度，以确立新的竞争力和吸引力，而不是通过软化自己的使命、变换自己的品格以适应更具商贸性的衡量标准来求得生存。显然，这个维度不会像从宙斯的头颅里诞生出来的雅典娜那样②，作为一种完全成形的创造物，显现在哪一个校园。相反，它会从最初的培养项目、培养方案和学院与社区各群体之间的有关协作开始，持之以恒，逐渐充实内涵，增长效力。

不仅如此，各培养方案以及相关培养计划积累了组织与管理的经验，作为经过检验的模式，就能够向所有的学院和大学推广，以供调整和仿效。③这些博文教育经验的模式因其成功而自然会产生影响，能够大大促进其他机构消除对于培养方案目标原则上的赞同与积极参与以实现这些目标之间的关键鸿沟。实际上，这个挑战可以说通过服务于已经成为这个国家当务之急的目标，即确保每一个孩子有切实的机会得到合格的教育，而提供给博文学院重振机构活力的莫大机遇。有必要认识到，美国所面临的政治、经济和社会方面的每一项重大问题，至少都在一定程度上源自美国教育的混乱。根据美国教育署 1993 年公布的一项调查，这个国家成年人口中超过三分之一实际上等于文盲，这种情况必然会反映在全国的生产力、经济增长、种族矛盾、贫困、犯罪、在世界市场上的竞争排位，最终反映在它作为一个自由民主社会的生命力上。

---

① Michael J. Sandel, *Democracy's Discontent: America in Search of a Public Philosophy* (Cambridge, Mass.: Belknap Press of Harvard University Press, 1996).

② 参看赫西俄德《神谱》。——译注

③ 除非明确应用于另一个情境，本文中的"培养方案"(program)指为学院学生准备好担当有社会责任的公民身份的综合方案。而本文中的"培养项目"(project)则指作为某个方案及其具体实施步骤的组成部分的任何活动或工作。

行动规程

有许多途径可以培养有责任的公民身份，因为无论在教学上还是在实验上都有许多方式来培养这种身份的素质。作为将有责任的公民身份塑造成本科经历的实质要素的出发点，政治科学家巴伯（Benjamin Barber）大致勾勒了所需的素质：“（出于自尊自重而）愿意参与公共议题；同情并尊重差异；认同非暴力和化解冲突；有能力分析信息、证据和论点。”①

我不想通过开列教授和培养这些素质的细节与过程，来自诩专家或职业特权。不过，约翰·杜威曾经开列出三项基本要素：应该让学生介入周边社区；应该关注有待解决的问题而非专门学科；应该促进师生合作。② 根据这个建议，可以安排一些培养方案，向学生提供机会，建设性地表现他们的理想主义和受社会驱动的能量，并且结合教员们有经验的指导。这类培养方案能够在机构和社区里培养社会导向的合作行动与志愿精神。即如布鲁姆（Alfred H. Bloom）所言，这类培养方案应当“教给学生我们这个时代所需要的那种伦理智慧，将价值观念转变成应对社会变迁的策略，真切地揭示（社会）问题，以便让学生终生致力于回应这些问题”③。不过，另有一项重要的附带条件：在不侵犯“第一修正案”规定的各项权利的前提下，培养方案的形式、宗旨、内容与实际执行都必须遵照各项得到赞同的机构政策。

如此看来，导向有责任的公民身份的本科学习经历将在三个情境下发挥作用：

课堂上

有关公民身份的课程能够从哲学上和实践上教授其意义。这些课程可以培养对于社会中多元主义的根本意涵的理解，欣赏各种不同文化的共享价值，尊重其间的差异。学生可以学会自傲于有能力为公共事务作出有益的贡献，相信他们能够有所作为，认识到实践学习的重要性。教员可以结合学生

---

① Benjamin R. Barber 与 Richard Battistoni 合著的 *Education for Democracy: A Sourcebook* (Dubuque, Iowa: Kendall - Hunt Publishers, 1998)。

② John Dewey, *Democracy and Education* (New York: Macmillan, 1916).

③ Alfred H. Bloom 于 Barry Schwartz 编的 *Swarthmore Papers* (1993 年 1 月)。

的需要，将各自学科的现有课程与公共议题相联系。可以鼓励学生提出犀利的问题，学会带着对个体和群体的感受的理解与尊重，进行有效的沟通。

校园里

公民身份和社会责任中与共同生活在同一所校园有关的一些方面，以及机构生活的有关问题，都可以作为社区范围的讨论与决定的主题。在建造设施、组织和扩展校园活动、激励学生创造性等方面，它们都可以成为核心的考虑。它们可以促进各利益群体之间的互动。校园出版物、具体研究、参与化解冲突，都能促进富于思考的校园内对话，讨论有关多样性、多元文化主义、种族主义、性骚扰、社会行为、学术业绩等方面关注的各项校园活动和政策。

社区中

在与培养方案有关的具体培养项目方面，地方社区为学院提供了广泛的选择，以及富于想象的主动行为的机会。培养项目可以是长期的，也可以是短期的，并且与课堂学习联系起来。至于涉及的领域，不管是就在当地还是远离校园，都可以包括教育、环境、健康保健、经济发展、文化事业以及社会服务。培养项目可以是学生的实习，也可以是已有的社区行动邀请学院参与。它们可以和已有的公立或私营、教育方面和社会服务方面的培养方案相配套，或者结合起来建立新的体系。它们应当具备合理界定的具体目标和有力监管，开设者必须负有执行之责，实际完成或者有能力完成这些培养项目。不仅如此，无论这些培养项目立意多么良好，也绝对不能只是“感觉不错”却无甚实益的课外操练，可以视之为表面文章或是屈尊俯就。

协作规程

学院要想让培养方案卓有成效，必须从一开始就寻求确立方案运作的三个情境——课堂、校园和社区——彼此之间的协作。需要这些协作为培养方案的筹划、组织与监管贡献有益的经验和判断，应对相关的问题与政策。协作者必须充分理解培养方案，认识到其目标意义重大、切实可靠，知道它们承负的期望，并且表现出参与的热诚。他们可以在培养方案的管理上扮演恰当的角色。

体现出整个学院共同体的参与的坦诚协作至关重要。管理人员、教员、学生、董事以及校友，不管是作为个体还是代表某个群体，都能够以各自的方式，对培养方案及其相关的培养项目的某些方面作出建设性的贡献。这样做不仅增进了整个校园的共同体精神，而且尤其重要的是，明确了机构对于培养方案作为当前使命要素的立场。

培养方案中超出校园范围的成分要求当地社区的成员通力协作，包括各法人团体，公立与私营的社会服务机构，各教会群体与市民群体，各学校与社区学院，以及个体志愿者。这些协作可以处理回应社区在教育、环境、健康、经济发展和贫困等方面的具体关注的培养项目。作为一个群体的协作者应当反映社区的多样性，注意自身内部的互动及与社区之间的互动充分考虑到那些受影响的人的权利、经历或缺乏经历、感受以及利益。除了个人的成就，协作者的服务还能够在学院领导、有责任的公民身份以及大学城师生与城镇居民之间关系等方面提供富于激励的典范。

博文学院之间的机构协作对于培养方案的发展和实质的成就至关重要，可能还得到现有团体的襄助。显然，各个学院培养方案的结构与细节必定受到当地环境的塑造，培养方案也会由此各不相同。然而，它们齐心协力，会产生能够进行有益交流的经验和信息，引出能够进行有益讨论的问题和政策质询。长此以往，就能够集体发展出一套促进有责任的公民身份的基本规程，成为博文教育课程体系中充满活力的一面，既保持理念上的一致，又能作出灵活的调整。

博文学院所共享的某些极其重要的目标，本质上可以通过协作共管得到最好的贯彻，而无须操心反垄断。因此，可能所有的学院及其学生总体现在都在校园里和社会上参与了各种受社会因素促动的培养项目。这些项目中有许多可以与培养方案中让学生准备好担当有责任的公民身份的总体规程有益地结合起来，而不会侵害各自的整体性。

博文学院的共同关注中的当务之急，就是它们迫切需要扩大期望获得学院式教育并能够达到入学要求的学生规模。这种需要是美国当前对于教育的最高关注的底线，牵涉到教员招募、学术标准、多样性、财政资助等学院面临的其他问题。作为培养有责任的公民身份之培养方案的基石，博文学院能够恰如其分地齐心协作，或许以全国范围的“我有一个梦”培养项目作为典范，应对紧迫的问题：确保每一个孩子都有切实机会获得令人满意的完整教育。

为此，博文学院应当始终坚持向外介入社区，它们本质上就是所在社区的重要成员，赢得敬重，也贡献思想观念和经济价值。可以理解，除非各方利益不可避免地相互冲突，否则各学院常常宁愿避免主动创议，或是无偿介入有可能引发争议的社区关注。不过也有理由相信，作为一种得到认可的促进有责任的公民身份的手段，与社区需要维系在一起的培养项目为学院与社区的密切关联奠立了富有魅力的共同基础。

通过管理者、教员、学生的共同努力，学院能够调动起地方企业、公私机构、教会组织以及市民团体，一起筹划并贯彻涉及社区具体需要的培养项目，尤其是帮助社区里的孩子攀登教育阶梯。一旦可能，这些培养项目将会作为辅助手段，补充社区日常性的公益服务。还可以特别关注发展社区学院里能够找到的重要资源，社区学院是一个潜在的宝库，里面的学生尽管目前位置不利，但至少初步打算致力于继续追求高等教育。

本文认识到，没有任何涉及变迁的教育培养方案是不需要付出代价的，而致力于建立一套综合培养方案，让有责任的公民身份成为博文教育使命的积极组成部分，这样的代价在很长一段时间里会是相当可观的。然而，博文教育共同体及其领袖首先需要通过回应本文起首的问题，能够评估其获益大小，树立明确的方向感，并决定是否要将有责任的公民身份重新确立为博文教育的一项积极要素。如果在此之前，就因为代价和有关资金问题而搁置培养方案，似乎为时过早。这样的决策涉及博文学院的未来，涉及重振它们作为美国教育中一股独具积极意义的力量的传统，还涉及高等教育整体上的导向——履行其对于国民共同体的责任。

（李康　译）

造就博文学院的特性[①]

修·豪金斯

北亚当斯州立学院(North Adams State College)在1997年经过成功的游说而改名"马萨诸塞博文学院"(Massachusetts College of Liberal Arts)。该学院最初是作为师范学校(normal school)建立的,后来又成为师范学院(teachers college)。学院的领导人所寻求的是使得这个学院被纳入一种源远流长、发育完备的制度体系,一种美国所特有的高等教育类型。然而,"博文学院"的制度特性却是经过荣辱兴衰的变迁过程才形成的。

在对这个包含着起落兴衰的过程进行考察时我清楚地知道,无论教育史给教育史学者带来多少快乐,它对教育决策都没有直接的指导意义。然而,去了解一下那些无从预知前景的早期的管理者、教师和学生,还是一件会给人带来些许满足的事。这当然不是说,他们当年的所作所为可以在今天被采用。然而,一种以历史情境为基础的思想方法很可能会具有一种健康的谨慎,会更尊重事物的多种可能性和不确定性,也会更清醒地对待连续性和变迁之间那般不可思议的交织纠缠。

高等教育各种新类型:19世纪

在19世纪中期的美国,没有人会特别在意"学院"(college)这个词的具

① Hugh Hawkins, "The Making of the Liberal Arts College Identity", *Daedalus*, Vol. 128, No. 1, Winter 1999.

体含义。有时候似乎每一个边疆地带的社区都想拥有一个学院，而州议会也往往不假仔细考问就会发布建校特许。一个“专科学院”(academy)和一个“学院”(college)经常争夺同一群学生，提供的课目也一模一样。提起“大学”这个名称，人们经常会想到它是一个单独的学校，也是一州之内的顶尖教育机构，而且比起别的学校给州里带来的负担更大，但是上述情况也有明显的例外。尽管在1819年的达特茅斯诉讼案中确认该学院继续享有特许权，但“私立”和“公立”学院之间的差别还是很模糊的。一个在州议会里影响力足够大的学院不仅能够得到特许权，而且能得到各种赠与(经常是以土地的方式)。①

有欧洲经验的人看到美国这种杂乱无章的情形就不免有抱怨。在英格兰的牛津和剑桥，学院是履行教学职能但无权授予学位的寄宿制单位。在德国，学生们在进入“大学”之前要上预备高中(gymnasium)，而他们一进入大学就要选择一个特定专业上的“院系”(faculty)——有哲学、神学、医学或者法律等。法国的各级教育仍旧在拿破仑一世创设的高度标准化的制度下运作，其最高权威属于公共教育部长。

虽然博文学院在19世纪中期开始进入更快的发展时期，但早在19世纪20年代就出现了要求它们采取更功利主义的路线的呼声，其间对注重古代语言和数学的常规必修课目的做法提出质疑。在耶鲁这种质疑提得比其他地方都更深思熟虑；而也是在耶鲁，教师和董事们分别提出两个报告，为耶鲁的“不实用”的学习科目辩护。这个文件的中心部分宣称：

> 在学术文化中要达到两个大目标：一个是头脑的规范和基本装备；另外一个是扩大头脑的力量，用知识来充实头脑。两者之中前一个也许是更重要的……在一个学术教育的体系中，没有什么比对责任和目标的塑造更意义重大了，而责任和目标的塑造要能最有效地促使学生依靠他

① 对于希望了解美国高等教育长期的概貌的读者，可参见下列著作：John S. Brubcher and Willis Rudy, *Higher Education in Transition: A History of American Colleges and Universities, 1636-1968* (New York: Haper & Row, 1968); Christopher J. Lucas, *American Higher Education: A History* (New York: St. Martin's, 1994); or Frederick Rudolph, *The American College and University: A History* (New York: Alfred A. Knoft, 1962)。有两部近期的著作讨论的范围更集中：Richard M. Freeland, *Academia's Golden Age: Universities in Massachusetts, 1945-1970* (New York: Oxford Unviersity Press, 1992); Philip Gleason, *Contending with Modernity: Catholic Higher Education in the Twentieth Century* (New York: Oxford University Press, 1995)。

们自己头脑中的资源——学者必须通过自己的努力塑造他自己……我们怀疑，如果只学语言或者数学，只学自然科学或者政治学，智力是不是还能以最合理的比例发展。①

这是强硬而又巧妙的文字。然而，这个1828年的理念虽然经常被人征引，却不能说服所有的学术领导人。各个学院开始增加"局部"(partial)课程或者"平行"(parallel)课程，来使学生少学一些古典语言，多学一些科学。但这样的课程并不能使学生得到有声誉的文科学士学位。

预示了未来的一些趋势的是，在19世纪50年代，在一位受德国模式启迪的校长的领导下，密歇根大学开始培养研究生，并发授高级学位(但并不是当时人们熟悉的那种实际上到时间就会自动获得的"走过场"的文科硕士)。当时的教育热还有一个情况，就是农民高中(Farmer's High School)的建立。这个学校很快就开始颁发学士学位，并被更名为宾夕法尼亚农业学院(Agricultural College of Pennsylvania)。和纽约的人民学院(People's College)一样，宾州农业学院也体现了注重实际的老百姓对现有学院那种自我隔绝的精英主义的愤怒。而这种不满也反映在那些命名为"学院"(institute)的技术学校的建立上。

尽管詹姆斯·布坎南总统(James Buchanan,1857—1861年在任)不久前刚刚以歧视现有学院为部分理由肯定了对一个类似法案的否决，但1862年《莫里尔法》的通过却几乎没有在教育界引起什么反应。《莫里尔法》规定，通过赠授联邦土地而在每一个州支持一个学校，而这个学校的首要目标是"教授与农业和机械技术有关的那些知识门类"，但也"不排除其他的科学和古典科目"。新生的农业学校的支持者们很可能会为此而欢欣鼓舞，而传统学院的院长们最初也不把这些新学校视为真正的对手。然而到1890年，《第二莫里尔法》通过，为"农业和机械学校"(A&Ms)逐年地提供联邦经费支持，这时那些千方百计争取有足够多的入学人数的小型学院就开始觉得他们受到了不公正的对待。②

另外一种高等教育机构到19世纪90年代已经发育成形了。现如今，

① "The Yale Report of 1828", in *American Higher Education: A Documentary History*, ed. Richard Hofstadter and Wilson Smith (Chicago: The University of Chicago Press, 1961), 1: 278-279.

② Edward Danforth Eddy, *College for Our Land and Time: The Land-Grant Idea in American Education* (New York: Harper & Brothers, 1957), esp. 32-33.

"大学"开始把它们自己与"单纯的学院"区别开来。在第一批美国的哲学博士学位被颁授(耶鲁在1861年,哈佛在1873年)后不久,约翰斯·霍普金斯大学在1876年开张,以研究和研究生教育为其中心目标。到1892年时,复兴起来的芝加哥大学提出要和欧洲最先进的大学展开竞争。在这种情形下,如果说将博文科目纳入学士课程的大学已然处于学问的顶端,那么"单纯的学院"就须得为它们的存在找出一个明明白白的理由,而且对于它们自称的在美国教育界享有卓越地位的说法,也得有个重新考虑了。

这些学院与宗教的密切关联有时似乎会成为坚固的防波堤。公理会—长老会联盟致力于在西部推行基督教化,其多种手段之一就是建立学院。除此之外,其他教派也都试图在每一个州创办一所学院。在内战后的年代里,创建更多的学院的步伐一直没有停下来。这些新增的学校认为它们应该作为基督教共同体而得到支持。它们帮助有问题的青年找到信仰,培养牧师和传教士,帮助信徒的孩子们固守于自家所遵奉的教派(当然各教派也都欢迎外人来加入,因为学生人数很少)。学院还要本着地方性或地区性的归属感来行事。它们之所以有现下的校址,往往要归因于最初时城镇的馈赠。它们的存在代表了文明,兴学重教能使当地精英分子可以宣称他们自己能在社会上发挥更高尚的作用,而不仅仅限于经济发展的俗务。

学院自我意识的提高可以被用来解释为什么它们要开始强调自己作为所谓"博文"(the liberal arts)的继承者和发扬者的角色。即使它们不是唯一的承载这个使命的机构,那么至少它们还可以宣称它们是最崇奉这个理念的教育机构。难道没有一种界定"博文"的办法能使这些学院确立其独特身份吗?技术和工程是注重事物而不是思想的学问,所以在博文学院里是没有位置的。尽管它们支持对自然(也就是上帝的造物)的研究,但这部分的研究又被置于宗教和伦理学的范畴之下。没有什么课程比道德哲学更重要,这门课程经常是由校长亲自向所有高年级学生来讲授。据称,毕业生最终将带着一种指导其度过一生的基督教的世界观和准则离开学院。

专业化的学问被认为是褊狭甚至没有人性的,学院不应该为这种东西所迷乱,基于这一点就可以把学院与野心勃勃的"大学"区别开来。相对于对新知识的增长作贡献,更重要的是把知识传授给正在崛起的一代人中的佼佼者,也就是马修·阿诺德①所说的"我们所能想起来的和所谈到过的最优秀

① 马修·阿诺德(Matthew Arnold,1822—1888),英国诗人。——译注

的人”。这种教育将在“知书达理之人”当中开花结果，而且将培养出公共事务中的领导人。

布鲁斯·金鲍尔对自古典时代以来直至今日的“博文”(liberal arts)理念进行过研究，他就此区别出两种传统：一种是雄辩家传统，如西塞罗式的对公民责任的重视；另外一种是哲学家传统，如苏格拉底式的对追问的强调。①这种区分对思想史研究者大有助益，而且有助于他们对所谓的语源学采取一种怀疑态度，从而更新旧的观点。然而，当时学院的代言人并没有在意这种区分，更没有在设定学院的一系列目标时加入这种考虑的成分。有鉴于这些学校的辞令口号能够在一定程度上被集中和确定下来，那么可以说19世纪学院的代表人物是更偏向雄辩家传统的；而且随着学院的复兴和转化的情况越来越少，这种偏向就更强烈而明显了。在这里，以往推动着学院创办者的宗教忠诚就被别的东西取代了；在这里，一种能够抗衡技术学校的功利主义和大学所声称的“新真理”的东西出现了。于是，人们听到了越来越多的关于“品格”(character)、“全面成长的人”(the well-rounded man)和“社会服务”(social service)的说法。

来自大学的批评有时是温和的。约翰斯·霍普金斯大学校长丹尼尔·吉尔曼宣称，博文学院以学士学位课程培养学生并输送到他的大学，对此他当拜谢所赐。霍普金斯不重视它的本科生教育，坚持认为其哲学博士生应该已经取得学士学位，而且为医学博士研究生也设置了同样的入学标准。后一项要求在19世纪90年代是独一无二的，但即使是那些要求学生在进入其医学院和法学院之前要在学院里上两年学的大学，实际上也是在帮助学院吸引学生。各专业学科的领导者都开始强调学院的预备性培养的必要性，因为他们都很清楚，如果将对学生的要求规定得更严格，那么对学院的地位和收入将有潜在的助益。

哈佛的查尔斯·埃利奥特没有吉尔曼那么宽容和善。他在嘲笑博文学院自己关于造就“全面成长的”毕业生的说法之余，又建议把教育良好的头脑比做切割机或者钻探机。至于博文学院在宗教方面的主张，在他看来都是些狭隘偏颇之见。他宣称“大学是不可能被建立在教派的基础之上的”。他对耶稣会学院的课程的批评尤其强烈，夸张地断定它已经“有四百年几乎毫

① Bruce A. Kimball, *Orators & Philosophers: A History of the Idea of Liberal Education* (New York and London: Teachers College Press, 1986).

无变化”。在与伊利诺斯州的惠顿学院(Wheaton College)院长查尔斯·布兰查德的激烈交锋中,埃利奥特贬损说教会学院妨碍学生获得最全面和最富启发性的教育。在布兰查德一方,他呼吁应该有“广泛分布的各类学院”,但在学院里“不信奉上帝的”教师就不要去“教育那些信奉上帝的人们的孩子们”了。布兰查德还攻击哈佛的选修课制度,认为这种制度鼓励不成熟的专业化,而且导致精神沦丧。哈佛当然以它率先推行选修课制度而自豪;这个制度从1860年以来不断扩展,到1899年时,除了英语和一门外语,一年级学生已经没有任何其他必修课了。埃利奥特宣称,这种“自由的制度”将使除了那些不堪造就的蠢材之外的所有学生受益,使他们能够找到一个充分发挥他们的潜力的兴趣所在。把学生框在必修课程的范围之内,即使在学院学程的第一年,也是对学生的愚弄。①

既然小学院雇不起开设选修课制度所需要的额外的教师,所以它们就试图维护其内容较为有限的课程计划。在这个方面,它们从一些任教于著名大学的教授那里得到了帮助。普林斯顿的伍德罗·威尔逊警告说要防止“对书籍和历史加以科学主义的认知”。哈佛的厄文·巴比特(Irving Babbitt)认为,如果学生像他自己那样崇尚人文传统,注重人文传统中的准则、多年积累的智慧以及心智的平衡的话,那么放手让学生去自由选择就是一个可疑的举动。但是一些代表学院出来说话的人宣称要向学生提供必需的东西——“无此则不足以成为一个受教育的人”,而且还重申心智规训的理由。拉丁文和数学应该被作为必修课业,因为它们已被证明具有强化多方面的智能的作用。也许在强化智能方面并不只有拉丁文和数学是有效的,但是在任何情况下,作为一个实体的教授会比学生更有资格来宣布什么样的科目才能提供真正的智力训练。这种观点认为,如果允许学生自由选课,那他们就会去选那些容易的或者有娱乐性的课程,甚至只要给他们足够多的选择,那他们就会同时选修这两种课程。②

但是这些药方没有一个能给健康不佳的博文学院提供一剂包治百病的良药:它们不能为学生研究生阶段的学习打好基础,不能实现人文主义者所倡导的提升文化陶养,也不能促进心智能力的强化。达特茅斯学院、汉密尔

① Hugh Hawkins, *Between Harvard and America: The Educational Leadership of Charles W. Eliot* (New York: Oxford University Press, 1972), esp. 88-91, 125-127, 187.

② Laurence R. Veysey, *The Emergence of the American University* (Chicago and London: The University of Chicago Press, 1965), esp. 194-206.

顿学院和联合学院(Union College)的院长们向来积极地扮演博文学院领头羊的角色,其作用对早期的学院很是重要;但到了19世纪80年代初,他们却发现自己已经被当做不识时务的典型,而且在学生和教师们发出抱怨之后,总是会被董事会找去质问一通。① 也大约正是在这个时候,董事会中教士的影响力开始下降,平信徒校友中的成功人士越来越多地进入董事会,而他们当中大部分人都在城市里从业。②

布鲁斯·莱斯利对四个大西洋中部沿海学院所作的一项目光敏锐的研究显示,一种学院文化逐步发展起来,到第一次世界大战前已经占据了主导地位。这种文化包括如下方面:撤销预备性教学部门,对学生入学年龄作更具体的规定,放宽课程方面的要求,减少宗教的影响,鼓励以体育竞赛为中心的活跃的课外活动。男女合校的情况越来越多。学院新出现的情况还包括放松在教派、种族和地域上的限制,虽然它们还是不欢迎黑人、天主教徒和犹太人。黑人和天主教徒被认为还是"让他们自己待在一起"更快乐一些;而犹太人则被指为会破坏学院的气氛,因为他们在学业上太好强太用功。简言之,这些学院所造就的是经济成功、擅长交际的清教徒绅士,而这些人能够满怀信心地应对这个问题——"你的母校是哪个"③。

在相当程度上,同样的理念也被施之于男女合校的学院的女生,尽管对她们在经济成功和社会领导方面的期望会低一些。只招收女生的学院(如卫斯理和史密斯学院)之所以能使学生和捐资者对它们感兴趣,部分原因是父母们对自己的女儿的成长环境一般都有戒备心理,还有部分原因是女子学院既在知识上有严格要求,又重视培养女性的自主自立精神。妇女在女子学院能够追求知识性的职业,而且这里的教师也鼓励女生树立自信,让她们相信自己和男孩子一样聪明,而且对工业社会的邪恶更有洞察力。能做到这些的学校在当时除了女子学院外几乎别无他者。在社区服务中心运动(social set-

---

① George E. Peterson, *The Emergence of the American University* (Chicago and London: The University of Chicago Press, 1965), esp. 194-206.

② 关于对董事会构成变化的研究的代表性作品,参见 David B. Potts, *Wesleyan University, 1831-1910: Collegiate Enterprise in New England* (New Haven and London: Yale University Press, 1992)。

③ W. Bruce Leslie, *Gentlemen and Scholars: College and Community in the "Age of the University", 1865-1917* (University Park, Pa.: The Pennsylvania State University Press, 1992).

tlement movement)中,学院里的妇女发挥了领导作用。①

莱斯利在其书中题为“学院时代”的一章中指出,在1880—1917年间,为造就一种新的制度身份的努力在很大程度上取得了成功。但是从学术影响和社会权力的角度看,这个时代被称为“大学时代”才更恰当。实际上在这一期间,他所选择的四个学院的其中之一即普林斯顿无论在形制还是名称上都已经变成了大学,尽管它并没有建立医学院和法学院。另外一个学院即巴克奈尔(Bucknell)学院也一直在开展本科生职业教育,虽然它自称为“博文学院”。这种功能上的二重性特征后来又被在这些年间兴起(特别是在城市里)的另外一种制度变种,即“综合服务型大学”(comprehensive service university)所接续。作为在小型寄宿制学院之外一个可供选择的替代物,这种学校的吸引力也在不断增加。

展现博文学院的独特性,1900—1940年

在19世纪末期,在自觉界定自身类型的高等教育机构中形成了一些全国性组织,但博文学院在这方面步伐缓慢。莫里尔法授地学院在1887年组成一个全国性集团,开始在国会进行富有成效的游说活动。州立大学也在1895年组成联合会,只是不如前者活跃而已。第三个组织是全美大学联合会(Association of American Universities,AAU),它在1900年规定其成员(最初只有14个)必须是那些有资格授予哲学博士学位的大学。该组织试图挤压那些颁授质量很差的哲学博士学位的学院,而且取得了一些成功。这些不守规矩的学院中有一部分确属文凭制造厂,但还有一些却是声誉良好的学院,它们之所以做出这般破例出格之举,无非要么是为了提高其教员的声誉,要么是对那些继续留在本校深造的毕业生给个奖赏。当美国大学联合会发现,欧洲各大学都不承认学生在其成员以外的学校所获得的本科生学分,这个组织就开始自任高等教育大家长的角色,发布了一份“合格”学院的名单,规定其毕业生可以正常进入大学联合会成员学校攻读研究生学业。这份有严格

① Barbara Miller Solomon, *In the Company of Educated Women: A History of Women and Higher Education in America* (New Haven and London: Yale University Press, 1985), 189-192. See also Lynn D. Gordon, *Gender and Higher Education in the Progressive Era* (New Haven and London: Yale University Press, 1990).

限制的名单在1913年开始启动,将未被列入名单的学校置于十分难堪的境地。后来这个名单逐渐扩大,在一段时间里审查候补学校成了全美大学联合会的主要活动。①

即使这些学院在向新的模式转化,人们仍然有很多理由为它们感到担忧。哥伦比亚大学的约翰·伯吉斯(John W. Burgess)和芝加哥大学的威廉·雷尼·哈珀(William Rainey Harper)等学术领袖一直建议小学院最好缩减为两年制学院,把培养文学士的高等工作全部留给大学去做;他们甚至认为这些小学院即使消失也无妨,让它们在大学和加速发展的中学的双重挤压下出局就是了。几十年来各教派一直在通过它们的全国性组织支持它们的学院,其中尤以卫理公会极为积极而悉心地呵护它的学院。但是到了1915年,以艾尔汉姆(Earlham)学院的罗伯特·凯利(Robert L. Kelly)为首的一群学院院长决定做出一番更雄心勃勃的事业。他们组建了全美学院联合会(Association of American Colleges,AAC),该组织是一个由教会的教育委员会组成的松散联合会的延伸机构,但也包容了和教会没有关联的机构。这一变化来得正是时候。各种因素都在推动着学院和教会关系的松散化,其中相当重要的一个因素是,由新成立的卡内基教育促进基金(Carnegie Foundation for the Advancement of Teaching)提供的教授退休金只限于向"非教派性的"机构发放。

全美学院联合会努力使对博文学院的定义被确定下来,其早期的一个委员会宣布了一套成员的最低标准,而且也制定了一个期望其成员达到的更高的标准。这种努力中清楚地体现出了一种防御性的战略。该联合会要求美国教育专员停止以"教派"来给学院贴标签,改为区分出"教会控制的"和"教会附属的"两类学院;它还敦促各级立法机构阻止新建"水准低劣的机构"。尽管如此,与卡内基基金会对学院正规化的推动相比,全美学院联合会的这番努力也并不十分有力:前者的办法是根据师资、资金来源和入学条件等标准来确定一个合格学院的名单。实际上,全美学院联合会很少拒绝申请加入的学院。尽管如此,由于全美学院联合会致力于推广博文科目,所以它也有助于那些主张把四年制学院确定为正规教育序列当中的一个阶段的人,有助

① 这一段和以下两段取材于:Hugh Hawkings, *Banding Together: The Rise of National Associations in American Higher Education, 1887-1950* (Baltimore and London: The Johns Hopkins University Press, 1992)。

于他们声称这个阶段是那些希望成为“受过良好教育的人”的人一个必备的条件。

在全美学院联合会内部的各种声音当中，那些强调知识发展的主张只是混杂在其中的一种声音。然而，有两个学院领导人在联合会成立不久前已经作为智识的倡导者而赢得了最初的听众，后来更是在这方面发挥着持久的影响力。亚历山大·梅克勒容（Alexander Meiklejohn）曾任布朗大学文理学院院长，后来担任阿默斯特（Amherst）学院院长。他对“效率”和“社会服务”的口号发出猛烈攻击，坚持认为“美国学院的首要功能是激发兴趣”。威廉·福斯特（William Foster）是里德（Reed）学院创建人之一并担任首任院长，他治理下的这个学院拒绝参与各种学院间体育活动和学生联谊组织，要求所有的四年级学生都要写毕业论文。这两个人都反对那些敦促增加“文化课程”的人的空洞言论。①

在两次世界大战之间的年代里，大学和博文学院之间的距离进一步拉大了。随着大批学生的涌入，大学变得更大了。（威斯康辛大学在1920年时有7 000名学生，10年后达到10 000名）而对寻求议会的支持和学费收入增加的大学管理者来说，这正是他们所欢迎的。但是这个变化对他们也有一个不利之处，那就是使得大学更容易被指责为非人性和缺乏自己特有的使命。学院则重申：它们自信能促成学生的全面发展（包括智力、体力以及通常含义下的精神），而且学院教师都全身心投入教学，而不为所谓科学研究的神话所迷惑。在为期四年的时间里，和一大群年龄相仿的伙伴共同生活在一个自然环境宜人、多数在城市以外的校园里，这对学生今后终生的发展必然大有裨益。②

在20世纪20年代，由于公众对高等教育的热情空前高涨，那些“杰出的”（selective）学院得以采取一种既扩大招生又提高入学要求和学费数额的策略。一些学院宣称他们“虽然规模小，却是全国性的”；它们的招生官员或者招生委员会要负责保证这一点，即只有那些与大体上是中产阶级的家庭背景的人才可以被招收进来。关于学院“风格”的标准成了一个可以根据需要

① Veysey, *Emergence of the American Universities*, 210-212.

② 本段和后两段取自：David O. Levine, *The American College and the Culture of Aspiration, 1915-1940* (Ithaca and London: Cornell University Press, 1986)。关于大学里的“学院综合症”，参见 Roger L. Geiger, *To Advance Knowledge: The Growth of American Research Universities, 1900-1940* (New York: Oxford University Press, 1986)。

来摆弄的工具,用以把那些出身卑微的人拒之门外;而为促成“地理上的多样性”的地区间招生人数配额也被用来成为“纽约人”(这只是犹太申请学生形形色色的代称之一)的入学设限。最后,申请者还要交上一张个人照片,或者要填写母亲的娘家姓,这也是为了选择出被希望招收进来的“合格的学生”①。

入校的新生可以期待在学院里享受交谊消遣中其乐融融的时光,也可以指望找到一个情投意合的人来谈婚论嫁。如果谁还想跨越社会上的阶级界限,去领受一番清贫的滋味,那么他就到学院办的宿舍里去节衣缩食好了。虽然女生们曾被认为是学校里各种人中最严肃的一群,为证明自己的智力不逊于男子而百般努力,但如今关于她们的笑话却层出不穷,比如其中有一个是说她们追求的不是文学士(B. A.)的学衔,而是某某“夫人”(M. R. S.)的头衔。对于去学院读书到底能带来什么快乐和荣誉这个问题,准备去那里上学的学生们和他们的父母的看法中各有侧重,但所有这些动机加在一起,无疑有助于增加入学人数。如果谁有政治野心,那还是去州立大学更有帮助,但至于说到其他形式的“领导权”,这些小学院就越来越多地成为中上层家庭背景的年轻人的选择。表现文化水平高的方式已经变了,但展露文化品位在知书识礼的人的圈子里还不是无关紧要的。以往学院毕业生要有本事在谈笑间插进几句拉丁文成语,现在他们要能引用华兹华斯或者 T. S. 艾略特的诗句。

第一次世界大战后不久,一群兼有全美学院联合会成员身份的学院希望在学院内重新强调宗教的重要性。尽管整个清教范围内的教会间世界运动(Interchurch World Movement)瓦解了,但教会教育理事会总会(Council of Church Boards of Education)仍在积极活动。歌珊学院(Goshen College)和其他福音会学院保留了强烈的宗教气质,而天主教的男子和女子学院就更是如此,而且后者的数目在 20 世纪 20 年代急剧上升。此外,基督教青年会(YMCA)和基督教女青年会(YWCA)作为组织活动(有时的确是利他性的活动)的中心起了很大作用,但此时此刻,学院的宗教气氛与 19 世纪中期的宗教复兴主义和传教热情已然大不相同了。即使礼拜仪式还被留下来,其举行的时

① Marcia Graham Synnott, *The Half-Opened Door: Discrimination and Admissions at Harvard, Yale and Princeton, 1900-1970* (Westport, Conn: Greenwood Press, 1979); Harold S. Wechsler, *The Qualified Student: A History of Selective College Admission in America* (New York: John Wiley & Sons, 1977).

间也更短了,次数也更少了,宗教本身的气氛也更淡了。尽管如此,人们心目中所谓"不敬神的大学"的形象还是成为去小学院上学的一个理由;而"与教会有联系的"这个说法既带来了一种宗教意味,又能避免造成宗教强迫和劝诱改宗的印象。①

自《人间天堂》(*This Side of Paradise*)首开先河之后,小说和杂志大量描写百无禁忌的浪荡学生,而当时流行的"轻佻女郎"(flapper)这个词又难免使人产生不祥的联想。这些都使得更小的学院对忧心忡忡的父母们产生特别的吸引力。学院对学生行为的管制会比大学更严格,或者说即使校规和大学没有差别的话,也会执行得更好。但学生的桀骜不驯即使在小学院里也会浮现出来。在纳什维尔的菲斯克(Fisk)学院(后来作为"黑人"学院而闻名),学生们成功地和禁止约会和橄榄球的校规展开较量,最后使得这个学校变得更接近更普遍的博文学院模式。②

30年代当然与20年代不同:花钱更少些,轻薄无聊更少些,对经济问题和新的世界大战的关切更多些。在大萧条最初几年,入学人数下降,学校的基金也失去了增值的能力。一些学院只好关门大吉;但更多的学院则选择了合并,特别是那些与教会有关的学院更乐意走这条路,而且将其作为一种对过度竞争(包括同一教派内的)的矫正来加以欢迎。当入学人数上升时,学院相应地比大学干得更好了。国家青年管理局(National Youth Administration)提供的有偿工作帮助学生留在学校。既然当时校园以外没有什么工作机会,那么延长受教育的年限就谈不上有什么损失。一个野心勃勃的年轻人来到了一个和他的教派有联系的小学院(尤里卡[Eureka]学院1932年级),此人便是罗纳德·里根。还有些人觉得有必要住在家里,去上一个距离最近的学校,而这种情形对理查德·尼克松(惠蒂尔学院1934年级)来说也意味着一个符合他家所属教派的贵格会学院。相比之下,阿尔弗雷德·卡辛(Alfred Kazin,1915—1998,著名作家和批评家)要乘地铁从他家所住的布鲁克林

---

① 此处广泛吸收了下列著作的材料:*The Secularization of the Academy*, ed. Geroge M. Marsden and Bradley J. Longfield (New York: Oxford University Press, 1992); William c. Ringenberg, *The Christian College: A History of Protestant Higher Education in America* (Grand Rapids, Mich.: William B. Eerdmans, 1984)。

② Paula S. Fass, *The Damned and the Beautiful: American Youth in the1920 s* (New York: Oxford University Press, 1977),可对该书做有益补充的是:Raymond Wolters, *The New Negro on Campus: Black College Rebellions of the1920 s* (Princeton, N. J. :Princeton University Press, 1975)。

区前往人数众多的纽约市立学院,而那里的基调是世俗主义和激进主义。①

小学院的一个问题是:大学一般都有一个"文理学院"(college of arts and sciences),专门致力于满足本科生博文教育(Liberal Education)的需要。这些"大学学院"能吸引大多数普通学院难以企及的公众关注,而且主要不是靠报纸体育版上的大量报道。由于它们的课程革新——比如哈佛制订的主修一分配(concentration-distribution)课程计划,哥伦比亚的当代文明课程(由关于战争问题的课程演变而来),教育界对它们颇有嘉许。博文学院可以很容易地模仿这些教学计划,尽管它们不会因此获得具有首创性的美名。斯沃斯莫尔(Swarthmore)学院建立了一个嘉奖制度,其内容包括学业指导、综合考试和毕业论文等方面,从而使该学院被认为能够在传统的"学院生活"之外对最聪明的学生予以激励,由此获得了持久的声誉。斯沃斯莫尔的院长、前罗兹学者弗兰克·爱德罗特(Frank Aydelotte)坚持认为,斯沃斯莫尔可以既是民主的同时又是精英主义的。他被广泛认为是本科生教育的新机遇的代言人。②

新的信心和新的挑战,1940—1970 年

与一战时期一样,在第二次世界大战中高等教育界积极投身于全国上下争取战争胜利的努力当中。拯救国家和打败法西斯敌人是首要的动机,但是高教界也有一个十分实际的考虑,那就是政府的培训计划有助于弥补一个使之伤元气的损失,即男性役龄学生不能正常就学而导致的损失。战争持续了近四年之久,所以有充足的时间来为战后时期作出规划,而各种地方性和全国性的委员会都在研究如何利用战争导致的非正常状态。是不是可以利用军方采用过的浸入式教学法(immersion techniques)来提升语言教学?是不是应该允许紧密的联谊会重新开张?把非学术经历也计入学分是否妥当?这些研究工作中最为突出的是对"通识教育"(general education)计划的倡导。这种计划形成于 20 世纪 20 和 30 年代,以芝加哥大学所推行的课程最为著

① Levine, *American College*, chap. 9.

② Frederick Rudolph, *Curriculum: A History of the American Undergraduate Course of Study Sincd 636* (San Francisco: Jossey-Bass, 1977), esp. 230-231.

名。关于“通识教育”和“博文教育”到底有什么区别曾有过反复的讨论，而这些讨论通常都会达成结论认为，通识教育是更专业化、但仍属博文教育范围的学习阶段之前的那个介绍性、预备性的阶段。这种新的教学计划通常都包含一个“核心课程”(core curriculum)，其中要求要在不同专业之间甚至具体的课程之间进行分配安排。那些为通识教育辩护的人摆出这种教育形式的各种好处，其中包括：一种分享知识的共同体的建立，西方文化传统的传承，以及展现科学的思想方法。在战后年代里，通识教育计划得到了广泛的采用，尽管不时有人出来抱怨这些概论性课程太过浮泛，而且对教师和学生双方都不乏强迫成分。它真的是博文教育的一部分吗？或者，只不过是一种针对中学教育的不足做出弥补的必修课？

通识教育的一些问题来自于战后高校入学人数的迅猛增加。几乎没有一个人曾预料到会有如此之多的人会受益于“士兵权利法案”(GI Bill of Rights)所提供的机会，而更有一些学界领袖公开表示对大量招收基础不佳的学生的担心。但是对已经深受新生入学不足之苦的学院来说，享受政府资助的求知若渴的学生迅猛增加，这无论如何是好事。除此之外，老兵们能够给有点沉闷的博文学院带来一种新鲜空气。虽然退伍军人入学人数在1947年达到顶峰后开始下降，但适龄青年中寻求正式的高等教育的人的比例仍在持续快速上升，以至于连门庭冷落的学校都觉得有必要扩充物质设施、增加新聘师资。尽管大笔联邦政府研究资助都流向大学，但学院也分得了联邦住房基金，可以将之用于宿舍修建。学生入学人数的增加鼓励了新的教育机构的建立，而这些高等教育的新成员通常包括州立大学的新设分部、城市综合大学和社区学院。很少有新的博文学院被建立起来。但有一个的确生存下来并且有所发展的博文学院，是1955年由神召会(Assemblies of God)建立的福音学院(Evangel College)。艾森豪威尔学院建立于1968年，它有一个非常响亮的校名，但没有和教会的附属关系，也没有传统的声望和有组织的校友会，最终以失败告终。

入学人数之所以增加还有一个原因，就是人们关于谁应该去学院就读的态度发生了变化。关于战争的民主意识形态，以及纳粹种族主义的恐怖，促使人们去质疑高等教育，特别是某些私立学院当中实行的那种选择标准。祖克委员会(Zook Commission，由杜鲁门在1946年委任的总统高等教育委员会)宣称，高等教育应该不再局限于“造就一个知识精英群体”，而且总人口当中将近有一半在智力上是有资格去接受高等教育的。它建议削弱经济、种族和地理等方面的障碍,并扩充课程内容。该委员会的报告呼吁对通识教育给予支持,宣称通识教育“与博文教育相比没有显著的差异”,但却能避免后者“最初的贵族化的内涵”。博文学院一方面憎恶针对其所谓招生政策不民主的指责,另一方面又希望生源不断扩大以保持招生人数,为此常常感到左右为难。全美学院联合会的争论显示:关于是否应该认真对待祖克委员会的建议的问题,其内部存在着尖锐的分歧。学院共同体的同质性有没有被损害的可能?新来的学生倾向于坚持要得到更直接的职业上的回报,博文教育的标准会因此而面临堕落的危险吗?部分地是因为有这些顾虑,全美学院联合会在 1959 年作出决定,将其下属刊物《公报》这个干巴巴的名称改为“博文教育”①。

尽管“多样化”并不是作为以后发展方向的口号,但多样化的程度的确有所提高,即使是在那些保持种族和宗教身份的学院里也是如此。犹太人和天主教徒学生和教师在纯粹的新教学院里也越来越多见。相对少见、但也算得上明显的情况是,非洲裔美国学生以象征性的数目出现在曾经“纯白”的学院里,而且偶尔会有几个白人去上后来所谓的“历史上的黑人学院”。但是这种新出现的开放性远非战后学院最显著的特征。到 20 世纪 50 年代时已经看不出会发生另外一次经济大萧条,反而是繁荣的经济孕育着巨大的学龄人口,而这群人都把学院看做是通向美好生活的一条道路。男女生联谊会又雄赳赳气昂昂地回来了。一个人们所熟悉的制度理念依然继续存在,这个理念就是:博文教育是为了生活,而不是为了讨生活。但是与这个理念相联系的做法却变得更多,形式也更加多样。课程被拓宽了,艺术探索就有了更大空间;海外学习的计划被制订出来,出国旅行就可望又可及;宿舍环境大为改善,今后体面舒适的家居生活也就有先例可循。本科女生的数量上升了,但她们在学院入学人数当中所占的比重却下降了。许多女生因嫁人而退学,而那些坚持到本科毕业的女生也很少再去攻读更高的学位。有人对男女生都显得过于单调一致感到担心,说这简直是沉闷的一代。在某种程度上,学生的情形正是教师的态度的反映。伴随着冷战的紧张局势,人们既害怕苏联的野心又担心麦卡锡主义的泛滥,教师们虽不会完全放弃,但也不大敢表达那些有点激进的思想。对于那位在国会的一个委员会前申述自己享有第五修正案所赋予的权利的狄金森学院的教授,这个小学院无力保护他免于被解

① Hawkins, *Banding Together*, chap. 8.

聘。一些被解职的激进派被专门招收黑人的小学院收留,但即使在这里他们有时还会被穷追猛打,直至再次被扫地出门。①

在数字指标的竞争方面,博文学院理所当然地处在了下风。在20世纪50年代中期,它们占高等教育机构总数的40%,招收学生占全部学生的四分之一;但到1970年时,这些学院的数量所占的比重下降到大约四分之一,招收学生的比重更是下降到大约8%。②即便如此,在50年代日益繁荣的学术世界里,博文学院还是可以找到乐观的理由。在1964年,四年制学院的平均在校生人数在1 700至1 800人之间,仍然低于大学的水平;而大学的那种巨人症据说会导致共同体的丧失,并引发教学质量下降。申请入学的人数的上升使得那些比较著名的学院变得更加出色。通常它们会利用这个机会来提高新生的知识水平,而且也逐渐地扩大学生群体在种族上的包容性。准备上研究生的本科生越来越多,博文教育也在更大程度上被认为是为更重要的专业教育的一个预备阶段,这在无形中降低了博文教育的身份。但是这种趋势也推动学生更加用功,以争取获得有竞争力的成绩单。不可否认的是,大学那种关于研究和专业基础的理念一直在影响着学院。教师们也越来越多地把他们自己接受研究生教育的经验挪到自己教授的课程里。年轻教员中有人把自己在学院里的教职视为进入大学的跳板,这些人会很在意他们在研究生院的导师如何看待自己,而且四处寻找机会到专业学术会议上展现自己的研究工作。

许多历史学家认为,60年代开始于1965年前后,而结束于70年代初。无论如何,这种纪年法都有助于说明学院学生方面两个互不相干的变化趋势。第一,1965年《高等教育法》和1972年的《教育修正案》作出有关向本科生个人提供直接补助和贷款的规定,这样就消除了联邦政府对私立学校没有予以恰当支持的说法,同时为联邦政府的大规模资金支持打开了大门。第二,在一系列反对种族主义、反对学术官僚化、反对越南战争的造反抗议活动

---

① Ellen W. Schrecker, *No Ivory Tower: McCarthyism and the Universities* (New York: Oxford University Press, 1986).

② 关于有关博文学院统计的数据方面的困难问题,参见:Alexander W. Astin, "How the Liberal Arts College Affects Students", (*Daedalus*, Vol. 128, No. 1, 1999) 77-100; Michael S. McPherson and Morton Owen Schapiro, "The Future Economic Challenges for the Liberal Arts Colleges", *Daedalus*, Vol.128, No.1, 1999) 47-75; See also Charles J. Anderson et al., comps., *Fact Book on Higher Education* (New York: Macmillan, 1989), 138。

中,学生成为了主角。这种局面在很大程度上是由媒体造成的,在一段时间内民意测验显示“学生造反”是公众最关注的问题。在一个不断出现立法突破的时期,新的用于学生的联邦经费在公众中并不特别受到关注。但是学校的主事者们都很清楚地知道他们的学校前景看好。从此以后他们就可以更容易地提高对学生的收费,而学生和家长们通常会到“财政助理官员”(financial aid officer)那里搞到一揽子补助、贷款和各种优惠,这样他们似乎就能花得起高等教育的钱了。教师们觉得他们的工资水平在提高,他们的学生的经济背景也开始变得更多样化了。私立学院的工资水平久已是原地踏步,以至于似乎有必要把那些智力欠佳但能付得起学费的学生收进来,而联邦政府的计划给重压下的私立学院带来明显的好处。当然,这些问题还都没有完全解决。

至于“学生造反”,从运动在别的地方发端到其波及学院,其间是有个时间差的。最初是在伯克利、哥伦比亚和其他大学出现了罢课和占领学校大楼的事件,在这里有时甚至闹到瘫痪学术活动的程度。学院当然不可能不受学生抗议风潮的影响,正如学生们不可能对种族公正、反对学校管制和反战运动的号召无动于衷一样。一些来自博文学院的学生运动领袖即使不是超级明星,也算得上是引人瞩目了:俄亥俄州卫斯理学院的玛丽·金(Mary King),斯佩尔曼学院的鲁比·多里斯·史密斯(Ruby Doris Smith),还有亨廷顿学院的鲍勃·泽尔纳(Bob Zellner)。先在威廉斯学院、后来到了耶鲁的威廉·斯隆·科芬(Wiliam Sloane Coffin)更是典型地代表了那些能把学生煽动起来去冒险挑战现状的学院牧师。学院常常号称有学院气氛,有时这种学院气氛的确能起一点作用,因为这里会经由教师会投票决定停课,以在全校范围内进行讨论。如果在学院里发生学生在院长办公室里静坐示威的事,一般更有可能的结局是展开坦诚的交流,而不是逮捕学生了事。尽管如此,学院并不能因此而免受伤害。在奥伯林学院,示威的学生被施以催泪瓦斯;在斯沃斯莫尔,院长在校园抗议的喧嚷中因心脏病突发而身亡。

学生抗议的时代有没有留下什么长期的好处?大多数学院会积极评价学生的经济和种族背景的多样化,也会认为使学生参与决策常规化是一件好事。在课程方面,通识教育的计划经常不了了之;而黑人研究领域里新设立的项目和系科却开辟了一种潮流,使得妇女和各种族的学者此后得以有更多的机会开设课程并获得承认。在大多数学院里被丢弃的是强制性的体育课和牧师的出场,以及对宿舍生活的严格监管。在一月安排一个单独的短学期,使得学生可以去参加自由选修课程,或者可以离校外出。在60年代出现的新的实验性学院当中,大多数变得越来越传统,但是私立的新罕布什尔和公立的爱沃格林(Evergreen)学院却想方设法存活下来。它们通过各种方法使这个时代的一些理念被纳入制度化轨道,包括学生自建档案而不是用成绩单,以及鼓励学生自己设计课程。然而,在声名狼藉的60年代结束以后,这些变化却又成了外部的批评对象。

60年代以后:冷静清醒和管理主义

尽管"杰出"学院长久以来就自认为它们与"地方性"和"教会"学院之间有明显的区别,但1970年出现了一种运动,使得学院之间的区别更加清楚。全美大学教授联合会(American Association of University Professors,AAUP)一直认为,在其发表的教授工资福利的统计报表中不应该把四年制学院和大学混在一起,这在那些工资水平接近大学的较高标准的学院中引发了抗议的声潮。实际上,全美大学教授联合会发布的统计一向被这些学院的教授会用来作为提高工资的依据。一些学院声称,它们能够而且应该与哪怕是最好的大学在学生和师资方面展开竞争。全美大学教授联合会动了些慈悲之心,开始单独就"一类博文学院"发布报告。此后不久,由卡内基基金会发起、克拉克·克尔领导下的研究委员会试图对中学之上的教育机构进行分类,发表了题为"三千个未来"的报告。其结论部分以委婉的用词将博文学院划分为"杰出"(selective)和"较不杰出"(less selective)两类,而且对其中所使用的指标进行了小心翼翼的解释。

当然实际上学校的声望等级序列要复杂得多。在某一个方面较弱的学院会强调另一个方面:如果某个学院的考生没有高的学术能力测验(SAT)分数,那它就会拿出一个三年级海外学习的计划;如果某个学院教师当中博士学位获得者的比例不高,那么它就会夸耀自己在环境研究方面的专长。学院这样做是不是有一种制度性的势利心态?答案是肯定的。那么学院之间是不是有一种在其中互相帮助的共同的事业?答案同样是肯定的。同一地区的学院群体,比如五大湖地区的学院,就建立了许多互相帮助的渠道,包括跨学院注册和共享图书馆资源。全美学院联合会扩大了其中心办事机构,越来越多地接受其他类型复杂的学校,并最终改名为"全美学院和大学联合会"。

在这个过程中出现了各种小规模学院领导人的集会。所谓安纳波利斯集团(Annapolis Group)每年将15个小寄宿制博文学院的院长召集在一起。这些院长们有意识地避免形成制度化机构,他们的活动限于讨论共同的问题以及为应对这些问题而设立计划。

很难找到一个恰当的用语来说明60年代所发生的全部事情。对抗,保守派的反动,艰难的时代,麻烦的时代——这些语汇都不足以说明学术生活所面临的危险,也不足以凸现对各种新旧困难加以冷静关注的必要性。在入学人数六年下降了35%之后,博罗伊特学院(Beloit College)在20世纪70年代将其教师人数削减了三分之一,而且开始设立"应用性博文"课程,比如博物馆管理之类。然而在总体上,长久以来一直在被预言的入学学生人数下降来得并不那么快。到1984年,高等教育总人数才有了第一次下降。部分地由于低生育率已经使人们预见到入学人数下降的趋势,高等教育机构实际上已经采取了各种计划来吸引"非传统型的"学生。通常这是指年纪比较大的学生特别是女生。而且学院还作出新的努力来招收那些"处境不利的学生"或者"有色学生",虽然其中不乏社会公益方面的动机,但的确也有助于使教室里的学生满起来。类似的情况还有从单性别学院向男女合校的转变——这种情况多见于男子学院,因为许多女校坚持认为它们要满足一种专门的需要。动机可能是性别平等,但通常学生缴纳学费在固定支出中比例的上升也是一个实际的好处。人们曾担心"里根革命"会大幅削减联邦援助计划,后来被证明这当中有夸大的成分。在华盛顿为高等教育游说的人以往曾多次受挫,但现在也摸清了门道。

一个严重的事实逐渐显现出来:和政府的资助一起到来的是政府的规章,高等学校的官员要制定相应的目标,要采取措施实现男女同酬。尽管种族歧视和性别歧视都是法院追究审理的对象,但后者受到的重视更多。最高法院就格罗夫市立学院(Grove City College)一案作出的裁决判定,联邦对一个学院里的一个项目的支持不能被用来作为将整个学院纳入民权规章的前提;但此后国会又通过了一个新的法律来扭转这个决定的后果。联邦政府的介入就此被固定下来,而学院官僚机构也相应地扩充,以应付这种局面。

大学很久以来就一直在行政管理方面进行着努力,而学院之所以自称有独特性,其中一个方面就在于它们认为自己没有庞大的官僚机构的掣肘,能够集中力量对付教师和学生之间的对立。然而现今学院发现它们无论在外部关系上还是在内部秩序上都需要新的管理人员。有时教授们很乐意见到新设一个院系领导人(dean)来取代一个委员会。但更多的情况是,他们会抱怨执行规定的方式太过强硬,会不满预算中用于行政的部分陡然增高。管理工作越来越多地由外来的具有相关专业高级学位的人员承担,而不是由兼任院系领导人的教师来执掌。对学院院长们来说有些痛苦的是,教师们越来越多地把他们视为管理层的头目,而不是"我们的老大"(primus inter pares)。院长在学院里的下属向来就不是省油的灯,现在他们给院长增添了更多更大的麻烦。院长的任期缩短了;那位深受爱戴的"凯西"·瑟尔斯("Casey" Sills)曾在鲍都因学院(Bowdoin College)院长的职位上做了34年之久,这种情况如今听起来像是另外一个时代的事。① 管理上的做法,还有索尔斯坦·维布伦所嘲讽的那种管理人员的语言,都损害着学院以往所自矜自夸的共同体气氛。"成本核算"、"废物管理"、"邮寄广告",甚至"吞吐量"之类的词开始不绝于耳。难道一个招生官员的嘴里应该吐出"产量"和"储备物资"之类的字眼吗?谈吐考究的教授会大摇其头;但在电脑和电脑行话充斥着校园上下的时候,显然对技术术语发动的战斗是打不赢的。

在得到董事会支持的管理人员的主导下发生了各种变化,其中一个就是取得终生教职的门槛的提高。曾几何时,一个年轻教师如果和同事相处得不错,又能博得学生的欢迎,那么他就不必担心"留下来"的问题。但到了70年代的经济滞胀时期,随着基金投资收益的减少和物价的飞涨,级别低的教师就得面对更严格的考核了。进入80年代,由于有了新的联邦法律规定禁止因为年龄而强迫退休,对学院里的终身教职过多的担心就更甚了。由此青年教员承受巨大压力,而这对所谓学院是个温暖的共同体的说法不啻是一个讽刺。学院方面省钱的办法是雇用兼职教师和访问教师,而他们是不存在终身教职的问题的;而且他们也不太会觉得自己是以往那样的学术"大家庭"中的成员。

这样一些问题对福音会的学院来说是不是要少一点呢?共同的宗教信念是不是能以一种特别的方式把管理者、教师和学生联结在一起呢?不能断定。20世纪后期福音会在学术教育上的重大成功的范例是俄克拉荷马的奥洛尔·罗伯茨大学(Oral Roberts University)和弗吉尼亚的自由大学(Liberty

① 关于校长所面临的挑战,参见 Clark Kerr and marian L. Gade, *The Many Lives of Academic Presidents: Time, Places and Character* (Washington, D.C.: Association of Governing Boards of Universities and Colleges, 1986)。

University),这些都是由原教旨主义的魅力型领袖创立、又为电视观众所支持的大型学校。在1988年,自称有教会关系的学院的运营费用中仅有1%来自教会。加尔文学院(Calvin College)存活下来了,但在1967—1990年间有167个私立的四年制学院消失了,包括那些曾经作为某个教派的子嗣而颇被看好的学院。由于费用上涨和单性别学校吸引力的下降,天主教女子学院所遭受的损失尤其惨重。一些天主教女子学院干脆关门大吉,另外一些则并入附近的天主教男子学院。在20世纪90年代,四年制学院在全部高等院校总数中所占的比重下降了,其本科生在高等教育机构的本科生总数中所占的比重也下降了。

在新的危机中有些学院展现出令人惊异的适应能力。校友们以捐赠资金的方式来表达他们的忠诚;私人基金会仍然认为教育是一个有价值的公益捐赠对象;商业公司的捐助也并不总是有附加条件。一个学校的“私立”色彩越强,来自这三个领域的支持就越慷慨。有时这是因为人们持有一种信念即政府对教育的影响是危险的事。也许还有一个原因是,在一个时刻不停地变动着的国家里,人们所居住的街区、城市以及工作关系变换越来越频繁,这使得他们关于学院年代的记忆更显得温暖。还有,或许学院的确为其毕业生打开了通往更好的生活的道路,从而得到感谢和回报。无论如何,扩张了的学院官僚体制中一个越来越专业化的分支机构会专心致力于筹集资金。无论这个分支机构在一个什么样的委婉名称下运作,它都需要一个更大的行政管理机构编制。但是教师们几乎无法去憎恨他们因此而在学术资金、工资、研究支持和校舍建设方面所得到的好处。

60年代以后出现了有反动的趋向部分地集中在课程方面,所针对的是不断强化的选修课制度和课程的膨胀。受到较多关注的文件包括全美学院联合会的一个委员会批评“超市课程”的报告;以及教育部长威廉·本尼特(William Bennett)主持下的一项研究报告,后者赞扬三个属于显然“较不杰出”的学院坚持核心课程的做法。① 拉塞尔·柯尔克(Russell Kirk)的《高等教育的堕落和复兴》的出版引发了后来许多类似著作的问世。柯尔克在书中抨击了“巨兽州立大学”(Behemoth State University),指出小型博文学院是修

---

① *Integrity in the College Curriculum: A Report to the Academic Community* (Washington, D. C.: Association of American Colleges, 1985); William J. Bennett, *To Reclaim a Legacy: A Report on the Humanities in Higher Education* (Washington, D. C.: National Endowment for the Humanities, 1984).

复永恒价值的希望所在。他赞扬了两个天主教学院即加州的托马斯·阿奎那(Thomas Aquinas)学院和密苏里的纽曼枢机主教(Cardinal Newman)学院的办学路线,也赞扬了马萨诸塞州的一个新教学院即戈登(Gordon)学院。① 但是后来又有一些拥有更多读者的书——特别是阿兰·布鲁姆的《走向封闭的美国精神》——攻击学院的学生激进分子和教师中的相对主义者。这些书在抨击“大学”的同时,却也没有表示说小学院可以提供更健康的选择。实际上最杰出的学院通常都有一点共同之处容易引起外界不满,即它们在课程自由和行为自由方面持相当开放的态度。但的确也有一些学院开始自问,在课程的多样化和学生的自由选择上是不是走得太远了。在1981年举行的一项质询调查中,古斯塔沃斯·阿道夫斯学院(Gustavus Adolphus)的每门课程都受到了挑战。一些课程被取消了,但一组必修的核心课程被确立下来。

无论当年那些更有理想主义色彩的年轻抗议者曾造成了多大的混乱,现在回想起来都很难不对他们怀有某种好感,特别是当我们看到,后来的学生们急剧地转向自身的功利和经济方面的目标。经济上的滞胀使得人们面临这样的问题:他们在经济上能否企及他们父辈那种水平的安全和舒适,而他们的父辈还更多地怀有生活水平一代胜过一代的美国梦。但是除了艰难时世的担心之外,律师事务所和大公司闪亮的招牌也是有吸引力的。到各人文学系科就读的学生人数下降了,而商业方面的研究生专业之热门的情形超过了其他各个专业,其招生人数到1980年已占据了总数的16%。不设商业专业的精英学院仍然可以看到越来越多的公司招聘人员在校园里安排集会,并告诉那些有兴趣的毕业生:他们在博文教育中所获得的技艺在商业领域里是非常有用的——实际上这种技艺正是他们所寻找的。如果学生在公司里节省下来些钱后想去攻读工商管理硕士,那他们在博文学院的履历也有用处。没有人能想得起来,职业主义是什么时候开始在博文学院里如此盛行。一个经常可以听到的问题是:“我的家人想要知道,如果我读你这个系,将来我能做什么?”在1970—1987年间,怀着“富起来”的目的入校的学生的比例由39%上升到76%。然而此后却出现了相反的发展趋势,越来越多的新生表示他们的愿望是建立起“有意义的生活哲学”②。

① Russell Kirk, *Decadence and Renewal in the Higher Learning: An Episodic History of American University and College since1953* (South Bend, Ind.: Gateway Editions, 1978).

② Eric L. Dey, Alexander W. Astin, and William S. Korn, *The American Freshman: Twenty-Five Year Trends,1966 1990* (Los Angeles: Higher Education Research Institute, 1991), 23.

和任何制度一样,美国的博文学院从来是在变动的社会环境的影响下不断变化的。和任何学术制度一样,它们对现有知识存量中的变化作出反应,其速度比研究机构和大学慢,却比它下面的学校快。由于政府和非政府的集中控制不强,所以博文学院已经由其标准的模式经历了各种发展变化。一些学院采取了富有冒险精神的革新,一些学院自身作出一些改变以适应特定的环境或者需要,大多数学院却只是勉强地逐渐脱离其传统的行事方式。到20世纪初,以及在整个20世纪里,关心这些学院的公众已经接受了关于"博文学院"的相对稳定的含义——具体而言,它是一种四年制高等教育机构,其职能集中在向年龄在18—21岁之间的学生提供文学士学位的培养;同时,这种学校抵制高度专业化的培养方向,坚持实行一种有相当广度的培养计划。博文学院之所以执著于这种理念,其动机之一在于一种可以理解的自我期待,即通过申述其自身独有的特性而为其作为一种制度的生存提供理据。然而,其最高远的动机却是来自另外一个期望:博文学院将开发培育多种兴趣和能力,而这些兴趣和能力将不仅充实学生个人,而且将造福社会。

(牛可 译)

重估研究和教学的关系：博文学院和社会科学①

苏珊·C. 鲍尔克

一段时间以来人们已经注意到，博文学院在美国的哲学博士学位的生产上占据了举足轻重的地位。这种情况不仅出现在人文学和自然科学领域，而且在社会科学方面也是如此。相关统计数字会很自然地激起人们的疑问，促使他们去考虑那些最好的博文学院采纳了什么样的教学方式，以及本科生在博文学院的情况究竟如何。然而，关于这些学院何以取得如此不同寻常的成功的问题，却没有得到学术界的很多关注。② 1988 年的高等教育统计处(Higher Education Data Service, HEDS)的数据显示了社会科学领域的博士学位获得者的学士学位的来源情况。③反映学校规模的加权统计数字显示，产生博士学位的十大学校依次是：斯沃斯莫尔(Swarthmore)学院、托马斯·阿奎那(Thomas Aquinas)学院、里德(Reed)学院、布林·毛尔(Bryn Mawr)学院、芝加哥大学、博罗伊特(Beloit)学院、施莫尔(Shimer)学院、哈佛大学和哈沃福德(Haverford)学院。在前 30 位产生博士学位的学校中只有六个研究型

① Susan C. Bourque, "Reassessing Research: Liberal Arts Colleges and the Social Sciences", *Daedalus*, Vol. 128, No. 1, 1999.

② 关于博文学院的作用，已有的开创性研究是：M. Elizabeth Tidal and Vera Kiskiaowsky, "Baccalaureate Origins of American Scientists and Scholars", *Science* 193 (20) (August 1976): 646-652; and "Women's Colleges and Women Achievers Revisited", *Signs* 5 (Spring 1980): 504-517, and Robert a. McCaughey, *Teachers and Scholars: The Faculties of Select Liberal Arts Colleges and Their Place in American Higher Learning* (New York: Conceptual Litho Reproductions, 1994)。

③ 此处分类表中的社会科学包括经济学、政治学、国际关系、人类学、社会学和其他社会科学学科，但不包括历史学。

大学:芝加哥大学(第五)、哈佛大学(第九)、耶鲁大学(第十四)、布兰代斯大学(第二十五)和加州大学圣克鲁斯分校(第二十六)。①

对这个现象的一个解释可能是,博文学院中从事原创性研究项目的本科生的高比率。当涉及自然科学的情况和妇女的情况时,这个理由会更加突出。这些项目可能是个人的,比如本科生论文或者某个课程中的特别研究题目;但更明显的情况是,这些本科生可能会承担作为教师的研究助理的任务。而在研究型大学里,处于同一阶段的本科生可能根本没有机会充当教师的研究助理。因为在研究型大学里,首先是研究生有资格申请研究助理的职位。而且,研究型大学里的教授们毫无疑问地认为他们的首要职责是为他们的研究生提供专业研究训练。而在博文学院里情况则与此不同:这里唯一的关注对象就是本科生,而且教师实际上只能从训练有素的本科生中招纳研究助理。所以,聪明而有求知欲的本科生就会得到机会,在社会科学领域里亲身领略学术生活,而且有可能通过系统地探究有兴趣的问题而获得巨大的满足。这些学生会更倾向于把他们自己想象为社会科学家,或者更乐于继续从事社会科学研究工作。

博文学院重视教学工作而且在这方面具有很高的质量,这一点长久以来就为人们所注意。最近罗伯特·麦考吉的研究显示,优秀的博文学院的教师群体强烈地支持这种重视教学的原则。② 博文学院的各级教师中多数人持有顶尖研究型大学的哲学博士学位以及顶尖的博文学院的文学士学位。他们当中很多人期望在自己的职业生涯中将从事学术研究和致力于本科生教育两者结合起来。

而且,如今顶尖博文学院的教师们都很清楚地知道,在对他们的提升和

① 1998 年高等教育统计处的统计数据的对象是“1986—1995 年间各学校学士学位毕业生获得博士学位的总人数,以及 1986—1995 年间获得博士学位的毕业生总人数和所列入学校在 1980—1989 年间所授予的学士学位总数之间的比值”。根据高等教育统计处关于 1980—1989 年获得哲学博士学位的数据,McCaughey 也发现了类似的情况,*Teachers and Scholars*, 94.

② 麦考吉选择和研究了二三十个博文学院的教师群体,其中包括阿默斯特、巴纳德、博罗伊特、布林毛尔、卡勒顿(Carleton)、科尔盖(Colgate)、哈沃福德(Harverford)、霍巴特(Hobart)、诺克斯(Knox)、劳伦斯(Lawrence)、蒙特霍利约克(Mount Holyoke)、奥伯林(Oberlin)、波莫那(Pomona)、里德、史密斯、斯沃斯莫尔、瓦萨尔(Vassar)、威尔斯利(Wellesley)、卫斯理(Wesleyan)和威廉姆斯(Williams)等博文学院。他把这些学院列为杰出博文学院,指出这些学院自 20 世纪 70 年代以来经历了一系列变化,由此使它们成为一种新型教师兼学者——既注重研究又注重本科生教学的教师——的会聚之地。

终身教职进行评审时,既要考察学术研究方面也要评估教学方面。各个学院在对研究和教学两者之间的平衡的掌握上各有差别;越杰出的博文学院越注重研究方面,而更多的学院对两个方面都予以同等重视。所以对一个有志于在顶尖博文学院取得教授职位的青年学者来说,是不是有一个自己的研究计划就至关重要了。这种对研究的新态度反映了博文学院内发生的另外一个重要变化,而且正如我在下面将要讨论的,这种新态度对博文学院的教师和管理者都既带来机遇,又构成挑战。

一系列发展变化使得杰出的博文学院重新认识研究的重要性,这导致了一种新型的实践教学(hands-on teaching)和研究训练的出现,在本科生教育上产生了可喜的效果。博文学院在开始注重博士生培养的同时,也认识到它们能够给学生提供一种独特的经验。于是就会有这样一个问题:博文学院如何能够最大限度地作出它们特殊的贡献?在一些学院,这个问题促使人们去讨论如何重新调整教师的工作负担,以鼓励他们与学生一起在研究实践中独立开展工作。如今学院通常能够给教师提供经费,以使他们能聘请学生研究助手,在正常的学期里情况是这样,在暑期研究和实习项目当中情况也是这样。现在许多学院把教师在获奖学生论文、研究项目和实习指导等方面的工作纳入教师的教学工作任务。许多学院将把"一对一"的教学纳入其师资发展计划当中;关于如何使教师为承担这一责任做好准备,这些学校将可能发挥指导和领导作用。这个做法将使本科生大为受益。所以,虽然杰出的博文学院已经确立了注重教师研究工作的方针,但其采用的是一种将研究和本科生教学相结合的独特做法。

我在这个问题上的想法在更大程度上不是来自坚实的数据,而是来自我个人活生生的观察。我看到,在博文学院环境中,有才华的本科生得到了机会,学生和教师之间教学相长,产生了卓有成效的互动。在我所在的学院里,一群教师在20世纪70年代末得到了一项资助来开展一个密集的跨学科研究项目,在这个过程中他们把学生研究助理也纳入了计划。他们设计了一个暑期讨论班,由一位有能力跨越学科边界的杰出学者来主持。尽管在第一届暑期班时教师们大大低估了他们训练和指导本科生研究助理所需要花费的时间,但体现在学生身上的效果是极为显著的。在他们学术生涯的早期阶段,他们就已经加入了一个学术团队,致力于"创造新知识"和"跨越学科边界",获得了激动人心的经历。这些学生研究助理中有很多人后来继续接受研究生阶段的深造;而且正如高等教育统计处所作的数据所显示的,很多人最终获得了博士学位。

对教师来说,在研究计划中任用一名本科生意味着研究计划必须因此而加以重新设计。对刚刚获得博士学位的一个新任教师来说,这意味着其事业启动阶段的一笔相当丰厚的投资。另一方面,这个经历也可能是解放性的——促使他超越以往博士论文的狭窄范围而进入一个内容更广泛或者更容易为人所了解的研究课题。

更有效地发挥本科生研究助理的作用,意味着不仅仅把他们当做查阅文献或者复印资料的工具。为了达到这个目标,就往往需要在研究计划的设计中根据本科生的实际研究能力选列问题。人们认为,即使是诸如查找文献和工具书、检索文章以及图书馆和因特网查询之类的寻常工作任务,也会培养出某些出色的研究技能。一旦这类平常的工作任务成为一个更大的研究计划的组成部分时,这种工作就成了激动人心的事业,特别是对那些刚刚涉足学术生活的年轻人来说更是如此。而且在博文学院的环境中,人们有可能亲眼看到一个学生成长进步的全过程:开始时学一点基础的研究技能,后来逐渐成为一个熟练的助手,可以帮助设计和完成属于学院自己的高水平研究计划。我在史密斯学院的同事们就有人在学术文章中把自己的本科生研究助理作为合作者加以署名,或者带着他们出席学术专业会议,这种情况虽然仍属引人瞩目,但已不再是罕见之事。在这些学术会议上,本科生们可能会有机会发表自己的研究成果,并得到专家对自己的研究工作的评论。进而这又有可能成为一种重要的鼓励因素,推动这些学生下决心继续研究生阶段的深造并从事学术职业。

博文学院的特点是其规模:它们比研究型大学要小,所以它们的工作任务的范围也相应地更有限。这给它们的学生带来了巨大的好处,特别就制度性的精神特质和根据学生需要加以设定的制度结构方面而言,学生们得到的好处就更大了。这意味着教师们必定很容易为学生们所接触到,意味着他们必定会全心全意投入本科生教学。对本科生而言不利之处在于,学院所能提供给他们的各种机会和重大项目可能比较有限。一个有150—200人的学校不可能提供和规模比它大三四倍的大学一样多的课程。尽管如此,博文学院一般比研究型大学有更合理的学生、教师数量比率,因此虽然其课程的选择范围较小,但这种不利之处又可为更多的对学生个人的关注所冲淡。

对博文学院来说,因规模方面的原因而造成的挑战有两个方面。第一,关于能够教什么、关于教学内容的范围应该有多宽才能避免浪费或者过度分散资源的问题,必须作出重要的选择。这可能是一种化不利为有利的事,因为这能促使一个学校分清主次、集中力量。这还可以导致跨学科的合作和跨学科的创造力。在一个小规模的学院里,社会学家、经济学家和政治学家可能要在同一幢办公楼甚至同一层楼里办公。这样博文学院更小的规模就有可能促进跨学科的对话,使得学科界限不那么泾渭分明,使得跨学科合作更加容易进行。当然,这并不是说分歧、冲突和争论会因此而有所减少。

虽然博文学院较小的规模会迫使其教师跨越传统的学科边界的局限性,但这样做也可能带来专业上的风险。但由于教师在这里能够研究自己感兴趣的问题,这种不利经常是可以被弥补的。而且跨学科工作能够对传统学科产生影响,拓展学科的边界,所以这当中的专业风险又会因此而大大降低。这里的关键是使教师始终参与跨学科对话,而这要靠合理地加以安排的师资开发基金来加以促成。

博文学院因为规模较小而具有的另外一个效应是:如果它们要保证质量,就必须花大力气来提高师资水平。博文学院认识到积极投身于学术研究的教师群体将对学院作出重大贡献,所以它们将大力推进教师的专业学术活动,支持教师的研究计划,鼓励教师参加专业学术会议。而且,博文学院十分注意帮助教师提高他们的教学,其采用的方式包括两种:第一,帮助研究生在其学术生涯的初始阶段就参与本科生的教学工作;第二,努力使有经验的教师的教学工作保持一种有活力有创新的状态。

博文学院对社会科学的贡献超出了这些学院各自的校园范围。它们的贡献也体现于其教师在全国性专业学术组织中所扮演的角色。比如,美国政治学联合会(the American Political Science Association)就作出专门的努力,以使来自博文学院的教授进入学会的领导层。这一举措部分是象征性的,因为有大批政治学家是在不被归入研究型大学行列的学校里教书。但是很多人也认为,政治学上(或者在其他社会科学学科中)最好的一些教学工作很可能是在博文学院里。①

未来社会科学领域里的哲学博士不会都到研究型大学里去教书,尽管他们当中大部分人是在研究型大学里得到学位。他们必须既是有能力和事业心的教授,同时又是新知识的生产者。由于在博文学院里教学显然不是一种

① 在此我要感谢美国政治学联合会执行主任凯瑟琳·拉德尔(Catherine Rudder),她给出了此处的看法,并就博文学院对政治学的贡献提出了其他富有洞察力的评论。

次要的或者边缘性的活动,所以当专业学术组织想要提高其专业内的教学的质量(特别是那些旨在向研究生传授如何教学的计划的质量)时,它们就往往会求诸其在博文学院的同行。

大多数杰出博文学院的教授在专业上保持着活跃状态,并致力于研究工作,所以他们对全国范围内社会科学的讨论持续地作出自己的各种贡献。麦考吉对优秀的博文学院的研究显示:这些顶尖学校里的教师群体的学术生产力即使不能超过许多研究型大学的教师群体,至少也与其不相上下。而且他的研究还显示,这个研究方面的成就的实现不仅不是以牺牲良好的教学质量为代价而取得的,而且这两者之间似乎是相辅相成的。在社会科学领域,来自优秀博文学院的学者望重学林,声名远播,被顶级研究型大学的学者视为同侪,这种情况并不少见。①

博文学院能否吸引到最优秀的研究生来加入它们的教师群体,直接关系到它们能否继续取得成功,以及它们在社会科学领域里能否发挥重要作用。那些有意争取顶级博文学院教席的人必须确认的一点是:他们愿意在教学上投入巨大的专业努力。而且他们必须对自己能够有效地把充实的研究计划和教学结合起来抱有信心。如果他们是博文学院的毕业生(根据高等教育统计处的数据,他们当中的确有许多人出自博文学院,而麦考吉也证实了这点),他们已经清楚地了解这些学校有什么样的吸引力。② 另一方面,高等教育统计处的数据是经过加权的,所以许多社会科学的博士是缺乏这种经历的。如果他们的研究生教育不重视教学,或者有关方面获悉他们期望的职位是在研究型机构当中,那么许多有才华的社会科学家就不会成为博文学院的教席的候选人。根据我的经验,当我们要和一个以往没有学院经历、但又是我们极为需要的候选者打交道时,会有特别尖锐的问题。研究型机构经常能提供一些我们无力提供的一揽子机会,比如一个为期两年的博士后研究职位,随后还有一个列入终身教职轨道(tenure-track)的职位。而博文学院所能提供的是一个为期四年(或者五年)的有学生研究助理的授课任务。如果你还没有决定要投身于博文学院的环境,或者甚至还不熟悉这种环境,那么这两种条件是没有办法相比的。

研究生培养计划经常强调研究而排斥教学,但却不对两者之间相辅相成

① McCaughey, *Teachers and Scholars*, pp. 65-88, 105-116.
② Ibid., p. 51.

之处作出说明。顶级的博文学院极少明确说明它们为提高其教师在研究和教学两个方面的工作而付出的努力,这种情况依然如此。也许在目前这种重新关注教学和责任的气氛中,已经是时候该让公众更全面地了解这种兼重教学和研究的做法给学生带来的好处了。

(牛可　译)

大学改革和城市治理的新型人才培养①

卡蓝默

亲爱的朋友们：

我们今天又重逢了。

昨天我们谈到了作为一种世界治理新挑战的老城改造、人类遗产保护，今天我们要谈大学改革和城市治理新型人才的培养。好像一个演员，昨天演悲剧，今天演喜剧，有点频繁地更换角色，但是这两个角色都是十分重要的。

很显然在昨天我的报告结尾的时候，我谈到了关于未来社会世界的新型教育和培训。用未来社会所要求的新型的知识去治理一个社会，城市遗产或其他的协调管理。因为我们的青年精英将担负着指导未来社会的责任，所以考虑大学的改革成为当务之急。

我看到了一对危机，它们是相辅相成的，一个是作为未来世界基本单位的城市治理当中的危机，另一个是提供未来世界管理者的大学教育的危机。我今天想和大家共同探讨我的这一发现和关注，阐述我针对这个问题的一些思考和我的一些信念。大家可能还记得，昨天在我们的报告会上我曾经谈到过，国家主权意识仅仅存在了300多年，始于《威斯伐里亚协约》。昨天提出的问题是产生于300年前的这种国家主权机制是否还能适应我们今天的社会。今天我提出另一个问题：产生于德国18、19世纪洪堡(Von Humboldt)时代的大学机制是否还适应于我们今天的社会？

洪堡大学当时的思路其实是一个长期历史的取向，这一历史取向产生于中世纪时代。在宗教与世俗势力的斗争当中，各种各样的学科不断产生。这

---

① 本文为卡蓝默(Pierre Calame)2004年4月在北京师范大学的演讲。

些新的学科要证明自己存在的正当性，就在自身建构中逐渐走向了办学建设。过去的大学是宗教大学，我们都知道它最早始于12世纪。和我们今天的出发点不同，18世纪末的那些新兴大学的目的是要培养新型的精英人才，使这些精英能在不同领域承担起指导、设计、规划这样一些责任，比如在文化领域、城市规划领域、水治理领域，以及在其他的管理部门。今天当我们对这种产生于一个多世纪以前的大学体制提问，考察它是否成功的时候，我们的答案可能是否定的。

第二个问题是围绕大学改革的问题，我们会问是否有必要进行一次大学改革？如果是必要的，这种改革是单纯地依赖于大学自身的力量，还是说必须有社会其他力量的参与？经验证明，没有任何一个大的机制、机构、一所学校能够靠自身的能力对自己进行改革，有一点像我们所说的用自己的刀锋来砍自己的刀柄。我认为我们大学的改革需要的首先是各个不同领域之间的共同思考，赢得一种与外界的统一联系，共同进行大学改革。吸引和召唤外部的参与是因为各个领域都是一些意义的承载者，它们都参与对大学存在的意义、内涵和学科的重新界定，都从各个不同的领域，依据各自独特的能力，对大学改革作出独特的贡献。那么具体而言，谁是这些意义的承载者呢？他们包括大学之外的整个社会，包括大学本身的教师、研究者，包括你们这些在座的青年学生，都是未来社会的主体行动者。也许我可以从历史的角度划出一个标志，那就是联合国教科文组织1998年在巴黎举办的大学改革大会，它是一个能够象征时代变迁、大学改革变迁的具有划时代意义的事件。这个历史转变在一年之后显得更清楚，那就是1999年在布达佩斯召开的世界科学大会。

我所说的历史转变是什么意思呢？现在我想跟大家讨论一下这一转变的性质。可以说到了1990年前后，大学和科学研究机构已经面临着很多来自自身和外界的批评和反思。但是这些反思还基本上停留在这样的水平上，即大学和科学是同样重要的源泉，这个源泉是社会经济发展必不可少的；大学也是一个十分重要的知识传播地。似乎有种宗教礼仪般的倾向，在全世界各种研究机构，包括各个大学在内，它们的研究报告结论几乎都表现出同一种倾向、同一种声调，那就是大学教育经费应该增多，大学应该增多，研究机构应该增多，应该加强这方面的力量，因为它们是基础，是那么重要。而且在这些报告中，显示进步的也只是一系列的数字指标，比方到何时为止大学生的数量增长了多少，教育经费提高了多少，研究经费增加了多少，或者从反面显示,哪些经费减少了。还有所谓的不重视教育意味着社会基础崩溃等说法。

从这里出发,现在我们可以来思考一下,其实很多现象是显而易见的。比如在社会契约意义上,形成了一种大学、研究机构为一方,整个社会为另一方的这样一种二元契约关系。在大学、科研领域,契约形式就显得尤为突出。因为所有的研究项目与国家之间的关系都是以这种经费契约的关系来确定的。比如美国在二战结束之后,马上就在罗斯福新政当中提出了科学的问题。当时美国工程师协会的主席万内瓦·布什(Vannevar Bush)战后和罗斯福总统之间通过信,强调建立科学界与政府之间的契约。很有趣的是当时提出的最大问题是:在战争中动员起来的科学力量和研究的科学课题以及带来的科学发明在和平时期将用于何处?工程师协会主席回答总统说:这些科学知识和能力将有利于我们整个社会的提高,将有利于提供新的就业机会,将有利于保证我们国家的和平,将有利于保证社会的和谐。从大学领域,我们也看到这个社会契约一直延续到现在。比如说国际大学联合会,它所要做的、它所要追求和号召的一直到三年前还是秉持着这样的话语:大学应该保持它自立的状态,国家应该给大学提供经费,大学向国家保证培养未来的精英。这样一种取向是非常强大、非常有力的,导致整个社会都认同这种选择、这种思路。但是我们发现,最近几年,社会对这一思路的响应开始减弱。响应之所以越来越少,是因为科学界的工作和它宣称的目标在结果上并不那么一致,这使得它的说服力减弱。因为在现实生活中,人们发现科学家取得的研究成果更有利于一些企业、特别是一些大的企业去盈利,而这些大的企业并不把为民服务、为社会和平作贡献、提高人民的素质作为它的经营目标。它的经营原则就是盈利。人们开始怀疑大学制造出来的这些专家是否是保证和谐社会所需要的那种全面人才。我记得我的一个朋友,非洲小国乍得的教育部长,有一次跟我说:“在我们国家有那么多的问题,但我们曾需付出巨大的精力,甚至以社会贫困的高昂代价,培养大学的精英。现在我们国家提出的当务之急是:是不是要取消大学?”我在这里并不是说大学没有什么用,大学应该关闭,而是说大学受到的这些质疑和面对的新的问题在二十年前是完全不可想象的。我只是要说,近几年来,世界科学家联合会、世界大学联合会、联合国教科文组织各部门越来越一致地认为我们要重新建构我们的**社会契约**机制,重新建构大学和社会之间的关系结构。所以我认为我们面临的这种大学危机是非常严峻的,而且这严峻程度可以说:如果我们不能在未来的三五十年内改变现有的状况，那我们今天面临的危机就是致命的。整体的危机是致命的，大学面临的危机也是致命的。

我需要进一步解释为什么我认为今天我们世界所面临的危机是致命的。大家可能会记得，昨天我们在讲治理问题时提到过我们的世界在近50年来发生了日新月异的急剧变化，由此造成社会各部门之间的相互依赖性，而且以前所未有的状态在不断强化。由此所进一步引起的互相之间的冲撞也前所未有的强烈。这就导致了我们必须正视这个新的世界，这个新世界要求我们从全方位意义上对我们以往的存在提出疑问，包括我们的生活意义、生活方式，也有我们不可回避的那些重大问题，比如气候的变化、大气臭氧层的破坏、水污染、缺水，还包括整个管理模式和每个人在自己生活中的人际关系。这些意识最早是在80年代初出现的，从那个时候开始，人们慢慢地拥有了对于上述问题和以下问题的认识，包括我们现有的消费方式、对大自然有限资源的掠夺性使用、城市当中的破坏性发展，以及如何保证超负荷的人口使用有限贮存的资源和财富，如何处理环境破坏中不可逆现象的出现，人类遗产不可逆的破坏等等。整个世界无论其分布区域、等级、状态、规模大小，都被发展主义(développementisme) 支配着。与此同时，上述的这种认识也越来越获得共识，被世界各国的人们所接受，认为确实存在这样的危机。一个能证明这种共识存在的说法就是"可持续性发展"(développement durable)。"可持续性发展"当然是一个在某种意义上模糊的、不清晰的、需要批评的概念，但是相对来说还是一个能够体现新认识、新变化的观念。我想大家跟我一样，对我谈到的上述危机有相应的认识和了解。我们的世界存在着多种意义上的不平衡，这种不平衡如果继续发展下去，就会造成很多方面的鸿沟。其中包括：贫困与富有之间的差距的加深、消费当中的不平衡、某些不可逆资源的枯竭、水的污染和水的不合理分配、富有国家和贫困国家之间的差距以及国家之间的战争。

上述危机都是世界重大危机的一些征兆，我们需要去寻找深刻的根源。但是那些深刻的根源不可能从一般人想象的较量逻辑、冲突逻辑出发去寻找。那么，那些最深层的基础性的原因到底是什么呢？我们这几十年的国际工作、国际领域的合作和思考使得我们能够这样去认识：危机的根源可以简单地说是**关系危机**。关系危机体现在三个方面：人与人之间的危机、人与社会之间的危机以及人与其生存的生态圈、自然环境之间的危机。关系治理当中遇到的种种困难，不只存在于我们已经谈到的治理方面，而且存在于我们生活和构成整个世界的各个领域。从近代以来,欧洲形成了一种“笛卡儿主义”的思维,它把整体分割成一些局部,由这些局部组成国家主权的管理机制,由不同局部组成各部门合作的单线性关系。在西方国家,这些危机从近代以来日益严重。我很感兴趣地听说,中国总理温家宝先生在人大报告上曾经谈到过“五个协调”。这五个协调在我看来百分之百地是基于这种关系危机提出的新的关系管理方略。我很抱歉我没能花时间用中文记住他的五个协调的内容。但是就我的中国朋友向我介绍的这些内容和我读的材料,我很愉快地发现他所关注的正是我自己所关注的。他谈到的关于社会与社区之间的协调、关于地方与中央级的协调、关于经济发展与社会全面发展的协调等等。这些都是我们多年来一直努力在不同层面上操作和思考的问题。我们生活在肢解隔离的世界当中。我们都知道,在经济领域,企业是相互分离的,采取的是一种总公司与子公司的线性结构。大学也是这样,大学的结构是隔离的,体现在大学不同院系、不同学科的设置上。城市管理机构的隔离状态也是平行的,即不同的职能管理部门是并列、隔离的。

显而易见,我们大家都生活在社会当中,可是我们的存在像法国人说的那样:社会就像管风琴的管子从上贯到下,每个管子之间是相互隔离的。在精英领域,由于精英懂得技术,能够有权力进入新技术,所以通过电脑这种快速发展的技术,人们可以在一秒钟之内与世界另一极的某个朋友取得联系,在网上对话。但是在现实生活当中,一个村庄或者一个城市的大多数人可能一辈子都见不到其实就在五公里之外的另一个人,没有任何沟通的工具和沟通的可能。差异是显而易见的。我作为过去的一个城市专家,一直对城市发展非常有兴趣,所以这些年我每次到中国来都要参观城市。我问我的中国朋友:“你们国家没有穷人吗? 怎么跟印度完全不一样,就是到处看不到穷人?”我的这些朋友回答说:“穷人当然不会在大马路上,他们被藏到别的地方了吧。”这是一个典型的例子,贫困的人们连能够在社会上正当存在、自由存在的可能性都很小。在欧洲,虽然欧洲的穷人远远不可与印度的穷人同日而语,因为不是同样的贫困,不是这种绝对贫困。可是他可以像一个百万富翁一样去看电视。他们显然不会被藏起来,他们可以自由活动。但无论如何,这种不同社区的贫富之间、不同领域、不同阶层之间的隔离等现象在欧洲也是一样,并且开始越来越加剧。我说的这个正在加剧的隔离现象体现在各个方面。体现在产品的生产和分配,尤其是体现在产品的分配上,世界上的一部分人没有能力、没有权利去分享某一部分产品。体现在社会治理方面,也体现在知识传播方面,有一部分人根本没有可能接受知识。到目前为止,我们关于相互合作、跨学科交流的呼声还是礼仪性的,真正拥有解决实际问题的有效性还很遥远。

关系危机导致的另一个危机就是**目的和手段关系**危机。这个危机在我们任何人的日常生活当中都能体现出来,我们只需要对自己进行质疑。法国人平常总会说:“对!我们不能停止科学。如果我们不去做,别人也会去做。”人们总在说这句话,这句话是什么意思呢?又意味着什么呢?后面隐藏的意思是:科学当它被发明出来的时候,它是帮助人们走向幸福生活的一个手段。但是现在人们日常所说的,科学永远不会被停止,我们不去做也会有人做,是把科学这种生存手段当成了生存目的。同样从手段变成了目的的另一个误区是市场本身。当我们发明了市场的时候,人们说我们找到了一个如此有效的火车头,它能带动整个社会这辆大火车。可是现在发展市场经济成了唯一的目的。一切都是为了获得,一切生存质量都变成为市场手段服务的工具,好好受教育是为了成为市场上的一个行动者。有人说我们已经走到人类的绝路了,现在已经是历史的终极,我不认为有那么严重。但严重性在于,手段本来应该为人类服务的,我们却把它放到了一个终极目的上去追求。应该把手段恢复到它们原本作为手段的状态。

大学中出现了什么问题?在我上述描述的整个危机中,它的状态是什么?它的状态是:由于越来越多、越来越强化的专业化倾向使得在大学里面应该进行的人文教育、人性教育被技术的传授所取代。法国社会思想家、哲学家涂尔干把人的教育称为存在的学习。大学应该是教人怎样去做人、做一个有质量的人,而不是单纯地去传授知识,这些知识当然是需要的,作为完善的人的工具知识。我在这里不敢妄论中国的大学,因为我对它丝毫没有了解。我现在谈的是西方的大学。西方的大学所进行的教育更多地是一种单一领域的专业知识的传授,是我们称之为的工具理性的教育。这种工具理性教育越来越忽视哲学的定位、伦理学的理想与艺术品质、感觉的发扬。

但是在另一方面,很有趣,正是由于出现了这样的危机,正是因为大学只传授它的工具理性,我们才发现人的那种几乎是本能的需求导致西方大学教育中出现了另一个倾向:众多新型学科出现。比如认知科学,作为对人类社会的认识在一些科学领域产生,很多科学家开始去思考哲学问题,例如海森堡这样的大科学家也写哲学著作。还有其他的例子,哲学家兼科学家,科学家做哲学。这是一种反向的反馈。再比如,一个农业专家在十年前或十五年前需要作技术性的生物分类研究,以便理解细胞、农作物的形成与发展、从生到死的演化过程。不过那个时候的研究并不考虑这种农作物形式和这种农作物将如何影响整个生态圈的发展。但是现在的农业专家就会思考整个环境,包括周围的居住环境,甚至包括文化的耕种形式。另一个例子是最近两三年的事情。在西方一些商业学校、技术学校重新引进了伦理课,大家开始对任何一个自己技能所关注的领域将导致的社会关系、人际关系、伦理关系方面的后果进行思考,对学生进行这方面的伦理观念的教育。尽管把伦理意识引进到科学教育中的倾向目前还是一个少数现象,但是它的象征意义是非常重大的。任何一个新的思想都是由少数人开始,它会产生星火燎原之势。关于科学我们有两个成语。第一个是一个语言游戏,就是"无意识的科学",Science sans conscience,它们有共同的拉丁语的词根"science",有科学无意识,就只能是灵魂的废墟。第二个成语是"科学的厄运对人类无用"。

在我们的思考当中,我想向大家转达一个简单的愿望,就是不要用昨天的思想、明天的机构去管理我们今天的世界。我昨天谈到,我们的世界是一个相互依赖越来越紧密的世界,所以这个世界是我们共同拥有的。无论我们愿不愿意,都要用"我们"这个概念。如何能够在我们这个世界中相互依赖、和平生活?如何能够在我们的消费方式、生产方式、交换方式当中保证我们整个世界的和谐和保证人类不对他的生存所依赖的自然环境、生态圈继续进行不可逆转的破坏?这是我们大家的重要使命和责任。

我一直很强调要作一个区分,就是世界化和经济全球化。它们在法文当中是两个词。世界化(mondialisation)现象的意思是:我们这个世界的相互依赖是不可逆的,在这个相互依赖的过程当中需要我们用一种治理我们世界的新的方式来充分发挥这个相互依赖的优势。这是人类的财富,这个财富,在我们昨天讲到**人类遗产**保护中已经可以体现出来。这些遗产第一次成为人类的,所以我们要共同去珍惜这个财富。在这个意义上,我想说没有可能开倒车。没有可能开倒车的意思是说如果我们在这样一个互相依赖的世界当中仍然用过去的对抗逻辑,如国家主权的、民族主义的、社区主义的这些在我看来已经过时的思想、观念支配我们今天的生活,那么只能导致我们的社会进入战争。今天早上我跟张健院长谈话的时候我就跟他说过,如果我个人作为法国的高级工程师、管理人员、基金会主席,能够到中国来开展十几年的合作,决不是因为我对中国文化有什么倾心的沉迷,也决不是因为我对于中国和法国之间的关系要作什么贡献,这些对我来说根本不重要。重要的就在于我有一个对于这种相互依赖性的认识，而且我的这种认识能够获得大家的共识，然后去共同寻找如何把它变成我们自己的事情，在我们自己的空间共同去探索，寻找一种新的治理方式。我在这里打赌的是，我所面对的你们这些新契约的创立者，能够探索出一种新的形式，我愿意跟大家在一起，跟随着看你们是怎样创造的。

与世界化这个概念相关的、我把它严格区分开来的是全球化（globalisation）。在英文里只说 Globalization，而在法文中有两个词，我们可以很容易将它们分开使用。在全球化这个概念框架下，我们看到的是另一种世界走向一体的趋势，也就是市场的全球化。市场的全球化导致的是什么现象呢？是新自由主义、经济自由主义的发展，是发展主义的，是一些大的跨国企业的兴盛，是技术的。很显然，公民社会的世界化、经济市场的全球化这两个走向并不是截然分离的，它们是相关的。因为在这种生产过剩、现代技术大批生产的过程当中，我们必然需要市场去进行交换。但是对我个人来说，需要作的一个严格区分，是在不可逆转的、相互依赖的世界化和仅仅是技术的、应时的交换手段——市场的全球化之间作一个区分。而且区分的目的在于人类世界是多方位的，我们不可能把人的相互依赖的世界变成一个在自由市场上可以交换的产品，不能把我们的社会、我们的世界变成商品。

所以我要说，现代大学如果把自己定位在为国家制造经济炮灰、经济士兵的话，那么我们的大学就在全方位上丧失了它的责任意识。为了使我们能够创造一种新的社会契约，我们的大前提是大学与社会双方必须有共同的目标。如果双方失去了共同的第三者——目标的话，我们的契约就是没有意义的。因此在我们的思考当中就引进一种全面的意义取向：如何达到社会、大学的科学传授与人类社会协调发展之间的共同取向，以便培养真正有能力管理未来世界的人才？

在重新界定新的社会契约方面，我们有哪些思考呢？我想谈五方面的想法。第一，鉴于我们在哲学、伦理及大学教育存在意义等方面的整体落后状态，所以那种缓慢、渐进的演化已不足以解决我们目前面临的危机，大学需要的是一场观念和机制的**革命**。第二，由于我们的世界，我已作了很多描述，是相互依赖的，又在市场方面带有一种激进的趋向，所以，大学要向自己提出一系列新的设定，建立新的体制以适应今天的世界和未来的世界。第三，大学和社会的一个共同的目的是如何投入到对未来精英的准备当中。准备未来的精英当然要充分了解未来社会的状态。新的大学教育机制必须有能力管理、指导未来的各种各样的关系，包括研究者和社会实际行动者之间的关系。它的任务因此是双重的，一方面是知识性的传播，一方面是整个社会质量、社会建构方面的贡献。第四，大学的这种新的机制有能力把被颠倒了的手段与目的关系重新矫正过来。第五，大学的这种新机制将不会像以往一样成为知识的垄断、宝塔尖，它应该成为中介的空间。在这个中介的空间里，社会各个阶层的人们都有能力在这里进行交流，获得新的知识和交换自己所拥有的智慧和知识。

我刚刚讲过的这五个设想都可以一对一地在治理的意义上找到对应展开的讨论对象。有一点非常重要，需要特别指出的是科学家、专家们在这五个新的设计面前，将失去他们原有的对于专业技能的垄断地位。这样说并不是一种乌托邦的假设，而是欧洲经验的实际描述。这种描述的可靠性在于：在欧洲，人们特别重视公民的参与。在任何一个领域，人们都重视与他相关的服务对象对这个问题的参与讨论，决策之前经常有一个长过程的讨论。事实证明，科学家们和专家们原来自己独自作出的决定越来越失去老百姓的信任。“我凭什么信任你？”这个问题越来越多地被提出来。另外在最近这些年公民参与的大取向之下，由市民参与决策、集体讨论自己面临的问题，如街区的改造、水治理的集体参与等越来越频繁。中国人说“三个臭皮匠，顶个诸葛亮”，公民参与产生的动议往往超过、高于专家们提出的动议。我本人一直在参与这种公民社会参与决策的运动、潮流。我们有很多一开始就由专家和老百姓共同制定的决策，它们超过了由国家出面单纯地与专家们结合制定的决策。因为专家们一旦以网络的形式进入不同的领域，那里有市民阶层的参加和其他领域如大学的参与，他们的研究和设计能量就会远远大于由上到下的线性的智慧分配和讨论。

我想跟大家谈的一件事情是：去年（2003 年）在国际上发生了一个很大的事件，这个事件在世界很多国家里产生了很大影响，那就是国际贸易组织去年召开的高峰会议。整个大会的组织过程是这样的：一个富国组织由于对自己高高在上的优势地位充满信心，便在会前就准备了一个谈判协商文件。可是与会的其他成员，一些贫困国家的人、一些世界民间组织却提出了他们关于世界贸易大会、国际贸易组织今后运作的方案。他们由于有自己的实践经验和各国家之间的交流，获得了不同领域结合所产生的智慧，在会议讨论中用他们的建议把原来富国组织提出的方案彻底推翻了。如果国家和大学的专家们还试图保留自己对知识的垄断权力的话，那么就会像去年的这次会议一样，最终有一天，在公民社会及其智慧面前，像一个专断的统治者一样灰溜溜地被赶出去。

合作生产知识成为由知识分子、专家和相关的普通人在实践当中共同创造知识的一种新型生产方式，它成为新的社会契约的内容之一。而对于大学而言，这是它新的任务之一。刚才谈到"合作生产知识"的概念，即英文的 Co-production of knowledge。知识今后不再可能在大学里单独制造。我想解释为什么这是必然的。契约是建立在一种伦理之上的，一种伦理只有在广为遵循的情况下才有意义，在某个特殊领域、特殊专业上产生的规则不能被称为伦理，伦理是普世的。基本伦理对于我们来说是共同的。十几年来，我们在协力尽责多元世界的联盟（Alliance for a responsible, plural and united world）中开展的事业之一，就是组织不同文化中的社会行动者来共同讨论普遍责任宪章、普遍伦理的可能性。这是一项跨文化的大工程，我们在中国很多地方与不同领域中的朋友一起做过众多的具体的实验。经过不同空间的调查、研讨，我们得出的结论是：尽管文化不同，但基于人类的基本价值追求，我们可以建设一个共同的、普遍的伦理。建立这个共同伦理的可能性的支柱是责任意识。为什么说是责任呢？因为如同在个人与个人之间，我们的社会是相互依赖的，相互责任的建立刚好是与原来的相互分离逻辑相反。这项工作努力的结果，就是产生了《人类责任宪章》这样一个文本。这个《人类责任宪章》当然是很抽象的，因为它不可能把各个文化中对某项伦理原则如真善美的具体实践都写进去。可是它吸取了各个文化当中最本质的，并在每个文化中都能找到的共同关切点。《人类责任宪章》在中国的研讨由明清史专家，东北师大赵轶峰教授主持。我刚才说的跨文化，不仅是各国大文化之间的跨文化探讨，也包括小的、次文化的领域，如企业领域、精神领域、地方官员领域、知识分子领域、艺术家领域、科学家领域、农民领域等，他们都分别从自己的独特角度参与了责任宪章的讨论。

最后，我谈一下如何能够把我上述说的观念用于大学和社会之间新契约的建设。

人类责任宪章有三重取向，这三个取向对于社会和大学之间的社会契约的建构直接具有启发意义。

第一重责任：新责任建立在对我们原来的责任意识的冲击上。这里谈到的责任意识要求一种长远目光，是预见未来社会那些潜在的、可能的变迁的责任意识。大学教育旨在培养未来的人才，具有长期性的责任。大学教育对于我们今天的行为将在未来造成的后果,可见的或尚未知的,都要负责。我们可以观察,在现实生活当中官员们、企业家们、世界各地科学实验室中的研究者、大学教授们,他们是那么繁忙,为那么多必须完成的项目狂奔。他们进入了一个高度的竞争状态,为了获得某一种资源而互相竞争,并进一步造成市场上新产品的竞争。例如每六个月就得造出一种新的电脑产品,以前的就被抛弃。这种竞争变得越来越快速,以至于人们无暇停下来思考一下自己的生活,思考一下我现在创造和发明的新理论、新技术,特别是新工具将为未来社会带来什么样的影响。我们大家都担心,现在的这些技术可能在二十年或四十年之后,给人类带来灾难性的后果,有些已经被看到,有些根本未被花时间思考,做一天和尚撞一天钟。所以第一重责任就是说,你有责任对四十年以后的后果负责,如果科学证明某发明是有疑义的,就必须立即对它承担责任,而不能再去生产它。

法国前总理 M. 罗卡曾经对我说过一句话,这句话跟我们所讨论的网络关系特别紧密。他说,其实政治家们一旦进入政治,进入权力,并获得政治权力,他就不再思想了。也就是说,他所做的一切都只是为了获得这个权力,而在斗争了四十年,获得了这个权力之后,他就不再思考未来,而只考虑如何保住他现有的权力,他因此不再为他的当下行为负责。因此,学术界、科学界、教育界对世界的表征体系如语言、知识、思想的研究,我们今天对于未来所拥有的信念,我们正在制造的知识,都属于长远的和不可预测的那种责任所直接关注的对象。当一个人类学家描述我们今天的社会的时候,他的研究报告是给未来世界留下的我们世界的一种表征体系,他可能会造成八十年以后的一个实在的误区,或造成其他的影响。所以说放长眼光,展望未来,**即以未来为出发点思考我们今天的行为**绝不是一个乌托邦。尤其是对于大学来说它不是乌托邦,它是大学本身最根本的使命。

第二重责任:每一个人都是有责任的。“国家有难,匹夫有责”,绝不因为我们微不足道就被解除我们天然的责任。每个人都是有责任的,然而责任的大小是以接受知识和进入知识的权力大小作为衡量标准的。不用我说,大学常常把自己作为知识的圣殿。大学里的人,未来的精英们是最有能力直接进入知识的,他们接触知识的权力远远高于普通人,所以他们的责任也就更大。

第三重责任取向更有激励性。我们会问:“我一个小白丁,怎么可能负什么责任呢?国家那么大,它作决策哪管我想什么呢?我什么都做不到。”当我们没有尝试过，我们就没有任何权力这样说。把我们各自微不足道的力量组织起来，形成一个集体的力量之前，我们不能就这样放弃责任。因此**第三重责任：与其他人联合起来的责任**。我在这里向大家阐述我刚才说过的这一切，这就是我们在实践我们的第三重责任，我实现我的责任，你们在听我，也在实现你们的责任，进而把我们大家的智慧联系到一起。

那么把大家组织起来，在什么层面、什么范围内组织起来，去承担什么样的责任呢？我将在这一点上结束我的报告。首先大学的责任是重大的，大学的责任我前面已经谈过了，它是培养未来的社会主人的基地。还有一点我们没有提到，就是他们将在我们的城市（city），在未来我们的生存空间当中扮演另外一个角色。昨天在场的朋友可能都知道，我们谈到过我们只能用自己的双足来思考。这是因为，面对这样一个复杂的社会，我们只能从一个具体的点出发，否则我们会完全束手无策。也就是说，一个大学要把自己的学生培养成未来社会的管理者，就不能够单纯地、抽象地去想象，去传播一些纯粹的知识，它一定要做到：在处理任何一门知识的时候，都要设想它培养出来的这些精英们，会如何把这样一种知识运用到整个世界城市与生存空间的管理当中去，要能够把专业知识和普遍知识运用到非常具体的文化的、地理的空间当中去。所以，大学改革也就意味着必须在不同层面，如地区、国家甚至是全球的不同的层面上去设计它的改革方案，去发明它的改革方法，从而使大学能够允诺在未来社会建构中有一种责任保证。

我刚才跟大家讲过的，基本内容是我三个月前（2004 年 1 月）作为国家的大学改革顾问，在巴西参加的一次大学改革会议时的发言。这一大学改革中必需的概念与机制革命将在世界不同地区共同得到探索。

（于硕现场翻译）

自由现代性时代的大学：普世主义与民族国家之间[①]

杰拉德·德朗蒂

本章我探讨的是19世纪大学的兴衰。现代的大学(university)理念源自启蒙运动,启蒙运动也留给后世一个观念:大学有赖于某种使其知识形态合法化的根本**理念**。这种理念来自那个时代盛行的文化典范:文化的一体性(unity),以及各种文化观念的普适性(universality)。19世纪对于真理的可能性和知识的精神使命始终抱守至高的信念。虽说各国传统对于知识的地位和功能有各自的立场,但人们普遍赞同,对于知识的追求是社会福祉之必需。而大学正是知识生产的主要场所,知识从社会的四面八方会聚于此,并被置于国家的监控之下。但知识永远不可能被彻底制度化,正如社会盛行的文化典范与制度框架之间逐渐产生张力,知识形态也对力图对知识强加某种认知型管制(epistemic regime)的国家表达出某种抗拒。最能体现这种抗拒的,就是大学的国民性特征与普世性(cosmopolitan)特征之间的张力,这是最引人注目的例子。本章将要讨论的另一个相关的例子,是19世纪有关世俗主义以及自然神论的作用的争论,乃至更宽泛层面上的传统与现代性之间的冲突。用前章所讨论的知识社会学术语,可以更进一步将这种冲突概念化,表述为知识形态与文化典范之间的某种张力。知识以及认知结构上的认知型转移在大学机构里往往有特别明确的表现,大学机构里的社会实践所表述的

---

① Gerard Delanty, *Challenging Knowledge*: *The University in the Knowledge Society*. Open University Press 2001. 第二章:"The University in the Age of Liberal Modernity: Between Cosmopolitanism and Nation State",第26-43页。

不仅是知识形态，也是社会的主导文化典范和新兴文化典范。

现代大学之兴起

在中世纪，追求真理的学者去往大学，赋予其一种普世性的品格。中世纪的大学是“普遍知识”的场所，与基督教王国的普适意识形态密不可分。起初它是修道院的附属物，后来则变成世俗统治者的同盟军。大学就像修道院，所维系的不是某个特定的民族国家，而是一种普遍秩序，因此是一种真正具有普世性的机构。这个时期的非基督教世界里的确也存在大学，在穆斯林世界里也有几所重要大学蔚为兴盛。中世纪最大的大学之一便位于廷巴克图，15 世纪时它即拥有 25 000 学生。① 但欧洲各大学中孕育的那种学术自由和学科专门化才是关键。根据柯林斯的说法，欧洲大学拥有某种独一无二的创造动力，而其基础便是这些大学里持续不断的学科专门化进程。“中国、希腊、伊斯兰国家、印度以及中世纪晚期基督教的学校都在各类繁琐经院哲学中变得死气沉沉，它们的课程体系都紧紧束缚在数量固定的领域内。与之相反，欧洲大学模式不断涌现出新的专业。这是一个决绝了断的过程，由此创造出新型观念融合的诸多机会，促使学术体系推陈出新。”（Collins，1998：688）

巴黎，牛津，帕多瓦，托莱多，波伦亚，在中世纪的这些重要大学里，来自欧洲各地的学者游历到这些机构，求学或是执教，赋予其某种普世品格。（Wieruszowski，1966；Cobban，1975；Kittelson 与 Transue，1984；Ferruolo，1985；Rashdall，1987）到 1500 年有大约 50 所大学，它们的成员构成比今天的大学普世性强得多。12 世纪时波伦亚大学的一万名学生来自欧洲各地。随着 1453 年君士坦丁堡落入伊斯兰世界之手，希腊学者纷纷避往西方大学。对于文艺复兴文化的形成，对于“从人文主义到人文学科”的逐渐转化，这些学者的学术活动至关重要。（Grafton and Jardie，1986）拉丁语是欧洲各大学的通用语，在这种语言衰落之后，大学也随之丧失了它最具普世性的特征之一。在前印刷文化中的交往速率极慢，复印设备之类的学术技术也很缺乏，所以

---

① 廷巴克图（Timbuktu）又称通布图，马里城市，位于撒哈拉沙漠南缘。约 1400—1600 年期间为伊斯兰文化中心。——译注

知识常常不可复制,因此使得那些享有特权接触到古代重要手稿的人保留了知识所有权。大学和社会其他部分之间殊少关联,而存在的那些关联也大多是由教会界定的。任何熟悉艾柯《玫瑰之名》的人都会回想起,中世纪的知识形态是把自己和社会其他部分相隔绝。由于复制技术有限,知识不得不成为“形而上学的”,在社会现实中没有具体体现。这一点,孔德在他那个时代就已经认识到了。

和现代研究者不同的是,中世纪学者可以宣称有能力读尽天下书。世人略带夸张地说,歌德是最后一位能够令人信服地宣称读尽天下书的普世主义知识分子。相反,今天绝大多数学术人发现,单单他们自己研究领域中的出版物就很难读尽,对古典时代的著作也常常是一无所知,而这些著作倒是被下放到本科生的课程中。不过,这样的比较未免走得太远,尤其是因为大多数现代大学与中世纪大学之间毫无实际关联,完全是工业主义的产物,其中大多创建于第一次世界大战前30年,或第二次世界大战之后。不仅如此,中世纪大学主要是教导之地,而非教学、生活或研究之地,其间盛行的知识形态从教义型一直到诠释型。即使在诠释型知识形态中,启蒙时期的自我教化理念也是付之阙如,求知者只是被要求搞懂经文。这种课程是诠释性而不是批判性的。相反,启蒙的知识力图通过教学研究之间宗旨的和谐一体,表现出解放性的诉求。通过多种多样的教学和研究方式,知识可以被创造出来,而不只是被复制出来。中世纪大学建立在书写形式的知识的基础上,而不像早期希腊对于言说的推崇。到了柏拉图的阿卡狄亚学园和后来亚里士多德的吕刻昂学园,已经有了某种趋势,脱离知识与言说之间的联合。知识不再是参与城邦,而是表明属于更高存在层面的学园的成员身份。(Gouldner,1965)口头言说开始从属于书写文字。然而,即使在这场变迁中,教与学也保持了它们的宗旨在本质上的一致,知识根植在城邦的认知典范中。这种和谐一体的希腊典范最终随着基督教世界观的兴起而瓦解,随之产生了一种新的知识形态。

不过,中世纪的知识观依然保留了亚里士多德式的基本结构,分解成自由七艺(三门语言技艺是为三大门[Trivium]:语法、修辞、辩证法;四门数学技艺是为四小门[Quadrivium]:算术、几何、天文和音乐)。但在亚里士多德的认知世界里,并无等级序列。而现代欧洲大学从中世纪大学和文艺复兴时期的大学演进而来的过程,却可以视做试图给这七门技艺强加上一种等级秩序的原则。这种原则最初归于神学,后来归于哲学。对于日后演化成哲学、数学、文学、科学和音乐之类现代学科的自由七艺，神学从来不曾占据核心位置。

最初的学者一般是僧侣，后来他们的构成越来越世俗化，开始被吸收到中央集权化的绝对主义国家中。随着17世纪以后地域性民族国家的兴起，大学越来越国族化，逐渐丧失其跨国族、普世性的品格。与之相伴随的是其传教功能的衰落：知识成为一种自由漂移的话语，以供支配或解放之用。现代早期，在愈益附着于绝对主义国家之卵翼的大学，以及新建的皇家学会之类机构，对于知识的建制化有过一场争斗。但大学的国族性和普世性特征之间的张力，却始终有助于培育其生机灵动的思想氛围，确保大学这块场所永远不至于被任何单一权力完全支配。甚至可以说，大学是社会中少数几块文化永远不会被权力完全支配的场所之一。知识隔绝于学院之中，远离社会斗争，通过授予国家骨干具备合格鉴定的学位，而与国家达成和谐。大学就此能够成为文化资本的社会分配中一个有力的行动者。

作为一种机构，大学之所以能够有如此影响，是因为在它发端的那个时代，教会的道德权力和政治权力趋于衰落，而现代国家体系尚未充分兴起。涂尔干谈到，从巴黎大学得到一个博士学位，会被视为从普世教会得到一个博士学位。(Durkheim,1977:84)他还指出，大学介于教会与国家之间的这种模糊位置，使它有可能获得某种自主性。1259年，面对一项教皇敕令，巴黎大学不是乖乖听命，干脆是自我赦免。(Durkheim,1977:89)处在基督教世界的全球文化背景中，又看到新兴民族国家政府的中央集权化科层体系，大学觉得自身处在有力的位置上，能够垄断知识领域，而这个领域更维系着社会管理的体系，维系着世俗化了的基督教精神。即便到了今天，在大学的一些文化惯例当中(比如学位和荣誉的授予，典礼的功用，对于某种内在和谐原则的信念，以及有关知识各系科的观念)，依然能够清楚地看到大学的修道院起源，意味着知识的合法化仍然维系着知识分子的立法角色。到了17世纪，普遍的意识形态逐渐从基督教转向现代实验科学及其理性化逻辑。科学革命以及宗教改革大大推动了大学功能的这场转变。欧洲各大学开始伴随着城市的兴起而纷纷创立。根据本达的主张，城市与大学都具备了异质性的文化形式。(Bender,1988:290;亦见 Bender,1993)大学就像中世纪时的欧洲城市，是一种法律上自主的团体，有能力授予其成员和政治精英大量权利、赦免和特权。(Weber,1958)它最初是一种行会组织，随后变成某种自我管理的自主组织，能够利用知识建制来抵抗教会与国家。大学作为行会的这种法团会社性质,使其具备了作为某种“文学共和国”或“科学共和国”的品格。尽管时代的文化典范很大程度上还是由教会塑造出来的,但在塑造现代知识形态方面,大学始终是一个举足轻重的行动者:知识成为主要由生产并消费精英的知识所占据的场所。与今日不同的是,那些生产知识的人,同时也是知识的主要消费者。

在西欧转向现代性的过程中,大学变得极其重要,而现代国家也迅速与其结为同盟。大学不再依托私人和教士的庇护,愈益转向国家的庇护。它决不是什么进步的机构,事实上,它将神学转变成一门世俗性的学术门类,从而大大便利了宗教在世俗主义条件下继续维持生存。17 世纪的英国复辟政府与法国绝对主义国家都将大学视为管理社会的重要机构,就像此时创建的皇家学会。(van den Dale,1977)在英格兰,复辟政府清除了内战时期进入剑桥和牛津的大学中的激进分子。这是国家与大学的历史性联盟的肇始。(Wagner et al. ,1991a,b)

启蒙运动以降,大学在中央集权的民族国家支持下取得长足发展,后者给大学提供了一套知识体系,同时也是权力体系。法国启蒙运动的缔造者之一孔多塞写过一份深具影响的“关于公共教育之总体组织的报告”,于 1792 年呈交给国民议会,承诺为全体公民提供一套免费基础教育体系。作为“社会科学”这个词的首创者,孔多塞相信知识尤其是高深知识的解放力,相信国家应当担负起提供这种知识的责任。(Baker,1975;Heilbron,1995;Kanuf,1997:48—49)这也成为拿破仑的庞大设想:以启蒙运动所孕育的技术治国、理性至上的价值观为基础,建立一套以国家为核心的知识体系。他的计划落实为创建大学校(grandes écoles),一段时间以后取代了其他更老的大学,成为有用知识的中心,许多老大学在大革命期间关门了事。中世纪大学在各国所受的侵害,莫此为甚。随着 20 世纪 70 年代早期索邦大学的分裂,大学在法兰西所享有的特权遭受到更为严重的质疑。(Nichols Clark,1973)唯一的例外是保留文艺复兴精神的机构法兰西学院(Collège de France)的继续存在。这个机构依然完全是一种研究机构,不过发挥着认知性的功能。拿破仑的计划是要创建现代研究机构,即大学校,以便让大学只管教学。这样分离教学与研究,在法国比德国或英美传统中的情况更彻底。尽管如此,根据涂尔干的看法,人们为了追求知识而聚集一处,是中世纪大学最重要的特征,常常会有一些大学,其中根本不存在师生之间的差别,比如中世纪的波伦亚大学。(Durkheim,1977:90—91)

随着大革命之后实证主义的兴起,思想文化和专家文化开始产生相互冲突。知识分子开始脱离职业化的专家文化,后者被自然科学所支配。许多知识分子,尤其是在法国的知识分子,不得不留在大学体系之外,转而占据沙龙,正是后者构成了启蒙运动的社会基础。大学就此成为新兴专家文化的主要机构。然而,虽然许多知识分子不信任自然科学对于知识的至高性诉求,但对于他们从中世纪修道院继承来的知识的自我立法性,他们享有同样的信念:知识就是他们的财产。对于常识知识的不屑,最终成为思想批判的标志。话说回来,有必要认识到,大多数科学知识是在大学之外产生的。文艺复兴与大学密切关联,而启蒙运动却非如此,启蒙时代的大多数重要哲人,比如笛卡儿、培根、霍布斯、洛克,都在大学之外工作。直至19世纪下半叶,应用科学才融入大学,并对德、法、英、美各大国的国民经济起到了决定性作用。但根据柯林斯的观点,自德国学术革命以后,几乎所有重要的哲学家都是教授。(Collins,1998:644)启蒙运动就此在一群职业化组织起来的知识精英手上变得学院化了。

在法国大革命之后,启蒙运动知识分子们开始争论大学理念,他们的重大分歧,例如理性与信仰、现代性与传统、事实与价值,反映了现代性本身的重大变迁。随着哲学系科愈益重要,挑战了医学、神学和法学等更老的系科,为反思大学在社会中的角色开辟了空间。这些争论在德国尤为盛行,那里的大学与人文知识传统之间维持着强有力的关联,并帮助塑造了德国的国民认同。在这一点上,德国大学不同于法国大学。与此不无关联的是,事实上,德国不曾经历同样的朝向民族国家的中央集权化趋势,那里的启蒙运动也更强调作为修养(Bildung,自我教化或自我塑造)的文化,而不是科学和进步。有关大学作为自由教育(liberal education)之中心的理念,第一场重大争论始于康德吁请普鲁士国王授予哲学家学术自由。他的系列论文《系科之争》公开发表于1798年(Kant,1979),为日后有关学术自由和西方大学理念的漫长争论奠立了基调。(Rand,1992)

康德受到新人文主义的修养理念的影响,但并不倾向浪漫主义,宁愿诉求理性,诉求哲学作为一门认知科学的首要性,针对神学、法学和医学而捍卫哲学系科的角色。不同于洪堡所倡导的自我教化,康德主张以理性的批判力作为大学的理据。在他看来,法官、医生和教士都是为国家和效用服务的,不像哲学家,服务于知识与真理。他们只是些"生意人",既然大学没有属于自身的权力,国家就应当约制这些知识的生意人。他主张,哲学系科"必须理解成自由的,仅仅服从于理性而非政府所给定的法则”。(Kant,1979:43)哲学系科之所以是系科等级序列上的“低等系科”,正是因为它不像法学、医学和神学等“高等系科”那样服务于国家。根据康德的看法,哲学是现代性的集中体现,大学应当反映这一高等知识领域:所谓“系科之争”,归根结底是现代性与专制、启蒙与蒙昧之间的冲突。哲学不同于其他学科,只受理性的辖制,因此自主于各种社会力量。这种自主性赋予其别的任何学科所无法诉求的普世性地位。康德捍卫大学作为思考真理之所在的坚定主张,深深影响了日后大学作为启蒙运动之设计的发展历史,并且缔造了从知识本身作为目的的角度为学术自由所作的辩护:大学是一国之认知结构的保护者,也就是说,是一国之知识形态以及文化典范的保护者。但我们不应当将这场争论读解成康德这方面激进的政治立场。他非常坚定地维护私人理性与公共理性之间的区别,而前者包含了大多数我们今天会视为公共的成分。(Kant,1996)他所认为的公共理性主要是一种论辩式的学术话语。康德的思路很好地体现出,面对调和对于真理的追求以适应趋于分化的结构之必然要求的需要,现代性所找到的解决方案:大学乃是社会中得以在一个学科化知识结构中追求真理的场所。弗赖斯和瓦格纳(Friese 和 Wagner,1993)在其有关学术实践的细致解剖中论证道,启蒙时代大学的兴起,体现在对于学术空间的一种新型认识上。现代大学的建筑设计也传递出这种居高临下俯视社会世界的空间分离感。

比较法国和德国的大学观会很有启发。法国启蒙运动的大学观体现在狄德罗 1776 年呈递俄罗斯叶卡捷琳娜二世的《大学之理念》中。(McDonald,1992;亦见 Diderot,1971)这项提议大大不同于康德的立场,后者更具人文主义色彩地强调哲学是最具自主性的系科。本质上讲,这是现代技术治国的大学观与自由主义的大学观之间的差异,两种观念反映了欧洲现代性的两种传统:政治上的民族国家与文化国家(Kulturnation)两种传统,思想上的理性主义与自我修养两种传统。不过我们也不能过分强调其间的差异:两者都致力于追求自主性的知识,在德国,在现代的马克斯·普朗克研究所的前身威廉皇家学会,自然科学很快就被 19 世纪 90 年代以后迅速工业化的国家给建制化了。英国的情况略有不同,那里朝向政治现代性的转变发生得更早一些,但文化现代性的到来又更见其步履蹒跚。不同于启蒙运动有关科学共和国的理念,牛津、剑桥是由精英主义的导师体制和反工业主义的价值观念塑造出来的,旨在培养绅士和神职人员,而非学者与技术专家。在那里,大学的理据预先排斥了实验性自然科学,其程度更甚于德国。只是在19世纪下半叶,当牛津和剑桥慢慢调整以适应现代性的时候,这种状况才开始改观。而曾经更深地受到启蒙运动价值观念影响的苏格兰传统则有所不同,更接近欧陆研究传统,对于实验性自然科学的抗拒不很严重。(Perkin,1989:17;亦见 Campbell 与 Skinner,1982)

尽管如此,有关大学理念的争论正是起于德国。观念论哲学家费希特、施莱尔马赫、洪堡、萨维尼和黑格尔都曾在19世纪初普鲁士王国改革的背景下致力于大学理念的讨论。(Anrich,1956;Müller,1990)肇始于1798年康德《系科之争》的这场争论的主题,在于科学自由、知识的一体性、知识作为教育(在更具精神性的修养意义上)等问题。随着1810年柏林大学的创建,出现了市民大学(bürgerliche Universitit)的观念。对于康德的大学理念和学术自由理念,洪堡都是极具影响的支持者,并在1809年撰写了一份著名的献策给普鲁士国王,后来融入了新大学也就是第一所真正的现代大学的校章。(Humboldt,1970;Sorkin,1983)他的大学观的特点,是认为需要重新结合已经分离数百年的教学与研究。他的主张的首要着力点,是反对大学从属于国家:大学远非区区培训公务员的基地,而自有其教化国民性格的精神性角色要扮演。然而,大学又需要国家确保其自主性。为了回报这种自主性,大学就要为国家提供某种道德上的、精神上的基础,实际上成为教会的某种替代。德国哲学家受到大革命之后新人文主义和浪漫主义的影响,反对随启蒙运动相伴而生的市民阶层功利主义的知识观,而是把大学视为某种社会乌托邦,某种"文学共和国"或"科学共和国",以古典城邦共和国为效仿,这样的现代性才是充满希望的现代性。在费希特更具民族主义色彩的观点里,学者应当成为社会的精神领袖,体现民族精神,而此处的民族是某种超越国家的东西。教授把自身构造成民族之代表,由此使自身成为国家之不可或缺的人,对于国家,他们是民族之"解释者"。德国大学观中的这种传统,即将大学视为民族与国家之间的关联,始终是一种强大的理念,造就了"学界名流"(mandarins)即德国教授群体在德国社会中的特权地位。(Ringer,1969;McClelland,1980)德国的主流大学观乃是基于将知识理解成具备自我立法性,而在法国以及欧洲北美的其他大部分地区,尽管理性主义的启蒙运动留下了深刻影响,但知识仍然从属于社会。这种差异显然反映了通往现代性的不同历史道路:经过国家建设通往现代性的法国式道路与经过国民特性通往现代性的德国式道路。另一方面,美国的大学更致力于市民社会,致力于培养职业阶层,而非致力于国家。美国大学将自身理解成致力于打造一个新民族,而不是服务于国家或表达一个业已存在的民族。在这种传统下,民族被视为有赖于市民社会,而不是一种文化认同。(参见 Rothblatt 与 Wittrock,1993)

围绕 1810 年柏林大学之创立而起的争论,象征着现代性精神,象征着现代性的理念:知识可以具备解放性,但对于知识的追求必须受到保护,不受社会其他部分的侵蚀。还要注意到,启蒙运动的大学典范是在知识的国族化背景下发展起来的,自由与知识是硬币的同一面,另一面则是民族与文化。洪堡集中体现了德国的启蒙运动大学典范的两面。在他看来,大学不仅仅是自主性知识的摇篮,也是国民认知结构的监护者。普鲁士的教授们得享"文化担当者"(Kulturtriger)之称号,即文明的卫护者或文化的监护者,并非平白无故。大学之理念不仅以向国家提供功能上有用的知识而服务于认知功能,也是民族遗产的重要传承者。因此,在这个意义上,启蒙运动的大学典范与中世纪的大学大有不同。差异在于从城市到国族。中世纪的古老大学与自治城市更有亲缘关系。随着中世纪法团会社以及自我管理的城市传统的衰落,大学开始和国家结为同盟:在法国,它和中央集权化国家相结盟;在德国,它和文化国家相结盟。但两者都是和国家相结盟。在德国,这种结盟不那么直接:它使普鲁士有办法维持一种基于理智的德意志认同。费希特相信,德国有能力为世界充当一种与军事领袖相对的精神领袖。(Collins,1998:647)与国家相结盟标志着现代大学的诞生——从"城邦"理念转向"共和国"理念。可以把这种转变描述为从城邦所代表的作为封闭、和谐的知识体系,转向分化的、立法性的知识典范,其政治形式就是现代共和国,而其文化形式就是民族。

19 世纪的自由现代性

启蒙运动深刻影响了以现代民族国家为核心塑造起来的 19 世纪大学。大学在创建国民认同之文化基础的过程中发挥了重要作用。随着作为通用语的拉丁语走向衰落,各地方言兴起,大学又在促进民族语言、编纂民族文学、国民地理方面扮演了关键角色。在搜集和界定民族志材料与文化材料方面,大学有关系科表现突出,没有这项工作,种种国民文化叙事、意识和国族想象皆无可能。这段时期里教授的征聘方式也有所变化,领固定薪资的教授取代了赚浮动酬金的教师。古老普世主义的学术漫游者(peregrinatio academica)渐受冷落,以推重基于国族身份的学术精英集团,这个过程属于一个更广泛的国族精英集团巩固成形的过程。这种趋势尤其体现在英国,那里整个国族精英集团都受教于牛津或剑桥。作为国民文化的宝库,大学丧失了它的大部分普世主义成分。举足轻重的唯有一个国民精英集团的形成。同时,大学还回应了市民阶层社会的形成,回应了新兴中产阶级所要求的文化建制与教育建制。由于世俗化、工业化和理性化,大学逐步向中产阶级开放,其基于国族的专门性也随之增强,因为中产阶级正是大部分文化民族主义与新兴都市职业社会的社会基础。

19世纪的大学还保留了与启蒙运动的一种关联,并在一定程度上维续至今,这就是相信大学乃基于某种根本性的**理念**。这种观念具体体现在19世纪有关大学理念的一场非常重要的争论:纽曼的《大学的理念》(John Henry Newman,1996)。围绕19世纪50年代早期都柏林大学的创建而发生的争论,依然是在围绕柏林大学所发生的启蒙运动争论的传统之中,只是这一次问题变成了证明一所世俗大学里是否有理由存在一个神学系。两起事件之间仅仅隔着几十年,但在这段时期里,发生了王朝复辟和现代保守主义的兴起,思想、政治与文化上都有了巨大的差异。如果说启蒙运动还在诉求知识的统治,诉求人性从传统与愚昧中的解放,那么后启蒙时代的历史经验则是让知识从属于国家形成。但国家形成的过程在很大程度上是世俗性的,从而激起了某些人的反抗,他们认为自由教育是一种追求开明天主教的文化政治的手段。

红衣主教纽曼是一位皈依罗马天主教义的英国圣公会神学家,后来成为英国的罗马天主教领袖。他受邀出任都柏林新建的大学的校长,并在1852年发表了一系列演讲,阐明对于大学的看法,以及大学所体现的知识观。《大学的理念》中所阐述的基本理念在于,大学是在教学和研究中追求"普遍知识"的场所。不过,纽曼最关注的还是教学,在他的典范里研究的地位并不突出。正如他在序言里所说,大学乃是"教授普遍知识之地"。大学所滋养的知识会对公共文化和文明社会作出人文主义的贡献。纽曼的大学观更符合英国牛津的传统,而非苏格兰传统或欧陆传统,比如他非常强调大学作为教牧养护之**地**。由此他远离了洪堡和德国传统,因为后者不怎么强调师生之间的人际关系。德国传统乃是基于教授作为知识的某一学科之代表而具备的权威。与此相反,纽曼的牛津典范更多地基于导师而非教授。这大概是因为他认为,教育的宗旨在于传递公认的一套知识,因此并不必然要求基础研究以生产新知识,或对既有的思想典范作批判性的审视。还有一点不同,他更多地认为大学乃是教会的同盟,而非服务于国家,或作为垄断学术水准鉴定的某种机构。不过,他和洪堡一样,都赞同以其自身为某种目的的知识观,而他的开明人文主义大学观也成为几近一个世纪里的框架,供寻求替代现代功利主义典范的大学领袖们参照。

就这样,由于各自特有的大学典范,英国传统和德国传统产生出两种各具特色的大学理念,体现在洪堡与纽曼各自的观点中。而法国大学从未以类似的方式产生出某种理念,这大概是因为它的职业化功能。还可以推测,是因为共和政府的自信,觉得法国的大学并不需要某种有可能指向另一类领袖典范的理念。对于文化领袖和公民领袖的需要,乃是爱尔兰、美国和德国典范的共同之处。英国传统所产生的学术领袖以及认知领袖的主音,亦即纽曼的大学理念,正是趋向现代化的天主教义的声音,是来自都柏林的声音。尽管纽曼将牛津浪漫化,他的大学观,一种现代化的大学观,却并非出自牛津之传统情怀的大学观。

纵有如许类似之处,启蒙运动典范与纽曼之观念之间仍有一点重大差异:纽曼作为19世纪世俗主义的产物,希图变革宗教以适应现代性之状况。在现代大学这一世俗机构中,神学亦可作为一门认知科学而获得制度性生存。这固然是纽曼的雄心,却也集中体现了现代世俗主义的悖论:制度性世俗主义,所谓政教分离,倒使得宗教有可能作为某种私人价值体系和认知体系而稳步成长。所以,康德谈理性分化成认知领域、道德/实践领域、审美领域,从这个角度来捍卫现代性,也是悖谬地帮助了宗教作为神学也就是作为一门学术科目的复归。纽曼所倡导的"普遍知识",显然源自罗马天主教对于普世教会的信仰,只不过已经根据现代世俗主义的状况,根据文化领域与制度领域的分化,作了相应的调和。他担忧并大力抨击了文化相对主义,但他最大的对手其实是英国自由主义功利主义者。

19世纪绝算不上一个宗教虔信的世纪,而纽曼的观点也并非畅行无阻。比如说,由边沁之类英国功利主义者创办的伦敦大学学院(University College London),专门明文取缔作为一门认知科学的神学,由此跻身无神学院行列,声名大著。对此纽曼试图予以抵制,寻求都柏林天主教徒的协助,而后者也为其现代化的开明天主教义所吸引。(O'Mahony与Delanty,1998)改革派的大学理念颇多受惠于德国和爱丁堡那些新近改革的大学,更多地受到对于知识之公共效用的信念激发，而非渗透浪漫主义精神的新人文主义普遍知识观，或过分关注于为神学系科之存在提供理据。（Young，1992：104）纽曼本人则试图消解培根视知识为某种公共效用的观念。这种传统可以回溯到培根的《知识之增长》（1605），亦见于洛克的《教育片论》[①]（Locke，1968；Bacon，1973），认为知识的合法化在于道德与社会方面的改善：知识在于达成某项目标，而非表达某种业已存在的真理。

纽曼的大学理念也受到赫伯特·斯宾塞的挑战，而随之而起的争论更引来其他自由派改革者如J. S. 穆勒和赫胥黎等人的回应。（参见Sanderson，1975：115—138）斯宾塞与纽曼针锋相对，理由是知识的最高形式并非以其自身为目的的知识，而是在某种形式上对社会有用的知识。斯宾塞就此针对纽曼强调传统人文学科，转而强调科学。至于自学成材的穆勒，根本不需要大学作为知识的保护者，既不同于纽曼，亦见异于斯宾塞，承认自由派的大学理念与现代大学理念都很重要。穆勒倾向于赋予人文学科以首要性，而赫胥黎则强调科学，但并不排斥人文学科（Huxley，1902）。至于美国，作为一种哲学思潮的功利主义并无强势，倒是有一种被称为实用主义的类似思潮出现，与皮尔斯、詹姆斯和杜威的著述关系密切。这股传统倾向于更强烈地认同市镇共同体而非自由传统。人们认为，与大学的身份特性更有关联的是地区与城镇，而不是国家。在英国，曼彻斯特、利兹、利物浦、伯明翰和诺丁汉等市立大学的兴起，反映了专门职业的兴起和职业培训的需要。（Armytage，1955；Jones，1988）这些大学与各自的市镇和区位坐落关系密切，被认为是为了创造对社会有用的知识，而不是什么服务全民族或大帝国。

在英格兰，纽曼的大学观背后潜藏的传统的文化话语也体现在马修·阿诺德的《文化与无政府状态》，此书初版于1869年。这部名著捍卫文化作为现代社会中的一种稳定力量，在阿诺德看来，现代社会始终受着无政府状态的威胁。（Arnold，1960；亦见Sutherland，1973）文化是无政府状态唯一的解毒剂，而他所谓的文化就是人文艺术。德国思想对于他有关文化和大学的学说的影响，远远大于对于纽曼的影响，后者的观念反映的是当时盛行的开明天主教义。阿诺德的思想也是一种有机的文化论，能够充当道德和精神上的领

---

① 采用上海世纪出版集团新版中译译名，原人民教育出版社版译做《教育漫话》。——译注

袖,与强调知识效用的另一种英国传统形成鲜明对照。① 这种将大学视为文化的精神之声的贵族式理念,在 T. S. 艾略特的《基督教社会之理念》等作品和 F. R. 利维斯的《教育与大学》、《当代英国文学与剑桥大学》②等作品中也有呼应。(Eliot,1940;Leavis,1948,1969)

19 世纪的主要论战之一,见于文化的另一个层面:自然神学。吕本指出,甚至到了 19 世纪末,当道德最终从科学中边缘化,当事实与价值之间的分离最终被接受,神学依然对科学享有权力。(Reuben,1996)进化论之争集中体现了将种种科学说明与基督教义相调和的努力。今天的自然神学或许已经死亡,但宗教的力量依然存在。时至今日,仍有许多美国大学的新教徒校董们禁止教授进化学说,另有些则要求科学不应当与上帝创世之神话相抵触。

行文至此,我们可以说,显然有两种大学典范:一是自由主义或新人文主义的理想,一是现代理想。前者根植于有关学术自由及追求以自身为目的的真理或知识的新人文主义理念,主要是德国式的;后者主要是法国式的,强调的是科学,但融入了某种自由教育的理念。不过话说回来,两种典范其实是并存于现实当中,美国在 19 世纪 70 年代开始的高等教育改革时期之后,情况尤其如此。直到 20 世纪下半叶,这两种典范才开始分离,现代大学才逐渐远离知识本身作为某种目的(end)的理念,直至最终欣然接受了知识之终结(end)。这些典范之间的冲突体现在"两种文化"之间更广泛的冲突上,即如英国的 C. P. 斯诺和更早前德国的新康德主义的有关描述。维特洛克(Bjorn Wittrock,1993)正确地指出,今日大学的起源乃是 19 世纪晚期的研究型大学,而非中世纪大学。他提出,转向研究导致一种新型的"认知型管制",在这种管制下,随着职业化、专门化的科学家取代了广泛涉猎的通才,出现了一种认知意义和制度意义上的新型知识体系。(Wittrock,1993: 316)但这种转向基本属于 20 世纪的发展,与工业主义相关联,后者带来对于新式专门化知识的需要,因为工业社会也是职业社会。(Perkin,1989)

所谓大学乃基于某种理念,以及可以有某种大学理念存在,这在正以进步理念作为基本驱动精神的 19 世纪极少受到质疑。对此,有一重要的例外,

① 原文为"contract",疑为笔误,根据上下文,似应为"contrast"。——译注

② 原书书名为 *English Literature in Our Time and the University*,采用杨自伍译韦勒克《近代文学批评史》第五卷利维斯一节译法。——译注

就是尼采从反文明的角度对于大学的批判。尼采透过洪堡的规划,看到了一种同质化企图,要设计一套循规蹈矩的思想文化,以及服从某种抽象权威的规则。1872 年,他在巴塞尔作了系列演讲,并在此基础上撰成《论我们的教育制度的未来》。(参看 Allen 与 Axiotis,1998)尼采把洪堡典范中的自主性原则看做纯粹制度性的原则,只不过是用国家取代了教会,作为其根本的效忠对象。古典的自由教育理想是以对于知识之普世性和个体之理性的信念为前提。而尼采正是对这些理念提出了质询,并主张问题并不仅仅在于确立一个自主性的制度空间以保护知识。从尼采这里,我们看到了视大学为认知抵抗之场所的早期认识。大学并不只是复制知识,为我们提供必要的科学手段或某种工具化的知识形态,而是颠覆社会中居于支配地位的文化典范。

自由现代性的衰落

启蒙运动与反启蒙运动关于大学的学说都是基于知识本身作为某种目的的理念。即使说法国人强调知识的功利一面,而德国人强调知识的文化向度,两者也都不质疑大学乃是作为追求普遍知识的场所。对于这一点的某种怀疑立场最初的征兆之一,明显表现在韦伯的思想中。他曾就大学问题写过几篇报章专论。(Shils,1973)韦伯始终对知识问题很感兴趣,视之为理性化的主要载体。他的核心目标之一是要搞清楚,例如现代科学所体现出的那种理性化思维,为何主要出现在西方世界。世界的理性化进程也是愈益理智化的进程,导致文化的祛魅(disenchantment),并最终导致意义的失落。韦伯在一个重要的方面与启蒙运动分道扬镳:他不认为知识具备不证自明的解放功能。实际上,他极力反对利用学术(science)搞政治。学术、政治、伦理与艺术各领域之间存在不可调和的冲突,这正是他的核心思想。

1918 年,韦伯发表了他的著名演讲,《学术作为天职》(*Wissenschaft als Beruf*),讨论了在现代理性化的祛魅时代,大学教授所担当的角色。(Weber,1948:131)韦伯观察了德国大学里的理性化过程如何也是它的美国化过程。"我相信,此一发展终将波及那些研究人员自行拥有工具的学科,这里工具主要是指图书馆。目前,在我这行里,研究人员多半仍是这种情况,如同过去工匠曾经有过的情形。不过，资本主义化的发展，现在已成为全面的趋势。”① 这里韦伯所描述的，其实是受新人文主义传统教育出来的旧式教授趋于消失，而工具理性化的行业正在兴起。韦伯演讲中的第二项主题也与此相关，说的是政治从学术中抽离出来。学术行为没有给政治留出任何空间，因为学术是一个缺乏人格的理性化世界的产物，而政治依然给人格和克里斯玛的复现留出了一些领地。然而，韦伯似乎并不愿意接受美国典范：“美国年轻人是这样子看站在他面前的教师的：他把他的知识与方法卖给我，赚我父亲的钱，与卖菜妇把包心菜卖给我母亲，完全没有两样……没有美国青年人，会让他的教师卖给他一套‘世界观’……。”（Weber，1948：149—150）②韦伯一方面严斥那些在学术中谋求道德领袖和思想导引的人，但同时也不能接受美国式的知识职业化与工具化。在演讲结束时，他有所退让，提到要应对“日常的要求”和作为一门职业的学术所要求的“理智的牺牲”。他毫不含糊地赞同“伦理中立”，因为他相信，对于文化价值观念是不可能作出评判的。如果知识仅限于中立分析，倒有可能获得对于文化价值观念的某些权力，但就算那样，知识也是受限的。他在1908年的一篇文章中写道：“德国所拥有的学术自由是在教会和政治方面所能接受的界限之内。超出这些界限，毫无学术自由可言。”（Weber，1973：17）

大学的美国典范在一个重要方面不同于欧陆。在美国，大学与国家的关联要少得多。许多美国大学和学院是私立的，对于知识的角色，整体上盛行着更具功利主义特质的精神。美国大学不像德国大学，并不认为自己是国民认同的编纂者。实际上，许多学院只提供本科教育。根据赫胥黎1876年在约翰斯·霍普金斯大学开学典礼上发表的演讲，美国大学是要履行一个理性的市民社会的承诺，而不是像德国观念论者所认为的那样，是一个既有民族（Volk）的表达。（Huxley，1902）里丁斯指出，这是因为美国市民社会乃是由某种承诺或契约的比喻奠定的结构，而非基于单一国民特性。（Readings，1996：33—34）这个论点有事实为证，因为根据柯林斯的说法，在美国革命期间，殖民地各州就有9所学院，而在整个欧洲，总人口五十倍于美国，却仅有大约60所学院。在19世纪，美国的学院数量迅猛增长，1860年达250所，20

① 此处中译据《韦伯作品集Ⅰ：学术与政治》，钱永祥等译，广西师范大学出版社，2004，第158页。中译综合了德文原本及英、法、日等不同译本，与此处作者所引英文本行文有所不同。——译注

② 同上书，第182页。——译注

年后更增至811所。(Collins,1979:118)有关契约和知识之公共效用的自由理念始终是美国高等教育的强大推动力。而除了苏格兰和受功利主义激发的伦敦大学学院,剑桥、牛津的英国典范的教牧色彩和家长做派要强得多。

另一位著名社会学家凡勃伦仔细考察过美国人对于洪堡式大学典范的修正。(Veblen,1962)1918年他写了一本很有影响的书,《美国的高等学术》,书中他在一个方面摆脱了自由典范:大学乃是研究之地,教学仅居从属地位。凡勃伦在有关现代美国大学的批评中,谈到了自由典范的衰落和20世纪现代大学的兴起。尽管如此,凡勃伦还是坚持启蒙运动人文主义对于知识的理解:知识以其自身为目的。这种转变的标志是博士学位的创设,试图将一种研究型文化予以制度化,取代视知识本身为某种目的的德国自由人文主义传统。在德国,林格描绘了1890—1933年期间,启蒙运动大学典范趋于衰落,蜕变成一种呆滞乏味、精英主义的"学界名流"即德国教授群体文化。(Ringer,1969)这种蜕变折射了美国转向学院职业化的趋势,而在欧陆,教授职位几乎成为公务员的某种延伸。因此,对于大学的制度背景,出现了两种不同的观念:一是英美市民传统,一是欧陆以国家为核心的典范。赠地大学所体现出来的美国传统无疑会认为,自己的公共担当乃是面向社会,而非面向国家。然而,这两种传统背后都有一种信念在支撑:学术自由根植于公民身份,这里的公民身份意味着对于国家的某种责任,或至少是在公共领域中对于国家的某种责任。

在韦伯看来,学术与政治不能相容,而要承认学术无法提供宗教的替代,就得作出巨大的理智牺牲。多年以后,雅斯贝尔斯又提出了同样的问题。1923年,雅斯贝尔斯发表了《大学之理念》,书中重提学术自由之旧问。(Jaspers,1960)1946年,值海德堡大学重开之际,此文修订后重新发表。在他看来,大学乃是会聚教学、研究与文化传承之地。秉承洪堡的启蒙运动传统,他也谈到了"修养理念","全人教育",作为必须能够提供一套理据充备之世界观的大学的目标。学术自由就是对于真理的追求:"大学乃是无条件追索各种形式的真理之地。"(Jaspers,1960:75)西班牙哲学家奥特加·伽塞特在其《大学的使命》中,也表述了非常类似的大学观,认为大学之功能在于文化传承、职业教学及科学研究之追求。(Ortega y Gasset,1944)

雅斯贝尔斯基于启蒙运动和人文主义的立场来捍卫自由大学,可以视为揭启了欧洲有关大学的一场新论战,也是在反拨另一位伟大的德国哲人阴郁的预言:海德格尔1933年就任弗莱堡大学校长时发表的著名演说——《德国大学的自我确认》。反纳粹的雅斯贝尔斯显然认为,成为文化与修养的监护者乃是大学的义务。然而,海德格尔撰成这篇演说之日,可能正是他同情纳粹之情结最强烈之时,奇怪地同时展现了知识的首要性以及对于精神领袖的需要。他主张,大学乃是“德意志民族之最高学校”,要求其“自我确认”,或某种“意志”,以实现知识之本质,对海德格尔来说就是一种形上学的质问:“我们将德国大学理解成‘高等’学校,基于学术并借助学术,教育并训练德意志人民的领袖与卫戍者。”(Heidegger,1985:471)这是有关现代大学最具争议的观念之一。尽管如此,它也只不过是将19世纪和后启蒙时代将大学视为国民文化保护者的观念发挥到极致而已。大学之命运与国家之命运息息相关。海德格尔认为大学的任务关系到对于技术的控制,因为在他的文化主义大学观中,知识通过国族共同体的声音而言说。考虑到海德格尔的政治激情毫不逊色于钦定国师,考虑到他作为纳粹任命的弗莱堡大学校长的位置,这种大学议论似乎是大学的堕落。但实际上,他的大学观与文化主义的立场相去并不很远,后者将大学理解成传统的代言人,国族共同体认知结构的保护者。在洪堡和德国观念论哲学那里已经奠立了这种大学观的基础,并由雅斯贝尔斯充分赞同,虽说在他们的观点中,大学并不是完全服务于民族或国家。在这个意义上,作为某种现代性建制的大学,在其自身意识之中即已蕴涵对于现代性的批判,只是以某种先于现代性的东西的名义。

自由现代性的时代在20世纪的最初几十年走到了尽头。大学开始被吸纳到工业社会之中。将要盛行于20世纪的那些认知结构在这几十年中已经出现,比如事实与价值相分离,理性与信仰相分离,知识分子与专家相分离,民族与国家相统一,传统与现代性相分离。大学丧失了启蒙运动带给它的权利:为价值评判或为事实立法。大学成为专家避居之飞地,而知识分子也随之退往社会之边缘。基于这些认知结构,现代文化典范的这些基本结构,出现了新的知识形态。尽管大学的旧有精神以及与现代性之间保持的暧昧关系大部分已经失落,但一种新的精神、新的关系即将诞生:承纳一个更广泛社会中的民主价值观念。在以下数章将要讨论的组织化现代性中,大学既是专家避居之飞地,又是能够孕育更民主的公民身份的空间。正是在这块场所中,认知结构和知识中的新型结构与现代性中更广泛的变迁相偕以进。

(李康　译)

参考书目

Allen, V. and Axiotis, A. (1998) "Nietzsche on the future of education", *Telos*, 111:107—21.

Anrich, E. (ed.) (1956) *Die Idee der deutschen Universitat: Die funf Grundschriften, Fichte, Schleiermacher, Steffens, Schelling, Humboldt*. Darmstadt: Hermann Gentner Verlag.

Armytage, W. H. G. (1955) *Civic Universities: Aspects of a British Tradition*. London: Benn.

Arnold, M. (1960) *Culture and Anarchy*. Cambridge: Cambridge University Press.

Bacon, F. (1973) *The Advancement of Learning*. London: Dent.

Baker, K. (1975) *Condorcet: From Natural Philosophy to Social Mathematics*. Chicago: University of Chicago Press.

Bender, T. (ed.) (1988) "Retrospect", in *The University and the City: From Medieval Origins to the Present*. Oxford: Oxford University Press.

Bender, T. (1993) *Intellect and Public Life*. Baltimore: Johns Hopkins University Press.

Cambell, R. H. and Skinner, A. S. (eds) (1982) *The Origins and Nature of the Scottish Enlightenment*. Edinburgh: Donald Publishers.

Cobban, A. (1975) *The Medieval Universities, Their Organization and Development*. London: Methuen.

Collins, R. (1979) *The Credential Society*. New York: Academic Press.

Collins, R. (1998) *The Sociology of Philosophies: A Global Theory of Intellectual Change*. Cambridge, MA: Harvard University Press.

Diderot, D. (1971) "Plan d'une universite", *Oeuvres completes*. Paris: Club Francaise du Livre.

Durkheim, E. (1977) *The Evolution of Educational Thought*. London: Routledge & Kegan Paul.

Eliot, T. S. (1940) *The Idea of a Christian Society*. New York: Harcourt,

Brace & Co.

Ferruolo, S. C. (1985) *The Origins of the University: The Schools of Paris and their Critics, 1100—1215*. Stanford: Stanford University Press.

Friese, H. and Wagner, P. (1993) *Der Raum des Gelehrten*. Berlin: Edition Sigma.

Gouldner, A. (1965) *Enter Plato*. London: Routledge & Kegan Paul.

Grafton, A. and Jardie, C. (eds) (1986) *From Humanism to Humanities: Education and the Liberal Arts in Fifteenth and Sixteenth Century Europe*. London: Duckworth.

Heidegger, M. (1985) "The self-assertion of a German university", *Review of Metaphysics*, 38: 467—502.

Heilbron, J. (1995) *The Rise of Social Theory*. Cambridge: Polity Press.

Humboldt, W. von (1970) "University reform in Germany: reports and documents" *Minerva*, 8: 242—50.

Huxley, T. H. (1902) "1876 address on university education", in *Science and Education*, vol. 3: Collected Papers. London: Macmillan.

Jaspers, K. (1960) *The Idea of the University*. London: Peter Owen.

Jones, D. (1988) *The Origin of Civic Universities: Manchester, Leeds, and Liverpool*. London: Routledge.

Kant, I. (1979) *The Conflict of the Faculties*. New York: Abaris Books.

Kant. I. (1996) "An answer to the question: what is Enlightenmenti", inj. Schmidt (ed.), *What is Enlightenmenti Eighteenth-century Answers and Twentieth-century Questions*. Berkeley: University of California Press.

Kanuf, P. (1997) *The Division of Literature: Or the University in Deconstruction*. Chicago: University of Chicago Press.

Kittelson, J. and Transue, P. (eds) (1984) *Rebirth, Reform and Resilience: Universities in Transition, 1350—1770*. Columbus: Ohio State University Press.

Leavis, F. R. (1948) *Education and the University: A Sketch for an "English School"*. London: Chatto & Windus.

Leavis, F. R. (1969) *English Literature in our Time and the University*. London: Chatto & Windus.

Locke, J. (1968) *The Educational Writings of John Locke*, edited byj. Axtell. Cambridge: Cambridge University Press.

McClelland, C. (1980) *State, Society and University in Germany*. Cambridge: Cambridge University Press.

McDonald, C. (1992) "Institutions of change: notes on education in the late eighteenth century", in R. Rand (ed.) *Logmachia: The Conflict of the Faculties*. Lincoln, NB: University of Nebraska Press.

Muller, E. (ed.) (1990) *Gelengenliche Gedanken Uber Universitdten*. Leipzig: Reclam Verlag.

Newman, J. H. (1996) *The Idea of the University*, edited by F. Turner. New Haven, CT: Yale University Press.

Nichols Clark, T. (1973) *Prophets and Patrons: The French University and the Emergence of the Social Sciences*. Cambridge, MA: Harvard University Press.

O'Mahony, P. and Delanty, G. (1998) *Rethinking Irish History: Nationalism, Identity and Ideology*. London: Macmillan.

Ortega y Gasset, J. (1944) *Mission of the University*. Princeton: Princeton University Press.

Perkin, H. (1989) *The Rise of Professional Society: England since 1880*. London: Routledge.

Rand, R. (ed.) (1992) *Logomachia: The Conflict of the Faculties*. Lincoln, NB: University of Nebraska Press.

Rashdall, H. (1987) *The University in Europe in the Middle Ages*, (3 vols). Oxford: Oxford University Press.

Readings, B. (1996) *The University in Ruins*. Cambridge, MA: Harvard University Press.

Reuben, J. (1996) *The Making of the Modern University: Intellectual Transformation and the Marginalization of Morality*. Cambridge, MA: Harvard University Press.

Ringer, F. (1969) *The Decline of the German Mandarins*. Cambridge, MA: Harvard University Press.

Rothblatt, S. and Wittrock, B. (eds) (1993) *The European and American University since 1800*. Cambridge: Cambridge University Press.

Sanderson, M. (ed.) (1975) *The Universities of the Nineteenth Century*.

London: Routledge and Kegan Paul.

Shils, E. (1973) *Max Weber on Universities: The Power of the State and the Dignity of the Academic Calling in Imperial Germany*. Chicago: University of Chicago Press.

Sorkin, D. (1983) "Wilhelm von Humboldt: the theory and practice of self-formation (Bildung), 1791—1810", *Journal of the History of Ideas*, 44: 55—73.

Sutherland, G. (ed.) (1973) *Matthew Arnold on Education*, edited with an introduction by G. Sutherland. Harmondsworth: Penguin.

Van den Dale, W. (1977) "The social construction of science: institutionalization and definition of positive science in the latter half of the seventeenth century", in E. Mendelsohn, B. Weingart and R. Whitley (eds) *The Social Construction of Scientific Knowledge*. Dordrecht: Reidel.

Veblen, T. (1962) *The Higher Learning in America*. New Haven, CT: Yale University Press.

Wagner, P., Wittrock, B. and Whitley, R. (eds) (1991a) *Discourses on Society: The Shaping of the Social Science Disciplines*. Dordrecht: Kluwer.

Wagner, P., Weiss, C, Wittrock, B. and Wollman, H. (eds) (1991b) *Social Sciences and Modern State: Natural Experiences and Theoretical Crossroads*. Cambridge: Cambridge University Press.

Weber, M. (1948) "Science as a vocation", in H. H. Gerth and C. Wright Mills (eds) *From Max Weber*. London: Routledge & Kegan Paul.

Weber, M. (1958) *The City*. New York: The Free Press.

Weber, M. (1973) "The alleged 'academic freedom' of the German universities" (1908), trans. Edward Shils, *Minerva* 11.

Wieruszowski, H. (1966) *The Medieval University: Masters, Students, Learning*. Princeton, N. J.: Van Nostrand.

Wittrock, B. (1993) "The modern university: the three transformations", in S. Rothblatt, and B. Wittrock (eds) *The European and American University Since 1800*. Cambridge: Cambridge University Press.

Young, R. (1992) "The idea of a chrestomathic university", in R. Rand (ed.) *Logomachia: The Conflict of the Faculties*. Lincoln, NB: University of Nebraska Press.

为真理而真理:约翰斯·霍普金斯大学的学术文化和技术转让①

玛莉安·P. 菲尔德曼　皮埃尔·德斯罗切斯②

引　言

自第二次世界大战以来,美国研究型大学已经成为技术变迁强有力的引擎。1980年的《拜伊—多尔法案》(Bayh-Dole Act)的出发点就是加速技术扩散和提高经济增长,它确立了一个原则,即美国大学保有联邦政府资助的研究项目的成果的知识产权的权力。结果,美国大学已经在资助研究、技术许可和建立初创公司(start-up company)诸方面与产业界展开更紧密的互动。③

亨利·埃兹考维茨已经创造了"企业型大学"(entrepreneurial universi-

---

① Maryann P. Feldman and Pierre Desrochers, "Truth for Its Own Sake: Academic Culture and Technology Transfer at Johns Hopkins University", *Minerva*, Vol. 42, 2004, pp. 105—126.

② 玛莉安·菲尔德曼,对科学和技术问题感兴趣的经济学家,多伦多大学管理学院创新和企业家精神研究中心主任。Maryann. feldman@ rotman. utoronto. ca 皮埃尔·德斯罗切斯,多伦多大学地理系助理教授,曾在约翰斯·霍普金斯大学做博士后研究两年,他的研究兴趣是经济发展、环境和城市政策以及公共财政。pdesroch@ eratos. erin. utoronto. ca

③ David Mowery, Richard Nelson, Bahven Sampat, and Arvid Ziedonis, "The Effects of the Bayh-Dole Act on US university Research and Technology Transfer", in L. Branscomb, F. Kodama, and R. Florida (eds.), *Industrializing Knowledge* (Cambridge, MA: MIT Press, 1999), 269—306.

ties)这个短语,用来描述大学在国家创新体系内扮演的促进技术转让的角色。① 批评家指出,这个进程会潜在地抑制学术自由、滋生公众的不信任,并使大学偏离其根本使命。② 理查德·纳尔逊也质疑了其对美国创新体系的长期效应。③ 但是虽然很多学者考察了这些问题④,但很少有人从历史的角度深入地对其予以研究。而且,虽然很多人看到麻省理工学院和斯坦福大学有所谓"亲技术转让的文化"(pro-technology transfer culture)⑤,但很少有人曾经考虑过约翰斯·霍普金斯大学的经历,而这所大学是美国第一所研究型大学,它从一开始就把基础研究和学术发表放在优先地位。直到最近,这里的某种文化一直在抗拒着商业活动和技术转让。追寻一所并没有立即接受和产业界的关系的"现代"大学经历,有助于我们更好地理解相关讨论。

还有一个重要的因素需要考虑。约翰斯·霍普金斯大学专心致力于促进罗伯特·默顿所说的"开放科学"的规范。⑥人们认为,这里暗含着一种不

① Henry Etzkowitz, "Entrepreneurial Scientists and Entrepreneurial Universities in American Academic Science", *Minerva*, 21(2—3), (1983), 198—223. 另参见 B. Clark, *Creating Entrepreneurial Universities* (New York: International Association of Universities and Pergamon Press, 1998).

② Sheila Slaughter and Larry L. Leslie, *Academic Capitalism: Politics and the Entrepreneurial University* (Baltimore: Johns Hopkins University Press, 1997).

③ Richard Nelson, "Observations on the Post-Bayh-Dole Rise in Patenting at American Universities", *Journal of Technology Transfer*, 16(1), (2001), 12—19.

④ 例如参见:Harvey Brooks and Lucien Randazzese, "University-Industry Relations: The New Four Years and Beyond", in Lewis Branscomb and James Keller(eds.), *Investing in Innovation* (Cambridge, MA: MIT Press, 1998), 361—399; Henry Etzkowitz and Lois Peters, "Profiting form Knowledge: Organizational Innovations and Normative Change in America Universities," *Minerva*, 29(2), (1991), 133—166; Henry Etzkowitz and Loet Leydesdorff(eds.), *Universities and the Global Knowledge Economy* (London: Pinter, 1997); Irwin Feller, "Universities as Engines of R&D-based Economic Growth: They Think they Can", *Research Policy*, 19(4), (1990), 335—348; Roger Geiger, *Research and Relevant Knowledge* (New York: Oxford University Press, 1993); Young S. Lee, "University-Industry Collaboration on Technology Transfer", *Research Policy*, 26(1), (1998), 69—84; and Dianne Rahm, "Academic Perceptions of University-Firm Technology Transfer", *Policy Studies Journal*, 22(2), (1994), 267—278。

⑤ 例如参见 Susuan Rodergrant and David R. Lampe, *Route 128: Lessons from Boston's High-Tech Community* (New York: Basic Books, 1986); Everett B. Roberts, *Entrepreneurs in High Technology* (New York: Oxford University Press, 1991); and Stuart Leslie and Robert Kargon, "Selling Silicon Valley: Frederick Terman's Model for Regional Advantage," *Business History Review*, 70(4), (1986), 435—472.

⑥ Robert K. Merton, *The Sociology of Science: An Episodic Memoir* (Carbondale: Southern Illinois University Press, 1979).

愿意使研究受商业利益影响,厌恶从专利和商业化中牟利,而且有与产业界拉开距离的意味。虽然大学也为自己创造出的具有实际利用价值的科学突破而骄傲,但无论这些研究有多重要,传统上学术工作者和大学都不会直接从中受益。① 相反,霍普金斯的经历展示了大学在国家创新体系中的角色的另外一种情形。

学术文化和大学与产业界之间的互动

今天,约翰斯·霍普金斯大学是美国联邦政府研究和发展资金的最大接收单位,其每年收到的数额是麻省理工学院或者斯坦福大学的两倍。② 尽管有这方面的领先地位,但该大学在技术转让方面却落后于其他大学,包括所获专利的数量、生产许可收入,以及以大学为基础的资产分拆(spin-off)方面。③ 虽然学术生产力很难量化评估,但一般人们都同意这种意见,即霍普金斯的文化一向不鼓励直接介入产业界。

在霍普金斯,主管研究的副教务长负责技术转让事务。曾于1988—1992年间担任这个职务、现任卡内基·梅隆大学校长的杰瑞德·科洪(Jared Cohon)曾说:"这里一向有一种不同类型的文化。我不能解释为什么会出现这种情况,但是我完全接受这个事实。我们一向是一个以基础研究、个人探索和联邦资金赞助为特点的机构,是那种强调为了知识本身而创造知识的地

① 例如肝磷脂(一种用于防止血液凝结的药品,现在被广泛应用于治疗血栓和心脏手术中)是在1916—1918年间的一系列实验中被发现的。汞溴红在1919年被发现于霍普金斯大学医学院,后来作为水银红药水由巴尔的摩的辛森-韦斯特考特-丹宁(Hynson, Westcott & Dunning)公司进行开发和经营。类似地,卫生和公共健康学院的研究导致了维生素D在1922年被发现,为20世纪30和40年代获得一种有效的脊髓灰质炎疫苗奠定了基础。霍普金斯所取得的研究突破的清单可见于 www. jhu. edu/news_info/research. html 以及 hopkins. med. jhu. edu/BasicFacts/discovery. html.

② 参见 National Science Board, *Science and Engineering Indicators* (Washington, DC: National Science Foundation, 2001), Table 6—4. 该大学在计算总研发经费时将应用物理学实验室的研究经费也包括在内。

③ Maryann P. Feldman, "Post-Dayh-Dole University-Dndustry Relationsihp", in Charles Wessner(e.), *Government-Industry Partnerships in Biotechnology and Information Technologies: New Needs and New Opportunities* (Washington, DC: National Academy Press, forthcoming).

方。”①现任主管研究的副教务长西奥多·波勒(Theodore Poehler)在回顾四十年来的历史时曾说:“在历史上霍普金斯一向避免把发明变成商业活动。霍普金斯是这样一个地方,在这里你作为一个学术人来作研究,这就够了。今天大多数人还是为了这个原因而留在这里。”②

霍普金斯校长威廉·布罗迪(William Brody)最近的言论反映了这种情绪,显示出大学和产业界之间关系中存在的张力。在一篇题为“从头脑到雷区:为在产业界和学术界之间建立非军事化区而进行谈判”的演讲中,布罗迪将这种关系描述为一种充满变数和艰难的关系,是一个“充满了潜在的冲突、主张和反主张的雷区”。他列举了四个有争议的问题:(1)什么是能够而且应该取得专利权的;(2)大学是否的确应该取得专利权;(3)大学是否应该给知识产权发放许可;(4)如果大学要给知识产权发放许可,是否应该是在一个完全排他性的基础上。他最后发出警戒式的声明:

> 我们的科学家在本性上是探索者——他们扬帆远行于未知的海域,为的是寻求发现。要求他们成为经理人、推销员和会计师对科学研究是不现实的,而且最终会损害科学研究事业。把时间花在会议室里就是把时间从实验室拿走,就会降低他们的生产力,就会减少他们干最符合他们的能力的事情的可能性……当霍普金斯大学的科学家们发现限制性内切酶(Restriction Enzymes)——这是生物技术产业的基础之一——的时候,我们把这个发现置于公共财产的范围里,失去了无法数计的潜在专利收入。我们傻吗?也许。但是我知道我们没有减慢科学发展的速度,也没有削弱美国在这个产业领域的领导性地位。③

当代的这些声明在历史上是有深刻的渊源的,这特别反映在这个大学的建校使命当中,也反映在美国基础研究在19世纪的历程当中。

文化作为特定组织的一个属性凸现着这个组织的根本价值,影响着组织

① Joe Levine, “Technology Tales”, *Johns Hopkins Magazine*, 42(4), (1990), 26.

② Joanne Cavanaugh Simpson, “Golden Opportunity-or Overwhelming Obstacle?” *Johns Hopkins Magzine*, 53(1), (2001), 16.

③ William Broody, “From Minds to Minefields: Negotiating the Demilitarised Zone Between Industy and Academia”, Remarks to the Biomediacal Engineering Lectures Series, Johns Hopkins University, 6 April 1999.

中人们的行为和表现的模式。① 文化一旦形成,就突出地表现出持续性和对变迁的抗拒性。所以,罗伯特·帕特南在考察了意大利地方政府的表现后总结道:"在20世纪即将来临之际,为什么有一些共同体比另外一些共同体能更好地管理集体生活并维持有效的制度?我们解释这个问题的一个有决定性意义的方面就是从中世纪早期到今天始终一脉相承的社会状态。"②即使组织的其他属性也是起作用的因素,文化传统仍然会有力地影响特定组织的表现及其包容创新的能力。

为了理解霍普金斯的文化,本文首先考察其早期领导人和董事的建校理念,以及他们之间互相冲突的对大学和产业关系的观点。然后本文将关注糖精发明的过程,以考察一个有影响力的学者,也就是第二任校长艾拉·莱姆森(Ira Remsen),是如何强化了这所大学的文化。接下来,我们将简短地考察大学的第一个"资产分拆"企业即罗兰电报公司(Rowland Telegraph Company)。这个由亨利·罗兰所促成建立的公司失败了,而它的失败则强化了这样的观点:直接的商业活动对大学来说是不恰当的。在一系列实验的尾声中建立了一个工程学院,而它代表了商业和文化之间一种不勉强的妥协。具有讽刺意味的是,这个工程学院的成功导致了它自己的解散,被吸纳到一个新的、同时也是更传统的文理学院当中。

建校的使命

这所大学是由贵格会铁路巨头约翰斯·霍普金斯在1870年建立的,他捐出700万美元来建立一个以他的名字命名的大学和医院。③ 当时,这是美国历史上一所学院或者大学所得到的最大的一笔捐赠,其数额是哈佛大学所

① Lawrence J. Smircich, "Concepts of Culture and Organizational Analysis", *Administrative Science Quarterly*, 28(2), (1983), 339—358.

② Robert D. Putnam, *Making Democracy Work: Civic Traditions in Modern Italy* (Princeton: Princeton University Press, 1993), 121.

③ 这笔捐赠按2003年美元价格计算值1 300亿美元。这笔钱被平均分配给大学和医学院。本文关注的是大学,但是医学院的历史也是同样丰富多彩的。

获捐赠的两倍。① 对霍普金斯来说"大学"这个词到底意味着什么,关于这个问题的争论在他死后还进行了很长时间,因为在他的遗嘱里并没有清楚地说明。阐明大学的使命和形式的职责落到由霍普金斯任命的12个成员的董事会头上。② 他们都是霍普金斯的"朋友和熟人",都是"巴尔的摩市居民,中年,独立,经验丰富";霍普金斯相信这些人"在他们履行职责时不会企图增进任何教派的特殊信条或者任何政党的主张"③。在那个时代,大多数美国私立学院都与宗教派别相关联,而且大多数霍普金斯的董事都属于基督教公谊会。④ 但霍普金斯仍然决定要求新建的大学须是非教派性的。正如首任校长丹尼尔·吉尔曼在其就职演讲中所说:"几乎每一个强大的学术机构都要么是'教会的孩子'要么是'国家的孩子',因而也都容易受到政治的或者宗教的控制。正是在这样的一片土地上,(约翰斯·霍普金斯)栽下了一棵大学的幼苗,它毫无疑问将更好地同时服务于教会和国家,因为无论是国家还是教会的监护它都不接受。"⑤成为非教派大学的决定引起了争议,但是有助于创造一种有利于学术探索的氛围。⑥

首先,霍普金斯的董事们希望看到一个不同于已有的400所美国学院和大学的教育机构。他们向哈佛的查尔斯·埃利奥特(Charles W. Eliot)校长、康奈尔的安德鲁·怀特(Andrew D. White)校长、密歇根大学的詹姆斯·安

① "Death of Johns Hopkins", *Baltimore Sun*, 25 December 1873. 然而,霍普金斯的这笔资产并没有乍看上去那么了不起,因为该大学的年收入和资产与那些老牌大学不可同日而语。比如,哈佛大学当时的资产价值500万美元,而耶鲁大学的资产被认为与霍普金斯的捐赠数额相等。而且,哈佛的投资基金在1875年已累计达300万美元,而耶鲁也有150万美元。而霍普金斯大学的投资基金每年只带来不到20万美元的收益。比较起来,哈佛在1874—1875年间的学费收入是168 541.72美元,投资收入是218 715.30美元,总计是霍普金斯的收入的大约两倍。这是吉尔曼校长所报告的。Daniel Coit Gilman, *The Launching of a University* (New York: Dodd, Mead & Company, 1906), 4—5.

② 12名董事中有7名是巴尔的摩的商人;四名是律师(其中又有2名是巴尔的摩市高等法院法官);还有1名是霍普金斯的私人医生。至少有10名董事接受过学院或者大学教育,其中有1名还有留学海外的经历。其中有4名已经担任了巴尔的摩的另外一个学校即皮博迪学院(Peabody Institute,一个音乐学院)的董事,而这个学院在1976年也被并入约翰斯·霍普金斯大学。

③ Daniel Coit Gilman, *University Problems in the United States* (New York: Century, 1898), 7.

④ Society of Friends,亦即贵格会,亦称教友会。——译注

⑤ *University Problems in the United States*, 7—8.

⑥ J. Vernon Jensen, "Thomas Henry Huxley's Address at the Opening of the Johns Hopkins University in September 1876", *Notes and Records of the Royal Society of London*, 47(2), (1993), 257—269.

吉尔(James B. Angell)校长征询意见。① 这三位校长不约而同地建议董事们不要急于形成他们的学术计划,要把注意力放在当地,而且应该让这个新学校以实际应用为方向。埃利奥特指出,新的大学应该致力于"建设和提高马里兰州的学校体系。如果你们能通过大学的行动改善学校体系,你们就能干成一件很大的好事,从中收益的孩子们将远比直接处于你们的影响之下的学生多"②。安吉尔补充说:"我觉得在目前科学和知识的状态下,你们应该坚持关注科学和艺术中的实际应用问题,举例来说,将化学实验应用到实际的工艺中,比如金属和燃料等产品的生产。"③怀特也同意这种看法,说:"在确立你们的课程时,请允许我建议你们特别重视技术方面,也就是说,重视将科学应用于各产业。"④这三位都一致同意任命吉尔曼为首任校长。

吉尔曼极大地影响了霍普金斯大学的发展。他是前加州大学(University of California)校长,因与加州议会之间发生分歧而辞职。⑤ 如今他形成了一种至少有部分校董赞同的看法,一种与授地学院(Land Grant Colleges)的实用导向和常春藤联盟的传统都有明显区别的看法。

在 1875 年 1 月 18 日,由令人敬畏的埃德温·戈德金(Edwin L. Godkin)主编的《国家》(*The Nation*)宣称⑥,吉尔曼的企图是通过向高级学生而不是本科生提供教育而促进学术。他计划聘请处于各自领域前沿的教授们,而且"给他们足够好的报酬,使他们不为俗务琐事而操心"⑦。作为回报,吉尔曼将"为他们找到水平足够高的学生,以不断地最大限度地激励他们;而且他还迫使他们将自己的研究成果发表出来,以此来敦促他们每年都拿出证据来显

---

① Abraham J. Flexner, *Daniel Coit Gilman: Creator of the American Type of University* (New York: Harcourt, Brace and Comnpany, 1946). 38—52.

② *Daniel Coit Gilman: Creator of the american Type of University*, 42.

③ Ibid., 45.

④ Ibid., 46.

⑤ Ibid., 16—27; John Calvin French, *A History of the University Founded by Johns Hopkins* (Baltimore: Johns Hipkins University Press, 1946), 30—33.

⑥ 参见 Flexner, op. cit. note22, 50—51.

⑦ 充足的薪水是一个重要的考虑。正如吉尔曼所观察到的,"此时此刻我们可以举出 20 个人的名字,他们在现有的学院里以低廉的薪金被雇佣。他们在某些研究领域的工作将对这个世界的科学和文学有不可估量的价值,但是为了生计,他们被迫把大部分时间用在给孩子们上入门课或者撰写教科书上……(而且),每年美国的研究生们却被迫要么去国外留学,要么只好满足于他们所能受到的远非完善的帮助,去上那些工作任务过度繁重而工资微薄的教授们的研究生课程"。Ibid., 50—51.

示自己在专业上工作勤奋、成果丰硕”①。

董事会没有接受埃利奥特、怀特和安吉尔的建议，而是决定追随吉尔曼，创建一个致力于高等研究和研究生教育的大学，遵循所谓“德国模式”的路线。德国的大学尊崇首先由普鲁士倡导起来的“洪堡传统”，在训练学者的研究能力上居世界领先地位。据估计在19世纪下半叶有9 000名美国人留学于德国。德国模式被认为具有南北战争前的美国大学所缺乏的两大特点：学术自由的原则，以及对科学（Wissenschaft）的责任——也就是为知识而知识的观念。② 在追随德国典范的过程中，霍普金斯将成为美国第一个提供研究生计划的大学。③

“我们现在的目标是什么呢？”吉尔曼在他的就职演说中问道，“对研究的鼓励……和对学者个人的发展的促进。学者们将以自己的卓越才华来推动他们所追求的科学事业的发展和他们所居住的社会的进步”④。值得注意的是他作的如下补充：“远期的利用价值和当前的收益一样值得我们考虑。这些有风险的事业并不总是出于最精明准确的判断就可以期望明天有个回报。它有时候要求我们把船队派到遥远的海域，要求我们着眼于缓慢而确定的回报而付出投入。所以，远期的利用价值总是要靠推动科学发展来实现。”⑤

在此后的20年里，一些董事发现吉尔曼最初的设想越来越不适应强劲扩张中的工业经济的需要。既然12个董事中有7个都是很出色的商人，所以才能有时间来兼顾公共事务，那么或许这种情况本来就是能够被预见到的。他们当中约翰·加雷特（John Garrett）很引人注意，他是巴尔的摩和俄亥俄铁路公司（Baltimore and Ohio Railroad, B&O）的总裁，是霍普金斯本人的亲密朋友和商业伙伴。⑥ 加雷特想使大学采取一种更实用、更商业化的路线。

---

① *Daniel Coit Gilman: Creator of the American Type of University*, 50.

② Louis Menand, *The Metaphysical Club* (New York: Farrar, Straus and Giroux, 2001), 256.

③ 关于后来“霍普金斯模式”被采用和扩散的情况，以及它对后来美国研究型大学的影响，参见 Geiger, op. cit. note 5, 7—9.

④ Gilman, op. cit. note 17, 35.

⑤ Ibid., 18.

⑥ 霍普金斯大学最初的捐赠中的一大部分投资于 B&O 铁路公司。直到今天，B&O 的董事长和财政委员会主席都持有大学董事会里的席位。

在1883年,他公开指责董事会保守①,随后就很少出席董事会的会议了。董事刘易斯·霍普金斯(Lewis N. Hopkins)是创建人的侄子,他赞成加雷特的看法,宣称“伟大的发现总是出自那些投身于实际应用的人”②。在1887年,罗伯特·加雷特接替其父亲出任B&O公司的董事和总裁,又尝试了一次。③应他的要求,他的一个助手巴纳德(W. T. Barnard)准备了一份专题文章,文章中他要求回答这个问题:

> 为什么约翰斯·霍普金斯大学不应该维持一个追求产业目标的从事高级技术训练的系呢?……目前约翰斯·霍普金斯大学经营上的趋势太过青睐中世纪的经典和那些玄奥酸腐的学问……约翰斯·霍普金斯大学应该被视为巴尔的摩学校系统的一部分,也是这个城市的无尚荣耀的一部分。为了保持这种地位,它应该既开设纯科学方面的课程,又开设应用科学方面的课程。④

根据这种精神,加雷特家族提出要捐赠一个类似于耶鲁的谢菲尔德学院和哈佛的劳伦斯学院的科学学院。然而,经过考虑,大学行政当局拒绝了这个提议。⑤ 这不是个好的兆头。

在1887年,一名健谈的上校托马斯·沙弗(Thomas J. Scharf)利用在公开场合的机会抨击霍普金斯大学未能“从学究的迷雾中走出来”⑥。这位沙弗是不是参与了加雷特的计划不得而知,但是引入应用型科学的努力最终还是失败了。⑦ 不仅如此,吉尔曼受激而出面回应。他在1885年纪念日的讲话题为“社会得自大学的好处”,其中一个接一个地说道霍普金斯大学所讲

① Hugh Hawkins 注意到:“约翰·W. 加雷特是在1883年1月30日对巴尔的摩基督教男青年联合会作这个讲话的,是在该组织30周年的庆祝集会上。”*Pioneer: A History of the Johns Hopkins University, 1874—1889* (Ithaca: Cornell University Press, 1960), 5.

② Ibid., 305.

③ Ibid., 318.

④ W. T. Barnard, *Technical Education in Industrial Pursuit with Special Reference to Railroad Service* (Baltimore: Isaac Friedenwald, 1887), 转引自 Robert A. Rosenberg, “Academic Physics and the Origins of Electrical Engineering in America” (Unpublished PhD dissertation, John Hopkins University, 1990), 209—210.

⑤ Hawkins, op. cit. note 35, 318—319, 引文自 ibid., 210.

⑥ French, op. cit. note 35, 318.

⑦ Hawkins, op. cit. note 35, 318.

授的学科，以证明它们全都是有用的。① 在后来的年月里，吉尔曼借用了据说是法拉第说过的一句格言："没有什么比抽象更富于实用性。"②吉尔曼回顾说，电报、电话、照相技术、蒸汽机车和电灯等发明创造都不是工业研究、商业公司或者私人企业的产物，而是大学研究人员的成果；而他们的目的不是"获取财富，而是探明事物的基本法则"③。

吉尔曼的行动和他的语言一样好。路易斯·梅南德注意到，到1880年，即霍普金斯大学开张的第四年，该校有100名研究生，而相比之下哈佛则只有41名。人事聘用中强调学术生产的重要性。在四年里，霍普金斯教师发表的研究论著等于此前20年间其他所有美国大学发表数量的总和。④ 1878年吉尔曼创办了约翰斯·霍普金斯出版社，这是持续运作的美国最老的大学出版社。它贯彻了吉尔曼的一个信念，即出版与教学和研究一样，都是一个伟大大学的基本责任。

对特定制度的文化进行评估从来不是一件简单的事，而学术人也从来不是一个统一的群体。尽管如此，我们还是可以在霍普金斯发现一种几乎无处不在的对基础研究的强调。郝金斯(Hugh Hawkins)注意到："如果有人问早期约翰斯·霍普金斯大学的教师和学生他们遵奉什么理念，那最常见的回答一定是：真理，或者'为真理而真理'。真理是作为这所大学的意识形态而加以陈述的主题。"⑤许多教师反对把学术工作加以直接的实际运用。⑥ 第一位教授是古典学家贝希尔·吉尔德斯里夫(Basil L. Gildersleeve)，他在1877年纪念日的讲话中宣称："'有用的'(useful)这个词应该从大学的语汇中被取消。"⑦他在自然科学领域里的同事也表达了相同的情绪。首位化学教授艾拉·莱姆森(在1901—1913年间任第二任校长)对他所称的"实战主义"(practicalism)感到悲哀，表示只要还占据着在大学的教席，他就拒绝向私人

---

① Gilman, op. cit. note 17, 94. 在这篇演讲的新版的前言中，吉尔曼回忆道："发表下面这篇讲话的时候，对大学的工作所作的评论似乎是意在呼吁重新展现大学的原则和目标。"

② Gilman, op. cit. note 17, 117.

③ Christopher Lucs, *American Higher Education: A History* (New York: St. Martin's Griffin, 1994), 173.

④ Menand, op. cit. note 30, 257.

⑤ Hawkins, op. cit. note 35, 293—295.

⑥ Rosenberg. op. cit., note 38, 185—195.

⑦ Hawkins, op. cit., note 35, 304.

产业提供咨询。① 而且当一个学生表示私人产业可以资助建立新的实验室，并援引德国的先例来佐证其看法时，莱斯曼回答说他“想不出还有什么比这种入侵更能使一个大学气数衰败的了”②。当弗吉尼亚大学带着明确的扩展实用知识的目的任命了一个学院化学家约翰·梅里特(John W. Mallet)并鼓励他把时间投入工业和农业研究项目时，莱斯曼的态度就更加鲜明了。③

糖精的故事

这个故事说明霍普金斯大学不能完全做到外在于商业上的纠葛。美国大学之对知识的商业化作出贡献，其最早和最引人注目的例子是糖精的发明。糖精的发明者是来自欧洲的康斯坦丁·法尔伯格(Constantin Fahlberg)，他作为博士后研究人员与莱姆森进行合作研究。④ 这个发明完全是不期而至的。1879年，法尔伯格正在帮助莱姆森做关于甲苯(一种煤焦油的提取物)的氧化的实验。在实验室吃午饭时，法尔伯格感到食物中有一种难以名状的甜味，然后他发现这个甜味是来自一种他无意间粘在手指上的物质。两位学者联袂将他们的发现写成两篇文章，先后于1879年发表于《美国化学杂志》(*American Chemical Journal*)，于1880年发表于一家德国杂志。随后莱姆森转向了别的研究项目，但是法尔伯格看到了这种低成本的甜味剂的商业潜力。他返回德国后得到了资助，完善了一套生产他所命名的“糖精”(这个词来源于“糖”的拉丁文saccharum)的工艺流程。在1884年和1885年，法尔伯格先后在美国和欧洲得到了“糖精化合物制造法”的专利。莱姆森没有作为共同发明者分享专利，尽管合

① Ibid., 140.

② Hawkins, op. cit., note 35, 140, citing a letter from Judge Morris A. Soper, 13 March 1953. 这个学生是阿尔弗雷德·杜米(Alfred R. L. Dohme)，后来是沙普-杜米公司(Sharpe and Dohme)总裁。该公司是巴尔的摩一个出色的制药公司，后来合并于莫克(Merck)公司。

③ Hugh Miller Spencer, *The Life of John William Mallet, BA, PhD, LLD, Hon MD FRS; and the Four Distinguished Sons of Patrick Kerr(1776—1828) and Hannah Blythe Rogers* (Charlottesville: Alumni Association of the University of Virginia, 1985). 梅里特曾就“过去几年内化学的产业应用方面最重要的变化”进行过考察，见 *American Chemical Journal* 前三期。

④ 关于各种不同而且经常有冲突的对这个插曲的讲述，参见：Mike Field, “Technology Transfer's Bittersweet Beginnings”, *The Johns Hopkins University Gazette*, 17 May 1993, 1 and 5; Christine A. Rowett, “*Smithsonian revisits Remsen*”。

作发表在美国杂志上的文章被提到了。

霍普金斯的文化似乎没有对当时不领工资的法尔伯格产生影响;在给这个偶然获得的发现申请专利之前,毕竟他已经登记过别的专利。① 法尔伯格靠这种新的甜味剂发了财,但无论是莱姆森还是霍普金斯大学都没有得到或者要求得到专利税。莱姆森的确坚持认为霍普金斯大学在这个发明中的作用应该得到承认,但法尔伯格要独占发明权,他也只是徒然哀伤而已。② 尽管当大学有财政困难时有人建议去要求赔偿,但莱姆森始终没有去挑战法尔伯格的专利权。一个学生回忆道:"我敦促莱姆森接受莫克公司的建议去打官司,但是他拒绝了,说他不会让工业弄脏他的手。"③莱姆森所要的只是承认,而不是补偿。

莱姆森所表达的是一种对商业的冷漠,而这与戴维·霍恩舍尔(David Hounshell)对美国学术的早期年代的描述相吻合。在那时,学者们追求的是纯科学而不是利润。④ 与欧洲的许多知识分子圈子一样,应用科学和牟利的科学(science-for-profit)被认为是一种不如"为了科学"的科学那么高贵的职业。⑤ "糖精的故事"被一讲再讲,成为霍普金斯大学乃至全美国化学入门课上的老生常谈,被作为一个关于操守的故事来让学生了解学术事业意味着什么。在最近的1990年,同样的情操也在罗伯特·玛索夫(Robert Massof)教授身上被体现出来。他认为他在霍普金斯的医学院的同事的态度有一个核心特点,那就是"来自商业的钱是不干净的,而介入商业等于卖淫"⑥。

---

① 法尔伯格早先在美国申请到的专利有:"硫酸锌制造工艺的改进"(1878),"铁盐溶液脱铁法"(1882),"从铁溶液中回收二氧化铅"(1882)。法尔伯格于1886年首次在德国获得专利。参见 Thomas Szmerscanyi, "Review of Christopher Maria Merki, *Zucker gegen Saccharine: zur Geschichte der Kuslichen Sussstoffe*", in *World Sugar History Newsletter*, 24 June 1997 (http:www.chass.utoronto.ca/epc/wshn/number24.html)。

② Johns Hopkins University, Ferdinand Hamburg Archives, Records of the Office of the President, 02.001 Box 116 # 274, Ira Remsen to Dr Goodnow, 26 February 1918.

③ Field 注意到:"这经常被认为是因为法尔伯格后来宣称发明是他一个人做出的。这使得莱姆森在给英国化学家威廉·拉姆齐(William Ramsey)的信中称:'法尔伯格是个流氓。想起我的名字和他一同被别人提起,就让我觉得恶心。'" op. cit. note 52, 1,

④ David Hounshell, "The Evolution of Industrial Research in the US", in Richard S. Rosenbloom and William J. Spencer(eds.), *Engines of Innovation: US Industrial Research at the End of an Era* (Cambridge, MA: Harvard Business School, 1996), 13—86.

⑤ Rosenberg, op. cit., note 11, 26.

⑥ Quoted by Levine, op. cit., note 11, 26.

巴尔的摩当地工商业界人士中也形成了一种相应的印象，即觉得这个大学远离日常生活。莱姆森的一个以前的学生回忆道，他的老师对——

> ……美国化学工业的态度在那个时代是不幸的。存在于德国大学和德国工业界的密切联系，以及这种联系所带来的互利互惠，其实也是他在讲话中所不时提及的。然而他又很少作出什么努力来指引他的学生进入产业领域：他所有的鼓励似乎都是要诱导学生去教书。我怀疑他可能与工业家们发生过什么不愉快的经历。他曾讥讽那些夸耀"大规模"作业的人，而我曾当面听他说起他拒绝加入巴尔的摩的某些工作。我敢说对方对学校也有同样多的偏见，但是假如他是一个更善于周旋的人，偏见本来是可以被消除的，学生是可以得到更多的机会的，而像他这样一个真正有实际经验的人也可以获得发挥影响力的新渠道。①

对今天的读者来说，莱姆森的观点似乎符合万尼瓦尔·布什(Vannevar Bush)所描述的创新的"直线型"(linear)模式。在这种模式中，基础研究产生发现，而发现又通过出版和教育加以传播，随后由产业界加以开发和经营。② 根据这个现在已经在很大程度上被放弃了的模式，知识的流动是单向的，即从大学到产业界。③ 由于霍普金斯大学在如此高的程度上固守这个模式，其与产业界的联系不可避免地是有限的；而其结果也是令人失望的。这里有两个例子可以说明这一点。

早期商业化的失败

一次又一次地，霍普金斯大学在特殊处境下越出惯例去支持商业活动。

① E. T. Allen, "Reflection on Ira Remsen", *Johns Hopkins Alumni Magzine*, XVI, (1927), 222—223.

② Claude Barfield, *Science for the Twenty-First Century: The Bush Report Revisited* (Washington, DC: American Enterprise Institute Press, 1997). 该书给出了回顾性的考察。

③ Stephen J. Kline and Nathan Rosenberg, "An Overview of Innovation", in Richard Landau and Nathan Rosenberg (eds.), *The Positive Sum Society* (Washington, DC: National Academy Press, 1987), 275—306. 一种更时兴的替代模式是"链节"(chain-link)模式，即将根据特定问题安排的大学-产业合作和开发活动结合起来。

然而,这些冒险行动显示了达成成功的技术转让是多么困难。霍普金斯的第一个"资产拆分"公司是设立于1898年的罗兰电报公司(RTC)。亨利·罗兰(Henry A. Rowland)是吉尔曼招聘的第一批教授中的一员,他建立了霍普金斯大学物理系,并创建了一个物理实验室,后者被广泛认为是世界上同类实验室中设备最完善齐全的。① 罗兰还设计了一套全新的应用电子学和应用机械学课程。② 今天该大学的物理与天文学系还冠以他的名字。1883年罗兰作为美国科学促进会(American Association for the Advancement of Science)副会长发表了一篇题为"对纯科学的企盼"的演讲,其中他对吉尔曼的大学观予以响应:

> 处在我的位置上应当去做的一件事是考虑如何创立我国的物理科学,而不是以科学的名义去搞电话、电灯之类的器具……当(我国科学)社团的平均水平低下的时候,当庸才获得最高荣誉的时候,当三流人物被当成典范的时候,当小发明被夸大成科学创造的时候,这些科学社团就会产生不良影响。③

然而,正如罗伯特·罗森伯格所已经揭示了的,罗兰并不是一个"科学贵族",而且他也不认为靠发明致富或者靠经商发财是什么不光彩的事。④ 在一次根据保险规定而进行的常规医疗检查中,他被发现患有糖尿病,这在当时是使人寿数不久的不治之症。罗兰对科学的商业应用持一种更加积极的看法。他在日记中写道:"我将在几年内死去,这个确定的事实完全改变了我的生活。我要为了妻子和(三个)孩子挣钱,这是我从来没有想到过的。"⑤他开始了在电报和水电方面的研究,这导致了他向巴尔的摩商业界提供的咨询服务,导致了新的电报装置的发明,导致了RTC公司的建立。吉尔曼校长和继任的莱姆森校长都支持他向商业的转向。物理学实验室被置于他的掌管

---

① Gilman, op. cit. note 17, 14—15.

② Rosenberg, op. cit., note 38, 195—211.

③ Henry Augustus Rowland, *The Physical Papers of Henry Augustus Rowland*, *Johns Hopkins University*, *1876—1901* (Baltimore: Johns Hopkins University Press, 1902).

④ Rosenberg, op. cit. note 38, 202.

⑤ Stephen May, "One Summer in Seal Harbar", *Johns Hopkins Magazine*, June 1995 (available at http://www.jhu.edu/~news_info/695web/eakins.html).

之下,他在自己的时间安排上被赋予巨大的自由。①

最初的结果是预料之中的。罗兰公司总裁在该公司1907年的年度报告中记述道:

> 这项工作挟带着实验室和现场试验的双重有利条件向前推进。它在我们的手里成长为一项远远超过我们的预期的事业。我们很快发现,仅仅重现罗兰教授的发明的工作原理是不够的,而且只有一个完全商用的机器才会(或者说才能够)证明该项发明用于商业的可行性。②

这个商用机器的每一个部件都应该加以完善,每一个零件都应该加以标准化;还应该做出特种工具,应该将整部机器整合到现有体系当中,而这意味着要对付电报系统的复杂性。

然而,这个报告的结论是谨慎的:"这项工作之精密复杂完全出乎意料。它要求我们不断地重新设计,但是渐进的成功总是使得我们有理由把工作继续下去。"结果困难不断积累,到罗兰已经去世后的1910年,罗兰公司终于停业了。这个在大学和工业界之间建立联系的试验尽管曾被人寄予厚望,但终归无果而终。而且无论是对霍普金斯大学的文化还是巴尔的摩的经济,这个试验都几乎都没有留下什么影响。

这个案例似乎仅仅是在特定情境下的一个例外。我们可以推测:如果这个试验最后成功了,它就可能鼓励霍普金斯大学重新考虑其立场。但实际情况是,莱姆森对糖精的商业成功的鄙夷,再加上对罗兰的发明进行商业化开发过程中的困难,合起来强化了吉尔曼对学术文化的定义。然而,工程学院的创建带来了新的机会,而这似乎给大学提供了一个在文化和商业之间达成可行的折衷的契机。

---

① Anonymous, "The Rowland Multiplex Printing Telegraph System", *The Electrical Age*, 29 (9), (1902), 540—557.

② Rowland Telegraphic Company, *The Rowland Telegraphic Company. Report of the President* (Baltimore: Rowland Telegraphic Company, 1907).

折衷：工程科学

在19世纪的各学科中，化学和工程学与制造业的关系显然是最紧密的。在美国，工程学经常在这方面走在最前面。尽管(或者也可以说是因为)英国和法国的实践在许多高等教育机构(包括西点军校)都有影响，但实际的工程教育被认为不在霍普金斯的使命之中。约伊指出："一些教授强烈地感到，一个本质上实用性的领域里的正式教育与大学的角色和理念是不相容的。"①在1876年的就职演讲中，吉尔曼对校内现有各系及其在霍普金斯大学的地位予以了评估：

> 有一个工程学系也应该在这里予以特别的关注……但是在所有这些计划形成的过程中我们应该谨防脱离我们的根基；我们尽量把我们的学校办成博文型(liberal)的而不是技术型的；我们尽可能多地传授关于原理的知识而不是关于方法的知识。如果我们犯了这个错误，我们会得到一个优秀的技术学院，而不能得到一个大学。②

这个原则在1912年发生了改变，因为当年州议会通过了《马里兰技术学校法》，向霍普金斯大学拨款60万美元以启动一个工程学计划。因为马里兰没有工程学校，大约每年有300个年轻人离开家乡到北方的技术学院读书。还有许多人支付不起到外地上学的费用，所以也就无法进入工程教育的大门。③ 这个法案为该州居民进入霍普金斯大学接受应用科学和技术的学位教育而设立了129个奖学金名额。另外建设新的建筑和实验室的资金也被包括在内。

马里兰州当局的提议到来时正赶上霍普金斯大学处于财政困难期。④这个计划规定："学校的工作主要是为本科教育基础良好的学院的毕业生提

---

① Mary Ruth Yoe, *Hopkins: Engineering at the University* (Baltimore: Johns Hopkins University Press, 1989), 5.

② *Hopkins: Engineering at the University*, 39.

③ Daniel Coit Gilman, "Inaugural Addree", 22 February 1876, http://milton - real. mse. jhu. edu/text. html.

④ French, op. cit. note 26, 166.

供高级教育。”①然而该大学坚持要保留对计划的主导权,而且坚持认为这笔资金应该被用于高等学术研究。为了确定一个新的课程计划,应用电子学教授、亨利·罗兰的学生约翰·怀特海走访了东海岸的14个技术学校,又向产业界征求可行的建议。他最后作出结论认为,霍普金斯所需要的不是一个以应用型工程学为本的计划,而是一个以基础科学原理为本的计划。

工程学系于1912年开张。与怀特海一道的是其他两位创始教授——查尔斯·迪尔登(Charles J. Tilden,民用工程学)和卡尔·托马斯(Carl C. Thomas,机械工程学)。他们的期望是使霍普金斯为工程教育学确立新的标准,起到霍普金斯医学院在医学领域所起到的那种作用。② 而大家都怀有这种期望。新的四年制学程的一个毕业生是杜鲁门·汤姆森(J. Trueman Thompson),他把自己和同学描绘为“一项工程教育的实验中的小白鼠……哲学系的教师们用轻蔑怀疑的眼光打量我们,但是还是认定,如果我们决心成为水管工之类的技工,我们至少也应该比他们以前碰到过的匠人受更多的教育”③。

“水管工”这个字眼里当然有轻蔑的成分,而这无疑来自从一开始就存在的对设工程学系的怀疑。④ 其中一些疑虑后来被逐渐打消了。当美国在1917年宣布参战时,一些霍普金斯工程师开始介入军方事务。而且这些人在战后又转向商业活动,而其中一些人的工作具有极大的重要性。比如一位名叫考文霍芬(William B. Kouwenhoven)的助理教授,成为美国的第一个预备役军官训练队(Reserve Officers Training Corps, ROTC)的队长。战争期间他致力于研究步枪枪托生产中的质量控制方法;战后他对电力设施养护工的事故死亡的防止措施产生了兴趣。最后在1960年,他的工作导致了心肺复苏法(CPR)的发明。

1919年,工程学系扩充为工程学院,这获得了当地政界和社会团体的支持。⑤ 其早期强调基础科学的做法被逐渐放弃,转而奉行其他技术学院通行

① Ibid., 168.

② French, op. cit. note, 169.

③ Johns Hopkins University, Milton S. Eisenhower Library, Special Collections, MS 114. J. Trueman Thompson Papers, “Homewood, 1913—1963: An Autobiographical Sketch”. Mimeograph.

④ 据回忆,后来担任首任工程学院院长的约翰·博斯韦尔·怀特海曾在解释为什么一些霍普金斯教员反对建立工程学时说:“他们认为我就是想要水管工。”参见 Yoe, op. cit. note 69, 19.

⑤ J. Trueman Thomson, “An Experiment form the Beginning”, *Johns Hopkins Magazine*, XIV (6), (1962), 6—9.

的更注重实用的方针。[①] 面向技术工人的夜校也开办起来,还应当地工商界的要求而开设了短期课程。该学院还与企业签订了合作协议,以增加学生的实际动手经验。[②] 许多学院员工与产业界和政府展开协商,内容包括从电器绝缘到公路建设和蒸汽涡轮设计的各类事务。[③] 工程学院院长约翰·怀特海曾经说,一个大学内的技术学院必须"与它周围的社会调整好关系并满足其需要;但同时还要保持高标准,并在科学应用领域内为最高级的学习和教育提供机会"。由于这种实际应用导向,霍普金斯工程学的毕业生在就业市场上深受欢迎。1937 年正是大萧条的谷底时期,《巴尔的摩太阳报》报道说有 35 个公司造访学校,而每个机械工程学专业的毕业生面前都有三个工作机会等在那里。[④] 大学在工程学上的成功似乎证明了与商业建立亲善关系是正确的。

然而并不是所有霍普金斯共同体的成员都以同样的热情来看待这些成功。1944 年,一份受鲍曼校长委托而作出的报告建议,技术程序方面的课程应该缩减,以利于不断加强基本原理方面的课程;而且应该增加社会研究、人文学以及口头和书面表达等方面的课程。工程学院的热力工程课被一门热力学课程所取代,同时为了更加突出科学导向,电路分析取代了电子机械工程。[⑤] 随着课程的应用性的降低,毕业生们被授予"工程科学"学位。在 1946 年,类似的故事又发生在航空学上。当年新任命的航空学系主任弗朗西斯·克劳瑟(Francis Clauser)在其就职演讲中高扬霍普金斯传统。他说:"我在这里不是要建立一个贸易学校,而是要为那种能不断推动飞行知识向前发展的人建立一套培养程序。"[⑥]话虽如此,但进展是缓慢的。尽管航空学地位极为重要,但霍普金斯还是花了 17 年来建立一个航空学系。

---

① Yoe, op. cit. note 69, 33—37.

② Yoe, op. cit. note. 26.

③ 关于工程学院与产业界的互动的详细情况,可见于各辑《约翰斯·霍普金斯大学校长年度报告》(*Annual Report of the President of the Johns Hopkins University*)中的"专业服务"(professional services)部分。在第一次世界大战后,对实际运用电子学的科学发现感兴趣的基金会和学会赠给霍普金斯大学 12 万美元,用于电子工程的研究。在 1924 年,南方燃气协会(Southern Gas Association)的数个下属公司决定在五年内每年提供 8 000 美元,用于研究生和本科生的工作。该项工作非常成功,所以四个大城市的燃气公司和美国燃气协会又追加了赠款。后来,这项工作中又纳入了化学,设立了一个气体和化学工程系。参见 French, op. cit. note 26, 175.

④ Ibid., 24.

⑤ Yoe, op. cit. note 69, 41.

⑥ 转引自 Yoe, op. cit. note 39.

第二次世界大战以后,工程学院在"工程科学"领域内引领发展潮流。[1]研究生培养计划重新导向大学学术研究人员的培养。结果,受科学训练的教员变得比受工程学训练的教员多了。然而,这些计划中的很大一部分已经成为多余,其课程越来越雷同于大学里的自然科学各系所开设的课程。于是在1966年,工程学院和哲学学院合于新设的文理学院。经此合并,"工程学"一词几乎从霍普金斯大学校园里消失。[2]

在1975年,霍普金斯大学召集了一个由一流人物组成的委员会,由哈夫斯塔德(L. R. Hafstad,已退休的通用汽车公司副总裁和研究主任)担任主席,任务是研究霍普金斯工程教育的前景。其报告发布于1976年秋,得出了如下似乎是意料之中的结论:

> 在产业界,霍普金斯被认为完全失去了对实际的工程活动的兴趣。有些教授本人可能是知名的甚至享有盛誉的,但是并没有"工程学院"来吸引那些有意去产业界工作的学生。对于一个对产业界的需要毫不敏感的机构,期待得到知识广泛的、能够经营重大工程项目的领导人的产业界是没有动力去支持它的。[3]

在1979年,作为《哈夫斯塔德报告》所引发的争论的一个结果,工程学院

① 参见 Eugene S. Ferguson, *Engineering and the Mind's Eye* (Cambridge, MA: MIT Press, 1992)。Ferguson 如此归纳工程学上的发展:"(美国工程学教育学会的委员会的)最终报告(发表于1950年初)包括两个重要的建议,而那些得到或者希望得到大笔研究资助的学校都迅速遵行这两个建议:第一个建议是,'那些职业和技术性质很强的课程'应该被取消,而'那些主要目的在于传播工程技术和实践知识的课程'也应该被取消。这样,意在给学生提供实地观摩和感受器件实物和基本程序(例如金属的焊接、铸造和加工)的车间课程(shop courses)很快就被放弃了。工程绘图课被留了一点,主要是因为许多绘图课的教师都持学术头衔,很难辞退他们。但是绘图和画法几何课程的地位衰落对所有有关人员来说都是清楚的事实。'工艺和实践'(art and practice)课程(该课程对工程系统如发电厂、电网、化工厂等的各个组成部分进行说明,并解释这些组成部分如何在实际运行中相互协调,由此就以往和现在的工程方法进行教学)存留了一段时间,但当委员会的第二个建议得以执行时也被取消了。这第二个建议要设立'六门工程科学——固体力学、流体力学、热力学、(热、质量和动量的)转换和速率、电学理论以及物质的性质和特性'——的课程。并非所有的工程学课程计划都立即改变了,但是对研究导向的工程学院和那些盼望成为这个富裕群体中的一员的学院来说,变化的信号是明确无疑的。"(160—161).

② Yoe, op. cit. note 69, 52.

③ 参见 John C. Schmidt, *Johns Hopkins: Portrait of a University* (Baltimore: Johns Hopkins University Press, 1986), 132.

被重新建立。然而有理由指出的是,在霍普金斯,工程学与文化之间的斗争仍在继续。在1990年主管研究的副教务长杰瑞德·科洪指出,大部分工程学研究人员都在致力于比较抽象的问题,其得到的经费大部分来自支持基础研究的联邦机构,例如国家科学基金(NSF)、国家航空航天局(NASA)和国防部(DOD)。① 直到今天,来自工业界的基金和私人赞助的研究仍然很少,而且霍普金斯的工程学研究人员也较少向私人企业提供咨询。在20世纪90年代末,虽然霍普金斯在研究经费方面在美国大学中位居前列,但产业界赞助的研究经费在其总研究经费中的比重在美国的前二十位大学中名列倒数第二。这样,霍普金斯大学的情况就与同类美国大学(包括麻省理工学院、宾州大学和华盛顿大学)形成鲜明对照。②

结 论

文化有一种飘忽不定的属性,虽然它不可能加以量化,但却也是真实和持久的。霍普金斯大学的建校使命及其对"为真理而真理"的执著,为它自己框定了一种与通行的博文教育和技术教育传统大为不同的角色,而且随着时间的流逝也产生出强烈的神秘感。本文探讨了一个大学的制度环境;而这个大学作为一个反事实的个案,与莫里尔法授地学校(Morrell Act Land Grant institutions)的经济扩张导向、麻省理工学院更强烈的商业导向以及利兰·斯坦福(Leland Stanford)提出的经济发展使命都形成尖锐对照。霍普金斯大学的使命感和学术文化使得开放科学(open science)关于学术人的正当行为的规范得以制度化。

从约翰斯·霍普金斯大学的经历当中,我们可以发现有三点是与当前关于大学和产业界互动的讨论有密切关系的。第一,吉尔曼认为最好的学术性科学实践实际上是"大船队"(argosies),这种观点创造了一种具有巨大的社

① Levine, op. cit. note 11, 26.

② 在1994—1995财政年度,这些大学产业界赞助的研究在总研究经费当中的比重分别为:麻省理工学院,12.25%;宾夕法尼亚州立大学,14.99%;华盛顿大学,9.65%。相比之下,霍普金斯只从产业界得到了其研究经费的1.33%。参见 Norman Abramson, José Encarnacao, Proctor P. Reid, and Ulrich Schmoch (eds.), *Technology Transfer Systems in the United States and Germany: Lessons and Perspectives* (Washington, DC: National Academy Press, 1997).

会效益的文化。顶尖的科学家被鼓励投入纯粹求知的科学。虽然这种工作的确不能产生直接的商业利益,但它自有其价值。第二个观察是,那种认为大学里埋藏着无数未被开掘的财富的期待可能也是不现实的。正如罗兰的个案所显示的,在知识的前沿领域工作的最聪明的人一般都离市场太远,所以拿不出能取得商业成功的产品。例外情况当然也会存在,但我们或许还是可以说大多数学院科学家只能造就糟糕的商人。最后,"为真理而真理"的理念需要加以透彻观察。一些学科会比另外一些学科更多地通过产业技术和市场推广获利。正如工程学院的历史所揭示的,与应用工作相脱节导致这个学院成为多余。

自从1980年《拜伊-多尔法案》通过以来,已有强大的激励因素促使美国大学去到产业界把科学成果变成专利和生产许可。结果,许多大学对技术转让事务产生了浓厚的兴趣。霍普金斯大学也不利外。① 正如一位大学官员就此所指出的:"改变大学的文化是需要花时间的,就像一艘巨轮转弯要花时间一样,因为需要克服巨大的惯性。"②

美国创新体系的力量在于其大学在制度上的多样化。由于所获得的赞助来自公共部门、私人部门和产业界,所以美国大学采取了各种不同的制度形式,同时服务于各种不同的使命。约翰斯·霍普金斯选择了专门从事纯科学的道路。然而时至今日,为了争取金钱、人才和学生,大学被迫求变图存、相互竞争。我们完全有理由担忧的是:在对新知识的经营性应用趋之若鹜的热潮中,当前对学术界和产业界之间的交往互动的强调会削弱乃至摧毁美国大学的真正力量和它的制度多元化——而这正是130多年来使美国学术文化卓尔不群的原因。

（牛可　译）

---

① 霍普金斯在1986年以前并没有专门设置技术转让办公室,从而在这方面姗姗来迟。参见David Mowery and Arvid Ziedonis, "The Effects of the Dayh-Dole Act on US University Research and Technology Transfer: Analyzing Data from Entrants and Incumbents", Science and Technology Group, NBER Summer Institute (Cambridge, MA: National Bureau of Economic Research, 1999). 大学技术经营者联合会(the Association of University Technology Managers, AUTM)报告说,霍普金斯在1973年设立了技术转让办公室。我们认为1986年是一个更准确的年代,因为当年的政策转变敦促教师将其科学发现公之于众。

② 引自Herther Lynch, "The Age of Invention: Hopkins Cranks up Wheel of Free Enterprise", *The Daily Record*, 12 December 1998, 1a and 10a。

为学问而学问：
作为 19 世纪模式的德国大学①

勒诺·奥鲍埃尔

在 19 世纪，西方世界的高等教育制度中以德国大学最为世人所仰慕。②之所以如此，很大程度上是因为当时人们普遍认为，德国的大学体现了纯学术的理想，即客观公正地追求真理，为学问而学问。当时的德国人以这种观点看待大学，而那时其他地方的人也同意这种看法，而现代历史学家也接受关于大学的目的这种论断。③

---

① Lenore O'Boyle, "Learning for Its Own Sake: The German University as Nineteenth-Century Model", *Comparative Studies in Society and History*, Vol. 25, No. 1 (Jan., 1983), 3—25.

② 开展本项研究的想法受到这篇很有价值的文献学文章的启发：Ronald L. Gougher, "Comparison of English and American Views of the German University, 1840—1865: A Bibliography", *History of Education Quarterly*, 9 (Winter 1969), pp. 477—491。

③ 关于同时代人的看法，参见 Max Hoffmann, *August Bückh: Lebensbeschreibung und Auswahl aus seinem wissenschaftlichen Briefwechsel* (Leipzig, 1901), pp. 85—92; Ludwig Wlese, *German Letters on English Education, Written during an Educational Tour in 1876*; Leonhard Schmitz, ed. And trans. (New York, 1879), 43; "The Irish University Bill", *Quarterly Review*, 134 (Aril 1873), p. 298; Goldwin Smith, "University Education", *Journal of Social Science*, 1 (June 1869), 49—50; Josiah Royce, "Present ideals of American University Life," *Scribner's Magazine*, 10 (September 1891), p. 383; Heinrich von Sybel, "Die Deutschen und die auswirtigen Universititen", in *Vorträge und Aufsätze* (Berlin, 1974), pp. 37—55; I. J. Benjamin, "Benjamin II", in *This Was America: True Accounts of People and Places, Manners and Customs, as Recorded by European Travelers to the Western Shore in the Eighteenth, Nineteenth and Twentieth Centuries*, Oscar Handling, ed. (Cambridge, Mass., 1949), p. 279; John W. Burgess, The *American University. When Shall it Be? Were Shall it Be? What Shall It Be? A Essay* (Boston, 1884)。关于 19 世纪德国经常激烈展开的关于 Gymnasium、Realgymnasium 和 Realschulen 孰优孰劣的争论，对本文的研究也很能说明问题。参见 Lenore O' Boyle, "Klassische Bildung und soziale Strukture in Deutschland zwischen 1800 und 1848," *Historische Zeitschrift*, 207 (December 1968), 584—609; idem, "The Humanist Tradition Reexamined," *Internationales Archiv für Socizalgeschichte der deutschen Literatur*, 1 (1976), 246—57。

然而令人不解的是,虽然18世纪在高等教育上的思想是趋向于功利主义的,但这些比较晚近的时候才出现在德国的说法居然如此容易地在德国和其他国家被广泛接受。关于这些语汇的确切含义是什么,以及它们在实践上有什么样的启示,都是不清楚的;即使是粗略的考察也能显示这些语汇的模糊性。"为知识而知识"(knowledge for its own sake)提出的问题是针对教学在大学中的总体地位,特别是针对国家将大学作为培养未来的政府官员和教士的学校加以促进的意图。这和Bildung,也就是"文化教养"的观念、人的全面发展的观念有什么关系呢?如何来解释这一点,即实际上这个目标越来越等同于强调研究和发表的必要性?随着时间的流逝,这些口号最终脱离了其本来的含义,用来表示各种不受眼前的利用价值影响的那些研究工作。①

对这个观念唯一的可以接受的字面上的解释似乎是,追求学问既不是为了上帝的光荣,也不是为了教育年轻人,而是因为它本身就是"最纯粹、最深刻、最持久的快乐……"。这个概括是英国学者亨利·哈尔福德·沃恩(Henry Halford Vaughan)作出的,而他在大学世界所占据的是一种独特的边缘位置,这个事实本身就有明显的意味。这个解释几乎从来没有被提出过,而且也不为人所知。② 德国的教授们通常要讲相当多的课,而且对自己造就政治和社会精英的责任十分重视。语文文献学家也许是19世纪新大学的推动力量,他们以这种观点来论证他们的教学的必要性:通过古代伟人的范例,对古代文化的学习能对人格培养施加一种积极的影响,并且通过学习语言的形式结构,它还可以提供综合的心智训练。简言之,这是一种并没有远远脱离Bildung理念的目标。而且,德国人在研究上的勤勉刻苦也意味着一种信念,即新知识对全社会都是有用的。

所以我们有理由认为,对于"为知识而知识"这个说法而言,只有它能服务于一个或几个没有明言的目标,它才得以在如此长的时间里作为一种关于大学目标的宣示而存在下来。就这些没有被明言的目标而言,个人或群体的

---

① Charles E. McClelland, *State, Society, and University in Germany, 1700—1914* (New York, 1980); R. Stveven Turner, "The Prussian Universities and the Concept of Research", *Internationales Archiv für Sozialgeschichte der deutschen literature*, 5(1980), 68—93.

② E. G. W. Bill, *University Reform in Nineteenth-Century Oxford: A Study of Henry Halford Vaughan 1811—1885*(London, 1973), 101. 索尔斯坦·韦布伦把大学看做是"崇拜闲情逸致的探索——或者被称为科学精神——"的地方。转引自 Howard S. Miller, *Dollars for Research: Science and Its Patrons in Nineteenth-Century America*(Seattle and London, 1970), 151.

利益很少能构成一个充分的理由,但也许总是一个好的讨论问题的出发点。在此可以提出的一个观点是,这个理念能够使一个新的专业的出现获得正当性,中下层阶级出身的人可以通过这个新专业在一个晋身机会不多的国家赢得地位和保障,而上层阶级也容许乃至鼓励这个进程,因为这是一种避免社会冲突的有效途径。

不幸的是,对专业(profession)这个词的使用本身就是争议纷纭的。关于某种职业(occupation)当中有哪些特定的属性可以被认为是构成专业的要素,还没有任何共识;而对于每个专业在发展过程中要经历怎样的一系列阶段也没有共识。① 如此博学的历史学家如劳伦斯·韦塞倾向于认为应该丢弃"职业"这个概念。但是这是一种极端的立场,我认为不必予以考虑。② 在近期历史当中,某些职业的发展似乎已经向观察家们显示出了一些相似性,

---

① 本文作者发现下列研究是特别有用的:H. M. Vollmer and D. L. Mills, Eds., *Professionalization* (Englewood, N. J., 1966); Hilip Elliott, *The Sociology of the Professions* (New York, 1972); Amitai Etzioni, Ed., *The Semi-Professional and their Organization*; *Teachers*, *Nurses*, *Social Workers*(New York: 1969); Terence J. Johnson, *Professions and Power*(London, 1972); William R. Johnson, "Education and Professional Life Styles: Law and Medicine in the Nineteenth Century", *History of Education Quaterly*, 14:2 (1974), 1850207; E. Mendelsohn, "The Emergence of Science as a Profession in Nineteenth-Century Europe", in *The Management of Scientists*, K. Hill, ed. (Boston, 1964), 3—48; Miler, *Dollars for Research*; Noel Parry and Josë Parry, *The Rise of the Medical Profession: A Study of Collective Social Mobility*(London, 1976); Talcott Parsons, "The Professions and Social Structure", in Parsons, *Essays in Sociological Theory Pure and Applied*(Glencoe, Ill., 1949), 185—200; Mildred J. Peterson, *The Medical Profession in Mid-Victorian London* (Berkeley, 1978); Daniel H. Calhoun, *Professional Lives in American: Structure and Aspiration*, *1750—1850* (Cambridge, Mass., 1965); Donald M. Scott, *From Office to Profession: The New England Ministry*, *1750—1850* (Philadelphia, 1978); Frank M. Turner, "The Victorian Conflict between Science and Religion: A Professional Dimmension", in *Consciousness and Class Experience in Nineteenth-Century Europe*, John M. Merriman, ed. (New York and London, 1979), 219—244; Turner, "Prussian Universities"; Robert A. McCaughey, "The Transformation of American Academic Life: Harvard University, 1821—1892", *Perspectives in American History*, 8(1974), 239—332。

② Laurence Veysey, "The Plural Organized Worlds of the Humanities", in *The Organization of Knowledge in Modern America*, *1860—1920*, 51—106; Thomas L. Haskell, "Are Professors Professionals: The Organization of Knowledge in Modern American, 1860—1920", *Journal of Social History*, 14(Spring 1981), 485—493. 韦塞论证说,专业非常明显地是作为身份集团而存在,但是真正的问题其实是为什么一些职业和身份相伴随,而另外一些则不是。哈斯克尔(Haskell)断言:"我们无法就业余和职业,或者职业和非职业之间的明确区分达成共识,这个事实并不意味着这些范畴是不可理解的……虽然认识到在'业余'和'专业'这类理想类型概念中存在着很大的人为成分,但认识到这些概念的必要性也是同样重要的……"

所以“专业化”(professionalization)这个公认很难被准确界定的词汇也并没有以完全随意的方式被加以使用。与德国高等教育中教学实体发展相类似的情况,至少在其他一些经常被说成是专业的职业中也可以看到。我们还能指出的是,即使德国大学教授职业领域发展变化的情况没有被复制到其他地方,这也不是一个具有决定性意义的事实,因为在德国的情况中的确出现了一些发展变化并且产生了某些效应,特别是职业声望和报酬的显著增长;而无论这里面有什么样的一些术语问题,这些效应本身就是值得重视的。然而在这里我们还是可以就各种专业所共有的特点给出一个尝试性和总体性的清单,而且这个清单或许可以被用来解释德国的经验:作为一种全职工作的职业的出现;不同职业之间的分化;社会接受这样一种主张,即职业依赖于一组只能通过长期学习才能被掌握的抽象原则;一个职业中的从业者只能由其同行来加以判断的信念;对继任者的训练至少部分地由其前任所掌控;职业文化的发展。

德国学术专业可以在上述框架内得以理解。① 大学里的授课成为一种全职职业;而先前的教授很少能得到足够的工资以将全部精力投入大学。随着授课成为一种全职职业,它与其他职业(比如教士)相分离的程度就更高了。在传统的教授会(faculty)中,在法律以及某种程度在医学上,当得自教学中的薪酬提高,其他工作可以被放弃时,我们也可以看到这种情况的发生。但是法律教授会的情况多少属于特例,因为其专业声望也总是来自大学以外的环境中。再者,法律学习可以被作为政府里的某种职业的准备,所以在现代它总是与专业化的官僚制密切相联。更值得注意的是,先是哲学、然后是历史学和自然科学,开始宣称自己有一个由抽象原则构成的基础,只有那些经过多年学习的人才能领会其中的方法和成果。这种做法的结果是,只有那些在一个学科中有充分素养的人才被认为有资格评判该学科中其他同行的成果。相应地,从业者们创建自己的组织和杂志,形成学术研究的共同体。相互之间视为同行的人的写作在头脑里都是为了给对方看,而他们也根据智

① Turner, “Prussian Universities”, 86—91, 该文将哲学的专业化进程的时期确定为1800—1820年间,历史学在1820—1835年间,自然科学在1830—1845年间。McCllelland, *State, Society, and University*, 该书追溯了很长一段历史时期中的专业化进程 ,强调哥廷根大学作为19世纪的创新者的重要性。

力品质而不是社会背景和个人因素来评判对方。①

伴随这种强化专业的进程，专业内的成员最终利用大学来建立由他们自己来评判同行能力的权力，并进而建立由他们自己来控制升迁继任的权力。以前哲学系科被认为是一个较低级的部门，其职能是为更高级的法学院系和神学院系培养学生，而且通常是提供补充性的工作，但如今语文文献学家(philologist)掌握了哲学教授会。由于讨论会制度的设立，语文学家实际上稳稳地垄断了在大学和大学预备学校(gymnasium)里教授语言文学核心课程的教师的生产，就像老的教师行会已经控制了政府里的法律和文秘官员的生产一样。教授们将哲学中的博士学位变成一个差不多只是名义上的教学学位。② 在这样做的过程中，他们在很大程度上取得了对重大专业来说非常重要的某种控制权，使自己关于一些领域的判断能够被贯彻，而这些判断对他们自己以其专业所服务的对象——也就是国家和追求事业的大学生——来说是十分关键的。在美国这样的国家里，同一时期的学院教师几乎没有任何权力；但是在德国，由于在政府和教会之外取得晋身的机会是十分有限的，所以一个大学职位自然会带有很大的影响力。

于是，教授会就和其他已经确立的职业分享那种决定谁可以、谁不可以加入他们的行列的权力；他们决定谁将在大学中教书，决定要获得宝贵的专业学位需要学习什么课程。教授会也非常显著地形成另一个特征，也就是他们自己的文化。这绝不是一种受到广泛赞赏的文化，但确实是受到广泛关注的。大学教师群体在地理和社会上的孤立，使他们一方面独自劳作，一方面相互之间结为同道。而这不断地给观察者们留下深刻的印象。乔治·蒂克纳(George Ticknor)在1816年时报告说，“一个科学人生活在这里，完全与世隔绝”，而且他看到这种孤立对德国的文学和纯粹哲学发挥着作用。约瑟夫·考格斯韦尔在1839年注意到柏林大学的学者“完全隔离”于当时流行的

① 采用学术共同体概念的著作是：Thomas L. Haskell, *The Emergence of Professional Social Science: The American Social Science Association and the Nineteen-Century Crisis of Authority* (Urbana, Ill., 1977), 18。

② 美国语文学家詹姆斯·摩根·哈特在19世纪60和70年代曾在德国学习，他写道，德国大学的目标“不仅是训练熟练的实际工作者，**而且也培养未来的教授**……如果全面的科学文化(scientific culture)是国家生活中的重要成分，那就要不惜一切代价维护它的存在。在精神传承上所犯下的最微小的错误也将被认为与教会的使徒传承中断一样危险”。(着重为原引文所有)。J. M. Hart, *German Universities: A Narrative of Personal Experience* (New York, 1878), 257—258.

聚会。稍后，哈特也把德国大学描绘成一个自成一体的世界。许多观察者相信这种自给自足是要付出代价的。乔治·班克罗夫特对19世纪初哥廷根大学的教师群体的判断是相当负面的。他报告说，他们“在极大程度上教养不良；他们当中许多人毫无风度”，还说那些层次更高的人应当不必怎么尊重他们。经常有人提到德国教师的散漫无礼和不善社交。亨利·亚当斯评论说“德国学生已然是些奇怪的动物了，而他们的老师更是不可理喻”。看来很清楚的是，这么说并不是一种赞赏。和其他一些访问者一样，安德鲁·怀特对德国课程的质量并没有留下什么印象，在他的回忆录里，他对时任讲师的伟大的历史学家列奥波德·冯·兰克作了一个令人难忘的描述。①

专业化一向有一个必要成分，也就是国家和社会对特定专业的认可。国家和社会必须接受一个职业对特定地位的要求，只要是在这种要求变得空泛起来之前。高度的专业化已经成为德国社会的特征，也许是因为官僚制的作用，以及在某种程度上因为军队的作用。所以对德国社会来说学术界的专业要求可能已经变得比在英美等国更容易接受了，而这些国家在19世纪的大部分时间里实际上还没有明显地感受到对受过高度训练的专家的需求。19世纪后期这些国家变得更加强调专业化学习，这种变化可能在更大的程度上是对社会变迁作出的反应，而不是对德国模式的直接模仿。德国大学专业化更早是因为德国社会是官僚制的；而当英国和美国社会变得更复杂，对官僚型专家和其他专家的需求更多的时候，它们的大学也反映出这种变化。

新的学术专业在德国被接受，也反映在公众愿意把金钱、自主性和地位交付给它。教授们并不富裕，但他们拥有足够的保障和生计来源，使他们能过上中产阶级的生活。② 他们拥有的学术自治的权利即使不是无限的也是相当多的，而在规定学生必须学习的内容方面他们的权力也相当大。教授的

---

① Orie W. Long, *Literary Pioneers, the American Exploration of European Culture* (Cambridge, Mass., 1935), 17, 105; J. M. Hart, *German Universities*, 257; M. A. D. Howe, *The life and Letters of George Bancroft*, 2 vols, (New York, 1908), I, 86; Henry Brooks Adams, *The Education of Henry Adams* (1906; New York, the Modern Library, 1931), 75; Andrew D. White, *Autobiography*, 2 vol. (London, 1905), I, 39.

② 大学教师中的上层收入仍旧相当丰厚，但在19世纪的进程中，与其他社会群体不断看涨的收入相比，学术职业的收入似乎并不那么诱人。大学教师中的下层，特别是不领薪水的讲师(Dozenten)，越来越依赖于私人收入。教授职位的空缺非常少，大多数竞争者永远不会得到最终职位。许多教师的确还有额外的收入来源，这是因为大学教师的声望随着专业化进程而得到提高，使得大学教席对出身于富有家庭的人具有吸引力。

地位在整个19世纪提高了很多;他们还维护了一个等级体系,使他们的职务头衔可与政府机构的职衔相对应。这样,他们越来越远离自己所出身的下层中产阶级。那些取得了成功的人,已经能够摆脱19世纪大学神学研究的道路:过着课外辅导教师和卖文为生的不稳定生活,同时经常是徒劳地等待着一个牧师的职位。①

那么,提出一个所谓"为知识而知识"的理念,对这个进程起到什么样的作用呢?一个概括的答案是,对于那些做如此宣称的人来说,这个理念帮助他们从下层阶级出身上升到一个高层地位,与统治阶级的名门贵族结成联盟。首先,把它们与体力劳动和满足低等人需要的物质回报相联系的观念就此消亡。第二,对语文学各学科的抽象原则和形式的关注被看做是一种对总体的世界而不是具体个别的事物的关切。学者们把所有事物都看成是同一整体中的各个局部,而大多数人则关注那种孤立的事实,甚至投入他们的生命。同样的关切也是统治阶级的特征,因为他们的职责必然涉及立法和行政的总体原则,必然分离于特殊的、自私的利益。② 而且,教授们还有使自己成为国家官员的特权。他们不仅训练未来的行政和司法

① McClelland, *State, Society, and University*, 350, 对大学和政府之间职衔对应的情况作出了详细介绍。关于有抱负的学者早期的贫困,以及他们的地位在长期内的上升,参见:Long, *Literary Pioneers*, 122; Friedrich Thiersch, *Ueber gelehrte Schulen, mit besonderer Rücksicht auf Bayern*, 3 vols. (Stuttgart and Tübingen, 1826—1837), I, 43—58, III, 573; *idem*, *Iber den gegenwirtigen Zustand des Iffentlichen Unterrichts in den westlichen Staaten von Deutschland, in Holand, Frankreich und Belgien*, 3 vols. (Tübingen/Stuttgart, 1838), I, 460; J. F. J. Arnoldt, *Fr. Aug. Wolf in seinem Verhiltnisse zum Schulwesen und zur Paedagogik*, 2 vols, in one (Braunschweig, 1861—1862), I, 97—98, 246, II, 68—69; August Hermann Niemeyer, *Beobachtungen und Reisen in und ausser Deutschland*, 4 vols. (Halle and Berlin, 1822—1826), II, 309; Conrad Rethwisch, *Der Staatsminister Freiherr v. Zedlitz und Preussens hiheres Schulwesen im Zeitalter Friedrichs des Grossen* (Berlin, 1881), 141—143; *item*, *Deutschlands hiheres Schulwesen im neunzehnten Jahrhundert* (Berlin, 1893), 57, 75—77; Alexander Busch, *Die Geschichte des Privatdozenten: Eine soziologische Studie zur grossbetrieblichen Entwicklung der deutschen Universititen* (Stuttgart, 1959)。

② 在其《法哲学》(*Rechtsphilosophie*)中,黑格尔已经将官僚体系界定为"allgemeinen Stands"(普遍阶级),也就是一个代表国家的一般利益,而不是社会集团的特殊利益的群体。

官员，而且也培养未来的教师官员（teacher officials）。① 而且，与那些政府官僚体系中的人一样，教授们也在很大程度上决定他们的继任者的增选。

深入开展古典研究，高度关注文化教养（Bildung），学术界的这种特点强化了一个假设，即有学问的人组成一种知识上的贵族。古代世界的人被作为古典理念的体现。他们已经充分开发了人所可能具有的各种能力。对这种模式的研究似乎使得通过结社而形成一种贵族式的生存方式成为可能，这种生存方式即使在现代世界也是一种真正的Bildung。

这种实现人的发展的希望反映了德国社会的一种深刻需求，而当时地方上的市民阶层（Bürgerlich）的压力是可以被突出地感受到的。教育小说（Bildungsroman）本身就是德国所特有的一种风格，表现对存在的整体性、优美和完满的深切需求。在《威廉·迈斯特》这部在德国读者中激起很大反响的作品中，歌德就贵族和市民（Bürger）的差异提出了一个经典的论述：

> 贵族做任何事情都要通过呈现他自身，而资产者做任何事情都并不通过自己的人格，而且也没有人会期望他们这样做。前者可能而且应该"显得如何"，而后者必须仅仅有"如何"就可以了，而且他要为了"显得如何"而做出点什么事情的话，就会变得可笑和乏味。人们期望前者有所担当、有所充任，后者则必须有所占有、有所收益；他必须有一技在身，以使自己能为人所用。而且已然为人们所视为理所当然的是，他的本性不会也不应该处于和谐之中，因为，为了使自己在一个方面能为人所用，他必须忽略其他的所有方面。②

---

① P. H. Reill 指出，18 世纪德国大多数没有直接被政府雇用的启蒙思想家都在大学里，而且他们对渐进地改变现有制度充满信心："……之所以出现这个态度部分地是因为，在许多德意志等级制国家（Standestaaten）里都有启蒙运动者（Aufklirers）式的对政府政策的参与和影响（尽管其程度可能是有限的）。" *The German Enlightenment and the Rise of Historicism*（Berkeley，1975），141—146；McCllelland 提出，要注意一个代表贵族和更有进取精神的资产阶级的联合的新阶层是如何兴起为掌握政府行政的力量的。*State*，*Society*，*and University*；Wilhelm Roessler 多次提到作为一种贵族的 *Gebildete*，*Die Entstehung des modernen Erziehungswesens in Deutschland*（Stuttgart，1961），128，147，205；类似的讨论另参见：Sybel，"Die deutschen und die auswirtigen Universititen"，49。

② Erich Auerbach，*Mimesis*：*The Representation of Reality in Western Literature*，Willard R. Trask，trans.（Princeton，1953），449—450.

把文化上的充实作为地位优越的根据,这种主张是可以公开宣扬的。但另外一个主张却多少是隐藏起来的。大批学者来自教士家庭,最初计划是要学神学的;人们很难不怀疑,在教师群体中和在受日益增长的世俗主义影响的范围更大的人群中,学术在某种程度上会取代已有的信仰,尽管是以不那么凸显的形式。对上帝的爱和侍奉转变为对知识的爱和侍奉,这似乎完全是自然而然的事。① 在一个宗教信仰仍然比较强的国家,严肃地宣称学术具有半宗教地位的观点几乎不可能被提得出来;然而在一个即便是德国也无法不经历宗教信仰的式微的时代里,学术又未尝不被当做一个差强人意的替代和补充——"侍奉一个没有教会的和人们所不知道的上帝"②。对善、真、美的确认以往是经常被作出的,现在以抽象形式作出的对神性的界定又可以被相当容易地接受。③ 各支唯心主义哲学的目光超越可感知的世界而到达纯粹形式的领域,就体现了这种心智转变当中的很多东西。④

这种关于热爱抽象原则的半宗教理念强化了教授会享有高级地位的主张,因为这种半宗教理念又一次强化了统治阶级也倾向于赞成的一种总体观点,而且进一步拉开了学术界与被统治者散乱而平凡的生存状态的距离。但在同时,这种宗教成分又有助于提高教授相对于贵族的地位,因为它强调这样一种信念即学者所侍奉的是上帝而不是人。专业人士通常被认为是有他们自己的客户的,然而当有人问起谁是教授们的客户时,那答案一定是:既不是学生也不是国家,而最终是科学(Wissenschaft)。所以教授至少又能在理论上避免各种人身依附关系。⑤ 而且,他们一心一意专注于学问,由他们声称与之相连的政府和上层社会所供养,这给学者们宣称自己掌握高级知识的

① 这个方面为该著作所强调:W. H. Bruford, *The German Tradition of Self-Cultivation*: "*Bildung*" *from Humboldt to Thomas Mann* (Cambridge, Eng., 1975), 128, 147—154, 268—269。另参见 T. J. Reed, *The Classical Gentre: Goethe and Weimar 1775—1832* (London and New York, 1980), 31—34; Reil, *German Enlightenment*; O'Boyle, "Klassische Bildung", 600—601。

② George Haines, *Essays on German Influence upon English Education and Science, 1850—1919* (Hamden, Conn.: Connecticut College in association with Archon Books, 1969), 114.

③ Henry Hatfield, *Aesthetic Paganism in German Literature: From Winckelmann to the Death of Goethe* (Hamden, Conn.: Connecticut College in association with Archon Books, 1969), 114.

④ 尽管很难相信德斯代尔夫人(Madame de Stail)在谈论德国努力追求抽象和总体时所说的话是完全认真的——她说:"在德国一个全神贯注于宇宙的人实际上没有任何事情可做。" "Des universities Allemandes", *De l'Allemagne* (Paris, 1978), part I, ch. XVIII.

⑤ 这部分地是下列著作的论点,Fritz Ringer, *The Decline of the German Mandarins: The German Academic Community, 1890—1933* (Cambridge, Mass., 1969)。

说法提供了理由，进而确保了他们享有某种超出受过一般教育但不是学者的人的优越地位。① 高等教育的格局正在被奠定，这种格局的突出特征就是，大学通过其颁发学历认证的权力垄断了专业教育。

以上的分析都还是局限在说明一个新的专业是如何成功地确立了自己的主张的。然而这种成功还是有明显的局限性的；而且总是有一种看法，即所谓学术界成功地建立起一个专业的说法中有些不真实的东西。教授们有广泛的自治权利，但是国家还是掌握着最终的控制权，而且它使用这种权力时从不迟疑。比如，无论是弗里尔·冯·斯坦（Freiherr vom Stein）还是威廉·冯·洪堡（Wilhelm von Humboldt）等人都不主张给教授很多权力，即使是对最初被召入柏林大学的卓越群体也是如此，而柏林大学对世界各地的仰慕者来说就是德国大学的原型。② 这两位都对学术界的虚荣和自私没有信心。洪堡在 1810 年评论教授们时写道，“他们的猜忌，他们的妒忌，他们的权力欲，他们的偏见”是令人难以置信的。③ 在整个 19 世纪，那些掌权的人发出的抱怨不绝于耳。国家的控制或者说干预是真正重要的一个因素，特别是对学术上的人事任命来说。教授会被要求就一个职位空缺提出三个提名。政府实际上不时地从这个名单中作出选择，但是大臣们也毫无顾忌地任命未被教授会提名甚至被它拒绝的某个人。弗里德里希·阿尔索夫在 1882—1907 年间是普鲁士宗教和教育部的实权人物，以其高压手段而著称，而他辩称以高压手段对付学术界的阴谋诡计和自私自利是必要的。④

而且教授颁发学历证书的权力也是受到限制的，因为在许多情况下，政

① Turner，“Prussian Universities”，86—90. 我并不信服 Carl Diehl 的观点，但是他的研究与这里的讨论是有关系的 *Americans and German Scholarship 1770—1870*（New Haven and London，1978）。

② 比如，Benjamin Athorpe Gould，“American University”，*American Journal of Education*，2（September 1856），272：“自从文明降临这个世界以来，还没有什么别的地方如柏林大学这般群星璀璨，会聚了如此众多的照亮知识天空的睿智头脑。”伯格斯（John W. Burgess）曾于 1871—1873 年间在德国留学，他把柏林描绘为“在科学、哲学和文学上的世界上第一个伟大的学校”。*Reminiscences of an American Scholar*（New York，1934），122.

③ 转引自：Paul R. Sweet，*Wilhelm von Humboldt*：*A Biography*，2 vols.（Columbus，Ohio，1978—1980），II，60。斯坦的著作中也充满了对律师、记者和更大范围的知识分子不以为然的评论。

④ 威廉二世不时闯入文化领域的事众所周知。他针对古典大学预备中学的辩护者推动实用中学（Realschule）；决定谁可以谁不可以展出其艺术作品；有意识地将政治观点作为学术任命的一个重要因素，马丁·列奥·阿隆斯（Martin Leo Arons）的实例就说明了这一点。

府组织的考试对学生的职业才是最重要的。① 教授们仍然要部分地依靠从学生那里得来的收费,这种关系意味着身份的贬低;他们还要靠政府来取得工资和一般的资金。教授抱怨政府的吝啬导致开销紧张是司空见惯的事,特别是在19世纪后期。②

然而姑且不论所谓知识贵族之说,显然德国学者没有丝毫的实际政治权力,尽管个别教授在立法机构中有一席之地,还有一些教授可以接近上层圈子甚至宫廷。大学教授们并没有演变成一个贵族阶层,而是变成了专家和专业化的研究者。在"文化教养"(Bildung)的理念之下,一个人重要与否是因为他是什么,而不是因为他做了什么;但是没有一个教授能够设想以他的存在作为其自身正当性的根据。教授的存在是为了写出学术著作,是为了训练后继者。学者对最下层的职员、店员和工匠的优越感是如此之强,但和这些人一样,他也得通过自己的工作(最常见的是发表著作)来证明自己的价值。随着时间的流逝,学术职业越来越专业化,为知识而知识就变成了一种关于细微零碎的研究的事情,而这种研究的正当性在于这样一种信念,即这些发现未来可能被纳入某些更大的综合研究。③

也许真正的问题并不在于教授们如何想方设法使自己的事业成为一个声望很高的专业,而是为什么别人会允许他们这样做。至少在19世纪早期,这些人中的大多数来自下层中产阶级,所以和已有的法学、神学、政府工作等专业所不同的是,他们不能把一种安全、尊贵的阶级背景带到这个新的职业当中。他们不能给社会提供任何可能有当下效用的东西。然而任何寻求专业地位的职业都必须说服社会和政府来接受他们的主张和要求。为什么这些人取得了成功?

答案似乎是:德国的实权阶层发现,这种新的大学教育类型在政治上是有用的,在人的气质上是温和顺从的,在经济和社会上又符合德国的需要。这样一种教育,实际上有助于造就一个大致仍未脱出前工业时代的德国社会所需要的那种统治阶级。把语文学和法律结合起来,使之成为政府行政阶层的背景,这种教育似乎是颇为可取的;而这种教育不仅以造就敏捷的思维和总体知识水平为目标,而且着力于提供专业技能训练和专业化

① 但McClelland指出,大学教授在国家考试机构中的代表还是越来越多。*State*, *Society*, *and University*, 227,

② *Mclelland*, *State*, *Society*, *and University*, 239 ff.

③ Turner, "Prussian Universitie", 85—86.

的知识。同样的情况在19世纪的英国也可以看到,而且在某种程度上美国也是如此。只是到了19世纪末期,这种偏重人文和法律的做法才开始受到严重的置疑。

在政治上,这种新的教育对统治阶级当然也是有利的。这种教育所起到的作用是,将很多知识和文化精英对政治思想的严峻关注转移开来。自由被理解为个体的智力和文化发展;而对现存的政治和社会制度则倾向于安然处之。即使是人文学方面的学习内容也有助于强化一种非政治的、传统主义的伦理,因为古典主义者所崇尚的社会是贵族化的、奴隶制的和精英主义的。①

有人呼吁上层阶级要接受这种教育,这是出于以下几个原因。预备高中和大学里的哲学系科提供的教育是如此深奥玄妙,又是如此缺乏实用价值,要耗费大量时间和费用,所以这种教育的作用在于将少数受过教育的人从普通人当中提升出来,而教育对普通大众来说是可望而不可及的。希腊语和拉丁语的知识是一个上流社会成员的标志,不仅意味着社会声望,而且是从事政府工作的准入证;此外还有与阶级利益无关的一些知识和情感上的满足。至少对一些人来说,那种献身于永恒的绝对真理的半宗教感受无疑是具有真正的吸引力的。还有一些人被对古典文明的理想化认知所深深吸引,因为他们都一致相信这是人类历史上最优美和伟大的时代。②

如果说这就是由复兴了的语言学和文学专业所主宰的新型的德国大学的社会环境,那么又会出现一个问题,即这种理念是否可以被移植?那些明显不同于德国的社会是在什么样的程度上理解、仰慕和效仿这种新的模式?这种为知识而知识的理念会在什么样的程度上被其他地方接受?在英国,直到19世纪末这个理念似乎依然被认为不适合英国的目标和制度而受到彻底的拒绝。而在19世纪上半叶的美国,德国模式受到尊崇,但是以一种有保留

① 对此会有人提出反对意见说,受过大学教育的人在1848年扮演了重要角色。这个问题无法在此处予以充分讨论,但我的确不认为1848年革命从根本上扭转了政治消极的长期趋势,而且由于理想主义改革者的幻灭和政府的更加警觉,这种趋势更加被强化了。1848年时学术等级还不统一。高级别的学术改革者在政治上远不是激进的,在大多数情况下似乎对民族统一而不是政治改革更感兴趣。

② 不应该被忽视的是,这个古代世界的吸引力还包括这一点,即男性同性恋在当时是畅行无阻的,这又给19世纪社会事实上存在的这种倾向和行为提供了根据。在当时的德国,几乎没有其他群体像大学那样是差不多全由男性组成的社团。就此可参见 Peter Green 所做的对理查德·詹金斯(Richard Jenkyns)的一个有趣的考核, *The Victorians and Ancient Greece*, in *Times Literary Supplement*, 20 February 1981, 207—208.

有选择的方式;直到内战以后随着一批伟大的大学的建立,美国人才将全部热情投向德国模式。然而在这个过程中,为知识而知识的模式和理念被加以重新解释,以适应民主的、工业化的社会的需要。

英国大学(在19世纪大部分时间里其实也无非就是牛津和剑桥)专以造就教师和政府工作人员为己任;他们是制度化教会的附属物,从来不因为设立宗教方面的考试和歧视异教徒而自责。德国大学也以培养政府和宗教官员为己任,但此前几百年间的专制政府已经在一个新的规模上建立起了官僚机构,穷人已经能够利用大学改善境遇。英国大学规模很小,学费极其昂贵,专为少数上层阶级成员的利益而安排,而这些人是想让他们的儿子为议会以及法律和教会机构中的优越职位而接受培养的。① 来自其他阶级的寻求改善自身境遇的人一般会到别处寻找机会,尽管也不时会有穷人进入名校的情况出现。在德国,商业机会稀少而政府规模比较大,所以一个年轻人一般会期望得到政府的低级职位以取得生计保障和地位,而在英国情况是正好相反。出身牛津和剑桥的人很少从商,尽管这种情况在19世纪晚期有了某种变化;但是出身贫寒的人却比较早就离开学校,在商业或其他比较低微的行当中谋生立业,寻求金钱和尊严。

英国的公立学校(public school)和大学以训练实际工作人员和有品格的人为己任。② 如果说德国创造了19世纪学者的典范,那么英国则以其特有的那种公立学校男孩(public-school boy)而受到广泛推崇,他们被描述为率

① 本杰明·乔维特(Benjamin Jowett)也许是教育为服务公众观念最有名的鼓吹者。参见Evelyn Abbott and Lewis Campbell, *The Life and Letters of Benjamin Jowett*, 2 vols.(London, 1897),美国人自然会注意到这种贵族气质,William Everett 说这些大学是“统治阶级的伟大培训学校”,*On the Cam*(Cambridge, 1865), 357;哈特写道:“今天的牛津和剑桥并不是简单纯粹地从事学习研究的地方,它们不过是贵族和资产阶级女暴发户幽会的地方。”*German Universities*, 333;教士方面的因素总是显而易见的,参见 V. H. H. Green:“公共休息室是一个教士的俱乐部,对教育那些试图进入学院的年轻人有一种一般性的监督责任。”*Oxford Common Room: A Study of Lincoln and Mark Pattison*(London, 1957);又见 Sheldong Rothblatt, *The Revolution of the the Dons: Cambridge and Society in Victorian England*(New York, 1968);*idem*, *Tradition and Change in English Liberal Education: An Essay in History and Culture*(London, 1976).

② 如“College Life”, *Quarterly Review*, 73(December 1843), 109,该文承认,没有哪个国家能造就堪与德国教授和学者相比的人,但又补充说,在英国的公立学校能够养成“一种品格……这是其他人和地方所不能企及的,在所有地方都受到高度评价,永远不会消磨……这种品格的形成——一种比任何科学方面的要求更高等的目标——才是我们的大学和公立学校必须建立的立足点”。

直、阳刚而独立，同时又遵纪守法、谨慎诚实。① 这些偏重人格和实际工作能力的目标决定了高等学校的组织及其教学的特性。牛津和剑桥实行住校制度；许多英国人称赞这种安排比德国大学优越，因为德国大学生都居住于城镇出租房屋，所以经常被认为容易行为不轨，至少会过量饮用啤酒、发生粗野的争吵，在最糟的情况下甚至会诉诸决斗。对德国学生的这种负面描述充斥着保守的杂志。②

英国大学生的课程由学院的辅导教师(tutor)来上，他们的工作是向学生灌输语言文学、伦理和数学方面已被接受的一套知识。独立的思想也许并没有受到有力的遏制，但是独立思想也不被认为是特别必要的，因为他们认为年轻人首先应该学习可靠的传统知识，以此来指引他们走向成年人生。课堂讲授很少，这被许多人认为是一种危险的教学形式。而在这里德国又一次被引为恶例，用来说明讲课是如何使年轻人受到某位教授创造出来的最新理论的影响，无论这种理论是深思熟虑的还是轻率危险的——最明显的危险是在神学研究领域，因为在这个领域里德国学者们经常公开提出一些非常可疑的理论。③ 总体上，人们认为理论思索应该服从于实际的需要。上面所说的学者并不怎么为人所仰慕；他们经常成为那些并不十分含蓄的幽默所挖苦的对象，被说成是书呆子气十足、毫无幽默感、乏味；当然，他们通常都是德国

① Hermann J. Ody, *Begegnung Zwischen Deutschland*, *England und Frankreich im Hüheren Schulwesen seit Beginn des 19. Jahrhunderts* (Saarbrücken, 1959); Ludwig Wiese, *Deutsche Briefe über Englische Erziehung* (Berlin, 1852); *Idem*, *German Letters on English Education*.

② Henry Parry Liddon, *Life of Edward Bouverie Pusey*, 4 vols. (London, 1894—1897), III; 280—284; "Russia," *Quarterly Review*, 39 (January 1892), 9: "……一些年轻人在做学问上还是满怀热情的，但是比起在其他欧洲国家所看到的情况，他们的举止更粗鲁，礼节上更倨傲，看上去也是更不修边幅、更流里流气，他们身上散发的烟草、啤酒、洋葱和咸菜的气味也更呛人，因为他们整天价离不开这些东西。"当然，这家 *Quarterly Review*(《季度评论》)杂志总是被认为是各主要评论期刊中最极端的。后来一位作者在自由派的《爱丁堡评论》上暗示普赛(Pusey)对他所谈论的东西根本是一无所知。"Liberal Education in England", *Edinburgh Review*, 127 (January-April 1868), 81. 还有一些德国人认为他们的大学或许应该效法英国寄宿学校。参见 Sybel, "Die Deutschen und die auswärtigen Universitäten", 49—54; Dr. John Dölliger, "The German Universities, Past and Present", *American Journal of Education*, 20:54—57 (1870) (National Seriew, 4:9—12, 737—765)。

③ Liddon, *Life of Edward Bouverie Pusey*, III, 383; "Memorial of Oxford", *Quarterly Review*, 61(January 1838), 217:"……教授们讲课的一个自然倾向就是，它导致大多数学生盲目而又顽固地崇奉一种本身半生不熟而又让别人似懂非懂的理论……"

人——比如,“笃墨尔强根堡(Dummerjungenberg)大学”的“内贝尔教授”。① 人们认为理所当然的是,英国毕业生会投身于外面的世界,在一个机会如此之多的社会里,他们当然会有远大前程。②

在英国的环境下,“为知识而知识”不会不显得毫无意义。如果这个口号被认为对期待获得专业地位的职业群体有用,那它当然可能会更引人注目。但是当时很难说存在这么一个群体。除了在最穷的学院里,英国的住校研究助理(resident fellows)在经济上通常都很富足,多数情况下生活得的确很好,而且想干多少就干多少。只要他们还住校,就不允许结婚。但是如果有耐心的话,一个研究助理最终会在他的学院控制下的某个教会里谋到个差事,然后就可以结婚。同类人之间的学院平等主义(collegiate egalitarianism)普遍存在;没有任何体制化的等级序列使得一个辅导教师可以期望在其中得到升迁,学院院长(mastership)是要通过选举产生的。住校人员本人都是大学毕业生,而且必须是英国国教信徒,他们被认为享有和大多数绅士相等的社会地位。所以,很难看到有使他们沉浸于纯学问或者全力投入学术工作的推动力,而且可以肯定他们当中大多数都在学术上的确无所作为。③ 他们所享有的声誉在很大程度上来自于他们作为教士的特性,直到19世纪晚期教师阶层本身并不被认为是一个职业,而人们一般也并不认为这种状况有什么

① “Touching Oxford: A Letter to Professor Nebel”, *Blackwood's Edinburgh Magazine*, 79 (February 1856), 179—183.

② “A Teaching University of London”, *Edinburgh Review*, 164 (July-October 1886), 255:“德国当然与英国十分不同。还要过一些时间英国的教授才会变得像在德国那么受人尊敬。对我们来说,在科学或者历史学的某个角落里皓首穷经地度过一生,那是有缺憾的。在我国,有前途的年轻人希望加入学术职业的激烈竞争,或者希望进入文学和新闻领域,再不就是跑到殖民地去碰运气,或者到印度去做公务员。”另参见 Robert Blake, Disraeli (London, 1966)。

③ 没有人当真把英国的研究助理说成是有学术创造力的学者,尽管当时的一些评论家表达了对英国学术界里的书卷氛围的赞赏:George Ticknor, *Life, Letters and Journals of George Ticknor*, 2 vols. (Boston, 1876), I, 271; Adams, *Education*, *201—202*; Burgess, *Reminiscenses*, 223。但是牛津大学圣约翰学院的 Henry Appleton 在下面的文集中的一篇论文中把英国教师阶层的特点归结为“特别的无能”,而这种观点无疑曾是一种共识,*Essays on Endowment of Research*, Mark Pattison et al., eds. (London, 1876)。

特别的不好。①

在19世纪后期,公众和议会以及大学自身对改革的要求越来越强烈。这个运动中就包含着对以下问题的关心:提高学术表现的水平,重建大学教授的授课制度,以及在大学的教学方面形成一种能够给辅导教师带来激励的工作环境。但是如果把这个运动解释为是按照德国的典范表达对献身学术的理念,那就错了。有人可能会援引马克·帕蒂森(Mark Pattison,1813—1884,英国学者和教育家——译注)的例子。他是(牛津大学——译注)林肯学院的著名院长,在当时的改革家中最为突出,经常被认为是德国学术原则的杰出崇拜者。帕蒂森认为大学应该有一群真正有学问的人,而且不容争辩地在这个问题上采取了强硬立场,但是他在自己的著述中也并没有表示他认为学问等同于学术著作;而且虽然他本人学识非常渊博,但也不是一个高产的学者。② 本杰明·乔维特作为贝列尔(Balliol)学院的院长名气更大。他尊重学术,多年致力于翻译柏拉图,但是他也总是明确宣称研究只是大学的功

① Arthur Engle, "The Emerging Concept of the Academic Profession at Oxford 1800—1854", *The University in Society*, Lawrence Stone, ed., 2 vols. (Princeton, 1974), I, 205—52; A. P. Stanley, *The Life and Correspondence of Thomas Arnold*, 2 vols., 12th ed. (London, 1881), II, 131; Max Müller, Appendix in *Essays on Endowment*, Pattison et al., eds., 271; Ody, *Begegnung*: Abbott and Campbell, *Life and Letters*, I, 180, II, 130. 缺乏教师阶层或许在教育上曾产生过一些弊端,但对形成一个更稳固的精英群体却极为有利。似乎可以肯定的是,教授群体与由专业人员和政治领袖组成的受过教育的阶层之间的社会分离程度在英国不如在德国那般大。三一学院的一个名叫唐纳德森(J. W. Donaldson)的研究助理曾断言,在英国,学者的声望可能与其写作无关。"这是因为学术成就在广泛的社会范围内扩散的结果,也是那种把分散的私人圈子联结起来的普遍观点的结果。在德国,学术根本就没有社会影响力。""Classical Scholarship and Classical Learning," *American Journal of Education*, 23:72 (1872) (National Series, 7:27, 439); Noel Annan 的著作追溯了以一种特殊类型的成功的中产阶级家庭为主的所谓的知识贵族的兴起。这些家庭的成员习惯于接受高等教育,他们经常互相通婚,他们的孩子们倾向于成为教师和学生。但是由于一个研究助理一旦结婚就不能再保持其在大学里的这种身份,而且新的知识分子都离开大学进入各种专业领域,所以一个具有特定身份的教授群体就发展不起来。由于公共部门的职位对人才敞开大门,所以任何有知识的人都可能成为绅士。直到19世纪末,这个群体才变得更穷同时也更学术化。

② John Sparrow, *Mark Pattison and the Idea of the University* (Cambridge, 1967); Mark Pattison, *Suggestions on Academical Organization, with Special Reference to Oxford* (Edinburgh, 1868); *idem*, *Memoirs*, (London, 1885). 当然,帕蒂森被认为是乔治·艾略特的《米德马奇》(*Middlemarch*)中的人物卡索本(Casaubon)的原型。

能之一,而且不一定是最重要的功能。他还再三提醒不可模仿德国模式。① 我们不妨作这样的结论:尽管许多人希望教学和研究的水平得到提高,甚至希望看到某种程度的社会民主化,但是很少有人自觉地期望牛津和剑桥成为柏林大学和海德堡大学那样的地方。在大学以外,高等教育的变化在很大程度上来自新的学院和专门学校(colleges and institutes)的建立,它们专门从事商业上的需求越来越多的那种技术教育。②

在美国,高等教育和德国模式的关系是一个远比英国的情况复杂的问题。我们必须首先注意美国高等教育在19世纪上半叶和下半叶有相当明显的差异。③ 英国的范例主导着前一时期,但是在内战以后出现了一种美国人所特有的对大学而不是对学院的重视,这个过程中美国对德国教育大为推崇。

在内战以前有很多美国学院遵行英国模式,实行寄宿制,其教学的目的是培养有古典文化修养的、有品格的男性基督徒。即使是按照最不严格的标准,大多数这类学校都纯属等而下之,而且也看不出有什么改善的指望,因为每个教派都认为必须有自己的学院,而且它们还常常将这些学院夸张地号称为大学,而这样的竞争只会削弱本来已经少得可怜的有才干的教员。④ 即使最有善意的欧洲来访者也不得不认为,可能除了哈佛以外美国简直没有真正

---

① Abbott and Campbell, *Life and Letters*, II, 125, 129. 本杰明·乔维特(1817—1893),英国教育家和希腊学专家。曾任牛津大学贝列尔学院院长和牛津大学副校长(1870—1893)。——译注

② *The Universities in the Nineteenth Century*, Michael Sanderson, ed. (London and Boston, 1975).

③ 19世纪中期的转折无疑被过分强调了;在对哈佛大学教师群体的分析中,Robert McCaughey 追溯了一个缓慢的专业化进程,其在内战前后并没有突然的变化。"Transformation of American Academic Life", David F. Allmendinger 指出,小型的新英格兰学院显然并不像人们通常所认为的那样遵守传统,实行寄宿制度,而且课程陈旧, *Paupers and Scholars: The Transformation of Student Life in Nineteenth-Century New England* (New York, 1975).

④ Henry Edwin Dwight, *Travels in the North of Germany* (New York, 1892), 184—189. 安德鲁·怀特(Andrew White)的《自传》(*Autobiography*)的读者会记得他在这个问题上的强烈情绪,以及他坚持康奈尔大学必须避免宗教归属的观点。

的大学①,而且现有的学校无论它们怎么称呼自己,都无法与欧洲的大学竞争。但是也有一些人指出,考虑到这个国家的巨大需求,这些又小又差的学院对教育来说总是聊胜于无。② 最杰出的美国教育家,如耶鲁的诺亚·波特(Noah Porter)、布朗的弗朗西斯·维兰(Francis Wayland)、哈佛的约翰·柯克兰(John Kirkland)、密歇根的亨利·塔潘(Henry Tappan),他们本人对美国高等教育的质量都不抱什么幻想,尽管他们当中唯有塔潘有些鲁莽,居然要有意识地去模仿德国大学。③

美国学院"在很多方面都是一种边缘性的制度"④。在神学、法律和医学专业领域以外学生所急需的东西,美国学院什么也给不了他们。在1830年以后,作为各专业的基础的古典科目的重要性开始下降,而培养教士的神学院(clerical seminary)却大行其道,普通学院(colleges)就显得比以往更无关紧要了。英国和德国都有界限分明的阶级结构,某些职位属于上层阶级,一种

① 尽管狄更斯赞扬哈佛教授"对文明世界的每一个社会都带去了恩泽、增添了光彩"(Charles Dickens, *American Notes*, New Oxford Illustrated Dickens [London, 1966], 27),但是即使是对哈佛,也不乏持怀疑态度的人。乔治·蒂克纳(George Ticknor)在1825年放弃了其改革哈佛的努力,并评论道:"我们已经看到,没有一个大学(我们居然如此自称),也没有一个受尊敬的高中应该像今天这个样子……"(Ticknor, *Life*, *Letters*, I, 358—59) 关于对蒂克纳的努力的全面介绍,参见 David B. Tyack, *George Ticknor and the Boston Brahmins* (Cambridge, Mass., 1976)。Adams, *Education* 对70年代的哈佛也并没有更高的热情。更令人惊异的是,直到1885年,查尔斯·埃利奥特还说:"迄今为止我们在美国还没有真正的大学——只有向着这个目标努力的奋斗者。"Charles W. Eliot, *Educational Reform: Essays and Addresses* (New York, 1898), 145.

② James Bryce, *The American Commonwealth*, 3 vols. (London, New york, 1888), III, 426—464; Frances Wright D'Arusmonty, Views of Societ and Manners in America (London, 1818—1820), 417; Edward A. Freeman, *Some Impressions of the United States* (New York, 1883), 180—185; Philip Schaff, *America: A Sketch of Its Political, Social, and Religious Character*, Peryy Miller, ed. (Cambridge, Mass., 1961), 59—63; Capt. Frederick Marryat, *A Diary in America, with Remarks on Its Institutions*, 3 vols. (London, 1839), III, 282—301. 有用的调查有: Richard L. Rapson, *Britons View America: Travel Commentary, 1860—1935* (Seattle, 1971); Jane L. Mesick, *The English Traveller in America, 1785—1835*, (New York, 1922). Also *This Was America*, Handlin, ed.; Allan Nevins, *American Social History as Recorded by British Travellers* (New York, 1923)。Nenins 提醒说,英国访美的旅行者在保守的书刊上所作的这些评论倾向于强调美国的各种负面事物。

③ Noah Porter, *The American Colleges and the American Public* (New Haven, 1870): 关于柯克兰,参见 Tyack, *George Ticknor*, 85; Francis J. Wyland and H. L. Wayland, *A Memoir of the Life and Labors of Francis Wayland*, 2 vols. (New York, 1868); Charles M. Perry, *Henry Philip Tappan, Philosopher and University President* (Ann Arbor, 1933)。

④ Fritz K. Ringer, *Education and Society in Modern Europe*, (Bloomington, Ind., 1979), 247.

特定的教育被认为适合于这些职位；如果没有这种教育，社会流动就会受到严重限制。美国的阶级体系则是松散的，各种阶级在其中实际上都有广泛的机会。① 一个人可以通过商业或农业取得社会地位，或者像1830年以后越来越多的情况那样，通过做学徒而不是通过高等教育进入一个专业。② 从一开始，美国就被看成是一块遍地是黄金的地方。既然如此，想有所作为的年轻人又何必把青春耗费在狭小而且往往是封闭的学院里，去操练那些古代的语言呢？拿这个行当来为美国式生活做准备，现如今似乎更靠不住了。外国来访者一到美国就会发现有多少年轻人实际上还没有完成学业就从学院退学了。③ 还可以看到的是，在许多学院里最兴旺的地方是辩论俱乐部。这些俱乐部看重修辞和雄辩，所以许多年轻人必定是觉得在这里可以学到一种在社会上最有用的技艺，因为在那个几乎没有外在身份标记，而且很难从社会和经济上将人们归类的社会里，可能只有口才出众的人才可以指望引起别人注意。④

学院遵循英国路线而建立，但是它们都不是精英学校，在这里哈佛可能又是一个例外。⑤ 在美国没有类似英国的教士和统治阶级，所以去学院就读也不被视为是什么了不起的社会声望的标志。从一开始，建立英国式的那种

① 比如，Jackson Turner Main，*The Social Structure of Revolutionary America*（Princeton，1965）。Tyack，*George Ticknor*，101，书中提到约瑟夫·考格斯韦尔（Joseph Cogswell）曾评论说，德国学生有学习的动力是因为只有成功的毕业生才能够进入专业领域，而在美国学生如此浪费时间，以至于文凭在更大程度上不过是居住地的证明而不是能力的标志。

② Samuel Haber，"The Professions and Higher Education in America：A Historical View"，in *Higher Education and the Labor Market*，May S. Gordon，ed.（New York，1974），246—252；Johnson，"Education and professional Life Styles"；Calhoun，*Professional Lives*. Stow Person 写道，直到1884年，法律、医学、工程、公务和新闻领域内的大多数美国专业人员都没有文学士学位，*The Decline of American Gentility*（New York，1973），188。

③ 比如，（W. A. Harris and Alexander Rivington），*Reminiscences of America in 1869*（London，1870），158—167；Thomas Hamilton，*Men and Manners in America*（Philadelphia，1833），191—198；Frances M. Trollope，*Domestic Manners of the Americans*（New York，1904），296；Marryat，Diary，III，286—287；"Travels in North America"，*Quarterly Review*，41（November 1829），424—425。

④ Frederick Rudolph，*The American College and University：A History*（New York，1965），137—150. Rudolph 注意到，辩论俱乐部或者写作协会的图书馆往往比学院的图书馆还大。关于这方面的一篇有趣的文章是：Donald M. Scott，"The Popular Lecture and the Creation of a Public in Mid-Nineteenth Century America"，*The Journal of American History*，66（March 1980），791—809。

⑤ Ringer 把美国学员作为适应于中产阶级的制度，*Education and Society*，247ff.；Main 写道，能否接受高等教育取决于地理位置、家庭置业和财富水平，*Social Structure*，240—269。Allmendinger 给出证据显示，在1860年以前的时期，曾有大批贫穷男孩进入新英格兰各学院，*Paupers and Scholars*。

统治方式就被证明在实践上是行不通的。美国的教师并不是自己瓜分学校所得赠与的伙伴；相反，权力是由教授会之外的董事会来运作，由学院院长来运作，而院长体制是一种美国所独创的制度。如果院长是有魄力的人，他就能施加很高程度的控制。① 美国教师没有英国的研究助理所享有的那种经济和社会特权，也没有什么声望。他们是雇员，要随时准备被解雇，没有常规的提升的途径，工资十分微薄。他们不被认为是一个专业的成员，而且大多数教师把他们的工作看做是暂时的栖身之所，同时在寻找着更好的去处。② 教学的职责不能对个人发展和学术形成一种激励作用；教员按钟点在教室里听学生们的背诵，要负责在教室内外维持纪律。而且，即使他们有过什么致力于研究活动的渴望，也很难看见他们能有什么途径来实现自己的愿望，因为没有任何比较完备的图书馆可供他们利用。③

在这个时期，当然会有一些学生跑到欧洲去学习。④ 然而德国也受到怀疑，因为她的神学训导是危险的，而且这个国家在政治上是专制制度。英国对美国的吸引力比以往人们认为的要小。无疑英国大学的花销是一个因素：英国的高等教育比法国要贵，更比德国贵得多。还有，英国并不提供学习第二种语言的机会；而且虽然这里有政治自由，但其不民主的阶级体系和宗教不宽容对

① Bryce 对美国学院院长的权力作出过评论，*American Commonwealth*, 452；Max Weber 写道："美国在每个大学都有一个阿尔索夫(Althoff)，美国的大学校长就是这等人物。"阿尔索夫是19世纪后期普鲁士宗教和教育部的一个专横的官员。"The Power of the State and the Dignity of the Academic Calling in Imperial Germany: The Writings of Max Weber on University Problems", Edward Shils, ed. And trans., Minerva, 11 (October 1973), 599，另参见 George P. Schmidt, *The Old-Time College President* (New York, 1930); Walter P. Metzger and Richard Hofstadter, *The Development of Academic Freedom in the United States* (New York, 1955)。

② 直到1871年詹姆斯·伯勒尔(James Burrell)就任密歇根大学校长发表演说时，他还对他的听众说，"似乎只是到了最近，人们的头脑里才开始有了这样的概念，即在学院或大学教书是一个特殊的职业"，而不是在其他地方失败了的人们的避难所。*Exercises at Inauguration of President Angell and the Laying of the Corner-Stone of University Hall* (Ann Arbor, 1871), 14.

③ Dwight, *Travels*, 68—77, 182—184; Hamilton 断言："在目前，一个美国人可能在美国有限的条件下去读尽可能多的书，但是他仍然会在许多欧洲国家特别是德国被认为是一个比较无知的人。" *Man and Manners*, 196。Tyack 引述了蒂克纳在哥廷根大学的感喟："我们感到羞耻的是我们没有有学问的人，而且物质上的条件使我们的学者根本不可能成为有学问的人。" *George Ticknor*, 54.

④ Long, *Literary Pioneers*; Diehl, *Americans and German Scholarship*.

许多美国人来说是难以接受的。①

内战在美国的教育上开启了一个发展和试验的阶段。私立大学和州立大学都是由那些希望扩展课程体系、扩大专业和研究生教育的人们所建立和支持。以前那种在教派学院里随处可见的浪费资源的情况也得以扭转。到德国大学留学的美国人有了显著增加,这显然与更加强调高水平的训练有关。历史学家、经济学家、科学家、医生都把目光投向德国,期望从那里得到在美国得不到的高水平专业训练。而当这些人学成归来时,他们自然要在美国确立他们所崇仰的德国大学的一些特点。曾留学于德国的人学会了尊重Lehrfreiheit(教学自由)和Lernfreiheit(学习自由),也就是教师有以自己认为最好的方式教学的自由,学生有学习他最希望学习的东西的自由。

然而这里还有一个问题,即德国的影响到底有多深?美国人使用和德国人相同的一些词汇,但当他们谈论为知识而知识的时候,或者当他们说自己热爱对德国的历史有如此深刻的影响的唯心主义哲学时,他们对这些东西的理解会和德国人一样吗?答案肯定是:大体上并不一样。很能说明问题的当然是这样一个事实,即一些最杰出的大学校长在这一时期所做的建设性工作似乎都和他们在德国的经历没有什么直接的关系。② 大多数美国留学生在德国居留的时间是有限的,而且专以接受专业训练为要务。社会科学家和历史学家利用德国的研究方法,但是这是在他们自己的社会背景当中、带着他们自己的目的,而他们的目的与他们的德国导师的目的并不是在任何情况下都是相同的。③

---

① Charles Astor Bristed, *Five Years in an English University* (New York, 1852), 46—47; James Joseph Sylverster, *American Journal of Education*, 28(1878) (International Series, 3, p. 623); *Life and Works of Horace Mann*, Mary Mann. Ed. (Boston, 1865—1868), 223—224; Wayland and Wayland, *Memoir*, II, 41; Everett, *On the Cam*.

② Hugh Hawkins, *Between Harvard and American: The Educational Leadership of Charles W. Eliot* (New York, 1972); *idem*, *Pioneer: A History of the John Hopkins University*, 1874—1889 (Ithaca, N. Y., 1960). 丹尼尔·考伊特·吉尔曼通常被视为在美国造就了第一个按照德国模式而建立的大学,但是Hawkins称德国对吉尔曼的直接影响是很轻微的(p. 37)。安德鲁·怀特似乎也发展出属于他自己的、在很大程度上独立于德国典范的思想。

③ Jurgen Herbst, *The German Historical School in American Scholarship* (Ithaca, N. Y., 1969); Thomas N. Bonner, *American Doctors and German Universities: A Chapter in International Intellectual Relations 1870—1914*; John S. Brubacher and Rudi Willis, *Higher Education in Transformation: An American History: 1636—1956* (New York, 1958), 174—175; Laurence R. Veysey, *The Emergence of the American University* (Chicago, 1965), 126—128; John Higham, *History: Professional Scholarship in America* (New York: 1973).

然而，在美国和德国的学术发展上至少有一个方面是有决定性的相似之处的。那些领导建立研究生院和创设专业学会的年轻美国人都在自觉地寻求专业化；而且和先前的德国人一样，他们发现诸如“为知识而知识”之类的理念对实现他们的目标是有用的，尽管又和德国一样，实际的结果是对研究的强调。① 和他们的德国前辈一样，美国的这些新人并不是体制内精英群体的成员，也不是出身上层的学者和社会名流，而后几种人的地位既来自他们在知识上的建树，又来自他们在某个社会集团中的身份。由于专业观念的出现，基于学识上的优劣、由同行来掌握的标准取代了社会阶层或财富方面的因素，而学识水平成为大学人事任命的决定性标准。专业主义使得全职工作制成为必要，这样又把业余人士和政治改革者排除出去。专业主义还导致在学者们之间形成范围远远超越自己的学校或者地区的共同体，这样就为他们的求职开辟了更广更阔的空间，而且也有助于他们摆脱来自当地的压力。②

学术的职业化给一个尚未被吸纳到社会或统治精英当中的群体带来新的机会。就此而言，这个进程在美国和在德国是类似的。由于公正无私地追求知识的理念开始被强调，教授会由此得到了一个反对传统的校长独断的武器。教授会成功地使教学工作量被加以限制，由此他们能有更多的时间来投入学术研究。有人会注意到，哈佛的查尔斯·艾利奥特一向支持专业教育和专业化的运动，但即使是他，也只是逐渐地和缓了他最初坚持教师的首要任务是教学的立场，“在发展用以推动研究的制度工具方面令人吃惊地缓慢。”③晋升的制度化途径被建立起来，薪金被提高，教授会的制度规章也得

---

① 在接受德国的“纯粹知识”和“为知识而知识”等更宽泛的概念的同时，美国的学术研究似乎蒙上了某种神秘色彩。参见 Veysey, *Emergence*, 149; Richard J. Storr, *The Beginning of the Future: A Historical Approach to Graduate Education in the Arts and Sciences* (New York, 1973), 48—49。G. Stanley Hall 认为“人类的最高志业(是)学术研究……学术研究无异于一种宗教……” *Life and Confessions of a Psychologist* (New York, 1923), 338.

② Dorothy Ross, “The Development of the Social Sciences”, in *Organization of Knowledge*, Oleson and voss, eds., 107—138; Haskell, *Emergence of Professional Social Science*.

③ Hawkins, *Between Harvard and America*, 53. 研究和教学的关系是美国高等教育中长期存在的问题。只要一个人在学术界待过一段时间，多少受到点学术界的辞藻影响，他就不会觉得如下情况有什么可奇怪的：这个问题往往会因为一个温和而不曾言明的假设的存在而被回避掉，即研究和教学不仅不是互相冲突的，而且是相辅相成的。参见 Hawkins, *Pioneer*, 64—65, 217; Royce, “Present Ideals”, 376—388; David Starr Jordon, “Inaugural Address”, in *Builders of American Universities: Inaugural Addresses*, David Andrew Weaver, ed., 2 vols. (Alton, Ill., 1952), I, 356; Henry Aaron Yoemans, *Abbott Lawrence Lowell, 1856—1943* (Cambridge, Mass., 1948), 274。

以确立。① 教授会并不试图过多地削弱他们的校长;他们需要校长在董事们面前保护他们自己,而董事们是要不断地给学者们自由地教学和发表的权利施加限制的,而且他们有时也能成功地达到目的。教授会从来没有赢得比其德国同行更多的自治权利。但是在这两个国家,大学教师的收获都还是相当可观的。他们可以仰仗自己所发表著述从一个学校向另一个学校自由流动,而这使得他们的优势得到加强。也许他们最重要的收获是,这样一种理念得到越来越多的认同,即只有那些具有可靠的学术资格的人才有在某一知识领域进行评断的合法权利。如同在德国一样,大学的教授会在实际上决定他们自己的继任者。哲学博士学位成为了谋求美国大学教职公认的必备条件;专业学院在大学内部被越来越多地建立起来,而这里的教师必须要保证他们的毕业生的能力。②

然而在基本的方面,美国的学术发展历程与德国分道扬镳了。我们已经看到,"为知识而知识"从来就是一个不无含糊之处的概念。在德国这个概念带有唯心主义哲学的意味,宗教的意味,还有贵族式的文化修养或者"Bildung"理念的意味。在美国,这个短语通常被用来表示利用知识服务于社会。

这种服务的观念长久以来就一直是老名门望族阶层的特征。这个阶层是以新英格兰为基地的一个已在很大程度上专业化了的集团,经济上是殷实甚至富裕的,从来不怀疑自己具有卓越的正直品质和承担领导责任的权利。③ 正如哈佛的埃利奥特经常提及的,新的专家加入了这些人的行列,而

① Hawkins, *Pioneer*, 126:"无论是否自觉,这些正在建立的是美国的一个新的专业领域,大学教授的专业领域。"

② 人们往往认为职业化的标志之一是专业人员和业余人员之间的差别越来越大。这在自然科学领域里是非常明显的。参见 Turner, "Victorian Conflict"; Miller, *Dollars for Research*; Johnson, "Education and Professional Life Styles"; Mendelson, "Emergence of Science"。但正如 Veysey 指出的,在文科领域,学科分化的情况并不那么突出,"Plural Organized Worlds"。专业化的另外一个标志可见于职业训练被纳入大学教育之中。就此可参见 Vern L. Bullogh, "Education and Professionalization: An Historical Example," *History of Education Quarterly*, 10(Summer 1970), 160—169. 对于博士学位如何越来越多地被当做专业化教学工作的准入证的问题,还需要继续研究。参见 Yoemans, *Abbott Lawrence Lowell*, 524.

③ Haskell, *Emergence of Professional Social Science*; Persons, *Decline of American Gentility*; John G. Sproat, *The "Best Men": Liberal Reformers in the Gilded Age* (New York, 1968); Ari Hoogenbawm, *Outlawing the Spoils: A History of the Civil Services Reform Movement, 1865—1883* (Urbana, Ill., 1961); Rush Welter, *Popular Education and Democratic Thought in America* (New York, 1962). 这些研究凸显了名流望族思想中的反民主含义。Hoogenbawm 指出,至少在最初,行政事务改革的倡导者们与其说是因为腐败而受到压制,不如说是因为他们自己无力争取到政府职位而受到挫折。

且在很大程度上取代了他们。他们的声音在大学里越来越强，他们要求领导权的诉求立足于正规的专业化训练。① 在他们自己的头脑中，无论是名门望族还是专家都相信自己是重建民主体制的工具，尽管他们将以不民主的手段来让自己的判断取代大众的判断。美国的教授们并不面对任何可供他们模仿、认同或者颠覆的统治阶级。他们以及他们的盟友们关心的反而是公民大众，因为他们认为如果美国要对付内战以后的社会当中的问题，就需要对大众予以训导和领导。而以往足以解决简单的农业社会的问题的办法，显然已经不再有效了。约翰斯·霍布金斯大学是美国第一个设立研究生院的伟大大学，其建立研究生院的声明就贯穿着"为知识而知识"的理念。这个声明比丹尼尔·吉尔曼在1876年的就职演说更能说明问题，它对这个大学的目标作了如下阐述：

> 这是一个为了达到比今天更好的社会状态而竭力奋斗的过程；这是一个模糊但又不可磨灭的关于知识的价值的认识；这是一种对学术和道德的发展的期盼；这是一种试图解释创造的法则的渴望；这意味着一种希望，希望穷人中的悲惨更少，希望学校里的无知更少，希望寺庙里的顽固更少，希望医院里的煎熬更少，希望商业中的欺诈更少，希望政治中的愚蠢更少；这意味着更多地研究自然，更多地热爱艺术，更多地从历史当中汲取教训，更多地保障财产的安全，更多地给城市居民带去健康，更多地给国家赋予美德，更多地给立法增添智慧；更多的才能，更多的幸福，更多的宗教。②

而埃利奥特写道：

> 信任专家，并且愿意任用他们、愿意接纳他们的意见，是教育良好的个人和教育普及的社会的智能的最佳体现；而在任何一个将要走向繁荣

① Welter 认为埃利奥特对专家的强调并不是典型的，*Popular Education*，194—199；但是Hawkins 认为，学者专家的观念是那个时代的特征，正如在威斯康辛理念（Wisconsin idea）中所体现的那样。这一理念强调大学有责任以任何可能的方式服务于社会，与20世纪初社会效率运动之间相互产生影响，*Between Harvard and America*，167.

② Francesco Cordasco，*The Shaping of American Graduate Education：Daniel Coit Gilman and the Protean Ph. D.*（Totowa，N. J.，1973），93.

的民主制度中，这种尊重和信任都必须为其大多数人民所能强烈地感受到。①

德国那种知识界和政治的分离与美国式的对民主、实践和进步的坚持是不能兼容的。美国知识分子不会认同任何一种把他们自己当做领导集团而与政治统治阶级并列和等同起来的观念；他们希望以自己的行动对政治和社会生活施加真正的影响。所以毫不奇怪的是大学里对公共事务改革的支持程度如此广泛；学术人实际上在为他们自己的领导权而进行争辩。②

在美国的教育领域里所发生的事，与美国社会生活的其他许多领域一样，代表了对根深蒂固的欧洲态度的一种逆转。美国对效用和实践的强调开始与大学联系了起来，而个人完善的人文主义目标被附着在初级教育上。公立小学试图教育每一个孩子，从而造就出一个首次由人民自己组成的统治阶级。这个制度是以这样一种信念为基础的，即每个人都具有潜在能力，而这种潜在能力可以被开发出来，以使人民大众获得智慧和美德。③

这个理念中的某种成分和本科生教育联系在了一起。本科生学院之所以总是在大学内部保持着一种重要地位，只有部分原因是出于大学需要校友的支持。本科学院的性质总是在更大程度上由大学前教育的整个体系所决定，而不是仅由中学或小学所决定。而这种限制性因素是学院的混合特性的一个原因。在一个欧洲人看来，一个美国学院的前两年相当于大学预科期间的学习，此后才会是真正的学院课程。正如埃利奥特所指出的，既然学院生源来自水平不同的各式各样的高中，不如此又当如何？④ 许多学生必须在潜质而非已有成就的基础上被收入学院，所以即使是哈佛的招生政策也可以被视为一种对申请入学者的潜力寄予信任的政策。新建的州立大学更是明确

---

① Eliot, *Educational Reform*, 412.

② Edward Shils 比较了19世纪英国的知识分子和美国的知识分子，他相信美国的知识分子总是对权力中心持有疏离的心态，而且与其拉开距离，*The Intellectuals and the Powers and Other Essays* (Chicago, 1972)

③ 在乔翰·亨利克·裴斯泰洛齐(Johann Heinrich Pestalozzi)的思想中，这种人文主义的成分构成了一个很大的方面，但也并不像有时所想象的那么大。威廉·冯·洪堡希望自我完善成为小学教育不可分割的一个组成部分，但是他的期望从来没有得到实现，而且在他那个时代的经济和社会条件下，他的希望或许本来就不可能实现。

裴斯泰洛齐(1746—1827)，瑞士教育家，被认为是现代基础教育的奠基人。——译注

④ Eliot, *Educational Reform*, 201, 279—280.

体现了这种态度。带着明确的目的,这些大学被有意设计成一种提供合理健全的基础教育的制度,以大学内本科学院里的最大限度的民主为基础。大学的职业学院是后来才建立的。有人希望一些州立大学成为真正全国性大学,这部分地是因为他们寄希望于州立大学将使他们自己从发展研究生教育的工作计划中解脱出来。① 研究生院和本科生学院的分工在各个方面始终都是明显的;而这体现了美国高等教育制度的二元性特征,此中一种对人的潜力的民主主义信念与精英主义的专业化导向并行不悖。

(牛可 译)

① David Madsen, *The National University: Enduring Dream of the USA* (Detroit, 1966), 115—116.

哈钦斯、阿德勒与芝加哥大学：关键时节①

玛丽·安·准贝克②

罗伯特·哈钦斯作为耶鲁大学法学院的院长时，强调社会科学的理论与研究是大学事务的核心。但他在芝加哥大学校长任上，短短数年之内，却舍社会科学而取哲学和伟大典籍。哈钦斯的转向似乎意带讽刺，因为它所发生的那个机构，正以其教员在社会科学理论和研究方面的成就著称。本文试图理解哈钦斯在其人生与校史的关键时节上的思想转向。

哈钦斯在芝加哥大学校长任上的头四年里，经历了一次思想上的转向。在芝加哥，哈钦斯以坚定地批评社会科学而著称。然而，在他被任命到此地之前，作为耶鲁大学法学院的院长和教员，他又曾经强硬支持社会科学，力倡将社会科学的理论与研究融入法学修习。1929—1933 年间，他从倡导社会科学，转而倡导哲学作为整合本科课程的核心，作为大学最可敬重的思想努力（“The Higher Learning, I”，收于 Hutchins 1936b，第 24—32 页）。而催生这场转变的，正是他与阿德勒（Mortimer J. Adler）的友谊。

哈钦斯担任芝加哥大学校长的最初数年，代表了他人生中的一段关键时

---

① Mary Ann Dzuback “Hutchins, Adler, and the University of Chicago: A Critical Juncture”, *American Journal of Education*, Vol. 99, No. 1（1990 年 11 月），第 57—76 页。

② 作者时系华盛顿大学圣路易斯校区教育学助理教授，研究教育史，对教育和公共政策很感兴趣。她的研究集中于高等教育的社会史和思想史。1989 年 3 月在美国教育研究协会大会举办的“教育、文化与关键时节：传记研究”研讨会上，作者宣读了一篇论文，本文乃据之修订而成。它属于一项更大的有关哈钦斯生平的研究，斯宾塞基金会和华盛顿大学分别提供了一笔资助。作者感谢《美国教育学杂志》的匿名评审者，感谢 Peter A. Best、Ellen Condliffe Lagemann、Daniel P. Liston 以及 Louis M. Smith 的批评与指点。

节。在20世纪30年代的早期要想塑造这座大学,他原本可以秉持好几条路线。引导本文的问题就在于,为什么是阿德勒有关本科教育和大学思想生活的等级序列的观念,打动了处于人生中那段关键时节的哈钦斯?

哈钦斯之所以对现代大学产生不满,起因有不少。新职位对于他的要求,大萧条对于大学的要求,都限定了他的选择。大萧条的社会危机使得哈钦斯质疑社会科学有多少效力解决社会问题(Hutchins 1940)。法西斯在欧洲的兴起也促使教育工作者们探讨,将高等教育的内容与功能定为培养民主社会的领袖才能和参与意识。① 不过,单单这些因素,还不足以说明哈钦斯为何从社会科学转向哲学。

哈钦斯早年和正规学校教育阶段在新教福音派文化熏陶中接受教育,并与日后对阿德勒的观念的认可产生了关联,这是促使哈钦斯选择这条路线的一个更有力的因素。有意思的是,你可以发现那种文化中既有促使他早期迷恋社会科学的因素,也有促使他后来转向阿德勒的观念的因素。

哈钦斯早年所接受的新教福音派文化主要通过三种方式影响了他后来的转向。首先,他的父亲,一位道德楷模,一位宗教和教育领域的领袖,为哈钦斯对于领袖角色的具体理解树立了有力的典范。哈钦斯家庭中还有许多成员也展现了突出的领袖素质,成为哈钦斯的榜样。其次,他在奥柏林学校(Oberlin Academy)、奥柏林学院(Oberlin College)所接触到的社会科学也塑造了他早年对于社会科学的兴趣。奥柏林学院从一所福音派机构转变成革新派机构,大大促进了哈钦斯接受社会科学。最后一点,与此相关的是,奥柏林(以及哈钦斯拿学士学位的耶鲁大学)普遍认可高等教育机构的首要功能就是训练未来一代担当领袖、服务公众。

新教福音派文化笼罩了罗伯特·哈钦斯早年的生活和教育。他的父亲威廉·詹姆斯·哈钦斯在任纽约布鲁克林区的长老会牧师时,受邀赴奥柏林学院和神学院教授《圣经》。1907年哈钦斯全家移居奥柏林,罗伯特其时年方八岁。他先后就读于公立小学、奥柏林学校(1911—1915)和奥柏林学院(1915—1917),然后在第一次世界大战期间加入美军野战救护队奥柏林分队。每年夏天,他都随父亲游历公理会、长老会、基督教青年会的夏令营,而老哈钦斯则从事布道,带读经班。简言之,哈钦斯的整个少年时代都生活在

① 这些主题贯穿《美国高等学术》(Hutchins 1936a)和《无人赞同》(Hutchins 1936b);亦见 Purcell 1973。

20 世纪早期新教福音派和革新派的网络之中。

老哈钦斯堪称道德楷模、精神表率。他子承父业，成为牧师，只不过没有选择公理会，而是转投长老会。他的讲道虽不如其父以情动人，却胜在以理服人。他的布道词注重于告诉其堂区教民，在一个变迁社会中应尽的社会职责和道德职责。少年哈钦斯每个主日至少听他父亲布道一次，常常是两次。而在家里，老哈钦斯还在每天早餐前引领祈祷。他不懈地提醒着自己子女应尽的道德职责，而他们的母亲安娜则以周到、得体的社会行为率先垂范，进一步增强了这种教导。①

在奥柏林，老哈钦斯对于自己更具公共性的教导义务，也表现出了类似的关注。他为新生开的读经课一丝不苟、结合社会，非常有名。他为自己新处的共同体中的许多人提供劝慰和建议。在奥柏林校园，他常常为基督教青年会等团体演讲基督教、社会服务和个人行为之间的关系。他宣讲基督教的永恒价值观念，强调思想劳作与道德坚毅之间的关联。他在整个俄亥俄州四处宣道，并且常常带着自己的两个儿子比尔和罗伯特。父亲的宣道与教学让罗伯特·哈钦斯对于教育领袖和道德领袖的意涵有了最初、最有力也是最坚实的体验。

哈钦斯家族的教育成就和道德领袖才能更加强了这种体验。老哈钦斯得到过耶鲁学院的 Phi Beta Kappa 优等毕业生钥匙，而罗伯特·哈钦斯也为此竞争并最终获得了自己的一把（Hutchins 1939）。哈钦斯的母亲安娜（Anna Murch Hutchins）曾经在克利夫兰高中学过拉丁语，后入奥柏林学院学习，最后毕业于霍利约克山学院。他的父母、叔伯和姑姨们都在奥柏林求过学。有些最后去了耶鲁、威廉斯和联合神学院。他的祖父哈钦斯（Robert Grosvenor Hutchins）上过安多弗神学院，认识格拉登（Washington Gladden）等杰出的新教牧师和进步派改革家。

这个大家族出了一位律师、几位商人、一位物理学家，还有几位牧师。所有人在当地都以为人正直著称，对所在社区贡献卓著，并任职于不少中小学和学院的董事会。老哈钦斯和安娜的三个儿子都成了教育家，在教育机构任教并担任管理工作。在哈钦斯家族里所受到的正规教育并不仅仅是提高社会地位或经济地位的一种手段，而首先是服务社区、表率社区的一种方式。

---

① 大部分信息我依据的是 William James Papers, Berea College Archives（以下简称 WJP-BCA），以及 1985 年 1 月 8 日对 Francis S. Hutchins 的访谈。

哈钦斯家族与奥柏林社区关系牢固。19 世纪 90 年代，当老哈钦斯和安娜还是学生的时候，奥柏林学院长久延续的福音派传统还相当明显，但在第一次世界大战前夕，学院已逐渐变成一所进步派的机构（Barnard 1969）。奥柏林学院尽管还维持着历史上对于各项基督徒行为原则的认同，但却已经遵循类似于佩特森（George E. Peterson 1964）在对于新英格兰学院的研究中所描述的那种模式。随着基督徒的虔信越来越不重要，思想的严谨，对于社会问题的关注，对于奥柏林学院的师生也愈益重要。奥柏林学院在社会科学方面开出的课程体现出，它的确是想努力将理论与当代社会问题相联系。就连哈钦斯上过的一些人文学科的课程，也是放在社会历史背景下来教的（Oberlin College，1917）。①

到访奥柏林校园的演说家也在很大程度上揭示了奥柏林学院所看重的东西。罗宾斯（Raymond Robbins）、尼尔宁（Scott Nearing）和斯蒂芬斯（Lincoln Steffens）等杰出的进步派人士所进行的论辩与演讲，主张需要伦理上和政治上的领袖，强大的工会，世界的和平，妇女的权利，政府调控的责任，以及社会服务（Barnard 1969）。② 奥柏林学院院长金（Henry Churchill King）把基督徒的宗教担当与社会意识或对于个体的神圣尊重联系在一起。他和许多进步派基督徒一样，也致力于在一个社会经济巨大变迁的时代重建民主（Love 1956）。奥柏林的教学固然还是基于宗教信念，但社会的、思想的责任越来越取代传教的责任，主导了课内教学和课外活动。

课程的设计与教员的活动都表明，在奥柏林学院的社会宗旨与思想宗旨之下，隐含着一些假定，其中就包括对于某些同时被解释成符合基督徒和民主派立场的原则的共同认同。课程的说明与教员的兴趣都体现了一种共享信念：严谨的学术活动有能力反映并巩固本质上属于新教立场的对于德行的信念。③ 学术活动能够大大促进民主派关于社会经济公正和政治生活中的伦理行为的界定，从而对美国社会的革新大有裨益，因此除了思想标准，同样可以用广泛的道德标准来评判学术活动。在（哈钦斯所参加的）论辩、课程、学生报纸和公开演说中都明显表现出这种学术观所隐含的假定。

奥柏林学院的文化为哈钦斯提供了塑造其教育领袖与高教宗旨观的价

---

① Students' Grades, Box XXX, 150, Oberlin College Archives; Hutchins, Notes from Bible Class, Box 9, Folder 9—1, WJH-BCA.

② Oberlin Review（1915—1917）.

③ Stevenson（1986）讨论了耶鲁大学稍早前与此有关的一种学术取向。

值观念和态度立场。首先,教育领袖在思想上和道德上负有责任,要以尽可能讲求原则的方式指导其共同体,无论共同体是否赞同其观念。其次,高等教育机构的首要之责乃在于培养下一代领袖和公民以服务社会。这种培养要求严谨地思考重大议题和问题。好的教育能让学生通过课程发现道德行为的指导。知识将会更好地促成学生甚至迫使学生奉献公益(Hutchins 1936b,第87—94页;Barnard 1969)。比如说,奥柏林学院社会科学领域的教育,就是旨在通过学术、教育与政治,进行社会改良。尽管奥柏林学院的传统是宗教性的,但社会科学研究使这个机构能够在20世纪担当更有力的世俗使命。

当哈钦斯1919年服完兵役回来,原本计划基于公共服务的宗旨,去耶鲁学习历史学和政府学。但在充分了解耶鲁在社会科学领域开设的课程以后,他开始迷恋大四时曾经学过的法律。将法律与社会科学的研究相结合,有希望提供受世俗考虑驱动的强有力的规则,指导公共制度和公共领袖。这些规则将以对于社会状况实情的研究为基础。不管它们在道德上可能会表现出什么样的权威,它们在科学上的权威会适合指导20世纪的领袖。哈钦斯在耶鲁的工作反映了奥柏林学院的进步派努力,即基于社会变迁的需要与职责来安排社会科学的研究,而这些需要与职责何在,又是依据社会科学研究调查所得数据体现出的实情。

从1925年到1929年,作为耶鲁的一名教员,哈钦斯坚定有力地倡导以社会科学研究来丰富并革新法学研究和管理(Schlegel 1979;Kalman 1986)。他十分渴望通过提升标准,提出新的课程重点,革新法学教育。他以社会法学研究作为课程设计的基础,相信法学院能够教育出这样的从业律师:首先作为对社会有用的人,其次作为对其顾客的有才干的顾问。如果这些学生得到适当的培养,能够看清现行程序的社会经济效应,他们会有可能真正投身法律程序的改革(Hutchins 1928b)。①

哈钦斯在耶鲁法学院院长任上(1927—1929年),雄辩有力地主张,社会科学有潜力增进对于人类问题的理解,并提供解决这些问题的行动建议。他提出,“一个希望进入法学院的学生,应当将自己在本科学院里的大部分时间

① “A Program of Research in the Administration of the Law”, ca. 1926 (n. d.), Box 2, Folder 5, Robert M. Hutchins Papers, Special Collections, Joseph Regenstein Library, University of Chicago(RMH-UC).

花在社会科学领域”(Hutchins 1928b,第12页)。而他自己的工作,无论是作为院长还是作为学者,都证明他致力于用社会科学理论和方法来推进跨学科研究。他甚至提出,“法学是一门社会科学”(Hutchins 1929,第697页)。

他的倡议也存在一个重大问题:对于20世纪20年代的学院式社会科学研究,他并未有充分的理解。尽管自19世纪80年代以降,有关社会的研究在美国大学里一直有不错的发展,但不同学术门类中的研究者所使用的方法论仍有待成熟。在20世纪20年代,社会科学研究仍处在愈益专门化、分化的过程中。社会科学家正在收集有关数据,发展相应的定量研究方法,以期得到一幅关于社会状况的写实图景,并使各自的结论能被其他学者所检验。这些方法使他们的工作更具“科学性”、客观性和权威性,而不那么直接关注社会改良或发现指导改良的原则。① 随着社会科学家不断提出各种模型,以检验各个专门领域内的假设,他们的工作也必然越来越狭窄,同时却越来越复杂。②

1923年后,哈钦斯曾经在耶鲁大学校长安吉尔(James Rowland Angell)之下担任耶鲁校务委员会秘书,通过他,哈钦斯对社会科学家的上述工作也有所熟悉。安吉尔本人虽然不是一位社会科学家,但对芝加哥大学学院心理学的形成贡献卓著。他也致力于在耶鲁大学发展跨学科性的社会科学研究。安吉尔把哈钦斯介绍给基金会领域里的一些人,包括劳拉·斯佩尔曼·洛克菲勒纪念基金(LSRM)的卢默尔(Beardsley Ruml)。卢默尔虽然也不是一位社会科学家,但相信各门社会科学是互相依赖的。他认为,好的社会科学研究要求进行跨学科的考察,以增进对于社会现象的理解(Ruml 1930;Bulmer and Bulmer 1981)。哈钦斯也持这种观点。

检视哈钦斯如何尝试发展法学研究,就会看出他虽然与卢默尔保持接触,却对社会科学家的实际作为没什么具体认识。有关社会科学理论和方法究竟如何能够启迪法学学术活动,他的建议语焉不详。比如说,在他1926年写的一份建议中,通篇都在谈什么需要搜集“事实”,“通过统计或其他方式”处理任何搜集到的数据。他认为,如果“加以严格分析”,有关某些司法惯例效力的事实将会揭示“(法律)条例是如何实际运作的”。而看清楚了这些条

① 这个观点十分复杂,在此无法详论。Schlegel(1979)略有所论,亦见 Purcell(1973)。Ruml(1930)也提到过这种发展。

② 到了20世纪30年代晚期,这种趋势愈益明显;参见 Karl(1974,第260页)。

例的实际运作,就会导致"改进"①。

1928 年他向 LSRM 提出建议,资助人类关系研究所,以支持法学和社会科学领域的跨学科工作。哈钦斯对社会科学研究的认识支持也只是略微成熟了一点。例如,他提出,如果来自不同学术门类的社会科学家用各自独特的"思路"来研究社会法学行为的"基本情形",就能够更好地理解法学问题。这份建议要求研究者主动考察"处在其生物—社会背景而非观念背景中的问题",却只是寥寥几句带过了方法问题,天真地假定,对于问题究竟何在,究竟应当如何去探讨这些问题,学者会有共识。② 直到 LSRM 方面一位负责人促请之后,哈钦斯才就家庭和越轨问题大致勾勒了一份具体计划,包括研究团队将使用哪些种类的数据,考虑到了准备实验对照组的问题,但依然避而不谈方法问题。③ 除了数据收集,除了启迪革新的潜力,他似乎不打算理解社会科学家其他的工作。

他自己关于心理学与证词的研究也是基于图书馆里的资料检索,而不是实验研究,其动机部分在于他从萨柯—万泽蒂案④中看到的司法滥用(Hutchins 1927,1928a)。实际上,哈钦斯作为法学院院长,当务之急除了促成新兴学术、争取资金赞助,以便提高法学院声望,还在于教育年轻人成为遵循伦理的律师(Douglas 1971,第 166 页)。

对于社会现实整体的知识,即将法律事实置于不仅是法律背景而且是社

① Hutchins(与 Charles E. Clark),"A Program of Research in the Administration of the Law", ca. 1926 (n. d.), Box 2, Folder 5, RHM-UC。

② Hutchins(可能与 Charles E. Clark 合撰),"Human Relations Section: Yale Law School", 1928, Rockefeller Foundation Archives, Record Group 1.1, Series 200, Box 67, Folder 804, Rockefeller Archive Center (RAC)。

③ Hutchins,"Family Situations and Treatment of Delinquency and Crime", Laura Spelman Rockefeller Memorial, Series 3, Box 79, Folder 826, RAC。Lawrence K. Frank to Hutchins, December 18, 1928, Box 79, Folder 826, RAC.

④ Sacco-Vanzetti case:1920 年 4 月在美国马萨诸塞州发生一起谋杀案,鞋厂出纳员及其保镖两人被杀,目标是所携待发工资。5 月,1908 年移居美国的意大利无政府主义者鞋匠萨柯和小鱼贩万泽蒂因谋杀罪被捕。1921 年 7 月陪审团裁决两人有罪。社会党人和激进分子认为这两人无辜,许多人认为审判不很公平,定罪更多地是由于被告激进的无政府主义信念。但以伪证为由的所有要求重审的努力全部失败。1925 年另有团伙供认参与此项谋杀。但马州最高法院拒绝推翻原定罪重审。全国各地民众集会以示抗议。州长组建包括哈佛校长、麻省理工学院院长等在内的独立咨询委员会。1927 年 8 月州长拒绝行使其从宽处置权,并得到委员会同意。世界许多城市示威。纽约和费城有人投掷炸弹。最后始终拒绝认罪的两被告于 1927 年被处死。——译注

会背景下来考虑,能够赋予未来的律师有关自己在社会中应尽之责的某种认识。当时越来越多的法律专业毕业生选择进入商界工作,身处这样的时代,哈钦斯希望这样的社会知识能够把他们从不讲伦理的做法中扭转回来,帮助他们作出"明智的猜测",判断出司法决定对"共同体的至高利益"所产生的"实际效应"是否符合社会的期望(Hutchins 1928b)。哈钦斯有关萨柯—万泽蒂案中正义问题的观点,以及对于是否符合社会期望的判断,背后都蕴涵着一种假定:从社会研究中将会显现出改良的准则,而研究者们也将就何谓正义、何为符合社会期望取得共识。

哈钦斯的建议中的一些征引也表现出,对于社会科学中有关方法的一些问题,他还是有所意识的。比如说,他提到需要发展新的更好的研究技术,这无疑是他和卢默尔之间交流的体现,后者鼓励他向 LSRM 提交建议,支持法学院中的社会法学研究。但是如果仔细读读这些建议,无法清楚地了解到,哈钦斯究竟打算如何进行其中任何一项计划。这些建议中始终展现出来的,就只是哈钦斯的信念:社会科学研究会有助于改良法学教育、法律实践、法律管理,最终改良法律本身。

20 世纪 30 年代,当哈钦斯对于社会科学在大学事业中居于核心地位的信念接受检验之时,他却放弃了社会科学,转而推崇作为学科的哲学,认为它能使大学事业整合一体。但他在 1929 年离开耶鲁之后,依然保持着对于跨学科和科际整合的学术研究的兴趣与认同,认为通过这样的学术研究,可以对抗现代大学中的系科分割,增进现代大学中思想事业整合一体。

哈钦斯担任芝加哥大学校长期间,面临了一系列彼此相关的实际问题。其中一项就是本科学院的命运问题,对此相关讨论已有二十多年。教员方面有许多人建议废除学院,因为他们认为现代大学的首要功能就在于研究、学术活动和研究生培养。另一方面,有些管理者和董事则支持继续保留并进一步发展学院,以促进校友保持与大学的联系,吸收永远不会多余的学费。哈钦斯到校前不久,由布歇(Chauncey S. Boucher)领导的一个教员委员会刚刚就本科生教育拟订一份新计划。而哈钦斯有责任实施这份计划。鉴于他到校的时机,他将以何种方式表现自己是一所重要的研究型大学的领袖,和本科培养计划的问题纠缠在了一起。

1930 年,哈钦斯说服大学教员理事会核准重组大学。此次重组将学院(包括大学一、二年级)确定为大学的一个分部,有自己的预算和院长,和物理与自然科学分部、社会科学分部、人文学科分部相分离,后者首先关注的是研究生工作(Frodin 1950)。学院在大学中地位的更新,大萧条初年募集资金的需要,在这些挑战面前,哈钦斯开始接触到有关学院课程设计的理想内容的一些观念。

哈钦斯希望设计出自己独特的本科教育思路,有别于课程设计委员会此前的工作,在此过程中他咨询了友人阿德勒。阿德勒曾在哥伦比亚大学跟从厄斯金(John Erskine)研习"伟大典籍"。他告诉哈钦斯,这是他最重要的教育体验(Adler 1977,第128—129页)。1930年,哈钦斯延请阿德勒加入芝大教员行列,他有关大学教学与科研的想法也随之改变。阿德勒对于典籍的熟稔,一望可知的博学,以及对于那门课的描述,让哈钦斯心向往之,提议两人在芝加哥大学一起开设一门类似的课程,这样他自己也可以细读并研讨这些典籍。

他们从学院里的一小群一、二年级学生开始。研讨班的学生们阅读西方思想传统中的经典著作,从荷马到弗洛伊德,在两年期间每周一次集会,讨论这些典籍(Adler 1988)。最终,哈钦斯和阿德勒在大学所有分部、高中、大学本科学院的成人教育项目以及法学院都开设了伟大典籍课程。哈钦斯掌校22年期间,一直领导着这些伟大典籍研讨班(Allen 1983;Ashmore 1989)。

他和阿德勒努力了好几年,想说服学院教员将伟大典籍融入课程修订。但他未能说服教员们提出一项完全基于伟大典籍的学院培养计划。尽管他在20世纪30年代得到了基金会的款项,支持学院的通识教育,却找不到财源来设立一项伟大典籍通识教育培养项目(General Education Board 1932,第6—7页)。不过,他尽管遭受到这些挫折,却依然坚定支持让伟大典籍成为本科课程体系的基础。部分归功于他在1937年的努力,这项思路被采纳为位于马里兰州安纳波利斯的圣约翰学院的课程体系,在那里,这项思路不必和现代大学的研究关注相互竞争(Kass 1973)。

哈钦斯的观念尽管未曾落实为一项必修的伟大典籍培养计划,但却在三个重要方面塑造了芝加哥大学的本科学院。首先,哈钦斯支持了将学院确立为大学的独立分部并拥有自己的院长和预算的政策。其次,他鼓励在通识教育中发展一项完全指定的课程体系,有别于大学所提供的研究生培养计划。第三,他倡议修改校章,允许直接任命一些教员到学院,而无须具体的系接收他们。

由于哈钦斯在这些方面的不懈努力,到了40年代中期,教授会同意设立一套单独的、指定的课程体系,授文学士学位,这使学院成为大学内部一个自主的单位。① 本科必修课程中有许多也包括了一些伟大典籍，让学生熟悉原典，体现出教员有兴趣培养学生对于各学术门类的普遍了解，培养学生的特定思想能力，而不只是专门学科的技能。尽管如此，直至哈钦斯卸任，教授会仍然拒绝创立一套主要基于伟大典籍的本科培养计划。

哈钦斯的本科课程体系观在自己的机构都遭遇到这样的反对，又为何始终相信这种观念适合拿来教育本科生？除了一些实际考虑，比如在大萧条期间募集资金，需要通过引入创新课程来吸引更多的本科生，对于哈钦斯来说，利用典籍乃是大有意义。随着他与阿德勒和研讨班一起阅读并讨论这些典籍，他发现它们的确是一种有力的教育手段。它们要求有严谨的思想投入，探索最根本的精神问题、社会问题和政治问题。这些典籍的道德伦理主张的逻辑超越了它们的写作背景。最后一点，它们所反映出来的讨论关乎最重要的德性："勇敢、节制、宽宏、荣誉、正义、智慧、明智和同情"（Hutchins 1936b，第4页）。这些德性正是他的父亲和奥柏林共同体最为推崇的，也正是最打动他的那些典籍里所讨论的：柏拉图的对话录，亚里士多德的《伦理学》和《政治学》，阿奎那的论著，约翰·斯图尔特·穆勒的著作。②

哈钦斯通过教授这些典籍，设想了一套体现这些德性的讨论的世俗教育培养计划。同时，计划并不像奥柏林学院的教学那样依赖于宗教权威。相反，有关的讨论可以基于西方文化传统的思想权威。伟大典籍中的自由教育（liberal education）理念为哈钦斯提供了一种可以接受的功能等价物，既能回应他自己所受的道德教育，又更适合他所领导的现代世俗大学。不仅如此，指导和讨论这些典籍的有关原则都有明确的说明，而不是任由个人在专业选修课上随意地推断，这种专业选修课更多地乃是基于教员的研究兴趣，而非针对本科生的周密设计的教育培养计划。而典籍研讨课能够带给本科生教育的那种秩序与深度，是哈钦斯无法在大学的本科学院课程体系中找到的，

---

① 哈钦斯在大学社区内外为这些变革声言，在20世纪40年代任命了两位院长，并在前后20年的时间里任命了一些支持他们的教员去本科学院，从而能够支持这些变革。哈钦斯最初出于对开支与质量的考虑，提议为最具才华的学生设立小规模的优等生课程，集中讨论典籍文本（类似于他的伟大典籍研讨班），而为大多数一、二年级学生开设大规模的讲演课程，以大致的学部分类（依循布歇委员会的建议）授之。而到40年代，他又赞同本科学院教员的意见，以典籍讨论为内容的小班级应当取代面向全体学生的讲演。他支持他们将这种变革制度化的努力。参见 Hutchins 1930；Frodin 1950，第25—99页等。Levine（1985）简述了30年代本科学院的主要发展及其主事者。

② 1985年5月25日访谈阿德勒。

也是他(事后)回想自己在耶鲁的教育所缺乏的(Hutchins 1936b,第41—50页)。

在阿德勒的带动之下,哈钦斯也开始质疑社会科学是否足以让人更好地从思想上理解大学的事业,不仅在本科层面上,而且在职业教育上。阿德勒主要的学术根基在于哲学。他在考察社会科学关于犯罪行为的研究时,探究了各种真理诉求,最终的结论是社会科学缺乏足以支持真理诉求的严格的研究方法和数据分析(Adler and Michael 1933)。因为在逻辑学、数学、物理学所要求的那种精确思维和表述方面,社会科学家所受的训练很少甚或完全没有,他们的工作只是一种“大杂烩”①。

阿德勒对于社会科学的批评有两个矛头。一方面他认为社会科学不够科学,提醒哈钦斯,社会学家的工作除了少数例外,大部分应当“归为文学”而非科学。② 因为社会科学的研究缺乏明确可以检验的假设,精确的研究方法,以及细致谨慎的结论,所以它们对于权威性的诉求,还不如大多数被视为区区观察和描述的东西来得扎实。

不仅如此,社会科学已经取代了作为一种合法探究模式的哲学。哲学,特别是柏拉图、亚里士多德和阿奎那所实践的那种哲学,就重大的问题提供了严格的分析,并且所探讨的问题比社会科学重要得多。哲学家的研究主题是在或存在,是人与上帝的关系,与宇宙的关系。阿德勒认为这种主题比起研究人与人之间的社会政治关系,其思想意义要重大得多。而后者正是20世纪二三十年代美国实用主义哲学家的关注重点,他们对哲学研究和社会科学研究的影响未免过头了(Adler 1977,第47—49页)。③

阿德勒在1930年隐约地看到,哲学方法是对各学科门类进行的辩证考察,以发现其逻辑不一致性,或许还有虚假的真理诉求,因为这种方法和任何科学探究模式一样,是大学里追求真理的一种合法而重要的方式(Adler 1977,第36—54页)。在阿德勒看来,哲学是一种相对于经验科学的理性科学。经验科学的研究方法可以导向“有关事实的知识”,而形而上学的研究方法则可以导向“有关观念关系的知识”,并且通过探索“宇宙、显示或存在

① Adler to Hutchins, “Tuesday” (n. d.), ca. January 1930, Box 4, Folder 2, RMH-UC.

② Adler to Hutchins, April 8, 1930, Box 4, Folder 2, RMH-UC.

③ Adler to Hutchins, “Wednesday” (n. d.), ca. spring 1930, Adler files, Institute of Philosophical Research (MJA-IPR).

的终极本性”，导向智慧。①

阿德勒提出，芝加哥大学的角色之一，在于重建哲学（或形而上学）为大学事业中的首要科学。他倡议建立一个“哲学研究系”，支持教授们分析并批判其他学术门类的思想基础与实际工作，“将各种研究主题‘辩证化’”。这种实践“对于20世纪的科学和文化的影响，犹如托马斯·阿奎那……在《神学大全》里对于13世纪的影响”②。最终的成果或许是“一部《辩证法大全》”，促进“哲学王”的诞生。③ 这项倡议大大吸引了哈钦斯。

哈钦斯为何会被这种明显夸大其词的说法所吸引？他满脑子想的就是在他掌校期间，为芝加哥大学塑造一种独具一格并意义深远的角色。大学可以研究在思想角度上属于根本性的问题，比如存在的问题，存在之宗旨的问题，而不是促进属于社会科学领域的有关事实的研究。他觉得，在自己的领导下，并有阿德勒在哲学系的协助，“芝大将成为世上独一无二的大学”④。

在道德伦理教育的领域，哲学所能提供的东西远远多于社会科学。仅仅描述事实或存在状况，不足以为伦理学和政治学提供一种理性基础，或考察社会科学所描述的那些行为、规则与社会安排最终的目的。除了哲学考察的对象，它的方法也能促进逻辑、修辞和语法之类技能的发展。这些技能让学者有能力选择并投入对于重要问题的系统探究，启迪社会科学家的工作，提供一种共同语言供所有具体学术门类的学者相互沟通。“大堆的社会、政治、经济和心理数据”的确能提供信息，但并没有说明如何去运用（Hutchins, 1936b，第43页）。

1930年，面对教授会的反对，哈钦斯坚持要求哲学系任命阿德勒为教员，表现出他坚信阿德勒的工作非常重要。六年之后，他又坚称形而上学乃是“最高智慧”，是“原则与理据”的源泉（Hutchins 1936a，第98页）。哈钦斯提出，不像中世纪时的神学对于各学术门类的一统组织，形而上学更适合现代大学，因为它组织并探索重要的问题，揭示理论原则，促进德性的追求，而无须宗教性的忠诚。哈钦斯这样主张形而上学或哲学在现代大学中的角色，也表明他希望不仅从思想的角度，而且从道德的角度，来界定自己对于一所杰出的研究型大学的领导。

① Adler to Hutchins, “Dear Bob”, ca. 1933 (n. d.), Box 4, Folder 2, RMH-UC.

② Adler to Hutchins, “Monday, The 27th” (n. d.), spring 1929, Box 4, Folder 2, RMH-UC.

③ Adler to Hutchins, “Tuesday” (n. d.), ca. January 1930, Box 4, Folder 2, RMH-UC.

④ Hutchins to Adler, July 6, 1929, MJA-IPR.

同样在这六年里,哈钦斯还兼任了多种公共或准公共的职务,使他熟悉了大萧条所造成的后果。他去调解劳资争端,为芝加哥联合紧急救助基金筹资,以接济缺少食物和住房的人。当芝加哥各公立学校和初级学院的拨款遭到裁减,当教师遭到解聘,而门房的工作和薪水却受到保护时,他给予了关注并提出了抗议。他憎恶公务官员们的背信、贪婪、粗浅和虚伪。1932 年民主党全国大会前夕,他在青年民主党人俱乐部作了一次言辞激烈的演说,毫不掩饰自己厌恶那些官员们保护的是“少数有权有势的人”,而不是“整个共同体的福祉”。① 这篇演讲不仅直接地指点民主党,而且也间接地表明哈钦斯把自己看成是一个深陷困扰的社会秩序中的道德批判者。

哈钦斯不仅从大萧条中看到公务官员拒绝恪守原则执行公共政策,而且还看到,需要在更具权威性的基础上作出公共决策。经济学、社会学以及政治科学研究等等,既没有预见大萧条,也没有预防大萧条。至于决定如何消除大萧条的后果,这些研究更没有提供清晰的手段、目标或实用指导。单单收集数据、琢磨统计是不够的(Hutchins 1936b,第 24—32 页)。要使“一片混沌的现代世界”重新恢复秩序,就要求把首要的重点不仅放在教授事实上,而且放在理性的探究与探讨上(Hutchins 1936b,第 9 页)。

哈钦斯显然已经不再坚信,社会科学是大学里的核心学科。之所以会出现这种信心的失落,原因部分在于阿德勒的观点:社会科学在思想上是不充分的。但还有一个同样重要的因素,正是哈钦斯对于社会科学研究及其本可获得的成就的信念。他在奥柏林所受的教育促使他认为社会科学研究与改良纲领是一些连续不断的、相互关联的过程。他对于心理与证词的研究揭示出有悖于证据规则的既有例外中所存在的缺陷,其实是暗示了提出听证问题的新解释的标准。这些标准乃是基于对正义的关怀。他对于耶鲁法学院和人类关系研究所的学术工作的描述其实是假定,探索事实、描述状况,将能指明改良的需要、建议改良的方针。

哈钦斯在提出耶鲁法学院与人类关系研究所课程设计变革的建议时,提到了方法论的问题。但他并不理解社会科学中研究方法的发展现状。他也没有耐心等待社会科学家们打磨他们的理论与方法。当阿德勒给他提供了确凿的理据,要发展一种思想基础,以求探索重大问题,发现指导行为的原则时,哈钦斯也就放弃了社会科学。

① 哈钦斯,“A Democratic Platform”, June 27, 1932, Box 19, Folder 8, RMH-UC。

哈钦斯在他刚当校长的头几年,除阿德勒之外还另有顾问。1931 年就任社会科学分部主任的卢默尔,教育系主任贾德(Charles Hubbard Judd),政治科学系主任梅里亚姆(Charles E. Merriam),副校长兼教授会主席伍德沃德(Frederic Woodward),以及本科学院院长布歇(Chauncey S. Boucher),大萧条初年,当哈钦斯面临经营大学的种种要求,就会找这几位商议。他和卢默尔的讨论属于程序性的,包括如何组织社会科学分部,以便扶植跨学科教学与学术研究。① 他和贾德一起计划废除本科阶段的师资培训课程计划,一致认为教育系的任务应限于科研和研究生学习。② 梅里亚姆和哈钦斯结为彼此都有保留的同盟,究竟如何评价芝加哥大学政治科学系的研究质量,两人看法不一(Karl 1974,第 167 页)。哈钦斯为了支持伍德沃德与布歇,核准了布歇委员会的本科学院计划,但在学院管理和课程设计的问题上,布歇和哈钦斯也有分歧。③

关于本科教育的内容,社会科学学习与研究在大学中的地位,这两个问题上哈钦斯基本都听阿德勒的,而一概不管上述人等与芝加哥大学的背景牵扯。④ 当他在《美国高等学术》一书中陈述自己对于现代大学使命的主张时,面对自己校长任期后期教员们的批评与抵抗,他仍然拒绝有所调整(Dzuback 1987)。在他的文章中没有丝毫证据能够表明,在 30 年代晚期泰勒(Ralph Tyler)成为教育系主任之前,在 40 年代早期哈钦斯与雷德菲尔德(Robert Redfield)、内夫(John Nef)以及泰勒携手组建社会思想委员会之前,哈钦斯会和什么人讨论社会科学研究与理论,并且这个人对他的影响堪比阿德勒。在此之后,哈钦斯有关大学教学与学术的主张有了很大的发展。⑤

在哈钦斯的大学教学观里,本科阶段用伟大典籍代替社会科学,也使他

① Ruml, "Need for Research Facilities, Division of Social Sciences", December, 1931; Ruml to Hutchins, March 7, 1932, Box 109, Folder 10, Presidents' Papers (PP), 1925—1945, UC.

② Judd to Hutchins, November 25, 1932, Box 102, Folder 5, PP, 1925—1945, UC.

③ Hutchins, *Report of the President to the Board of Trustees, 1935—1936*, 20, UC.

④ Adler to Hutchins, "Saturday the 25th" (n. d.), ca. 1936, Box 4, Folder 2, RHM-UC; Hutchins to Adler (n. d.), ca. 1936, MJA-IPR,谈贾德对于哈钦斯在《美国高等学术》中的观点根本上缺乏理解。

⑤ Hutchins, "Definitions and Distinctions: The Nature, Scope, and Divisions of Education" (n. d.), ca. 1940, Box 38, Folder 8, PP, 1925—1945, UC; Hutchins to Messrs. Knight, Nef, and Redfield, March 23, 1942, Box 59, Folder 6, Frank H. Knight Papers, UC. 虽然雷德菲尔德赞同哈钦斯有关本科教育的许多观念,但对于哈钦斯有关社会科学研究的想法,明显有所保留。Redfield to Hutchins, September 30, 1936, Box 121, Folder 13, RMH-Addenda-UC。

有机会增进自己的道德领袖才能。30年代早期众多的重大社会问题凸现了道德领袖才能的匮乏。不仅大萧条期间公共领袖的表现宣告失败,30年代欧洲法西斯主义的兴起(芝加哥大学和别的大学一样,也接受了不少流亡学者)也进一步表明,需要向学生介绍一种具备权威性(authoritative)的传统,其教诲或可有助于抵御权威主义(authoritarianism)。[1] 通过让学生了解典籍,鼓励他们讨论书中蕴涵的观念,哈钦斯想要达到双重的目的。

他们会读伦理学、哲学、政治理论方面的著作,作为一种持久的对话,回到有关民主与自决的最早的讨论。他们会讨论多少前人曾经深思过的观念。此外,学生们会从中找到一些有助于他们提出并表述自己立场的思维模式与论辩模式。这个过程会让他们做好准备,抵抗压力,不至于不假思索地遵从支配性的(或极权主义式的)社会政治信条或思潮。"思想德性"的发展是培养"思维正确"的一种手段,最终导向"实践智慧"或"明智行动"(Hutchins 1936a,第63、67页)。哲学培养审慎明智的领袖才能的承诺,介绍给学生思想德性的承诺,比起社会科学看起来琐琐碎碎的收集事实,岂不更为重要(Hutchins 1936b,第59—69页)?

最后一点,哈钦斯在自己人生的这个关键时节的所作所为,也是在更大的高教领域背景下完成的。高等教育机构越来越面对来自各种经济、社会、种族背景的学生,他们出于形形色色的理由走进高等院校。19世纪中叶以来,随着学术门类的不断分裂,研究成为大学的一项主要功能,先是更多的课程,然后是更多的系科,以学术研究为核心而形成。20世纪二三十年代各学院和大学里纷纷设立的新的培养计划,其核心正在于人们愈益认识到需要提供一种共通的教育(Butts 1939;Thomas 1962;Bell 1966;Rudolph 1977;Kimball 1986)。

威斯康辛大学的本科实验学院,哥伦比亚大学的优等本科生高级通识选修课和当代文明比较课程,明尼苏达大学的本科通识学院,这样一类学院和课程的标准,就是要配合不同的需求,提供一种共享的思想体验。这些课程培养计划里没有一样是像哈钦斯1930、1940年代在芝加哥大学尝试并失败的那样,将伟大典籍确立为课程体系的核心。不过话说回来,它们也都是为了回应当时的现状:课程的提供似乎杂乱无章,是否能有连贯一致的内在逻

---

① 哈钦斯1937年和杜威辩论过这个问题。参见Dewey(1936—1937a、b、c);Hutchins(1936—1937)。亦见Purcell(1973)对于较大论辩的分析。

辑，取决于学生个人给予其一体性和意义的随机能力。哈钦斯可不想让这个过程变成撞大运，为了那些计划要在“一片混沌的现代世界”里作为学者或其他身份生活的学生，尤其得如此。

结　论

哈钦斯的经历表明，伟大典籍和自由技艺能够给本科教育带来的稳定性和一体性，犹如奥柏林共同体和他的家族的宗教信念与道德担当对他教育的影响。伟大典籍为本科生的学习和未来领袖的培养提供了一套严肃认真、连贯一致的规划，是他在耶鲁找不到的。在耶鲁，校园里的社会生活似乎主导一切，选修就是规范本身。

用哲学来贯穿大学里的高深学习与研究，也能充当一种可以接受的功能等价物，一方面替代先前时代的神学，另一方面代替现代芝加哥大学中社会科学的首要地位。哈钦斯在20世纪30年代多次指出，社会科学不能为最重要的问题提供答案。它们不能帮助决定，什么问题最有意义，什么知识最有价值。它们不能为有原则的行为提供指导，因为它们研究的重点乃是实然，而非应然。哲学则能提供手段，作出明智的选择，评判观念与行动的价值。

如果说哈钦斯仅仅是通过推理而得出那些结论，似乎令人难以置信。那些观念的确诉诸了理性，但它们也服务于特定的宗旨，回应哈钦斯深层的思想需要和教育需要。在他成为校长后的那段关键时节，他与阿德勒的友谊也不断增进。阿德勒的观念之所以言之成理，正是因为它们回应了哈钦斯在奥柏林所受的教育。这些观念为哈钦斯提供了比社会科学更坚实的基础，以推进他在芝加哥大学的教育改革运动。他孩童时代在新教福音派文化下所受教育的核心，就是基于对民主和基督教道德的某种共同理解，对重大观念和人类问题进行严肃认真、讲求原则的探讨。在那种文化中确定自身的过程，其根基乃在于个人相对于诸多事件、观念和信念所处位置的表述之中。

在奥柏林，哈钦斯一开始是养成了融合社会意识的宗教取向，并从中培养起对于社会状况的明确的思想关怀。到了耶鲁法学院，他的思想开始呈现出进步派、科学性的面貌，对改良寄予厚望。而在芝加哥大学，受到阿德勒的影响,他的取向逐渐趋于准哲学化,强调持恒的、普遍的话题,要求以一种恪守原则的形而上取向来探究人类问题。

哈钦斯早期所受的培养使他养成了一种偏好,致力于以讲求原则的方式,履行自己的教育领袖角色。他通过卓有成效地重组芝加哥大学,开始了自己的校长任期,并且乐于接纳独特的观念,指导自己的管理。几年之内,他一直从大学与大社会之间的道德关系与思想关系的角度,来界定大学的功能。在哈钦斯一生中这一关键时刻,阿德勒的观念使他能够形成一套理据,帮助他履行自己在我们历史上这段混乱不定的时代所担当的教育领袖之角色。

(李康　译)

参考书目

Adler, Mortimer J. *Philosopher at Large: An Intellectual Autobiography*. New York: Free Press, 1977.

Adler, Mortimer J. "Great Books, Democracy, and Truth." *Educational Studies* 19(1988): 290—302.

Adler, Mortimer J., and Jerome Michael. *Crime, Law, and Social Science*. New York: Harcourt, Brace, 1933.

Allen, James Sloan. *The Romance of Commerce and Culture: Capitalism, Modernism, and the Chicago-Aspen Crusade for Cultural Reform*. Chicago: University of Chicago Press, 1983.

Ashmore, Harry S. *Unseasonable Truths: The Life of Robert Maynard Hutchins*. Boston: Little, Brown, 1989.

Barnard, John. *From Evangelicalism to Progressivism at Oberlin College, 1866—1917*. Columbus: Ohio State University Press, 1969.

Bell, Daniel. *The Reforming of General Education: The Columbia College Experience in Its National Setting*. New York: Columbia University Press, 1966.

Bulmer, Martin, and Joan Bulmer. "Philanthropy and Social Science in the 1920s: Beardsley Ruml and the Laura Spelman Rockefeller Memorial, 1922—29."

Minerva 19 (1981): 347—407.

Butts, R. Freeman. *The College Charts Its Course: Historical Conceptions and Current Proposals*. New York: McGraw-Hill, 1939.

Dewey, John. "Rationality in Education." *Social Forces* 3 (1936—37): 71—73. (a)

Dewey, John. "President Hutchins's Proposals to Remake Higher Education." *Social Forces* 3 (1936—37): 103—4. (b)

Dewey, John. "The Higher Learning in America." *Social Forces* 3 (1936—37): 167—69. (c)

Douglas, William O. *Go East, Young Man: The Early Years*. New York: Dell, 1971.

Dzuback, Mary Ann. "Robert M. Hutchins, 1899—1977: Portrait of an Educator." Ph. D. dissertation, Columbia University, 1987.

Frodin, Reuben. "Very Simple, but Thoroughgoing." In *The Idea and Practice of General Education: An Account of the College of the University of Chicago*, edited by F. Champion Ward. Chicago: University of Chicago Press, 1950.

General Education Board. *Annual Report of the General Education Board, 1930—1931*. New York: General Education Board, 1932.

Hutchins, Robert M. "Cross-Examination to Impeach." *Yale Law Journal* 36 (1927): 384—90.

Hutchins, Robert M. "Some Observations on the Law of Evidence: The Competency of Witnesses." *Yale Law Journal* 37 (1928): 1017—28. (a)

Hutchins, Robert M. "The Law School Tomorrow." *North American Review* 225 (February 1928): 9—20. (b)

Hutchins, Robert M. "Law and Medicine and the New Institute." *Yale Alumni Weekly* 38 (1929): 697—98.

Hutchins, Robert M. "Some Educational Questions." *University of Chicago Record*, n. s., 16 (1930): 162—63.

Hutchins, Robert M. *The Higher Learning in America*. New Haven, Conn.: Yale University Press, 1936. (a)

Hutchins, Robert M. *No Friendly Voice*. Chicago: University of Chicago Press, 1936; (b)

Hutchins, Robert M. "Grammar, Rhetoric, and Mr. Dewey." *Social Frontier* 3 (1936—37): 137—39.

Hutchins, Robert M. "Your Guest of Honor." In *Significant Addresses Delivered in Connection with the Retirement of Dr. William J. Hutchins as President of Berea College*. Berea, Ky.: Berea College Press, 1939.

Hutchins, Robert M. "Address." In *Eleven Twenty-Six: A Decade of Social Science Research*, edited by Louis Wirth. Chicago: University of Chicago Press, 1940.

Kalman, Laura. *Legal Realism at Yale, 1927—1960*. Chapel Hill: University of North Carolina Press, 1986.

Karl, Barry D. *Charles E. Merriam and the Study of Politics*. Chicago: University of Chicago Press, 1974.

Kass, Amy Apfel. "Radical Conservatives for a Liberal Education." Ph. D. dissertation, The Johns Hopkins University, 1973.

Kimball, Bruce A. *Orators and Philosophers: A History of the Idea of Liberal Education*. New York: Teachers College Press, 1986.

Levine, Donald N. "Challenging Certain Myths about the Hutchins College." *University of Chicago Magazine* 77 (Winter 1985): 36—39, 51.

Love, Donald. *Henry Churchill King of Oberlin*. New Haven, Conn.: Yale University Press, 1956.

Oberlin College. *The Annual Catalogue for 1916—1917*. Oberlin, Ohio: Oberlin College, 1917.

Peterson, George E. *The New England College in the Age of the University*. Amherst, Mass.: Amherst College Press, 1964.

Purcell, Edward A., Jr. *The Crisis of Democratic Theory: Scientific Naturalism and the Problem of Value*. Lexington: University Press of Kentucky, 1973.

Rudolph, Frederick. *Curriculum: A History of the American Undergraduate Course of Study since 1636*. San Francisco: Jossey-Bass, 1977. Ruml, Beardsley. "Recent Trends in Social Science." In *The New Social Science*, edited by Leonard D. White. Chicago: University of Chicago Press, 1930.

Schlegel, John Henry. "American Legal Realism and Empirical Social Science: From the Yale Experience." *Buffalo Law Review* 28 (1979): 459—586.

Stevenson, Louise L. *Scholarly Means to Evangelical Ends: The New Haven Scholars and the Transformation of Higher Learning in America, 1830—1890*. Baltimore: The Johns Hopkins University Press, 1986.

Thomas, Russell. *The Search for a Common Learning: General Education, 1800—1960*. New York: McGraw-Hill, 1962.

美国高等教育与科研系统成长略论①

塔尔科特·帕森斯

以通常的学术卓越标准衡量,美国高教系统在量的发展和质的提升两方面均已成就斐然,20 世纪表现尤其显著。对此不会有多少人表示异议。当然,它明显不同于大多数欧洲系统,其大多数高教机构并不遵循某种“高原”式的举国单一标准,而是纷繁多样:最上层是数量可观的一批机构,其学术质量完全足以与任何国家的顶尖大学相媲美;中间层的机构形态各异,令人眼花缭乱,以学术标准而论则水平较低;最底层则是地方社区学院,其中许多被人认为无非是中等学校换了个比较好听的名号而已,或许这种说法有欠公允。雷蒙·布东(Raymond Boudon)说过,二战结束以后,美国学生在总人口中的比例——这是一块大致可以勾勒出来的精英部分——与一些欧洲国家的数据已经无甚差别。有鉴于上述质上的差异,布东此说大致不错。②

然而,在这种发展趋势中也存在着某种悖论。我们这里说的发展趋势,起步于距今不过百年的内战结束之后,并在随后的两个阶段里积攒了力量,第二个阶段从 19 世纪 90 年代开始,一直持续到 20 世纪 30 年代左右;第三个阶段则开始于二战结束之际。而在第二和第三个阶段的间隙,也就是 1925 年,本文作者正好在德国做交流生。他还清楚地记得,在 1925 年秋天海德堡的一次社交场合中,他的舞伴好奇地问他这个美国佬,干吗得到德国来求学。

① Talcott Parsons “Some Considerations on the Growth of the American System of Higher Education and Research”,选自 *Culture and Its Creators*, *Essays in Honor of Edward Shils*, Joseph Ben-David 与 Terry Nichols Clark 合编, The University of Chicago Press, 1977, 第十二章, 第 266—284、323—325 页。

② Raymond Boudon, “Crise universitaire et participation”, *Economies et sociétés* 4(1970 年九月号), 第 1670—1704 页。

我向她说明自己有兴趣钻研德国文化和学术(science),她带着屈尊施舍的口吻答道:“哦,我明白,你们基本没有什么学术。”即使是在1925年,这样评价美国学术发展的状况也很难说公允或合适,可是,相比于日后的情形,这种评价要接近事实得多。

无论如何,至少就我个人而言,在我的本专业,选择赴德国求学而不是上一所美国研究生院,最后以去英国在伦敦经济学院待一年为顶峰,这或许反映了某种当时并不算罕见的“精英主义”美国人的态度。这就是说,我的看法和常人无异,都认为欧洲的思想文化比我们自己的高级,为了准备投身于当时面目还很模糊的一种职业生涯,我觉得深入接触那种文化对我会有好处——不仅包括我能从学习中获得的具体受益,而且还有对于在欧洲受教育的积极评价。

在那个时候,对于欧洲文化的这种高度评价,与对于美国社会和文化之“物质主义”的相应成见截然对立,而这种高度评价现在已经不复存在。这种非常讲求物质主义的文化,据说一心追求自利,追逐利润,却已经证明孕育出一套成就卓著的大学系统,似乎是一种特别的矛盾。显然,这个系统的根源在某些方面还得追溯到内战之前很久,不过在那场战争结束以后,它立刻取得了令人瞩目的大发展。查尔斯·W·埃利奥特1869年被任命为哈佛大学校长,或许堪称最佳的里程碑。耶鲁、哥伦比亚、普林斯顿、宾夕法尼亚等创建较早的大学,约翰斯·霍普金斯、康奈尔、芝加哥等引人注目的新建机构,彼此之间有着广泛的学术竞争。密歇根大学,加州大学(最初是伯克利,然后又有了洛杉矶校区),然后是斯坦福大学,也都成为重要的教育机构。

这种发展依靠两大支柱。一是赠地政策。该政策最初实施于内战期间,主要旨在培训年轻人在农业和机械方面的实用技艺。另一支柱是博文教育(liberal education)“传统”的体现,即使公立教育机构也是如此。以密歇根大学的历史为例,它起先创立了一座博文学院(liberal-arts college),然后以其为中心,逐步成长起一整套成就突出的研究生教育和研究机构。

美国高等教育的这种发展趋势还表现为,各种公立和私立教育机构令人困惑地混杂在一起,而各个机构的发展重点也是各见其异。但不管怎么说,最终还是涌现出一种主导类型。① 这就是所谓“完全”大学,其核心是文理学

① 参看 Laurence R. Veysey, *The Emergence of the American University* (Chicago: University of Chicago Press, 1965)。

院(faculty of arts and sciences),大多数情况下肩负双重责任:一方面负责教授研究生院的课程,另一方面负责教授本科学院的课程。话说回来,有一点较早时候就能清楚地看出来,人们期望这类机构的文理学院成员应以献身研究性目标作为主要功能。最后,这些大学无论是在研究生层次还是本科生层次,都并没有局限在更加纯粹的学术功能,而是变成一系列应用性职业教育学院的中心,其中三个主要的子项是法学院、医学院和工学院,但在20世纪,这个范围大大地扩展,包括了商学院、公共管理学院、教育学院和社会福利学院,等等。

有人认为,这种组织系统乃是基于欧洲大学组织系统的传统。然而,文理学院的首要性,以及它相对纯粹的学术功能,基本上属于美国的发展,欧洲大陆的高教机构尤其不具有这种特征。① 在我们看来,大学复合体中融入职业学院,是这种复合体发展的一点显著特征。② 还必须注意到,文理学院通常会包括对于一整套知识学科的教学与研究,从数学、物理学到其他自然科学,社会科学,以及人文学科,而新兴的学科会不时地加入传统的名录。就这样,经济学于19世纪后期在英国成为一门地位稳定的学科,在这个国家时间也差不多。社会学起初的地位要脆弱得多,不过到现在已经稳固下来。心理学也已经有了显著的成长。社会科学和人文学科的交界上有一个有趣的例子,就是语言学,它只是在近些年才成为一门稳定的学科。

在高质量学术机构这股迅猛成长的趋势当中,与刚才简述的大学的发展相融合的,是一批高水准博文学院的显著提升,这些学院里面没有研究生院和职业学院。它们合在一起,为更大范围里的高教系统的发展奠定了基础。特别是与欧洲的系统相比较而言,美国的系统还有一点特别之处:质量参差但普及迅速。没有明确断裂的等级,也就是说,精英教育机构与非精英教育机构之间并无截然区分的边界。不仅如此,这个等级序列还不是一个单一的金字塔型。比如说,一所比较好的博文学院,尽管它没有提供研究生或职业

---

① 参看 Joseph Ben-David, *American Higher Education: Directions Old and New* (New York: McGraw-Hill, 1972)。

② 有关这种发展的某些看法,参看 Talcott Parsons 与 Gerald M. Platt 合著的 *The American University* (Cambridge, Mass.: Harvard University Press, 1973); Talcott Parsons, "The University 'Bundle': A Study of the Balance between Differentiation and Integration",收于 Neil J. Smelser 与 Gabriel Almond 合著的 *Public Higher Education in California: Growth, Structural Change, and Conflict* (Berkeley, Calif.: University of California Press, 1974)。

学习的机会，但它的本科教育完全可以媲美许多重要大学的本科生院所能提供的教育。不过，除此之外，在教育机构的主要类型方面也有迅速的扩散。这对整个系统有着双重的意义。首先，这样的扩散趋势针对比例异常庞大并且增长迅猛的相关年龄同期群人口提供了相应的高等教育。虽然最近有所回落，但美国的高教系统最终还是发展到了这样的层次：超过半数的中学毕业生继续接受中学以上的某种正规教育。其结果，相比其他绝大多数国家，这里的受教育人口基础要宽厚得多。

另一点特别重要的长处，就是高教系统的迅猛扩张，为比较核心的大学特别是其文理研究生院培养出来的人提供了就业市场。这个市场远远大于大多数欧洲国家的高教系统，也有助于广泛提升系统整体的学术水准。

有鉴于此，布东特别针对法国高教系统而提出的观点，几乎可以讲对于美国有着双重的相关性。① 也就是说，量上的巨大增长不仅体现在绝对数量上，而且体现在高教机构的相对规模上，体现在相应年龄同期群的受教比例上。这无疑更加突出了布东针对欧洲系统所指出的现象，即在中学之后继续获取某种高等教育后的特权相对贬值。这一代的美国人即使成为一名"本科毕业生"，绝不会获得晚近毕业生的祖父母们年轻时可以获得的相对殊荣。

对于这种情形，斯梅尔塞最近出版的有关加州公立高等教育的研究专著，展现了一种令人印象深刻的分析方式。② 加州的公立教育政策旨在"三驾马车"并驾齐驱，即大学、州立学院和社区学院。斯梅尔塞生动地展现了凡俗之人试图掌控这个复杂系统时出现的某些张力。③ 尽管如此，这个系统曾经一度还满足了几乎所有方面的利益。因此，大学的部分，特别是其中的伯克利校区和洛杉矶校区，在学术特别是研究的声望上达到了极高的水准。州立学院则为比大学所能提供的大得多的年龄同期群开辟了教育机会。最后，通过社区学院的课程，为其他部分的人口提供了规模庞大的某种高等教育。

美国高等学术机构的这种发展相对显得骤然，若以美国盛行物质主义之习惯说法衡量，就更是如此。对此如何说明？有一种相当流行的说明路数必

① Boudon, "Crise universitaire et participation".

② Neil J. Smelser, "Growth, Structural Change, and Conflict in California Public Higher Education, 1950—1970"，收于 Neil J. Smelser 与 Gabriel Almond 合著的 *Public Higher Education in California: Growth, Structural Change, and Conflict*，第 9—141 页。

③ 同上注。

须从一开始就予以抛弃，韦伯、默顿等许多学者已经舍弃了这种路数。① 这种观点认为：知识的发展，尤其是技术应用型的学术领域的知识发展，乍看起来属于纯粹的经济投资，出自期望从技术成果中获利的商业利益的驱动。这种说明曾经盛行一时，配合了美国国会赠地政策的设立，在其后某些时间也还比较成立，但显然不能说明对于"博文教育"、对于纯粹研究而非应用研究所给予的崇高声望。

我打算简述的说明与此有所不同，是一种多因说明。必须考虑到，事实上，我们正在探讨的这个分化过程，以及发展变迁中的其他相伴随的特征，是不能化约到单一的一组首要因素的。我们更愿意指出，除了显而易见的经济利益的考虑，还有两组因素。其一是我们的文化背景，具体可以归结到清教的影响或者新教伦理的传统。② 另一组因素在于文化方面欧洲典范所具有的崇高声望。

头一组因素源于某种内在条件，关于它的影响，默顿基于从韦伯的研究那里得到的启示，已经作出了重要的分析，艾森施塔德和约瑟夫·本-戴维也在不同的方面作过类似的分析。③ 可以说，在殖民地时代的建国元勋们带到北美沿海地区尤其是新英格兰地区的禁欲新教传统中，强烈地体现出一种偏重理性思想文化的性情倾向；但也不能忘记，对于弗吉尼亚的创建者们来说，类似的考虑也同样重要。④

第二项因素涉及上向流动或赢取成功的驱动力，这种驱动力几乎从一开始就成为美国社会十分突出的标志。在我们所考察的这段美国历史时期，思想文化无疑享有崇高的声望。事实上，美国社会当时正经历着经济产出和社

---

① Max Weber，"Science as a Vocation"，收于 H. H. Gerth 与 C. Wright Mills 合编的 *From Max Weber: Essays in Sociology*（New York：Oxford University Press，1946），第 129—156 页；Max Weber，*The Protestant Ethic and the Spirit of Capitalism*，Talcott Parsons 译（New York：Scribner's，1930）。亦可参看 Robert K. Merton，*Science, Technology, and Society in Seventeenth Century England*（New York：H. Fertig，1970）。

② 关于这一点，参看蒂利亚基安很有意思的分析，Edward A. Tiryakian，"Neither Marx nor Durkheim—Perhaps Weber"，*American Journal of Sociology* 81（1975），第 1—33 页。

③ Merton，*Science, Technology, and Society*. Weber，*The Protestant Ethic and the Spirit of Capitalism*；亦参见帕森斯为此书所作的序，第 13—31 页。S. N. Eisenstadt 编的 *The Protestant Ethic and Modernization: A Comparative View*（New York：Basic Books，1968），Joseph Ben-David，*The Scientist's Role in Society: A Comparative Study*（Englewood Cliffs，N. J.：Prentice-Hall，1971）。.

④ 参看 Perry Miller，*Errand into the Wilderness*（Cambridge，Mass.：Harvard University Press，1964）。

会繁荣方面的新一轮发展,这大大促进了欧洲人和美国人跨越大西洋而相互关注。美国的阔佬新富和欧洲的贵族世家之间的彼此通婚就是这种相互吸引的一个明证。另一个重要的例证,在于美国对于欧洲风格的艺术的关注,由此导致阔绰的艺术赞助者在美国创建了一批博物馆、私人收藏、交响乐团,等等。最后还有第三点重要的例证,就是大批美国青年在世纪之交远赴欧洲求学,尤其是德国的大学,当然绝不仅限于此。

因此,首要任务就在于挑战以下观念:美国根本的文化遗产,特别是与规范秩序有关的特性,正如众人皆说的那样属于物质主义取向。韦伯的命题从历史的角度上说是正确的,哪怕只是在一定的程度上,对于经济产出(及其许多相伴随的因素,特别是利润)的关注,对于道德的关注,其实还有对于认知理解的关注,绝不能说是相互对立甚至毫不相关的。恰恰相反,所有这些特性都在西方的漫长文化传统中有着共同的根源,这个传统的某些导向在17世纪的清教英格兰达到某种极致,它所产生的精神气质,深深浸淫在北美英语地区的早期拓殖者身上。

经济产出,科学和哲学,以及对于规范秩序的理性分析,特别是法律问题上的理性分析,"盎格鲁-撒克逊人"在这些领域所取得的成就,其共同背景从某些方面说正在于这种精神气质。我想我还得加一句:这个复合丛中还包括现代模式的个人主义中某些非常核心的要素。①

这一点上最重要的看法就是:美国社会最初的文化遗产,以历经整个殖民地时代并在独立时代长期延续的转向新教圣公会左翼的运动为核心,远非什么以简单老套的"物质主义"为主导。在我看来,即便是在今天,这能否说是制度化的美国取向的主导意义,都大可质疑。我一直觉得,众所周知的新

① 社会科学的重大贡献之中,有许多引发了广泛争议,韦伯有关新教伦理与资本主义乃至现代"工业"社会其他重要特征之间关系的分析也是如此,其间也出现了不少严重的误解。我们现在有幸看到,在已经开始被称做"新教伦理问题"的方面,英语世界已经公开出版的就有三份全面而充分的文献综述。一是 David Little 博士在其名著 *Religion, Order, and Law*(New York: Harper Torchbooks, 1969)所附书目中撰写的综述。二是艾森施塔德为 *Max Weber on Charisma and Institution Building*(Chicago: University of Chicago Press, 1968)一书所作的序,见该书第 ix—lxi 页。三是 Benjamin Nelson 为 Charles Y. Glock 与 Philip Hammond 合编的 *Beyond the Classicsi*(New York: Harper & Row, 1973)一书所撰第二章"Weber's Protestant Ethic: Its Origins, Wanderings and Foreseeable Futures"。我还想再加上一份文献。这就是蒂利亚基安的论文"Neither Marx nor Durkheim—Perhaps Weber"。虽说此文不属于文献综述,但它讨论韦伯的后半部分结合对于美国社会的理解,富于洞见地讨论了新教伦理问题。

教伦理远未寿终正寝，仍然构成着我们国民文化的绵延不息的潜流。我认为蒂利亚基安有一个观点很重要，他认为新教伦理已经如此普遍地制度化，形成了某种母型，乃至于有选择地型塑了在很久以后各阶段大批涌进美国舞台的其他各大宗教传统信徒的立场，比如罗马天主教传统是在19世纪中期之前不久进入的，而犹太教传统直到19世纪行将结束之际才算在多少有些大众基础的意义上进入美国。①

在这个意义上的新教伦理成为不仅是经济发展而且是认知发展的动力，而我认为史实证明它大大有助于这些发展。正如默顿在其经典研究中所分析的那样，英国的科学在关键的17世纪所留下的成就，包括皇家学会的创建，表明早在美国殖民地时代的最初一段，新教伦理对于促进科学的潜力就已经相当强劲。② 因此，在这一点上，今日知识分子常常会有的常识之见不能成立，他们会觉得，对于经济产出的“物质主义”关注，与对于思想产出特别是在科学和相关哲学领域的产出的“理念主义”热诚，两者之间有着根本的冲突。恰恰相反，这两方面的潜能都融入了最初的文化遗产，并更在与文化遗产环境里不同情势的相互回应中有所发展。

有一些认识上的困惑使人们看不清这一点，其中之一就在于，人们往往会混淆两种关系，一是物质主义与理念主义之间的关系，一是关注集体利益与追求个体自利之间的区别，在这里后者似乎只是一种次要的区别，但其实非常重要。物质主义—非物质主义的两分与集体主义—个体主义的两分之间的关系，显然可以追溯到清教的传统。特别是罗伯特·贝拉，强调了早期清教拓殖者是多么重视集体观念。③ 例如，他详细引证了温思罗普（John Winthrop）在1630年登陆马萨诸塞湾的前夜所作的布道词。很明显，温思罗普的重点是要在那些荒芜的沿海地区建立一个真正的基督共和国，这种想法也可以表述为创立“山顶之城”④。

不过，同样广为人知的是，禁欲新教到了清教阶段，与初期的加尔文教不同，显然已经融入了一种非常重要的个体主义成分。无论在英格兰还是在美国，这种成分都愈益突出，即使从前不是，到了共和国制宪元勋的那一代，肯

① Tiryakian, “Neither Marx nor Durkheim—Perhaps Weber”.

② Merton, *Science, Technology, and Society*.

③ 参看 Robert Bellah, *The Broken Covenant*（即出）。

④ 参看 Miller, *Errand into the Wilderness*。（拓殖北美的航程最初在教徒心中有如《出埃及记》。——译注）

定已是如此。这方面的哲学之父是洛克，他可以说是1688年英格兰光荣革命的首要理论家，是美国和欧洲许多知识分子思想背景中的重要角色。① 在制宪元勋中，或许只需要举托马斯·杰斐逊和本杰明·富兰克林。在这方面，富兰克林尤其重要，因为他在创造有利于追求科学旨趣的文化氛围方面扮演了关键角色。人们或许还记得，富兰克林是美国最古老的学术团体美国哲学学会最重要的缔造者。

在我看来，经济个体主义的种种表现中特别突出的特性，也就是功利主义的衍生潮流之一，强调并且其实是称颂对于经济自利的理性追求，绝不能简单地归诸清教传统或洛克那里世俗化版本的清教传统，而得归诸英国和美国主要在19世纪发展起来的诸般情势。由此观之，经济个体主义完全可以说是充当了某种主导意识形态的基础，我们不妨借用马歇尔（Alfred Marshall）的说法，称其为“自由企业”系统，以便在一定程度上避免“资本主义”这个词的言外之意。②

不过，考虑到本文所要讨论的核心问题，我还得进一步指出，经济个体主义的发展并非这种个体主义立场的核心意涵本身，而是主要文化传统的一股在意识形态角度上被夸大的支脉。不仅这一支脉与更强调集体的支脉存在一些历史上的关联，而且，我们主要关注的一些文化思潮尽管在某些强调重点上明显是个体主义取向的，但并不蕴涵多少古典经济学意义上的对于自利的理性追求，这两方面似乎都表明，这一支脉是不可能独自存在的。这一点似乎特别适用于对于思想事业的动机和职业生涯的投入。我认为，依然有理由将这一内在固有的特征视为美国文化规范方面的主要传统的组成部分。实际上，我觉得主导的趋势是个体主义成分与集体主义成分的逐渐综合。在我看来，至少一直到最近，在英国就有一种自然的、方便的综合趋势。英国的大多数经济学家，以及非社会主义一翼的许多思想体系，都明确强调纯粹功利主义传统的“对于自利的理性追求”③，但这种强调又受到另一种传统的强

---

① John Locke, *The Second Treatise of Civil Government: An Essay Concerning the True Original Extent and End of Civil Government, and a Letter Concerning Toleration*（1690），J. W. Gough 编辑并作新序（New York：McMillan，1956）。

② Alfred Marshall, *Principles of Economics*，第八版（London：Macmillan，1925）。

③ 参看 Elie Halévy, *The Growth of Philosophic Radicalism*，Mary Morris 译（New York：Macmillan，1928），法文初版为 *La Formation du radicalisme philosophique*，3 卷本（Paris：F. Alcan，1901—1904）。亦参 Lionel Robbins, *An Essay on the Nature and Significance of Economic Science*，第二版（London：Macmillan，1935）。

烈制衡,就是关注国民集体福利,即使表现为帝国主义,至于晚近福利国家的发展,就更不用说了。就美国的情况而言,似乎由于缺乏英国式的民族主义—贵族主义传统,更加助长了沿循这些界限的两分趋势。由于缺乏这类传统,对于自利的诉求更容易发挥到极致,也更容易助长这一系列特性在半官方的意识形态背景中日见兴盛。

至少在社会科学领域里,当然,是在一个思想上有限的领域里,已经明显地展现出某些恢复平衡的趋势;我们可以注意一下"制度化个体主义"(institutionalized individualism)这样的概念的发展。①

这一问题我待会儿还会来谈。不过现在我先应当介绍一项有关孕育美国大学系统的社会变迁过程性质的假设。和别的案例一样,奠立分析的一个首要参照点就在于结构分化过程的概念。② 这个案例里我所指的分化,主要不是社会中集体性组织传统分布程式内部发生的分化,而是在一定程度上纵贯这些分布程式。我认为关键就在于,刚才讨论的历史地根植于新教伦理中的工具理性取向,它的两个主要特性之间的分化,也就是更具思想性、认知性取向的情境与经济产出的情境之间的逐步分化。工商企业往往越来越明确地专门化,变成利润取向的经济组织。与此同时,针对我们可谓之"认知产出"的发展,又会发展出一种社会层面上的"投资",它在一定程度上是资金上的,但绝不完全或主要是资金上的。这种投资乃是基于对普及教育的整体诉求,内战前将近一代人的时候,公立基础教育层次上即已出现这种诉求。自那以后,不仅是它所惠及的相关年龄群比例愈益增大,而且其教育质量也不断提升,逐渐移向高等层次。

我们这篇文章主要关注的高等教育的扩张,从历史的角度来看,基本上是作为这个提升过程的巅峰阶段。鉴于经济企业系统的结构如此,这些方面的一个重要发展首先就必须是在组织上独立于经济企业。无论工商企业和产研组织中的在职培训如何重要,它们也不可能变成高等教育科研在组织上的主要赞助方和符号上的主要合法化力量。

还可以用一种颇有意思的方式类似地看待政府。与绝大多数欧洲国家

① 尽管贝拉强调,他在 *The Broken Covenant* 一书序言中想要凸显这个概念,但在我看来,该书的主体部分其实未能实现这一承诺。我认为,这一点对于评价贝拉关注的论题至关紧要。

② 比如关于工业革命的案例,参看 Neil J. Smelser, *Social Change in the Industrial Revolution* (London: Routledge & Kegan Paul, 1959),以及 David S. Landes, *The Unbound Prometheus: Technological Change and Industrial Development in Western Europe from 1750 to the Present*(London: Cambridge University Press, 1972)。

的情形不同，这里主要的高教系统接受的是政府和私人的混合支持与监管。在大学系统发展的关键阶段，或许还可以说私人机构往往充当主导；但在更为晚近的成长阶段，特别是在最近十五年左右，来自公共当局的大规模支持已是至关重要的因素，首先是在州的层次上，其次是在地方或社区的层次上，特别是在较大的城市。尤其值得注意的是，美国没有国立大学之类的机构，即由联邦政府创办并在实质上控制的大学，只有少数例外，比如属于三军的学术机构。当然，事实上，二战以来，联邦政府开始大规模介入对于科研的资金支持，逐步扩大对于科学和医学及工程之类专门职业的培训项目的支持。纵然如此，整体而言，联邦政府一向行事审慎，避免公开发号施令，非常倚重政府外顾问团体就研究资助和培训项目作出评估咨议。

使政府对于高等教育与科研的介入获得发展的情势也有助于培养一种相对去中心化的系统，在这种系统里，教学科研机构，以及首要的社会定位在于这些机构内的职业团体，享有相当的自主性。这就意味着，一方面是导致社会的经济关注与认知—思想关注彼此分化的过程，另一方面是与此相伴随的导致这两类关注一起脱离政府功能领域的过程。同时，许多立场左倾的解说者往往会认为，在学术发展的曲折道路上，处处都在政府的控制之下，但事实恰恰相反，这些过程并未导致任何简单理解的那种政府赞助或支持的系统。

因此，我认为，这个国家正在发展出一个相对而言高度自治的系统。当然，必须注意到，研究功能的主要重心已经落在了大学，而不在所谓苏联科学院模式的组织上分离的研究机构。我已经在一些公开出版的作品里反复论述了这个规律。① 不过我认为，目前的情形下必须再次指出这一点。最方便的举证便是常被引述的丹尼尔·贝尔的观点，他所从属的社会学传统与希尔斯和我的都有所不同。贝尔认为大学已经成为美国社会结构中最为重要的部分，并进一步指出，这种趋势的根本原因在于，在社会的运作之中，一种新兴然而至关重要的资源也即“理论性知识”的发展与调动。② 在此我要强调“理论性”这个词。教育系统的重要贡献主要不是基于旧式的实践—经验传统，而是基于更具理论取向的学科和学科子类。

我们的假设是，在这种情境下之所以会出现高水平的认知复合体，是某种分化过程的结果。这种分化过程基本上发生在潜在的“理性”文化传统的

① 参看 Parsons 与 Platt 合著的 *The American University*，尤其是第二章，第33—102页。

② 参看 Daniel Bell，*The Coming of Post-industrial Society*（New York：Basic Books，1973）。

两个基本因素或定向特征之间，一个以经济为导向，另一个以认知为导向。

我同意兰德斯的看法。他在分析工业革命的时候，认为这种分化过程的一个基本要素就在于，具有某种“消费者”利益的人，能够从这个过程中获得令人印象深刻的巨大回报。① 英国纺织业是个著名的例子，作为早期工业革命的旗手，构成这种回报的正是商业上可以接受的棉产品成本大大降低。

我要说的是，对于高教系统的发展，回报首先表现为声望的提高；它同时维系着美国社会的成功取向的个体向度和集体向度。此处的声望在于美国社会各群体具有多少能力认同于当时最重要的欧洲典范，并且仿效它甚至可能超过它。换言之，在可以利用的高质量的认知产出方面出现较大规模的增长，是这一分化过程的一项基本条件。而整体而言，这种产出的国内消费者就是美国社会上流阶层中那些渴求声望的群体。他们敏锐地意识到，美国的文化地位已经被界定为低于欧洲各大国的文化地位，而他们自己可以说为此焦虑不已，即使不能超过欧洲，至少希望赶上欧洲。这种考虑用到个体层面上，在较早的时期，尤其典型地体现在那些年轻的美国学人身上，他们在19世纪末和20世纪初到欧洲各大学求学，常常为此付出巨大的个人牺牲。而在集体的层面上，它典型地体现为令人瞩目的一代学术管理者积极主动地调动财政支持，其中大部分来自商界，建立高等教育设施，其中的研究成分越来越受到充分重视。埃利奥特和吉尔曼这样的人物，以及稍后一代的哈珀和巴特勒，以及康奈尔的怀特，都是这种取向的典型代表。②

在我的印象里，这些人就其个人职业生涯而言，都是并未选择从商的某

① Landes, *The Unbound Prometheus*.

② 埃利奥特(Charles William Eliot, 1834—1926)，1869—1909 年任哈佛大学校长，将其提升为世界一流大学，推行健全的通才教育。

吉尔曼(Daniel Coit Gilman, 1831—1908)，1875—1901 年任约翰斯·霍普金斯大学校长，使其成为现代大学范例，消除教派控制，改变只注重本科教学和博文教育的倾向。提倡学术研究，并创立各种职业学院。

哈珀(William Rainey Harper, 1856—1906)，1891 年起任芝加哥大学首任校长直至去世，推行本科头两年实行通才教育。

巴特勒(Nicholas Murray Butler, 1862—1947)，1901—1945 年任哥伦比亚大学校长，将其从一所地方学院变成世界一流大学。坚决捍卫教育中人文主义的“伟大传统”，批评教育改革中的职业主义和心理学中的行为主义。曾获诺贝尔和平奖。

怀特(Andrew Dickson White, 1832—1918)，1865 年始创建康奈尔大学并任首任校长，奉献出自己大部分资财。按其理想，该大学在宗教、男女同校、种族以及不受宗教教条束缚教授自然科学等方面实行开明原则。——译注

种商业精英的代表。埃利奥特就是个明显的例子:他出身于波士顿一个显赫的商贸世家,却没有进入家族商业,而是选择做个科学家,35 岁在麻省理工学院化学助理教授任上被任命为哈佛大学校长。在那一代美国上流年轻人当中,欧洲文化的魅力显而易见。詹姆斯家族是一种有意思的组合:亨利·詹姆斯定居英国,成为一位英国文学名家,而威廉·詹姆斯在国外求学,更多地是在德国而非英国,并回到美国,成为美国心理学和哲学发展中的领军人物。或许就连亨利·亚当斯的生涯也值得一提:尽管他从未正式进入美国学术界,但这位《圣米歇尔山与特许状》(Mont-Saint-Michel and Chartres)的作者肯定属于他那一代深深浸淫于欧洲高雅文化的美国名人中的一位。因此,我的看法是,若是没有上流商界的强烈支持,没有那些群体中某些不循常规的成员乐意将自己的职业生涯献身给这一发展趋势,它可能不会获得如此大规模的成功。某种意义上说,它再现了令人瞩目的那群制宪元勋与欧洲文化之间的关联,其中我们已经提到过富兰克林和杰斐逊,他们两位都在欧洲从事过与美国独立运动有关的十分重要的外交使命。杰克逊时代的民粹主义固然大大消减了美国社会对于以贵族为基础的欧洲文化影响的敏感,但内战之后的一代重新复活了这种敏感,而就高等教育与科研的发展而言,那正是一个关键时期。

有关分化过程的这段讨论表明,我一直在研究的进步性社会变迁范式的三项要素十分重要。① 这三项要素就是适应性增长(adaptive upgrading)、涵括(inclusion)与价值一般化(value-generalization)。

适应性增长指的是需要的满足,就声望和影响而言,这些需要类似于某种市场需求。在工业革命的例子里,它基本上就是一种市场需求;但在高教系统的例子里,它似乎是对声望的某种渴慕,源于对欧洲高雅文化标准的某种认同。我上文已经指出,这种渴慕不仅仅适用于认知领域,也适用于艺术领域,尽管在美国的条件下,将艺术制度化,纳入主要属于认知性的科学分支领域,或许稍微容易一些。感受到这种渴慕的,是一个日渐富裕的阶层的成员,他们以不同的方式,表现出为我们讨论到的这些发展提供财政资助的愿望与能力。因此,就博文教育与研究而言,政府的介入是很久以后的事情,那

① 参看 Talcott Parsons,"Comparative Studies and Evolutionary Change",收于 Ivan Vallier 所编 *Comparative Methods in Sociology*(Berkeley, Calif.:University of California Press, 1971),第 97—139 页。

时更具实用技术性质的回报已经变得更加重要了。

一方是自认为地位多少已经确立的地方“贵族”的人,如波士顿、纽约、费城和巴尔的摩等地的情况,另一方是新兴产业的一些“巨头”,如洛克菲勒家族、卡内基家族、梅隆家族,相对属于暴发户,即使在美国也难以获得充分的社会认可,更不用说欧洲社会了。注意一下这两方之间的关系也很有意思。我们认为,后者之所以更容易接受非营利事业特别是知识学科和艺术等文化领域的融资诉求,与他们的暴发户地位有关。毕竟是洛克菲勒家族和卡内基家族建立了美国最初的真正具有一定规模的慈善基金会,至今仍在美国学术系统的发展中扮演着重要角色。老约翰·D. 洛克菲勒爵士的慷慨捐赠促成了芝加哥大学的创办,正是这种倾向的突出象征。有意思的是,梅隆家族尽管也支持了位于匹兹堡的卡内基—梅隆理工学院这样的机构,但更关注的却是艺术。事实上,后来的安德鲁·梅隆在华盛顿创建了国家美术馆,并将自己私人收藏的数量颇为可观的欧洲绘画悉数捐出,象征着一些美国商界领袖采纳了欧洲社会上层的生活方式。

尤其重要的是要注意到,不仅是在更明确地具有认知性的领域,而且在艺术领域,都极其注重质量。新时期的美国学术创建者,像埃利奥特、吉尔曼、怀特和哈珀等人,对于学术卓越自有眼光,努力吸引智识出众的人士成为自己学校的教员。与此类似,安德鲁·梅隆选择贝伦森和杜维恩爵士(日后的勋爵)作为将欧洲重要艺术品的所有权转交美国的中介人。① 类似的例子不胜枚举。

美国人在认知领域和艺术领域对于质量的强调,似乎体现出将文化价值与有助于促动财政支持的声望价值整合起来,这种整合远远谈不上完美,却依然让人印象深刻。如果我们以艺术为例,这个例子不像科学领域那样充满争议,我们可以说,进入存在古典杰作的自由市场,最值得付出巨资收购的就是文艺复兴或是荷兰艺术的此类杰作。按照据报道的巨资,大英国家美术馆收购达·芬奇著名的素描,纽约大都会博物馆获得伦勃朗的《亚里士多德》,

① 杜维恩(Joseph Duveen,1869—1939),英国国际艺术经纪人。总店设在纽约,为许多财阀建立私人艺术收藏。美国各博物馆所陈列意大利、荷兰、法国和英国大师们的作品主要是他的功劳。后因为不列颠博物馆等收集艺术品有功被封为男爵。

贝伦森(Bernard Berenson,1865—1959),美国艺术评论家,专研意大利文艺复兴时期艺术作品,曾为杜维恩的顾问。美国博物馆许多名画系经他推荐购入。去世后其别墅和艺术收藏品悉数赠给母校哈佛大学。——译注当属此例。

与此相应，美国的学术卓越标准也在很大程度上效仿欧洲的最佳标准，而与欧洲政治动荡不无关系的欧洲学者的流入，也大大促进了这种卓越。① 当然，爱因斯坦的到来稍早于纳粹运动促成的移民浪潮，但在物理科学领域里，相当一部分欧洲移民至少在某种意义上属于流亡者，其他知识领域里的情况也大抵如此，只是程度略轻。

因此，我的看法是，学术系统自身之外最初的回报，来自于某些社会精英分子，他们出于复杂的原因，对认同并效仿欧洲高雅的文化成就抱有浓厚兴趣。在学术系统扩张的早期阶段，这个广泛的市场足以支持早期的起飞阶段。然而，到了稍后各阶段，其他一些考虑也必然会发挥作用。

有一件事情也许挺有意思。我于 1937 年夏季学期在芝加哥大学的访问教职上初次见到希尔斯。那个学期他组织了一个有关社会学理论的非正式研讨班。当时，我正在校读《社会行动的结构》一书的清样，那本书在同年深秋正式出版。②

且不论《社会行动的结构》是否具有其他优点，它的确包含了理论社会学方面一次重大的国际交流合作，首先表现为书中对于涂尔干和韦伯著述的充分重视。在我看来，这两位大家对于美国社会学的影响在那之前都还是微不足道的。几乎可以说，涂尔干首先是被社会心理学家严重误读为讨论群体心智的理论家，其次又被人类学家严重误读为扶手椅上的人类学家。还不曾有任何人真正用英语充分而同情地描述他的著述的理论实质。另一方面，英语世界对于韦伯几乎一无所知。即使对他有所知晓，也只是在一种狭窄的历史观下看待他写的《新教伦理与资本主义精神》。③ 我认为可以讲，作为一位比较社会学家的韦伯在 20 世纪 30 年代中期几乎不为人所知晓，尽管希尔斯作为寥寥数者之中的一位，那时候显然已经谙熟韦伯的著述。④ 从那年夏天开始，我一直把希尔斯当成我的一位主要合作伙伴，在这两位理论学科的创建者高远的思想层面上探索和交流社会学理

① 参看 Donald Fleming 与 Bernard Bailyn 合编的 *The Intellectual Migration: Europe and America, 1930—1960*（Cambridge, Mass.: Harvard University Press, 1969）。

② Talcott Parsons, *The Structure of Social Action*（New York: McGraw-Hill, 1937）.

③ Weber, *The Protestant Ethic*.

④ Edward A. Shils, *The Intellectuals and the Powers, and Other Essays*（Chicago: University of Chicago Press, 1972）.

论，并就此关注那些在很大程度上由他们的著述形塑的问题。我想不妨这样说，这样运用某些特定的欧洲模式，对于美国社会学思维的转变产生了重大影响，并大大促进了我们学科中的理论更趋成熟。我要不是碰巧继承了我那部分遗产，也不会在迟至20年代中期开始我的欧洲求学之旅。在我学习过的两个国家也就是英国和德国中，更为深刻的思想影响来自德国的经历，特别是来自韦伯的著述。尽管在我去到德国海德堡学习之前五年，韦伯就去世了。海德堡是韦伯多年居住的地方，他的思想影响显然还主导着海德堡学术圈的相应领域。

说到关于社会学的社会学，不禁让人记起，在许多地方，关注这门学科的一个主要理由都是说，它可以为社会福利领域以及方兴未艾的社会工作职业奠定一种思想基础。而在我看来，关于芝加哥大学有一个值得注意的事实：这两种旨趣根本不曾在那里融合，正相反，面对首先与亚当斯（Jane Addams）的名字联系在一起的社会工作在芝加哥极其令人瞩目的发展，它们之间却产生了明确的分离。最终，芝加哥大学社会学系拒绝与社会学本身发展的前韦伯—涂尔干诸阶段中社会工作的成分有任何密切关联。或许还有必要指出，当社会学最终作为一门被认可的学科进入哈佛大学的时候，它其实是取代了社会工作领域一套被称为“社会伦理”的改头换面了的培养计划。同样，在哥伦比亚大学，社会学早期与社会工作关联密切，但到了麦基弗（Robert MacIver）的时代，却出现了本质上的分离。在哥伦比亚社会学举足轻重的阶段，主导人物是默顿和拉札斯菲尔德（Paul Lazersfeld），等到这个阶段宣告结束的时候，社会学与社会工作之间只有一些非常脆弱的关系，尽管说事实上，在社会工作领域深具影响的一些理论观念大多是由默顿最初提出来，并由他的某些学生进一步发展和推广的。①

最后还有一点值得注意，在芝加哥社会学圈里，希尔斯在读研究生和刚开始任教时都显得特立独行，其中肯定有部分原因是因为他对欧洲社会学抱有浓厚的兴趣，而芝加哥社会学的传统在其思想背景上主要是美国式的，虽

---

① 参看 Robert Merton，“Social Structure and Anomie”，收于 *Social Theory and Social Structure*，修订版（New York：Free Press，1957），第131—160页。也可参看 Richard A. Cloward 与 Lloyd E. Ohlin 合著的 *Delinquency and Opportunity：A Theory of Delinquent Gangs*（New York：Free Press of Glencoe，1961）。

说它早期很重视齐美尔的作品。①

我在本文中提出并略加阐述的这些观点，或许至少为说明美国社会中一股非常重要的制度发展趋势提供了一个起点。在我看来，由于美国社会科学的主导精神过于重视经济方面的考虑，无法令人满意地说明这股发展趋势。普拉特和我在我们最近出的《美国大学》一书中特别强调，我在给斯梅尔塞和阿尔蒙德编的有关加州高教的文集所写的文章中进一步阐明，自然科学首先作为迄今最重要的技术回报的源泉，从组织上与社会科学和人文学科相互分离，从未出现任何严重的问题。我们所谓学术“丛结”(bundle)的主要特征之一，就是抛开某些组织形式上的变异不谈，作为大学组织核心的文理学院，包括了全部的知识学科——自然科学、社会科学和人文学科。② 就算像某些人主张的那样，技术回报在学术机构的发展中具有决定性作用，也很难看出来，为什么自然科学不会更加普遍地脱离其他学科，即使不在分离的机构，也在分离的院系。我们认为，我们所谓“丛结”的这一特性能够长期存在，就是支持我前文提出的有关大学系统制度化过程的那种说明的重要证据。整体而言，这一系列知识学科的源泉，深深根植在对于美国的发展发挥了如此重要作用的欧洲思想文化典范之中。

还有一个很有意思的案例值得一提。有一些美国学术机构向来主要致力于技术领域的培养，也就是所谓的“工科院校”。其中最具声名的要数麻省理工学院。我认为，如果基于技术回报是学术发展的重大因素的假设，很难解释麻省理工学院的发展状况。首先，麻省理工学院显然从应用型工程师的培训学校演变成了在支撑工程技术的基础自然科学方面极具声誉的机构。它的物理学家、化学家，还有像微生物学家，都在这些学科比较“纯粹”的领域享有盛名。纵然如此，麻省理工学院也没有停留在一所工程技术和理论性自然科学的院校，在过去一两代人的时间里，它始终不断地向其他领域扩张。

① 齐美尔一些文章的英译最早出现在1896—1906年的*American Journal of Sociology*上，其中有不少文章以及其他一些论文后来以英文重印，辑于Robert E. Park与Ernest W. Burgess合编的*Introduction to the Science of Sociology*，第二版(Chicago：University of Chicago Press，1924)；Edgar F. Borgatta与Henry J. Meyer合编的*Sociological Theory：Present Day Sociology from the Past*(New York：Knopf，1956)；以及Kurt H. Wolff编的*Georg Simmel，1858—1918：A Collection of Essays，with Translations and a Bibliography*(Columbus：Ohio State University Press，1959)。

② 参看Parsons，“The University Bundle”，收于Smelser与Almond合编的*Public Higher Education in California*。

众所周知，它拥有全世界最具盛名的经济系之一，它还支持其他许多社会科学领域的杰出工作，比如对于组织和国际关系的研究。麻省理工学院虽然还没有建立一个独立的社会学系，但却开展着大量重要的社会学工作。它的一个新近创建并且可能是最具声望的竞争对手，即加州理工学院，也遵循着类似的发展道路，近来也投入一场坚定的运动，增强其在社会科学方面的工作。位于匹兹堡的卡内基—梅隆大学，以及其他创建之初多少属于专门化工科院校的机构，情况与此也有些类似。

当我提到声望，特别是欧洲思想文化中某些方面的声望，我显然不是要用这个概念来指一种粗俗的“物质主义”旨趣，想要在多个不同领域成功确立学术工作的地位。我个人的立场与此截然相反，因为我认为，这些文化复合体的经济意义只能是反映了它们在主要属于非经济的领域有多么卓越，取得何等成就。在最为“纯粹”的知识学科，严格经济意义上的应用性整个属于次要的问题。①

（李康　译）

① 有一则轶闻广为传播，无论是否属于无稽之谈——这无关紧要——都体现了哈佛数学系一两代人以前的思想状态。在一次宴会上，要为数学学科干一杯，结果出来这样的祝酒词：“为数学干杯！祝它毫无实际用场。”我觉得这则逸闻无论是否确有其事，都可以作为我打算就学术界大规模制度化的发展趋势提出的这种说明的一个象征。

经营研究型大学：克拉克·克尔和加州大学①

玛丽·苏　凯瑟琳·卡森

引　言

克拉克·克尔（1911—2003）于1952—1958年间任加利福尼亚大学伯克利分校校长（Chancellor），后于1958—1967年间出任加州大学系统的第十二位总校长（president）。他是第二次世界大战以来美国高等教育领域最杰出、也是最受瞩目的人物之一。在他的任期内，美国大学经历了爆炸性的增长和结构转型。当他成为加大的总校长时，这个巨型大学系统已经拥有七个组成部分：作为旗舰的伯克利，分别位于洛杉矶、圣巴巴拉、戴维斯和瑞沃塞德（Riverside）的四个校区，旧金山的医学中心、斯克里普斯海洋学院（Scripps Institution of Oceanography），以及哈斯廷斯法学院（Hastings College of the Law）。但是随着圣迭戈、厄文、圣克鲁斯的新校区的建立，这个大学系统很快又迎来了新的扩张。在这个过程中，克尔成了高等教育的一个全国性的发言人。他的观点在很大程度上因为他出版于1963年的著名的《大学的功用》而广为人知。

克尔的决定永久性地改变了加州大学系统，而加州大学后来在美国内外

① Mary Soo and Cathryn Carson, "Managing the Research University: Clark Kerr and the University of California", *Minerva*, V.42, 2004.

都被视为公立大学系统的“模式”。然而奇怪的是,克尔作为大学经营管理的鼓吹者和实践者却从未受到应有的注意。克尔在成为一个管理者之前,是一个商业管理、劳工关系和经济学方面的专家。在加州大学,他采取了一种导向新型研究型大学的路线,其基础是一种他认为适合于工业时代的改良的自由个人主义。并非偶然的是,他借用了当代商业对组织结构和功能的认识方式。这种做法的结果在许多方面反映了当代商业领域的实践方式。然而,克尔的规划所涉及的不仅仅是对私人企业的简单模仿。他的思想和实践成果对20世纪的组织思想有什么发见?这些成果对理解当前的各种关系有什么用?在特定领域内这两个问题都是令人感兴趣的。

在未来的年代里,人们无疑会对克尔关于高等教育和大学经营管理的诸多观点产生新的兴趣。本文试图通过分析克尔在当代管理理论中的地位而朝着这个方向先行一步。我们要论证的是,他关于大学管理的观点是在根本上有连续性的。从他的学术研究工作开始,直到他担任分校校长和总校校长,我们可以追索出他的一贯观点:大学和其他的大型组织一样,都必须培育自主性和主动性,尽管大学还要在相互冲突的需求之间进行统筹和协调。①

大学的经营管理

对伯克利的经营管理向来就是一件需要巨大的耐心以及想象力的事,更不用说对付整个加州大学系统了。② 加州大学在1868年由加利福尼亚州议会授予特许权而得以建立,并获得《莫里尔法》所规定的授地身份,由此它要向由州长委任的董事会负责(在最初10年内更受到董事会的严密监督)。在

① 对于克尔的一些更雄心勃勃的设想,本文只在其与这里的讨论相切题时才予以考虑。关于克尔本人的记述,参见:Clark Kerr, *The Gold and the Blue: A Personal Memoir of the University of California, 1949—1967*, vol. 1, *Academic Triumphs* (Berkeley: University of California Press, 2001); vol. 2, *Political Turmoil* (Berkeley: University of California Press, 2003). 另参见一篇最近的评论:Sheldon Rothblatt, “A Tale of Two Berkeleys”, *Minerva*, 42(2), (2004), 173—189。

② 参见 Verne A. Stadtman, *The Centennial Record of the University of California* (Berkeley: University of California Printing Department, 1976); Verne A. Stadtman, *The University of California, 1868—1968: A Centennial Publication of the University of California* (San Francisco: McGraw-Hill, 1970); and John Aubrey Douglass, *The California Idea and American Higher Education: 1850 to the 1960 Master Plan* (Stanford: Stanford University Press, 2000).

首任过渡性领导人之后，丹尼尔·考伊特·基尔曼(Daniel Coit Gilman)受聘出任加州大学的第二任总校长。基尔曼有勃勃雄心，但是被州议会的干预所困扰，三年未满就离职前往约翰斯·霍普金斯大学，在那里做出一番杰出事业。① 随着一部新的州宪法的通过，加州大学在1879年获得了更大的独立性，或许还有更大的活动空间。在经过了20年乏善可陈的校政之后，本杰明·埃德·惠勒(Benjamin Ide Wheeler)担任总校长(1899—1919)，在20年间做了大量工作来拓展该大学的使命和结构。

特别值得注意的是，惠勒首次把对研究的重视带到伯克利。当时正是德国的研究型大学在国际上备受崇奉的时代，这种对研究的强调使得伯克利积累下了一些大型建筑物、强大的图书馆和校区外的实验设施。然而，由于学校学术员工的暗中抵制，惠勒的继任者们就不太能延续他那种独断的领导方式了。大学历史上的现代时代可以被认为开始于1930年，当年罗伯特·斯普罗尔(Robert Gordon Sproul)从大学的财政管理职位上升任校长。在其后的28年里，性格强悍的斯普罗尔引导着加州大学度过了大萧条、第二次世界大战，也经历了联邦政府资助的研究活动在加州大学的巨大增长。在他的任期内，加州大学成了美国第一个采行多校区计划的高校，使得始于一战后初期洛杉矶分部(即后来的加州大学洛杉矶分校)建立以来的进程被正式确立下来。斯普罗尔引进了许多一流学者，确立了该校在自然科学方面的声誉。当斯普罗尔在1958年退休时，克尔被任命为他的继任者。

克拉克·克尔的崛起

克拉克·克尔是一个复杂的人。他生长于宾夕法尼亚的半乡村地区，1932年在斯沃斯莫尔学院(Swarthmore College)获得社会科学(经济学和政治学)的文学士学位。他在斯沃斯莫尔成为一名贵格会教徒，曾花了一个夏天到西部去参加美国教友会服务委员会(American Friends Service Committee)的工作；后来就留在加利福尼亚，于1933年先在斯坦福获得经济学硕士学位，

① 参见 Daniel Coit Gilman, *University Problems in the United States* (New York: Century, 1898), and *The Launching of a University, and Other Papers* (New York: Dodd, Mead and Co., 1906), and Abraham J. Flexner, *Daniel Coit Gilman: Creator of the American Type of University* (New York: Harcourt Brace, 1946)。

后来又在1939年从伯克利获得哲学博士学位。他的专长是劳工关系,这使得他又进入一个新兴的管理学领域——劳动调解。他在华盛顿大学待了一阵,在此期间成了西海岸地区最吃香的战时仲裁人之一。1945年他又回到伯克利,任副教授兼新设立的产业关系研究所的首任所长。

克尔的教职是在商业管理领域,后来又是在经济学领域。在这方面,他开设的课程是劳动经济学,包括人事管理、集体谈判和产业关系。在19世纪40和50年代,他参与了仲裁和公共服务方面的工作,为码头工人和肉类加工厂工人进行调解,还担任原子能委员会和劳工部的产业关系顾问。学术上,他承担了国家计划协会(National Planning Association)的研究任务。他逐渐拓展出了广泛的学术研究空间,强调大规模工业化及相伴随的组织化和官僚化进程必然引发一系列变迁。克尔寻求一种非马克思主义的解释和控制社会变迁的架构,这种工作反映了战后美国自由主义的典型特征。①

克尔将伯克利直接置于世界事务当中。他当年之所以跟从导师从斯坦福转往伯克利来完成他的研究生学业,为的就是这个。他的研究生导师是农业劳工专家保罗·泰勒(Paul Taylor),他鼓励克尔发挥自己的兴趣,从大萧条时代的自助合作社中抽取有益的经验。在担任伯克利的教授时,克尔经常邀请嘉宾就从经营管理到劳工事务的各种问题前来演讲。当他成为大学管理者之后,他经常找研究农业的教授来做他的顾问,其考虑是农业专家的务实品质很适合于指导大学处理与州政府的关系。②

1952年以前,克尔曾任职于伯克利的几个委员会(其中一个委员会的职责是改善学生、教师和大学当局的相互关系),但是在他的研究所之外他并未获得多少正式的管理经验。众所周知的是,克尔之脱颖而出在很大程度上是因为1949—1950年围绕着忠诚宣誓的争议。当时,大学董事会要求伯克利教师签署一纸声明,确认自己不是共产党分子。大约30名拒不从命的教员

① The Bancroft Library, Berkeley (hereafter TBL), University Archives (hereafter UA), 308x. k396. bi, Clark Kerr-Biographical Data, September 1958; *University of California Bulletin-General Catalogue*, 1945—1946; Kerr, *The Gold and the Blue*, vol. 1, op. cit. note 1, ch. 1; see, e. g., Clark Kerr, "Conflict, Progress and Liberty in an Industrial Scoiety", Keynote Address at the Fifth Annual Industrial Relations Conference (Honolulu: Hawaii Employer's Council, 1954); and Paddy Riley, "Clark Kerr: From the Industrial to the Knowledge Economy", in Nelson Lichtenstein (ed.), *Imagining Capitalism: Social Theory and Capitalist Reality in the American Century* (Philadelphia: University of Pennsylvania Press, forthcoming).

② Kerr, *The Gold and the Blue*, vol. 1, op. cit., note 1, 4, 135, 158—159.

被开除了。克尔按要求在声明上签了字；而且作为一个“冷战自由派”，他支持将共产党分子驱离教职。但他也出面为那些拒绝宣誓的人极力争辩；而且作为学术参议会(Academic Senate)下属一个重要委员会的成员，他曾也试图寻求达成某种妥协。在这个为学术自由而斗争的过程中，克尔被视为充当了对董事会干预进行抗争的教师们的无畏代言人。所以他后来进入大学领导层是受到了广泛欢迎的。①

克尔之被任命为分校校长，可谓恰逢其时。某些董事(特别是那些与洛杉矶分校有联系的人)正在推动重组加州大学，要在两个主校区各设一名校长职位。这些董事们认为，在斯普罗尔治下大学一向太过集中化(他们当然不提对他们自己的干预的不满)。当克尔成为伯克利分校校长之后，他就尽一切力量来界定自己的职责。然而斯普罗尔依旧执掌着整个大学。在克尔看来斯普罗尔生性就是个微观型的管理者，他把全部精力投入到处理大学的日常事务和与州政府的关系上。从一开始，克尔就被圈在一间小办公室里，既没有发号施令的权力也得不到必要的协助，只有一些已被排除在总校长职权以外的事务才交给他去处理。克尔多年以后回忆说：斯普罗尔“几乎包揽了人的体力所允许的范围内所有的事情，目的就是让(分校校长的职权)无论以什么方式都运转不起来”②。

这段经历使克尔深切感受到下放权力的重要性——他后来把这个原则既运用于他与教师的关系上，也运用于他和学生的关系上。这段经历也导致他后来在大学的规划事务上为自己留出一方领地。在1957年他向董事会递交了一份伯克利长期发展战略的报告，其中考察了教师聘任、招生、研究计划和校园用地等问题。③ 当斯普罗尔退休时，克尔成为董事会的校长人选。学

---

① Ellen W. Schrecker, *No Ivory Tower: McCarthyism and the Universities* (New York: Oxford University Press, 1986), 116—125; David P. Gardner, *The California Oath Controversy* (Berkeley: University of California Press, 1967); Kerr, *The Gold and the Blue*, vol. 2, op. cit. note 1, ch. 2.

② TBS, MSS 77/140 c, Clark Kerr, oral history interview with Amelia R. Fry, 29 September 1969; Eugene C. Lee, *The Origins of the Chancellorship: The Buried Report of 1948* (Berkeley: Center for Studies in Higher Education and Institute of Governmental Studies, 1994); and Kerr, *The Gold and the Blue*, vol. 1, op. cit., note 1, 24—24, 29—30, 34—37, 41—55. 克尔后来即使做了总校长，也得经常面对他的副总校长、从前斯普罗尔的商业经理考利(Corley)的反对。此人直接向董事会报告，在大学总部和萨卡拉门托保持了强有力的地位。Ibid., 165—166, 194.

③ *The Gold and the Blue*, 20, 45, 154—155; personal communication, Marian Gade to Mary Soo, 2 July 2002.

生报纸《加利福尼亚人日报》(*Daily Californian*)的主编宣称这个任命是“自由派对反动派的胜利,人文主义对IBM机器的胜利,学生利益对政治利益和自私自利的胜利,睿智对低能的胜利”①。

无论是作为分校校长还是作为总校长,克尔都保持着学者的身份。他的密友和顾问、商学院院长艾沃尔德·格雷瑟尔(Ewald Grether)认为克尔的第一个雄心是成为一个杰出的学者。的确,他还在继续做研究,只有事务繁重之极时才会罢手。(他最有名的著作《工业主义和工业人》(*Industrialism and Industrial Man*)问世于1960年。)格雷瑟尔回忆说,无论什么样的工作他都想做得出类拔萃,而且他做事时一定会专心致志。尽管克尔是著名的波希米亚人俱乐部(北加利福尼亚的一个社交圈子,在政商两界的要人中很是知名)的成员,但他很少前去聚会。就是去了,他也是谈公事,而这是违反那里的规矩的。②

克尔对加州大学的竞争者进行了指标化的评估,其中既包括那些他想与之平起平坐的一流私立大学,也有那些结构和作用与加州大学相似的公立大学。按以往的惯例,加州大学只把自己和公立大学相比较;但自从克尔做了伯克利校长以后,就像他自己说的那样有了“一个关于我们的目标的非常重大的重新定位,那就是不仅要向密歇根、威斯康星、伊利诺斯和得克萨斯看齐,更要向哈佛、斯坦福、普林斯顿、麻省理工学院、芝加哥大学和耶鲁看齐”③。多年来,他的讲话对建立全国大学排行和其他数量化的评优指标起了重要作用。本着同样的精神,他支持一项每五年对系主任进行考察的计划。(这种做法在他成为总校长后开始在整个加州大学系统内实行)他坚信

① Stadtman, *The University of Californian, 1868—1968*, op. cit. note 2, 380—381; Douglass, op. cit. note 2, 249—250; “Kerr President: A Liberal Triumph”, *The Daily California*, 21 October 1957.

② TBL, MSS 94/85c, Ewald T. Grether, oral history interview with Harriet Nathan, 1975—1987, vol. 2, 687, 832—833; Clark Kerr, John T. Dunlop, Frederick H. Harbison, and Charles A. Myers, *Industrialism and Industrial Man: The Problems of Labor and Management in Economic Growth* (Cambridge, MA: Harvard University Press, 1960).

③ Kerr, *The Gold and the Blue*, vol. 1, op. cit., note 1, 78. 到1952年,伯克利已经被认为是研究型大学中的“六巨头”之一,与哈佛、耶鲁、哥伦比亚、芝加哥和密歇根并列。然而当时人们也都一致认为,在围绕着忠诚宣誓的争议之后,伯克利的地位要下滑。在行为科学高等研究中心(the Center for Advanced Study in the Behavioral Sciences)的一次会议上出现过一次讨论,议题是哪家学校将取代伯克利的位置。正如克尔书中所说,他当时就敢放话过去:“没有哪家。” Ibid., 28, also 18, 56; Stadtman, *The University of California, 1868—1968*, op. cit. note 2, 338.

这是把各系的全国排名提高到前六位的关键之举。①如果那个系进入了前六位，那么克尔不会再去干预它；但是每年他都要集中力量对付三四个没有进入前六位的系。② 作为分校校长，他否决了五分之一的已经通过初步评选的终身教职人选。实际上，由于克尔拒绝终身教职和系主任提名的次数如此之多，以至于学院院长们讥诮他有“西部最快的‘不’”③。

然而，当克尔在 1958 年成为总校长时，他却决心不对几个分校发号施令。在任何情况下，都要让分校校长不时感觉到他们比总校长有更大的权力。在克尔的坚持下，他们得到阅读董事会备忘录、参加董事会会议和查看学校预算文件的许可。一方面，校长办公室工作人员的数量被大大削减了；但另一方面，克尔设立了新的咨询委员会，包括一个面向分校校长的顾问委员会、一个面向全校的官员班子和一个学术团体的理事会。通过下放权力，他有效地使那些他希望向自己献计献策的人进入良好的工作状态。④ 克尔指出，一个多元化的权力结构（包括总校长、分校校长、学术参议会和董事会）将使得大学更好地运转。这与斯普罗尔总校长任期内的一人说了算的做法形成鲜明对比。⑤

---

① Kerr, *The Gold and the Blue*, vol. 1, op. cit., note 1, 51, 320; TBL, MSS97/111x, 34—35, Clark Kerr, oral history interview with Nancy M. Rockafellar, 19 December 1994.

② 比如，当他断定家政学系损害了伯克利的声誉时，他就停办了该系；洛杉矶分校农业系和圣巴巴拉分校的工业工艺计划的停办，作为总校长克尔也介入其事。Kerr, *The Gold and the Blue*, vol. 1, op. cit. note 1, 87, 207; and Maresi Nerad, *The Academic Kitchen: A Social History of Gender Stratification at the University of California, Berkeley* (Albany: State University of New York Press, 1999), 132—135.

③ Roger L. Geiger, *Research and Relevant Knowledge: American Research Universities since World War II* (New York: Oxford University Press, 1993); Kerr, *The Gold and the Blue*, vol. 1, op. cit. note 1, 26 (quotation).

④ Loren M. Furtado, *Budget Reform and Administrative Decentralization in the University of California* (Berkeley: Institute of Government Studies, Public Policy Press, 2002), 40—45; TBL, UA, 308d. r 1996, (Clark Kerr), “Development and Decentralization: The Administration of the University of California, 1958—1966”; Kerr, *The Gold and the Blue*, vol. 1, op. cit. note 1, 164; and Grether, oral history interview, op. cit. note 10.

⑤ Kerr, *The Gold and the Blue*, vol. 1, op. cit., note1, 222, 225, 197—201. 这里可与克尔关于工业社会中有益的多元主义的观念相比较。

克尔的远见

克尔关于人性和社会组织的观点使他相信,优异的工作表现来自个人的能动性和对竞争的鼓励。和亚当·斯密的世界里为市场私利所驱动的商业企业家一样,克尔的大学里的学者将在学术自由的基础上为社会的福利作出贡献。克尔在1952年的就职演说中指出:

> 每一个教授会成员都是一个真正的企业家,是知识产品真正的生产者。大学的功能是选择有进取心的人,向他们提供事业成功的条件……大学里学者的自由有利于公众的目标,正如市场上的企业家的自由之有利于公众的目标。而这里两处的目标都是一样的:社会的品质和进步。当企业和企业展开竞争,头脑和头脑展开竞争时,公众从每一个人的自由行动当中得到最好的产品。①

面对学术研究人员,克尔的目标是建立一个有文化和审美情趣的轻松愉快的环境。② 围绕忠诚宣誓的争议已经说明,工作安全在政治干预之下是脆弱的,所以克尔就建立了一个连续的、由董事会加以审查的终身教职制度。③他相信他的教授们应该得到优良的实验室和图书馆,更要得到优厚的薪

---

① Clark Kerr, "Constituent Elements of the University", *California Monthly*, LXIII(&), (March 1953), 8—9, 40—43, on 41. 很久以后克尔评论说,加州大学的运行很像塞腾公司(Saturn Corporation),因为教师和塞腾的员工一样有管事的权力。See TBL, MSS 2000/106z, Clark Kerr, oral history interview with Lynne M. Wiley, 21 July 1997.

② Kerr, *The Gold and the Blue*, vol. 1, op. cit. note 1, 23, 121—122; Clark Kerr, "The Berkeley Campus Plan", California Monthly, LXVII(2), (October 1956), 22—28, on 23, 26—27; and TBL, MSS 92/710c, Clark Kerr, oral history interview with Randall Jarrell, 4 February 1987.

③ Kerr, *The Gold and the Blue*, vol. 1, op. cit. note 1, 140, 207. 他还设定了更宽松的退休条件, see *University Bulletin*, VIII(3), (1959), 65。

水——即使他们“天性上比从事其他职业的人更在意非经济的回报和奖励”①。克尔从一开始就认为，学术研究人员应该知道如何管理自己的研究工作。他指出，创造力是不能被加以管理的；巨型组织需要有内生的自由。

在他就任分校校长以前，克尔已经形成了自己的大学理念。他说，现代大学必须“采行一种能够包容民众所赋予它的多种任务的视角，而大学又是以如此之多的方式进入民众的生活的”②。供养大学的民众给大学赋予了许多不同的责任和义务，其中包括教育和提供公共服务。然而，大学的最终目的是创造有用的知识。克尔的观点符合战后美国大学的特定情形，也符合当时外界各种机构愿意对大学的科学研究提供赞助的局面。③正如他在《大学的功用》（该书是以他在哈佛的戈德金讲座的讲稿为基础修订成书的）中指出的，美国大学处于新知识的“无形产品”的网络之中，而这种产品将充当社会和经济发展、生活水平提高和社会变迁的催化剂。大学培养的是推动社会运转的专家和职业人员。克尔指出，大学的知识生产与民族兴衰息息相关，就此而言大学的确会影响到每一个人。④

克尔在《大学的功用》中对新兴的“多科大学”（multiversity）作出的描述是著名的，而在当时“多科大学”对美国和世界来说都还是新生事物。在他看来，这种新的大学的特点是有多个下属单位，而且要服务于来自不同方面的要求。它没有一个单一的使命。所以，这种大学的多元化状态就会在内部以及在它与外部世界之间导致紧张。作为一个现实主义者，克尔注意到“多科大学”是一种“由管理的规则所凝聚、由金钱的力量所驱动的机制”⑤。而且，作为一个复杂组织的研究者，他也看到了大学管理需要一种特殊的角色。从其作为劳动仲裁专家的经验出发，他认为大学校长首先应该履行一种“调

---

① Kerr, “Constituent Elements of the University”, op. cit. note 17, 40. 克尔在《大学公报》上发表了多篇文章论述说，为了和美国顶尖大学展开竞争就要提高教师工资。*University Bulletin*, VIII(20), (1960), 105; VIII(34), (1960), 170; XI(23), (1963), 107. 一项对1960—1961年的工资收入状况的研究显示，与哈佛、耶鲁、哥伦比亚和密歇根相比，伯克利的工资水平处于领先地位。“Progress at Berkeley: A Report on the Past Decade”, 1962, cited in Kerr, *The Gold and the Blue*, vol. 1, op. cit. note 1, 81.

② Kerr, “Constituent Elements of the University”, op. cit. note 17, 8.

③ Geiger, op. cit. note 14.

④ Clark Kerr, *The Uses of the University* (Cambridge, MA: Harvard University Press, 5th ed. 2001), xii (from the 1963 Preface).

⑤ Ibid., 15.

解人"的功能。调解人要寻求相互冲突的利益的交汇点,要在他所谓的"阶级战争"中创造令人信服的妥协。成功的"调解人校长"要能为切实的和有前瞻性的合作创造有利环境。①

克尔的观点不可避免地遭到了批评。前芝加哥大学校长罗伯特·哈钦斯指出,现代大学不能追求这样相互冲突的目标。哈钦斯把克尔的大学称为"服务站";而哈钦斯的一个追随者甚至把加州大学称为"一个教育上的通用公司"②。但是对拥有这样一种规模并且怀有进入精英大学行列的抱负的加州大学,特别是对伯克利分校来说,它别无选择。正如克尔所注意到的:"这是一种势在必行之举,而不是在多个均属上乘的备选路线中作最合理的选择。"说实在话,克尔的"多科大学"对他来说是一种历史的宿命;它的校长"更多地是由必然性而不是七嘴八舌的声音所驱使"。③

作为公司理论家和公司经营者的克尔

克尔的这种思想方法与当时的讨论有深刻的关联。关于忠诚调查的争议显然是背景的一部分,而克尔有关组织理论的思想也起了很大作用。克尔对组织问题有浓厚兴趣。在他的硕士论文和博士论文中,他都研究了结构和功能、会计实践及其后果。④ 在20世纪30年代,他曾对自助合作社和零售商店的成本、利润和服务作了比较研究(而且得出结论认为合作社经营零售业务的成本要低于私人商业组织)。⑤ 1947年,他和罗杰·兰德尔(Roger Randall)教授研究了皇家泽勒巴奇公司(Crown Zellerbach Corporation)以及太平

① Ibid., 30; "Kerr Explains Mediator Role of University President Today", *The Daily Californian*, 24 April 1963. For reflections, Clark Kerr, "Industrial Relations and University Relations", in Gerald G. Somers (ed.), *Proceedings of the Twenty-First Annual Winter Meeting, Industrial Relations Research Association, December 29—30, 1968, Chicago, Illinois* (Madison: Industrial Relations Research Association, 1969), 15—25, on 23—24.

② Laurence Gartner, "Kerr, Hutchins Clash", *The Daily California*, 13 May 1966.

③ Kerr, *The Uses of the University*, op. cit. note 23, 5, 28.

④ 克尔的解释是,使用信贷导致会计核算复杂化,进而引发错误和过失。See TBL, F862.7. K25 \m, Clark Kerr, "Self-Help: A Study of the Cooperative Barter Movement of the Unemployed in California, 1932—1933" (Unpublished MA thesis, Stanford University, 1933).

⑤ Clark Kerr, "Comparative Retailing Costs of Consumers' Cooperatives", *Annals of the American Academy of Political and Social Sciences*, CXCI(5), (1937), 113—124.

洋海岸造纸工业的管理人员和雇员的关系。他们的结论是，成功——按照当时的话来说就是“产业和平”——来自对工人的仔细选用、本着进步的思想与工会展开协商、非集中化、直线集权型组织（line organization）和工会的等级制、工作安全，以及好的人事政策。① 克尔发表论著讨论实行平等的私人退休金制度的必要性，还发表过关于工作评价和工资政策的文章。② 他关于商业企业的生产力、盈利能力和成长的稳定性的原因和条件有许多想法，而这些想法又塑造了他关于应该如何掌管大学的思想。

在战后数十年间，这种不同制度之间思想流转的情况似乎是自然而然的，因为在总体上美国的公司结构是大型组织的共同典范。尽管克尔并不是铁腕管理方式的鼓吹者，但他的确经常使用商业术语。比如作为分校校长，他把他的前任和同事称为“大学的首席执行官”。在一次评论厄内斯特·劳伦斯（Ernest Lawrence）的回旋加速器时，他又把投入研究的巨大经费与社会的“风险投资”相提并论。③ 当克尔就任加州大学总校长时，《每日加利福尼亚人》称他为“许多人眼中完美的人……将学者和商人合而为一”；毕竟，新

① Clark Kerr and Roger Randall, “Crown Zellerbach and the Pacific Coast Pulp and Paper Industry: A Case Study” (Washington, DC: National Planning Association, 1948), reprinted as “Causes of Industrial Peace under Collective Bargaining: A Study of Crown Zellerbach and the Pacific Coast Pulp and Paper Industry”, Institute of Industrial Relations, Reprint No. 9. 泽勒巴奇家族本和加州大学有校友关系，后来对克尔改善校园设施的计划给予了帮助。

② Clark Kerr and Lloyd H. Fisher, “Effect of Environment and Administration on Job Evaluation”, *Harvard Business Review*, XXVIII (3), (1950), 77—96; Clark Kerr, “Security vs. Freedom: Private Pension Plans Are Not the Answer”, *California Monthly*, LX (8), (April 1950), 14, 48—50; Clark Kerr, “Social and Economic Implications of Private Pension Plans”, *The Management Review*, XXXIX (5) (1950), 295—297; Clark Kerr, “Trade-Unionism and Distributive Shares”, *American Economic Review*, XLIV (2), (1954), 279—292; and Clark Kerr, “Wage Relationships-The Comparative Impact of Market and Power Forces”, in John T. Dunlop (ed.), *The Theory of Wage Determination: Proceedings of a Conference Held by the International Economic Association* (London: Macmillan, 1957), 173—193.

③ Kerr, “Constituent Elements of the University”, op. cit. note 17, 9; TBL, UA, 308x K396w, Clark Kerr, *Writings and Addresses*, vol. 2, “The Modern University: A Pool of Ideas” (speech presented to the Charter Day Banquet at the University of California, San Francisco, 24 March 1954); cf. Clark Kerr, “Berkeley’s Biggest Business” (excerpts from a speech to the Berkeley Manufacturing Association, 8 June 1954); and vol. 3, “The Schools of Business Administration” (typescript, May 1957).

的总校长将要掌管的是一个“大生意”。①

作为总校长,克尔最先采取的步骤是建立一个董事组成的委员会(他本人也是成员之一),以改组大学的管理层。这是一个既有力又有效的步骤,在这个过程中动用了克雷塞普、麦考密克和佩吉特公司(Cresap, McCormick and Paget)的经营管理顾问。② 自1946年以来,这个公司已经收揽了一些显赫的主顾,其中包括福特汽车公司、联合航空公司和史密斯·巴尼公司(Smith Barney)。而且,这个公司还设立了一个专门面向非盈利组织的特别分部。商业史学家克里斯托弗·麦肯纳指出,克雷塞普、麦考密克和佩吉特公司在根据商业原则重建美国教育组织方面发挥了关键作用。③

任用经营管理顾问在大学里并不是广泛受到欢迎的。现任的管理人员则往往发出最激烈的批评。在评论巴特勒(Nicholas Murray Butler)担任校长时出台的一份经营报告时,哥伦比亚大学校长德怀特·艾森豪威尔称这个耗资8万美元的报告是“本大学历史上最昂贵也是最无人问津的书”。④ 然而,后来加州大学和克雷塞普、麦考密克和佩吉特公司的关系还是比较愉快的。这个公司与加州大学合作了十多年,提交了数十份报告。尽管这个公司是由董事会下属的一个委员会所雇用,但顾问们也会很快地把报告的内容通报给克尔。他们的调查结果与克尔的看法是一致的。至少在一个事例当中,顾问

---

① Sue Meadows, "Berkeley Chancellor Chosen by Regents in Davis Meeting", *The Daily California*, 21 October 1957. 并不令人奇怪的是,几个最强有力的董事都有商业背景。See James Ridgeway, *The Closed Corporation: American Universities in Crisis* (New York: Random House, 1968), 155. 正如Ridgeway以巨大的研究热情所详细说明的,其他加州大学分校校长也都有和商界的联系。

② Kerr, *The Gold and the Blue*, vol. 1, op. cit. note 1, 197; Stadtman, *The University of California, 1868—1968*, op. cit. note 2, 383; and TBL, UA, CU-54, Report Commissioned by the University of California on Various Facets of its Administration, 1958—1973, Box 1, Folder 1, H. J. Heneman to Edwin Pauley, 29 January 1958. 该公司受雇于1958年4月19日。

③ Christopher McKennen, "Finding Profit in Non-Profits: The Influence of Management Consultants on the Third Sector", PONPO Working Paper N. 235 and ISPS Working Paper N. 2236 (New Haven: Program on Non-Profit Organizations and Institution for Social and Policy Studies, Yale University, 1996).

④ Ibid., 30; Ernest Dale, *The Great Organizers* (New York: McGraw-Hill., 1960), 9.

们的报告只是进一步确认了克尔已经呈给董事会的报告是正确的。①

当克雷塞普、麦考密克和佩吉特公司开始其工作时，大学看上去正急需帮助。该公司指出，有一大批问题是由于多年来"忽视合理的管理"而造成的；这些问题包括"效率低下的规划及资金、人员和空间的管理"，以及对来自下面的疑问反应太过迟缓。上通下达的渠道也不明确。② 各校区和大学管理当局的关系是不透明的。一份研究报告提到："一些分校报告说，他们总是要把反映同一个问题的材料送上去好多个副本，为的是希望其中有一个最终会到达真正负责这个问题的官员手中。"③正因为如此，压倒一切的任务就是克雷塞普、麦考密克和佩吉特公司所建议的行政管理改革，其中包括确立一些基本原则，比如任何人都不得向一个以上的上司提出报告。而且，他们还建议编制一份政策手册和组织结构表（当时各校区都还没有组织结构表），并对校长办公室举行根本性的改组。以这份报告为基础，克尔草拟了一份重组计划。该计划获得董事会的一致通过。④

与结构重组同时举行的是成本节约和人员遴选。在当时的扩张不可避免地导致对州拨资金的需求越来越大的情况下，实行预先的支出控制是一个巨大的挑战。克雷塞普、麦考密克和佩吉特公司看到，通过在购买办公设备、商业服务、大学出版社、登记、日常行政事务的电子计算机化等方面进行改革，就可以创造巨大的潜在收益，更不用说对学校行政机构的日常运行费用加以大幅度调整了。顾问们考虑了人员编制问题，建议削减全职工作岗位的

---

① TBL, UA, CU-5 Series 8, UC President Policy Files 1958—1973, Box 11, Folder 9, Clark Kerr to Chief Campus Officers and University-Wide Administrative Officers, 25 February 1965; CU-5.4, Box 2, Folder 17, Contracts and Grants Research Administration, University-Wide Review, 10 August 1965. 尽管克尔是加州大学方面的主要联系人，但其他行政官员（副总校长和分校校长）也都介入此事。除了一个最终报告，加州大学和该公司的关系于克尔就任总校长后第二年即1967年结束。

② TBL, UA, CU-5 Series 8, Box 11, Folder 9, Harlow J. Heneman to Ivan Hindraker, 9 June 1964.

③ TBL, UA, CU-5.4, Box 1, Folder 20, Report on the Decentralization Program, vol. 2, July 1960.

④ TBL, UA, CU-5.4, Box 1, Folder 2, Report on Statewide Administrative Reorganization, 28 November 1958; Folder 3, Organization and Staffing of the President's Office, 30 January 1959; CU-5 Series 8, Box 11, Folder 9, Check List of Recommendation for Progress Reports: The University of California Report on Decentralization Program, vol. 1, 1 July 1960. 关于对非集中化的概括论述，参见 *University Bulletin*, VIII, (5), (1959), 25—30; and X (37), (1962), 195—200。

数量。① 应克尔的要求,他们和一个精算公司也研究了加州大学的退休制度。对于非学术员工,顾问们建议采用基准办法,以确定可比的工作类型和补偿标准。②

这个公司以各种方式推动大学走上管理非集中化的道路。非集中化是克尔关心的主要问题之一。在这方面,在他身上也体现出当时美国大公司发展中的一个潮流;这些大公司包括西尔斯(Sears)、杜邦、通用等,它们自20世纪20年代以来就将"多分部模式"(multidivisional model)引入它们的组织结构当中。到60年代,非集中化已经在美国大公司取得全面胜利。正如麦肯纳所注意到的,顾问公司为加州大学设计的行政管理计划与它当时为壳牌石油公司规划的组织结构十分相似。③ 在加州大学和在大企业一样,非集中化意味着把权力下放给中层管理者,也意味着激励个人积极性。然而克雷塞普、麦考密克和佩吉特公司还是一而再再而三地强调这样一个原则:"管理层"应该自上而下地转移权力,但是管理层的领导中心还是应该被强化。④

克尔的观点是战略性的,而他的决定也导致了一些代价的付出。一些雇员,特别是那些失去地位和影响力的人反对非集中化。克尔的批评者担心他一掌权就会清除斯普罗尔的老班底,而且怀疑经营管理顾问的报告也是出于同样的目的。⑤ 然而,在其他领域,他的决定只是加速了已经出现的趋势。

① TBL, UA, CU-5.4, Box 1, Folder 5, Special Report on Business Management Services, 27 March 1959; Folder 6, Study of Publications Functions, 9 March 1959; Folder 13, Study of the Registration Function on the Berkeley Campus, 9 May 1960; Folder 18, Mechanization of Administrative Procedures, Preliminary Report, July 1960; Folder 25, A Study of the University Press, 3 November 1961; Box 2, Folder 13, Overhead Recovery for Federal Contract Research, 15 December 1964; also Folder 20, Reconnaissance Study to Determine Areas of Additional Revenues, 12 June 1967.

② TBL, UA, CU-5.4, Box 1, Folder 9, Study of Academic Retirement System, November 1959; also Folder 27, Plan of Action for Immediate Improvement in the Statewide Nonacademic Personnel Program, September 1962.

③ Alfred D. Chandler, Jr., *Strategy and Structure: Chapters in the History of the Industrial Enterprise* (Cambridge, MA: MIT Press, 1962); Richard R. John, "Elaborations, Revisions, Dissents: Alfred D. Chandler, Jr.'s *The Visible Hand* after Twenty Years", *Business History Review*, LXXI (1997), 151—200; Christopher McKenna, "The World's Newest Profession: Management Consulting in the Twentieth Century", *Enterprise and Society*, II(2001), 673—679; and McKenna, "Finding Profit in Non-Profits", op. cit. note 35, 29. 加州大学的财会系统也按照商业上的成本核算原则进行了改革。这个问题值得专门研究。

④ E. g., TBL, UA, CU-5.4, Box 1, also Folder 8, Management of the Building Program, 4 May 1959; Folder 35, A Study of Campus Administration, Santa Cruz, February 1963.

⑤ Kerr, *The God and the Blue*, vol. 1, op. cit. note 1, 193—194.

到1963年,克尔已然能够作如此评论:在他的这个由"个体的教授企业家"所组成的大学里,许多管理上的权力和责任已经被"有效地通过非集中化而下放到教授个人的层级上"。① 在商界,非集中化的反对者经常提及各分支机构之间的竞争所造成的恶果,以及活动重复所造成的成本增加。而且每个功能单位都要自行其是,管理层的支持行为会因此而承受巨大压力。这最后一个困难连克雷塞普、麦考密克和佩吉特公司也注意到了,它的一个中期进展报告的标题就点明了这一点:《员工对非集中化总是不能给予必要的支持》。②克尔的非集中化从根本上重塑了加州大学,其影响延续至今。

组织和领导

通用电气公司总裁拉尔夫·考迪纳(Ralph J. Cordiner)当时曾指出,成功的非集中化取决于首席执行官能否成功地转向一种计划哲学。成功的首席执行官必须是"一个有长期眼光的思想家,一个计划者、组织者和教师,而不仅仅是一个'做事的人'……(他)要作出巨大贡献,就得有能力去影响、指导和拓展他业务上的同事的工作和成就"③。这在本质上也是克尔的立场。到1962年时,克尔领导的"企业"每年的资金流入已达4.5亿美元。尽管他很少把持什么绝对权力,他还是能够证明自己是老板——至少一名《商业周刊》记者如此断言。④ 在《大学的功用》中,克尔把美国大学校长描述为"一个处在整个系统正中央的边缘人"。虽说"边缘",但也只是在这个词的社会学意义上来使用的。校长必须在事实上成为一个"领导者、教育者、创造者、发动者、守成者、权力的行使者,成为一个抽水机;他也应该是一个办事员、保管员、继承人、寻求共识的人、劝说别人的人,是一个把关的人"。当然,他也应该——而且首先应该——成为一个调解人。⑤

---

① Kerr, *The Uses of the University*, op. cit. note 23, 15, 22.

② Ernest Dale, Organization (New York: American Management Association, 1967), 114; also TBL, UA, CU-5.4, Box 1, Folder 20, Report on the Decentralization Program, vol. 2, July 1960.

③ Ralph J. Cordiner, "Problems of Management in a Large Decentralized Organization", in *Developing Management Leadership for a Free Society*, American Management Association, General Management Series, No. 159 (1952), 3—17, on 11.

④ "Quality Teaching on a Mass Scale", *Business Week*, 5 May 1962, 124—128, on 125.

⑤ Kerr, *The Uses of the University*, op. cit. note 23, 23, 27.

显然,克尔对大学领导层的特点的描述反映了他自己的管理思想,而这些也都是他最驾轻就熟的本事。一位未透露姓名的董事这样描绘克尔说服人的能力:“他能说动一只小鸟去脱光它身上的羽毛。”①政治学家尤金·布尔迪克(Eugene Burdick)曾是克尔的学术助理,他对自己的老板的观察是:“如果说有什么人是个组织人(Organization Man),那就是他。他外表圆滑,像海豹皮一样。在人群中谁也看不见他。人们说他冷静得可怕。但是他在冷静之余也总是能相机而动,在恰当的时候发起战斗。”②

实际上,克尔曾公开抨击中规中矩的“组织人”——“组织人”是威廉·怀特(William Whyte)在1956年出版的同名著作中予以批评的对象;而且他曾在多篇文章和演讲中表达反对“组织人”的观点,以至于《时代》杂志都对此作出评论。③ 反过来,怀特也赞扬克尔,因为他鼓励“独立精神”④。尽管如此,克尔实际上正是一名出类拔萃的“组织人”,他身上典型地体现了20世纪中叶的美国风尚。他知道如何为榨取最合意的结果而去管理一个组织,而加州大学的经历就证明了这一点。而且正与怀特所描述的“组织人”一样,他也与商学院的理念有着紧密的联系,只是方式不同而已。将克尔与怀特两人之间的距离拉近的是,克尔在他的就职演说中从怀特的书中摘引了一段话,其大意是说大学是从事创造性科学研究工作的最佳环境。⑤

克尔行使公司领导权的方式取决于他的支持者是什么样的人,取决于他要能使作为个体的学术企业家被纳入校长的目标的轨道。克尔希望使许多事业都兴旺发达起来,但是他也鼓励那些导致出现差距的决策。比如,他曾悲叹大学人文学各系的衰落,或者至少是它们在校园里的地位的衰落。但是之所以出现这种局面,很可能本来就可以部分地归因于他对这些学科缺乏感情,或者说他不愿意去做很多事情(除了图书馆建设和文化氛围的强化)来

---

① “Master Planner”, *Time*, LXXVI (16), (1960), 58—69, on 60.

② Ibid.

③ “Levelheaded Individualist”, *Times*, LXX (18), (1957), 69—70, on 70; Clark Kerr, “The Student and His Total Environment”, *Education*, LXXVIII (3), (1957), 148—153, on 149—50.

④ William H. Whyte, Jr., *The Organization Man* (New York: Simon and Schuster, 1956), 46.

⑤ Clark Kerr, “The Worth of Intellect”, *University Bulletion*, VII (9), 1958, 43, 44; and Whyte, op. cit. note 54, 207—209.

弥补外部支持的不足。① 类似地,尽管从20世纪60年代中期以后他常常骄傲地引述一项将伯克利列为"最平衡全面的美国杰出大学"的研究,②但是当他想到如果让洛杉矶分校也分享资源,就会最终导致伯克利的资源被吸走时,他就不那么有耐心了。这个问题不仅涉及学校内部的争议,而且还将影响到州政府的态度,导致克尔继续推行非集中化的扩张计划得不到州政府的足够支持。

还有其他的紧张。在成为总校长后,他无意向各分校都提供同等数量的资源,而他后来对此也不讳言。他后来有些自责地说:"我是个经济学家——我关心的是资源的最有效利用,而要最有效地利用资源,就总是不能平均分配资源。"③集群式的大学正在以急骤的步伐增编它的分支。对每一个新校区来说,克尔都希望它有自己的独特风格,对不同类型的学生产生吸引力。比如吸收了两个现有科学研究所的圣地亚哥,就被赋予了一种研究型的定位,在这方面享有相对于其他校区的优先地位。它开始时只招收研究生,后来才招收本科生。④ 另一方面,克尔把圣克鲁斯看成是一个本科教育能够兴旺发达的地方。⑤

学　生

克尔说他想找到能使学生参与大学管理的办法:"在一切都大的时代里

① E. g., Kerr, *The Gold and the Blue*, vol. 2, op. cit., note 1, 6; and Kerr, *The Uses of the University*, op. cit. note 23, esp. 83—86.

② Alan Carter, *An Assessment of Quality in Graduate Education* (Washington, DC: American Council on Education, 1966), 107, cited in Kerr, *The Gold and the Blue*, vol. 1, op. cit. note 1, 57. 克尔对研究报告的解读是客观的;显然本来应该是哈佛位居榜首,它只是因工程学科太弱而被拖了后腿。

③ TBL, MSS 92/710 c, Clark Kerr, oral history interview with Randall Jarrell, 4 February 1987.

④ Nancy Scott Anderson, *An Improbable Venture: A History of the University of California, San Diego* (La Jolla: UCSD Press, 1993); and Kerr, The Gold and the Blue, vol. 1, op. cit. note 1, 256—257.

⑤ 圣克鲁斯的教授会有效地确定了研究至少要和教学同样重要的原则。Kerr, *The Gold and the Blue*, *vol.* 1, *op. cit. note* 1, chapter 17, 19; and Gerald Grant and David Riesman, *The Perpetual Dream: Reform and Experiment in the American College* (Chicago: University of Chicago Press, 1978), chapter 8; Stadtman, *The University of California*, *1868—1968*, op. cit. note 2, 413—416.

保持小的存在,在大众社会里保持人的天性。"①在学生方面,克尔也认为非集中化对他们是有好处的:非集中化可以产生对学生的需要反应更灵敏的小的共同体。然而他也就一些不利因素提出警告:重复性的活动会导致成本上升;以及有可能忽视某些学生群体,包括那些对未来还没有明确计划的本科生,他们可能会迷失在各种活动的奔忙中。②

处理这些矛盾需要克尔使出全部的谈判技巧。在克尔担任总校长的早期,他促成了一个著名的"交易",即在研究型大学的理念和高校适龄学生的"洪水"之间达成一个相互适应的局面。③ 在这种局面下,他扩展加州大学的雄心和名望不那么高的州立学院系统(被合并为加利福尼亚州立大学)的愿望走到了一起。作为一个公立大学,加州大学必须承担教育加利福尼亚州内涌出的大批新生的责任。然而为了保持水平,伯克利的学术顾问委员会早在1954年就开始考虑效法普林斯顿、哈佛、耶鲁、麻省理工学院、斯坦福、芝加哥、康奈尔的成例,给入学人数制定一个上限。④ 与此同时,本科生招生人数已经超过加州大学各分校总和的州立学院正在积极游说,以期获得博士学位的授予权,而且还扬言要从加州的研究经费中得到自己的一份。在1960年的硕士生计划中克尔正式提出了他自己的建议,确保了加州大学作为加州的研究型大学的地位。但是为了适应本科生教育的需求,加州大学同意接收加州高中毕业生中最优秀的12.5%,而州立学院向最优秀的33%开放,其余的由社区学院安置。社区学院还要提供**低端课程**(lower division courses),以使加州大学各分校不至于人满为患。⑤

克尔的行动本着一个信念,即加州大学应该给它的学生提供一个鼓励发展和批判性反思的环境,而这个环境不局限于教室。为此他在伯克利推动了一系列计划,包括宿舍大楼、体育设施、一个学生会大楼和一个本科生图书馆;而且他设立了固定的对所有人开放的办公室接待时间。他也借用常规的理念表达他对研究和教学的关系的态度,认为研究者在向学生传授知识时教

① "Kerr Speaks at YWCA; Calls Apathy Natural", *The Daily California*, 28 February 1957.

② Clark Kerr: "The University and Utopia", *The Daily California*, 11 May 1967.

③ Douglas, *The California Idea and American Higher Education*, op. cit. note 2, ch. 10.

④ Kerr, *The Gold and the Blue*, vol. 1, op. cit. note 1, 77.

⑤ 当学生人数增加时,克尔不停地强调保持伯克利的声誉的重要性,但同时却不对外州学生设限(这大概是因为他们所缴纳的学费)。他也考虑将教师的工资转为联邦合同等各种办法,目的是提高学术人员的待遇。TBL, UA, CU-9, Minutes of Academic Council Meeting, vol. 121a—126 (formerly vol. 123), 11 December 1963, 15 January 1964.

学和研究就能“令人愉快地结合起来”①。但是他也坚持认为：根据“大学的本性，大学教师要把大量的时间投入科学研究和公关事务方面的活动……如果情况并非如此，则无疑大学教师会把更多的时间投入教学和学生身上”②。

克尔首先决心要使加州大学作为一个整体成为一个有声望的研究型大学。在伯克利和其他几个校区，他都强调研究生和教师的研究。本科生来了又走，但研究有着持久得多的影响力。而且克尔注意到，虽然伯克利的学术人员和研究生都是杰出的，但它的本科生中只有最强的百分之十能够与最好的私立大学的学生相比。大学的声誉取决于前沿的研究，但本科生仍然是必要的，这并不仅是因为他们是政治支持、因而也是经济支持的来源。课程体系可以反映这个情况。在任何情况下，克尔都假定伯克利的本科生应该知道要求他们知道的东西，因为他们已经选择来到这个与小规模的私立博文学院正好相反的地方。正如他后来所说的，是“名牌”把他们吸引过来的。③

在《大学的功用》一书中，克尔预见到由这个原因而引发的冲突，因为本科生们会觉得这个研究型大学对他们的利益毫不关心，从而失去耐心。克尔要说的是：“最近美国大学发生的变化对他们没有什么好处。”④他有意地用描述和分析的笔调，而不是鼓吹的口气来谈论新兴的“多科大学”⑤。但是他发出的信息是，这种变化是不可阻挡的进程的一部分。

在 1954 年的自由言论运动（Free Speech Movement，FSM）——伯克利后来的学生抗议的著名预演——中，对分校当局限制言论的抗议有时会演变为对大学领导层的总体上的抨击。⑥ 激进的学生将大学丧失政治批判功能的罪责归咎于克尔，还指责他把本科生教育变成一种工具性的训练。考虑到克尔的个人哲学和教育哲学，这种指责当时是过于简单化的；但是自由言论运

① “‘Role of the State Univesity’, Kerr-‘Place of Scholarly Excellence’”, *The Daily California*, 4 January 1955; Kerr, “The Student and His Total Environment”, op. cit. note 53; *University Bulletin*, VII (27), (1959), 122; Clark Kerr, “Research at Berkeley”, California Monthly, LXVII (4), (December 1956), 16—21, on 21 (quotation). 关于克尔自己在研究和教学上的精力分配，参见 *The Gold and the Blue*, vol. 1, op. cit. note 1, ch. 7。

② “Kerr Speaks at YWCA”, op. cit. note 61.

③ Kerr, *The Gold and the Blue*, vol. 1, op. cit. note 1, 91, 410 (quotation), 83.

④ Kerr, *The Uses of the University*, op. cit. note 23, 77.

⑤ Ibid., xi (from the 1963 preface).

⑥ Robert Cohen and Reginald Zelnik (eds.), *The Free Speech Movement: Reflections on Berkeley in the 1960s* (Berkeley: University of California Press, 2002).

动的领导人也从总校长说过的话中拣到一点东西。无论他们是不是把克尔的“知识产业”观念讹称为“知识工厂”,他们对克尔关于大趋势的观点都算是得其大意;克尔的原话是:“这个进程不可阻挡。其结果无法预见。剩下可做的就是适应。”①“不可避免”这个结论来自克尔本人早年对产业关系的研究,其中也有这样一种看法的作用,即阶级战争的时代已经演进为工业多元主义的时代。② 大学生活中的“不可避免性”意味着管理人员的工作就是在相互冲突的群体中间进行调解。克尔绝不是从消极的妥协的意义上来理解调解,但是塑造大学的各种力量来自外部。如果可以从组织扩张和市场排名的角度来衡量成功,那么大学就有可能对自己的标准采取想当然的态度,而不是去挑战这些标准。

上述言论写于1963年,当时克尔没有预见到后来很快波及全美的大规模学生造反。1964年秋他不在加州,当自由言论运动展开时,他拒绝撤销伯克利分校校长爱德华·斯特朗(Edward Strong)的校内规章。由于这个“失败”,他遭到由后来成为加州新任州长罗纳德·里根领导的右翼政客的怒斥。具有讽刺意味的是,他保持自主性和游戏规则的决心加速了他的失势,至少他自己这样说。1967年他被解除总校长职务。他作为大学管理者的生涯结束了,尽管从很多方面看他在美国高等教育上的事业才刚刚开始。③

结　论

克尔在加州大学的岁月是一个转型年代。当时大批美国学生进入高校,而加州和全美国都在经历前所未有的经济繁荣。同时,冷战的紧张局势大大

① Kerr, *The Uses of the University*, op. cit. note 23, 93.

② 伯克利法学院学生迈克尔·泰加尔(Michael Tigar)是一名在后来的自由言论运动中有影响的学生领袖,而他利用了《工业主义与工业人》(*Industrialism and Industrial Man*)来批评克尔关于工业社会中的教育的观点。TBL, UA, 308x. K396. T5, Michael Tigar, “The Brave New University of Clark Kerr”, from *The Liberal Democrat*, II (3), (1961), 12—14. See also Hal Draper, *The Mind of Clark Kerr: His View of the University Factory & the New Slavery*, *pamphlet* (Berkeley: Independent Socialist Club, 1964); and Hal Draper, *Berkeley: The New Student Revolt* (New York: Crove Press, 1965).

③ 克尔担任了卡内基高等教育委员会的主席。他在这个职务内推行改革的情况不在本文研究的范围之内。

推动了学术研究的发展,而且促使人们重新思考大学的功用。克尔没有宣称自己发明了“多科大学”,而是认为这是地方性的影响、联邦研究资助和教授对赞助经费的需求等各种因素共同作用的结果。但是他看到,变化的环境能把加州大学转变成一个顶级的研究性机构。克尔看到了未来,而且既带着不情愿、又充满热情地充当了未来趋势的代言人。克尔自己承认,大学的有些方面兴旺发达了,但另外一些方面包括本科生教育却受到了损失。

本文已经集中探讨了克尔作为大学经营管理的理论家和实践者的政策和战略。由于克尔对他所研究的复杂组织具有非凡的理解能力,所以这种路线是富有教益的。他在经济学和商业管理方面的背景当然有助于帮助他看到大局面,而这种背景也影响了他看问题的视角。他在组织研究中形成的看法导致他注重以自由来平衡结构,而他在产业关系方面的研究工作导致他提出了一个有规划的渐进增长的方案。对未来的大学领导人,克尔预见到他们要承担的协调人的角色。在管理顾问们的帮助下,他充分运用了一种特殊类型的经营模式。克尔的组织观使得具有一组战后年代特点的事物变成了永久性的制度。以这种方式以及其他方式,他在自己的时代里引人注目地造就了一个美国的顶尖公立大学。

(牛可　译)

对全国性领导地位的追求：经济学在哈佛的制度化[①]

博德·琼斯

1871 年，一份向哈佛学院监事会提交的报告宣称："政治经济学理应在学院占有一个更好的位置。"监事会报告指出柏林大学有四名经济学家，进而坚称：

> 如果要使哈佛的经济学能满足我国人民的迫切需要的话，我们这里就应该有更多的经济学家。根据人类的经验来看，公共的和私人的福利，物质方面的原则，甚至道德方面的原则，国家、家庭和个人的利益，各阶级的联合，和平和荣誉的保持，这些都依赖于对经济科学的掌握，依赖于将这门科学运用于这个民族注定要完成的事业当中。[②]

在哈佛和其他学校，政治经济学一向是被包容在给四年级学生讲授的道德哲学课程当中的。亚当·斯密解释了为什么竞争会导致社会进步；但是到 19 世纪 70 年代，收入和财富的不平等现象引发了人们对社会稳定和传统价值的深切忧虑。诸如关税、全国性银行和内部改良计划这类公共政策问题，

---

① Byrd L. Jones, "A Quest for National Leadership: Institutionalization of Economics at Harvard", in William J. Barber (ed.), *Economists and Higher Learning in the Nineteenth Century*, New Brunswick and London: Transaction Publishers, 1993.

② Overseers Reports, Academic Series, 2: 18, Harvard University Archives(HUA).

以及李嘉图的租金理论和马尔萨斯的人口增长理论以及这些理论对收入分配意味着什么之类的问题,都是人们所讨论的话题。美国的经济学教科书具有明显的乐观主义和道德解说的特点,它们提出的是一种得自英、法作者并加以简单化的分析。大多数教科书都追随弗雷德里克·巴斯蒂特(Frédéric Bastiat),强调相互竞争的利益在根本上是和谐的,而不追随大卫·李嘉图和托马斯·马尔萨斯关于租金高涨和大众贫困化的悲观预期。①

从1869到1909年,在查尔斯·埃利奥特校长的领导下,哈佛从一个本科学院外加医学、法学两个职业学院(但这两个学院几乎没有研究生教育)发展为多个学科都很出色的现代大学。随着招生人数的增加,哈佛聘请了更世俗化、眼界更开阔、更职业化和更专业化的教授群体。这些变化在公众中几乎没有引起什么争议,因为埃利奥特成功地扩充了学校的资金,提高了学校的声望;而哈佛的上帝一位论取向使得它避开了因达尔文主义以及对社会问题的经验性研究而引发的教派纷争。教授群体相当容易地用科学和宽容的全国性眼光取代了道德哲学、历史学、政治学、经济学、心理学和社会学各领域里各教派的宗教观点。

作为对监事会报告中提出的关切的回应,哈佛在1871年任命查尔斯·弗朗西斯·邓巴(Charles Francis Dunbar)为美国的首位全职经济学教授。在邓巴的指导下,哈佛发展了一套经验性的、世俗性的现代社会科学课程,促进了研究和教学的专门化。邓巴在更大程度上是适应了,而不是引导了促进哈佛的扩张和现代化的那些强大力量。随着哈佛经济系的成长及其专业化水平的提高,随着《经济学季刊》(*Quarterly Journal of Economics*)的出版和研究生教育的加强,它更多地是关心学科内部的争论,而不是公共辩论。在同时兼容民主和资本主义的美国自由主义的大传统的格局下,哈佛努力追求学术上的卓越地位和稳定,而当时正值美国全国范围内都越来越期望由教育素质良好的精英来掌握领导权。

① 要了解当时经济学教学的风格,最好是去仔细阅读一本教科书。另参见 Michael J. L. O'Connor, *The Origins of Academic Economics in the United States* (New York: Columbia University Press, 1944), P. 10。

鲍文领导下的道德哲学

在19世纪初,大多数美国学院将政治经济学作为道德哲学的一部分。哈佛在弗朗西斯·鲍文(Francis Bowen, 1811—1890)主导下,也曾于19世纪30年代在一段短暂时期内如此行事;此后哈佛在很大程度上忽视了这门学科,直到1852年鲍文重返哈佛执教。在1850年,对鲍文的任命曾先后为当权的马萨诸塞州官员和哈佛学院监事会所阻碍,因为他们反对鲍文对1850年全国性的逃亡奴隶法的折中案的支持。他曾指斥马尔萨斯主义是一种过度悲观的观点,理直气壮地"呼吁支持美国贸易保护主义体系,强烈批判自由贸易";但是如果不和直接的立法问题联系起来,这些观点也不是容易引起争议的。埃利奥特回忆说他"是一个缺乏可靠的判断力的人,但是敏锐、深刻,而且为人友善"①。

在1868年,时任阿尔弗雷德自然宗教、道德哲学和公民政体讲座教授的鲍文就他在上一学期里的工作向监事会汇报说:

> 在上一个学期,1867年9月至1868年2月,本人将四年级的背诵课分成两个小组,每个小组每次课一个小时,每星期六次课;具体说来,每星期有三次课是关于逻辑学或者形而上学,另外三次是政治经济学。有时会用一次课堂讲授取代其中的一次背诵课,而这是全体学生一同参加的。教授以这种方式来讲授一套相当完整的政治经济学课程,并讲授一套逻辑学的课程,其次数多少似乎是符合逻辑学本身所要求的次数的。②

鲍文要求学生阅读亚当·斯密的《国富论》,约翰·斯图尔特·密尔的《政治经济学原理》(*Principle of Political Economy*),以及他本人撰写的教科书《政治经济学原理》(*The Principles of Political Economy*)第五版。在19世纪50

① Bowen to G. B. Dixewll, January 31, 1882, Bowen Papers, HUA. 关于对埃利奥特对鲍文的评论的论述,参见 Hugh Hawkins, *Between Harvard and America: The Educational Lea dership of Charles W. Eliot* (New York: Oxford University Press, 1972), p.10。

② Francis Bowen, Reports to Overseers, May 5, 1868, HUA.

年代,他也曾指定学生阅读弗朗西斯·维兰(Francis Wayland)那部广受欢迎的教科书。

鲍文的教科书显示了哈佛四年级学生所被希望加以掌握的主要原理和主要概念。他的目标是建立"一种属于美国的政治经济学,这门科学的原则要适应我们的物质条件、社会制度和产业目标的特点"。他承认存在一种"关于人性的总体科学,伦理学、心理学、政治学和政治经济学等专门科学都是属于这门学科的相互独立而又相互协作的部门"。李嘉图、马尔萨斯、麦考洛克(McCulloch)和约翰·斯图尔特·密尔已经归纳出了经济学的法则,"从他们对人性的知识当中抽取出经济学的原则,又将这些原则证之于由这些一般动机所决定和影响着的人(men)的外在行为和社会现象"。鲍文发现,以这种方式推导出来的"普遍原则""相对而言作用很少而且不重要"①。

由此出发,鲍文既重视制度,也强调直接的政治争论的重要性。他坚持认为:"政治经济学是一门特别实际的科学,一篇该学科的专题论文可能有必要涉及方方面面的有用的信息,包括商业习惯、国内贸易和对外贸易的过程,以及经验中得出来的利用劳动力和资本的最佳方法等。"他提出要对货币银行、公共土地和公共财政予以详细说明,这"不仅对那些即将进入商业职业的人来说是有用的,而且对学院里的年轻人也是有用的"。学者面对的是精英集团,而他们要在发挥领导作用时运用知识和思想。②

鲍文对他的学科的物质主义取向感到不满,所以愿意讨论"**社会的总体福利问题,因为这个问题受到规范着财富的生产、分配和消费的道德因素的影响**"。他重申了一个人们广泛持有的信念,即"财富是支撑着文明的所有其他要素的一个文明要素;如果没有财富,进步、高雅和文化艺术都是不可能的"。资本或者资产使得分工成为可能,进而将许多人从"最可憎的工作任务中日复一日的野蛮劳作的无情必要性"中解脱出来。最终产生的好的结果反映了"决定财富的创造和生产的法则,这些法则实际上与那些将物质世界

① Francis Bowen, *American Political Economy* (New York: Scribner, 1870), pp. iv, v. 哈佛经济学家一般都采用阳性指称,反映了当时通行的习惯和对人类的褊狭界定。这种性别问题上的局限性容易引发现代人的敏感性;我已经尽可能地在引用中回避阳性指称的出现,但也保留了一些以显示当时社会科学家——包括那些雷德克利夫学院的教师——的社会歧视。

② Ibid., P. v. 关于哈佛学生的社会和经济背景,参见 Seymour E. Harris, *Economics of Harvard* (New York: McGraw-Hill, 1970), pp. 7—20. 在1870—1875年间,"21.2%的哈佛学生来自职业人士家庭,43.4%的学生来自于资产者、经理人员和官员阶层"。(p. 12)

结合在一起,并清楚地展现了造物主对有机王国的安排、并展现他的聪明和慈爱的那些法则一样具有持续性和统一性”①。

鲍文认为上帝以精妙复杂的方式体现了对自由放任的认可。尽管经济利益反映的是自私的动机,但其最终结果是服务于公众目标和道德目标:

> 社会是一个复杂而精妙的机器,其真正的创造者和统治者是神……他将自私转化成一种好东西;最伟大的智慧也不能完成的目标,最开明公正的公共精神,人类的立法者和统治者最有力的主张,都直接和不间断地受到神的意旨的影响,甚至是通过人的无知、任性和贪婪。人类不能干预上帝的工作而不损害它。

然而鲍文很少指责国家的各种行为。

> 例如,恶习和犯罪是社会前进道路上的绊脚石。它们妨碍自然法和神的意旨的运作。而正是通过自然法和神的意旨,社会才被结合在一起,社会中的良善成员才被促使去为了相互的利益而合作,尽管他们并不自觉。②

在这个框架内,个人之间的竞争就具有了深刻的社会和政治后果,即“政治经济学的两个基本原则——劳动是财富的源泉,以及所生产出来的财富与所耗费的劳动力呈完全的正相关关系,因而财富也由劳动力来衡量”。在竞争条件下,“每个人都获得与他所付出的劳动相称的收入;所有的劳动都对产品的最终形成作出同样必要的贡献;因而,那些最终消费这些产品的人理应通过付出等量的劳动而作出偿付”。这样,自利就转化为生产要素之间的合作和相互依存;

> 而且,公平的竞争导致人们相互之间按照不同的勤奋程度和技能水平分配价值;所以公平的竞争不应该产生相互之间嫉妒和憎恶的情感,

---

① Bowen, *American Political Economy*, pp. 13—14. **斜体**为原文所有。

② Bowen, *American Political Economy*, pp. 18,19.

所以也不应该导致所谓某个阶级占取了更多的公共产品份额的叫嚷。①

尽管如此,鲍文还是赞扬储蓄者和资本家增进了文明。“野蛮人不可能积累资本,因为他们没有远见,也不知道克己。”他注意到一个似非而是的情况,即节俭导致个人和社会的富裕,从而使最初的节俭为后来的自我放任创造条件——尽管总是在未来的某个时候。

> 能够最有效地激发勤劳和节俭,从而促使资本快速积累的道德原因是:
>
> 1. 劳动力能够被保证得到足额的工资,或者在其生产的价值的所有权上得到保护;
>
> 2. 劳动力的技术、智力和教育应该尽可能地在总体上被加以提高,从而使一个训练有素的技工的劳动效率达到或者超过三个非熟练劳动力或纯粹的体力劳动者的劳动效率……
>
> 3. 当储蓄形成后,或者当资本被积累起来后,就应该尽可能地提高收益率,并尽可能地提高物质生活的舒适程度以及社会福利和政治影响的水平。②

鲍文谴责财富世袭的阶级和过度的财富不平等;但是他发现在民主的美国差异性是“对勤奋和节俭的一种激励”。令人惊异的是,“连爱尔兰移民都很快丢弃了他们粗心、懒惰和躁动的性情,变得和他们的邻居一样沉稳、谨慎、勤奋和节俭”。尽管鲍文比其他同时代的经济学家更少发表对少数族裔群体的攻击性言论,但他还是宣称他“对盎格鲁—撒克逊制度已经建立起来的优越性有极大的信心”。他的阶级偏向也是未加掩饰的。对于那些要求实行继承税和收入平等的法律来说,“政治经济学家有权高声呼喊:自由放任!——不要干扰!不要试图修正符合上帝意志的做法!”③

鲍文支持保护性关税的概括性讨论也体现了当时许多自由贸易论者对美国未来所持的看法。鲍文宣称,没有贸易保护就没有工业的繁荣。

---

① Bowen , *American Political Economy*pp. 36 , 41.

② Ibid, pp. 66—67.

③ Bowen , *American Political Economy*, pp. 67 , 106 , 107.

居民分散在广阔的地域范围内,在相互隔绝的状态中从事农业,其中的绝大多数人注定从事的工作所要求的智力都不济斐济岛民的水平。这种状况不仅对财富的增长是致命的,而且对许多高级的人文志趣也是有害的。

在他看来,许多繁荣的城市的价值在于其文化,而不是其效率。他希望:

各种兴趣、天才和秉性都得到充分发挥的空间,培养发明创造的才能;给予各种艺术以足够的鼓励……把人们集中起来,或者把尽可能多的人置于人类文明的影响范围之内,使他们得到更多的精神文化发展和社会进步的手段;而这些只能存在于大中城市里。①

以自己的独特方式,鲍文把美国的制度和条件"解释"为尽管时有波动、但却基本稳定的进步的结果。他把个人主义和竞争看做用以达成社会和道德目标的手段。他所作的分析和解释都符合中产阶级的学院学生(及其教师)所乐于接受的社会和政治立场。他为保护幼稚工业作了强有力的辩护,但却丝毫没有触及针对儿童和爱尔兰移民的教育和公共卫生措施。他赞扬专业技能和节俭(特别是富人的勤俭),也作为对马尔萨斯主义和达尔文主义的一种驳斥而赞扬家庭规模的缩小。②

在为他的教科书(《美国政治经济学:包括对1861年[1873]年后货币和财政管理的批评》)的新版做准备时,鲍文冒犯了波士顿的银行界,也违背了埃利奥特关于把学术言论和不受欢迎的政治评判分离开来的主张。共和党自由派把内战作为一场道德运动,要求全部偿还内战的债务;而波士顿的金融界已经转向银行家和投资者向来主张的扩大自由贸易的立场。鲍文的公开呼吁引发了他和哈佛的潜在捐赠人之间的争执。埃利奥特要求鲍文停止呼吁美元贬值,或者从新版教科书中删除有关他的哈佛身份的说明。埃利奥特招纳了邓巴,并对鲍文在伦理学和基督教证据学方面的教学作出限制。③

---

① Ibid., p. 495.

② 参见 Francis Bowen, "Malthusianism, Darwinism, and Pessimism," *North American Review* 129(November 1879), pp. 447—472。

③ Hawkins 书(*Between Harvard and America*)中详细讲述了这个故事。

埃利奥特，选修课和扩张

查尔斯·埃利奥特在40年间通过以身作则、循循善诱和行政命令领导着哈佛，形成了一种塑造现代美国大学的教育模式。在主宰了哈佛后来几十年的目标的就职演说中，他对一个挑战作出回应：

> 到底是语言学、哲学、数学，还是科学才能提供最好的心智训练？通识教育应该主要是文学的还是科学的？以往在这些问题上无休止的争论，对我们今天并没有实际的教益。我们这所大学认识到，在文学和科学之间没有真正的对立，一致认为不应该在数学和古典学，或者科学和纯粹哲学之间作出简单狭隘的取舍。我们希望拥有全部这些学科，而且让它们都处于最佳状态。①

埃利奥特是化学家，曾任教于哈佛的劳伦斯科学学院和麻省理工学院。他呼吁把选修课作为促进哈佛的课程体系现代化的手段和培育专业化的手段，并建立了哈佛的选修课体系。国家建设需要发展出一个向包括自然科学、现代语言学和社会科学研究在内的所有现代学科敞开大门的大学。

埃利奥特信任学生，要他们在由杰出的教授们开设的内容充实、教学方法得当和认真监督的课程中作出选择。“在任何内涵广泛的教育纲领中，历史学以及精神哲学、道德哲学和政治哲学都占有重要的地位，这一点是大家都认识到的。但是没有人比那些能把这些课程教得最好的人更清楚地知道，目前在这些课程中通行的教学方法是多么的粗糙。这些课程不能只通过书本来加以教授，它们必须经由有着活跃、全面和公正的头脑的教师来变得生动鲜活和清晰明确起来。”为了吸引人才，埃利奥特提高了工资，保障终身教职和带薪休假制度，鼓励专业化的课程和研究，并在哈佛培育一种担当国家领导责任的精神特质（ethos）：“一个大学必须是本土的，而且它必须是富有

---

① 埃利奥特的就职演说见于 *The Development of Harvard University: Since the Inauguration of President Eliot, 1869—1929*, ed. Samuel Eliot Morison (Cambridge: Harvard University Press, 1930), p. lix。

的;但是最重要的,它必须是自由的。"①

埃利奥特主张实行一种有才干有德行的天然的贵族统治体制,但也承袭了其家族上帝一位论派的价值观和勤奋工作的价值观。他在其就职演说中断言:"这所大学热切地企望能通过培养具有知识上的诚实和思想上的独立的人来服务于国家。董事会要求所有的教师都必须庄敬自重、虔诚高洁,但是像对待学生们一样,董事会给他们自由的空间。大学不是由一个宗派,而是由一个国家来建立。"也许鲍文会质疑哈佛在高关税和美元贬值问题上的态度是否开明,但与其同辈相比埃利奥特对学术自由无疑有着更宽大的胸襟。②

当1869年埃利奥特被任命为校长时,哈佛文理学院有23名教授和563名本科生;劳伦斯科学学院有九名教授和43名学生;医学院有13名教授和306名学生(其中只有87名曾经获得过学士学位);法学院有四名教授和120名学生(一半以上没有学院学历)。当时哈佛既没有文理研究生院,也没有博士学位项目。当埃利奥特在1909年退休时,文理学院有165名教授向2 238名本科生和403名研究生授课。职业学院提高了对学生的要求,增加了课程的数目(尽管总的注册听课人数没有什么增加)。一个商业管理研究生院也开张了。③

正如休·霍金斯所指出的:"简而言之,埃利奥特在其担任校长的最初几年里致力于扩充师资,目的是减轻最具才干的教授的教学负担,引进新的课程,让懈怠的教师面对其各自领域的竞争者的挑战,给大学的各个机构带去新的成分。"埃利奥特建立功业的那一段时间,也正是哈佛的财富增长、入学人数增加,以及职业学院和研究中心发展的时期。当时老学校的发展一般不如新建立的学校——如授地大学④或者城市职业性院校——发展那么快,但全国对高等教育日益增加的需求使得哈佛大学在迅速扩张的同时又保持了

---

① Ibid., pp. lxii, lxxiv.

② *The Development of Harvard University: Since the Inauguration of President Eliot, 1869—1929*, p. 1xxiv.

③ 以上数据采自下列著作的附录:Samuel Eliot Morison, *Three Centuries of Harvard, 1636—1936* (Cambridge: Harvard University Press, 1936), p. 460。

④ 指根据1862年《莫里尔法》建立的高等院校。——译注

对入校学生的严格甄选及其对国家领导地位的追求。①

埃利奥特把哈佛组建为一个伟大的大学，由此促进了塔尔科特·帕森斯（Talcott Parsons）和杰拉尔德·普拉特（Gerald Platt）所称的"制度化的个人主义"（institutionalized individualism）。在19世纪晚期，工业化，民主化进程和教育改革都得益于这种"人类行动的组织形态——总而言之，这种组织形态强化了普通个人和个人所属的各种集体实现其各自所信奉的价值的能力"。个人自由（比如学生不受限制地选择课程的自由）要依靠各种制度性责任来在各个领域里表现出它的优越性。回顾起来，"只有在关于相关价值和与这些价值相联系的文化取向的基本模式上有某种共识的情况下，这种制度性秩序才是可能的"②。埃利奥特既代表了、又阐发了这样一种共识，即在大学和大规模工商业组织中发育起来的科学和理性能够加速物质进步和强化个人特性。

在阐发一种既具有精英主义特性、又具有平等主义色彩的大学理念时，埃利奥特扩展了他对如下问题的思考：受过教育的公民应该为国家做些什么，反过来，政府应该如何服务于人民？埃利奥特对大众的情绪化偏好深为警觉，对公众中的腐败也很不满；但他相信学院的毕业生应该担当领导职责，提供政策建议。所以，虽然他曾经反对当权官员干预哈佛校政（这是19世纪50年代广泛存在的现象），但却鼓励哈佛的教师和毕业生参与公共事务，也赞成在进步主义改革中任用私人专家。和许多由中立派转向一种改革达尔文主义的自由派共和党人一样，埃利奥特希望建立起能够使个体间的竞争服务于提高效率、适应社会的长远目标的制度框架。

在1873年，当一场严重的经济衰退日益加深之时，他抱怨说：

> 事实上，总体政府（the General Government）功能的扩大是一个巨大的政治罪过，也是这个时代的危险，我们寄希望于全体人民很快能够发现和理解所面临的威胁。没有一个星期没有某项新的增加中央政府的活动和权力的计划被颁布。我们的大多数公职人员没有遵奉让人民去照管他们自己的美国原则，而是似乎完全接受一种欧洲信条，即政府的

---

① Hawkins, *Between Harvard and America*, p. 63. 另参见 Colin B. Burke, *American Collegiate Populations: A Test of the Traditional View* (New York: New York University Press, 1982), esp. pp. 212—62。

② Talcott Parsons and Gerald M. Platt, *Between Harvard and America*, p. 149.

> 责任就是帮助人民去做对他们有利的事——建设更多的铁路和运河,改善储蓄银行,促进产业的多样化,提高学校的水平。①

与他的朋友邓巴以及同时代的其他人一样,埃利奥特对政府的观点更多地来自他们对个人责任的理解以及对民主政治的不信任(也就是对那些达不到哈佛水平的投票人的不信任),而不是来自对竞争性市场的系统分析。

随着选修课体系下越来越多的学生既选择介绍性课程又选择高级课程,哈佛经济系发展起来了。继承了邓巴的学术领导地位的弗兰克·陶西格指出:

> 哈佛学院的知识构成的基干不再是拉丁语、希腊语和数学,而最终偏向了历史学和现代语言学(特别是英语)方面的课程。自然科学也取得了一席之地,而且不是一个很小的地方,但也不是现代派和新潮反叛者所希望的那种地位。

在选修课制度运作和课程范围扩展的过程中,某些学科发展得很缓慢甚或根本没有发展,而哈佛的本科生入学人数却翻了一番。到1881年,介绍性的经济学课程吸引了将近150名学生,而以后也仍是最受欢迎的课程之一。到1900年,经济学课程的总注册听课人数增加了两倍。②

哈佛在组织方面的这些发展在很大程度上反映了当时美国的思想状况。近期的两位评论者对19世纪思想发展的趋势作出如下归纳:

> 在一个浸润着实用主义和平等主义精神的社会造就一个有自觉的科学家和学者的群体,并造就一个可以推进他们的工作的组织结构中,这并不是一件容易的事。然而……在内战后的十年间,直接参与追求知识的工作的人们从那个以受过教育的中产阶级美国人为主体的社会群体中获得了支持和鼓励。这一"知书达理的"公众群体受到一系列因素的促动:清教徒"增进学问并使之永葆繁荣"的传统;一种认为知识能够

---

① 转引自 Hawkins, *Between Harvard and America*, p. 149。

② Frank W. Tausig, "Economics", in Morison, *Development of Harvard University*, p. 196;另参见前数页的图表。

> 导致更好地理解上帝的宏大规划的观念；对大地上的自然奇观的浪漫兴趣，以及对挑战固有思维方式的新科学，特别是地理学和达尔文生物学的好奇；一种把知识作为荣誉和社会地位的标志的想法——知识被当做对抗杰克逊式的粗俗和镀金时代的物质主义和腐败的堡垒；人们广泛持有的对科学的实际效用的信念；一种追赶甚至超过欧洲的科学成就的强烈愿望。①

哈佛的经济学家没有吸收多少达尔文主义，对浪漫主义就吸收得更少了。但是他们反对镀金时代的粗鄙和腐败，这其中长久地萦绕着哈佛清教徒传统和波士顿名流（Boston Brahmin）传统的音调。随之而来的是知识和教育两方面的专业化，其内涵包括了制度化的学术工作、高等学位、专门研究及其成果的发表，以及对所属学校的归属感的降低。全国性的学术组织使人们得以就最新的研究成果和观点进行交流，通过鼓励同行间的批评来评估他们的研究。

邓巴的政治经济学

查尔斯·弗朗西斯·邓巴于1851年毕业于哈佛。他选择了新闻职业，在《波士顿每日通报》（*Boston Daily Advertiser*）发表社论，表达对以“合理的”经济学为基础的自由派改革的支持，其中体现了良好的判断力。在1869年，新任校长埃利奥特给他提供了一个职位，要求他上两门课：一门是政府管理的入门课，要给一年级本科生上18次练习课；另一门是给四年级学生开设的经济学选修课，在一年内每周要上三次练习课。为了做好准备，邓巴独自到欧洲游学两年。在他回国以后，由于选修课制度的建立，以及有关鲍文的不愉快事件所造成的职位空缺，任命他担任经济学全职教师的事变得更加顺利了。在几年之内，他在哲学系开设了两门课程：一门是以密尔为主的基础课，一门是专门研究凯尔因斯（John Elliott Cairnes）和凯里（Henry Carey）的高级专题课。到1878年，注册选课人数达到120人，一年以后邓巴建立了独立的

① Alexandra Oleson and John Voss, eds., *The Organization of Knowledge in Modern America, 1860–1920* (Baltimore: Johns Hopkins University Press, 1979), p. ix.

政治经济学系。①

1876 年，邓巴受命就“美国的经济科学”作出考察评估。他的结论认为：“迄今为止，美国人没有在发展政治经济学理论上做任何事，尽管他们对经济学的实际应用有巨大而直接的兴趣。”美国人都在忙着赚钱，他们几乎没有时间来

> 从事抽象的学问。认真严肃的学者很快就会发现，关于在特定的情况下人类的意志会走向哪里是一个很有必要加以探究的问题，而且，为了有效地研究这个问题，他必须首先去关注人的心灵本身，到社会的复杂现象中去寻求检验，而不是寻找他的结论的理由。

虽然美国在货币、税收和关税方面的政策缺乏细密周详的考虑，但由于有丰富的资源，以及从原著民和墨西哥剥夺来的大量土地，所以美国还是繁荣起来了。但是，“在即将到来的某个时刻，我国发展的正常进程必定向我们提出研究自然财富的法则的迫切要求”②。

邓巴把经济学看成是一门成熟的科学，认为这门学问对关心公共政策和喜欢批判性思辨的学生是大有好处的。尽管他曾先后担任系主任和研究生院院长，但是他从来不利用他的地位或与埃利奥特的友谊来聘用杰出的学者，也没有迅速扩充经济学系；而由于学生的兴趣的迅速提高，经济学系本来是可以迅速扩大的。在邓巴从事教学的时期，关于历史学派和制度学派的争论以及关于边际革命的争论都非常活跃，而且往往非常激烈尖锐。他接受了新的思想，但也没有放弃密尔的著作。邓巴欢迎某些历史学的研究，而且把社会学家接受到他的系里，但是他明确地把经济学限定为一种对财富和分配予以逻辑化处理的科学。③

邓巴关于货币的著作促使经济学家和公众相信，银行储蓄对货币供给具有重要意义。当时流行的观点认为，货币供给的变化与商业环境的波动（如

---

① Eliot to Dunbar, April 25, 1894, Dunbar Papers, HUA.

② Charles Dunbar, “Economic Science in America, 1776—1876”, *North American Review* 122 (January 1876): 140, 146, 154.

③ 参见 Robert L. Church, “The Economists Study Society: Sociology at Harvard, 1891—1902”, in *Social Science at Harvard, 1860—1920: From Inculcation to the Open Mind*, ed. Paul Buck (Cambridge, Mass.: Harvard University Press, 1965), pp. 24—27。

19世纪70年代的长时期经济萧条）之间有关，而邓巴对持这种信条的人予以斥责。他指出："在对全国性银行体制的讨论中，正是对紧缩的担忧，或者说对想象出来的对大众对紧缩的恐惧的担忧，成为持续出现的现象，并直接促成了当今体制的反对者——有时还有现有体制的支持者——提出的权宜之计。"由于储蓄被纳入货币供给的范围，在1876年之后货币管制者的报告中几乎没有显露出什么紧缩的迹象，而在19世纪80年代更是有了巨大的扩张。①

尽管立法可能会使货币"多少合理一些"，但是邓巴相信，储蓄代表了"我们的信用通货体系中可调节的部分，以及继续进行自我调节以符合当前商业活动自然产生的交易规模的那个部分"。所以，兑现绿背美钞和银行票据不一定导致货币的短缺；而且，为了对公众的需求作出回应，银行应该改变货币和储蓄之间的换算方法。

> 实际上，全国性银行体系在非常关键的四分之一个世纪里所承担的重要职责之一就是：它在全国更大范围内将货币发行和储蓄业务结合在了一起，将其置于一组极为合理的制度的管理之下，使社会得到了自由银行制度的许多好处，同时将这种制度的风险压到最低限度。②

邓巴试图在历史学方法和理论演绎方法之间寻求和解，为此他鼓励两派学者之间的相互批判，并指出它们各自对经济学领域的重大发展的有限影响。由亚当·斯密、李嘉图、密尔和凯尔因斯所代表的古典经济学的出发点是"得自对人性和人的环境的观察的一些简单前提，然后由这些前提推导出一系列逻辑结论，并通过新的观察和比较证实这些结论，从而确认某种因果关系，这种因果关系就是所谓的法则"。如果没有当前的事实，经济学分析就没有政治上的适用性。所以，历史主义者——一般是留学德国、后来又与约翰斯·霍普金斯大学相关的经济学家——也做了一件很有价值的事，就是通过列举工业化、城市化和官僚化的实际例证而指摘敲打那些只关注逻辑推导

① Charles F. Dunbar, "Deposits as Currency", *Quarterly Journal of Economics* 1 (July 1887): 402.

② *Quarterly Journal of Economics* 1, pp. 410, 413.

的理论家。①

邓巴对这场方法论之争(Methodenstreit)的政治影响也采取了一种中间立场。历史学派经济学家抨击对自由放任不加分辨的信仰,而邓巴则认为自由放任"并不是老经济学正统的逻辑结构中的一部分"。受德国人教育的经济学家对国家过分热衷,他们提出:"社会作为一个有自觉的整体,其所具有的责任仅受到积极增进其成员的总体福利的可能性的制约;它的各种权力要按照这个目的加以调整,而社会的权力经过调整之后是推动社会进步最公正、最有效和最必要的手段。"邓巴指出,这种观点为"政府活动极大地、以难以界定的方式进行的扩张"提供了理据。但为了公平起见,他又补充说:"密尔曾在某个地方提出,立法是疗治几乎所有被认为并非绝对不可救药的弊端的办法。"②

当时理查德·艾利(Richard T. Ely)等人在建立美国经济学会的过程中发挥着领导作用。邓巴不赞成他们公开宣扬的改革主义立场:

> 在这种热衷于更有效地运用国家权力的实践趋势背后,存在着一种似乎被当做是新的运动的主要理论特色的东西,即"伦理学和政治经济学的重新结合"。社会的权力将为一种深切的、从科学的角度加以界定和认识的责任感所引导。在单纯地增加社会财富之外确立追求其他的更高的目标的义务,超越把劳动力仅仅作为靠资本管理而加以有效利用的一定存量的资源的做法的责任,基督徒的友爱关系对经济生活的制约,所有这些都将被强行纳入政治经济学的教学当中。

对邓巴来说,这"只不过是把情感注入政治经济学的做法",而"科学的任务不是倡导或者追求理念,而是申述真理,而这种工作不应该受先入之见的影响,更不应该为热切的愿望所左右"③。

邓巴在从教25年之后曾讲到:"无论是就在科学研究的范围和意义而言,还是就其工作特有的方法和精神的尊严而言,以及就它对教育所产生的作用而言,各门道德科学中没有比政治经济学取得更迅速而坚实的进展了。"

---

① Charles F. Dunbar, "The Reaction in Political Economy", *Quarterly Journal of Econo mics* 1, (October 1886): 2.

② *Quarterly Journal of Economics*, pp. 19, 21, 22.

③ Ibid., pp. 23, 24, 26.

他把政治经济学的科学思辨与它在政治上的运用区别开来：

> 从任何经济学事实中派生出来的情感、希望和道德判断也许是无穷无尽的；但是某个事实与其原因和后果之间的关系问题却与卫星在规定轨道中的变化或者化学家观察到的化学反应一样，应该通过恰当的科学方法来解答。

在面对有争议的问题时，教师应该"仔细地将科学方面的考虑从其他方面的考虑中分辨出来，并且……揭示出前者为假设条件所决定的局限性，当然这种假设条件是科学思辨的基础"①。

邓巴的基调是成熟、公允、宽容和锐意革新的。他更愿意改善而不是剧烈地重组主要的制度类型。在为自己将活期存款纳入货币总量的主张辩护时，他没有诉诸天意，而是援引亚历山大·汉密尔顿和从事实际工作的商业领袖来证明自己的观点。邓巴与《北美评论》(*North American Review*)周围的一些自由派共和党人和改革者结成联盟，致力于降低关税，谴责垄断(特别是国家特许的垄断)，主张依靠银行家来控制货币和信贷供给，促进有助于提高效率和推动进步的竞争。邓巴认为，受过教育的绅士将会对政治经济学采取一种宽广的看法，把它当做一种关于自私的利益在合理秩序下的竞争如何增进个人和公众的福利的科学阐述。

为了应对学生人数的增加，邓巴扩充了师资力量和课程数量，但是从来没有制定一个关于介绍性课程和高级课程的框架，以此来对这个研究领域作出清晰的界定。他偏爱那些引导学生讨论当代问题的老师，但不希望他们远离密尔著作中所提出的那些立场。他欣赏对事实的调查研究和具体数据的引证，但并没有感到数学或者统计学工具将可能为新的发现打开大门。研究美国经济学的爱尔兰学者莱斯利注意到美国"缺乏英国经济学家所采行的那种一环套一环的理论演绎——这一序列的起点是这样一个假设，即由于竞争的作用，劳动力的工资等于全国范围内各行业各地区的资本家的利润"。在美国经济学家的政策主张在思辨性的推论中被确认后，他们当中几乎没有人

① Charles F. Dunbar, "The Academic Study of Political Economy", *Quarterly Journal of Economics* 5 (July 1891): 397, 401, 415.

再去关心竞争性市场模式能否描述实际情况的问题。①

教师和教学：劳克林和陶西格

邓巴在1871年就职后不久就陷入了繁重的管理事务，而且他以前在欧洲的长期旅居中落下的病痛不时折磨着他。西拉斯·马尔库斯·麦克文(Silas Marcus Macvane)在充当邓巴的助手五年后于1878年被任命为历史学教授，尽管他仍然继续进行经济学理论方面的写作。麦克文的位置由詹姆斯·劳伦斯·劳克林(James Laurence Laughlin，1873年获学士学位，1876年在亨利·亚当斯指导下获博士学位)接替，于1878年(当时邓巴是经济学系主任)被任命为助理教师(instructor)，并于1883年升任助教授。在埃利奥特的支持下，邓巴主宰着哈佛经济学家的人选和发展方向达20年之久。

到1882年，学生人数已经达到151人，而一年后随着新课程的增加，学生人数达到了205人。这种扩张导致了一种基于在任教师的秉性和兴趣的分工。邓巴开设了"1763年后欧洲和美国的经济史"课程，内容是对货币、税收和关税进行考察，以阐发密尔的教科书中提出的原则。劳伦斯·劳克林开设了"实用经济学问题的研究和讨论"。他是一个精力充沛、训练有素的教师，试图通过将经济学分析引入当代政治问题而对更广泛的公众群体进行教育。同时他也是保守和武断的。他编纂的密尔著作的缩略本忽略了社会哲学方面的讨论，而且增加了关于美国当代状况的图表、数据和插图。这样哈佛就有了一个没有历史主义的经济史，还有了一个提供"答案"的"问题"课程。②

弗兰克·威廉·陶西格(Frank William Taussig，1859—1940)是继邓巴之后哈佛经济学系的主导性人物。他于1879年毕业于哈佛学院。他曾前往欧洲游学一年，然后回到坎布里奇担任埃利奥特的助手，并成为第二个经济学博士候选人。他于1883年在政治学系获得博士学位，论文题目是"美国对保护幼稚工业原则的运用"("Protection to Young Industries as Applied to the

① Thomas Edward Cliffe Leslie, "Political Economy in the United States", *Fortnightly Review* 28 (October 1, 1880): 239.

② Robert L. Church, "Economics Study Society", pp. 27—32.

United States”)。他在三年时间里开设了一门关于关税立法的课程，又取得了一个法律学位。1886年，他被任命为助教授，在1892年成为正教授，1901年授任亨利·李政治经济学讲座教授。爱德华·梅森认为，陶西格是“一个有才华的理论家，而且在国际贸易领域还不止于此。作为一位经济学教师，他是不可超越的，一代又一代的年轻经济学家能够证明他作为教师是多么卓越”①。

邓巴的遗产在于，他强调将公共政策和一般原则结合起来，通过讨论和记诵来进行教学。陶西格在哈佛经济学系发展的官方系史中写道：

> 自然，当时最为公众关注的问题影响了新的教员的工作方向。正如邓巴给予货币和公共财政问题最多的关注一样，劳克林最关心的是当时出现的白银争论，而陶西格则陷入了长期持续的关于关税的争吵当中……经济学系从一开始就关注经济学理论，在邓巴的领导之下出现的那种偏向持续地存在着。②

邓巴于1882—1883年在欧洲期间，一直在向劳克林和陶西格了解他们教学的情况。在上政治经济学2号课的秋季学期里，劳克林报告说他已经“概述了从凯尔因斯到国际贸易的内容，而且最近在历史讲授课上已经讲到亚当·斯密”。在春天，他将讲授关税立法。他告诉邓巴，他的学生显示出“对凯里的活生生的轻蔑，他的第二卷他们已经快读完了；但是我们就原则和凯里的著作进行了大量的争论，为的是更好地让学生们理解自己的信念”。他说起学生对经济学越来越感兴趣，让邓巴注意到学生为挽留劳克林而向埃利奥特请愿。他建议在即将来临的春季学期里增加亨利·乔治的书。“关于所要讨论的问题，我已经选择了：(1)全国性银行体系问题；(2)关税的修订；(3)铁路交通问题；(4)废除银币的发行。”③

针对邓巴的详细询问，陶西格汇报了他这一年的情况。学生们“相当喜

① Edward S. Mason, “The Harvard Department of Economics from the Beginning to World War II”, *Quarterly Journal of Economics* 97 (August 1982): 394. 1894年以后才有了“政治经济学”方向的博士学位，尽管经济学系在1892—1893年才用了现代的“经济学”这一名称。

② Frank W. Taussig, “Economics”, p. 190.

③ J. Laurence Taughlin to Charles F. Dumbar, November 23, 1883 and Laughlin to Dunbar, March 18, 1883, Dunbar Papers, HUA.

欢我。至少他们在课后向我提问，有时（但不是经常）在教室里向我提问，还经常到我的房间来见我，这些都显示了对课程的兴趣”。他对学生们的反应予以积极评价，“认为课程吸引了一些资质中等和中等以下的学生”。他分两组给学生上课，为的是能个别向学生提问，为此就要重复一些内容——“关于复本位制（三次课），关于稀有金属的市场（主要是历史性的）；关于共产主义和社会主义（介绍性的）；关于外汇和进出口（介绍性的）；关于工资，以及作为一种利润的监督工作的报酬”。尽管“我已经在我自己的课堂上讲授了大部分内容”，但这门课程“绝没有变成一门纯粹讲授的课程”①。

在背诵课上，陶西格的目的是“给学生一些密尔之后和密尔之外的东西，方式是提出事实或者提出多少有点正确性的思想。这样在讲密尔关于价值尺度的一章时，我解释了杰文斯和沃克尔关于按物价指数确定价值的思想”。他要求每星期提交一次对所提出的问题的书面回答；这个制度由劳克林首创，目的是“尽力了解每个学生所做的工作。到学期终了时我很少看到某个学生的成绩出乎我的意料，这说明我已经相当清楚地了解了学生们的学业”。在整个春天，陶西格计划开设“关于合作、工会、产业协作、贸易保护和税收的讲授课”。

展望前景时，陶西格认为密尔是不可缺少的，但仅有密尔也是不够的：

> 在关于分配的书中有许多需要重申的东西；许多章节里有无用而繁琐的论辩性内容。我认为这将使那些真正懂得密尔的学生形成一种极端正统的思想框架，而这是不可取的；另外一半学生不懂、而且永远也懂不了密尔。但是似乎又没有其他的书可用。

陶西格补充说，在令人伤脑筋的工资基金问题上，“我本人倾向于认为劳动成本不是处理工资和利润问题的最好办法，因而也就对关于社会进步的一章中的许多内容不以为然”。尽管如此，密尔还是一定要学的，不过要通过与“政治兴趣”有关的讲授和讨论来加以丰富。

在邓巴被任命为教授12年后，介绍性的课程已经在本科生中成为最受欢迎的选修课之一。由于入学人数的增加，劳克林和陶西格把五十多名学生

① Frank W. Taussig to Charles F. Dunbar, March 17, 1883, Dunbar Papers, HUA. 后两段引文亦同此出处。

分成四组进行教授。这两位教师主张降低关税,建立由银行提供大部分流通中介的合理的货币体系,并且认为如果节俭、企业家精神和产业竞争得到鼓励的话,劳动力就会得到最大收益。陶西格指出:“直到1890年前后,教学大体上仍然与当年的好时光一模一样:一本教科书外加背诵练习,后者的目的不是为了教给学生他们还不知道的东西,而是为了确保他们已经知道的东西。”①

在劳克林于1888年离开哈佛后,陶西格在当年每周上三次讲授课,“给数百名学生以讲授和劝诫,多少也给一些讲授。这是糟糕的教学;在同一类型的教学中也许不算糟糕,但这种类型的教学是糟糕的”。陶西格将讲课受欢迎的原因归之于成功地效法了德国的学问,以及教学的有效性。“作为一种将相互有联系的法则结合在一起的整体,经济学的教学显然是无法通过课堂讲授来完成的,除非是以其最高级的形式,而且是对最优秀的学生。”到1911年,他每周讲授一次,讲授之后是两次分组测验。阿伯特·劳伦斯·洛厄尔(Abbot Lawrence Lowell)校长强调,本科生教学中要重视分组讨论和导师制。这种制度是在哈罗德·伯班克(Harold H. Burbank)教授(1915年哈佛经济学系博士)领导下建立起来的,它使得大多数介绍性课程被交给研究生或者新任教师来上。②

对许多教授来说,教学优先于研究和学术写作。埃利奥特在就职后不久就提高了工资,但是此后直到1905年工资仅增加了5%,虽然总体价格水平在1896年以后下降了。作为一名教师,陶西格承担了繁重的教学工作,而且报告说他一直在为两家波士顿报纸写文章,而且“晚间要在西沃尔楼(Sever Hall)③上四次关于关税史的公共讲座课”,以补贴收入并提高自己的声望。许多哈佛教师要去给雷德克利夫学院的学生讲课,还承担暑期课程,而且寻找其他的讲课或者写作的活计。大多数教师除了后来被称为精神性收入(psychic income)的工资之外,要依靠来自父母的财产。埃利奥特已经指出过:“吸引人才的原因一般不是增加工资,而是广泛的伙伴关系,更方便的图书条件,更好的子女就学条件,有益于身心健康的家庭生活,更多的社会和教

① Frank Taussig, “Economics”, pp. 196, 196—197.
② Ibid., p. 197.
③ 哈佛大学校园内的一座教学楼。——译注

育的好处,以及发出聘请的学校的总体声望。"①

在埃利奥特校长任内,大多数教师由他本人亲自聘任。当他要在陶西格和劳克林之间选择一人担任一个新设的助教授职务时,他的决定显示出他最重视的品质是什么。在1883年,埃利奥特把劳克林描述为:

> 一个可靠的人,没有足够的创造力,所以会屈从于强硬的领导者。他非常勤勉,会去参加各种金融俱乐部的会议,会认真培养学生,会受学院报纸的请求而每周写一篇文章。总的来说他是一个可信赖的、一丝不苟的和沉闷的人,所思所想都形诸辞色……陶西格则反应敏捷,但有时不够准确;思想深刻,但并不总是平正公允。他在阐述复杂问题时流畅而清晰,还有一种优雅的风度。他并不是对事物的本质漠不关心,但总的来说他注重的是问题的意义。他是一个令学生感兴趣的人,但有时会对他们唐突粗率。他对傻瓜没有耐心,对聪明人却又常持批评态度;非常自信,但并不是没有自信的理由。与劳克林相比,他能力更强也更有趣;但是他可能会迅速接受粗疏的理论。我听说他对工资和土地的观点与密尔和你的观点不同。你那里有没有第三个人选?②

劳克林的离任花了一些时间,情形也很微妙。他写作技巧相当强,还组织了政治经济学俱乐部(1883),采纳密尔的教科书供美国学生使用,出版了《美国复本位制史》(1885),与当地捐款给哈佛的人——包括爱德华·阿特金森(Edward Atkinson),一名就经济学问题发表文章和演讲的商人——保持着关系。埃利奥特相信:"他怀有一种念头,觉得我考虑到J. E. 萨耶(J. E. Thayer)的捐赠,会比我在实际上所认为的那样更积极地评价他的工作。"埃利奥特打算让劳克林"改变职业",希望邓巴能鼓励他"而不使他感到苦涩或者造成任何伤害"。由于阿特金森的支持,劳克林成为一个以降低火灾风险为目标的新型互助保险公司的经理。后来他到康奈尔大学任教,此后成为新

① Taussig to Charles F. Dunbar, March 17, 1883, Dunbar Papers, HUA. 关于教师薪金的总体情况,参见 Harris, *Economics of Harvard*, pp. 140—171;埃利奥特的引文出自该书第141页。

② Eliot to Dunbar, April 18, 1883, Dunbar Papers, HUA, Also see Eliot to Dunbar, January 11, 1883.

建的芝加哥大学的经济学系主任。①

《经济学季刊》

1885年,一个重大的事件帮助邓巴和哈佛经济学家建立了他们在行业内的全国性影响,尽管哈佛经济学系当时既没有杰出的理论家,也没有有活力的研究生项目。约翰·萨耶捐赠了15 000美元的出版基金,旨在"鼓励政治经济学的探索和研究"。他建议"创立一个政治经济学期刊"。哈佛经济学系本来考虑出版类似于约翰斯·霍普金斯大学那样的系列丛书,但是哈佛的研究生项目太小,"为了保持丛书的连续出版,可能就有必要允许那些质量过得去但内容不重要的文章被发表出来"。所以,经济学系决定支持出版第一份英文专业经济学杂志。《经济学季刊》(*Quarterly Journal of Economics*, *QJE*)"将不代表任何特定的学说或者经济学家的学派,而是致力于通过研究、讨论和批评推进经济科学的研究和发表"②。

随着《经济学季刊》在1886年创刊,以及邓巴和陶西格先后担任主编,哈佛经济学系确保了自己在全国和国际专业经济学家的学术交流中的中心地位。耶鲁的哈德利(Hadley)写下他的祝辞:"我几乎无法断定到底是它的形式呢,还是它的内容最值得赞誉。"同时他愉快地提起,一篇瓦格纳写的文章将理查德·艾利"费尽心力建立起来的学派连根拔起"。西德尼·韦布(Sidney Webb)提交的一篇文章攻击沃克尔关于分配的观点,提出肖伯纳可能是潜在的炮制者,并抱怨"虽然作者和编者都不收取报酬,但在这里(创办)一个经济学杂志"仍是如此困难。③

在10年以后当邓巴作为首任主编退休时,他对《经济学季刊》的成就和

① 参见 Alfred Bornemann, *J. Laurence Laughlin: Chapters in the Career of an Economist* (Washington, D.C.; American Council on Public Affairs, 1940), pp. 2—3. 另参见 Harold F. Williamson, *Edward Atkinson: The Biography of an American Liberal, 1827—1905* (Boston: Orld Corner Bookstore, 1934)。

② Department of Political Economy to President and Fellows of Harvard College (Draft), December 12, 1885, Dunbar Papers, HUA. 陶西格偏爱平实的"经济学",但是劳克林后来在芝加哥大学为一份期刊命名时采用了萨耶的建议。

③ Arthur T. Hadley to Dunbar, October 25, 1886, and Sidney Webb to Dunbar, October 20, 1887, Dunbar Papers, HUA.

目标作出评论称:“在规模较大的大学里,学习和研究的机会与其他任何国家相比已经不必自愧弗如了。”《经济学季刊》和哥伦比亚大学出版的《政治学季刊》(*Political Science Quarterly*)都创刊于1886年,也都鼓励专业学术研究以及同行学者之间的公开批评。

> 在教师的设备方面,在教学的内容和方法方面,在对学术的贡献的切实性方面都取得了进步;而进步的取得在很大程度上要归因于充分和自由的讨论的机会的增加。这种讨论不是面向各行各业的群众,而是面对一个由批评者、研究者和有良好知识素养的读者组成的圈子。

编辑们认为:“一旦科学思想的优势被确立,知识的传播和原理的运用在很大程度上就应该任其自由发展。”①

在20多年里,《经济学季刊》发表了340篇文章,还有大量短文和书评。绝大多数的文章是关于美国的(220篇),其中又以探讨美国当代问题为最多(共有185篇)。大约70篇文章是由哈佛教师或毕业生撰写的。杰出的欧洲经济学家贡献了15篇文章。表1以5年为期划分阶段,并根据题目将全部文章予以分类。(每一个类别都包含一组文章,并显示了邓巴和陶西格对这些文章的重要性的看法。历史类下包括的内容很广泛,因为在每个阶段这个类别之下只有少量文章。当一篇文章涉及两个以上的类别——比如查尔斯·比尔兹利题为“关税和托拉斯”的文章——时,其在分类中的位置取决于它对政策的意义。)

表1

	第1至5卷(1886—1891)	第6至10卷(1891—1896)	第11至15卷(1896—1901)	第16至20卷(1901—1906)
当代问题				
经济学现状	2	3	8	4
货币和银行	6	11	14	10
关税和贸易	4	4	5	6
垄断,铁路	6	3	1	3

① *Quarterly Journal of Economics*; Index of vols. 1—10, pp. iii, iv.

续表 1

垄断,托拉斯	1	2	5	8
垄断,市政	1	1	8	1
经济立法	1	6	1	1
工会/罢工	5	7	9	9
人口普查/人口	2	1	5	4
慈善/合作社	3	3	5	2
税收	2	7	2	2
其他	5	7	3	10
分类总计	38	55	66	60
理论				
收入分配	13	5	1	7
资本、利息和利润	4	13	3	4
价值	1	4	5	6
数学方法	1	–	1	–
国际贸易	1	–	–	2
	第 1 至 5 卷(1886—1891)	第 6 至 10 卷(1891—1896)	第 11 至 15 卷(1896—1901)	第 16 至 20 卷(1901—1906)
分类总计	20	22	10	19
历史				
制度	6	6	6	11
学说	4	8	3	5
分类总计	10	14	9	16
总计	68	91	85	95

邓巴对货币问题,特别是对银行票据在整体货币供给上的地位的认识问题很感兴趣;与此相一致,《经济学季刊》发表了一些文章,批评关于采用银币制和在乡村地区建立额外的信贷机构的煽动性主张。这些文章的作者们主张采用一种保守的立场,比如敦促国会在银币问题上"针对目前不确定、不正常的情况制定一种限制"。在邓巴担任主编的时期,发表了 17 篇文章讨论货币和银行问题,而在陶西格时期有 24 篇;而当 19 世纪 90 年代白银和农村

债务问题成为重大政治议题时,在这方面的文章数量达到最高峰。①

在 20 年间有 19 篇文章讨论关税和贸易问题,其中有八篇的作者是陶西格。他的第一篇文章讨论 1830—1860 年的关税问题,他在文中承认"制造业的增长在很大程度上是在(保护性关税的)刺激下发生的";"但是,早期关税更轻的时期的经验说明,稳定的增长本来在任何情况下都是可能发生的"。到了 1900 年,陶西格指出关税和保护性措施的重要性已经下降了。

> 其他问题——劳动力和资本的关系问题,国家的功能问题,以及社会秩序的政治基础问题——将占据公众的头脑;长久以来关于贸易保护的争论仍然不会有个结果,但这个问题会被其他重大的产业和政治问题所消解和排挤。②

除了威廉·阿什利(William Ashley)的文章之外,所发表的叙述历史事件的文章没有很多的分析。有几篇文章探讨了铁路和市政服务业的价格政策对经济学理论的意义,其中包括西北大学的约翰·格雷(John Gray)讨论波士顿的燃气厂的一篇分为五节的文章。在 19 世纪 90 年代的前五年,威廉·肖(William Shaw)每年都对各州通过的旨在减轻无节制的工业化对工人和消费者的影响的法律进行总结性评论。有一些零散的文章分别讨论社区住房活动、合作社、"劳动力骑士团"(Knights of Labor)、贝拉米的国民俱乐部,还有重新阐发威廉·佩第和屠能的学说史论文。对德国和法国在立法和制度上对工业化的反应,也有文章予以报告。从 1898 年开始,《经济学季刊》发表了索尔斯坦·韦布伦的一系列讨论经济学的现状的文章。

如果说《经济学季刊》在这一阶段确立了一种独特的风格,那么这就体现在那些探讨工资基金以及边际主义革命对基于生产成本的价值学说的挑战的文章上。这场边际主义革命动摇了将价格和生产某种商品所需的努力和代价联系起来的通行观点,而这种观点显然为现存的收入分配体系提供理据,而且其中隐含着一种作为竞争性市场的基础的天定秩序。在庞巴维克

---

① S. Dana Horton, "Silver before Congress", *Quarterly Journal of Economics* 1 (October 1886): 75.

② Frank W. Taussig, "The Tariff, 1830—1860", *Quarterly Journal of Economics* 2 (April 1888): 364; and Frank W. Taussig, "The Iron Industry in the United States", *Quarterly Journal of Economics* 14 (August 1900): 508.

(Eugen von Bihm-Bawerk)和约翰·贝茨·克拉克(John Bates Clark)提出他们的边际分析之后,价格似乎就与可获取的选择(或者用当今的术语说是机会成本)以及预期紧密联系起来,而不再与生产过程中的劳动成本(既是直接的又是嵌入于资本当中的)有很大关系。这场争论早期的参与者是塞拉斯·麦克文和弗朗西斯·阿马萨·沃克尔(Francis Amasa Walker),后者于1881年离开耶鲁的谢菲尔德科学学院政治经济学教授职位,成为麻省理工学院院长。后来庞巴维克和克拉克发表了一系列文章,阐明了编辑革命。

《经济学季刊》在最初20年间发表了26篇关于收入分配的文章,其中又有一半是在最初的五年里发表的。它还收录了24篇关于资本、利息和利润的文章,这些问题对收入分配也很有意义;其中有13篇是在1891—1896年间发表的。在1891—1906年间,更一般地讨论价值问题的文章大约每年有一篇。哈佛教授(主要是麦克文,但也包括陶西格)抵制边际分析方法,但在1888年,费城商人斯图尔特·伍德(Stuart Wood)在《经济学季刊》上发表了一篇引人入胜的讨论边际主义方法的文章。13年前,伍德取得了哈佛的第一个(显然在美国也是第一个)经济学博士学位,其论文是对亨利·凯里的温和的批评性述评。伍德教学和写作都不多,但他是美国经济学联合会的一名积极的支持者。①

虽然美国经济学联合会早期的出版物早已论述过市政社会主义(municipal socialism),但《经济学季刊》直到1896年后才发表关于美国的设施管制的文章,此后也开始重视管制问题。与此类似,威廉·肖对法律的汇总分析对商业有些影响,但从来没有讨论过为什么消费者和小企业要寻求保护,使之免受大企业的侵害。尽管科学和工业上的进步很少受到质疑,但《经济学季刊》的作者仍然表现出一种对政客和期望过高的工人的不信任。陶西格认为,1886年铁路工人罢工的根由在于那些“力求在其无法胜任的管理工作中占据一席之地”的工人们。现代工业依赖类似于军队的组织:“由工业的长

---

① 参见 George J. Stigler, “Stuart Wood and the Marginal Productivity Theory”, in his *Essay in the History of Economics* (Chicago: University of Chicago Press, 1965), pp. 287—301。关于边际革命的总的情况,参见 Craufurd D. Goodwin, “Marginalism Moves to the New World”; Joseph J. Spengler, “The Marginal Revolution and Concern with Economic Growth”; Donald Winch, “Marginalism and the Boundaries of Economic Science”; and G. L. Shacke, “Margina lism: The Harvest”, in *The Marginal Revolution in Economics: Interpretation and Foundation*, eds. R. D. Collison Black, A. W. Coats, and Craufurd D. Goodwin (Durham, N. C.: Duke University Press, 1973)。

官(captain of industry)来委派普通工人的职责和岗位。"①

邓巴和陶西格根据行文清晰和学术优点来作出大部分编刊决定,但在那个进步主义时代已经来临的时候,无论在理论还是公共政策上他们都确立了一种温和保守主义的基调。尽管如此,《经济学季刊》仍然有助于哈佛经济学家了解学术发展的最新进展。陶西格还与欧洲经济学家特别是阿尔弗雷德·马歇尔保持着通信往来,而后者的教科书有助于就把生产成本作为收入分配的一种决定因素与新的边际主义方法达成一种调和。驳斥文章和读者来信反映了经济学专业内的分歧在什么地方;而韦布伦的文章被发表,则显示了一种对批评性观点的包容。《经济学季刊》经常需要补贴,而埃利奥特也不断表达对保持哈佛的财政支持和吸引学生的关切。他认为没有必要更多地提醒邓巴和陶西格,因为他们清楚地知道建立哈佛的全国性声望所需要的代价。

工资基金学说在哈佛

20 年来哈佛经济学家一直在课堂的引述、讲解以及《经济学季刊》的文章中讨论如何才能最好地重新认识工资基金。出于对密尔和生产成本是价值源泉的学说的忠诚,他们抵制着边际主义革命。这场争论也显示了收入分配在规范上的正确性在美国所受到的重视。密尔曾经指出,劳动力一般都在他们生产出来的产品被销售出去之前得到他们的工资,所以总的工资水平要依赖于以往的储蓄或者资本积累。沃克尔在《经济学季刊》第三期上提出,工资是在租金、利息和管理报酬之后的一个"剩余份额"(residual share)。他强烈要求对企业家的付出予以充分估计,以此来挫败社会主义的主张,并认为只有这样才能"对雇主和雇工之间倡议紧张甚至敌对的关系起到一种真正的调节作用"②。

在对庞巴维克和克拉克的重要文章作出回应时,麦克文重申了古典经济

① Frank W. Taussig, "The south-Western Strike of 1886", *Quarterly Journal of Econo mics* 1 (January 1887): 219.

② Francis A. Walker, "the Source of Business Profits", *Quarterly Journal of Economics* 1 (April 1887): 288. 另参见 Robert Cooter and Peter Rappaport, "Were the Ordinalists Wrong about Welfare Economicsi", *Journal of Economic Literature* 22 (June 1984): 507—530。

学的观点。他一方面赞扬奥地利经济学家重视资本对迂回生产资料(roundabout means of production)的贡献,另一方面断定庞巴维克"所作的无非是把类似的供求原则放在一个新的、我认为也是更不方便的形式当中"。麦克文坚持认为:"把价值直接与成本联系起来的理论强烈地要求我们首先要认识到这样一个重要事实,即交换仅仅是现有的满足我们的个人需求的供给方式的一个阶段。"如果经济学家认为价值纯粹依靠对交换的主观估量,那么他们就不能对资本家通过专业化而节省成本给予充分的估计。回顾起来,这些有倾向性的论文显然有给储蓄人和企业家涂抹道德油彩的目的。①

托马斯·尼克松·卡弗发表在《经济学季刊》上的文章建立了一个中间立场,认为由此出发能够得出关于劳动力的"恰当"教益。

> 总体上我们完全有理由相信,生活水平是一种遏制劳动力的数量和供给增加的有效因素。所以我们断言,真正的工资理论将建立在"边际生产率"或者"无租金增量"(这是克拉克教授的理论)与"生活水平"或者"生产成本"(这是英国古典经济学家的理论)的结合之上。

卡弗认识到人口的调整是非常缓慢的,所以希望生活水平的上升能够使人们有时间接受教育,同时更新观念来限制家庭规模,并由此保持高工资水平。后来卡弗成为哈佛教师,他坚持认为在边际上处于平衡状态的一个经济体意味着所有人的均等富裕。"无论是劳动力还是别的什么人都不需要国家和任何家长制组织来保护他的利益,除了需要保护他免受暴力和欺诈的侵害之外。"②

陶西格发表在《经济学季刊》上的两篇文章后来收入他的《工资和资本》(1896)一书中。文章仍然认为工资基金的存在是对先前的储蓄者对经济进步的特别贡献的一种承认。他接受庞巴维克对资本和利息的分析以及他从主观角度对价值的解释。陶西格强调工业经济的制度类型——资本价值超过年工资达三倍且总是处于不断的增殖当中,而且工资在"一定限度内是有

---

① Silas M. Macvane, "Boehm-Bawerk on Value and Wages", *Quarterly Journal of Economics* 5 (October 1890): 25—27.

② Thomas N. Carver, "The Theory of Wages Adjusted to Recent Theories of Value", *Quarterly Journal of Economics* 8 (July 1894): 396, and "Some Probable Results of a Balanced Industrial System", *American Economic Review* 10 Supplement, *Papers and Proceedings* (March 1920): 74.

弹性的”。他拒绝“那种体现在把劳工当做雇主的奴隶的夸张描述中的悲观观点,但也没有走到另一个极端,达到断言劳动力的状况不比投资者更糟糕的程度”①。

陶西格赋予商业经理人员以更高的地位,认为他们的远见和协作使得劳动力和资本结合在了一起:

> 至于受雇佣的劳动力,他的地位显示出现代社会中的财产权的分配的确是很不平等的,就此而言与理想的组织并不相协调,因为理想的组织在理想的条件下无疑要带来最大限度的人的快乐。但这与他自身状况的持续改善,与他的地位的提高,与他在社会中的权力的提高,以及与他的快乐的来源的扩大是相一致的。所以我们不必沮丧——不必对当下的人本身以及人们的行为方式和精神状况感到失望,也许这就是人们在相当长的一段时间里所唯一可能有的情形。

尽管关于工资基金的争论已经变得“无聊”了,但是——

> 作为一种用以描述生产的方法和后果的模式,对于社会在经济方面的具体结构,对于长期而复杂的努力最终如何导致实际收入的流动的方式,对于资本家在收入分配中的地位——对于所有这些问题,我们仍然可以从讨论中获得某些东西。②

陶西格强调使得劳动力的专业化和规模经济成为可能的大规模资本集中的重要性。既然公司经理人掌握决断的权力,那么他就会仔细审查自己的目标和行为,以期理解经济发展中的各种力量。基于同情的理解,他会注意到经营者收到一份数量不确定的剩余收益,因为在任何核算阶段工资和利息都是预先确定了的;但是他很少会同情在经济困难时期面临失业的工人。相反,他却劝说工人支持为资本积累而采取的激励措施,要他们效法中产阶级价值并保持耐心。

① Frank W. Taussig, *Wages and Capital: An Examination of the Wages Fund Doctrine* (New York: Appleton, 1896), pp. 80—81, 102.

② *Wages and Capital: An Examination of the Wages Fund Doctrine*, pp. 80—81, 325.

陶西格,以及后来的卡弗恰当地重新解释了工资基金学说,这使得他们更新了鲍文对马尔萨斯对工人阶级的悲惨命运的描述的批判。如果包括工资在内的价格仅仅反映心理状况和相关的一组主观选择,那么经济学家就不再能提出他们经常以确定的口气提出的对远见、知识、勤奋和品格的赞扬。边际条件并不能很容易地支持从道德角度对储蓄和节俭的解释。在追求全国性领导地位时,哈佛经济学家有时将大学捐赠者和大多数哈佛学生的利益与美国的福利混淆起来。也许这种混淆正是那种把工资基金描述为分配给劳动力的收入的那个乏味讨论的原因。

高级课程、新的教授会和专业化

在19世纪90年代初期,哈佛经济系用一张巨大而清晰的图表表明它已经发展为全体哈佛本科生中最大、最受欢迎的学科之一。(参见表2)

表2

	1862—1868	1872—1873	1877—1878	1882—1883	1887—1888	1892—1893
教授	1	1	1	1	3	3
其他教师			1	2	-	2
介绍性和历史性课程	1	2	1	1	2	3
应用经济学课程					4	4
高级课程			1	2	3	5
每星期授课学时	1	3.5	6	7	22.5	30
注册学生人数						
一般介绍性课程	26	92	108	152	208	335
历史课程、高级课程、应用型课程	28	38	219	371	-	-
总注册人数	26	92	136	190	427	706

尽管埃利奥特将教授的工资提高到4 000美元,但他以1 000美元的工资聘用了更多的助理教师和助教授,从而降低了平均教学成本。在1880—

1892年间,哈佛的师资力量“扩大了一半多一点,而且在结构上不可逆转地变得更加具有金字塔型特征”。哈佛的教师队伍包括了36名教授和56名助理教师或助教授。正如麦考吉注意到的,“埃利奥特1880年聘任的11位教授中有七位明显地来自富裕的家庭背景”。学术生活的职业化水平不断提高,意味着试用期的延长和发表任务的增加,这又有助于推动教师队伍的多样化。①

在1880年,哈佛的教师中有一半拥有高级学位或者留学欧洲的资历。在1892年,2/3的教授在获得终身教职任命前有过高级训练。

> 哈佛教授仍然全部是白人男性,从祖籍看绝大部分是盎格鲁—撒克逊人,从宗教上看是新教,在出身上看是安适的中产阶级。尽管如此,哈佛教授的风貌已经在某些方面有了重要的改观:第一,新英格兰人所占的比重有所下降,如今有三分之一的教师来自别的地区;第二,尽管教师中哈佛毕业生仍占了大多数,但其所占的比例已有所下降;第三,可以被界定为上帝一位论派或者与哈佛有紧密的亲缘关系的人的比例下降了;第四,只有少数人的全部学术经历都在哈佛。②

按麦考吉的说法,在整个19世纪哈佛教师变得更专业化也更开放了。他提出了适用于学者的五项行为标准:在一个已经受到承认的学术领域里所受的训练,“作为学者型教师(teacher-scholar)”的试用期,在“专门化的教学”中的学术地位,“是否努力将研究结果发表出来以求得专家同行的审查、指教和认可”,以及“是否将其在同行专家中的作用和声望看得最重,而对其教学职责和与特定机构的关系看得较次”。在邓巴被任命为教授20年后,“对哈佛教授群体的控制权易手,先前是由本地出身的、非专业化的、具有对特定机构的忠诚感的‘学术绅士’掌握,如今则转入教师当中社会地位更多样化、专业化程度更高、竞争更激烈的专业学者群体的手中”③。

随着在校学生人数的增加,邓巴遵行埃利奥特增加助理教师和青年教师的政策。在1889年,约翰·格雷汉姆·布鲁克斯(John Graham Brooks)开设

① Robert a. McCaughey, “The Transformation of American Academic Life: Harvard University, 1821—1892”, *Perspectives in American History* 8 (1974): 293,310.

② Ibid., p. 310.

③ Ibid., pp. 243, 246.

了问题课程(problems course),将其重点由"复本位制、铁路、货币和关税问题"转向"劳动仲裁、英国的联谊会、德国的工人保险、工会、利润分配和合作"。次年,爱德华·卡明斯结束其为期三年的外出访问研究回到哈佛,在经济学系内教授社会学,以对弗朗西斯·皮博迪(Francis G. Peabody)在社会伦理方面的工作形成补充。罗伯特·丘奇认为:

> 卡明斯是最有魅力、最迷惑人、最自相矛盾的保守派之一,他在19世纪末20世纪初是如此别具一格。作为一名社会达尔文主义者,他运用严格、客观的社会研究标准来说明个人的能动性和自然选择的充分运作对社会进步的根本作用。但他也是一名社会福音的传播者,领导着波士顿地区很多很多的福利机构。①

在成为波士顿上帝一位论教堂的助理牧师前的十年时间里,卡明斯讨论了劳动力的条件和社会改革的理论。他支持由工会来管理工人的失业福利,其基础是工人"在识别不公平税收上具有个人经济动力,而且在为那些赋闲的人寻找工作时要具备关于每个行业的特定情况的切近知识"。他欢迎生产合作社或者利润共享;他在文章中对发布学术报告的汤因比楼(Toynbee Hall)那样的大学社区中心予以积极评价;他赞赏产业仲裁对避免罢工所起到的作用;他为合作商店"显然是早熟的"而感到担心。他引述柏拉图的论断,即慈善会导致"对弱者的保护,对不称职者的长久任用,违逆进步的法则,破坏文明,也损害人们的同情心"。他理想中的救济所应该给那里的人灌输强者的美德和雄心。②

从1895年到1800年,爱德华·卡明斯的兄弟约翰·卡明斯教授统计学,其中涉及社会问题和人口状况。他直率地谴责19世纪在经济学家和社会学家当中大行其道的种族观念。针对这种观念他指出:

---

① Church, "Economists Study Society", pp. 33—34, 37.

② Edward Cummings, "The English Trade-Unions", *Quarterly Journal of Economics* 3 (July 1889): 435; idem, "University Settlements", *Quarterly Journal of Economics* 6 (April 1892): 257—279; idem, "Industrial Arbitration in the United States", *Quarterly Journal of Economics* 11 (April 1897): 279; and idem, "Charity and Progress", *Quarterly Journal of Economics* 12 (October 1897): 27.

> 这一阶段的经济发展越来越突出的倾向不是区别、选择和确立种族因素,而是相反,是要打破和消除所有的种族差别,是以经济效率和作用为基础来取代社会群体之间的阶层差别和等级划分。

丘奇断言,尽管“卡明斯兄弟能够引进某种方法论技术,但他们不能建立一个学术领域”①。

在1892年,经济学系任命曾在牛津留学、著有《英国经济史和经济学理论导论》(*An Introduction to English Economic History and Theory*)的威廉·阿什利(William J. Ashley)担任教授。对阿什利的任命是为了引进一种理论演绎方法、一种对保护关税的辩护,以及一种对以公共行动推动社会改革的呼吁,以此来为哈佛经济学系提供一种平衡。在九年的任教时间里,他与邓巴、特别是陶西格之间持续进行着学术战争。正如丘奇从系内通信中所发现的,“阿什利被任命之后在经济学系存在着长达十年的学术和人际上的紧张”。阿什利在导论课上曾经宣称,历史方法已经——

> 在总体上改变了经济学家对自己的教学的态度。两个伟大的原则(二者不过是同一思想的两种不同表现形式),即经济学上的结论是相对于给定条件而言的,以及经济学理论只具有假定的实用性,最终被接受并成为经济学家的思想习惯。

这些变化甚至影响到“哈佛的《经济学季刊》这个特别的理论之家的文章”②。

阿什利希望,通过历史研究能够得出一些“关于经济发展各个阶段的特性和后果的结论”。新的理论法则将是动态的而不是静止的,而且将提出关于进步或者“经济进化”的广泛哲学。

---

① John Cummings, “Ethic Factors and the Movement of Population”, *Quarterly Journal of Economics* 14 (February 1900): 210. 关于更有恶意的评论参见 Edward A. Ross, “Recent Tendencies in Sociology”, *Quarterly Journal of Economics* 17 (November 1902): 82—109。另参见 Church, “Economists Study Society”, p. 61。

② Church, “Economists Study Society”, p. 62, and William J. Ashley, “On the Study of Economics History”, *Quarterly Journal of Economics* 7 (January 1893): 117—118, 120; 有关任命阿什利的情况,另参见 Church, “Economists Study Society”, pp. 67—72。

> 这里的观点已经不再是一种关于特定社会条件下个人之间的交易的理论，而是一种关于整个产业界和各个阶级的生命和运动的理论，一种关于社会机制的产生和调整的理论，一种经济现象和经济思想的并行发展和交互影响的理论。这个学派的研究不再是个人主义的和心理学的，而是集体主义的和制度主义的。

所以，经济史学家必须首先理解“以往几个阶段作为社会的制度框架而存在的东西，作为各个社会阶级的构成而存在的东西，以及各个阶级之间的相互关系”①。

从1897年到1900年，盖伊·卡伦德(Guy S. Callender)开设了美国经济史的课程。卡伦德是阿什利的学生，曾在鲍都因学院任教，后来又接受了耶鲁的一个职位。他注重与经济发展相关联的制度和社会因素。卡伦德是在哈佛接受的训练，这帮助他获得了最初的任命，但是他不相信社会科学要为现存制度提供理据。由于有阿什利、卡明斯、卡伦德和历史学家中的同人，以及先在哲学后来在社会伦理方面的皮博迪，哈佛经济学系本来可以吸收一种跨学科的历史和社会学进程，形成一种促进美国社会科学发展的潜力。然而实际上哈佛经济学系却垮了台，并按照陶西格的设想进行了重组，成为一个狭隘专业化的和“科学的”学科。②

在1900年，哈佛的经济学系实际上消失了。它的重建说明了哈佛以及其他大学里——这些大学已经培养出了符合陶西格的标准的经济学家——发生的经济学的制度化。按照陶西格的正式叙述：

> 20世纪初年经济学系遭遇了崩溃。邓巴在1900年去世。爱德华·卡明斯(1883年在哈佛获得文学士学位)在1893年被任命为社会学助教授，标志着经济学范围的另外一种扩大，但在1900年他辞职了。阿什利在1901年辞职。在1901—1903两年间，陶西格由于健康状况不良而中断教学工作。过了一段时间后经济学系才得以重新恢复生机。由于卡夫、盖伊、雷普利、布勒克和戴伊相继到来，空缺才被填补上。他们不

① Ashley, “Study of Hisory”, pp. 121, 122, 131.

② 参见 Church, “Economists Study Society”。

仅确保和扩大了哈佛学院本科生教学,而且建立和发展了研究生教育。①

当阿什利返回英国去领导伯明翰的一个新的商业学院时,他的位置由爱德温·盖伊(Edwin Gay, 1890 年在密歇根大学获得文学士学位,1902 年在柏林大学获哲学博士学位)接任。在 1902 年他 35 岁时得到哈佛的任命,而这是他的第一个工作。此时他尚不为人所知,而且也不是哈佛毕业生。在此前 12 年的大部分时间里,他在欧洲学习经济学、历史学和哲学。根据他的传记作者的描述,盖伊是符合邓巴—陶西格模式的人:

> 长期的学徒身份使他确立了知识上的广度和深度,这在很大程度上是他获得哈佛最伟大的教师之一的声誉的原因。当他只是一名讲师时,学生就能从他的课上获得新的历史视野,也能从中洞悉一位大师是如何寻找、分析和展现他的材料的,以至于他们认为这门课程是他们最有价值的知识经历之一。那些继续深造、在他的指导下攻读博士学位的人会了解他所要求的严谨工作的高标准,但是学生们也会发现他所付出的巨大辛劳,会看到他对他们每个人的问题都会注意到。②

其他的重要任命包括了几个把哈佛带入 20 世纪 20 年代的教授。托马斯·尼克松·卡弗(1891 年在南加州大学获文学士学位,1894 年在康奈尔大学获哲学博士学位)在 1900 年获得教职,在 1904 年被任命为戴维·A. 威尔士讲座教授。卡弗虽然固执己见但却奋发有为,他发表了一些重要的研究成果,包括《财富的分配》(1904)、《社会学和社会进步》(1905)、《农村经济学原理》(1911),后来还出版了一本教科书。威廉·雷普利(William Z. Ripley, 1890 年获麻省理工学院科学学士学位,1893 年获哥伦比亚大学博士学位)在 1902 年获得任命。先前他曾撰写《欧洲的种族》,而在哈佛他的主要工作是研究铁路问题。查尔斯·布勒克(Charles J. Bullock,1889 年在波士顿大学获文学士学位,1895 年在威斯康星大学获博士学位)在 1901 年由威廉斯学院

---

① Taussig, "Economics", pp. 191—192.

② Herbert Heaton, *A Scholar in Action: Edwin F. Gay* (Cambridge, Mass.: Harvard University Press, 1952), p. 2.

来到哈佛，在1908年被任命为教授。他撰写了税收史著作，并就税制改革向马萨诸塞州官员提供咨询。爱德蒙·戴伊（Edmund E. Day，1905年在达特茅斯学院获科学学士学位，1909年在哈佛获博士学位）在1910年成为助理教师，在1920年被任命为教授。①

这些任命使得经济学系变得更加多元而开放。只有戴伊的博士学位是在哈佛获得的。后来加入商学院的斯普拉格（O. M. W. Sprague）的博士学位也是在哈佛获得的，但是新的经济学系展现出丰富多彩的教育背景。卡弗曾经在加利福尼亚尝试旱作农业，后来在南加州大学勤奋工作，然后加入约翰斯·霍普金斯大学和康奈尔大学，最终成为一位看上去很典型的哈佛教授。他暑期在欧美各处乡村旅行，为他的多门农业经济学课程收集资料；而他的农业经济学课程与鲍文早期对都市价值的颂扬形成对比。② 1912年以后，哈佛经济学系在布勒克的支持下开设了一整套研究生课程，聘用许多博士生作为指导教师或者讨论小组牵头人。

在世纪交替之际，一个考察哈佛经济学系的常规考察委员会在报告中指出："有很大一部分学生去上政治经济学课程，其中许多学生上更高级的课程。课程的安排似乎很令人满意，以讨论会和分组指导来补充课堂讲授。"该委员会注意到邓巴之死，也注意到与商业相关的新课程。到1914年，经济学系考察委员会（the Committee to Visit the Department of Economics）报告说，总入学人数已经达到1 634人，其中有542人上介绍性的"经济学A"课程。研究生注册人数的增加也相当稳定，由1902—1903年的16人增加到1913—1914年的40人。③

出于对初级课程的重要性和规模的重视，考察委员会的一个成员（他本人也是哈佛教学教授）描述了这门课程的教学模式："在星期六，一班学生在新报告厅上讲座课。学生在一个星期内每隔两天要到指定的小组参加分组学习。"五位助理教师加上助教授戴伊要参加21个小组的学习，每个小组大约有25名学生。学生要在20分钟的时间内回答助理教师经过讨论而选择出来的一个问题。"在学生写下对问题的回答之后，剩下的两次辅导就用于

---

① Taussig, "Economics", p. 191.

② 参见 Thomas N. Carver, *Recollections of an Unplanned Life* (Los Angeles: Ward Ritchie Press, 1949)。

③ Arthur T. Lyman, Report, June 5, 1901 and "Report of the Committee to Visit the Department of Economics", April 13, 1914, HUA.

问答测验,在学生的规定阅读范围内进行解释和讨论,而所阅读的内容往往是从陶西格教授的《经济学原理》中选取的20到50页。”学生的出勤和专心程度一直都很好;但是“学生思考的质量似乎和他们的专心程度不相称……他们的想法经常是含混不清的,而且往往全班都回答不了在教科书上解释得清清楚楚的问题”①。

用陶西格的话来说:“后来这些年的明显特征是高级课程的发展和系内力量的成长。我们可以自信地说,在这个学科上,哈佛已经在美国各大学中首屈一指。”在20世纪20年代时他认为主要弱点在于“经济学的社会应用方面,或者说是在这门学科的实际意义上”。卡明斯、卡弗和雷普利等人的社会学都强调社会应用的不足,而不是强调改革。“但是整个经济学与其他学科之间没有协作,例如人类学、心理学和伦理学;而且,对于这些学科能以何种方式对经济学的理解作出贡献,以及对经济学能以何种方式对这些学科作贡献,几乎没有什么认识。”皮博迪的社会伦理学取代了社会学。“与经济学类似,社会伦理学开始时是作为伦理学和哲学的一个组成部分;而且从开始至今一向有一种劝善的意味,被认为全然不同于科学当中冰冷干涩的气氛。”②

就这样,虽然有内部冲突,也有因为教师患病和到欧洲访学(这是经济系对那些既要照看本科生在基础课上的学业,又要追求自己的研究业务的助理教师的一个无休止的要求)造成的危机,但哈佛经济学系还是发展起来了。邓巴、陶西格和卡弗相继在制定经济学系发展方向上施加着主导性的影响力。他们每个人都既能有效地、深孚众望地从事教学工作,又能从政策观点出发就广泛的当代问题撰写相当多的作品。他们的地位是建立在人格和感召力而不是才华的基础之上的。他们阐明了经济学理论,而不是丰富了经济学理论;正如约瑟夫·道夫曼(Joseph Dorfman)所指出的,他们的观点处在传统分析的主流之中。劳克林对邓巴关于银行储蓄的研究进路所作的评论或许是对他的继任者的贡献的恰当描述:“他的阐述如此中肯有力而清晰流畅,

① “Report of Committee to Visit the Department of Economics”, April 13, 1914; appended report by John Wells Morss, pp. 228—229, HUA.

② Taussig, “Economics”, pp. 192, 193. 关于更含蓄一些的评论,特别是关于数学方法的引入被耽误的情况,以及后来数学方法的发展,参见 Mason, “Harvard Department of Economics”, pp. 408—430。

以至于现在已经成了我们信念的总库存中的一部分。"①

直到20世纪20年代布勒克和杨(A. A. Young)开始把注意力集中在理论和公共财政的广泛问题上,本科生教学一直是经济学系的头等大事。在1897年前,哈佛在经济学上只有三篇博士论文:斯图尔特·伍德(Stuart Wood)研究了亨利·凯里的巨著《社会科学的原则》,陶西格启动了他终身对关税的研究,霍华德·库克(Howard H. Cook)撰写了"爱尔兰移民的经济基础",然后去担任美国钢铁研究所(American Iron and Steel Institute)的助理秘书。在1897年后的五年间,又有五名哲学博士完成学业并在学术职业上有所作为,其中包括斯普拉格和卡伦德。在20世纪的最初十年间共授予18人博士学位。大多数都从事学术职业,但是没有一个人因为对经济学分析作出了贡献而为人所知。

在回顾哈佛的这些变化时,陶西格对青年教师越来越注重跨学科方法以及经济学成为商业领域的职业训练的趋势表示了轻微的遗憾。"经济学家感兴趣的是属于他自己的世界,也就是人类社会的世界,是这个社会成长、发展和运作的方式;而不是告诉个人如何能在这个复杂的社会机制中追功逐利地去找个人的位置。"经济学的学生所面对的是:

> 重大的公共事务,包括他们在成熟起来以后作为公民、立法者和公共官员所必须处理的事务。在学习经济学的经历中他们所要对付的一系列问题既要求他们有足够的资料并能够明智地运用常识,又要求有严密的论证和抽象的思维。②

对邓巴和陶西格来说,经济学是一种政策科学,其与鲍文的道德哲学之间的差异并不是很大。所要做到的是将理论的思维和公允的态度用于理解美国的物质和文化进步,而做到了这一点,哈佛的毕业生就能对国家建设作出贡献。

---

① 劳克林的评论转引自 Joseph Dorfman, *The Economic Mind in American Civilization*, vol. 3: 1865—1918 (New York: Viking Press, 1914), p. 66。

② Taussig, "Economics", pp. 200, 201.

工业化及工业化之后

在1860—1900年间,经济学的基础已经由道德哲学转变为对现实的分析和经验性的研究。经济学已经在美国大学里建立起来,向新老专业阶级提供专业化的、高级的训练。正如弗利兹·林格指出的,在19世纪初,美国学院曾经是一个"边缘的机构":

> 作为私立事业,美国学院通常与教派和慈善机构有从属关系。它通常面向地方性的委托人,而不是放眼全国。在学术水平上,美国学院更接近欧洲的中学而不是大学。

在阅读了内战前国会关于关税、货币和土地使用等问题的辩论记录之后,保罗·康金(Paul Conkin)断言:"在任何专业化的问题上,普通人通常都完全能和专家平起平坐。"①但是到了1900年,对经济学的掌握越来越多地以在学院和大学里的训练为条件。只有通过学院或大学学习才能掌握价值理论的核心,也才能掌握深入细致地研究商业和工业组织的方法。

当陶西格还是一个年轻的助理教师时他就指出过,价值理论在入门时很简单,但很难完全掌握。如果能清楚地描述供求关系是如何通过竞争性市场决定最低生产成本条件下的价格,就能阐明为什么分工(专业化)、贸易增长(市场扩张)和资本增加(储蓄扩张)能够导致经济繁荣水平的提高。但与此同时,当所有的生产者和消费者被都纳入考虑范围时,如何才能使个体市场达成平衡,又如何区分实际情况与货币现象(或价格层面上的现象),如何将一般的理论运用于具体的政策问题?对这些问题,即使是思维最缜密的经济学家也会感到困惑。一般老百姓和博士候选人都会去读亚当·斯密的著作或者陶西格的教科书,只不过是在不同层次上去领会书中的内容。从实用的角度看,把竞争描述为上帝的旨意,与把竞争说成是效率和平等的前提可能

① Fritz K. Ringer, *Education and Society in Modern Europe* (Bloomington: Indiana University Press, 1979), pp. 247—248. and Paul Conkin, *Prophets of Prosperity: America's First Political Economists* (Bloomington: Indiana University Press, 1980), p. 313.

没有多大差别；但训练有素的经济学家最终也会从规模、外部性和不确定性导致的损失增加的角度去理解市场失灵。

就全国范围内的情况而言，由于斯密、马尔萨斯、达尔文和赫伯特·斯宾塞之间存在着某种连续性，所以从道德哲学向社会科学的转型并不那么艰难。人口对资源的压力导致无情的竞争，而这种竞争最终会将自私的个人主义转化为全社会或全人类的进步。在哈佛，鲍文和路易斯·埃格塞兹（Louis Agassiz）拒绝承认进化的逻辑，但经济学家和社会学家却将进化论融入自己的观点。正如于尔根·赫伯斯特（Jurgen Herbst）指出的，德国的历史主义和对《圣经》的深入批判影响了学院神学，并为其他学科中系统的思辨和经验研究开辟了道路。由于哈佛在教派上归属于上帝一位论派，而且在内战前就集中了很多曾留学德国的教授，所以它比其他学校更早地接受了对社会伦理的非宗教性讨论。后来，威廉·詹姆斯、弗朗西斯·皮博迪和陶西格都强调合作，或者说强调竞争会产生和谐的结果，把合作看做是对社会达尔文主义中表现出来的那种残酷斗争的制衡。①

虽然经济学很少能为经营业务和商业贸易提供实用性的训练，但它之所以在哈佛和其他地方如此受学生欢迎，显然很大程度上是因为它的主旨。工业发展中产生了新的工厂和产品，工人和农民吵嚷着要求获得更多的收入份额，货币政策不得不根据战争以及金银产量的变化而加以调整。城市在扩张，吸引了成百万来自欧洲的新移民。科学技术创造了奇迹般的电灯、电报和城市间交通线，创造了用以改进钢铁和其他金属生产的化工技术。经济学要“解释”这些进步，要让人们相信如果没有政治干预，整个经济体系的运作一般是符合他们的利益的。有一些改革是需要的，包括降低关税、鼓励合作社、规范铁路的经营和改善公共卫生，但没有必要对社会进行剧烈的结构重组。

在美国经济学联合会的主题演讲中，陶西格承认使个人对财富的欲望服务于公共服务的改善是困难的。他吟诵道：“企业，发明创造，有效的分工的发展，新计划的制订，还有新土地的开发和新资源的利用——所有这些都是伟大财富的主要条件和成就。”

---

① Jurgen Herbst, *The German Historical School in American Scholarship* (Ithaca, NY: Cornell University Press, 1965), pp. 92—97, and Sidney Kaplan, “Taussig, James and Peabody: A Harvard School in 1900?” *American Quarterly* 7 (Winter 1955): 315—331.

> 我们不能再固守亚当·斯密经常为人们所引用的话里透出来的那种半神学观点,即“在看不见的手的推动下,个人会做一些能产生出乎他本来的目的的事情”。但是我们至少可以感谢这个事实,即那些推动着有力量、有抱负的人的冲动经常可以转化为和平和工业的成果。

如果政府的责任在未来几十年间要有所扩张,那么这个国家就需要掌握高水平的管理技术。①

美国的宪法以及公众对暴政的恐惧促使政府建立内部的制衡机制,也使得政府往往屈从于变幻无常的民意,从而排除了合理的计划和坚定的长期方向的可能性。只有政治巨头才能操纵整个体系,使之协调地运作。专家的建议,以及城市管理者和工作任务委托等方面的改革可能会提高公共管理的水平,但是陶西格还是期待智能和德性能够取代政治腐败。德性“无疑要受到教育和诱导的影响,但它大体上取决于传承下来的品质、榜样的力量以及父母对子女的言传身教”。所以,陶西格尊崇“工作中的正直和坚定,日常生活中的良好信誉,以及遵纪守法”——这些传统的新英格兰价值显然也得到了现代经济学的认可。②

哈佛经济学教师对参加校外活动的态度是慎重而又明智的。陶西格曾经承担过坎布里奇学校委员会的工作,也曾担任过美国关税委员会的首任主席。埃德温·盖伊在第一次世界大战中曾担任过一系列重要职务,其中包括搜集整理与应对政治、社会和经济的困难问题有关的情报。布勒克在多个研究税制改革的州委员会工作过。卡弗曾指导与农业部合作的农村组织服务局(Rural Organization Service)的工作。大多数教师都参加专业学会,特别是美国经济学联合会,而且都到欧洲去拜访杰出的经济学家。他们是被作为绅士和学者、而不是正统学说的叛逆者或者才华横溢的理论家而受到尊敬。

哈佛对其在全国性大学中的领导地位有一种自觉意识,对社会科学奉行一种温和而保守的主流派观点。这种观点受到哈佛的研究生和本科生的欢迎,但对不期而至的危机缺乏准备。20 世纪经济、社会、政治和事项各个方面的实际发展并没有优待哈佛经济学系教师。他们宽容而温和的声调反映

---

① Frank Taussig, "The Love of Wealth and the Public Service", *Publications of the American Economic Association*, 3rd ser. 7 (February 1906): 9.

② Ibid., p. 22.

了他们的一些含混的信条，但这并没有阻止他们发出对爱尔兰移民、政治家、工会和改革派人士的诋毁性评论。在20世纪20年代，经济学系的经济服务部(Economic Service)在开发用于预测商业周期的统计技术方面居于先导地位。然而没有一个重要的经济学系会如此坚决地反对新政时期的复兴措施，也没有一个经济学系能在约翰·梅纳德·凯恩斯的《通论》(1936)出版以后发生如此革命性的变迁。

哈佛经济学系曾经有过一些对本科生产生很大影响的信条。但从两个相当独特的例子看，后来的美国总统弗兰克林·罗斯福与伟大黑人学者和民权活动家杜波伊斯(W. E. B. Dubois)却似乎并不认为这些教条那么有说服力。1936年，罗斯福写信向他以前的老师陶西格致敬："早在36年前，我开始比较集中系统地研究经济学和经济学家。在过去四年里，我更是越来越专注地接着学习这门课程。"但是哈佛对这位总统的如下调侃并不会感到很自在："我对经济学是一无所知，但是别的人也是一无所知。"他把陶西格的成功归因于"他双目中闪耀着令人愉快的光，还有他的知人阅世之明"①。

杜波伊斯曾经深入研究经济学，曾提交过关于工资基金的论文参评塔潘奖(Tappan Prize)。他回忆道，关于关税和人民党改革——

> 在哈佛曾以比较清楚和尊重事实的态度加以讨论。趋势是支持英国的自由贸易而反对美国的关税政策。我们敬服李嘉图，在"工资基金"上浪费了大量时间。托拉斯和垄断被直截了当地看做是民主的危险敌人，但同时它们也被认为是工业发展不可避免的手段。我们对金本位持坚定的支持态度，对银本位则忧心忡忡。另一方面，哈佛总体上对劳工采取的是一种轻蔑贬斥的态度。芝加哥无政府主义者的罢工、1886年铁路工人的罢工、1892年发生在霍姆斯蒂德(Homestead)的可怕的罢工，1894年考克西军(Coxey's Army)等工潮都被描述为无法无天地跟难以阻挡的时势作对。

马克思在这里被忽视了，因为商业和工业界的捐赠人"使得哈佛富有而

① Roosevelt to Joseph Schumpeter, December 18, 1936, PPF, F. D. Roosevelt Library, Hyde Par, N. Y.

反动”①。

尽管哈佛经济学家并没有作出什么理论贡献,但埃利奥特、邓巴和陶西格还是有理由为他们的成就而自豪的。他们已经适应了奥尔森和沃斯所说的“专业化的特性:接受判断个人能力的客观标准,专家之间的分工,通过理性的控制和沟通方式来实现工作的协调”②。他们还强调,在哈佛教师和学生之间有密切互动,而且有一种哈佛承担领导责任的意识。随着经济学在大学内作为一种社会科学而实现制度化,当下时代的精英被说成是堪当大任的人物。哈佛经济学家试图培养出既浸透着个人价值,又积极支持那种把个人责任和科学知识调动到现代组织——这些现代组织似乎是能够大量提供商品和服务的——中去的公共政策的未来领袖。

(牛可 译)

① W. E. DuBois, *Dusk of Dawn* (1940), 转引自 *The Harvard Book: Selections from Three Centuries*, ed. William Bentinck-Smith (Cambridge, Mass.: Harvard University Press, 1982), p. 256. 杜波伊斯关于工资基金的论文见于 Archives, University of Massachusetts at Amherst.

② Oleson and Voss, *Organization of Knowledge*, p. xix.

正在被收购的象牙塔[①]

三好正男

高等教育正在经历急剧变化。每个人都知道并感受到这一点,但是很少有人试图去体察其范围或预想其未来的发展。本论文共分两部分,通过回忆过往和观察最近发生的事件来作一些猜测。第一部分描述现今美国大学以及越来越多地在世界其他地方研究型大学中出现的学术向知识产权、大学向国际性公司加速转化的现象。第二部分思考本应作为批评和干预力量出现的人文科学在现阶段履行职责时的无力。

学术向知识产权的转化

1995 年起便担任加州大学校长的阿特金森曾多次试图确定这所世界最

---

① Masao Miyoshi, "Ivory Tower in Escrow", *Boundary2*, Vol. 27, No. 1, 2000. 这篇论文在成稿过程中曾在以下机构和会议上发表过:中国社会科学院和湖南师范大学主办的"批评理论会议:中国和西方";威斯康星大学麦迪逊分校的国界研究学术圈;台湾清华大学主办的"亚洲国家间文化研究会议";加州大学 Riverside 分校主办的"美学与差异会议:文化差异、文学和艺术";加州大学圣地亚哥分校的人种和种族研究中心及种族研究系;加州大学厄湾分校的批评理论研究所;明尼苏达大学的全球研究所以及俄勒冈的弗里曼讲座系列。感谢组织者和听众的反馈。感谢阅读本文不同阶段的稿子并作出批评和评论的朋友和同事们:Marti Archibald, Paul Bové, Chen Kuan-Hsing, Eric Cazdyn, Noam Chomsky, Rey Chow, Arif Dirlik, H. D. Harootunian, Gerald Iguchi, Fredric Jameson, Mary Layoun, Meaghan Morris, Richard Okada, Edward Said, Rosaura Sanchez, Ulrike Schaede, Don Wayne, Wang Fengzhen, and Rob Wilson。特别要感谢加州大学圣地亚哥分校技术转让办公室主任 Allen Paau 为本文慷慨地付出了很多时间。

大的研究型大学的角色定位。在他看来，今天研究型大学的目标就是要建立起和企业之间的联盟："整个计划大致是这样开展的。加州大学的科研人员联合私人公司的科学家或工程师形成研究计划，再由企业和学术界人员组成的专家小组从中选出最佳项目进行资助。"①在这种思路下，虽然大学科研包括"基础研究，应用研究和开发"，但基础研究——如今被称为是"纯粹出于对现象的兴趣，为满足好奇心而开展"的研究，其存在的必要性仅仅是因为"它可能会有一定的应用前景，因而可能会有应用研究的需要"②。开发——也就是生产用途——是研究型大学的主要目标。

在另一篇题为"大学与知识经济"的短文中，阿特金森评述说："像剑桥这样的大学，还有欧洲其他的大学，几乎都认为大学的科研应该和私人企业划清界限。"与这种"避开商业刺激的文化"相对的是，美国一直以来就有"一种建立大学和企业之间桥梁的倾向"③。在他看来，这就是硅谷和128公路沿线科技产业发展的背景。他接着说，在加州大学校园附近1/4的美国生物科技公司和加州40%的生物技术公司，包括世界最大的三家生物技术公司Amgen，Chiron和Genetech，都是由加州大学的科学家开创的。

这所市场化的大学如何保护其学术完整性呢？阿特金森信心十足："我们过去大约15年的经验教给了我们很多关于如何保障研究成果发表自由，避免可能的利益冲突以及如何在整体上保护大学的学术氛围以及师生自由追求自己研究兴趣的方法。"④学术自由的问题——跟利益与事业理想的矛盾一样——正如我们在本文稍后将会看到的那样，在今天企业化的大学中事实上是一个很复杂也很变幻莫测的问题。但是，在这篇他履任后不久写的论文中，阿特金森将学术自由作为"学术氛围"与个人利益之间已经协调解

---

① Richard C. Atkinson, Edward E. Penhoet（Chiron公司主席兼首席执行官），"Town and Gown Join Forces to Boost State", *Los Angeles Times*, 31 December 1996。

② Richard C. Atkinson, "The Role of Research in the University of the Future"（1997年11月4日在日本东京联合国大学宣读的论文）。网址：www.ucop.edu/ucophome/pres/comments/role.html。

③ Richard C. Atkinson, "Universities and the Knowledge-Based Economy"（1996年2月3日在加州州参议院财政会议上宣读的论文）。网址：www.ucop.edu/ucophome/pres/comments/senate.html。事实上，剑桥大学从20世纪60年代开始就一直在通过比如开发科技园区和组建内部孵化公司剑桥大学技术服务公司这样的手段建立和企业之间的联盟。牛津大学虽然起步较晚，但也加紧追赶，组建了Isis创新科技公司。参见Sarah Gracie, "Dreaming Spires Wake Up to Business", *Sunday Times*（London）, 6 June 1999。

④ Richard C. Atkinson, "High Stakes for Knowledge", *Los Angeles Times*, 28 April 1996.

决的问题一笔带过,那以后他就没有再触及这个话题。

和时下大多数的大学管理者一样,阿特金森没有就教育政策作长篇的论述,更不用说充分表达他的教育理念与思想了,他的大多数论述都散见于他那些被删略的演讲或是专栏文章中。① 哈钦斯和博克的时代很久之前就已经结束了,更不用说洪堡和纽曼的时代了。因此很容易理解,为什么我们说他应该花一点点时间向大学里的人文与社会科学研究认罪,虽然这话听上去可能会使一些人觉得不安。

在阿特金森看来,大学的确还有一重作为"人格塑造者,价值评判者和文化捍卫者"的角色,但那是属于被看做是和严肃的研发截然不同的"教育和学术"领域的活动。因此在南加州大学的普列斯演讲中,他在谈到人类知识的这两个部分时也只是各举了一个例子来说明。关于社会科学,他只提到了《心的习惯》这本关于美国核心价值观的主流推荐书,他说社会科学"塑造了对活跃社会的价值的公开讨论"。加州大学厄湾分校的人文学研究所也是"在人文学以及它对文化和日常生活贡献方面的对话中的重要声音"。除了提到这本书和一个机构,阿特金森对人文和社会科学方面的研究几乎无话可说。他接着又指出,在一所致力于应用科学研究的大学里,人文和社会科学研究的存在本身就很重要。② 当然我可能没有了解他讨论的全部,但就我所知,阿特金森没有再对人文和社会科学发表什么高见。③ 他对研发之外的研究漫不经心的态度是毫无疑问的。

仅仅相隔一代人之前的 1963 年,加州大学系统的另一位校长克拉克·克尔出版了《大学的功用》一书,这本书的内容是其在哈佛大学所作的戈德

① 阿特金森还在加州大学圣地亚哥分校任名誉校长时就和人类学系的一位教授 Donald Tuzin 一起写了一篇题为"Equilibrium in the Research University"的文章,发表在 *Change: The Magazine of Higher Learning* (May/June 1992: 21—31)上,对大学、教学、通识教育等的使命作了一个总体概括,但即使在这篇文章中,阿特金森和 Tuzin 也仅仅只是提了一下人文和社会科学所面临的学术问题。

② Richard C. Atkinson, "Visions and Values: The Research University in Transition", (1997 年 3 月 1 日在南加州大学第 19 届年度普列斯讲座上的发言)。网址:www. ucop. edu/ucophome/pres/comments/ pulli. html。阿特金森在文章中意思的表达有时不太清楚。我这里试图诠释他的原话:"In each case the fact that these activities unfolded in an institution with research as a central mission has been essential to their nature and impact."

③ 阿特金森有另外一篇专栏文章"It Takes Cash to Keep Ideas Flowing" (*Los Angeles Times*, 25 September 1998)。正如这个不加掩饰的文章题目所透露的那样,在这篇文章中他重复了一直以来的观点。感谢加州大学校长办公室对我提出的问题提供了慷慨的合作。

金演讲系列中的一讲。在这本书中他把大学定义为一个应对多种社会力量需要的修配站而不是一个自主的研究机构。① 这些力量事实上主要包括国家防御、农业综合经营以及其他的集团利益。巨型大学被定义成是多种期望之间的斡旋者,虽然它的仲裁可能偏袒其中的一方。它的定位仍然是一个干预机构。第二年,当加州大学伯克利分校爆发学生要求言论自由的运动时(其中很多学生刚刚参加了那年夏天南部的投票人登记运动),这本书再次成为阅读的焦点,那些反对巨型大学的学生和教师坚持认为大学不仅应该生产多种技能和应用成果,而且应该"丰富和启发学生的生活——告诉他们思想的价值"。对他们来说,学术道德、政治上的健康以及对于美好未来的社会构想都是高等教育的组成部分。② 这样,民权运动、种族平等、和平、女权主义——和言论自由一起——都在大学找到了一席之地。

克尔提出的巨型大学也许是高等教育管理层中有史以来第一次有人毫不遮遮掩掩地将大学纳入公司系统之中。然而应该看到,克尔对大学多重功能的定位和阿特金森潜意识中认为大学是公司研发基地的观点仍然相去甚远,这一点非常关键。20 世纪 60 年代学生和教职员中反巨型大学的观点在事实上对抗着克尔对大学"人文教育"悠久传统的重新定位。拿 20 世纪 90 年代的眼光我们回头看看,将人文教育视为自由探索的主流寓言也需要重新审视和重新构建。我们在这里无论如何要表明一点,那就是今天企业化的大学——在十几年前会被很多人认为是令人发指的亵渎行为——现在教职员、学生和整个社会都几乎没有任何怨言和批评地欣然接受。在大学作为斡旋者和大学作为企业合伙人之间,在 60 年代的抗议和 90 年代的默许之间到底发生了什么?为什么会有这种默许?我们有必要回到现代大学创立之初,这样也许我们能更清楚地看到大学随着现代历史进程的展开所发生的变化。

……

现代大学大约出现在 19 世纪,为的是满足欧美准备向海外扩张而引发的知识需求。现代大学因着启蒙和进步的名义建立起来,科学和技术研究是其主要的规划。然而和实用知识一起被正在形成中的资产阶级推动的还有现在被称为"人文和社会科学"的知识。但是从古老的体制到具有革命性的

---

① Clark Kerr, *The Uses of the University*, 4th ed. (Cambridge: Harvard University Press, 1995).

② Sheldon S. Wolin and John H. Schaar, "Berkeley and the Fate of the Multiversity", *New York Review of Books* 4, no. 3 (11 March 1965), 17.

资产阶级民主的教育转型并不像人们想象的那样激进。一方面,老式大学教育培养的是贵族式的绅士淑女,虽然有着维护阶级地位的利己性,但它声称自己是反对实用主义或者说是没有实际使用价值的。博学、为求知而求知、修养、学术的乐趣——这些特权阶级享有的高贵的活动构成了贵族教育的目的。另一方面,资产阶级革命教育是理性、普遍、世俗和开明的,它也声称自己是中立客观而不是偏袒一方或实用主义的。在这些条件下,人文教育继续作为现代大学的重要理念存在着。但是它还有一个更为中心的议题,就是建立现代单一民族的独立国家,它需要通过反复灌输共同语,将历史、文化、文学和地理放在中心地位的方式来构建、传递和传播民族认同感。政府推广和实用知识紧密结合在一起的民族知识。虽然表面看上去不然,民族知识因此却是非常具有党派偏见,人文教育和民族教育经常互相抵触。但同时它们也可能互相协调:毕竟19世纪的政府是资产阶级建立的,虽然它坚决地将新生的工人阶级的利益排除在外,但它还是愿意照顾幸存下来的贵族的利益。人文教育受到了宽容甚至是鼓励,因为它推动了资产阶级的阶级利益。它提供的教育包括高贵的艺术、音乐、诗歌、戏剧和历史,经过很多年的培育建立了现在被称做是高雅严肃文化的经典。在政府通过压制外国异族、对抗相邻国家、镇压有抱负的下层社会来扩大市场和殖民地的过程中,人文教育和民族教育在互相抵触和互相补充中发展着。现代大学在约翰·费希特、洪堡特、纽曼、查尔斯·艾略特、赫胥黎、马修·阿诺德、丹尼尔·吉尔曼、桑斯坦·魏伯伦、哈钦斯和雅克·巴颂看来,就是包含着这种实用的民族主义和反对实用的探索求知之间的矛盾和对话。

纽曼有自己的信仰,他认为的大学——一个独立的场所——只是用来教育"绅士",用沙夫茨伯里勋爵的话来说,就是对于专业技能和专业的实用性看得很超脱,同时对于下层社会人民的生活和理想不闻不问的那类有修养的人。纽曼的心一直属于贵族化的牛津,即使在他为都柏林一所天主教大学写《大学的理念》的时候也一样。① 与纽曼不同的是,赫胥黎的科学研究是以实用和应用为目的的,和牛津剑桥的传统不同,它提供的是专长和职业训练,不是阿诺德式的文化和批评。大学作为人文教育场所的神秘之处,即不分阶级,不受限制,没有外在动机,没有偏见的教育,一直延续到今天。但是学术界一直非常矛盾。以不分阶级的教育的名义,它努力以资产阶级的模式来塑

① John Henry Newman, *The Idea of a University*, ed. Frank M. Turner (New Haven, Conn.: Yale University Press, 1996).

造其成员。爱默森的“美国学者”运用了一种手段将美国教育定义为是非美国的或者说是跨美国的。简而言之,它要做到既美国又不美国,使“美国的”成为“普遍的”的同义词。我们可以很容易地将这种潜在的矛盾和阿诺德对“文化”的定义相比较。阿诺德将文化看做是应该不带阶级偏见和狭隘私心的自由、自发的意识,但为了保卫这种文化,阿诺德不加踌躇就引进了“神圣的”“国家”的概念,这个“国家”将毫无顾虑地镇压工人阶级的“无政府主义和骚乱”,正如他在19世纪60年代后期第二次“选举法修正法案”的骚动中所宣扬的那样。①

在美国,亚伯拉罕·林肯于1862年签署了《莫里尔法案》,奠定了“美国大学,包括公立和私立大学的发展基调”②。这次赠地运动引进了农业、工程、家政、商业管理等学院。后来,接受政府赠地兴办的大学和学院被要求开设被称为ROTC的军事训练课程。因此,没有任何一所现代大学逃得开阶级利益。很多批评作家选择或经常被迫置身于大学之外——比如马克思、尼采、卢森堡、罗素、安东尼奥·格兰姆奇、I. F. 斯通、弗朗兹·法农。但也许是因为财富和权力还没有完全结合在一起的缘故,大学常常也为学者超越他们直接的阶级利益提供了一定的空间。这些与社会格格不入的人虽然在数量上不是很多,但是形成了自己重要的历史,正如我们在20世纪的荣·托萨卡、赫伯特·马尔库塞、保罗·萨特、西蒙娜·德·波伏娃、雷蒙·威廉斯、赖特·米尔斯和E. P. 汤普森身上所看到的那样,而这些人现在都已经辞世。还有一些人现在还很活跃,但大学作为一个机构表现出效忠密涅瓦、克利俄和缪斯的同时其实也一直在为世俗权威和金钱服务。

20世纪的三次战争——第一次世界大战,第二次世界大战,还有冷战(包括朝鲜、越南的冲突)——加剧了大学服务于政府的倾向。从曼哈顿计划这样的武器研究开始,研究的领域远远超过了物理学与化学,工程与生物学,一直延伸到了人文与社会科学。情报系统(战略服务办公室,或OSS)建立之后,人文学很快扩大了和政府/资本主义意识形态构建之间的同谋。③

---

① Matthew Arnold, “Conclusion”, *Culture and Anarchy*, J. Dover Wilson (Cambridge: Cambridge University Press, 1932), 202—212.

② Kerr, *Uses of the University*, 35.

③ 见 Robin W. Winks, *Cloak and Gown: Scholars in the Secret War,1939—1961* (New York: William Morrow and Company, 1987)。关于冷战期间学术资源的流动,见 Noam Chomsky et al., *The Cold War and the University: Toward an Intellectual History of the Postwar Years* (New York: New Press, 1997)。

文学中崇尚反语、似非而是的隽语和复杂的表达以帮助达到去政治化的目的,也就是通过引入与资产阶级现代性保持距离的"开放的"观念来掩藏资本主义的矛盾。① 这一经典被创造和不断强化。在艺术领域,彰扬抽象表现主义来对抗苏联的现实主义②,在历史领域,进步和发展是民主不可阻挡的前进方向。至少在美国,社会科学一直以政策和实用为导向。通过将世界分成区域,区域研究将国家利益投射到了人文与社会科学的研究上。③ 20 世纪 60 年代之后,大学的国家化慢慢受到挑战,到冷战结束之前,大约是 1990 年左右,国家至上的局面清楚地被全球市场为主导的局面所取代。

……

将阿特金森和克尔分开的是冷战的结束和经济的全球化,这两个分别代表资本主义发展两个方面的事件。事件的来龙去脉是怎样,又是如何影响到大学的呢? 全球化当然不是新事物:正如马克思和恩格斯 150 年前在《共产党宣言》中指出的那样,资本主义一直在各地寻找新市场、更廉价的劳动力和更大的生产力。1880 年和第一次世界大战之间贸易的国际化从比例上来说和现在的跨境贸易规模一样大。④ 然而这次的扩张由于惊人的科技发展和生产本身的数量在深度与广度上都与前一次不可同日而语。

由于二战后通讯方面的显著进步,资金、劳力、生产、产品与生产资料都前所未有地快速方便地流通着,跨越国家和地区的界限寻找最大的获利,在这一过程中地方与地区间的差异迅速得到消减。政府总是为富人和权贵服务,但它也会不时地想到自己应起的调控和斡旋作用。政府并不是只为富人和权贵服务的机构。但现在随着多国和跨国大集团的兴起,起干预作用的政府明显地衰落了。它无法延缓经常给工人带来巨大痛苦和折磨的裁员大潮

---

① Franco Moretti, "The Spell of Indecision", *Marxism and the Interpretation of Culture*, ed. Cary Nelson and Lawrence Grossberg (Urbana and Chicago: University of Illinois Press, 1988), 339—346.

② Serge Guilbaut, *How New York Stole the Idea of Modern Art: Abstract Expressionism, Freedom, and the Cold War*, trans. Arthur Goldhammer (Chicago: University of Chicago Press, 1983).

③ Bruce Cumings, "Boundary Displacement: Area Studies and International Studies during and after the Cold War", *Bulletin of Concerned Asian Scholars* 29, no. 1 (January-March 1997): 6—26.

④ "产品市场整合程度的一个衡量方法是贸易和产出的比例。这个比例从 20 世纪 50 年代开始在大多数国家都得到了大幅度的增长。但根据这个衡量标准,今天的英国和法国比起 1913 年的情况对贸易的开放度只是稍稍有了增加,而今天的日本还没有那时开放"(见"One World?" *Economist*, 18 October 1997, 79—80)。

和成本削减的洪流。它无法限制世界上巨额现金的流动和巨额投资。如果说它还做了什么的话,就是政府支持了企业的利益,这点从它一次次推动北美自由贸易协定(NAFTA)和投资多边协定(MAI)可以看出。① 不受限制的企业行为和投机因此就增加了。经常看到的是对公共领域、整体性和社区精神的绝对放弃以及对私有化、个人主义与身份主义的推崇。这就导致了竞争、追名逐利意识、机会主义和最终社会分裂与分化的加剧。

从环境角度来看,地球对人类来说已经发展到了无可挽回的地步。地球上已经找不到一平方英寸没有受工业污染的净土了。当前环境的恶化已不可逆转:在资本主义制度下人类唯一能做的就是放慢环境恶化的速度,争取在当地零星地做一点补救工作。②

但全球化造成的最明显的社会后果是贫富差异的激化。从全球范围来说,80%的资金集中地在二十几个国家的范围内流通。财富集中在那些工业化国家手中,而且仍继续朝着一个方向,即北方流动。仅举一个例子来说明,乌干达的人均收入是每年200美元—— 而在世界上最富有的国家卢森堡人均收入是39 833美元。乌干达的人均寿命是42岁 —— 而日本的人均寿命是80岁 —— 在乌干达五个孩子中就会有一个在五岁之前夭折。另外,乌干达有20%的人口现在正受着艾滋病病毒的折磨③,而其每年的债务是其政府主要健康开支的两倍。还有些国家的状况比乌干达更糟。④ 财富的不平均

① 在从前的殖民地中,民族主义和国家集权主义起着截然不同的作用。这方面简要的论述,可参阅 Neil Lazarus,"Transnationalism and the Alleged Death of the Nation-State",*Cultural Readings of Imperialism: Edward Said and the Gravity of History*, ed. Keith Ansell-Pearson, Benita Parry, and Judith Squires (London: Lawrence and Wishart, 1997), 28—48。

② 要了解最近在这方面所作的简明的综述,可参阅 Bill McKibben,"A Special Moment in History", *Atlantic Monthly*, May 1998, 55—78。要了解对环境问题的全面研究,可参阅 David Harvey, *Justice, Nature, and Geography of Difference* (Oxford: Blackwell, 1996)。

③ Michael Specter,"Urgency Tempers Ethics Concerns in Uganda Trial of AIDS Vaccine", *New York Times*, 1 October 1998. 根据 Donald G. McNeil 在"AIDS Stalking Africa's Struggling Economies"(*New York Times*, 15 November 1998)一文中提供的数据,乌干达有9.51%的成年人感染了艾滋病病毒。

④ 华盛顿 Preamble 中心研究主任 Mark Weisbrot 在1999年9月29日的一次电话通话中提供了乌干达每年的债务数据。比乌干达更贫穷的国家,按人均国民生产总值来计算,包括马拉维($144),埃塞俄比亚($130),阿富汗($111),坦桑尼亚($85),莫桑比克($80),索马里($74)和苏丹($63)(*The Economist Pocket World in Figures* [London: Profile Books, 1997])。就债务和出口的比例来看,几内亚比绍超过了7倍,圣多美和普林西比超过了6倍,布隆迪超过了5倍("Helping the Third World", *Economist*, 26 June 1999)。

分布事实上在任何一个地区都是这样。因而世界上最富有的人口中的225人所拥有的资产就达1万亿美元,相当于世界上最贫困的47%的人口年平均收入的总和,而这些亿万富翁虽然大都集中在北方,但也有78位来自发展中国家。①

国内的形势也不妙。美国工资收入的不平等1995—1997年间成为被广泛讨论的话题。虽然现在我们听不到很多这方面的讨论,但这并不意味着差距的缩小。大家都知道迪斯尼公司首席执行官迈克尔·艾斯纳的天价薪水和优先认股权②以及比尔·盖茨的资产数。25年前的1974年,美国大公司首席执行官的薪水是美国普通工人工资的35倍。1994年首席执行官的收入跃升至普通工人的187倍。根据1998年《商业周刊》的一篇特别报道,普通管理人员的工资现在是工厂工人工资的326倍。③ 这个差异比卢森堡和乌干达的差距还大。随着收入的增加,财富也愈加集中——也就是说,1979—1995年间,收入最低的20%的人口收入下降了7%,而收入最高的20%的人口收入上升了26%。④ 在1992—1995年最近的三年里家庭净资产增加了2.7万亿多,而最富有的1%的人将自己在其中所占的份额从30.2%提高到了35.1%。另外,几乎所有增加的部分都由这个人群中最富有的一半人获得,这些人的平均净资产从800万上升到了1 130万美元。而另一方面,资产数量最低的90%的家庭的收入则从32.9%下滑到了仅占31.5%。⑤ 虽然最近失业率显著下降,但是很多工作都是临时性的——也就是说是兼职的或者

① 联合国发展项目(UNDP),1998年度人类发展报告(New York: Oxford University Press, 1998), 30。

② 艾斯纳的薪水在1997年上升了23%,达到1 065万美元(*Los Angeles Times*, 20 December 1997),而同时他又行使着达5.65亿美元的优先认股权(James Bates, *the Los Angeles Times*, 4 December 1997)。

③ 参阅关于管理人员薪酬的特别报道"The Good, the Bad, the Ugly of CEO Salaries Scoreboard: Executive Compensation"(*Business Week*, 20 April 1998, 64—110)。1974年和1994年的数据摘自众议院民主政策委员会的网址:www. house. gov/democrats/research/6ceopay. html。关于这一现象有趣的是,提薪和优先认股权与管理人员所管理的公司的业绩几乎不挂钩。见Adam Bryant, "Stock Options That Raise Investors' Ire", *New York Times*, 27 March 1998; Adam Bryant, "Flying High on the Option Express", *New York Times*, 5 April 1998; Adam Bryant, "Executive Cash Machine", *New York Times*, 8 November 1998。

④ David E. Sanger, "A Last Liberal (Almost) Leaves Town", *New York Times*, 9 Janua ry 1997.

⑤ Gene Koretz, "Where Wealth Surged in the 90s", *Business Week*, 25 August 1997, 32. 另见Jeff Madrick, "In the Shadows of Prosperity", *New York Review of Books*, 14 August 1997, 40—44。

是暂时的——没有医疗和退休保险,即使在 1999 年的春末,经过了很长一段时期的所谓经济繁荣之后仍是这样。① 国家并不从中干预:相反地,税务结构②、公共建设项目、国防开支、医疗与福利政策、对商业管制的撤销都是在为维护有钱人和公司利益进行重组。穷人只能仰仗在政府和企业的下方分得微不足道的一杯羹或是仅仅依靠自己贫乏的资源过活。

这样一种经济——跨国、无所不收——显然对大学有着影响。最具有结构性和决定性意义的变化是随着 1980 年拜伊 - 多尔法案通过而加速的所谓从大学到企业的技术转让。我将在后面具体讨论,这里我想先谈谈一些明白无误的事实。在具体的课程设置中,以民族为核心的科目正在衰落,地区研究自冷战结束之后也正在接受重新审视。民族文学和历史研究,几代人奠定的人文学的基石,正在明显地失去吸引力。正在衰落的中产阶级把孩子送到学费较低的靠政府赠地兴办的公立学校中去上学,而富人则把他们的孩子送到在社会上占精英地位以收费昂贵著称的私立学校中去。较富有的学生更有可能学习人文学——就像二战前的传统一样——而那些至少需要在学校半工半读以维持生活的较贫困的学生则更倾向于选择毕业后容易找到工作的实用专业。统治阶级总喜欢做没有实用价值的事——期望劳动阶级去做实用的事。学生入学时这样一种政治经济状况很明显就影响到课程的设置。人文学科正在受到煎熬。纯科学——比如数学和物理——同样因为支持的减少而萎缩。学术性较强的专业被停办,需求量较旺的学科得到扩大——常常并不考虑它们的学术价值。③

人文学科学生找工作的危机并非像 20 世纪 70 年代那样是由经济滑坡引起的,也不是人口变化引起的暂时现象。随着单一民族主权国家这一虚幻的霸权的衰落,民族文学和文化的根基在很大程度上被掏空了。我们不再需要也不再能够保障现在学术界构建的那种人文学。在学术观念和政策上都存在着将重心从人文领域移开,将资源转移到应用科学的决定性变化。文

① Robert B. Reich, "Despite the U. S. Boom, Free Trade Is Off Track", *Los Angeles Times*, 18 June 1999.

② "The Disappearing Taxpayer", *Economist*, 31 May-6 June 1997, 15, 21—23; David Cay Johnston, "Tax Cuts Help the Wealthy in the Strong Economy", *New York Times*, 5 October 1997.

③ 系科的关闭不再是偶然事件。见拙文"Globalization, Culture, and the University" (*The Cultures of Globalization*, ed. Fredric Jameson and Masao Miyoshi. Durham, N. C.: Duke University Press, 1998, 247—70)。

化——艺术与文学——像过去那样正被从学术领域驱逐出来，而且各种迹象都表明它正被重组到媒体、娱乐与旅游业——所有这些将在新生的全球经济中占据更合法地位的消费活动中。这个问题我将在第二部分进一步讨论。①

除了具体学科的变迁之外，全球企业化的影响在学术出版总体观念和政策上引发的巨大变化上可以最清楚地看到。大学的成本和输出受到重新考察。课程修读、学位颁发、博士排名的数据似乎像工业指数一样受到严密的监控。② 奖学金的颁发依据的是发表文章的数量和被引用的次数。更为重

① 1998年秋，美国现代语言协会（MLA）出版了《职业1998'》，这是一本"覆盖一系列与职业有关的问题"的小册子。但这本书完全没有讨论职业状况的变化及其所处的全球文化的变化。书中最后一篇文章"Bob's Job: Campus Crises and 'Adjunct' Education"的作者是前主席Sandra M. Gilbert。在这篇文章中她将今天美国文化的历史变迁以个人的笔调浓缩进了对朋友Bob J. Griffin的回忆中。主人公Bob的死固然非常令人伤心，我们应当就他从加州伯克利获得英语博士学位却只能找到一份年薪5 000美元并没有医疗保险的兼职写作教师的工作，65岁左右便撒手人寰的事实作一个个案分析，但这件事要求我们更加清醒地分析美国在20世纪90年代的政治经济环境。现代语言协会似乎有意在回避真实的历史情况，通过这种方式也许能在其将来的运营中复制相似的个案。作为Bob另一个昔日的朋友，我觉得有一种坦诚面对现今学术职业状况需要的紧迫感。

② 排名数据当然是必不可少的，问题是怎么对待这些数字。现代语言协会最近的一份报道发现，1990年和1995年间在英语和外国语言领域获得博士学位的7 598人中，4 188人——占总人数55%的人—— 在获得学位当年没有能够找到在工作一定时间后将能获得终身职位的工作。报道接着将这种工作危机和早前的危机以及其他学科的工作危机作了比较。这篇报道一针见血地指出了"大规模教育与职业危机——一种事实上的文化危机"的存在。文章接着指出，现在的研究生课程主要"面向的是大型的科研机构而不是社区学院、专科学院以及小的教会学校的未来，而这些学校现在正在为我们的职业承担着相当大一部分的工作"。接下来的建议——比方说，削减研究生课程的规模——我们应该认真考虑。但这篇报道几乎没有考虑人文课程性质的变化，或者更准确地说是大学本身的变化——这个引起高等教育变化的根本问题。即便所有的经费危机现在都得到了解决，美国或许还有其他地方的高等教育研究与教学学术内容的危机仍然不会消除。假如人文学科所有的博士今年都能找到在工作一定时间后将能获得终身职位的工作，这是否将解决人文学教学内容的危机呢？见 *Final Report: MLA Committee on Professional Employment* (New York: MLA, 1997). Reproduced in PMLA 113, no. 5 (October 1998): 1154—1177。

要的是,负责经费和捐赠的发展办公室成为了大学最为活跃的部分之一。① 大学出版社——过去为了独立的学术事业出版学术专著,为学术不为营利——而今正在重新整理账目好使自己可以在商业上站稳脚跟。曾经,大学出版社的每种图书都有一千多份自费出书的订单,"一群人写,一个人发表,一个人买书:一个良性的可以使很多教授拿到稳定、有终身教职工作的良性循环"。那以后图书馆的订单显著下降,现在平均一本书订单数大约在300册以下而且还在下降。整块的学术领域像"文学批评或拉美历史"已经被大学出版社砍去。② 传统的学术人生轨迹是,完成博士论文以后出版论文拿到终生教职,再发表一部专著晋升教授,这一过程以后可能都不再有了。斯坦利·费胥是英语教授,同时也是杜克大学出版社的主管,他描述/规定说,大学出版社"不再考虑900—1 500册印数的书",而是转向出版"能卖到5 000—40 000册的书"。同样,明尼苏达大学出版社的主管作了一个不好的预言,认为"两年内在市场上将很难看到学术专著"③。

① "已经获得128亿美元捐款的哈佛大学现在正在谈另一笔21亿美元的捐款。"一位经济学家对大学是否真正需要150亿美元表示出疑问。捐款,正如其他的聚财手段一样,成为了一种"习惯",不管是否需要,不管是为了何种目的。见 Karen W. Arenson, "Modest Proposal", *New York Times*, 2 August 1998。在"Ballooning Endowments Prompt Rich Universities to Loosen Their Belts"(*New York Times*, 21 October 1998)一文中,Arenson 称哈佛、得克萨斯大学、耶鲁大学和其他大学现在正在将其获得的急速攀升的捐款用于盖楼、维修和助学金上。而更仔细地看看,我们会发现这些花销更像是对未来的一种投资:在这些富起来的学校中新创立的教职都是在生物医学工程领域。

② Phil Pochoda, "Universities Press On", *Nation*, 29 December 1997, 11—16. 另见 Mark Crispin Miller, "The Crushing Power of Big Publishing", *Nation*, 17 March 1997, 11—18:"同时,学术机构受到非常在意成本的大学管理者的压力,要在没有学校资助的情况下独立维持。因此这些机构也在向市场压力屈服,丢弃深奥难懂的专著改写比较时髦轻松的学术内容,甚至是只要在 Borders 能卖出的就写,这也许就是说很少有脚注。那些出版商也受到很大压力,以致学术界人们已经在谈论改变终身职位的规则了,因为要将一项高深难懂的研究出版几乎是不可能的事——实在是很黑暗的发展"(17—18)。

③ Judith Shulevitz, "Keepers of the Tenure Track", University Presses Supplement, *New York Times*, 29 October 1995. 学术专著出版的衰落是被广泛认识的事实。像美国历史协会和一些大学出版社正试图通过用电子出版物取代传统书籍的方法来努力扭转这一局面。见 Robert Darnton, "The New Age of the Book", *New York Review of Books*, 18 March 1999; Dinitia Smith, "Hoping the Web Will Rescue Young Professors", *New York Times*, 12 June 1999。

学术界的裁员现在大家都认为是不可避免的。① 担负本科教学一部分重要工作的不是固定的教师和根据临时需要招募的教员，而是研究生和没有福利与终身职位的临时工。② 大学正在利用网页开设很多本科课程。加州虚拟大学(CVU)现已正式成立，它通过课程进修计划开设了几百种网上课程。CVU联合了公立和私立的高等教育机构(例如加州大学和加州州立大学各分校、斯坦福大学、南加州大学等等)成立了一个被规划者之一称为"全球学术村"的组织。作为教学的辅助，电子资源的规划当然会有帮助。但是CVU的主要目的并不在此。虽然远程学习还未取代教师的作用，其受欢迎程度事实上也远没有得到保证，但是其节省开支的潜力是相当明显的。在美国甚至是全世界，无数的虚拟大学正在创建：除了CVU之外，还有纽约大学以营利为目的的附属机构；西部州长大学；宾夕法尼亚州立大学的"世界校园"；佛罗里达州立大学以及英国长盛不衰的开放大学。③ 另外还有一所追求利润的超级大学凤凰城大学。这所学校现在是美国最大的具有学位授予权的私立大学，到几年前为止仍只有七名全职教师和3 400名上一门课付给1 500美元报酬的非全日制教师。拥有凤凰城大学的阿波罗集团的利润正在

① George Dennis O' Brien, *All the Essential Half-Truths about Higher Education* (Chicago: University of Chicago Press, 1997), quoted in James Shapiro, "Beyond the Culture Wars", *New York Times Book Reviews*, 4 January 1998. See also William H. Honan, "The Ivory Tower under Siege: Everyone Else Is Downsized; Why Not the Academy?" Education Life Supplement, *New York Times* (spring 1998), 33, 44, 46; and Randy Martin, ed., *Chalk Lines: The Politics of Work in the Managed University* (Durham, N. C.: Duke University Press, 1998).

② "在有博士授予权的(英语)系中，平均下来，由研究生担任的教师负责63%的一年级写作练习课，兼职教师负责19%，全日制未纳入终身教职轨道的教师负责14%。"在外语系中相应的数字是68%，7%和15%。见MLA, *Final Report*, 8。文学系毕业的很多博士找不到工作，对他们来说即便获得这样的临时教席也是很理想的。另见Seth Mydans, "Part-Time College Teaching Rises, as Do Worries", *New York Times*, 4 January 1995; Joseph Berger, "After Her Ph. D., a Scavenger's Life: A Temp Professor among Thousands", *New York Times*, 8 March 1998。

③ 但这些商业企业并没有证明立即就能成功。到1998年秋，大多数大学——宾夕法尼亚州立大学、纽约州立大学、伊利诺斯大学和加州大学伯克利分校——只吸引了不到5 000名学生。为了弥补这种困境带来的损失，纽约大学正在计划利用营利性的附属机构来加强其在网络上的实力。在"N. Y. U. Sees Profits in Virtual Classes" (*New York Times*, 7 October 1998)这篇文章中，Karen W. Arenson写道："像纽约大学这样的非营利性大学越来越转向营利性的公司，以期将教授的研究转化为生产力。"另见同一记者撰写的另一篇文章"More Colleges Plunging into Uncharted Waters of On-Line Courses"(*New York Times*, 2 November 1998)。

急剧上升。① 出于对被日益增多的电子影像取代的担心,教师中间也出现了抵制运动。因此,在全国范围内,像加州大学洛杉矶分校、缅因大学、华盛顿大学和加拿大的约克大学都正在测试教师反对呼声的强度。②

为了在吸引学生、资助和捐赠方面居于有利地位,大学都在激烈地争夺杰出的教授:有12所大学现在至少有一位教授薪水和福利超过了75万美元——很像企业的首席执行官,收入远高于那些报酬过低的工人。③ 和企业建立盟友关系的政策在美国各地的校园都深深地扎下根来。由于担心联邦政府的支持会消失,大学现在不仅在寻求企业的帮助,而且还雄心勃勃地建立合作研究中心。仅仅在南加州,加州大学厄湾分校就在建造一个生物医学中心以方便大学科学的商业化,帮助公司的形成。加州大学洛杉矶分校和南加州大学都从一名企业家那里获得了一亿美元来建造生物医学工程中心。④ 正如我们在下文将看到的那样,这样的例子不胜枚举。

如此密切的盟友关系不可避免地使大学和企业管理者之间产生一种小圈子内的往来。因此很多大学的校长和名誉校长在公司董事会任职,其中包括,举例来说,宾夕法尼亚大学(艾特纳生命与意外伤亡公司与电子数据提交系统)、勒亥大学(帕克哈尼芬公司)、乔治城大学(迪斯尼公司)、加州大学伯克利分校(威尔斯法戈公司)、杜鲁大学(阿拉马克公司、贝尔大西洋公司、联合医疗保险公司、益众公司、国际信托公司和阿玛拉达赫斯公司)、得克萨斯大学(弗里波特麦克莫兰铜业与黄金公司)、西方学院(亚柯公司、国际商用

① Lawrence Solely, "Higher Education … or Higher Profitsi For-Profit Universities Sell Free Enterprise Education", *These Times* 22, no. 21 (20 September 1998): 14—17. "因为资质评估人所提出的问题,学校扩大了全职教师的数量——现在有45名全职教师在编"(16)。凤凰的母公司阿波罗集团五年内收益增加了三倍多,从1994财政年度的一亿两千四百七十二万美元增加到1998财政年度的三亿九千一百零八万两千美元。另见阿波罗集团的网址:www. apollogrp. com。

② 参阅"California's 'Virtual University' Aims to Be a Digital Center for Higher Education" (*Notice: A Publication of the Academic Senate*, University of California 22, no. 3, December 1997: 1, 3); "Notes from the Chair: Course Articulation" (Notice: A Publication of the Academic Senate, University of California 22, no. 7 (May 1998): 5。另见 Kenneth R. Weiss, "A Wary Academia on Edge of Cyberspace", "State Won't Oversee Virtual University" (*Los Angeles Times*, 31 March 1998, 30 July 1998)。关于教职员反对电子化带来的裁员问题,见 David Noble, *The Religion of Technology: The Divinity of Man and the Spirit of Invention* (New York: Penguin, 1999)。

③ Victoria Griffith, "High Pay in Ivory Towers: Star Professors Are Subject of Concern", *Financial Times*, 6 June 1998.

④ James Flanigan, "Southland's Tech Prowess Is in Partnerships", *Los Angeles Times*, 8 March 1998.

机器公司、诺斯罗普格鲁曼公司)、加州大学系统(内华达金田联合公司、夸尔考姆公司和圣迭戈煤气与电力/伊诺瓦公司)等大学的校长。其中很多的校长除了学校的薪水之外还拿到数目可观的酬劳(例如,宾夕法尼亚大学的校长除了514 878美元的正常薪水之外还拿到20万美元)。① 最后要说的是,担任贝尔实验室研究人员和管理人员22年后离开,到加州大学圣地亚哥分校阿特金森手下任副校长的罗伯特·戴恩斯在取代他成为名誉校长后出版了一本叫做"商业伙伴"的小册子。在1996年圣地亚哥生物商业协会(BIOCOM)的早餐会上,戴恩斯说大学是新技术的源头,基础研究不再在大公司内进行。在讲这番话之前,BIOCOM的董事会成员是以加州大学圣地亚哥分校"首席执行官"的身份把他介绍给了大家。这次会议的主持人是加州大学的一位校董,他也曾在选择戴恩斯作为加州大学圣地亚哥分校名誉校长的委员会里任职。

而另一方面,很多企业的领袖多年以来也一直在大学的董事会任职。魏伯伦在很多年前就已经抱怨这种有钱有权者对学术领域的入侵。20世纪早期有一些别的对大学所有权的研究。② 虽然可能有一些例外,但几乎所有州立大学的校董的聘用都与政治利益有关,确保企业的利益稳固地得到体现。近来管理委员会成员的选择似乎更公然地偏向企业的利益,虽然反映学者通常所有的淡漠态度的系统研究就我所能确定的并不常见。③

更为重要的是,企业首席执行官现在已经成为大学校长和名誉校长的唯一模式。其中普林斯顿大学的校长哈罗德·夏皮罗就断言说:"大学的校长

---

① Kit Lively, "What They Earned in 1996—1997: A Survey of Private Colleges' Pay and Benefits: The Presidents of Rockefeller, Vanderbilt, and U. of Pennsylvania Top $500,000", *Chronicle of Higher Education*, 23 October 1998. 另见 Karen W. Arenson, "For University Presidents, Higher Compensation Made It a 'Gilded' Year", *New York Times*, 18 October 1998。

② Thorstein Veblen, *The Higher Learning in America: A Memorandum on the Conduct of Universities by Business Men*, American Century Edition (New York: Hill andWang, 1969). 另见 Clyde W. Barrow, *Universities and the Capitalist State: Corporate Liberalism and the Reconstruction of American Higher Education,1894—1928* (Madison: University of Wisconsin Press, 1990)。

③ 加州大学伯克利分校物理学荣休教授 Charles L. Schwartz 多年来独自一人研究加州大学校董的行为表现,但在写了20多篇详尽的报告之后,最近他放弃了努力,至少部分原因是缺少支持和鼓励。

就是学校的首席执行官。"①以学术、远见、人格甚至政治或军事知名度为标准来选择大学校长的古老传统已经一去不复返了。至少在可预见的未来,大学领袖将会是一个以扩展大学与企业基础与联合,创建知识产业,募集资金与捐款,提高劳动生产力,斡旋与外部组织包括不同政府机构之间的公共关系,保证机构灵活运作为职责的企业管理者。没有什么比"大学公司"这一角色定位更确切的了。②

……

现在让我来谈谈知识产业结构转变中的核心问题,即现在大学"技术转让"的实践。本论文开篇处引用的阿特金森的言论既不是特例也不是极端的例子,虽然从言辞上来说要比现在学术界的大多数言论都要更为直接明确和直言不讳。类似的观点也出自高等教育机构的管理者——比如阿特金森的邻居斯坦福大学的校长杰哈德·卡斯伯之口③—— 这些观点真实地反映了现在美国大多数研究型大学的政策和实践。

1980 年 12 月 12 日,参议员伯奇·拜伊和鲍勃·多尔通过了一个两党支持的法案,《拜伊—多尔法案》(公共法 96—517),《1980 年专利与商标法修订案》。这项法律是在全球经济竞争激化,担心联邦政府研究资助缩减(其实不是事实④),公司包括研发部门裁员的压力增大,由此导致的对学术研究需要增大的背景下起草的。在里根—撒切尔经济时代,运用公共资源为私人

① Harold T. Shapiro, "University Presidents—Then and Now" (the Princeton Conference on Higher Education, March 1996, the 250th Anniversary of Princeton University, included in Universities and Their Leadership, ed. William G. Bowen and Harold T. Shapiro (Princeton, N. J.: Princeton University Press, 1998).

② San Diego Biocommerce Association On-Line。网址:www. biocom. org/index. html。

③ Gerhard Casper, "The Advantage of the Research-Intensive University: The University of the Twenty-first Century" (1998 年 5 月 3 日在北京大学宣读的论文)。网址:www. stanford. edu/dept/pres-provost/president/speeches/980503peking. html。在众议院科学委员会技术小组委员会一次题为"Defining Successful Partnerships and Collaborations in Scientific Research" (11 March 1998)的会议上作证时,麻省理工学院校长 Charles M. Vest 说:"大学应该和企业协同工作 ,但不应该是企业。"(网址:www. house. gov/science/vest 03—11. htm)

④ 至少在大学的研究环境中不是这样。联邦政府下拨的科研经费从 1991 财政年度的 8 119 977美元稳步增长到了 1996 财政年度的 12 317 829 551 美元和 1997 财政年度的 13 040 581 674美元。见 The Association of University Technology Managers, Inc., *AUTM Licensing Survey, Fiscal Year1996 : A Survey Summary of Technology Licensing (and Related) Performance for U. S. and Canadian Academic and Nonprofit Institutions and Patent Management Firms* (Norwalk, Conn.: AUTM, 1997)及其 1997 财政年度的报告 (1998)。

企业服务越来越得到认同并日趋重要。这项法律在那以后不断地得到修订，使得大学不断商业化——也就是说，拥有专利权并拥有从联邦政府资助的研究项目中研制的发明的所有权。大学和研究机构先是可以通过非营利性的处于起步阶段的公司或小的国有公司，但之后可以通过任何公司，不管大小和国别，来达到商业化的目的。1980 年之前每年大学被授予的专利都不到 250 项，而在 1996 财政年度超过了 2 000 项，在 1997 财政年度被授予的专利超过了 2 740 项(上升了 26%)。从 1980 年开始，在大学和科研机构科技成果基础上建立起来的处于起步阶段的公司就有 1 500 多家，仅 1997 财政年度就建立了 333 家(比 1996 财政年度建立 246 家上升了 34%)。以许可金、补偿金、股权、使用费等形式存在的收入相对来说仍很少。1997 财政年度从大学技术管理者协会调查对象使用许可金和股权获得的使用许可金总收入只有六亿九千八百五十万美元。(但相对于 1996 财政年度的五亿九千一百七十万美元仍然上升了 18%，而 1996 财政年度相对于 1995 财政年度的四亿九千四百七十万也上升了 19.6%。也就是说，在技术使用许可的活动中有一个“指数的”增长)虽然直接收入只占整个大学预算，甚至是大学资助的研究开支的一小部分(1%—5%)，但是这些小数目掩盖了大学研发实际拥有的经济活力。①

大学与企业之间的联系比通常人们所理解的要紧密得多。首先，处于起步阶段的公司组成卫星式研发社区，为学生和毕业生等提供工作和培训，而另一方面公司也从大学获得信息和技术。另外，学术授权收入据说支持着 250 000 个高薪工作岗位，使美国经济在 1997 财政年度产出达到 300 亿美元(而在这之前的一年支持的高薪岗位是 212 500 个，美国经济的产出是 248 亿美元)。其次，一些与大学相关的实验室和公司发展成了大公司，继而又形成了像硅谷、128 公路、研究三角(杜克大学，北卡罗莱纳大学，北卡罗莱纳州立大学)、普林斯顿走廊、硅山(得克萨斯)、医学里(宾州大学和坦普尔大学)、光纤山谷(亚利桑那大学)与金三角(加州大学圣地亚哥分校)这样的工业研究园区。这就是 20 世纪末的校园景象，它们取代了海德堡的歌特式城堡和那里的决斗、歌声和浪漫，取代了牛津、剑桥的小教堂、酒吧和书店。②

① 见 the Council on Governmental Relations (COGR) 的小册子 *The Bayh-Dole Act: A Guide to the Law and Implementing Regulations*, 30 November 1993。网址：ww. tmc. tulane. edu/techdev/Bayh. html。

② 参阅第 467 页注释③。

大学之间为了争夺更多研发资源的竞争正愈演愈烈，一方面寻找项目资助和学术授权收入本身，另一方面也是为了追逐作为顶尖研究型大学的声望。加州大学系统是迄今为止最大的研究型大学，受到资助的研究经费在1997财政年度超过16亿美元，排在它之后的是约翰斯·霍普金斯大学九亿四千两百万美元和麻省理工学院七亿一千三百万美元。① 从授权总收入来看，加州大学也独占鳌头，达到6 730 万美元，居于其后的是斯坦福大学（5 180万美元）、哥伦比亚大学（5 030 万美元）和麻省理工学院（2 120 万美元）。加州大学也是联邦研究基金的主要获益人，美国大学所获得的全部联邦科研经费（1996 财政年度为 123 亿美元）的 10% 以上被加州大学夺走。②必须记得，这些联邦经费产生出大学中的发明，然后这些发明又会被许可或者签约给企业开发商。（1996 财政年度相应的企业来源的资助数目是 15 亿美元，比联邦政府资助高出 1/10 多一点）在这一活跃的经济活动中，大学的教师（"发明者们"）从其为之效力和专利颁给的机构中得到了 25%—50% 的专利权使用权利金——视数量与机构而定③。据阿特金森说，加州大学是"一家每年获利 115 亿美元的企业。加利福尼亚州在这 115 亿中投入了 20 亿，就是说，州政府每投入 1 美元我们就在其他的资助中生出了几乎五个美元"④。这莫非就是他关于美国或者世界研究型大学未来的信念源泉？

关于将联邦政府资助的科研成果转让给企业，从被动的联邦资金被私人发展商使用并被激活服务于公众利益这一点来看，将非营利性的资助转化为营利性的研发完全可以被视为是正当的。私人部门获取利润，因此扩大了经济基础；学生们也受到了直接的训练。这样大学就变得可以直接为公众服务。正如上文所提到的那样，我们可以说高科技的涌入导致了生活水平的大

---

① *AUTM Licensing Survey*, *FY1997* . 另见 Richard C. Atkinson, "The Future of the University of California", September 1998。网址：www. ucop. edu。1997 财政年度获得研究经费开支资助排在这三所大学之后的有华盛顿大学、密歇根大学、斯坦福、威斯康星大学麦迪逊分校、纽约州立大学、得克萨斯农工大学、哈佛大学以及宾夕法尼亚大学。

② Atkinson, "Future of the University of California".

③ 专利权使用权利金的分配视具体大学而定。密歇根大学给发明者的是：20 万美元以下 50%，20 万美元封顶；20 万美元以上 33. 3%（University of Michigan Technology Management Office, "Working with Faculty and Staff" [unpublished document]）。加州大学的比例则更加灵活（UC Office of Technology Transfer, "UC Equity Policy", 16 February 1996. 网址：www. ucop. edu/ott/equi-pol. html）。

④ Atkinson, "Future of the University of California".

幅度提高和一个地区的都市化,使大学和科技园区周边的整个社区获益。但也存在很多的陷阱和圈套是那些充满热情的管理者和政策制定者经常会忽略的。首先,对于专利的重视,也就是对知识转化为知识产权的重视意味着将其他人排除在享有知识的圈子之外。向公众公布可能会使专利的商业推广和使用授权收入落空,和传统学术期刊的论文的推动作用相反,这种担忧阻碍了信息的自由流动。联邦政府的资助应该使受到资助的发现和发明对大家敞开。专利授予延误了信息的传播,自由探索的原则也被打了折扣。当"企业的规则置于科学的规则之前"时,"研究者之间的交流变得痛苦";同事们变得不愿意分享他们的数据。①

其次,大学科技发明的真正受益人不是消费者和普通纳税人,而是那些经常通过不公平价格获取巨额利润的公司和企业家。如果《拜伊—多尔法案》的意图是要让联邦资助的发明项目能让普通大众受益的话,那么这种意图有时并没有实现。让我举两个滥用联邦资助经费的例子。最臭名昭著的例子之一是施贵宝研究院与雄心勃勃的位于瑞士的生物技术跨国公司桑多斯公司之间的1993年协定。为了回报三亿美元的研究经费,施贵宝给了桑多斯公司在其联合科学委员会中的一个重要位置,使他们有权甚至在资助机构(美国全国卫生研究所[NIH])之前获取研究成果信息,而且有权对施贵宝的所有成果作市场推广,而所有这些成果都基于联邦政府多达十亿美元的经费资助。这桩交易受到国会专门小组委员会的调查,施贵宝和桑多斯公司最终不得不对其合同给予的权利作相应的削减。施贵宝可能不是严格意义上的大学,但它是一家具有学位授予权的学术机构。桑多斯公司和哈佛大学的教学医院丹纳—法伯研究所也有一个非常类似的协定。丹纳—法伯研究所作为对1亿美元研究经费的回报授予桑多斯公司使用其克隆基因研究成果的权利,而该项研究已经受到美国政府的资助。② 另外,协议还规定任何接受桑多斯经费的个人都必须同意让桑多斯公司拥有其研究成果的使用许可

① Seth Shulman, *Owning the Future* (Boston: Houghton Mifflin, 1999), 51. 引号中的内容摘自Steven Rosenberg发表在*New England Journal of Medicine*上的一篇论文。

② Lawrence C. Soley, *Leasing the Ivory Tower: The Corporate Takeover of Academia* (Boston: South End, 1995), 41—42. 我在这篇论文写作进行到相当程度时注意到了这本书。像Soley关于虚拟大学的那篇文章一样,这本书对于大学公司化的具体方面提供了很好的细节信息。Kristi Coale的文章"The $50 Million Question" (*Salon Magazine*, 15 October 1998)提供了施贵宝交易的最新信息,报道说这份协定被NIH察觉,并且施贵宝不得不每年拿出2 000万美元,分五年返还。

权。大公司通过让大学承担研究任务节省下一大笔钱,通过投入相对很少的转让费和使用费获取丰厚利润。他们在研究的某些方面的投资远谈不上充足或足够。难道公司利润的一部分不应该拿出来回馈大众,也就是纳税人吗?

和滥用联邦经费一样令人震惊的问题是利益和(或)义务的冲突——因为它涉及学术公正,自由的思想探索和学术自由问题。一个不是技术转让的明显例子但却和本题密切相关的个案表明了大学和企业结盟的风险。1998年春,阿特金森组成了一个任务小组调查加州大学一些活跃的教员在校外继续发展其专业兴趣的合法性问题。自然资源学院的院长,一位商科教授,一位经济学教授和一位法律教授,全都来自加州大学伯克利分校,一起组成了一个被称为是法律和经济咨询小组(LECG)的法律和经济咨询公司。据加州大学学术委员会的官方简报说,《旧金山新闻》发现这家公司的成员收入最少的也在 LECG 股票第一次公开发行之后稳拥价值 1 400 万美元的股票,而收入最高的成员则获得了 3 300 万美元的股票。来自全国各地的学术界知识分子担任着公司的顾问,而其中几位和华府还有着不浅的交情。那位法律教授曾作为资深经济学家在经济咨询委员会任职,另一位加州大学伯克利分校的法律教授目前在休假中,这位公司的主要股东现在担任着司法部负责反托拉斯的代理助理检察长一职,而这个工作正是小组中的那位经济学家之前担任过的。公司的主要负责人之一劳拉·泰森是加州大学伯克利分校哈斯商学院的院长。据有人回忆,她曾在克林顿的第一个政府班子中任职,一开始是白宫经济顾问委员会的主席,其后又担任总统国家经济顾问以及全国经济委员会主席。这家公司广泛精通诸如反托拉斯、环境与自然资源经济学、知识产权、国际贸易与政策以及私有化等多个领域的知识。这家公司的客户不仅有大公司,还有像阿根廷、日本和新西兰这些国家的政府。那位院长,戈登·罗塞,不认为存在利益或义务的冲突,而大学管理层也宣布“不仅接受而且鼓励教师开展校外职业活动,因为这样的活动给双方都带来好处”①。在我看来,这个个案是一个绝妙的义务冲突的例子,陪审团分成两派,一些人

① *Notice: A Publication of the Academic Senate, University of California* 22, no. 7 (May 1998): 1, 3, 4.

认为业余时间的活动和别人无关，另一些人则质疑所谓义务的可分性。①从法律上来说，一个学术人员时间表上的工作分配（上班时间和业余时间）几乎是不可能测定的（难道脑子不会走神吗？），而从伦理上来说，学术专长直接、全面的商业化明白无误地挑战着大学作为自由探索殿堂的理念。事实上在今天很多的研究型大学里，我们都可以明显感受到老派的“纯粹的”科学家和“面向未来的”企业家型教师之间的紧张关系。

第二个利益冲突的例子——也是又一个技术转让的例子——也和利益、时间及非营利性的学术科研经费和营利性的研发之间的能量分配有关。戈登·罗塞，就是那位雄心勃勃的加州大学伯克利分校自然资源学院院长，也涉及了另外一桩个案，这个个案和现在与斯巴—盖奇公司合并更名为诺瓦特斯公司——全世界最大的生物技术公司——的桑多斯公司有关。这桩交易和桑多斯与哈佛之间的伙伴关系很相似。一家新的诺瓦特斯附属机构，位于拉若拉的诺瓦特斯农业发现研究公司将向加州大学支付 2 500 万美元用于植物基因图谱的研究、大学的运作和学院的研究生津贴。作为回馈，诺瓦特斯将拥有 30%—40% 科研产品的优先谈判使用权的权利。研究工作将由一个由三位诺瓦特斯科学家和三位加州大学伯克利分校教授组成的小组领导。另外一个决定应该资助哪些项目的委员会，将由三位伯克利教授和两位诺瓦特斯科学家组成。这是大学的整个教学系科和营利性的公司之间有史以来签订的第一个研究协定。这种大学和企业之间的同盟关系是否就是 1980 年法案的构想者所希望的呢？公众是否是发布的科研成果的受益人？抑或受益者是这家瑞士的跨国公司和伯克利的企业家们？公的是否成了私的，私的是否又变成了公的？无论怎么说，这样的研究倾向所带来的累积效应将给大学研究的本质带来深远长久的影响。

我们也应该注意到诺瓦特斯在德国生产的转基因玉米和周围自然生长的玉米之间异花传粉在欧洲激起抗议风暴的事实。可以预料将来还会有涉及学术自由的问题。似乎是为了事先避免这样的侵权恐惧，加州大学伯克利分校负责科研的副校长说，“这项研究合作是在高度关注公众利益以及大学维护学术自由的传统理念前提下公开达成的”。而拉若拉诺瓦特斯公司的首

---

① “一些大学称‘学年薪水’覆盖了教师在一学年九个月占整个学年 80% 的时间。教师可以利用学年中‘至多 20% 的时间’（通常的理解是一周一天）来为企业提供咨询。‘暑期教学’的薪水通常是另算的。”见 Council on Governmental Relations，“University Technology Transfer：Questions and Answers”，30 November 1993。网址：www. cogr. edu/qu. htm。

席执行官也表达了自己的想法:“在我看来,这项研究为学术自由一锤定音。这不仅是希望有做某件事的自由,还有给你真正做这件事自由的资源。”很显然,这个人并不懂得在学术界学术自由是一个和自由企业完全不同的概念。在写这篇文章的同时,一项诺瓦特斯给加州大学伯克利分校提供价值2 500万美元实验室以及加州大学伯克利分校聘用诺瓦特斯科学家作为兼职教授的计划正在协商之中。由于谈判的公开,已经发生了好几次抗议,包括自然资源学院研究生的抗议。但我们还没有听到教职员,包括学术委员会对此事发表意见。①

大学——假定是非营利性质的——现在正在忙着和企业建立伙伴关系。他们寻找更多的资助以及将生成可市场化知识产权的资源,而这些反过来又会给学术界和企业带来利益。大公司会以经费和资助的形式再给大学拨款使得这个循环继续下去。就拿芝加哥大学的例子来说。加州大学、斯坦福大学和哥伦比亚大学争取授予技术使用权领导地位的结果是,没有工程学院的芝加哥大学看到自己在全国的科学资助排名从二十年前的前十名下滑到了前二十名。为了迎头赶上,1986 年芝加哥大学启动了一项学校内部的风险资本的运作行动。被称为 ARCH 发展公司的这家公司是和阿冈国家实验室合作的合资公司,目的是“开发一个更大的社区”,其中包括管理者、教职员、“将来可能的首席执行官、顾问、合伙人和投资者”。从哈佛请来的生物医药项目主管已经更换了 50% 的部门头头,在他看来,这个地方现在的人员都是些“既要负责筹募资金又要生产实际产品的企业人员”。这次项目运作的主管谈到一项“新的伦理原则”:“我已经告诉教授们他们除了发现新知识外还有别的责任…… 对工作的描述不再是坐在你的办公室里思考,指望我来提

① 前面两段的内容是基于以下的报告:Coale,“The $50 Million Question”; Peter Rosset, Monica Moore,“Research Alliance Debated: Deal Benefits Business, Ignores UC's Mission”, *San Francisco Chronicle*, 23 October 1998; Joseph Cerny,“UC Research Alliance”, letters to the editor, *San Francisco Chronicle*, 7 November 1998; James Carter,“Concerns over Corporation Alliance with UC College of Natural Resources”, *Berkeley Voice*, 19 November 1998; Michelle Locke,“Berkeley Celebrates $25 Million Novartis Grant, but Some Have Questions”, Associated Press, 23 November 1998。网址:www.sfgate.com。“Bay Area Datelines”, *San Francisco Examiner*, 24 November 1998; Charles Burress,“UC Finalizes Pioneering Research Deal with Biotech Firm: Pie Tossers Leave Taste of Protest”, *San Francisco Chronicle*, 24 November 1998; Arielle Levine, Susan West, Students for Responsible Research, Department of Environmental Science, Policy and Management, College of Natural Resources, UC Berkeley, letters to the editor, *San Francisco Chronicle*, 26 November 1998。

供所有的资源。”①

匹兹堡大学和卡内基梅隆大学已经一起组成了创新科技公司为帮助研发、推广和其他的商业支持服务提供启动资金。加州大学有自己的“生物之星”(“生物技术研究同盟战略目标计划”),同样寻找引进私人投资用于生物研究的途径。② 它有面向微电子和计算机行业的 MICRO 计划,还计划建立几个面向工程和通信技术的在系统内覆盖面更广的计划。既负责整个加州大学系统又负责具体分校的加州大学技术转让办公室通过将大学研究的成果和积极寻找成果使用权的企业配对来为研究成果找到实际的应用途径。“授予成果使用权所得到的收入为大学的技术发明者和论文作者(即教授和研究者们)提供了参加复杂的技术转让过程(即销售)的动力,为以后的大学研究提供了资金并为大学技术转让计划的运作提供了支持。”③每个分校都有自己的计划,比如圣地亚哥分校帮助学校和当地企业联系和配对的 Connect(“联系”)计划。光是加州的大学,像加州州立大学系统、斯坦福大学、南加州大学和加州理工学院都有自己的项目,所有这些项目都显示出企业和学术界之间日渐增长的协作关系。④ 正如皮埃尔·布尔迪厄所要说的那样⑤,官僚主义不断滋生蔓延,同时将学者转变为企业的雇员和管理人。大学管理现在是一个平稳发展的企业,在每个学科领域都远远地走在传统学者之前。“从历史上来看,”劳伦斯利佛莫国家实验室的工业伙伴关系及商业化主任说,“大约五年前我们还都一直处于封闭之中。但是现在我们更有兴趣将投资回报最大化。”⑥从东岸到西岸,从美国到日本,从澳大利亚到欧洲,在几乎

① ARCH Development Corporation, the University of Chicago, “About ARCH”。网址:www-arch. uchicago. edu。另见 Richard Melcher, “An Old University Hits the High-Tech Road” (*Business Week*, 24—31 August 1998, 94—96)。.

② “Pitt, CMU Form New Non-profit Corporation, Innovation Works, Inc.”, *University Times* 31, no. 7, 25 November 1998。网址:www. pitt. edu/utimes/issues/112598/06. html。

③ UC Office of Technology Transfer, “UC Equity Policy”.

④ Kenneth R. Weiss and Paul Jacobs, “Caltech Joins Rush to Foster Biotech Spinoff Companies”, *Los Angeles Times*, 16 September 1998.

⑤ Pierre Bourdieu, *The Inheritors: French Students and Their Relations to Culture*, trans. Richard Nice (Chicago: University of Chicago Press, 1977); *Homo Academicus*, trans. Peter Collier (Stanford, Calif.: Stanford University Press, 1988); and, with Jean-Claude Passeron, *Reproduction in Education, Society, and Culture*, trans. Richard Nice (Newbury Park, Calif.: Sage, 1990).

⑥ Alex Gove, “Ivory Towers for Sale”, *Red Herring*, August 1995. 网址:www. herring. com / mag/issue22/tech1. html。

所有能够吸引企业兴趣的大学里，现在学术界的转变都是无可争议的事实。①

……

企业直接参与学术研究虽然不是技术转让但肯定与此是有联系的，它带来了利益冲突加剧的问题以及危及学术项目和学术判断纯洁性的威胁。希尔顿·克瑞姆斯基是塔夫茨大学都市与环境政策教授，他调查了1992年发表在这一领域最顶级的14种期刊上的789篇有关生物学和基因学的文章。这些文章是来自于马萨诸塞州非营利性研究机构的生命科学家所写。以下的作者被定义为有金融兴趣：(1)如果他们的名字出现在一项专利或是专利申请上；(2)如果他们在开发相关产品的生物科技公司的科学咨询委员会任职；或者(3)如果他们在和这项研究有商业关系的公司中担任官员或持有它的股票。克瑞姆斯基发现调查到的文章有34%对所描述的研究有着金融兴趣。咨询费和酬金还不包括在内，因为这些都不太可能查考。如果考虑这些因素的话，他相信比例很有可能还会高很多。②

利益冲突这个问题远不能说是很清晰。金融介入是否一定会破坏一项科学发现的可靠性呢？那么股票的拥有权呢？是否所有的金融活动都应该被公开呢？有许多科学家持不同的观点。波士顿大学的公共卫生教授、《流行病学》杂志的编辑肯尼斯·罗斯曼在《美国医疗协会会刊》上撰文说："公

---

① Sheila Slaughter 与 Larry L. Leslie 合著的 *Academic Capitalism: Politics, Policies, and the Entrepreneurial University* (Baltimore, Md.: Johns Hopkins University Press, 1997) 对澳大利亚、英国、加拿大和美国大学的公司化作了系统研究。这本书的主旨并不是讨论学术上的实质性问题，比如人文、社会科学、学术自由、政治责任，虽然这些问题经常在书中冒出来。另见 Jan Currie and Lesley Vidovich, "The Ascent toward Corporate Managerialism in American and Australian Universities" (Martin, ed., *Chalk Lines*, 112—144)。技术转让通常是从大学到公司。波士顿大学校长 John R. Silber 通过在一家叫 Seragen 的公司投资其药物研究扭转了这一方向。但大学作为资本投资者不见得会和作为技术转让者一样成功：据报道波士顿大学在超过13年间共投资8 400万美元，现在的市值为840万美元。见 David Barboza, "Loving a Stock, Not Wisely but Too Well" (*New York Times*, 20 September 1998)。

② Karen Young Kreeger, "Studies Call Attention to Ethics of Industry Support", *Scientist* 11, no. 7 (31 March 1997): 1, 4—5。网址：www. the – scientist. library. upenn. edu。Sheldon Krimsky, *Biotechnics and Society: The Rise of Industrial Genetics* (New York: Praeger, 1991); Roger J. Porter and Thomas E. Malone, eds., *Biomedical Research: Collaboration and Conflict of Interest* (Baltimore, Md.: Johns Hopkins University Press, 1992).

开可能会给一个人贴上有利益冲突的标签,但它并不表明事实上这项工作是否有问题或是暗示的预言是否是'假警报'。"他将此称为"科学中的新麦卡锡主义"①。从1992年起,几家期刊像《美国医疗协会会刊》、《科学》、《柳叶刀》、《新英格兰医学杂志》以及《国家科学院公报》都采取了金融公开的政策,而其他一些期刊像《自然》杂志认为完全没有必要这样做。后者坚持认为评估文章应该看其本身,而不应该看作者的所属机构,这样就几乎把"可感"利益冲突的观点完全抹去了。这种解释是否会引起和传统法律概念的极大分歧呢?

至少要求在表面上看来是正确的具体合同细节的"可感冲突"的复杂个案有很多。要在这里完整地把这些例子都陈述出来会削弱本文的主旨,所以我想就请大家参考一下注解中所列的文献。② 几个笼统的例子可能就可以说明问题:一家期刊的编辑兼大学教授决定接受或拒绝涉及其本人金融利益的医药产品的文章,结果是所有不被采用的文章都是质疑该产品的,而所有被接受的文章都是持支持态度的;一位研究者对本人投资甚多的公司的药品褒扬有加;一位气候学家否认全球变暖却不披露他在为石油输出国政府和石油公司效力;公司赞助商——例如制药公司——坚持要拥有对研究报告审核、修订和批准的权利。很多压力都成功地受到了抵制,但并不总是这样。毕竟,研制有效的药物是非常花钱的,因为并不总是能得到联邦和公共基金的资助,所以就要努力去寻找工业研究基金。有些项目也会给公共卫生带来巨大的好处。但是一项最终产品最终的重要性并不能使项目避免迁就妥协的可能性。虽然大多数的基金都是合法诚实的,但科研的进一步商业化显然也带来了更多的危机。

---

① Cited by Kreeger, "Studies Call Attention". See Kenneth J. Rothman, "Conflict of Interest: The New McCarthyism in Science", *JAMA-The Journal of the American Medical Association* 269, no. 21 (2 June 1993): 2782—2784.

② 除了第488页注解①所列的那些之外,见 David Blumenthal, E. G. Campbell, K. S. Louis, "Participation of Life-Science Faculty in Research Relationships with Industry" (*New England Journal of Medicine* 335 [1996]: 1734—1739); Edgar Haber, "Industry and the University" (*Nature Biotechnology* 14 [1996]: 441—442); Sheldon Krimsky, L. S. Rothenberg, P. Scott, G. Kyle, "Financial Interests of Authors in Scientific Journals: A Pilot Study of 14 Publications" (*Science and Engineering Ethics* 2 [1996]: 396—410); Rothman, "Conflict of Interest"; Daniel Zalewski, "Ties That Bind: Do Corporate Dollars Strangle Scientific Research?" (*Lingua Franca* 7, no. 6 [June/July 1997]: 51—59)。

最后，高科技企业化是否会使大学周边的公众受益呢？当然，企业可以坐享由联邦纳税人资助并由大学提供的低成本的研发。经常在公司董事会担任职务的大学管理者们会得到一些酬劳。很多处于起步阶段的公司——其中四分之一——会成长为成功的公司，甚至那些没有成功的也还会有重新尝试的机会，他们那些已经训练有素的员工也可以在别处找到工作，这些也是不争的事实。但是在“企业社区”之外的情况如何呢？科技园区无疑创造了工作和收入的机会。高薪研究人员的流入促进了店铺和市场的发展，因此又创造了服务性行业的繁荣。但另一方面，这样快速的都市化发展意味着地价的急速攀升，导致日渐扩大的房地产开发，造成交通拥挤。这就引发了进一步房产开发、交通堵塞，尤其是环境恶化的恶性循环。维持这种发展的基础结构必须完全由当地和州的纳税人提供资金。看到硅谷对周边地区漠视态度所带来的毒害，有人说：“圣马特奥县平均住房价格超过了40万；在圣克拉拉县几乎也是那么高。驱动高科技发展的劳动人口大部分花费大量时间上下班往返于另一个山谷——中央山谷—— 因为在那里员工们能找到负担得起的房子。污染的空气、过度拥挤的学校以及贫富的巨大差异——所有这些都是高科技经济国际化所带来的垃圾。① 与一些历史较长的城市——如匹兹堡、宾夕法尼亚或波特兰、俄勒冈——这些已经发展了几十年、几个世纪，不断根据地理条件调整经济和文化的城市不同的是，这些高科技研究园区缺乏所需要的生活的柔化因素，如林荫道、公园、地标、剧院、古老的购物区、购物广场—— 这些为闲散人士提供的空间。相反，年轻人和成年人唯一的聚会场所只有那些有所谓公共空间的购物大厦。难道大学不应该在还来得及的时候提供一个场所来重新思考这所有的问题吗？”

……

大学的企业化意味着在当前经济环境下大学的全球化，因为有重要影响的公司一般都是跨国公司。大学通过很多国际联系形成网络。比方说，要在工业国家的大学里找到一个学者——完全没有在外国学术机构中做过一段时间学生或学者的经历，几乎是不可能的事。发表文章或著作经常是以合作和跨国的形式，而且出版流通也是世界性的。来自第三世界国家的工程师和知识分子在大都市很受欢迎。像菲尔兹奖、普里策奖、奇奥希拉奖、诺贝尔奖

① Steve Scott, “Silicon Valley's Political Myopia”, *Los Angeles Times*, 4 July 1999.

这些奖项当然也是全球性的，就像主要学术职位的聘用也越来越趋向全球性一样。以前出于地理政治原因积极招收外国学生，现在则是由于他们从第三世界的富裕家庭带来学费而被积极招收录取。科研资助的来源——机构的资助、项目支持、教授职位的资助、科研经费和研究员基金——正如我们已经看到的那样经常是跨国的。这种发展不仅促进资本和技术的流通，很显然也促进了信息的进一步流通和互相的理解，帮助消除地区和文化的误解和歪曲，真正有着积极有益的方面。

但我们不能视若无睹的一个危险是，将会出现一个强有力地吸引、吸收学者和学生的全球学术企业。这个企业远不是虚拟大学管理者们所想象的"村"；确切地说，它是一个去除了地域性的大公司。跨国学者，现在是职业专业人士，将自己组织成为一个和其他公民不管是在起点还是目的地上都不相干的排他团体，但另一方面却与跨国公司的架构有着种种干系。随着它的扩张，诺瓦特斯成了吞食管理者、教授、研究人员和研究生的全球典范。英语作为商界的通用语成了他们的标准语言。对很多代人来说，人文和社会科学的目标一直被定位在对社会、文化和政治关系的研究、解释和批评上，但现在似乎最终也无法逃过现实的影响。全球信息与知识产业发展对学术研究的巨大影响将会也应该成为最令人关切的话题，但人文和社会科学领域的学者对此很少讨论，甚至很少承认。可是，一旦全球化讨论开始，像"全球化"、"跨国"这样的术语——和"多元文化主义"一起——就像其他商品一样流通开来。在这一过程中，全球化讨论被专家细分、受到庇护、净化、驯服，变得安全，似乎全球化讨论本身就是一项欣欣向荣的思想和文化活动。虽然学术界仍然给予严肃探索和批评很小的空间，但这一空间正在迅速缩小，而且那些思想独立的怪人们的队伍也在日渐缩小。从事这些"非应用性"研究的教授们没有能参加讨论并干预正在进行中的大学商业化至少对有些人来说已经成为令人痛苦的触目惊心的事实。是什么样的思想因素造成了这种失败？是什么外部环境促成了这种失败？造成这种令人无法忍受的寂静？

人文学批评与干预功能的丧失

最近的出版物已经在讨论全球化市场和大学的联系。① 例如,克尔《大学的功用》1995年版就增加了新的章节表达对大学私有化和企业化的深切担忧。希拉·斯洛特和拉里·莱斯利在他们1998年出版的《学术资本主义》一书中说:“教授们纯粹出于探究学问的目的而开展的研究,随着支持这种活动的相对自主的资助资金的撤销以及研发基金日益重视商业研究目的而减少。”这本书甚至预言“不参与到学术资本主义中来的教师将只会是教师而不是教师加研究人员,他们将只能按流水合约工作而不能得到终身教职,他们在课程设置或是研究型大学方向问题上的发言权也将受到削弱”②。这些书因为只关心大学的经济所以对人文学科没有发表任何意见,似乎这门学问已经消失了一样。另一方面,从事人文学科研究的学者像卡诺前、大卫·丹若胥、威廉·斯巴诺斯、约翰·贝佛利、麦克尔·贝如贝、凯利·尼尔森和

① Sheila Slaughter and Philip G. Althach, eds., *The Higher Learning and High Technology: Dynamics of Higher Education Policy Formation* (Frontiers in Education) (Albany: State University of New York Press, 1990); Howard Dickman, ed., *The Imperiled Academy* (New Brunswick, N.J.: Transaction Publishers, 1993); Arthur Levine, ed., *Higher Learning in America, 1980—2000* (Baltimore, Md.: Johns Hopkins University Press, 1993); Ronald G. Ehrenberg, ed., *The American University: National Treasure or Endangered Speciesi* (Ithaca, N.Y.: Cornell University Press, 1997); Hugh Davis Graham and Nancy Diamond, *The Rise of American Research Universities: Elites and Challengers in the Postwar Era* (Baltimore, Md.: Johns Hopkins University Press, 1997); Donald Kennedy, *Academic Duty* (Cambridge: Harvard University Press, 1997); William G. Tierney, ed., *The Responsive University: Restructuring for High Performance* (Baltimore, Md.: Johns Hopkins University Press, 1997); Roger G. Noll, ed., *Challenges to Research Universities* (Washington, D.C.: Brookings Institution Press, 1998). 虽然芝加哥大学前校长 Hanna H. Gray 谈到了人文学科的危机,她的兴趣仍然主要是在复兴传统的人文学学问上(“Prospects for the Humanities”, Ehrenberg, *American University*, 115—127)。斯坦福大学前校长 Donald Kennedy 对大学的管理很有话说,尤其是在技术转让方面,但是对人文科学几乎没什么可说。虽然远未达到穷尽,这个名单还是令人信服地表明公司化大学对于人文学科问题的普遍的漠视态度。

② Slaughter and Leslie, *Academic Capitalism*, 211.

内尔·波斯特曼①的书对大学的企业化转变和它对人文学科的冲击几乎也没有什么具体的内容可说。两方面都无视对方的存在。斯洛特和莱斯利预言"大学作为一个学者社区的概念将会进一步瓦解"，但其实瓦解已经发生了。②

为了反思人文学从思想、政治抵抗战线上退下来的环境因素，我想简单地描述一下战后知识分子的转变，特别考察"进步"人文学者逐步拒绝整体性与普遍性的理念转而支持多样性和特殊性的过程。这种意识形态的改变是为了试图纠正启蒙集体主义，这无疑是有益的。同时我们也必须认识到，多重性和差异性的理念是和这篇论文第一部分所描述的经济全球化并行的—— 事实上多重性和差异性支持了后者的存在。回到20世纪60年代，世界范围的学生运动显然不是对于共同历史事件的统一反应。墨西哥城、巴黎、伯克利、东京每个地方都有不同的偶然事件可以追溯到不同的历史上。但大多数的学生运动，如果不是全部的话，发生都有一定的背景：第三世界独立运动的广泛影响；对殖民主义和种族主义的愤怒和负罪感；来自二战后出生的一代学生的挑战；东方和西方共同的对冷战压迫的激烈反抗，新出现的对占统治地位的中心力量的怀疑主义，从父权制和性别歧视到中央集权制和传统的性；对抗高雅艺术的反传统文化的成长；最后是对欧美现代主义和启蒙基础主义的摒弃。这样的反抗在形态和后果上都因社会而异，但它们在全世界充斥斗争的校园里都以这样或者那样的形式存在着。另外，在一个因为全球化而关系日益紧密的圈子里，地区性的事件之间也是互相联系并趋于一同的。

在法国的知识分子中，越南和阿尔及利亚的解放运动的影响是十分深远和广泛的，而历史上和苏联共产主义的结盟由于赫鲁晓夫1956年推行反斯大林主义，同年苏联干预匈牙利内政和其后干预捷克斯洛伐克内政而遭到瓦

① W. B. Carnochan, *The Battleground of the Curriculum: Liberal Education and American Experience* (Stanford, Calif.: Stanford University Press, 1993); David Damrosch, *We Scholars: Changing the Culture of the University* (Cambridge: Harvard University Press, 1995); William V. Spanos, *The End of Education: Toward Posthumanism* (Minneapolis: University of Minnesota Press, 1993); John Beverley, *Against Literature* (Minneapolis: University of Minnesota Press, 1993); Michael Bérubé and Cary Nelson, *Higher Education under Fire: Politics, Economics, and the Crisis of the Humanities* (London: Routledge, 1995); and Neil Postman, *The End of Education: Redefining the Value of School* (New York: Vintage, 1998).

② Slaughter and Leslie, *Academic Capitalism*, 243.

解。在战后的发现所带来的恐惧开始深入欧洲人的大脑之后，马克思主义的人文主义首先受到了拷问。这样的怀疑主义对任何形式的普遍性包括欧洲中心主义都提出了疑问，提议将“差异”作为认知框架，将“差异”作为战略。“现实”逐渐被流放到语言的界限之外不可触及。后现代的转变就这样开始了。

二战之后最著名的知识分子是萨特。他对人文主义、普遍性和集体主义的马克思主义信念事实上已经因为他作为存在主义者对本质的摈弃和他身上至少是处于休眠状态的结构主义而削弱。但对其文化人类学取代了萨特的存在人文主义成为法国统治思想的列维—施特劳斯来说，索绪尔有关差异的语言学模式才是解放平等主义的基础。由于对集体主义、集中制和启蒙人文主义的深深失望而导致的对普遍主义与整体性明白的抛弃，对于生成不同流派的结构主义和后结构主义起了很大的推动作用。在列维—施特劳斯看来，“文明意味着提供最大程度多样性的文化的共存，甚至就在于共存的本身”①。他对于差异的认知论使得多样性和多元性得到认识和维护，有力地促进了第三世界主义、女权主义、反种族主义、反东方主义和反集权主义。更为重要的是，他对整体性和欧洲中心主义的挑战对于从人类学、社会学到艺术、文学、历史、政治和法律的各个学术领域，在学生和现在处于统治地位的后结构主义理论家，比如拉康、罗兰·巴特、路易·阿尔都塞、保罗·德·曼、吉尔·德勒兹、菲力克斯·伽塔利、福柯与德里达中都产生了影响。列维—施特劳斯的结构主义是对历史悠久的欧洲中心主义破裂的回应。直到今天，它对法国以及世界几乎所有其他地方的思想史都起着非常重要的作用。但是它也带来了自身的问题，在这个全球经济时代，它的最重要的余波开始被人们感觉到了。首先，列维—施特劳斯的人类学，正如他后来一本书的题目指出的那样，是“来自远方的观点”，因为为了维护文化的多样性，人们不应该/不能够亲密地认同任何一种文化。结果不是对异国情调和表面知识的爱好，而是一种对于其他文化采取不卷入、不干涉和超然的态度。其次，不同的文化从互相之间没有可比性这一点来看，都是一样独特和独立的，比如：他指出“宣称一种文化比另一种文化高明是荒谬的”②。他是否想说，文

① Claude Lévi-Strauss, *Structural Anthropology*, trans. Monique Layton, vol. 2 (New York: Basic Books, 1976), 358.

② Lévi-Strauss, *Structural Anthropology*, 354.

化和时代应该/事实上一直是一样好或者是一样不好的呢？认知相对主义是不可避免的，接下来的就是唯我论和任意性了。第三，在索绪尔的语言学中，这个被认为是基于有关差异的词汇系统的学科里，要理解一个符号必须看它与其他符号的关系而不是它的所指。在列维—施特劳斯的用法中，指称不可避免地消失了，这样一来，"真理"就被假定为是不可表示的了。世界现今转向了文本，历史现在转向了叙事。第四，每种文化或每个时代都有自己特有的术语和话语，跨越文化与历史的边界就被认为是没有可比性了。第五，假定不同的文化可以被清楚地分开，在一定文化中出生的每个个体都将不可避免地受到这种文化的决定。这和他关于差异的基本前提假设之间存在不可调和的矛盾，因为差异的前提是否定集中制和集体性（一个具体的文化是否有一种不可区分的整体性？）；但更有意义的是，主体地位——个人的力量——被禁止使得在政治上的参与变得不可能。最后，因为这种政治力量的消除，文化的多样性矛盾地再次向霸权中心投降——就像在所谓"无国界"的全球经济中一样。显然这是一种简化，我们或许可以称它是对法国结构主义/后结构主义移植的一种美国式的文学或批评的解读。另外，拒绝普遍性、集体性、指称和力量，拥抱差异性、特殊性、不可比较性与结构，在后结构主义者中几乎不是铁板一块。但是，在美国理论学家的背景中，我们可以看到，在他们之中有一种不可否认的从根本上拒绝人性、文明、历史、公正这些整体化概念以及像地区、国家、地方，甚至是最小的小组这样的副整体概念的共同倾向。似乎是一同呼吸着分割与差异的时代精神，他们都认为基础的理念和概念都是历史和文化的产物——如托马斯·库恩的"范式"①或福柯的"知识型"——我们没法找到全面的判断或是因果解释。对于整体性必定是极权的恐惧并未消退。差异理论并不只限于历史，而是延伸到了社会和文化关系方面。整体被区分为多数和少数群体，少数群体又被区分为小群体，小群体又分为更多的小小群体，如此等等。区分与分裂从来不会因为自身的逻辑而停止。和试图抹杀存在于任何一个范畴中的差异性的粗略概括相比，这样的精确界定是一种有益的校准行为。它有助于对抗边缘化和抹杀。但是如果分割和分裂的战略不受整体概念——其产生背景——的控制和调节，它很可能失去最初的目的，最终矛盾地陷入普遍边缘化中。个人、群体和规划都需要

① See Steven Weinberg, "The Revolution That Didn't Happen", *New York Review of Books*, 8 October 1998, 48—52.

参与到整体性中。相反地,整体性并不总是压制所有差异和边缘性的铁板一块的系统。在各个层面上,具体性和特殊性都与环境以及其他的具体性和特殊性之间展开对话。同样,所有的概念和理念都可能在时空上受到具体限制,但是具体的时空位置并不一定生出整齐划一的概念和理念来。另外,在整体性和特殊性之中本质主义会同样地存在或者不存在。整体性和特殊性之间的这种矛盾或者说敌对在乔姆斯基与福柯 1974 年一次关于"人类的本质:正义还是权力"的辩论中可以最清楚地看到。他们观点的不同在辩论第二部分讨论正义的概念时开始明了起来。对福柯来说,正义是"一定的政治经济力量的工具或是对抗那种力量的武器",是一个历史和社会的发明,而对乔姆斯基来说,它应该有"一个存在于基本人性中的绝对基础"。福柯不同意乔姆斯基老套的启蒙主义的元叙事方式,因为这只是很多话语中的一种。乔姆斯基这里不仅代表信奉普遍主义的知识分子而且还是致力于为世界被压迫人民进行斗争的代表。乔姆斯基的确认为真理和谬误是可以区分的,而且个人作为主体力量是有道义责任的。对福柯来说,这样的论断只是希图获得权力所采取的手段。而乔姆斯基在福柯对正义和真理的放弃中看到了一种将道义和政治的失败掩藏在知识分子复杂的诡辩术后的愤世嫉俗。①

差别理论在美国、加拿大、澳大利亚比在欧洲国家受到更热烈的拥护,因为作为绝好的移民社会,这些地区不同种族在地理上"共处"已经有很长的历史。20 世纪 60 年代的大学运动,正如我们已经看到的那样,是和 50 年代末 60 年代初的人权运动和逐步升级的反越战抗议一起出现的。另外,美利坚合众国是建立在长期种族屠杀和奴隶制基础上的,即使在 2000 年末这些影响仍未能抹去。更近一些,正如我们已经看到的那样,全球经济大大促进

① Fons Elders, ed., *Reflexive Water: The Basic Concerns of Mankind* (London: Souvenir Press, 1974), 133—197. 这次重要的辩论很值得阅读并广泛讨论。Edward Said 的著名论文"Traveling Theory"是我所知道的最早讨论这个问题的文章(*The World, the Text, and the Critic* [Cambridge: Harvard University Press, 1983], 244—247),后来过了很久又有 Christopher Norris 的 *Uncritical Theory: Postmodernism, Intellectuals, and the Gulf War* (Amherst: University of Massachusetts Press, 1992),尤其是"Chomsky versus Foucault","The Political Economy of Truth"和"Reversing the Drift: Reality Regained",100—25。Norris 的相关作品例如 *What's Wrong with Postmodernism: Critical Theory and the Ends of Philosophy* (Baltimore, Md.: Johns Hopkins University Press, 1990), *Deconstruction: Theory and Practice*, rev. ed. (London: Routledge, 1991), *The Truth about Postmodernism* (Oxford: Blackwell, 1993), *Reclaiming Truth: Contribution to a Critique of Cultural Relativism* (Durham, N.C.: Duke University Press, 1996) 除了福柯之外,还考察了理查德·罗蒂、斯坦利·费希、让·鲍德里亚以及其他实用后现代主义者的思想。

了移民和交流，我们每天都碰到、考虑差异所带来的希望和问题。多元文化主义因此成为了美国大学中教育和政治经济的迫切任务。拒绝歧视边缘群体的多元文化主义相对于长期以来压迫除主流历史与文化之外所有人的多数派专权是民主的进步。在多元文化主义的旗号下，所有地区和团体都可以要求公平的参与和代表权，在几个真实的社会计划中已经出现了成功的迹象。赞助性行动是根植于一种多元文化主义中的实用计划，它使妇女和少数族裔在企业和大学中的参与程度都大大提高。这种代表性还远谈不上平等，但我们应该记住，仅仅一代人之前，边缘人群是多么彻底地被排除在外。在接着考虑取得的成果之前，我们需要面对我们所遇到的问题。首先，有关赞助性行为的法律的合法性重新受到了挑战，可能会再次减少妇女和少数民族的入学率。虽然受现在的联邦法律保护，实现平等的计划的未来还远不能确定。容许我重申一遍：在任何一个社会范畴中，实现边缘团体的平等和对他们的包容还远远不够。

更关键的是，我们必须注意汇集到多元文化主义计划下的那些矛盾的潮流：一方面是对于其他事物的更多认识，另一方面是排外主义者对于自我身份的重申。前者是多元文化主义的正式纲领，据此世界被看成是多样的，一个人的位置被看做是存在于这种多元性之中。多样性和多元性的原则要求把自己的种族或身份看作只是很多种中的一种。如果对同样的界限和纪律的要求被“全球社区”的所有成员接受的话，多元文化主义将会大步迈向公平公正的人类社会的实现。但是自我约束的目的很少是为了改善人类总体和抽象的福利——尤其是当它涉及重要的纪律和为相关的人作牺牲时。① 另外，以所有类别的所有特殊性——从种族性到阶级、地区到发展程度、性别到民族、贫困到富裕、种族到年龄——为前提的多元文化主义是无限多样的，即使在这个跨国流动性很大的时代；一个人所能亲身了解的也只能是这种多样性的一个极为微小的部分。想象一下这些差异：年老贫穷的白人女同性恋者，富有的不会说英语的韩国男人，没有家庭、新近失业的黎巴嫩裔美国男人，中产阶级同性恋者。无论多么有想象力，同情心和关切之心，一个人了解和容纳别人的能力是非常有限的。他的看法注定会“来自远方”。当财富的差异——鸿沟扩大时，就像现在这样，跨范畴

① 特里·伊格尔顿的文章“Defending the Free World”（*The Eagleton Reader*, ed. Stephen Regan, Oxford: Blackwell, 1998, 285—193）对这个问题作了暗示。

的理解就变得愈加困难了。同时代人之间的接触可能性越小,要求多元文化主义的呼声就越高。多元文化主义的抽象原则,一种自由开放性和进步的宽容心的表达,过于经常地被引用来为免除现存的特权、不平等和阶级差异作辩解。

在差异和多重性的背景下存在另外两个潜在的可能危险。首先,与工业全球化十分相似,多元文化主义非常关注其国际主义和都市化的表面,帮助世界各个地区形成精英团体,而同时彻底地忽视那些在无助的经济孤立和经济停滞状态下生活的大众。其次,多元文化主义对于建立跨越身份的联系持有一种矛盾的漠然态度,而这种漠视直接颠覆了其行为,使其公然拒绝参与与它有、它享、它治有关的任何事情。因此多元文化主义常常成为另一个借口:在为避开对前殖民地进行“殖民主义”表达的借口下,它放弃了当地居民,将他们留给“后殖民的”真空以及早先殖民主义本身常常直接引致的权威混乱的状态。有不少这样发展的例子,最典型的一个是撒哈拉沙漠以南的国家,在那里饥饿、腐败、掠夺和暴力无休止地进行着——而北方国家只是在一旁袖手旁观。在国内,内地城市面临的情况也如出一辙。受“后殖民性”,即将殖民主义看做是过去事件的观念的支持,多元文化主义几乎成了放弃无油水可榨的边缘人群集中考虑主流人群利益的许可状。这正是斯拉沃伊·齐泽克将多元文化主义刻画成“全球性的资本主义的理想意识形态形式”的意思。①

一个受压迫剥削的团体有权利和责任为自己辩护,而这就要求稳固地建立起人群的身份概念以便自我保护。可是一旦生存与自我防御不再是迫切的需要,身份政治往往沦为自我提升的政策,或者更确切地说,成为一项为自我利益服务的销售政策,受害的历史成为商品要求偿还。② 它也可能扭曲成机会主义和同类残杀的现象,无论是在种族、性别、民族、社会还是其他的方面。凭借多元文化主义的名义,大家都认为自己的身份应当享受特权,对于其他的身份只是象征性地予以承认——当帮助的机会出现时,他们对于其他

---

① Slavoj Žižek, “Multiculturalism, or, the Cultural Logic of Multinational Capitalism”, *New Left Review* 225 (September/October, 1997): 44. 在这期杂志的封面上文章的标题被缩略成“Multiculturalism-A New Racismi”。

② Žižek 发表在 *New Left Review* 上的文章被 Wada Tadashi 翻译成日文发表在 *Hihyo kukan* 上,译文比原来的英文稿多出了几页新的内容。在这部分中,IiŽižek 对于扮演受害者利用身份政治提出了非常相似的看法。见 *Hihyo kukan* 2, no. 18 (1998): 79。

身份的态度只会是继续地置之不理。似乎自我身份只是一件私人物品，是团体——更有可能是它的精英领袖——声称自己绝对拥有和捍卫的东西。而这种排他主义，无论是在统治层还是在被统治层，都是具有破坏性的。企业家的自以为是使得任何与其他边缘团体结成政治同盟的可能性都成为没有协调的、分裂的自我鼓吹运动，而这种情况最有可能造成的后果是惨败在一个组织性要强得多的主流党派的手里。在这方面，我们回想一下托多洛夫所说的人类的共同特性应该会有好处："人类来到这个世界的环境注定他们会受到各种影响，这种环境在时间与空间上都不同。每个人和其他人共同的地方就是大家都有**拒绝**这些决定因素的能力。"①我不相信每个人都被赋予了这样的自由，但偶尔想改变一下，想拥有另一个人群身份的愿望肯定是一种很普遍的经验。至少在想象中人与人之间的界限应该是一直可以穿越的。

回到企业对多元文化主义的利用问题上，私有化和企业地位在全球主义中受到了限制。企业系统没有理由——或者说没有赚钱的动机——去消除种族主义和性别歧视，但同时它也几乎没有理由——或者说没有赚钱的动机——一直为种族主义和性别歧视摇旗呐喊。事实上，企业系统在一定条件下在扩张市场时会通过促进种族和性别团体的多样化来获利，因为它能维持阶级的差异和不均衡的发展——这是获得廉价劳动力必不可少的资本主义条件。在这里身份政治——多样化观念常常必然会导致的结果，可以轻易地被企业的管理层所支配。因为边缘团体都由其种族的代表者领导，每个代表者都是自我封闭的企业人员，有着私人投资的身份，代表着资本，所以每个这样的边缘团体都会将所有其他团体派除在外，疏远它们。跨国企业不管它种族出身如何，也不管它从地域上来说根在哪里，需要的都只是低成本的劳动力。它的种族和地域出身是无关紧要的。② 在倡导排外的身份政治的过程中，事实上跨国资本主义或者说新殖民主义找到了一个可以成为团体管理者

① Tzvetan Todorov, *On Human Diversity: Nationalism, Racism, and Exoticism in French Thought*, trans. Catherine Porter (Cambridge: Harvard University Press, 1993), 390. **重点**为原作者所加。

② 1989年9月24日，众议院通过了一项输入近15万外国熟练工人的措施。高科技企业声称合格的工人短缺，但这一点遭到了美国电力与电子工程师研究所的质疑。该措施的适用性不受种族、国籍和地区限制。见 Jube Shiver Jr.，"House Lifts Visa Cap for High-TechWorkers"，*Los Angeles Times*, 25 September 1998。

的精神伙伴。

……

在大学组织的背景下，身份政治必定要造成派别之争和团体内的进一步分裂。但现在它从鼓励差异的哲学那里得到了存在的理由。视角、专业、资历的多样性随着对差异的狂热追求而增大。意见一致事实上是人们怀疑并想避免的。两败俱伤的争论取代了政治事业。现在在人文学系科中，女权主义者不仅和各种男性，还和各个种族团体进行竞争；在女权主义者中，本质主义者和反本质主义者竞争；对“顽皮的后某某主义者”的攻击成为“后顽皮”学者的事业；后马克思主义者拒绝正统的马克思主义者；从事传统学科研究的学者看不起做文化研究的作者；小说家看不起那些不能贩卖其产品的理论家；理论家认为从事创作的作家们无知浅薄、自我陶醉，也看不起他们；经验主义的历史学家坚信理论家们是些痴人说梦的隐晦主义者；同性恋者相信自己是最好的因为他们的身份就是没有身份；形式主义者们为自己的纯洁性而骄傲，而在那些政治上投入的人看来他们是嘲笑的对象，是不可救药地落后于时代、和社会脱节的人；在白人眼中少数民族利益集团是些机会主义者，而在少数民族利益代表者看来白人是既无头脑也无感情的死硬派。

小团体之间几乎在每一件事情上都有分歧，无论是学士或博士学位的要求，招募教职员与招收学生的条件，升迁，终身教职，抑或甚至是对一名客座讲师的选择。今天对于任何一个学术单位来说，最难编制的文件就是以手册的形式对本单位及其历史和目标作一个基本描述了。你争我斗不是最坏的情形：至少人们还在互相沟通——即便他们的确争得不可开交。在今天互相之间保持冷若冰霜的沉默是常见的情形，这样大家都可以躲避在像子宫一样的自我封闭的茧里，和尽量少的人打交道，尽可能地少说话。因此要对事情进行表决往往采用敷衍了事的邮件投票方式——最有可能的是电子邮件的方式——而不是在会议上公开讨论和辩论的形式。本科生教育是机械地传输那些不受根本性问题和复杂性困扰的安全的包装好的信息；研究生教育在某种程度上更复杂一些，但即使那样的教育也往往被交给学生自己来管。研究生还没有受到不良的影响，他们期望在人文学领域得到总体的指导，但常常发现他们所受到的最好的教育是在自己组织的读书会上而不是在学校的讨论课上，在讨论课上教师们往往急着讲其他的文本和读物，不会讲什么重要的东西。不确定性占据着主导地位，对于研究生学徒来说，要在研究生管理者制订的生产任务规则所允许的几年时间里决定自己的未来真是一项糟糕的约定。管理层量化要求的压力——虽然没有人知道具体的细节——使学术界的内部机制升温。现在,人文系科比以往任何时候都更加频繁地被纳入破产在管状态,相当于学术破产的状况,这种状况下的单位被认为由于存在不可协调的内部矛盾而不能实行自我管理。①

教师们宁愿做那些可能提升他们职业生涯的事情。可以理解那些没有获得终身教职的助理教授们为什么内心惶恐;他们可能拿不到终身教职。另外,他们知道经济的衰退——不管是真的还是编造出来的——都可能导致他们努力想要加入的计划的合法撤销。但是在那样的结果发生之前,他们必须先挤进去,即便在漫长的不可知的未来的日子里没有任何的保障。但是人文和社会科学的边缘化吓倒的不仅是还未获得终身教职的教师们,还有那些被认为已经是稳稳地获得终身教职的教授们。同样的可能性也摆在他们面前。他们的职业生涯还有很多年,在这漫长的岁月里他们即便不在同事(商业竞争者)面前也至少需要在学生(他们的客户)面前表现得自信和富有魅力。悲哀的事实是,很多中老年教授发现很难掩藏没有吸引他们兴趣和精力投入(即便不是激情和想象力)的项目的事实。大多数人选择了逃避。目睹那些几年前曾是教师中叛逆的人现在小绵羊般地谈论讨生活的智慧——似乎这样一种降低身份的谎言能够将学术公司化不可阻挡的步伐扭转哪怕那么一小寸——真的很令人感到悲哀。对除了圈内人以外的所有其他人来说,人文学研究的很大一部分可能看上去即便不是无用、无伤大雅和无趣,也是无实质性、做作和无关紧要的。比半个世纪前对反语、似非而是的隽语和复杂表达的盲目崇拜更糟的是,人文学教师现在嘴里充斥着有关混合性、细微差别和多样性的行话。因此他们完全失去了担负反对、抵抗和对抗任务的能力,麻木地退缩成了"负面知识分子"②——正如新批评主义早先的三元组一样。如果阿特金森和很多其他管理者没有认真思考企业化大学中的人文学科的话,错可能并不全在他们。如果这一切是一幅漫画的话(事实就是如此),那么它对于今天人文领域的大多数学者来说一定非常熟悉。这是一副萧索的

① 见 Charlotte Allen, "As Bad as It Gets: Three Dark Tales from the Annals of Academic Receivership," *Lingua Franca* 8, no. 2 (March 1998): 52—59. 另见 Janny Scott, "Star Professors, as a Team, Fail Chemistry: Once a Model, English Department at Duke Dissolves in Anger," *New York Times*, 21 November 1998。

② Pierre Bourdieu, "The Negative Intellectual," *Acts of Resistance: Against the Tyranny of the Market*, trans. Richard Nice (New York: New Press, 1998), 91—93.

景象。但我要说，这样的道德沦丧和分裂状况，这样的方向和目的的迷失是高等教育面临时下急速企业化过程中产生的令人震惊的寂静和可怕的游离态度的原因和结果。

……

在宏观管理的局面下，很难再回到使得在过去两个世纪主要时期构建民族历史、民族文学、民族文化和民族经济成为可能的民族国家主权主义上去。显然，单一民族的主权国家结构不会很快消失，但这并不意味着它现在还是思想和文化想象的沃土。那个时期已经过去了，这从几个方面来看也是好消息。同时，没有了国家和地区分块的约束，现在悄悄地不为人了解地渗透在全球经济中的控制变得更为有力和有效了。在学术圈内，可能提供挑战眼下资本严密把持局面的基础的批评探索以及文化抵制几乎已经没有存在的空间了。这是否意味着一切反对党政治的结束？

只要权利的极端不平等和特权还存在，就会有不满和憎恨随时可能在有利的情况下点燃。当然，机会不会因为学术领袖的号召而到来。当工人和下层人民再也不能忍受在享受和痛苦不平均分布的情况下继续生活，他们最终就会反抗。我们多年来所熟悉的人文学暂时不再有用。但是批评家还是能够在人们中间分辨出迹象，将他们的发现组织成讨论或是计划加以传播。在市场化的世界中，学者的工作就是要在他们能追踪的尽可能多的方面，不是某个具体的领域、民族、种族、时期、性别或文化，而是所有的领域、民族、种族、时期、性别和文化方面了解和关注问题。换言之，人文学领域的批评家和学者不仅不能放弃总叙事，还必须恢复元叙事的公共准确性。除了已经提到的那些人之外，还有另外几个人的声音至少我会珍惜地去聆听。同样重要的是，我们知道在每个学术机构中都会有一些严肃的头脑，他们默默地不辞辛劳地思考和教学，除了学生的认同之外没有得到任何的肯定和回报。他们很可能就是那些将在很大程度上分享未来的人。我们现在需要的就是这个有力地重新整合过的社会概念，其中多样性并不意味着少数派和小团体之间的争斗以及由此导致的各自为政的局面。刚出现的学术倾向很可能对于那些在殖民时期、帝国主义时期和冷战时期习惯了单一民族国家清晰指令的人来说，会很模糊，界定不清楚。今天，在正在蜕变为完全的研发基地的大学里，要明确自己的学术方向并不是一件小事情。管理者似乎很想将人文学轻描淡写——使它降低到作为控制少数人的工具，或者只是社会“精英”机构训练大都会仪态、风格和时尚的管理培训项目的地位。我们需要一个新的干预项目来抵制大学和心灵的商业化。

“象牙塔”的称呼，法语“tour d'ivoire”的翻译，是套话，像大学本身一样被人们不假思索地接受。但如果仔细研究的话，我们就会发现这个称呼比我们习以为常的意义所揭示的更多：现代大学真的是用象牙，一种从非洲和印度抢夺回来的材料造的，而那些地方现在大象已经绝迹，因此象牙买卖遭到了禁止。① 回想起来，现代大学的最大收益人可能真的就是那位也许造成了上千万头非洲大象绝迹的维多利亚女王的舅舅比利时的列奥普德国王。我们讨论现代大学也许不能不提约瑟夫·康拉德的《黑暗的心灵》。已故的比尔·雷丁写的一本很精彩的书《废墟中的大学》对人文学的讨论非常恰当。② 但在其他方面，今天的大学是非常繁荣和富有的。大学不再远离喧嚣的人群，越来越多地被建在购物大厦中间，购物大厦也越来越多地建在大学中。它不再销售知识，它自己已经被收购了。契约已经写好并签上了名字，支票也已经签名。但契约还没有登记，支票也还没有兑现。为了纠正这种局面，废止这项交易，公正对待世界上所有的人，我们可能得重新学习世界的意义，世界作为整体包括所有种族、阶级和性别的意义。

（沈园 译）

① “ivory tower”是“tour d' ivoire”的翻译，在1837年由查尔斯—奥古斯丁·圣贝弗（根据《牛津英语大词典补编》第三卷的说法）和1869年（根据韦氏第三版新国际词典）首次使用。这个英语词组首先出现（根据《牛津英语大词典补编》）在1911年Henri Bergson的“Laughter: An Essay on the Meaning of the Comic”中，译者是Cloudesley Brereton和Fred Rothwell（New York: Macmillan Company, 1911），iii，135。关于选择“象牙”来暗示与世隔绝或在残酷现实中寻求庇护，这一点没有任何说明。事实上还从来没有人——就我所知——在这个词组中察觉到学术界与象牙的关系，大学与殖民主义的关系可能会再次强调深刻在这个词中的真实到具有毁灭性的控诉。

② Bill Readings, *The University in Ruins* (Cambridge: Harvard University Press, 1996).

英国的市立大学与牛津剑桥理念的胜利①

萨拉·巴恩斯

在英国的高教体系中,牛津与剑桥两所大学作为确立大局面貌的教育机构的角色很少受到质疑。无论立足当代还是回顾历史,这两所全国历史最悠久的大学的梦幻塔尖都统治着整个景观。它们为其他所有英国大学制定标准以供参照,其程度有甚于美国的任何一对可堪比较的教育机构。根据许多有关英国高等教育发展的描述,牛津剑桥两校的这种优势地位所造成的后果之一,就是倾向于遵循"学术跟风"(academic drift),那些历史较短或是水平二流的教育机构通过这个过程,照搬精英机构的课程体系和学术风格。② 英国的市立大学似乎尤其应该为这种倾向负责。维多利亚时代和爱德华时代由国家中一些较大的地方城镇创建的这些大学,是为了满足地方上对于高等教育的需要,最初体现的是对于传统大学的一种独特的替代选择,这种独特

① Sarah V. Barnes, "England's Civic Universities and the Triumph of the Oxbridge Ideal", *History of Education Quarterly*, Vol. 36, No. 3(1996年秋季号),第271—305页。

② Martin A. Trow, "The Analysis of Status",收于 *Perspectives on Higher Education: Eight Disciplinary and Comparative Views*, Burton R. Clark 编(Berkeley, Calif., 1984),第143页。亦见 Burton R. Clark, "The Organizational Conception",收于同上书,第118—119;Burton R. Clark, *The Higher Education System: Academic Organization in Cross-National Perspective*(Berkeley, Calif., 1983),第204、226页;Sheldon Rothblatt, "The Diversification of Higher Education in England",收于 *The Transformation of Higher Learning, 1860—1930: Expansion, Diversification, Social Opening, and Professionalization in England, Germany, Russia, and the United States*, Konrad H. Jarausch 编(Chicago, 1983),第131页;Fritz Ringer, "Introduction",收于 *The Rise of the Modern Educational System: Structural Change and Social Reproduction, 1870—1920*, Detlef K. Müller, Fritz Ringer 与 Brian Simon 合编(Cambridge, Eng., 1987),第7—8页;以及 Roy Lowe, "Structural Change in English Higher Education, 1870—1920",收于同上书,第172页。

性不仅仅在于其地理位置和学生的社会经济构成，而且在于其担负的使命。然而，根据许多评论者的说法，市立大学最终放弃了它们的目标：在英国创造一种新型高教模式，强调科学研究、实用职业培训、地方服务以及更加开放的入学渠道。哈尔西和洛威等现代评论者提到了文科毕业生比例不断上升，第一次世界大战后的20年间这种趋势尤其明显，加之要求提供宿舍楼的压力不断增长，结论是新创立的大学放弃了它们最初的精神，试图在自身所处烟雾弥漫、污秽不堪的都市化、工业化背景中，尽可能地复制牛津剑桥的理念。①

这样的命题似乎一开始就错了。实际上，市立大学最初的领导者不仅认识到这样的目标不可能实现，而且还嘲笑有关的努力，宁愿去创造一种新型的英国大学，更接近苏格兰和德国的教育机构。20世纪初向市立大学颁授独立特许状的做法，标志着国家对于这种努力的正式认可。就连日后的评论家也对地方机构至此取得的成就称道有加。比如历史学家泰勒在50年后回顾此事，就宣称19、20世纪之交的曼彻斯特大学“思想之秀异无与伦比”②。那么，市立大学领导人在19世纪60、70、80年代最初阐述的这种替代模式，曾经赋予它们独特的认同感，继而在20世纪早期作为一种新型大学赢得认可，又为何被市立大学放弃？

究竟为什么？不错，随着20世纪的推进，曼彻斯特大学和其他市立大学一样，似乎丧失了最初维持它们的那种自信心和方向感。大多数评论者都认为，在两次世界大战期间的年月里，地方大学里的师生都因为自己机构无力达到牛津和剑桥所设定的高水准，士气低落，缺乏自尊，躁动不安。政府官员和外界的评论者也回应了市立大学中教师、学生与管理者的观点：和牛津剑桥相比，英国的市立大学居于二流。即使回过头来看，现代的学者也只会重

① Roy Lowe，“The Expansion of Higher Education in England”，收于 *The Transformation of Higher Learning*，Jarausch 编，第53页；Lowe，“Structural Change in English Higher Education”，第173页；A. H. Halsey 与 Martin A. Trow，*The British Academics*（Cambridge，Mass.，1971），第55页；以及 A. H. Halsey，*The Decline of Donnish Dominion：The British Academic Professions in the Twentieth Century*（Oxford，1992），第71页。有关市立大学效仿牛津剑桥的趋势，很早以前就有批评性的意见，参看 A. J. P. Taylor，“The World's Cities，I：Manchester”，*Encounter* 8（1957年3月号），第11页。

② Taylor，“The World's Cities，I：Manchester”，第9页。有关第一次世界大战前市立大学的详细描述，并且积极地看待它们的既有成就和未来潜力，参看 Michael Sanderson，*The Universities and British Industry，1850—1970*（London，1972）。

复这样的指责。

那么,在20世纪最初30年间,究竟发生了什么事情,使得时人和史家一致指责,市立大学除了一味效仿牛津和剑桥,其余一事无成?学术跟风说的支持者是否正确?地方大学是否放弃了自己的使命?或者,教师、学生、管理者、政府官员以及外界评论者是否对它有不同的评价角度?要回答这些问题,需要更细致地考察英国现代高等教育体系在19世纪晚期和20世纪早期的起源。这项努力应当有助于扭转不假思索地接受牛津和剑桥的无上文化权威的倾向,同时防止市立大学湮没在常常被人归入的历史故纸堆里。① 本文将集中考察曼彻斯特大学,那是整个时期里建立最早、规模最大、地位也最显赫的市立大学,但下文也将揭示英国高等教育史上这一关键阶段中,市立大学作为一个整体的兴衰演变。

要确定英国地方大学在20世纪头几十年究竟发生了什么事情,首先需要理解它们的使命的缘起与特性。讨论这一话题的一种方式,就是考察市立大学最初服务的那种对于高等教育的需求的性质。市立大学本身的历史始于1851年欧文斯学院的创立,这所教育机构最终成为曼彻斯特大学。欧文斯学院创建时的宗旨,乃是为城市中产阶级子弟提供"英国大学中目前所教

① Halsey与Trow的*The British Academics*的最初数章独具一格,不同于不假思索地接受牛津剑桥优势地位的趋势,尽管如此,此书仍然主要从传统大学本身的视角,探讨了英国大学观的演进,很少从所涉及的其他教育机构的立场出发,详尽讨论这种进程。参看Halsey与Trow,*The British Academics*,第一、二编。同时,忽视市立大学的倾向已经开始慢慢得到矫正。参看Sanderson,*The Universities and British Industry 1850—1970*;同著者,"The English Civic Universities and the 'Industrial Spirit', 1870—1914",*Historical Research* 61(1988年2月号),第90—104页;Peter R. H. Slee,*Learning and a Liberal Education: The Study of Modern History in the Universities of Oxford, Cambridge, and Manchester, 1800—1914* (Manchester, 1986);Sheldon Rothblatt, "Historical and Comparative Remarks on the Federal Principle in Higher Education",*History of Education* 16(1987年9月),第151—180页;Thomas William Heyck,"The Idea of a University in Britain, 1870—1970",*History of European Ideas* 8(1987):第205—219页;David R. Jones,*The Origins of Civic Universities: Manchester, Leeds, and Liverpool*(London,1988);Julie Sims Gibert,"Women at the English Civic Universities: 1880—1920"(Ph. D. diss., University of North Carolina at Chapel Hill, 1988);Elizabeth J. Morse,"The Changing Idea of a University: The Universities of Bristol and Manchester, 1900—1940"(Ph. D. diss., University of California, Berkeley, 1990);同著者,"English Civic Universities and the Myth of Decline",*History of Universities*(Oxford,1992),第11期,第177—204页;Sarah V. Barnes,"Crossing the Invisible Line: Establishing Co-education at the University of Manchester and Northwestern University",*History of Education* 23(1994年3月),第35—58页;以及同著者,"Defining the University: A Comparative Perspective on the Process of Creating Institutional Identity at the University of Manchester and Northwestern University"(Ph. D. diss., Northwestern University, 1995)。

以及今后可能会教的各门学问与科学”的教学，其早年所开设的课程中，既沿循传统强调拉丁语、希腊语和数学，也对自然科学、英国文学和现代语言这些比较新近的科目给予了一定的关注。①

在这种体系下，这所教育机构几乎因为缺乏生源而宣告失败。问题部分在于学院坚决维持高标准的入学条件，同时以古典科目为核心，这些政策尽管是旨在维护欧文斯学院作为博文之学（liberal lear ning）的场所的声名，却在实质上排斥了曼彻斯特本地许多讲求实用的年轻人，要他们按部就班地完成学院的那些课程计划，他们一无准备二无兴趣。话说回来，错误并不完全在于欧文斯学院自身。事实上，在1860年以前的英国，中产阶级对于任何形式的高等教育的需求根本就不存在。1860年前后，开始有了态度上的某种转变，并在19世纪晚期和20世纪早期招生数开始迅速扩张的时候，非常明显地表现出其完全的效应。历史学家们对于这种增长有许多种解读方式，归诸许多因素，例如出现了一些专门职业，需要招募、培训和审核新成员；成长起一个中产阶级，其成员渴望提高或至少是维护自身的地位；以及在某种程度上，工业逐步认识到科学培训与研究的重要性。②

欧文斯学院所提供的证据似乎能够支持所有这些对于高教日趋普及的说明，尽管具体数据时常相互矛盾。例如，具体课程的招生数与投向特定系

① “Extracts from the Will of John Owens”，UA/1/1—4，University of Manchester Archives（以下简称UMA）；The Owens College，Manchester，*Substance of the Report…on the General Character and Plan of the College*（Manchester，1850），UA/1/9a，UMA。

② 参看Arthur Engel，Harold Perkin，Sheldon Rothblatt和Roy Lowe在Jarausch编的*The Transformation of Higher Learning*一书中所撰写的文章。到1930年，在大学受教育的人数占适龄人群的1.7%，这个比例六倍于1850年。Harold Perkin，“The Pattern of Social Transformation in England”，收于Jarausch编的*The Transformation of Higher Learning*，第209页。除了上面引到的文章，还可参看Harold James Perkin，*Origins of Modern English Society*（London，1969），第252—270页；以及同著者，*The Rise of Professional Society in England since1880*（London，1989），第78—101页；Geoffrey Millerson，*The Qualifying Associations: A Study in Professionalization*（London，1964）；W. J. Reader，*Professional Men: The Rise of the Professional Classes in Nineteenth-Century England*（New York，1966）；Magali Sarfatti Larson，*The Rise of Professional ism: A Sociological Analysis*（Berkeley，Calif.，1977）；F. M. L. Thompson，*The Rise of Respectable Society: A Social History of Victorian Britain，1830—1900*（Cambridge，Mass.，1988），第65—68页；Jones，*The Origins of Civic Universities*，第39—41、65—68、74、92页；Sanderson，*The Universities and British Industry*，第1、3、4章；同著者，“The English Civic Universities and the ‘Industrial Spirit’”；Paul L. Robertson，“The Development of an Urban University: Glasgow，1860—1914”，*History of Education Quarterly* 30（1990年春季号），第47—78页。

科的资源这两方面的数据都表明,传统被视为更具声望的文科科目依然很重要。然而,同样的数据也揭示了,临近 19 世纪末,出现了显著的转向科学尤其是化学的趋势。① 同时,工程学作为这段时期里大多数时候唯一的应用科学系科,吸引的学生虽然相对较少,但在学院最慷慨的捐赠人行列中,却始终有富有的工程师。② 至于毕业生的就业,1914 年以前,欧文斯学院的学生中,无论是文科还是理科,都有相当一部分从事教师行业或专门职业。与此同时,到了 19 世纪 90 年代,大多数毕业生拿的是理学士学位而不是文学士学位,许多人在工业界找到了工作。③

要确定学院在何种程度上像一些史学家论证的那样,致力于为出身中产阶级、注定投身专门职业的学生提供传统的博文教育,或是像其他一些人指出的那样,致力于创造一种新的大学模式,以科学为中心,以研究为取向,与地方工业保持直接关联,牵涉到调和一些表面上相互冲突的趋势。④ 加以更细致的考察,事实上的证据表明了一种明确的模式。基于上文提到的标准,比如课程招生人数,资源分配,捐助人的馈赠,以及毕业生的就业,欧文斯学院显然得益于中产阶级愈益需要一种博文教育,以准备从教或进入其他专门职业。然而,尽管学院仍保持着对于文科科目的关注,但在 1860 年后的几十年间,学院越来越强调提供科学领域的培训。结果就产生了一种双重使命。

---

① Owens College/University of Manchester *Calendars*, *various years*, UA/19, UMA; Owens College, "Annual Reports of the Principal", various years, UA/5, UMA; J. P. Ashton, "An Account of the Foundation and Establishment of the Owens College, Manchester and of the Endowments connected therewith" (Manchester, 1858); *Reports of the Commissioners…with regard to Scientific Instruction* (Devonshire Commission), Fifth Report, 卷 22, C. 1087 (1874 年), 第 15 页; "Departmental and other Expenses proposed to be incurred during the present session, together with a Comparative Statement of the Amounts granted to each Department last Session, and the amounts actually expended, 1897—1898", Owens College, Minutes of Council, appendix 10, not catalogued, UMA。详细数据见于 Barnes, "Defining the University"第四章。

② H. B. Charlton, *Portrait of a University 1851—1951, to Commemorate the Centenary of Manchester University* (Manchester, 1951), 附录 3, 第 143—145 页; Stephen Maher, "C. F. Beyer and His Contribution to Locomotive Development" (University of Manchester, Faculty of Science, Engineering, Final Year Report, 27 Apr. 1981), 第 144—148 页; Joseph Thompson, *The Owens College: Its Foundation and Growth and Its Connection with the Victoria University, Manchester* (Manchester, 1886), 附录 3; Owens College, Benefactors Book, vol. 1, uncatalogued, UMA。进一步的讨论见 Barnes, "Defining the University"第四章。

③ *The Victoria University of Manchester: Register of Graduates up to July 1st, 1908* (Manchester, 1908)。有关图表参看 Barnes, "Defining the University"第四章。

④ Jones, *The Origins of Civic Universities*; Sanderson, *The Universities and British Industry*.

最初，学院致力于提供与英国传统的大学观相维系的那种教育。但是为了维持生存，教员和校董们不得不设法让他们的机构多样化，回应地方的需求，打造与周边社区更紧密的关联。就欧文斯学院而言，这意味着赋予科学教学和研究新的优先地位。回头看来，考虑到曼彻斯特城中以科学为取向的中产阶级文化，这似乎是一种自然而然的选择。① 用现代经济学的术语来说，科学体现了欧文斯的比较优势领域，给予学院相对于其他机构的特别强势，为它创造了一种独特的性质，无论欧文斯学院还是曼彻斯特城都能够引以为傲。

学院使命的双重性质，以及该教育机构与其所在城市的特定关系，首先是由欧文斯学院的领导者在 19 世纪 60 年代晚期和 70 年代早期阐述的，当时机构正处在迅猛扩张的时期。曼彻斯特的市民们为学院慷慨解囊，一度募集了超过 21 万英镑的资金，以建造庞大的新建筑，资助大量新设课程。② 到了 19 世纪末，招生人数激增，达到将近 1 000 人，而城市依然维持着对于其本地教育机构的支持。与此同时，其他一些类似的学院，与欧文斯学院一样坚守博文之学但同时可能愈益强调纯科学与应用科学，开始出现在其他一些地方城市，包括伯明翰、利物浦和利兹。到了 20 世纪初年，这些教育机构的较高水准和特别使命为其赢得了类似欧文斯学院那样的官方认可，大家都得到了大学特许状。

自由党下院议员霍尔丹（Richard B. Haldane）当时已经是一位政界要人，并且注定要成为 20 世纪早期政治史和教育史上的关键角色，他阐述了自己对于在英国建立一种新型大学的观点，领一时之风骚。这种大学更近于德国、苏格兰和刚在美国兴起的研究型教育机构，而不是遵循传统的英国理念。霍尔丹的“市立大学”观念（这是他自造的一个词）基于开放入学门路、促进专门化知识和研究的原则，努力满足地方上对于博文教育、实用性职业培训以及产业服务的需要，明显类似于欧文斯学院几十年来以及其他一些地方教育机构晚近一直在追求的宗旨。霍尔丹指出，大学迎合一小群精英，指望以相当的深度全面涵盖人类知识，这样的时代已经逝去。为了服务于更广大的公众，必须让各教育机构关注某些专业技能领域，紧扣本地条件，这样的大学仍然可以树立起国际性的声望。要实现这一目标，就要求有一种新型组织方

① 有关转向科学领域的培养的详细描述，参看 Barnes，“Defining the University”第四章；有关曼彻斯特以科学为取向的中产阶级文化的讨论，参看上文第二章。

② 有关扩张运动以及曼彻斯特对于欧文斯学院整体上的支持之更为详细的描述，参看同上文第四章。

式，不是由教授同样科目的一个个单独的学院所组成，而是包括各自不同的系科，每一系科都代表一门特定的知识分支。① 在霍尔丹看来，市立大学将会动力十足，灵活求变，既能吸收新式的学科，也能招揽新型的学生，同时又能对本地、国家乃至国际各层面相关群体的需要作出回应。

英国大学发展的一个新时代就这样开始了。到第一次世界大战开始之际，又有两所教育机构，即谢菲尔德和布里斯托尔，加入了市立大学的行列，使新型大学的总数达到六所。就曼彻斯特大学而言，大学的地位意味着可以根据本地需要与机构自身应尽之责的逻辑自由地发展，理论上讲，可以不参照其他外来强加的标准。因此，大学首先采取的行动之一，就是不仅创造了五个全新的系科，而且在不同的学科里增设了几个新教席。到了 1914 年，曼彻斯特大学的学生可以获得文学、商学、教育学、法学、医学、音乐学、理学、工学或神学等方面的学位。所雇学术人员的规模也在增长，总数从 1900 年的 67 位上升到第一次世界大战前夕的 152 位。到 20 世纪 20 年代早期，雇员总数超过 220 位，并仍在增长之中，只是速度有所放慢。学生总数也在增长，全日制招生数从 19 世纪末 20 世纪初时的不足 1 000 人，上升到 20 年后的 2501 人。出现这个高峰，是因为一战结束后大量退伍军人回来上大学所造成的。随着战后暴增的入学人口逐步通过教育体系，招生数开始回落，只是在 20 世纪 20 年代晚期和 30 年代早期再一次上升，在 1934—1935 学年度创下 2 726 人的新高。此后，全日制学生的数量摇摆不定，先是略微下降，然后在下一次世界大战结束后又一次激增。②

不过，尽管从课程体系的扩充和师生数量的上升来看，大学都显得活力

① Eric Ashby 与 Mary Anderson 合著之 *Portrait of Haldane at Work on Education*（London, 1974）；Richard Aldrich 与 Peter Gordon 合编的 *Dictionary of British Educationists*（London, 1989），第 104 页。霍尔丹是在有关维多利亚大学联盟解散一事的枢密院听证会上发此言论的，欧文斯学院是该联盟的资深成员。有关将“市立大学”这个词的由来归于霍尔丹，参看 W. H. G. Armytage 所著 *Civic Universities: Aspects of a British Tradition*（London, 1955），第 247 页。有关枢密院听证会的详情，参看 Ashby 与 Anderson 合著之 *Portrait of Haldane*，第 64—65 页；下议院议员、二等爵士 R. B. Haldane 先生在枢密院听证会上的证言，1902 年 12 月 17 日，第 75—78 页，UA/6/5，UMA。亦见 Rothblatt，“Historical and Comparative Remarks on the Federal Principle in Higher Education”，第 170 页。

② Charlton, *Portrait of a University*, 附录 8；Owens College/University of Manchester, *Calendars*, various years。详参 Barnes，“Defining the University”，第九章。University Grants Committee, *Report for the Period1929 —1930 to1934 —1935* （London, 1936），第 52—53 页；Charlton, *Portrait of a University*，附录 5。

无限,但无论是曼彻斯特大学,还是其他的市立大学,都没能在两次大战期间的岁月里保持那种曾经在19、20世纪之交时作为其标志的自豪感和潜力。其中部分原因在于,地方大学蒙受了两次大战之间的岁月里英国普遍弥漫的那种幻灭情绪的打击,使许多有思想的人开始质疑,是否存在什么人为设立的机构能够有效处理世界上的问题。大学传统上有责任维护并传承人文价值,也因此成为特别容易受到攻击的目标。即使是牛津和剑桥也未能幸免。可市立大学却承受了两次大战期间针对英国大学的大部分批评。尽管最初看起来只是内部的弊端初露端倪,但到了后来,对于所谓"现代大学"的不满慢慢扩散并公开表达出来。①

不满的声音来自几个方面。在曼彻斯特大学,学生们抗议的是大学所处的都市环境典型地缺乏宁静与幽美。有一个学生如此评论道:"整个周边没有半点艺术气息,没有一丝平和或是安宁的氛围……周围的任何建筑或机构里都没有一点类似文化的东西;一切都是那么肮脏、贫困、懒惰、空虚并且讲求功利。这所大学里里外外没有一棵树,也没有一朵花。"至于大学的建筑,作者觉得它们"丑陋不堪"。另一位学生问道:"谁不曾希望欧文斯学院能够远离交通的喧嚣,远离这城市令人厌烦的喧闹?潜心求学就得退隐静居……但在一座现代城市里,谁能够宁静地生活?!它正在麻痹我们的感官,扼杀我们的灵魂……在这等污秽破落的环境中,如何能够繁荣人文?"同样值得抱怨的,是在一个基本上走读的环境下,课堂之外缺少一个富有活力的共同体。一个学生慨叹道:"这里没有任何大学生活。每天就是一场战斗,赶某一班火车去上九点半开始的课,然后赶另一班火车回家吃茶点。"②

曼彻斯特大学的学生还和他们在其他地方大学的同学们一样,对于教学方法和课程组织与内容有另一些抱怨。具体说来,他们反对那些僵化死板并且过分分割的教学要求越来越多、越来越依赖缺乏人际交流的大课。这些都是1938年举行的全国学生联合会年会上讨论的核心议题。此外,有些学生还把矛头指向常常成为市立大学课程特征的那种高度专门化的狭隘的技术培训,把问题归到地方大学传统上与工业保持紧密关联,学生们对于这种关联满怀疑虑。他们担忧的是,技术在现代社会中越来越被看成一种邪恶的力

① 参看 Morse,"The Changing Idea of a University",第七章。

② *The Serpent*,18(1932年10月)、4(1920年3月5日)、20(1935年12月),UA/51,UMA。亦见 Morse,"The Changing Idea of a University",第三章。

量，正在颠覆真正的博文教育的理念。①

然而，与此同时，市立大学的学生们也认为大学应当为毕业生失业的问题负责。尽管这个问题的感觉成分多过现实成分，但普遍流传着一种看法，相信有太多的毕业生培养出来，不足以保证在工业界或专门职业里找到工作，从而导致许多地方大学学生的大学经历完全处在有关未来的焦虑与压力的阴影之下。全国学联在评论似乎像一场瘟疫弥散在市立大学学生生活中的那种冷漠时总结道："根本的原因……在于经济和政治上感到不安定，导致许多学生满脑子想的就是拿一个学位，指望在离开大学后确保找一个好岗位。"地方大学的学生原本就对学院里的灌输深恶痛绝，再加上担心无论自己如何努力学习，最好的位置都会落到牛津和剑桥的毕业生头上，仿佛天经地义，这更是火上浇油。②

两次世界大战期间的岁月里学生们的这些抱怨也得到了许多回应，既有市立大学的教员与管理者，也有负责资金调拨的政府机构大学拨款委员会的官员。在常常提到的话题里，有一项就是地方大学里缺乏一种富有活力的法团生活。正如泰勒所指出的那样，并不只有学生每天都孤零零地来来往往。他回想自己在曼彻斯特大学的岁月，"大学在下午五点钟其实就已经关门了"。另一所地方大学里的一位教授更是直言不讳："上你的课，开你的会，然后回你的家。"学生不满意的其他方面还包括师生关系缺乏人性因素，课程设计过于专门化，以及工业所带来的潜在的有害影响，再加上普遍缺乏体育

① *The Serpent*（1938 年 7 月）；Armytage 所著 *Civic Universities*，第 275—276 页；"The Lecture System in the University of Manchester，1937：The Results of an Enquiry by the Manchester I. S. S. Co-operating Committee"，UA/3/45，UMA；A. J. P. Taylor，*A Personal History*（New York，1983），第 103—104 页；Sanderson，*The Universities and British Industry*，第 306 页。

② Sanderson，*The Universities and British Industry*，第 36 页。亦见 Morse，"The Changing Idea of a University"，第 488 页。关于人们所认为的 30 年代毕业生失业危机的实情评估，参看 UGC，Report，1936，第 29—30 页；Sanderson，*The Universities and British Industry*，第 302 页；Armytage 所著 *Civic Universities*，第 269 页；以及 Morse，"The Changing Idea of a University"，第 491 页。*The Challenge to the University：A Report of the* 1938 *Congress of the National Union of Students of England and Wales on University Life and Teaching in Relation to the Needs of Modern Society*（London，1938），第 44 页，转引自 Morse，"The Changing Idea of a University"，第 488 页；Anthony Burgess，*Little Wilson and Big God：The First Part of the Confessions*（New York，1986），第 181—182 页；UGC，*Report*，1936，第 12 页；Morse，"The Changing Idea of a University"，第 475、493—494 页。

设施和社交设施，这些也都引起了广泛的关注。① 例如，曼彻斯特大学当局也同意学生们的意见，认为大学的设施不完备。建筑物初成之时犹如宫殿，现在已是不敷使用，周遭满是肮脏的廉租房。大学的司库坚持认为，只有改善大学的物质设备，曼彻斯特大学才有希望继续吸引并留住这所机构过去曾自诩的那些高素质的教员。②

大学管理者们强调市立大学很有必要改善周边环境以维持其教员的质量，这也得到了大学拨款委员会的进一步支持。委员会1936年的报告特别强调地方大学的问题，明确支持许多地方大学已经开始实施的建筑计划。不过，更能明确展现大学拨款委员会对于地方大学生活之缺陷的评价的，是它不加掩饰地呼吁各地的教员，特别是牛津和剑桥的年轻教员，不要因为设施方面的欠缺就畏惧不前。委员会写道："我们相信，全体大学教师都会始终牢记勇于开拓的美德"，"我们尤其觉得，牛津大学和剑桥大学的年轻人们更有特别的义务，哪怕只是暂时地离开那些学问的避居地，那些地方历史悠久，捐助人不懈奉献，极其富足，大学生活的诸般便利与乐趣应有尽有"③。很显然，曼彻斯特大学以及其他市立大学，社交生活有限而乏味，充满功利气息，永远也不能与牛津剑桥真正相比，但仍有必要一试身手。

在两次世界大战期间的岁月里，大学官员认识到至少有必要尝试一下提供更好的环境，同时也充分重视学生的需要。学生会的壮大与体育设施的改善就是这种关注的反映。但是市立大学当局特别操心的是改进住宿条件。为了支持1920年曼彻斯特大学的筹款运动，大学的副校长谈到住校生活所具有的价值越来越大。他回想道："过去所认为的现代大学只是学生在家生

① 例如可以参见 P. Mansell Jones，"Where the Modern Universities are Wrong"，*Universities Review* 5(1932年10月号)，第6—10页；E. R. Dodds，"What is Wrong with the Modern Universitiesi"，*Universities Review* 4(1931年10月号)，第16—17页；UGC，Report，1936，第19—20页。市立大学里的学生抱怨教学质量，但教员也抱怨学生的质量。参看 Bruce Truscot，*Redbrick University* (London，1943)，第36页。稍早的评论见 *University Colleges*，*Great Britain*：*Gran t-in-aid*，1907 (H. M. S. O.，1907)，第11页。亦见 Armytage 所著 *Civic Universities*，第267—269页；UGC，Report，1936，第32—33页。有关对于工业和现代技术的影响的关注，参见 UGC，*Report*，1936；Sanderson，*The Universities and British Industry*，第306页。

② Taylor，*A Personal History*，第101—102页；Truscot，*Redbrick University*，第29页；Sir Ernest Simon，"A Time for Expansion：The New Buildings —— and the Future"。重印自 *Journal of the University of Manchester* 1(1937)，UA/3/46，UMA；*Manchester Guardian*，1936年11月19日；伦敦的 *Times*，1937年3月17日。

③ UGC，*Report*，1936，第43页。

活、来校听课。”“(但是今天,)需要的比这多得多。品格的培养比知识的传输甚至更加重要。高等教育的真正价值在于提供机会练习履行责任。”曼彻斯特大学的副校长继续说道,在群居生活的环境里最容易培育责任感与品格。和同学以及住校教员生活在共同的环境里,会使学生变成更好的公民。与此类似,大学拨款委员会在其1936年的报告中,特别强调了有必要利用住校生活的种种好处,把住校生活看成是一种可以更广泛利用的使人成其为人的重要力量。委员会注意到,所有的现代大学都已表明,希望提供住宿及其他设施,旨在培育针对更多学生的法团生活,委员会并敦促追加资金来实现这一宗旨。①

除了学生、教员、管理者、大学拨款委员会的官员等共有的这些抱怨与关注,这期间的市立大学还吸引了外界批评者不那么友善的注意,比如怒气冲冲的弗莱克斯纳,他无视地方大学的许多成就,毫不留情地批评地方大学未能达到与英国的传统教育机构同等的声望。正如柏林大学一位英语教授在1930年所指出的那样,“从纯学术的观点来看,新型大学可以在某一方面超越旧的大学。但这无济于事。一般的英国人都会认为它们远不如牛津和剑桥。如果岗位有空缺,利物浦或利兹大学的硕士的学术资格还比不上牛津学士的社会地位,后者身上看不到半点煤灰,也闻不到一丝酒酸”②。另一个来自“外界”的批评,这一次发言者离家乡更近,更加直接、更加详细地比较了传统大学与现代大学,发现后者严重欠缺。剑桥毕业生赫克罗茨(H. G. G. Herklots)(全国学联的积极分子)撰写并于1928年出版了一本题为“从外部考察新型大学”的书。赫克罗茨毫不掩饰自己对于母校的忠诚与敬仰,全面概括了市立大学的种种问题。市立大学的学生对于职业前途深感焦虑,从而在其他事情上表现冷漠;他们当中许多人靠国家为未来的教师提供的奖学金支持学业,却根本不打算执教,或许原先就不应该上大学;他们住在家里,没有机会共享学院生活的群居特性,比如与喜好的同伴彻夜长谈,而这是大学教育最基本也是最有价值的要素。讲课总是人满为患,缺少助益。大学的周遭环境被工业主义的丑陋和都市的败坏所玷污。他的连篇抱怨常常涉及市立大学本身的师生所提出的问题,就像他直接摆明现代大学未能达到牛津剑

① *Manchester Guardian*,1920年4月20日;UGC,*Report*,1936,第11、17页。

② Abraham Flexner,*Universities: American, English, German*(New York,1967;初版于1930年),第224页。

桥理念。①

不管赫克罗茨的批评意见多么苛刻，某些指责未免过分，无论是他还是弗莱克斯纳之类的国外评论者，都只是拿牛津和剑桥所设定的标准来衡量地方大学。在市立大学，学生们抱怨自己的生活痛苦不堪，大学所处都市环境中缺乏幽美与安宁，而大学官员们满脑子只想着提供更多的宿舍楼，以有助于塑造品格，这些都反映了对于以英国古老教育机构的传统为基础的大学理念，各方面有着不曾明言的共同假定。所谓上了市立大学的学生中有许多并未从这种经历中真正获益的看法，只是反映了这种大学理念本质上的精英主义。历经整个20世纪20年代，尤其是在30年代，就连大学拨款委员会这样抱有同情理解的批评者，都主要从相对于牛津剑桥而言的短处来评估市立大学。之所以会担心市立大学中非人性化教学方法盛行，课程过于专门化，原因也在于此。委员会1936年的报告坦言道："无疑，只要是在特威德河以南的地方②，对于大学的流行观念就都主要来自牛津和剑桥。"但不管怎么说，报告也指出，在英格兰，大多数学生上的还是另一种教育机构。委员会退而言之，"现代英国大学还是有它们独特的优点，尤其是它们更贴近自身所处的广阔社区的现实生活，也会根据自身独特的气质，探索独特的道路……无论如何，所有教育都得面临这样的问题：置身庞大的工业人口之中，在一个主要是走读性的大学里，所谓教育在于培养全人而不仅仅是智力的英国传统信念如何才能发挥效力"③？换言之，市立大学背负这些固有的不利条件，如何能够依然追求牛津剑桥的理念？

因此，在大学拨款委员会提出的问题中，蕴涵着两次世界大战期间曼彻斯特大学及其他英国现代大学所面临的困境的核心，至少当时有许多人是这么认为的，大多数历史学家也是这么看的。但是，如何看待市立大学最初的使命，如何看待霍尔丹等人在19、20世纪之交时如此明确地阐述的那种替代模式？曼彻斯特大学及其他地方教育机构是否多少未能实现其创建时的精

① Wilhelm Dibelins，*England*(Cape，1930)，第四部第三章，引自 Thomas Kelly，*For Advancement of Learning：The University of Liverpool，1881—1981* (Liverpool，1981)，第185页；H. G. Herklots，*The New Universities：An External Examination*(London，1938)。

② 特威德河(Tweed)为苏格兰南部河流，此河以南基本包括全英格兰，意指除了苏格兰的爱丁堡、格拉斯哥等大学外，南部全英格兰的(市立)大学皆以牛津剑桥为榜样。——译注

③ 有关市立大学学生的质量与数量的相关看法，参看 Armytage 所著 *Civic Universities*，第267—269页；UGC，*Report*，1936，第32—33、12页。

神？许多现代的评论者，包括著名社会学家哈尔西，都认为答案显然是肯定的。哈尔西写道："地方大学创建之后，往往会在各方面依照牛津和剑桥的规范，调整自身学习研究的范围与比重。"也就是说，遵循的是学术跟风的古典模式。然而，哈尔西继续写道："这些大学缺乏资金、图书馆和实验室，缺乏独立的文化传统、社会地位以及政治关系，不足以对传统教育机构牢固确立的地位构成严重的挑战。"因此，标志着两次世界大战期间市立大学生活的，是一段"士气低落的时期，充满自我批评，缺乏自我尊重"①。

纵然有这些断言，学术跟风并不能完全说明这些年里曼彻斯特大学及其他地方大学所经历的一切。实际上，早在两次世界大战期间人们指责市立大学一味效仿牛津和剑桥的课程体系之前，还必须考察其他一些问题。首先，从第一次世界大战爆发以前开始更长远地来看，就会发现地方大学在文科方面的招生数虽然总是很强劲，但并未稳定攀升，而是像钟摆一样来回浮动，而在纯科学方面，也就是市立大学除了应用科学之外的传统优势领域，招生数却是相当的稳定。即使说在两次世界大战期间确实出现了偏向文科科目的趋势，也只是代表了一种普遍趋势，影响到英国所有的大学，而不只是市立大学。不仅如此，尽管这些年里地方大学招生数中应用科学领域的比例下降不可否认，但市立大学依然招收了全英大学中超过半数的学习应用科学的学生。至少就此而言，不能说现代教育机构已经失败。②

不仅如此，就曼彻斯特大学来说，如果指责它学术上一味跟风，则是未能考虑到两个重要的因素：其一，欧文斯学院最初阐述的机构的创建使命；其二，基于宣布的宗旨的科目组合。就学院的使命而言，尽管在纯科学与应用科学领域它具有比较优势，但文科从未被有意地忽略。事实上，从学院创建以来所颁授的学位统计可以看出，直到 19 世纪的最后 15 年，文学士的数量

---

① Halsey, *The Decline of Donnish Dominion*, 第 43、71、78 页；Heyck, "The Idea of a University in Britain", 第 210—211 页。亦见 Halsey 与 Trow, *The British Academics*, 第 55 页；Lowe, "Structural Change in English Higher Education", 第 172 页；同著者, "The Expansion of Higher Education in England", 第 53 页。

② Board of Education, *Reports from Universities and University Colleges in Receipt of Grant*(London, various years)；UGC, *Reports*, various years；Sanderson, *The Universities and British Indu stry*, 第 263 页。详参 Barnes, "Defining the University", 第九章。

还超过理学士的数量。[①] 此后，除了第一次世界大战前后各一段短暂时期，文学士的数量大体上保持在至少占所颁学位一半的水平。总之，尽管也有一些明显的证据表明出现转向，尤其是在两次世界大战期间的中段，但最精确地描述学位的分布，就是摇摆不定。

就第二项因素而言，涉及得出关于市立大学中的潮流的结论时所使用的数据，历史学家在分析学术跟风的现象时，严重依赖报告给大学拨款委员会的统计数据，但只是以累计的形式得出的数据。然而，如果把数目分解，就会看出更能说明问题的线索，至少曼彻斯特大学是这样。首先，大学拨款委员会的数据把商学位也包括在文科里。但曼彻斯特大学 1903 年获得其特许状后不久创建的商学院（类似于应用科学学院），体现了大学努力直接服务于地方工商业的需求。因此，在分析学术跟风时，商学位应当与文学位分开考察。与此类似，大学拨款委员会的数据将工程科学学士与其他理学士合计，而不是与应用科学学士合计，从而使数据不利于应用科学领域，而有利于纯科学领域。如果去除这些不正常的现象，结果会令人印象深刻。两次世界大战期间，文科和纯科学不再像过去有关市立大学的分析一般所认为的那样，主导着曼彻斯特大学的课程体系。就算在两次世界大战期间，文科依然构成了全日制招生人数的 40% 以上，这在第一次世界大战前就是如此了。事实上，一定要说有什么变化，那就是文科受欢迎的程度缓慢地下降了。[②] 即使不考虑战后马上出现的应用科学领域的迅猛成长，也可以明显看到一种长期趋势，是从纯科学转向应用科学与商科，这两块领域正是曼彻斯特大学致力于使自己不同于牛津与剑桥的。如果对其他市立大学的招生数也作类似的分解，不一定能够得出同样的结果，尽管如此，至少对于曼彻斯特大学来说，学术跟风无论是作为一种症候还是一种原因，都不能说明两次世界大战期间大学的认同危机。

与此类似，两次世界大战期间其他的证据也都表明，曼彻斯特大学和其他地方大学都仍然坚持着它们最初使命中的基本宗旨。根据霍尔丹的看法，市立大学除了为国家提供先进的科学技术培训，还让新的社会阶层有机会受

---

① Owens College, *Calendars, various years*; UGC, *Returns from Universities and University Colleges in Receipt of Grant*(London, 多年)。有关具体数据，参看 Barnes, "Defining the University", 第九章。

② University of Manchester, "Entries for the Session", *Reports of Council to the Court of Governors, various years*, UA/22, UMA.

到高等教育,在这一点上,它们也获得了成功,至少在一定程度上如此。尽管英国的入学学生数与适龄人口数之比始终大大低于西欧其他国家及美国,但在1900—1935年期间,全国18—21岁人口中接受大学教育的比例翻了一番,从0.8%上升到1.7%。在英格兰,这种增长主要来自市立大学。不仅如此,尽管有关市立大学学生社会背景的信息残缺不全,但仍有证据表明,第一次世界大战之后设立的国家奖学金事与愿违,并没有使那些来自中下阶层家庭的孩子更容易进入牛津和剑桥,因为大多数学术上有竞争力的奖学金都授给了拥有公学教育优势的学生。因此,和传统的情形没什么两样,两次世界大战期间,牛津剑桥的学生中绝大多数依然是来自公学①,也就是国家精英的摇篮,而市立大学所能吸引的学生,大多数依然只是来自这个国家的普通中学。不仅如此,这些学生中有许多获得了某种形式的经济资助。以曼彻斯特大学为例,根据学生名册上获得的信息,更加支持了可以从学生的教育背景推断其社会地位。尽管有些不太可靠,父亲职业方面的样本数据依然可以表明,这段期间的大多数学生来自中产阶级里的中下层。② 如果曼彻斯特大学的情况属于典型,那么正像霍尔丹所看到的那样,市立大学培养了越来越多的学生,其中大多数来自小康之家。

同样符合霍尔丹有关市立大学之地方性的看法的是,这些学生中大多数来自所求学机构方圆30英里内的地区。在欧文斯学院的早期岁月里,几乎所有的学生都生活在可以通勤的距离之内。到了1906年,情况依然如此,该年的曼彻斯特大学有80%的学生住在城郊火车范围之内。尽管来自30英里外的学生的比例在20年代有所上升,最高时达1/3,但30年代的萧条岁月,

① 公学(public schools)是英国的一种为数较少、培养学生到达中等教育水平的收费学校,公学之名从18世纪开始出现,当时某些文法学校的声誉远扬,开始招收家长有能力支付住宿费的子弟,为区别于地方学校而称公学。又称独立学校,在捐赠基金和行政管理方面不受国家制度的控制,故从20世纪后期开始越来越多地采用"私立学校"的名称。一般认为公学培养的是准备升入牛津剑桥的未来的精英分子,强调古典学科,注重塑造学生的某种特定的精神气质(比如符合大英帝国的绅士身份)。最著名者如伊顿、哈罗、温彻斯特、威斯敏斯特等。——译注

② *Higher Education: Report of the Committee Appointed by the Prime Minister, under the Chairmanship of Lord Robbins, 1961—1963* (*Cmnd.* 2154)(*London*, 1963),第16页;*UGC*, *Report*, 1936,第52—53、55页;Sanderson, *The Universities and British Industry*,第277页;Lowe,"Structu ral Change in English Higher Education",第171页。有关两次世界大战期间牛津剑桥学生精英地位的评述,参看John Stevenson, *British Society 1914—1945* (London, 1984),第254、352页;Halsey与Trow, *The British Academics*,第73—74页。University of Manchester, Register of Students, various faculties, various years, RA/37, UMA.

使得越来越少的人能够负担得起远离家门去上大学。因此，在整个二三十年代，尽管与战前数十年间相比，曼彻斯特大学住在宿舍楼里的学生比例大大增加，但基本上还是走读性的。其他各主要市立大学情况也是如此，只有雷丁(Reading)大学和布里斯托尔大学例外，这两所大学在第一次世界大战之后都大兴土木，以便提供更多的住宿。其他像曼彻斯特这样的大学，主要满足的是周边地区学生的教育需求。①

在其他一些重要方面，市立大学同样也致力于履行其服务本地社区的使命。它们培养纯科学与应用科学领域的毕业生，并且同时从事这些领域里的理论研究与实用研究，从而秉承了努力打造大学与产业之间伙伴关系的传统。在大多数的叙述里，这都是一场艰难的战役，第一次世界大战之前的岁月里更是如此。尽管对于19世纪晚期、20世纪早期英国的工业成就与科学技术领域里培养和研究之间究竟有何关联，尤其是国家的教育体制对经济衰落究竟负有何等责任，历史学家们意见不一，但诸如此类的评价很少责怪地方大学不勇于尝试。② 在这方面，第一次世界大战对于市立大学就像是某种分水岭。桑德森写道："它们的介入……作为科学专业技能的少数源泉之一，大大增进了大学在战事中所扮演角色的重要意义和人们的评价，1915年以后更是如此，使它们在国家生活中享受到了前所未有的核心地位。"③

因此，市立大学在某些方面正在逐步实现它们最初要做的事情。然而，对于它们在两次世界大战期间所取得的成就的赞扬，淹没在对于它们未能达到牛津剑桥所设定的标准的批评之中。市立大学在某些领域维持了自己的

① University of Manchester, *Report of Council*, 1906年11月15日；UGC, *Returns*, various years，以及1936年报告，第57页；University of Manchester, *Calendars*, various years。有关详细数据，参看Barnes，"Defining the University"，第九章。

② 例见Robert Fox与Anna Guagnini，"Britain in Perspective: The European Context of Industrial Training and Innovation, 1880—1914"，*History and Technology* 2(1985年)：第133—150页；以及Michael Sanderson，"Education and Economic Decline, 1890—1980s"，*Oxford Review of Economic Policy* 4(1988年)：第38—58页。

③ Sanderson, *The Universities and British Industry*，第215页(转引)、224—225、234、253、245、249、254、289页。亦见Colin Divall，"A Measure of Agreement: Employers and Engineering Studies in the Universities of England and Wales, 1897—1939"，*Social Studies of Science* 20(1990)：第65—112页；以及*Universities Review*上刊载的系列文章：The Right Honorable Lord Melchett，"The Relation of the Universities and Industry"，1(1928年10月)，第14—18页；H. F. Scott Stokes，"Industry and the Universities"，1(1929年4月)，第92—96页；以及Lam，"The Universities and Industry and Commerce"，2(1929年10月)，第45—50页。

传统立场，但人们越是冀望它们在宿舍楼等另一些领域效仿传统大学，它们相比于传统大学的缺陷就越是暴露无遗。与此同时，最初专属于地方大学的那种特性中的许多要素，比如位于都市，旨在提供实用性职业培训尤其是纯科学和应用技术领域的专门化课程体系，以及向更广大、更多样化的学生群体开放，都成了关注和抱怨的焦点。因此，市立大学非但没有重新界定英国的大学理念，反而是本身被重新界定了。20世纪30年代以前英国现代大学受到的评价不是看是否符合其自身的精神，却是比照一种无法实现的理念，因此似乎注定总是自惭形秽。尽管它们在许多领域里表现出色，但总也排不到最佳。

要想了解为何如此，为何市立大学运动最初充满活力，最终却是牛津剑桥的理念大获全胜，就得考虑19世纪晚期和20世纪早期塑造英国高等教育历史面貌的五股相互关联的发展趋势。这些发展趋势包括：1. 大学的社会功能，尤其是职业教育方面的社会功能，从19世纪中期开始出现转型；2. 学术生涯本身的职业化趋势；3. 高等教育的全国体系的形成，国家在其中扮演的角色愈益重要，在提供资金方面尤其如此；4. 牛津剑桥在这种体系中的声望依旧；5. 英国伦敦以外各地方的地位在20世纪趋于衰落。这五股发展趋势会聚起来，形成一个重新确定英国的大学理念的进程，决定了曼彻斯特大学及其他市立大学的命运。

或许影响最广泛、也是为其他几股发展趋势提供基础的发展趋势，就是大学的社会功能尤其职业教育的社会功能从19世纪中期开始的转型。大学在中世纪最初的功能，即提供某种针对专门职业的教育，重新复活，对教育机构在一个随之变得愈益职业化的社会里的角色具有重大意义。大学之外的其他变化，比如以科学为基础的新兴工业的兴起，政府越来越卷入国家的经济社会生活，以及社会流动的传统渠道逐渐缩小，也都有助于高等教育的意义的转型。正如《1880年以后英国职业社会的兴起》的作者帕金所言，在一个越来越被职业专家主宰的社会里，高等教育成了进入受教育精英行列的看门人。他解释说："对于所有的阶级，大学都成为通向高地位、高收入的正常途径。"①

大学的角色之所以转变为替现代英国社会教育出越来越多的专业人士，

① Perkin, "The Pattern of Social Transformation in England", 第214—218页（引自第218页）。Perkin, *The Rise of Professional Society*, 第395页；Halsey 与 Trow, *The British Academics*, 第35页。

其原因包括越来越需要接受过培训的头脑，加之各职业协会认识到，把甄选和教育新入行者的责任更多地转给高等教育机构，能够得到诸多好处，从声望角度考虑尤其如此。这些因素共同导致了大学与专门职业之间一种更具合作性的关系。① 欧文斯学院作为第一所创建的明确用以替代传统大学之反专业主义的地方教育机构，引领了这股主要发生在1860年以后的发展趋势。

另一方面，职业理念在牛津剑桥的演进，却遵循了一条别具一格的道路。首先，要想遏制牛津剑桥传统上对于任何职业意义上"有用"的教育形式的反感，需要重新界定"职业的"这个词，以包括诚实、自律、有责任心、热心义务等通常与19世纪英国的绅士理念联系在一起的品质。对于资本家—企业家的刻板印象是仰赖精明在自由市场上与人竞争并取得成功，与此相反，绅士—专业人士被视为依靠其专业知识，以业绩甄选，由同行判定职业晋升。将为同胞服务置于求取利润之上，绅士—专业人士证明自身为社会所不可或缺，以此赢得回报。当然，他得在自己的领域里获得专业培训，但作为其专业技能的基础，绅士—专业人士也必须接受一种博文教育、全面教育、人文教育。他不仅必须发展自己的心智，还必须培养自己的品格。并非偶然的是，这种教育正是牛津和剑桥最有条件提供的。它们培养出来的始终是些有教养的人，而不是什么专家。一旦人们认为对于职业理念而言，前者的品质相比于单纯的知识更为根本，传统大学也就该重新声明自己在教育国民领袖方面的首要作用了。②

第二步便是欢迎资本家本人进入牛津剑桥的大门，但这并不是那么容易实现的。传统大学对于唯利是图的那种根深蒂固的厌恶决定了，在牛津剑桥

① Arthur Engel，"The English Universities and Professional Education"，收于 *The Transformation of Higher Learning*，Jarausch 编，第293—305页；Harold James Perkin，*Key Profession：The History of the Association of University Teachers*（New York，1969），第16—17页。

② 有关19世纪剑桥大学改革的概述，参看 Sheldon Rothblatt，*The Revolution of the Dons：Cambridge and Society in Victorian England*（Cambridge，Eng.，1968），尤见第90—93页。牛津的情况参看 A. J. Engel，*From Clergyman to Don：The Rise of the Academic Profession in Nineteenth-Century Oxford*（New York，1983）。有关 Rothblatt 所讨论的"绅士"与"专业人士"的混同趋势，更充分的探讨参见 Perkin，*The Rise of Professional Society*，第xiii、5—6、119—120、367—370页。将韦伯关于有教养的人与专家的学说应用到英国的大学理念，相关探讨参看 Halsey 与 Trow，*The British Academics*，第70—71页；以及 Halsey，*The Decline of Donnish Domi nion*，第36页。有关牛津剑桥始终扮演着教育国民领袖的角色，参看 Perkin，*The Rise of Professional Society*，第368页。

教师的眼里,“一个品格高尚的人只有远离工商贸易和追求财富,才能始终保持高尚的品格”。然而,到了19、20世纪之交,有鉴于英国社会现实的变化,无论是牛津还是剑桥都无法再这样清高自傲。相应地,正如早先“职业的”这个词被重新界定,涵括了绅士的品行,工商贸易本身现在也被提升为一种专门职业。大学里主管新职任命的一位官员如此解释道:“商贸生涯的真正本分根本无关乎金融财务,乃在于‘乐于服务’。从商贸生涯中得到的满足来自商人所履行的服务。”社交场合的客套话又一次明显发挥了作用。通过对术语的重新界定,而不是课程体系方面有什么重大变革,传统大学就成功地进行了自我调整,适应了现代社会的需要,而不需要在其核心价值观念上作何让步。到了两次世界大战期间,牛津和剑桥开始吸引越来越多的商人子弟,并把更多的毕业生送入商界,从而证明了一个事实,用帕金的话来说,“公共服务的职业理念……已经渗入商贸本身”①。

就这样,历经19世纪晚期和20世纪早期,当专业人士开始成为英国社会中增长最迅速的职业范畴,其中越来越多的人开始在大学里受教育,既有旧大学也有新大学。当然,牛津剑桥和市立大学对于职业教育的根本立场和具体方式是不一样的,结果就出现了两种大学传统:一种是关系到打造政治、管理、商贸和自由职业方面的国家精英,旨在塑造品格;另一种旨在为地方上的中产阶级提供功利主义取向的培训,为进入化学、工程和在国立普通中学教书等新兴的技术型、专业型职业作好准备。起初,这两种传统活力相当,看起来互不依赖。正如哈尔西所注意到的那样,“市立大学置身其早期都市创业时期的新鲜感,并不特别关注与牛津的声望一争高下”②。当然,无论欧文斯学院的早期领袖,还是霍尔丹在19、20世纪之交时提出其关于英国高等教育未来的看法的时候,其意皆不在此。然而,到了20世纪30年代,市立大学的精神已经失去了人们的信任,而这些教育机构本身也似乎淹没在牛津剑桥的梦幻塔尖的阴影之中。对此作何解释?

答案部分在于这五个主题中的第二个:学术生涯本身的职业化。帕金注

---

① Rothblatt, *The Revolution of the Dons*, 第257—258(引言)、262—263、271页(引言); Halsey, *The Decline of Donnish Dominion*, 第61页; Halsey与Trow, *The British Academics*, 第460页; Perkin, *The Rise of Professional Society*, 第372、374页(引言)。亦见Sanderson, *The Universities and British Industry*, 第52—59页。

② Perkin, *The Rise of Professional Society*, 第79—80页; A. H. Halsey, *Change in British Society*(Oxford, Eng., 1986), 第34页; Halsey, *The Decline of Donnish Dominion*, 第61、66页。

意到，如果说高等教育的社会功能在20世纪的转型意味着大学成为职业地位的看门人，那么大学教师本身就成为"核心职业"，也就是教育其他所有职业的职业。不仅如此，帕金和罗斯布拉特都提出，大学教师不单单是某种非人化过程的被动受益者，仿佛愈益需要职业专家的都市社会/工业社会强加给大学的外在需求的结果。相反，学术人本身就扮演了一种积极主动甚至咄咄逼人的角色。实际上，大学教师的贡献是核心性的，因为在为自己创造一种生涯并将其转变成一种专门职业的过程中，他们有责任将大学现代化，把它转变成不仅仅是职业教育的代理人，而且是基础研究的源生地，所涵盖的科目十分宽泛并且日益增加。①

在传统大学，是教学而不是研究最初充当着创建学术职业的努力的焦点。研究并非牛津剑桥固有的功能。自19世纪40年代开始，新一代牛津剑桥教师渴望把大学教书变成一种职业生涯，导致导师理念的复兴。不过从一开始，改革者就把学术研究也包括在评判是否一名好老师的标准之内。长久以来，在中立知识和系统探究之科学范式的影响下，加之教学本身愈益专门化的趋势的冲击，研究开始成为学术人员的一种根本功能，并且常常带有竞争性。然而，在追求知识本身的博文教育信念的外表下，可以同时涵纳教学与研究。到了19世纪末，70、80年代的进一步改革在牛津和剑桥导致了一种新的大学理念的胜利。这种新型大学理念是"民族性、世俗性、职业性的，对研究倾力甚多"，同时仍然保持了"许多旧的风格和形式……以及为职业人士和统治精英的子弟提供博文教育的目标"②。作为这些变化背后的推动力，传统大学里的教师们也代表了（学生之外）主要的受益者。通过将牛津和剑桥转变成现代高等教育机构，他们也成功地将自身提升到职业人士的地位。

19世纪末传统大学的改革也对英国地方教育机构的教员产生了重要影响。起初，市立大学里学术生活的职业化与牛津剑桥大学里的变化齐头并

① Perkin, *Key Profession*, 第1页；同著者, *The Rise of Professional Society*, 第395页；Rothblatt, "The Diversification of Higher Education in England", 第131—148页，尤见第137—138页。

② Rothblatt, *The Revolution of the Dons*, 第227页；Thomas William Heyck, *The Transformation of Intellectual Life in Victorian England*(New York, 1982), 第155—186页。有关牛津大学导师理念与研究理念之间平衡的讨论，参看Engel, *From Clergyman to Don*, 第283—284页。有关剑桥大学的情况，参看Rothblatt, *The Revolution of the Dons*, 第250、257—258、272页。有关职业理念与导师理念的对立的讨论，参看Perkin, *Key Profession*, 第14—15页；以及Rothblatt, "The Diversification of Higher Education in England", 第134页。

进,只不过前者有待克服的成规陋俗较少,进展更为迅速,新风格的引入更为彻底。实际上,诚如欧文斯学院的早期经历所证明的那样,新兴的教育机构缺乏传统,曾在一段时期里给它们带来便利。然而,随着牛津和剑桥在教师们的职业雄心的压力之下,开始面向现时代作出调整,英国历史最悠久的大学逐渐在自身古老的院墙之内,融进了许多原本凸显出市立大学、使其在某种程度上别具一格的要素。欧文斯学院的教授们及其他方面人士都注意到,在实现博文教育的传统目标方面,地方教育机构永远无法指望与牛津剑桥的声望一争短长,相反,它们必须为自身确立一种不同的宗旨。不幸的是,对于市立大学来说,牛津剑桥教师们在施展他们的职业雄心时,带来了一种意外后果,破坏了新兴大学创立独有特性的尝试。牛津剑桥的学术生活的职业化进程促进了专门化,扩张了课程体系,自然科学及(稍后的)社会科学方面尤其如此,更重要的是,把研究的理念提升到了崇高的地位,从而使得传统大学更像现代大学,而没有牺牲传统大学的任何精英地位。① 考虑到它们在已经积累起来的财富和声望方面固有的优势,牛津剑桥两校的学术职业化就此确保了传统大学继续保持至高地位。

另一方面,在市立大学里,学术职业化使得地方大学在某些角度看来更像是牛津和剑桥的分部。这在一定程度上反映了某种"殖民化"过程,在传统大学里受教育、浸淫于牛津剑桥理念的年轻的学术人,由此参与了新兴大学的成长,开始打造自己的职业生涯。例如,在曼彻斯特大学,19、20 世纪之交时的教员中,最大一部分就是来自牛津或剑桥,文科院系尤其如此。在两次世界大战期间,情况有所改变,大学开始招募更多自己的毕业生,特别是在科学领域,尽管如此,传统大学的毕业生仍然占了教员总数几乎四分之一。新型大学里出现那么多牛津剑桥培养出来的教员,究竟有何实际的影响,很难估计。历史学家洛威认为这些人成为学术跟风的原因之一。与此类似,罗斯布拉特等人则猜想,牛津剑桥培养出来的教员对学术生涯寄望甚高,会觉得地方上的生活现实令人失望,两次世界大战期间尤其如此。他们的失落似

① Jones, *The Origins of Civic Universities*, 第 288—289 页; Heyck, "The Idea of a University in Britain"。

乎更加剧了当时弥漫在市立大学里的那种普遍的不适。①

不过,市立大学越来越模仿牛津剑桥这一表面的趋势,以及教员沮丧感的来源,也许和怀旧没什么关系,甚至和他们效仿自己母校的外在欲望也没什么关系,而是由于英国学术职业化进程所产生的更加普遍的效应。牛津和剑桥对于这个进程所产生的影响并不那么直接,尽管也同样有力。如前所示,学术生涯在牛津剑桥两校的兴起促进了传统的教育机构转变成现代的大学。职业化了的学术人,其中许多人是在牛津剑桥接受培养的,对于市立大学有着同样深刻的影响。就以学院科学的成长为例。普莱法伊尔(Lyon Playfair)、赫胥黎等维多利亚时代的科学家,和其他雄心勃勃的职业人士一起,致力于在大学里谋一份位置,就冲着那里与博文之学维系在一起的声望。牛津和剑桥当然提供了最高的声望,并反过来对新兴科学门类的价值发挥了可观的影响。其后果之一,也是对于市立大学特别重要的一点,就是科学职业至少就其学院形式而言,更加注重中立知识,注重理论重于实践,以其为适当的着力方向。比如在欧文斯学院,就连那些非常关注为本地工业服务的教员,像化学方面的罗斯科(Henry Roscoe)和工程方面的雷诺(Osborne Reynolds),在课堂上总是将理论知识置于实践培训之前。②

无论如何,长此以往,这种强调理论重于实践、强调对于产业驱动的研究进行中立探究的倾向,会对市立大学产生破坏性的后果,影响教育机构与其本地社区之纽带的性质与力量,也影响教育机构偏向私营部门对抗国家支持的主张的性质与力量。③ 在曼彻斯特大学,化学、物理、工程等系在教学中越来越偏重理论,导致其与地方工业的关注点越来越缺乏关联,因此更不可能

---

① Halsey 与 Trow, *The British Academics*, 第 508 页; Roy Lowe, "English Elite Education in the Late Nineteenth and Early Twentieth Centuries", 收于 *Bildungsbürgertum im19 . Jahrhundert: Bildungssystem und Professionalisierung in internationalen Vergleichen*, Werner Conze 与 Jürgen Kocka 合编 (Stuttgart, 1985), 第 154—155 页; Owens College/University of Manchester, *Calendars*, various years。有关详细数据,参看 Barnes, "Defining the University", 第十二章。Lowe, "English Elite Education", 第 154—155 页; Rothblatt, "The Diversification of Higher Education in England", 第 137 页; Morse, "The Changing Idea of a University", 第 455—456 页。

② Heyck, *The Transformation of Intellectual Life*, 第 88—115 页。按照 Heyck 的解释,"英国的科学家在寻求地位的提高和对职业生涯的支持时,被旧式的大学所吸引,从而使他们有关科学之功能的观念被这些传统的教育机构所塑造"。参见同上书,第 114、97 页。亦见 Robert Bud 与 Gerrylynn K. Roberts, *Science versus Practice: Chemistry in Victorian Britain* (Manchester, 1984); Barnes, "Defining the University", 第四章。

③ 关于这个问题,更详细的讨论参见 Barnes, "Defining the University", 第 403—407 页。

培养出某一具体领域内具备实用技能的毕业生。实际上,注重某一具体工业中的专门化知识的教育遭到了明确的拒绝。另一方面,潜在的雇主,那些坚信雇用毕业生首先看其实际效用的人,一般希望个人要么拥有科学技能,可以成为合格的研究者,要么拥有据认为成为能干的管理者所必需的社会背景和品格素质。当然,前一种人在曼彻斯特大学可谓资源丰富,但公司企业还希望到别处寻找类似的候选人。管理方面的岗位情况尤其如此。比如 Metropolitan-Vickers,或许是曼彻斯特地区为首的工程公司,但也主要从剑桥招募员工,特别是在两次世界大战期间。本地化学制造企业 I. C. I. 也是如此,这种现象体现了旧式大学与新式大学混同于单一的学院科学模式,是如何有助于维持牛津剑桥的至高地位,损害了市立大学及其最初的使命。①

实际上,学术职业化的逻辑使得霍尔丹有关市立大学的看法,即视其为同时致力于促进专门化研究与服务工业的教育机构,本质上就站不住脚。就化学与工程而言,学院科学家的职业兴趣往往会将他们的工作引向理论,即使大学寻求支持的那些校外公司企业更感兴趣的常常是实践应用。起初,19、20 世纪之交时,地方大学在开展纯粹研究的同时公开宣称志在服务工业,体现着一种独特的优点。然而到了最后,市立大学使命的两个方面之间的关系成为关注的焦点。因此,在 19 世纪 70、80 年代,像曼彻斯特大学(化学系)的罗斯科和(工程系的)雷诺这样的教授,还似乎能够成功地平衡学科建设与参与地方企业这两种相互竞争的需求,但到了 20 世纪 20、30 年代,有些评论者觉得不得不提醒市立大学里的教员,不要让工业的需求压制了"纯粹"研究的兴趣,还有些评论者则反对大学科学缺乏与国家实际需求的关联。② 两方都不满意市立大学的表现,要么是没有坚持中立学术研究的理

---

① Robert Hugh Kargon, *Science in Victorian Manchester: Enterprise and Expertise* (Manchester, 1977),第 223—235 页;David Wilson, *Rutherford: Simple Genius* (London, 1983),第 217—224 页;Arthur Schuster1906 年 10 月 7 日致 Ernest Rutherford 函,JRL/SCH/B7,John Rylands Library, Manchester;关于 Stanley Dunkerley 聘任一事的报告,University of Manchester, Minutes of Senate, 16 Mar. 1905, RA/1/2, UMA;*Manchester Guardian*,1936 年 4 月 1 日刊登的 J. E. Petavel 的讣告;Divall,"A Measure of Agreement",第 80—81、86 页;Perkin,"The Pattern of Social Transformation in England",第 216 页;Sanderson, *The Universities and British Industry*,第 58—59 页;A. H. Halsey,"British Universities and Intellectual Life",收于 *Education, Economy, and Society: A Reader in the Sociology of Education*,A. H. Halsey、Jean Floud 与 C. Arnold Anderson 合编(Glencoe, Ill., 1961),第 507 页。

② Armytage 所著 *Civic Universities*,第 270—271 页;Sanderson, *The Universities and British Industry*,第 306 页。

念，要么是没有对经济成长作出直接的贡献。

除了将理论置于实践之上，传统大学和现代大学里的科学的兴起还影响到学术职业化的另一个重要方面，即专门化的加剧。随着19世纪下半叶知识的繁衍，越来越多领域里的学者开始追随科学家的榜样，将自己的研究主题转变成职业性的学术门类。这就涉及区分不同的专业领域，确立每一个领域内的进入标准和成就标准，某些情况下，还要强调学院理论家与其大学之外实践职业技能的同行之间的差别。另一些情况下，大学内部的职业化学术人通过把大学之外同行的工作贬低为“业余票友”，以求确立对于本领域的垄断。①

尽管有关英国的这些发展趋势的讨论大部分集中于牛津与剑桥，但从著名中世纪研究专家陶特指导的曼彻斯特大学历史研究的发展中，也能够看到具有职业雄心的学术人逐步打造的对于学科的科学取向。陶特于19世纪70年代后期在牛津大学巴利奥尔学院接受了培养，代表了新一代学院史家，而他们几乎完全属于牛津剑桥的产物。陶特立志将科学探究的原则用于研究过去。他与其同行们遵循着作为他们导师的牛津剑桥改革派教师的指点，致力于将史学确立为一门主要以大学为家园的职业。② 然而，具有讽刺意味的是，即使将史学从一种文人消遣转变成科学门类的努力起源于牛津剑桥，但陶特在曼彻斯特大学的整个职业生涯中获得的成就，却要远远大于他那些在传统大学里继承了声望很高的教职的同伴。

陶特1890年进入欧文斯学院就任史学教授，碰到的是一所既无传统的羁绊、又熟知研究的理念的教育机构。因此，陶特不像牛津的弗思（C. H. Firth）或剑桥的伯里（J. B. Bury）那样，对既定授课大纲作出任何变动都必须奋力争取，而是享受到了几乎彻底的自由，在曼彻斯特大学打造属于自己的史学学派。结果就是人文学院中最大的系之一，以其教员和学生的高素质著称。除了创造出大量的研究成果，培养出未来一代中世纪研究专家，这个系还源源不断地训练出教师充实全国的中学，以及大量的毕业生进入其他领域

① 有关专业化现象的讨论，参看 D. S. L. Cardwell, *The Organisation of Science in England* (London, 1957; 1972)，第147—153、198、201页；Halsey 与 Trow, *The British Academics*，第50、71页；Heyck, *The Transformation of Intellectual Life*，第四、五章；Perkin, *The Rise of Professional Society*，第395页。

② 关于牛津、剑桥与曼彻斯特大学的职业性学术历史的发展，更多的背景参看 Slee, *Learning and a Liberal Education*。

开创自己的职业生涯。在这个过程中,陶特不仅为曼彻斯特大学带来了声名,也促使自己及其学院史家同行确立为职业人士,对于解释过去拥有了几乎独此一家的权利诉求。①

尽管如此,到了两次世界大战期间,即使是陶特倾力而为,将对于科学方法的尊重和对于社区的认同平衡融合起来的历史系,也开始感受到学术职业化不那么正面的某些效应。其中最值得注意的或许就是教员跳槽。陶特1890年最初来到曼彻斯特的时候,他是史学领域唯一的正教授。别人或许视此为流放,他却看作是机遇,着手打造一个系。教员的规模开始逐步扩大,泰特(James Tait)、昂温(George Unwin)和缪尔(Ramsey Muir)这等大名一个个加入教员名册。等到缪尔1914年成为曼彻斯特大学第一位现代史教授,史学在曼彻斯特大学已经展现出现代学院系科典型的专业结构特征。然而,短短数年之间,教员中的名角大腕开始以令人震惊的速度纷纷离职,去向一般是牛津、剑桥或伦敦大学的教职,使历史系愈益感到失落与动荡。不仅如此,曼彻斯特大学教员中的跳槽现象还不限于讲座教授级别的教职,低级教员也开始同样频繁地来来去去,乃至于不久以后,陶特多年经营的那个紧密的共同体,似乎不太可能在他离去后继续维持了。因此,陶特本人1925年的退休就显得时机极其不幸。回头看来,这似乎从不只一个方面标志着一个时代的结束。他和其他大学里的同行们为年轻一代学者开创了道路,而将整个职业生涯耗在同一所教育机构里的期望也随他们逝去了。尽管纳米尔(Lewis Namier)1931年就任现代史教授,在一定程度上恢复了曼彻斯特大学的学

① *Learning and a Liberal Education*,第154—155、161—164页;T. F. Tout,"An Historical 'Laboratory'",刊于Standard,1910年1月3日,重印于*The Collected Papers of Thomas Frederick Tout with a Memoir and Bibliography*(Manchester,1932),1:第79—84页;陶特在1925年1月2日的Daily Mail上发表的文章;Slee,*Learning and a Liberal Education*,第129、131—132、155、157—158页;Tout Correspondence, UMA;Reports of the History Department,归档于*Reports of Council*;Thomas Frederick Tout与James Tait合编*Historical Essays by Members of Owens College, Manchester, Published in Commemoration of Its Jubilee,1851—1901* (London,1902);1929年10月24日*Manchester Guardian*上的讣告;V. H. Galbraith,"TOUT,Thomas Frederick",*Dictionary of National Biography 1922—1930* ;University of Manchester,*Reports of Council*,1920—1939年;*The Victoria University of Manchester Register of Graduates*;History Department newsletters, 1927—1937, UMA;Charlton,*Portrait of a University*,第91—92页。

术影响,但到30年代中期,历史系的鼎盛岁月似乎已经逝去。①

陶特来到曼彻斯特大学时,原本是要创立一个历史学派。然而,仅仅一代人的时间,历史系最杰出的教员纷纷离职,就任牛津剑桥或伦敦大学的教职,无疑是对具有职业雄心的学术人打造学科所带来的意外后果,作出了极具说服力的评注。越来越强调专业化技能的一个后果,就是鼓励年轻学者关注研究多过教学,寻求学科同行而非自身所在教育机构的认可。这常常使得拥有更多学术资源的牛津剑桥和伦敦大学相对于这方面比较贫乏的地方大学,获得了某种优势地位。职业理念在学界大获全胜,使得市立大学在其他方面也同样容易受到损害。教员们作为职业人士,其中有许多更是在传统大学里最初进入学术生活,对于自己的职业生涯有着明确的期望。对于那些接受地方大学聘职的人,从许多方面来讲,失望都是不可避免的。到了两次世界大战期间,那些助教报酬比较低廉,工作不很牢靠,在系务上缺乏发言权,却又首先承担市立大学典型的大班教学,也就没什么机会进行自己的研究。不仅如此,如前所示,地方大学不太可能与传统大学竞争,为教员提供优美的环境,完善的设施,高素质的学生与同事,还有丰富的社会生活。起初,成为先驱的机会使得移往地方所带来的牺牲值得付出,但到了20世纪20年代,先驱时代多少已经完结。② 对于那些越来越全心关注学科与职业生涯的职业学术人来说,牛津或剑桥的一份教职显然代表着学术等级的顶峰。和牛津剑桥搭上钩,就标志着地位与成功,这和其他自由职业一样。

与此同时,市立大学已经成为通往南方的职业生涯列车的"头等舱候车室"。哈尔西指出,就连那些地方大学最为重视的领域,比如理科方面,"牛

① University of Manchester, *Reports of Council*, various years. 有关这段时期曼彻斯特大学历史系教员生涯的看法,参看 J. E. Neale to T. F. Tout, 10 May 1927, Tout Correspondence, UMA;1928年8月9日的*Manchester Guardian*。在泰勒眼里,有如其他一心谋求职业前程的学术人,不管放弃某个地方大学的工作会付出多少个人代价,也比不上移居南方在职业上能获得的好处。Taylor, *A Personal History*, 第102—103、132页。Neale对离开曼彻斯特大学也是心有遗憾,但却不得不返回伦敦,见Neale1927年5月10日致陶特函。

② Clark, "The Organization Conception", 第113—114页;Alvin W. Gouldner, "Cosmopolitans and Locals: Toward an Analysis of Latent Social Roles—I", *Administrative Quarterly*(1958年3月), 第444—467页;Rothblatt, "The Diversification of Higher Education in England", 第144页;Neale1927年5月10日致陶特函,说明自己为何要离职,以便接替伦敦大学学院Pollard的教职;Taylor, *A Personal History*, 第102—103页。有关曼彻斯特大学非教学雇员的增长,参看Barnes, "Defining the University", 第九章。亦见Perkin, *Key Profession*, 第23页;Taylor, *A Personal History*, 第122页;Morse, "The Changing Idea of a University", 第四章。

津始终有能力洗劫其他大学的有关系科,以使自己的研究和教学现代化”。20世纪早期的一些在曼彻斯特大学做出最大成就的知名科学家,比如有机化学领域的珀金(W. H. Perkin)和物理学领域的卢瑟福(Ernest Rutherford),一个接一个地转投牛津剑桥的教职。文科方面,如前所示,曼彻斯特大学著名的历史系到20世纪20年代晚期也失去了教员的忠诚。面对这种情形,大学校长还能自我解嘲,(在1930年一次典礼上)苦笑着说,曼彻斯特大学“发现了崭露头角的天才,聘任他,培养他,激励他,塑造并巩固他的名声,然后牛津和剑桥屈尊下聘,然后他就去了”。然而事实上,高级教员的跳槽足以引起严重的关切。另一位大学官员在1939年回想起杰出人才奉献一生打造教育机构声名的往昔时代,指出“如今要得到最佳人选不那么容易了,而要留住他们甚至更难”①。诸如此类的评论表明,两次世界大战期间的岁月不仅见证了牛津剑桥式大学理念的胜利,而且见证了牛津剑桥本身作为学术生活理念的胜利,即使在市立大学里也是如此。

可以用来说明市立大学命运的各种发展趋势中还剩下三股,可以比较简单地探讨一下。在19世纪晚期和20世纪早期,具有职业雄心的学术人的个人选择往往集中在同一种学术生涯模式。无独有偶,中央政府在整个这段时期所遵循的政策,不管有意无意,都加剧了对于大学的单一界定。从1889年开始,国家的介入,主要是在财政资助方面,促进了一套全国体系的兴起,旧大学和新大学最终一样参与了这套体系。那一年,在有能量的院外游说分子的努力之下,欧文斯学院和英国其他大学学院收到了第一批年度国库拨款。从一开始,拨款名单本身就反映了中央政府塑造英国新兴高教体系的权力。拨出款额通过某种专门设计的规则,确保奖励那些够格接受国家资助的大学学院中最有实力、财务上最安全的机构,这样,拨到每一个机构的数额本身就如实体现了相对的地位。欧文斯学院教员群体最庞大,从本地资源中收到的资金最多,在所有机构中的学生数也是最多,最初列在名单的首位,在拨款的头五年里收到的款项最大,每年1 800镑。实际上,委员会设立了一项政策,

① Halsey, *The Decline of Donnish Dominion*, 第71页。亦见 Edward Shils, “The Order of Learning in the United States: The Ascendancy of the University”,收于 The Organization of Knowledge in Modern America, 1860—1920, John Voss 与 Alexandra Oleson 合编(Baltimore, Md., 1979),页43;Chancellor's toast at Jubilee Celebration, 23 May 1930, Victoria University Extract Books, UMA; Manchester Guardian1939年2月3日的报道。1920、1930年代 Reports of Council 上也不时出现其他有关教员跳槽问题的报道。

以使最有实力的教育机构能够获得可用资源中的最大份额，这种做法会在相当时间里维续一个愈益集权化的体系里的不平等。①

在整个19世纪90年代和20世纪初期，英国政府投向高等教育的可用资金保持了缓慢但是稳定的增长，从而使得市立大学越来越依赖政府拨款，尽管在各教育机构公开宣称的宗旨中，财政支持主要是依赖地方的贡献。以曼彻斯特大学为例，每年仍然获得最大份额的资助，从19、20世纪之交到第一次世界大战爆发期间，虽然曼城与其市民依旧慷慨解囊，但它的年度收入中来自议会拨款的比例涨了整整两倍。到了第一次世界大战结束初年，来自国库的拨款占了大学年度收入的三分之一。因此说这段时期显然反映了曼彻斯特大学与中央政府之间关系的决定性转变。英国其他的市立大学和大学学院的情况也是基本如此。实际上，战争结束后，其他大学中绝大多数的总收入中来自议会拨款的比例甚至比曼彻斯特大学还要高。②

从地方教育机构这方面来讲，政府既然乐意承担责任，摊付越来越大的份额支持它们，它们当然也很欢迎。曼彻斯特大学在第一次世界大战爆发之前的经验似乎证明，一个现代大学的财政需求越来越受到科学、技术、医学等方面研究的高成本的驱动，单靠市政本身的慈善捐赠难以承担。到了战后，英国经济陷于困境，使得霍尔丹有关地方资助高等教育的观点显得像是白日

---

① 关于国家在创建英国全国高等教育体系中的重要作用，参看 Halsey, *The Decline of Donnish Dominion*，第60页。这里的“全国体系”指的是一系列被认可的关系，超出了地区界限，通过资源与地位的竞争，将各个教育机构相互联结，并通过对于政府资金的共同依赖，将这些机构与国家联结起来。有关高等教育体系整体上的理论探讨，参看 *Clark* 所编 *Perspectives on Higher Education*。Cardwell, *The Organisation of Science in England*，第160—161页；Armytage 所著 *Civic Universities*，第235页；Sanderson, *The Universities and British Industry*，第103—105页；以及 Hennock, “Technological Education in England”，第310—313页；Edward Fiddes, *Chapters in the History of Owens College and of Manchester University1851 —1914* (Manchester, 1937)，第194页；University Colleges, Great Britain, Grant in Aid, Report of the Committee, 1897年5月20日(London, 1897)，第74—75页。这个现象被罗伯特·默顿称之为“马太效应”(指马太所言：“因为凡有的，还要加给他。”)，Trow 借此分析高等教育体系整体上的情况，参看 Trow, “The Analysis of Status”，第149页。

② Armytage 所著 *Civic Universities*，第247页。Cardwell, *The Organisation of Science in England*，第202—203页；Board of Education, *Reports for the Year1913 —14 from those Universities and Universities Colleges in Great Britain which are in receipt of Grant from the Board of Education*(Cd. 8137)(London: H. M. S. O., 1915)，表7。UGC, *Returns*, various years。

做梦。① 战后初年,本地支持的传统资源要么消耗殆尽,要么不敷使用,曼彻斯特大学和其他地方大学只能满怀感激地接受中央政府承担越来越大的收入比例。

1919年大学拨款委员会设立,使英国市立大学与国家之间从第一次大战之前到结束这段时期开始建立起来的新型关系获得了官方认可。委员会作为财政部一个下属部门,负责考察各大学的财务需求,建议政府如何满足这些需求,旨在充当大学与国家之间一种有形的关联。而在实践当中,它还充当了一种缓冲器,保护高等教育机构免遭政府未经授权擅自介入。然而,尽管大学拨款委员会公开宣称的是不介入政策(除了提供资助建议),但它的影响所及,远远超出财政事务。有一位历史学家注意到,"尽管委员会并不打算施加任何统一的政策,但它却不得不出于自己的方便而提出某些纲领,这样就逐步形成了一套原则和惯例。全国的大学教育机构其实都覆盖其中……在各大学与学院中创造出对于共同欲求和共同问题的某种清醒意识,大学拨款委员会可谓这个过程中最有力的因素"②。

起初,牛津和剑桥并不在大学拨款委员会的权限之内,两校更愿意留在中央管辖的政府资助计划之外。只要这种情况依旧,只要传统大学不出现在委员会拨款名单之中,曼彻斯特大学及其它市立大学就会觉得更容易摆脱与牛津剑桥直接对比。然而,正因为大学拨款委员会作为国家财政的代理人,很快成为英国全国高等教育体系的象征,牛津和剑桥也很快宣称自己属于这个系统,并且是确定该系统面目的机构。两校认识到它们在战后的资金需求绝不比市立大学小,只能通过国家资助的实质补充才能满足。到了1923年,它们也开始接受政府的资金。实际上,一旦传统大学屈尊跻身大学拨款委员会的名单,就开始接受最大数额的拨款。与此同时,委员会的报告作为对于

① Fiddes, *Chapters in the History of Owens College*,第186—189页。例如,曼彻斯特大学1919年发起的一项呼吁,只是成功地筹集了维持本机构运转所需预计五十万英镑的半数。参看 *Manchester Guardian* 1919年7月5日、12月4日,1920年4月20日;*The Serpent*,1922年1月31日;University of Manchester, *Report of Council*,1922年11月。

② Keith Tribe,"The Accumulation of Cultural Capital: The Funding of UK Higher Education in the Twentieth Century", *Higher Education Quarterly* 44(1990年冬季号),第21—34页;Armytage所著 *Civic Universities*,第251页。有关大学拨款委员会之创建的详细介绍,参看 Eric Hutchinson,"The Origins of the University Grants Committee", *Minerva* 13(1975年冬季号):第583—620页。Kelly, *For Advancement of Learning*,第183页。亦见 Halsey, *The Decline of Donnish Dominion*,第60、76页。

英国学术生活状况的官方评述,也开始越来越将牛津和剑桥作为某种理念的象征,全国其他大学都应该据此为参照加以评价。①

因此,到了20世纪20年代中期,大学拨款委员会拨款名单所体现出的牛津和剑桥在英国高等教育等级序列中的至高地位,已经得到了确认。然而,在19、20世纪之交,面对市立大学模式当时构成的挑战,要想预测传统大学有多少能力能够维持自身的影响,可能还很困难。牛津剑桥理念在一个方兴未艾的全国体系中得以维持声望,该从哪些因素作出解释?那些系统化学说是想说,牛津剑桥毕业生的社会出身和职业生涯前程,以及传统大学里的课程体系与学术生活风格,依然还在继续将牛津和剑桥与20世纪英国社会里的精英维系在一起,而实情也确实如此。在牛津剑桥学生的阶级出身和职业前程所反映出的社会声望之外,还有古老大学的课程体系和生活风格所蕴涵的文化声望。牛津和剑桥一方面保持精致化的格调,特权化的装扮,以及坚守博文之学,使它们卓尔不群,成为最重要的精英教育机构,同时又把自身原本就很可观的资源中越来越多的份额用来促进研究,从而在两次世界大战期间继续标举着其他任何机构无法冀望的水准。即使当现代大学里的学术水平常常超出牛津剑桥,情况也是如此。② 当然,如前所示,在其他领域,市立大学根本无法与之相争。

然而,问题与其说是地方教育机构试图实现牛津剑桥理念而不成,不如说是评论大学的人士并不推重市立大学独特使命的特点。两次大战期间,传统大学何以维持声望,市立大学理念何以衰微,一个根本的原因就在于此。

① Hutchinson,"The Origins of the University Grants Committee",第608—609页。UGC,*Reports*,多年。

② Stevenson,*British Society*,第254、352页;Halsey 与 Trow,*The British Academics*,第73—74页;Perkin,*The Rise of Professional Society*,第三章;W. D. Rubinstein 编 *Elites and the Wealthy in Modern British History: Essays in Social and Economic History*(Sussex,1987);Lowe,"Structural Change in English Higher Education",第171页。有关欧洲高等教育体系化进程的讨论,参看 Muller 等合编的 *The Rise of the Modern Educational System*;Ludwig Huber,"Disciplinary Cultures and Social Reproduction",*European Journal of Education* 25(1990):第241—261页;Pierre Bourdieu 与 Jean-Claude Passeron 合著的 *Reproduction in Education, Society, and Culture*(London,1990)。有关英国的专门讨论,参看 Barnes,"Defining the University",第十二章。Sheldon Rosenblatt,*Tradition and Change in English Liberal Education: An Essay in History and Culture*(London,1976);Perkin,*The Rise of Professional Society*,第368页;Ringer,"Introduction",第8—9页;Huber,"Disciplinary Cultures and Social Reproduction",第248页;Halsey 与 Trow,*The British Academics*,第72页;Halsey,"British Universities and Intellectual Life",第508、506页。

事实上，如果不结合更大的背景，看看对于工业和贸易这两个地方大学特别致力服务的领域，人们都抱有什么样的态度，就既不能充分理解牛津剑桥式的大学观何以大获全胜，也无法完全体会市立大学命运何以如此。这样的结合，就是要深入了解围绕英国工业精神在20世纪的衰落的争论。这是一项聚讼不已的议题，在社会文化史家(更不用说大众传媒)中间产生很大争议，而在经济史家中间围绕另一项相关议题也产生了同样激烈的争论，那就是英国经济所谓的"失败"，尤其是在第一次世界大战之前的几十年间。① 论战中众多参与者各自的立场在此无须赘述，但有几点涉及市立大学在英国社会中的地位，有必要提一提。

首先，且不论经济是否"失败"，且不论究竟出于何种原因，大多数评论者都同意，一次大战之前，英国企业对于市立大学的态度明显属于漠不关心(只有少数例外)。② 而主流文化对于地方大学也是没有什么特别的看重。实际上，尽管具体论证中不乏漏洞，但确实有大量证据表明，英国社会中盛行着一种反工业、反都市、反技术的偏见。③ 有一种流行的观点认为，这些价值观念代表了英国过去贵族社会的残余，没有被暴力革命彻底地铲除，却在全国精英教育机构中得以维续，通过某种上向流动逐渐同化，从而将中产阶级逐渐绅士化。④ 其他论者，最著名的就是帕金，则认为这种解释未能考虑英国社会职业理念的兴起，强调公共服务而不是个人获益。帕金发现，公共服务的职业理念作为某种行为准则，用到从政、为官乃至专门职业本身，最终也

① 本主题的详尽文献，参见 Sidney Pollard, *Britain's Prime and Britain's Decline: The British Economy, 1870—1914* (London, 1989)。

② Anna Guagnin, "The Fashioning of Higher Technical Education in Britain: The Case of Manchester, 1851—1914"，收于 *Industrial Training and Technological Innovation: A Comparative Historical Study*, Howard Gospel 编(London, 1991)，第66—92页；Sanderson, "Education and Economic Decline"，第38页；同著者，"The English Civic Universities and the 'Industrial Spirit'"，第91页；Pollard, *Britain's Prime and Britain's Decline*，第138、265页；Steven J. Nicholas, "Technical Education and the Decline of Britain, 1870—1914"，收于 *Steam Intellect Societies: Essays on Culture, Education and Industry circa1820—1914*, Ian Inkster 编(Nottingham, 1985)，第88页。

③ 参看 Martin J. Wiener, *English Culture and the Decline of the Industrial Spirit, 1850—1980* (Cambridge, Eng., 1981)；Correlli Barnett, *The Audit of War: The Illusion and Reality of Britain as a Great Nation* (London, 1986)；以及 W. D. Rubinstein, *Capitalism, Culture, and Decline in Britain, 1750—1990* (London, 1993)。请注意，即使是像鲁宾斯坦这样批评维纳命题的人，也同意这些反工业偏见的证据标志着英国主导文化的特征。

④ 尤见 Wiener, *English Culture and the Decline of the Industrial Spirit*；对于这种分析的更广泛的批评，参看 Barnes, "Defining the University"，第十二章。

渗透到经商之中。他的结论是:“工业精神的衰微,实际上就是面对职业主义的侵蚀,企业家理念的撤退。”①

对于市立大学,职业社会的兴起只能是强化了它们作为二流教育机构的地位。在一个越来越注重生产(和再生产)职业精英的教育体系里,牛津与剑桥拥有不可撼动的优势。就算是在工商业界里谋求职业生涯,在雇用新进毕业生的时候,是否接受过博文教育,是否有体面的社会背景,也比是否有专门的技能更加重要。这样,地方大学就丧失了它们具备比较优势的最后几块领地之一。② 人们依然认可它们有能力培养科学家、技术专家和教师,但它们所处的社会,越来越将职业教育,哪怕是工商管理方面的职业教育,视同于人格品行的培养而不是技术技能的培训,市立大学就此不再能够指望与牛津和剑桥的声望相争。与此同时,传统大学也在进行自我转型,除了博文之学,还越来越转入职业教育和研究,这就进一步破坏了它们的竞争对手树立自己的风格。最后,在地方大学自身内部,那么多牛津剑桥教育出来的教员的存在所体现出来的学术生活职业化,也促使这些机构更加淡化了对于自身最初精神的残余的坚守。因此,尽管市立大学在20世纪并未放弃自己的使命,但从学生、雇主、政府官员和外界观察者,到市立大学自身的教员和管理人员,对它的评价都已经不同了。

说明牛津剑桥理念以牺牲市立大学为代价而大获全胜的最后一点因素,在于英国伦敦以外各地在20世纪的衰落。作为国民经济中的一些根本转变的折射,英格兰早先以曼彻斯特等北方城市为中心的工业区,到了两次世界大战期间,已经部分丧失了曾经让它们活力无限的那种自信精神和独立精神。市立大学中士气的衰微,固然有很多自身的原因,却也反映了侵袭整个地方生活的某种病症。里德在20世纪60年代早期写了《1760—1969年英国伦敦以外各地影响力研究》一书,描述了这种趋势。它从19世纪最后几十年开始,在两次世界大战期间积聚了动力,并一直延续到作者所在的年代。这

---

① Perkin, *The Rise of Professional Society*, 第119、370、374—375、376页。亦见 Neil McKendrick, “Gentleman and Players' Revisited: The Gentlemanly Ideal, the Business Ideal and the Professional Ideal in English Literary Culture”, 收于 *Business Life and Public Policy: Essays in Honour of D. C. Coleman*, Neil McKendrick 与 R. B. Outhwaite 合编(Cambridge, Eng., 1986), 第121、135页。

② “The Universities and Industry and Commerce”, 收于 *Universities Review* 2(1929年4月), 第46页; Rothblatt, *The Revolution of the Dons*, 第272页; Divall, “A Measure of Agreement”, 第90—91页; Sanderson, *The Universities and British Industry*, 第247页。

是一种愈益中央集权化、标准化的趋势,伦敦越来越多地指导了地方生活。根据里德的看法,全国政治、社会和文化能量日益会聚到首都及其周边地区,导致地方重要城镇的城市生活陷于破裂。中产阶级市民逐渐将自己的兴趣与忠诚移出本地组织,就好像他们将自己的住所转向远郊,结果是曼彻斯特这样的城市在20世纪失去了曾经拥有的任何社区感。两次大战期间,市立大学中的学术生活也同样陷于破裂,同样缺乏共同体精神,原因也是一样。以个别学科为核心的全国组织(无一例外地都把总部设在伦敦或牛津剑桥)宣称的是那些以研究为取向的教授的关注,而他们的职业雄心有时会迫使他们把职业晋升放在效忠碰巧聘用了他们的地方机构之前。①

里德注意到,虽然像曼彻斯特这样的城市依然有能力用整合一体的声音发言,但也几乎起不了什么作用。到两次世界大战期间,英国伦敦之外的其他地方都不再听得到什么声音了。19世纪中叶的访问者还会成群结队地去看北方城市工业化所造成的壮观与恐怖,而到了20世纪中叶,公众的注意力就像资本的资源、劳力的需求乃至人口本身一样,都向伦敦与东南部地区倾斜。曼彻斯特一度名声不佳,现在更多的情况是默默无闻,这让它的市民更加懊恼。撇开市镇精神不谈,地方大学在对抗这种趋势方面也是无甚作为,这主要是因为它们与自己所在城市的普通人没什么接触。里德解释道:"利兹、曼彻斯特、谢菲尔德、霍尔或伯明翰等城市的市民绝大部分从未进过自己城市的大学,对里面的事情也没什么了解。"而伯吉斯(他本人在20世纪30年代就是曼彻斯特大学的学生)写道,实际上,"他们很奇怪这些被熏黑了的哥特式建筑究竟是干嘛用的"。市立大学努力在全国范围内招收学生,借此宣传自己的学术形象,但结果只是使情形更糟。里德注意到:"这些学生毕业后,其中有些人回到遥远的故乡,既不会替自己没上过的本地大学宣传,也不会替自己上过的外地大学宣传,因为它十分遥远,对本地无甚意义;他们就此加入了没几个人会关心究竟来自什么大学的地方毕业生大军。"市立大学一

① Donald Read, *The English Provinces, c.1760—1960: A Study in Influence*(London, 1964),第ix页;Edward Shils,"British Intellectuals in the Mid-Twentieth Century",收于 *The Intellectuals and the Powers and Other Essays*(Chicago, 1972),第144、207、219—220、232—234页;A. J. P. Taylor,"The World's Cities (I): Manchester",*Encounter* 8(1957年3月),第9页。亦见Shils,"British Intellectuals in the Mid-Twentieth Century",第144—150页;Gouldner,"Cosmopolitans and Locals",第444—467页。

旦在自己的城市里也默默无名,就算是彻底陷入了认同危机。①

就这样,到了20世纪中叶,曼彻斯特这座城市与它的大学,以及英国其他的地方城市及其大学,都出现了自尊感的衰微。就市立大学而言,“地方”或者更糟糕的“红砖”②这样的形容词,都在一定程度上成为平庸的同义词,尽管市立大学在许多领域表现卓越。莫布里爵士(大学拨款委员会主席,曼彻斯特大学前副校长)在1949年提醒那些操心大学在现代世界中的命运的人,情况并非一向如此。他在谈到市立大学时写道:“它们的创校宗旨并非成为牛津和剑桥的低劣翻版,而是要以严肃的宗旨、广泛的教研,以及更适于所谓‘小店主之国’(a nation of shopkeepers)的与商贸社区的密切关系,超越两校。”莫布里总结道:“那些希望之所以尚未充分实现,主要是因为一些它们无法控制的外界原因。”③莫布里所说的外界因素就包括前文谈到的力量。英国大学的社会功能的转型,学术生活的职业化,国家资助的、等级分明的全国性高教体系的兴起,这些发展趋势市立大学都是积极主动地参与其中。因此,无论这些发展带来了多么不可预见的后果,它们自身也必须担负一定的责任。至于剩下的其他一些因素,牛津剑桥理念的声望长久维续,地方文化的活力日渐衰微,市立大学确实没有多少力量甚至完全没有力量控制。这两个因素都导致地方大学失去了自信。曼彻斯特大学及英国其他市立大学的资源都是相对比较贫困,而它们的支持群体又未能推重其特定的使命,有这些不利条件,几乎不能指望它们再去挑战牛津和剑桥的至高地位,更不用说成功地树立一种新的大学模式。相反,经过19世纪晚期和20世纪早期,上文所讨论的这些发展趋势导致了对于英国大学理念逐渐汇聚成一种单一的界定,明确基于现代版的精英主义的牛津剑桥理念。在这个过程中,曼彻斯特及其他地方大学首先自我界定并重新界定为对于英国传统大学的先驱替代,然后自我界定并重新界定为英国传统大学的二流翻版。因此,市立大学的历史尤其是在20世纪的历史,就是一个潜能未能实现、传统大获全胜的故事。

(李康　译)

---

① Read, *The English Provinces*, 第256、272—277、258—259、260—261页; Burgess, *Little Wilson and Big God*, 第169页。

② 与牛津剑桥等历史悠久、多由石料筑成的大学不同,新兴工业城市里的市立大学多由红砖砌成,故连同其毕业生都获得了带有贬义的红砖(redbrick)之名。——译注

③ Sir Walter Moberly, *The Crisis in the University* (London, 1949), 第20页。

法国的、德国的与美国的：土耳其的高等商务教育，1883—2003①

白贺闻·育思帝肯

与欧洲其他地方（实际上也包括美国）一样，奥斯曼帝国高等商务教育的发端可上溯至19世纪后半叶。② 经过一系列流产的努力后，1883年，在贸易部的支持下，伊斯坦布尔开办了哈密德商业学校（*Hamidiye Ticaret Mektebi*）③，这

① Behlül Üsdiken, *New Perspectives on Turkey* (Istanbul: Homer Kitabevi), No. 31, Fall 2004, pp. 5—38. 有些读者或许会怀疑，本文题目的前半部分受到Sergio Leone1966年的电影《好的、坏的和丑陋的》的启发。当然，我无意于暗示对于我所列举的这些影响土耳其教育的国家，我给它们的排序正好与电影名字里形容词的顺序相匹配。然而，正如本文所显示的那样，在土耳其，不同模式的提倡者经常用电影名字里那些有负面意味的术语来看待他者。我要感谢该杂志的一位匿名评审员，他对本文初稿作了有益的评论。

② See Lars Engwall and Vera Zamagni, "Introduction", in *Management Education in Historical Perspective*, ed. Lars Engwall and Vera Zamagni (Manchester: Manchester University Press, 1998), 5, 8, Osman Ergin, *Türkiye Maarif Tarihi*, Vol. 3 (İstanbul: Osamanbey Matbaası, 1941), 936, 38.

③ 在一些二手资料中，有关该学校创办时间的记载是不一致的。例如，İlhan Tekeli与Selim İlkin, *Osmanlı İmparatorluğu' nda Eğitim ve Bilgi Üretim Sisteminin Dönüşümü* (Ankara: Türk Tarih Kurumu, 1993), 78, Faik Reşit Unat, *Türkiye Eğitim Sisteminin Gelişmesine Tarihi Bir Baklş* (Ankara: Milli Eğitim Bsımevi, 1964), 80。在该学校自己的出版物中，把1883年作为建校日期。例如，可以参见Ergin, *Türkiye Maarif Tarihi*, Vol. 3, 938, Enver Esenkova, "İstanbul Yüksek İktisat ve Ticaret Okulunun Tarihçesi", in *İstanbul Yüksek İktisat ve Ticaret Okulu 1883—1958* (İstanbul: İstanbul Yüksek İktisat ve Ticaret Okulu, 1958), 31, *İstanbul Yüksek Ekonomi ve Ticaret Okulu, 1883—1950* (İstanbul: Duygu Matbaasiü 1950)。艾尔亘（Ergin）把日期确定为1884年1月28日（笔者据http://www.ttk.gov.tr进行了换算）。该学校自己所确定的日期，大概是在历法换算过程中出现了错误，艾尔亘在其《土耳其教育史》（*Türkiye Maarif Tarih*，第3卷，第938页）中也提到了该学校1933年发行的一本小册子，说那是为了纪念建校50周年。

标志着可被称为“高等”水平的商务教育开始在帝国发展。① 1890 年,商业学校被关闭,1894 年又重开,这次则已归属教育部管辖。在 1915 年,该学校又进行了一次结构重组,从此开始有了高低年级的划分。直到土耳其共和国建立(1923 年——译注),该学校都是土耳其唯一的一所商务教育机构,而且,在此后的大约十年中,它也是独一无二的。从第二次开放到共和国建立,该学校每年大概有 12 名毕业生,到 20 世纪 30 年代中期,该数字则达到了大约每年 24 人。②

目前,在土耳其的大学中,大概有 58 000 名学生在接受大学学历(lisans,即本科——译注)的商务教育。此外,大概还有 13 000 名学生在接受商务硕士的教育。这些数字不仅显示了 30 年代中期以来的巨大增长,而且表明了商务教育在当下土耳其的重要性。例如,在 2002 年,7% 的土耳其本科学位和 19% 的硕士学位都是授予了商务专业。③

在这整整 120 年的岁月中,土耳其的商务教育不断地受到外来影响的冲击。这段历史可以划分为三个阶段:从奥斯曼帝国商务教育的开始一直到 20 世纪 30 年代早期,从 30 年代中期到 1950 年,以及从 50 年代早期到今天。在每一个时期都引进一个外来模式,该模式就在这个时期占据主导地位,这些外来模式分别是法国的、德国的和美国的。长期以来,土耳其一直致力于从先进国家引入技术,从这个角度来看,国内的政治进程与国际联系的变化

① Ergin, *Türkiye Maarif Tarihi*, vol. 3, 938—941, Nafi Atuf (Kansu), *Türkiye Maarif Tarihi*, Vol. 2 (İstanbul: Milliyet Matbaasi, 1932), 8—9. 这里的说法是针对一所专业学校。另外,例如,1867 年的学校所有权重组方案(the program of the Mekteb-i Mülkiye),会计学也包含在其中,参见 Unat, *Türkiye Eğitim Sisteminin Gelişmesine Tarihi Bir Bakiş*, 71.

② *Yüksek İktisat ve Ticaret Mektebi 1936 Yıllığı* (İstanbul: Yüksek İktisat ve Ticaret Mektebi, 1936).

③ 这些数据来源于 ÖSYM, *2002—2003 Öğretim Yili Yükseköğretim İstatistikleri* (Ankara: Öğrenci Seçme ve Yerleştirme Merkezi, 2003), 100, 10—11, 88, 97, 63, 88. 函授大学注册的学生未包括在内。大约还有 113 000 学生参加两年制的商务教育或与商务有关的职业教育,在此类学校中,商务专业的学生超过了全部学生的 1/3。

共同促成了对特定模式的依赖。① 同样地,土耳其的商务教育主要地也是国家指导下的,偶尔也会有国外力量的介入,但后者的影响基本上可以忽略不计。直到最近,商务教育才开始受商业利益的支配。在土耳其商务教育的形成与变迁过程中,前述三种模式都发挥了重要作用。② 在引进国外模式的过程中,也对其进行了很大的改造,其结果便是整个教育机构中出现了杂交和不同的变种,本文的主要目的就是揭示这一现象,并解释已经发生的"翻译"过程。③ 特别地,本文认为外国模式的采用和扩散主要依赖于如下三个因素:1. 国家层次的教育制度框架,它们的出现、巩固以及变革;2. 实践层次的体制进程,包括历史影响以及组织结构间的相互作用;3. 不同模式的倡行者所能提供的资源和支持。

在引进外国模式方面,土耳其绝不是独一的。跟大多数欧洲国家和很多其他国家一样,在二战前后,商务教育的发展都经历了一个跨国传递的过程。④ 土耳其这一个案更能引发人们兴趣的地方在于,在过去的大约150年

① See, Selim İlkin, "1920—1970 Döneminde Türkiye'deki İktisat ve Ticaret Eğitimi ile İlgili KuruluşlarIn Gelişimi Tarihi Üzerine Bir Deneme", in *Türkiye'de Okutulan İktisat Üzerine*, ed. Fikret Gürün (Ankara: Orta Dogu Teknik Üniversitesi, 1972), 3—4, Ayşe Öncü, "Academics: The West in the Discourse of University Reform", in *Turkey and the West: Changing Political and Cultural Identities*, ed. Metin Heper, Ayşe Öncü, and Heinz Kramer (London: I. B. Tauris, 1993), 144—145, Behlül Üsdiken, "Plurality in Institutional Environments and Educational Content: The Undergraduate Business Degree in Turkey", in *Inside the Business Schools: The Content of European Education*, ed. Rolv P. Amdam, Ragnhild Kvalshaugen, and Eirinn Larsen (Oslo: Abstrakt, Liber, Copenhagen Business School Press, 2003), 87—90.

② Matthias Kipping, Behlül Üsdiken, and Nuria Puig, "Imitation, Tension and Hybridization: Multiple 'Americanizations' of Management Education in Mediterranean Europe", *Journal of Management Inquiry* 13, no. 2 (2004).

③ Ove Bjarnar and Matthias Kipping, "The Marshall Plan and the Transfer of US Management Models to Europe: An Introductory Framework", in *The Americanization of European Business: The Marshall Plan and the Transfer of US Management Models*, ed. Ove Bjarnar and Matthias Kipping (London: Routledge, 1998), 7—8.

④ 例如,可以参见,Rolv Petter Amdam, ed., *Management, Education and Competitiveness: Europe, Japan and the United States* (London: Routledge, 1996), Lars Engwall and Elving Gunnarsson, eds., *Management Studies in an Academic Context* (Uppsala: Uppsala University Press, 1994), Terry Gourvish and Nick Tiratsoo, "Missionaries and Managers: An Introduction", in *Missionaries and Managers: American Influences on European Management Education, 1945—1960*, ed. Terry Gourvish and Nick Tiratsoo (Manchester: Manchester University Press, 1998), F. Redlich, "Academic Education for Business", *Business History Review*, no. 31 (1957): 75.

中，它曾受到所有前述三种模式（法国的、德国的和美国的）的影响，它们在这个或那个时期的土耳其商务教育领域中上升为主导模式，从这方面讲，只有少数几个欧洲国家在某种程度上与土耳其相似，例如意大利和西班牙。①

有关商务教育史的比较研究显示，跨国移植并没有导致完全相同的复制，而是在不同的接受国中，或者出现了抵制，或者是修正原模式后再采纳之（adoption with modifications）。② 在分析这些现象时，现存文献尽管经常地是借助于较新的观点，比如根据历史因素与国家制度框架来分析一个典型的行动者，但本质上它们都是诉诸组织分析中的制度主义解释。③ 本文的主要观点是，在跨国传递过程中，这些因素按其作用力的大小构成了同形复制的障碍，由此也防止了国际性同质化的发生。然而，有些类似的研究也认识到，根据环境之差异，引进来的模式与本土既存环境间的张力，为个体的或集体的策略行动提供了不同空间。④

根据二手资料，接下来的三个部分对主要的事件、创举、斗争以及在三个时期中所运行的制度进程按时间顺序进行了描述，这个三个时期标志了土耳其高等商务教育的历史发展。本文的最后一部分是结论，并探讨了未来新研究中的一些问题。

---

① Kipping, Üsdiken, and Puig, "Imitation, Tension and Hybridization".

② See, Haldor Bykjeflot, *Management Education and Selection of Top Managers in Europe and the United States* (Bergen: LOS Senteret, 2000), 25, Engwall and Zamagni, "Introduction", 10—15, Jonathan Zeitlin, "Introduction: Americanization and its Limits-Reworking US Technology and Management in Post-War Europe and Japan", in *Americanization and its Limits*, ed. Jonathan Zeitlin and Gary Herrigel (Oxford: Oxford University Press, 2000), 38—46.

③ W. Richard Scott, *Institutions and Organizations*, 2 ed. (London: Sage, 2001), 132—136.

④ Matthias Kipping and Jean-Pierre Nioche, "Much Ado About Nothing? The US Productivity Drive and Management Training in France, 1945—1960", in *Missionaries and Managers: American Ifluences on European Management Education, 1945—1960*, ed. Terry Gourvish and Nick Tiratsoo (Manchester: Manchester University Press, 1998), 51,68—69, Scott, *Institutions and Organizations*, 208—211, Behlül Üsdiken, Alfred Kieser, and Peter Kjaer, "Academy, Economy and Polity: Betriebswirtschaftslehre in Germany, Denmak and Turkey before 1945", *Business History Review* 46, no. 3 (2004): 383.

一、奥斯曼（及后来土耳其）的“高等商业专科学校”

哈密德商业学校是19世纪末期由国家各部所开办的诸多学校之一，这也是当时仿效法国教育体制的一个步骤。法国商业学校的职业教育的定位可以追溯到拿破仑时代。① 关于哈密德商业学校，艾尔根②认为，该学校的创建者是受到了建立于1881年的法国巴黎高等商业专科学校（HEC）的启发。哈密德商业学校的早期课程安排与巴黎的高等商业专科学校有很大的相似性③，从这一点即可看出，两者之间存在亲缘关系。高等商业专科学校是法国最早的高等商务教育学校。④ 在法国，自1820年以来⑤就有高级商务中学，而奥斯曼人决心效法高等商业专科学校，从这一点就可以看出他们当时是多么雄心勃勃。实际上，哈密德商业学校在课程方面更多地是处于法国高级中学的水平，巴黎高等商业专科学校成立之初也是如此。⑥

法国高等商业专科学校的影响一直持续到共和国时代。例如，1915年，在高级课程中创立了三个专业领域（商业与实业，商业与银行，商业与领事），这其实是复制了高等商业专科学校于1904年所实行的体制。⑦ 在这一时期，也出现了仿效其他欧洲国家模式的倾向，特别是向德国的商务学校

① Tekeli and İlkin, *Osmanlı İmparatorluğu'nda*, 124—125, Unat, *Türkiye Eğitim Sisteminin Gelişmesine Tarihi Bir Bakiş*, 49. See also, İlber Ortaylı, *İmparatorluğun En Uzun Yüzyılı*, 2 ed. (İstanbul: İletişim, 1999), 189—190.

② Ergin, *Türkiye Maarif Tarihi*, Vol. 3, 938. See also, Tekeli and İlkin, *Osmanlı İmparatorluğu'nda*, 78.

③ Ergin, *Türkiye Maarif Tarihi*, Vol. 3, 938, 42—43. See also, Lester L Brookner, "History of Accounting Education in Turkey, 1923—1969", (Ph. D. Dissertation, New York University, 1966), 131, Marc Meuleau, *Histoire d'une Grande Ecole* (Paris: Dunod, 1981), 16.

④ Robert R. Locke, *The End of the Practical Man: Entrepreneurship and Higher Education in Germany, France and Great Britain, 1880—1940* (Greenwich, Connecticut: JAI Press, 1984), 135.

⑤ The ecole speciale (and after 1852, superieure) de commerce, Redlich, "Academic Education for Business", 68—70.

⑥ See, Meuleau, *Histoire d'une Grande Ecole*, 65—66, Ortayli, İmparatorluğun En Uzun Yüzyili, 189, Redlich, "Academic Education for Business", 70, Unat, *Türkiye Eğitim Sisteminin Gelişmesine Tarihi Bir Bakiş*, 80.

⑦ Esenkova, "İstanbul Yüksek İktisat ve Ticaret Okulunun Tarihçesi", 33, Meuleau, *Hitoire de'une Grande Ecole*, 67.

(*Handelshochschulen*)学习。① 对这个问题,可以这样来解释:政治情势的改变使得奥斯曼帝国在教育领域中与德国日益接近。② 然而,法国高等商业专科学校仍然是主要的模范。到1924—1925年的教育改革时,情况也还是如此,比如那个时候高级课程的名字就是直接从法国学校直译过来的。③ 奥斯曼的商务学校处于大学教育体制之外,学制较短(这是当时欧洲大多数国家商务教育的特征),这都体现了法国的影响,法国影响的印记还表现在核心课程的设置上,这包括簿记、商业技巧与商业法,还表现在其他的专业领域,另外与法国一样的是,大量沉重的死板课程也是由业余从业者所教授的。④

然而,尽管有上述强大的影响,伊斯坦布尔的学校与其效法的对象之间甚至在一开始就存在分歧,这一点特别明显地表现在其管理形式与内部组织的方式上。首先并且最重要的是,巴黎的高等商业专科学校自其成立之日起就是一所由巴黎商会⑤所创立并拥有所有权的私营机构,而哈密德商业学校则是由奥斯曼国家创立并完全依赖于国家财政的。它是由贸易部所创设,而在第二次开放后就归国家教育部所管辖,这一模式一直持续到共和国时代。⑥ 其次,由于学校建立的时候,另一替代性的西方教育结构模式也正在形成中,相应地在中级教育(*the idadi*)中也有一个分化问题,尽管这种2+2的处理方式持续时间并不长,而且在1894年学校重新开放的时候,它已经变

① *Yüksek İktisat ve Ticaret Mektebi 1936 Yilliği*, 32.

② Mustafa Gencer, *Jöntürk Modernizmi ve Alman Ruhu: 1908—1918 Dönemi Türk-Alman İlişkileri ve Egitim* (İstanbul: İleştim, 2003), 110—40.

③ Nihad Sayar, "İktisadi ve Ticari İlimlerle Meşgul Yüksek Tahsil Müesseseleri", in *İstanbul Yüksek İktisat ve Ticaret Okulu* 75 *Yili*, *1883—1958*, (İstanbul: Yüksek İktisat ve Ticaret Okulu, 1958), 17.

④ Jean- Louis Barsoux, "Management Education in France", in *Management Education: An International Survey*, ed. William Byrt (London: Routledge, 1989), 122. See also, Bookner, "History of Accounting Education in Turkey", 91, Anthony R. Lanza, "Business Education in the Republic of Turkey", (Ph. D. Dissertation, New York University, 1957) 175—176, 85, Ilkin, "1920—1970 Döneminde Türkiye'deki İktisat ve Ticaret Eğitimi ile İlgili Kuruluşlarin Gelişmi", 22, Meuleau, *Histoire d'une Grande Ecole*, 81, Keith Tribe, *Strategies of Economic Order: German Economic Discourse, 1750—1950* (Cambridge: Cambridge University Press, 1995), 108, 38—39.

⑤ Barsoux, "Management Education in France", 121—122, Meuleau, *Histoire d'une Grande Ecole*, 3.

⑥ Ergin, *Türkiye Maarif Tarihi*, Vol. 3, 941—42. 在共和国创立之后,该学校遂隶属于经济部,1938年则归属于教育部。Esenkova, "İstanbul Yüksek İktisat ve Ticaret Okulunun Tarihçesi", 33—34.

成三年制教育。① 另外，与其所仿效之对象不同的是，在1915年的改革中，重新引进了双层结构，在该校1924—1925学年的中级教育中，又进行了更深入的分级，这样就强化了高级教程（*Ulumu Aliyei Ticariye*）的"高级"这一特性。②

这样，尽管在办学精神与名称上该学校都符合其所效仿的榜样，但是，在形式上，哈密德商业学校的创建与发展都是不同的。共和国创立之初，1924—1925年的重组则标志着进一步脱钩的开始。显然，该学校的高级课程早就实现了三年制，而法国高等商业专科学校直到1938年才完成这一转变。③ 我们已经在这里开始讲该学校自身的历史了，三年制高级课程的"传统"可以追溯到1915年。超越法国高等商业专科学校的国际视角，也在其中发挥了作用，比如，德国的商务学校于1924年将其课程也延长至三年。④ 在规划中，也出现了一些分化，因为此时的土耳其学校中开始越来越偏好经济问题。⑤ 这或许是因为，在新共和国中，学校已归经济部管理，而且，新成立的共和国也日益关注经济和个人的主动性问题。然而，哈密德商业学校似乎不愿意改变其教学中的法国精神与内容。德国人库奈（1925年土耳其教育部的德国顾问）⑥曾经作了一份报告，其中他建议土耳其商业学校采取德国的企业经济学作为自己的课程模式，但这篇报告没有产生什么影响，这也表明该学校不愿改变其原有模式。另外，该学校在其第三年课程中已经有了四个专业，即银行与保险、会计学与商业算术、经济学、商业与领事。⑦ 这一安排只是部分地类似于（1915年）从法国高等商业专科学校所引入的模式，在法国高等商业专科学校中，其专业设置自1904年以来就没有改变过。⑧ 1924—1925年的创制在1932年时进一步扩大，这时"经济学"这个词已经在

① Ergin, *Türkiye Maarif Tarihi*, Vol. 3, 938—943.

② Z. Fahri Fü ndskoğlu, *Türkiye'de İktisat ve Tedrisati*, *Tarihçesi ve İktisat Fakültesi Teşkilati* (İstanbul: İstanbul Üniersitesi İktisat Fakültesi, 1946), 64n.

③ Meuleau, *Histoire de'une Grande Ecole*, 71.

④ See, Nihad Sayar, "Kamu Personeli Eğitininde İktisadi ve Ticari Ilimler Akademilerinin Rolü", in *Kamu Personeli Eğitimi Konfersansı* (Ankara: A. Ü. Siyasal Bilgiler Fakültesi, 1967), 110, Tribe, Strategies of Economic Order, 137.

⑤ Findikoğlu, *Türkiye'de İktisat ve Tedrisatı*, 63, Meuleau, *Histoire de'une Grande Ecole*, 68—71.

⑥ Kühne, *Mesleki Tebiyenin İnkişafina Dair Rapor* (Ankara: Maarif Vekilliği, 1939), 12.

⑦ Brookner, "History of Accounting Education in Turkey", 116—117.

⑧ Meuleau, *Histoire de'une Grande Ecole*, 71.

学校的名称中置于“商业”这个词之前了。① 然而，在1936年，经济学又从专业中被剔除，剩下的三个专业重新命名为：银行与会计、商业与公共财政、外贸与领事。② 即便如此，它仍然与同时期的法国高等商业专科学校存在很大差异。

二、新大学、经济学系与德国的企业经济学（Betriebswirtschaftslehre）

1933年7月31日，土耳其共和国从奥斯曼帝国继承下来的唯一一所大学——伊斯坦布尔大学（*İsatanbul Darülfünun*）被关闭了，第二天它就被伊斯坦布尔大学（University of İstanbul）所取代。在新大学形成的早期，它在很大程度上得益于大量流亡至土耳其的德国教授的影响，德国教授们成了该学校的教员。③ 在1915—1918年期间，德国人在当时的伊斯坦布尔大学曾发挥过短暂的、不成规模的影响，但这第二次的影响要大得多。④ 实际上，德国对土耳其高等教育的影响并不局限于从纳粹统治下流亡而来的教授们。例如，早在1930年，在安卡拉建立的农学院就是由德国教授领导的。⑤ 同样重要的是，在20世纪20年代，土、德两国之间的经济与文化关系得以恢复，从那时起直到30年代末，受国家资助而留学国外的土耳其学生中，在德国学习的人占的比例是最高的。⑥

在新大学建立之初所进行的重组中，设立了一个“经济学——社会学研究所”，它隶属于法学院，能颁发经济学的文凭并培养博士。在其所开设的选

① *Yüksek İktisat ve Ticaret Mektebi 1936 Yıllığı*. See also, Findikoğlu, *Türkiye'de İktisat ve Tedrisatii*, 64n.

② *Yüksek İktisat ve Ticaret Mektebi* (İstanbul: Türkiye Basimevi, 1939).

③ Horst Widmann, *Atatürk ve Üniversite Reformu*, tran. Aykut Kzancigil and Serpil Bozkurt (İstanbul: Kabalci Yayinevi, 1999).

④ Öncü, “Academics”, 153.

⑤ Widmann, *Atatürk ve Üniversite Reformu*, 66—70. See also, Regine Erichsen, “The Politics behind Scientific Tranfer between Turkey and Germany in the case of the ‘Yüksek Ziraat Enstitüsü’ in Ankara”, *Ankara Üniversitesi SBF Dergisi* 55, no. 2 (2000).

⑥ Cemil Koçak, *Türk-Alman İlişkileri, 1923—1939* (Ankara: Türk Tarih Kurumu, 1991), 181.

修性的研修班中，第一次开设了“企业经济学”（*işletme iktisadı*）这门课①，这标志着德国的企业经济学（BWL）开始进入土耳其。企业经济学是德国所独有的一门专业，属于经济学，但以企业为分析的中心，重心是会计学。在1900—1920年间，企业经济学出现于德国商务学校中，并在此间成为这类学校颁发学历证书的基础。虽然这些学校出现于大学体制之外（第一所于1898年创建于莱比锡），但后来它们或者变成了大学，或者融入大学成为大学的一部分。②

企业经济学（BWL）来到土耳其的时候，已经处于其发展的后期；也就是说，是其在德国获得了大学中的专业地位并能颁发独立的学位之后。1936年，伴随着伊斯坦布尔大学经济学院的建立，企业经济学有了独立的教授职位（当时是由流亡的德国教授 Alfred Isaac 担任），并开设了三门课。③ 1941年，当开始设立博士点时，企业经济学成为专业方向之一，尽管其研究班的课程不得不包含经济学以及另外一个领域。④ 1948年，在本科教育中也作出了同样的安排。企业经济学是六个选修专业之一，学生必须以经济学为中心，选修其中的两个专业方向。⑤ 然而，这一情况说明，企业经济学可以进入大学和经济学院，但不能和德国一样成为一个独立的学位。经济学院是培养经济学家的；企业经济学只是一个附加物而已。然而，企业经济学的到来，标志着大学开始涉足商务教育。

新大学的建立重新确定了土耳其高等教育的双元结构特征，并由此为组织机构间的政治以及实践层面的制度进程提供了舞台。为建立伊斯坦布尔大学而通过的法律，拟议并赋予了政府如下的权力：把高等工程学院和商业

---

① Ali Arslan, *Darüfünun'dan Üniversite'ye* (İstanbul: Kitabevi Yayinlari, 1995), 420—421. See also, Behlül Üsdiken, “Türkiye'de İş Yapmanin ve İşletmenin Akademiklestirilmesi, 1930—1950”, A. Ü. Siyasal Bilgiler Fakültesi Dergisi 58, no. 1(2003): 122—127.

② Heinz-Dieter Meyer, “The German Handelshochschulen, 1893—1933: A New Departure in Management Education and why It Failed”, in *Management Education in Historical Perspective*, ed. Lars Engwall and Vera Zamagni (Manchester: Manchester University Press, 1998), 25—33, Tribe, *Strategies of Economic Order*, 139.

③ Findikoglu, *Türkiye'de İktisat ve Tedrisati*, 73—76, 98—102. See also *İktisat Fakültesi Talebe Kilavuzu* (İstanbul: İstanbul Üniversitesi, 1939), 13—18.

④ Findikoğlu, *Türkiye'de İktisat ve Tedrisati*, 76—78.

⑤ İlkin, “1920—1970 Döneminde Türkiye'deki İktisat ve Ticaret Eğitimi ile İlgili Kuruluşlarin Gelişimi”, 25.

学校合并进大学。① 而这一情形过去不曾发生,大概与大学受到"法国"之影响有关。在法国,典型的大学院系组成包含了法学、医药学、书信与科学,有时还包括神学和制药学,而没有工程学、经济学或者商业。② 正如伊尔肯(İlken)也曾注意到的,几年后,经济学院得以在伊斯坦布尔大学建立,可以说是受到了在该校任教的德国流亡教授们的影响,因为,在德国的大学结构中,经济学已经占有一席之地。③ 哈密德商业学校的法国倾向及职业精神,在那些德国教授看来,是与德国大学的经济学研究路径以及强大的科学传统不相容的,而这些流亡的德国教授们正期望为土耳其带来德国的大学精神。④

1944 年,高等工程学院变成了大学。而农学院则于 1948 年被并入两年前建立的安卡拉大学。⑤ 政治学研究院有着与商学院相似的制度根源,它于 1950 年作为一个系被并入了安卡拉大学。⑥ 伊斯坦布尔的哈密德商业学校(1944 年在伊兹密尔建了一所同样的商业学校)⑦再次被置于大学体制之外。然而,若从克拉克(Clark)所称的"学术意向"或者从关于组织研究的制度主义视角来看,在一种更为一般的意义上称之为"模仿同构"(*mimetic isomorphism*)——即模仿那些被认为更著名且更合法的相似的组织——的趋势

① E. Hirş, *Dünya Üniversiteleri ve Türkiyede Üniversitelerin Gelişmesi* (Ankara: Ankara Üniversitesi, 1950), 308.

② See, Findikoğlu, *Türkiye'de İktisat ve Tedrisati*, 69, Unat, *Türkiye Eğitim Sisteminin Gelişmesine Tarihi Bir Bakiş*, 52.

③ İlkin, "1920—1970 Döneminde Türkiye'deki İktisat ve Ticaret Eğitimi ile İlgili Kuruluşlarin Gelişimi", 18.

④ Locke, *The End of the Practical Man*, 157. See also Findikoğlu, *Türkiye'de İktisat ve Tedrisatı*, 68—69.

⑤ Hirş, *Dünya Üniversiteleri ve Türkiyede Üniversitelerin Gelişmesi*, 603—617, 1074, 349.

⑥ Ibid., 1443—1446.

⑦ Nihad Sayar, *Avrupa'da İktisadi ve Ticari İlim ve Araştirma Müesseseleri* (İstanbul: Yüksek İktisat ve Ticaret Okulu, 1958), 13.

也正在出现。① 1935 年,在伊斯坦布尔商业学校的历史上第一次出现了教授治校的局面,后来在 1938 年,伊斯坦布尔大学也实现了教授治校。② 这些管理上的变化,使商业学校实现了更严格的学术管理,而且,与此同时,学校也归于教育部之下,而 1924 年以来它一直归经济部管理。③ 最终,在 1939 年,一位在瑞士(法语区)洛桑大学的高等商业专科学院获得博士学位的研究生执掌了伊斯坦布尔的商业学校。④ 该校曾分别于 1940 年和 1945 年两度欲成为独立法人,但都遭到了失败,第二次努力大概是受到了一个刺激,即伊兹密尔商业学校的建立。同时,"企业经济学"也于 1934 年很早地就进入了商业学校的课程,但实际上那个时候没有什么实质上的内容,只是名义上进入而已,更为实质性的进展出现于 40 年代中期,那时两个积极的促进者分别进入了伊斯坦布尔与伊兹密尔的商业学校。⑤ 然而,即使在那时,渗透也只是在一些课程的形式上。这证明有着深刻历史根源的课程安排有很强的反弹力。⑥ 尽管有着仿效大学的渴望,但是,企业经济学在那里甚至都不能变成一个专业,而在过去,伊斯坦布尔的商业学校是很容易就能够接受并且经常地进行变革的。

在 20 世纪 40 年代,当高等教育在土耳其日益成长并逐渐体制化之时,高等教育就日益变得以大学为中心了。职业教育在很大程度上融入了大学,成为一种"后高中"的教育形式,学制是 4—6 年,若进一步深造,唯一的可能

① Burton R. Clark, *The Higher Education System* (Berkeley, California: University of California Press, 1983), 165, Walter W. Powell and Paul J. DiMaggio, "The Iron Cage Revisited: Institutional Isomorphism and Collective Rationality in Organizational Fields", in *The New Istitutionalism in Organizational Analysis*, ed. Walter W. Powell and Paul J. DiMaggio (Chicago: The University of Chicago Press, 1991), 67—70. See also Francesca Fauri, "British and Itanlian Management Education Before the Second World War: A Comparative Analysis", in *Management Education in Historical Perspective*, ed. Lars Engwall and Vera Zamagni (Manchester: Manchester University Press, 1998), 40, E. C. Longobardi, "Higher Commercial Education in Italy", *The Journal of Political Economy* 35, no. 1 (1927): 69—73, 谈到了意大利早期的但是类似的一些发展。

② *Yüksek Ekonomi ve Ticaret Broşürü*, (İstanbul: Yüksek Ekonomi ve Ticaret Okulunu Bitirenler Derneği, 1946).

③ İlkin, "1920—1970 Döneminde Türkiye' deki İktisat ve Ticaret Eğitimi ile İlgili Kuruluşlarin Gelişimi", 22.

④ Nihad Sayar, *Higher Business Education in the United States* (İstanbul: Sermet Matbaasi, 1960), Yüksek Ekonomi ve Ticaret Broşürü.

⑤ Üsdiken, Kieser, and Kjaer, "Acakemy, Economy and Polity", 397.

⑥ See İşmet Alkan, *Genel İsletme Ekonomisi*, 2 ed. (İstanbul: İşletme Mecmuasi, 1944), 33.

就是获得博士学位。商务教育进入体制框架的程度是很有限的,只是作为经济学的一个选修方向而存在。商业学校,虽然还不能与大学并驾齐驱,而且只有三年制的课程,但仍然是高等商务教育的重镇。① 与它们的体制根源有关,在这两种教育形式下,(至少是在不太明显的层次上)似乎也存在着一种分工:大学的院系自称是为国家办教育,而商业学校则宣称是为个人与企业办教育。② 但是,这一在30年代确定下来的结构不会持续太久,因为,在50年代,作为一个强大而且崭新的影响——美国人来了。

三、转向美国的“工商管理”(business administration)

在20世纪50年代,土耳其转向美国的商务教育新模式。这个转变与此前的情况是不同的,因为,美国本身通过其政府的国际援助、私人基金和大学这些代理人,积极地卷入了转变的过程。这个时期,正是土耳其在勃兴中的西方联盟寻找自身位置,并出于安全以及寻求经济投资的考虑力图与美国加强关系的时期。在1950年举行的第二轮多党制选举中,亲企业的民主党上台了,它正在寻求新的方式与支持,以利于其进行以私营部门为基础的工业化。对美国而言,土耳其是一个潜在的盟友,特别是考虑到土耳其作为苏联近邻及其在中东的战略地位。③ 因此,土耳其就被包含在美国力图重建欧洲的经济援助的范畴中,并以此来“遏制共产主义的扩张”。④ 这些援助部分地投向了商务教育,由此也就促进了美国教育形式与教育内容的传播。在这一过程中,还有别的单位前来助阵,如联合国(UN)、国际劳工组织(ILO)以及

① 与此前十年相比,在1936—1945年间,伊斯坦布尔的大学毕业生数量翻了四番。*Yüksek Ekonomi ve Ticaret Broşürü*. 1940—1946年间,经济学院的毕业生平均起来大概有70人。

② See, Nevzad Ayas, *Türkiye Cumhuriyeti Milli Eğitimi: Kuruluşlar ve Tarihçeler*(Ankara: Milli Eğitim Basimevi, 1948), 302, Findikoğlu, *Türkiye'de İktisat ve Tedrisati*, 66—68, *İktisat Fakültesi Talebe Kılavuzu*, 8, İlkin, “1920—1970 Döneminde Türkiye'deki İktisat ve Ticaret Eğitimi ile İlgili Kuruluşlarin Gelişimi”, 22—23, *İstabul Yüksek Ekonomi ve Ticaret Okulu*, 1883—1950.

③ Atilla Eralp, “Turkey in the Changing Postwar World Order: Strategies for Development and Westernization”, in *Developmentism and Beyond: Society and Politics in Egypt and Turkey*, ed. Ayşe Öncü, Çağlar Keyder, and Saad E. İbrahim (Cairo: American University in Cairo Press, 1996), 206—212.

④ Gourvish and Tirstsoo, “Missionaries and Managers”, 1.

经济合作与发展组织（OECD）。这样的资助直到70年代后期才停止。随着美国日益巩固了其在商务实践与商务研究中的领先地位，不仅对于土耳其，当然对其他国家而言，美国也一直是个模范。

新机构、新大学与新学院——20世纪50年代

二战后，美国对土耳其商务教育的影响，是通过几条不同的途径渗入的，这在欧洲亦是如此。作为美国影响之载体的第一个有组织性的建制是1954年建立于伊斯坦布尔大学经济学院的工商管理中心（*İşletme İktisadı Enstitüsü—İİE*，在官方的英文文献中，这个机构名为"Institute of Business Administration"）。说到工商管理中心的建立，这要归因于福特基金会1952年所发起的一项中东调查。① 从1950年开始，福特基金会致力于加强美国的商务教育，而且，实际上，福特基金会也直接和间接地介入了当时所谓的"自由世界"的其他地区。② 在类似的欧洲援助项目中，工商管理中心是继意大利的IPSOA之后的第二个。然而，工商管理中心在形式上有所不同，作为一个附属机构，它必须与公立大学的体制兼容。③ 而且，在当时的土耳其，除了公立大学之外，也没有谁对这个感兴趣。④ 赞助方在工商管理中心有公司身份，而且在其董事会还派驻了代表，借此它本想与企业建立更密切的关系，并

---

① Walter Adams and John A. Garraty, *Is the World Our Campus?* (East Lansing, Michigan: Michigan State University Press, 1960), 164—65. 当然，该机构的土耳其文名称与英文名称之间有明显的差别。在土耳其文名称（işletme iktisadı 或 business economics）中，可以看到德国企业经济学的影响。然而，正如英文名字所显示的，伴随着机构到来的是美国的教育形式、方法和内容。用以德国为基础的被体制化的名称描述该领域，以及该机构附属于经济学院，这些事实似乎已经排除了（从美国术语翻译过来的）土文名称的使用。

② Thomas H Carroll, "A Foundation Expresses its Interest in Higher Education in Business Management", *Academy of Management Journal* 2, no. 3 (1959): 160. See also, Giuliana Gemelli, "American Influence on European Management Education: The Role of the Ford Foundation", in *Management, Education and Competitiveness: Europe, Japan and the United States*, ed. Rolv Peter Amdan (London: Routledge, 1996), 47.

③ See, Gemelli, "American Influence on European Management Education", 50, 其中讲到了由两个工业家发起建立了作为独立机构的IPSOA。

④ İlkin, "1920—1970 Döneminde Türkiye'deki İktisat ve Ticaret Eğitimi ile İlgili Kuruluşlarin Gelişimi", 29, Mehmet Oluç, "Türkiye'de İşletmecilik Egitimi ve Öğretiminin Tarihçesi", *Sevk ve İdare Dergisi 8*, no. 63 (1973): 12.

在某种程度上努力与企业挂钩。① 然而,在这方面,他们收效甚微。②

工商管理中心项目的实施过程中,有一个美国的合伙人(Rober E. Stone,锡拉丘兹大学一个退休的主任)。开始的时候是把五个年轻而有前途的系成员派到哈佛商学院(HBS)接受培训。③ 在福特基金会的资助下,这一关系又持续了十年左右,并及时地扩展到美国的其他大学去。④ 工商管理中心最初的活动是1956年开办的为期三个月的中层经理人课程,以及第二年举办的为期六个月(1960年之后是九个月)的全日制课程。⑤ 工商管理中心项目第一次在土耳其的商务教育中引入了"研究生"(graduate)教育和"进修"(或"后职业",post-experience)教育的观念。与此同时,还引入了以实用形式(functional format)所进行的商务教学,这显然与德国的企业经济学传统不同。这种美国式的教育,针对商务公司的不同功能(如金融、营销和产品)而分别开设不同的课程,而且在教学中采用了"案例方法"(case method)。⑥ 这些都是从哈佛商学院拷贝而来的。⑦ 全日制研究生课程(管理学专业课程——"*İşletmecilik İhtisas Programı*")是美国 MBA 学位在土耳其的最早形式。

然而,与70多年前奥斯曼帝国的高等商业专科学校(HEC)非常相似的地方在于,美国模式也必须与土耳其的本土条件和体制相适应,不仅是在学制上(美国学制很短),而且在成为一个能颁发"学位证"的专业方面,也必须与本土适应,因为在当时的土耳其高等教育领域中,研究生学位比博士学位

---

① *İstanbul Üniversitesi İktisat Fakültesi İşletme İktisadı Enstitüsü Talimatnamesi*, (İstanbul: Sermet Matbaası, 1954), 3, 5, *İstanbul Üniversitesi İktisat Fakültesi İşletme İktisadı Enstitüsü 1958—1959 Tedrisat Programlari ve 1957—1958 Yıllığı*, (İstanbul: 1958).

② Giuliana Gemelli, "From Imitation to Compretitive-Cooperation: The Ford Foundation and Management Education in Western and Estern Europe (1950s—1970s)", in *The Ford Foundation and Europe (1950s—1970s)*, ed. Giuliana Gemelli (Brussels: European Interuniversity Press, 1998), 180.

③ Adams and Garraty, *Is the World Our Campus?* 104, 64. See also, Mehmet Oluç, "İşletme Fakültesinin Kuruluş ve Gelişmesi," *İ. Ü. İşetme Fakültesi Dergis?* 1, no. 1 (1972):2—3.

④ Oluç, "İşletme Fakültesinin Kuruluş ve Gelişmesi", 4.

⑤ *İstanbul Üniversitesi İktisat Fakültesi İşletme İktisadı Enstitüsü 1958—1959 Tedrisat Programlari ve 1957—1958 Yıllığı*, 12.

⑥ *İstanbul Üniversitesi İktisat Fakültesi İşletme İktisadı Enstitüsü 1958—1959 Tedrisat Programlari ve 1957—1958 Yıllığı*, 4, 14—19. See also, Robert A. Stone, "İstanbul Üniversitesi İşletme İktisadı Tedrisatı", *İ. Ü. İşletme Fakültesi Mecmuası* 16, no. 1—4 (1954—1955): 96—103.

⑦ Lanza, "Business Education in the Republic of Turkey", 211.

更令人感到陌生。此外，像美国的MBA课程一样，那些接受了该教育的学生们都得到了这样的承诺，即他们能够“立刻在各种商务公司中获得高级职位”，而且可以拥有“美好的未来”。① 在伊斯坦布尔大学经济学院，因为工商管理中心的实用性定位、案例方法以及向商务学校的研究生开放，其课程也遭到了一些抵制。② 即使在私有公司中，这种毕业生也不怎么受欢迎。③ 然而，在某种程度上，赞助方和发起人的希望还是实现了，即工商管理中心一直存在了下来，而其同伴——在意大利的IPSOA，却不得不于1964年关门。④ 在另一方面，工商管理中心并没有发展成为一个美国模式的（大学中的）商学院。土耳其方面的创办人更感兴趣的是，创建一个能更好地适应当时高等教育体制的实体，并希望它在这个体制内发挥较大的影响。这就必须成立一个能够独立颁发大学学位的新学院，最终，土耳其人在60年代末完成了这个事情。⑤

或许，美国工商管理在土耳其的渗透，更重要的是50年代后期创建的两个新的教育机构。一个是中东技术大学（*Orta Doğu Teknik Üniversitesi——ODTÜ*），另外一个则是由美国的罗伯特学院（*Robert College——RC*）允许建立的高等学校（*Yüksek Okul*）。⑥ 正是在这种情况下，“工商管理”第一次在土耳其成为一个大学的院系（1957年在ODTÜ）和“高等学校”（1959年在RC）的

① *İstanbul Üniversitesi İktisat Fakültesi İşletme İktisadı Enstitüsü 1958—1959 Tedrisat Programları ve 1957—1958 Yıllığı*, 10.

② Adams and Garraty, *Is the World Our Campus?* Lanza, "Business Education in the Republic of Turkey", 212.

③ Nezih Neyzi, "Sevk ve İdare Eğitimi", in *Ekonomik Gelişmeyi Hızlandiran Etken Olarak Eğitim* (İstanbul: Ekonomik ve Sosyal Etüdler Konferansi Heyeti, 1967), 387, San Öz-Alp, *Yeni Gelişmeler Karşisinda İşletme Yöneticileri ve İşletmecilk Eğitimi* (Eskişehir: İTİA, 1972), 116.

④ Gemelli, "American Influence on European Management Education", 50—54.

⑤ Oluç, "İşletme Fakültesinin Kurulus ve Gelişmesi", 3—6.

⑥ İlkin, "1920—1970 Döneminde Türkiye'deki İktisat ve Ticaret Eğitimi ile İlgili Kuruluşlarin Gelişimi", 31—35.

名称。随着中东技术大学建立,“工商管理”还获得了一个独立学位的地位。① 在这两个教育机构中,除了名字之外,如同在工商管理中心一样,商务教学的实用性基础亦随之而来。另外,让人满意也很轻易就实现了的是,在这两个学校里,教学语言是英语。

同样重要的是,中东技术大学和罗伯特学院成为土耳其大学教育中引入美国模式的工具。这包括在土耳其的高等教育中引入“本科”与“硕士研究生”的区分,随之,本科与硕士学历这样的新术语也进来了。同时到来的是,一个美国特色的观念:所谓本科教育的目的,是把通识(general 或者 liberal)教育与专业教育相结合。在商务教育中,这一特殊模式在美国有着更深刻的根源,尽管在其历史演进过程中亦不乏争论。② 在这一理念的影响下,“工商管理学院”的“使命”被认为是“使自由化而后培训之”③;在实践层面上,头两年的课程就包括人文社会科学、数学和自然科学,只是在最后两年才进行职业的和专业化的教育。④ 中东技术大学与罗伯特学院的工商管理课程被引入土耳其之时,在美国也正是课程自由化的主张大行其道之际,这集中体现为当时所谓的两份“基金会报告”,一个来自福特基金会,另一个则来自卡

① 建立之初,中东技术大学的管理学院有两个附属的系——一个是公共管理,另一个是实业管理。在1960年,公共管理系与实业管理系合并,更名为管理学院,现在其英文名称已由原来的 Administration 变成了 Management, 土文的对应词是*İşletmecilik*, Arif T. Payaslioglu, *Türk Yükseköğretiminde Bir Yeniliğin Tarihi: Barakdan Kampusa*, 1954—1964 (Ankara: Orta Doğu Teknik Üniversitesi, 1996), 152. 这一名称的变化有两个有趣的地方。首先,在土耳其,这是第一次把英文的“management”这个词与一个学术机构和学位挂钩,实际上早于很多美国机构。其次,土耳其语的术语不能直接翻译成英文,而该术语正是当时伊斯坦布尔大学的工商管理中心在使用的,当然带有德国企业经济学的传统,尽管现在有所修正——强调“实践”或“职业”(işletmecilik)而不是强调“公司”(işletme)。在中东技术大学还可以看出,“işletmecilik”被当做是土耳其文的“management”。例如可以参见 Mustafa Aysan and Kemal Kurtuluş, *Türkiye'de Sevk ve İdarecilik Eğitiminin Durumu ve Gelişme İmkanları ile İlgili Araştirma Raporu* (İstanbul: Sevk ve İdarecilik Eğitim Vakfi, 1973), Appendix 4.2。随着土耳其文“*işletme*”与英文“management”的会合,这一矛盾在土耳其高等教育管理结构中被制度化了。关于此问题的进一步探讨,可以参考 Üsdiken, “Türkiye'de İş Yapmanin ve Isletmenin Akademikleştirilmesi”, 143—144。

② Adams and Garraty, *Is the World Our Campus?* 141, James H. S Bossard and J. Frederic Dewhurst, *University Education for Business* (Phildelphia: University of Pennsylvania Press, 1931), 198, 323, Leverett S. Lyon, *Education for Business* (Chicago, Illinois: University of Chicago Press, 1922), 375—384.

③ Lyon, *Education for Business*, 375.

④ Edward W. Weidner, *The World Role of Universities* (New York: McGraw-Hill, 1962), 15—16.

内基基金会。① 这两个研究报告极大地影响了美国高等商务教育的形式和内容。它们强烈建议，自由课程的内容至少应该在大学学院的全部课程中占一半的比例。中东技术大学与罗伯特学院的早期课程结构，就是按照这个原则来设计的。② 与工商管理中心不同的是，这两个机构集中于“本科”教育，这显然与土耳其的高等教育体制非常吻合。然而，它们又与当时流行的有关大学教育之本质的观念和实践不同。

从当时的环境来看，加强与美国的联系是政府的倾向，如果说上述两个新机构是“受到优待的”，那么，商业学校也是如此。③ 然而，后者所受到的支持却不足以使之转变成为大学。即使如此，在50年代它们的“学术化”方案也取得了很大进步。1952年学术头衔进入这些商业学校；1953年，此前政治学院（那时还是安卡拉大学的一个系）的条例开始适用于商业学校的教学人员。④ 然后，1956年，一个新条例付诸实施，尽管它仍规定商业学校属于教育部，但已经承认它们的“学术独立性”⑤。与这些变化同时发生的是，土耳其人还建立了两所新的商务夜校，一个是1954年在安卡拉建立的，另一个则是1958年在古城（Eskişehir）建立的。⑥ 最后，所有这些发展的顶峰是在1959年，这一年，一项新的法律规定商业学校转变为经济与商业科学研究院（İktisadi ve Ticari İlimler Akademisi，İTİA），这是这些学校期盼了大约二十年的大事。新法律把这些学院的课程扩展为四年制，并创造了新的教职。⑦

所有这些变化的发生，都是由土耳其高等教育领域中的模仿动力所促进

① Robert A. Gordon and James E. Howell, *Higher Education for Business* (New York: Columbia University Press, 1959), Frank C. Pierson, *The Education of American Businessmen* (New York: McGraw-Hill, 1959).

② *METU General Catalog, 1961—1962* (Ankara: Orta Doğu Teknik Üniversitesi, 1961), 24—25, 32—33, 37—38. 关于1959年罗勃特学院的情况，可以参见 Süleyman Büyükkarcı, *Türkiye'de Amerikan Okulları* (Ankara: Mikro, 2002), 152—55. 还可以参看 Howard A. Reed, “Hacettepe and Middle East Technical Universities”, *Minerva* 13, no. 2 (1975): 233。

③ İlkin, “1920—1970 Döneminde Türkiye'deki İktisat ve Ticaret Eğitimi ile İlgili Kuruluşlarin Gelişimi”, 30—33, Payaslioğlu, *Türk Yükseköğretiminde Bir Yeniliğin Tarihi*, 26—56.

④ Sayar, *Avrupa'da İktisadi ve Ticari İlim ve Araştirma Müsseseleri*, 14, Sayar, “İktisadi ve Ticari İlimlerle Meşgul Yüksek Tahsil Müesseseleri”, 1—5.

⑤ *Yüksek İktisat ve Ticaret Okululari Talimatnamesi*, (1957), 1—5.

⑥ Sayar, “Kamu Personeli Eğitiminde İktisadi ve Ticari İlimler Akademilerinin Rolü”, 109.

⑦ Brooker, “History of Accounting Education in Turkey”, 319—320, *Cumhuriyetin 75. Yılında Yükseköğretim* (Ankara: Milli Eğitim Bakanlığı, 1998), 520—529.

的。高等商业专科学校不再是一个榜样,1963 年后它变成了一个全日制的学院。① 在高等商业专科学校也没有美国模式的输入。课程结构也大体保持原样,保留着其法国特色,作为附属物的德国企业经济学的课程仍在。② 自 1936 年以来实行的专业领域(参上)被重新调整,以适应 1956 年的新条例。它们被重新贴上"经济管理实践"、"会计学"和"外贸与旅游"这样的标签。前两者带有企业经济学语言的味道,显示出它们对外在模式(大学)以及德国企业经济学的内部倡导者的影响反映比较迟钝,而最后那一项只不过是过去的延续,尽管它去掉了"领事"。

领域的组合——60 和 70 年代

美国模式进来了,美国的资助也开始了,这一切在接下来的 20 年中加大了大学的参与度。随后,土耳其人又建立了三所经济与商业科学研究院(İTİA),与此同时,其注册学生的数量也激增。所有这些发展都突出了工商管理教育的本科特征——高中之后的四年学习,以至取得大学的或者专科院校的文凭。

在大学方面,两个新的变化是埃尔祖鲁姆的阿塔图克大学开办了经济与商务学系,以及在安卡拉大学政治学院(SBF)新设了一个专业。阿塔图克大学建立于 1957 年,据称是按美国的大学模式来规划的。为此,它还接受了内布拉斯加大学的建议,通过了 ICA(美国的一个技术援助组织,即国际发展事务局——AID 的前身)资助的一个方案。③ 在阿塔图克大学,经济与商务学系建立于 1964 年,主席是一个美国的经济学教授,课程混合了经济学、商业专科院校的课程以及一些美国类型的课程。④ 在安卡拉大学政治学院,一个类似于工商管理中心(IIE)的机构也于 1958 年建立,这是 1954—1959 年该大学接受纽约大学技术支持项目的成果之一,也是由 ICA 赞助的。⑤ 企业经济学与会计学院还是采用其在成为系以来的教席名称,根源在于 1936 年时

---

① Meuleau, *Histoire d' une Grande Ecole*, 82.

② *İstanbul Yüksek Ekonomi ve Ticaret Okulu Öğrenci Rehberi* (Iğstanbul: Işıl Matbaasi, 1950), 11—12. See also, Lanza, "Business Education in the Republic of Turkey", 177.

③ Payaslioğlu, *Türk Yü kseköğretiminde Bir Yniliğin Tarihi*, 32.

④ *Atatürk Üniversitesi Kılavuzu* (Erzurum: Atatürk Üniversitesi, 1968), 30—32.

⑤ T. Rudolph Westmeyer, "Administration of the New York University-Ankara Project: A Case Study in Technical Assistance" (Ph. D. Dissertation, New York University, 1963), 1, 48.

企业经济学已经微弱地渗入到课程中。然而,该机构的活动非常有限。① 然则,纽约大学的不断建议还是产生了效果(尽管时间上比较晚),纽约大学认为安卡拉大学政治学院应该有一个工商管理课程,而不是会计学课程,这也是该学院本来就想要的。② 在1966年,安卡拉大学政治学院引入了工商管理(大概是在ODTÜ的影响下,称之为"işlemecilik"),与其传统的(现在重新命名了的)三个专业领域相并列。然而,这个席位仍然叫企业经济学与会计学,而课程则是个大杂烩:大量的经济学、企业经济学的传统和一些美国类型的实用课程。③

伊斯坦布尔大学工商管理中心的那些提议者们接下来也实现了自己的愿望,而且,实际上是完全如愿以偿。在60年代早期,工商管理中心的人就想把中心变成学院,但是,第一次努力被(他们所属的)经济学院阻挠了。在1967年,他们的第二次努力成功了,1968年,伊斯坦布尔大学工商管理学院(英文名字叫Faculty of Business Administration)成立。第二次努力之所以成功,部分地归因于他们获得了国家计划委员会的支持,该委员会的第二个五年发展计划认为,"有必要支持高等商务教育"④。以原来的工商管理中心为基础,加上福特基金和国际发展事务局的慷慨资助,工商管理学院的课程完全是根据美国的实用模式来运作的。⑤ 然而,这完全是一个职业定位的教育方案,与中东技术大学和罗伯特学院不同,后者含有较大比重的自由课程。不久后(1969年)成立的阿塔图克大学工商管理学院的情况也是如此,其课程方案与伊斯坦布尔大学工商管理学院的非常相似。⑥ 同样地,艾格(EGE)大学的经济与工商管理学系(创立于1969年,隶属于伊兹密尔的İTİA)的课程也别无二致。⑦ 显然,这些大学的"工商管理"的倡导者都知道前述的两份

① Ibid., 48.

② Lanza, "Business Education in the Republic of Turkey", 188—189, Westmeyer, "Administration of the New York University-Ankara Project", 47—49.

③ Ali Çankara, *Yeni Mülkiye Tarihi ve Mülkiyeliler* (Ankara: Mars Matbaası, 1969), 722—723, 26—27.

④ Oluç, "İşletme Fakültesinin Kuruluş ve Gelişmesi", 5.

⑤ Aysan and Kurtuluş, *Türkiye'de Sevk ve İdarecilik Eğitiminin Durumu*, Appendix 1.1.

⑥ *Atatürk Üniversitesi İşletme Fakültesi 1970—1971 Rehberi* (Erzurum: Atatürk Üniversitesi, 1970), 34—37.

⑦ *Ege Üniversitesi İktisadi ve Ticari Bilimler Fakültesi Kılavuzu*, 1973—1974 (İzmir: Ege Üniversitesi, 1974), 15—22.

基金会报告。① 然而,土耳其大学教育的制度框架再次导向了一种本土化的改造。

经济与商业科学学院也拿到了这两份基金会报告,但是,显然,它们并没有打动其管理者。② 实际上,在经济与商业科学学院,课程结构的改变,甚至美国模式的渗入,其进程都非常缓慢,尽管这在某种程度上在各机构中进度不一。这与它们长期受法国传统之影响有关,还与过去的一种修正有关,即它们不仅吸收了经济学这个名称,而且还吸收了其内容。然而,这还与另外一个因素有关,即与美国的直接联系渠道直到60年代中期才建立起来,那以后,它们才能通过与密歇根州立大学的交流而从国际发展事务局获得资助。③ 这一联系促成了改变的发生,同时,伊斯坦布尔大学工商管理学院的建立也对这一进程起到了促进作用,后者使以实用为基础、职业定位的模式合法化了,使之成为以伊斯坦布尔经济与商业科学研究院为基础的传统商业学校课程的替代物。古城(Eskisehir,起自50年代)和布尔萨(Bursa,1971)的工商管理学院,尽管还保留着一些这样的传统,但更倾向于伊斯坦布尔大学工商管理学院的模式,而安卡拉(起自50年代)和阿达纳(Adana,1967)仍然忠于伊斯坦布尔科学院(İstanbul Academy),只是加了些美国类型的课程而已。④ 在这些机构中,它们都想把经济学与管理学划分为独立的专业。正如伊斯坦布尔和安卡拉的经济与商业科学研究院所显示的那样,上述机构之间仍然存在较大差异,对于商务领域,"新"与"旧"的结合将其命名为"管理学与会计"(işletme-muhasebe),而阿达纳的机构从第三年往后,则将管理当做一个专业,将其与其他两者(会计与公共财务、经济学)分开。布尔萨经济与商业科学研究院也如法炮制,在商务领域中又对市场与人事进行了更为细化

① 例如,可以参见 Kemal Tosun, "Bir İşletme İdaresi Yüksek Okulunun Ders Programina Dair Bazi Mütalaa ve Teklifler", *Eskişehir İktisadi ve Ticari İlimler Akademisi Dergisi 1*, no. 1 (1965): 49—57, Kemal Tosun, *İşletme ve Müesseselerde Sevk ve İdare: Prensipleri, Tatbikati ve Politikası* (İstanbul: Hüsnütabiat Matbaası, 1961), 485—486。

② 比如,可以参见İnal Cem Aşkun, "Türkiye'de İşletmecilik Öğretimi ve Eskişehir İktisadi ve Ticari İlimler Akademisindeki Gelişmeler", *Eskişehir İktisadi ve Ticari İlimler Akademisi Dergisi* 50 (1973): 30, Sayar, *Higher Business Education in the United States*, 32, 37, 41, 55.

③ Brookner, "History of Accounting Education in Turkey", 321n. See also, A. Selami Sargut, "İşletme Yönetimi", in *Cumhuriyet Döneminde Türkiye'de Bilim-"Sosyal Bilimler-II"* (Ankara: Türkiye Bilimler Akademisi, 1998), 81—83.

④ 关于研究院课程的进一步详细探讨,可参见 Öz-Alp, *Yeni Gelişmeler Karşısında İşsletme Yöneticileri ve İşletmecilik Eğitimi*, 159—176。

的区分，而古城则允许其商务与会计专业中有两个四年制的课程，分别命名为工商管理与会计学。

20 世纪 70 年代早期也是土耳其的私立"高等学校"的短期实验接近尾声之时。① 在一个时期，这些学校中共有八所开设了"经济学与工商管理"的课程。② 其方案与课程结构非常接近于经济与商业科学研究院。③ 在被判违宪后，它们归并到不同的经济与商业科学研究院，这不仅扩大了后者原本就有的大规模的工商管理教育（以至于在 1972 年时，所有学生中超过 80% 都是学商务的）④，而且，也使前者实现了它们力争大学地位的愿望。自 70 年代中期开始，经济与商业科学研究院开始建立自己的工商管理系，那也就意味着，它与经济学最终实现了组织结构上的分离。⑤

与此同时，美国模式的中东技术大学和罗伯特学院在原有的道路上阔步前进，后者则于 1971 年变成了土耳其的海峡大学（Boğaziçi University）。两者仍然保留着其课程结构，即将自由课程与专业教育相结合，后者基于商务的实用领域，并在其中提供选修课程。⑥ 它们的地位、声誉及能力日隆，吸引了更好的学生⑦，后来它们宣称要培养管理精英，而非仅仅是为企业提供技术专家（technocrats）。有趣的是，作为本土化改造的另一种形式，这些雄心壮志是建立在本科教育的基础上，而非硕士课程，后者只是过了一段时间后才跟上来。⑧

在这两者中，罗伯特学院与哥伦比亚大学商学院合作，于 1965 年率先开

① Kemal Gürüz et al., Türkiye'de ve Dünyada Yükseköğretim, Bilim ve Teknoloji (İstanbul: TÜSİAD, 1994), 155.

② Aydoğan Ataünal, *Türkiye'de Yüksek Öğretim, 1923—1998* (Ankara: Milli Eğitim Bakanlığı, 1998), 51.

③ Aysan and Kuruluş, Türkiye'de Sevk ve İdarecilik Eğitiminin Durumu, Appendix 3.6 to 3.9.

④ Ünver Çinar and Ömer Saatçioğlu, "Türkiye'de İşletmecilik Eğitiminin Gelişmesi Hedefiyle Alınması Gerekli Tedbirler", *Sevk ve İdare Dergisi* 8, no. 61 (1973): Table 1.

⑤ See Aşkun, "Türkiye'de İşletmecilik Öğretimi", 14, Sargut, "İşletme Yönetimi", 82.

⑥ 例如，可以参见*Boğaziçi Üniversitesi İdari Bilimler Fakültesi Broşürü, 1975—1977* (İstanbul: Boğaziçi Üniversitesi, 1976), 58—61, *METU General Catalog, 1975—1976* (Ankara: Orta Dogu Teknik Üniversitesi, 1975), 19—22. See also Mustafa Dilber, "Ülkemizdeki Sevk ve İdare Kurumlarina Genel bir Bakış", in *Sevk ve İdarecilik- Türkiye'nin Kalkınmasında Temel Unsur* (İstanbul: Türk Sevk ve İdare Derneği, 1971), 218。

⑦ 例如，可以参见Şan Öz-Alp, "Yönetim Basamaklarina Eleman Yetiştiren Okullarla İlgili Bir İnceleme", *Eskişehir İktisadi ve Ticari İlimler Akademisi Dergisi* 11, no. 2 (1975): Table 1.

⑧ *METU General Catalog, 1961—1962*, 24, *METU General Catalog, 1975—1976*, 20.

始了土耳其的第一个工商管理学硕士学位。然而,这不是设立在一个独立的研究生院,而只是加了个"第五年"而已。① 其他专业的本科生在升入工商管理硕士之前,必须在该专业选修一年的本科课程。② 1972 年在中东技术大学也采取了同样的模式,同样地,罗伯特学院的继承者海峡大学也保持这一模式不变。③ 除了"学士学位",美国的"MBA"最终也在土耳其变成了一个学位。然而,在土耳其既没有出现实体化的组织形式(商学院),也没有变成进修性的两年制课程。④ 在 70 年代早期,与这些创举同时,出现了土耳其高等教育中的另一个被本土化了的形式。这就是"半日制"商务硕士,它有更进一步的专业选择,是由安卡拉经济与商业科学研究院和安卡拉大学政治学系所推行的。⑤ 这两者都受到了与美国大学的早期关系的影响,⑥伊斯坦布尔的工商管理中心、罗伯特学院和中东技术大学可能也成为其构建自身合法性的另外来源。作为在土耳其很陌生的教育形式,它被置于"研究中心"之中,这一组织形式不仅由工商管理中心来体现,而且在长期的历史中(可以追溯到 20 世纪初期由德国教授在 *Istanbul Darülfünun* 所指导的改革)在传统的土耳其大学结构里,它们是作为专业研究的附属单位或者院系成员的额外活动而存在的。工商管理中心于 1974 年也加入了这一"半日制"的小潮流,它那个时候开办了一个可颁发这种证书的两年制的夜校。1973 年的大学立法之后,硕士学位获得了正式认可⑦,它在 70 年代末开始进入大学院系,如伊斯

① John Freely, *A History of Robert College*, Vol. II (İstanbul: Yapı Kredi Yayınları, 2000), 144.

② *Robert College Yüksek Okulu 1968—1969, 1969—1970 Catalogue* (İstanbul: Robert College, 1969), 36.

③ See Aysan and Kurtuluş, *Türkiye'de Sevk ve İdarecilik Eğitiminin Durumu*, *Appendix* 4.2, *Boğaziçi Üniversitesi İdari Bilimler Fakültesi Broşürü, 1975—1977*, 63, *Boğaziçi Üniversitesi Katalog 1972—1974* (İstanbul: Boğaziçi Üniversitesi, 1973), 70, *METU General Catalog, 1975—1976*, 23—24.

④ Sami Boutaiba and Jesper S Pedersen, "Creating an MBA Identity-Between Field and Organization", in *Inside the Business Schools: The Content of European Business Education*, ed. Rolv P. Amdam, Ragnhild Kvalshaugen, and Eirinn Larsen (Oslo: Abstrakt, Liber, Copenhagen Business School Press, 2003), 202—203, Byrkjeflot, *Management Education and Selection of Top Managers*, 9.

⑤ Aysan and Kurtulus, *Türkiye'de Sevk ve İdarecilik Eğitiminin Durumu*, Appendix 2.2 and 2.4.

⑥ Ibid., Appendix 2.2, Sargut, "İşletme Yönetimi", 82.

⑦ Ataünal, *Türkiye'de Yüksek Öğretim*, 59.

坦布尔大学的政治学系和工商管理学院①。然而，在工商管理的实用领域中，它们也是五年制的专业。工商管理学院还没有接受其他专业的学生，但是，再一次，其结构与中东技术大学以及海峡大学的结构类似。尽管存在这些本土化的改造——无意中类似于二战前美国的硕士课程②，研究生层次的工商管理教育仍处于边缘地位，尽管他们在强烈呼吁。③

硕士处于大学本科课程的附属地位，这一情况在70年代仍在继续。在另外的五所大学里（Çukurova，Hacettepe，Erciyes［前身为Kayseri］，İstanbul Teknik和Karadeniz Teknik），也建立了工商管理学院或系。与此同时，在特拉布松（Trabzon）建立了一个新的经济与商业科学研究院，现存的经济与商业科学研究院也在其周边城市建立了很多分校。④ 到70年代末，工商管理教育已经几乎全部实现了四年制的本科建制，尽管大学的参与越来越多，但主要还是在学院中进行的。

这一时期也有些企业的参与，尽管像开始那样也是由美国的顾问和资助机构所推动的，例如有的企业就曾参与了工商管理中心。更重要的是，1962年土耳其管理协会（*Türk Sevk ve İdare Derneği*-TSİD）的成立。这是一个外在于政府与高等教育部门的机构，其基本使命是提升土耳其职业管理的理念。⑤ 在1969年，它获得了美国的以及其他一些国际基金的资助，还获得了国家教育管理基金的捐助，在这些资助下，它搞了一系列的教育活动，其中包

---

① *Siyasal Bilgiler Fakültesi*（Ankara：Ankara Üniversitesi Siyasal Bilgiler Fakültesi，1978），66—67，*İstanbul Üniversitesi İşletme Fakültesi Rehberi*，*1977—1978*（İstanbul：İstanbul Üniversitesi İşletme Fakültesi，1978），187—197.

② Carter A. Daniel，*MBA*：*The First Century*（Cranbury，New Jersey：Associated University Presses，1998），145，Earl P. Strong，*The Organization*，*Administration and Supervision of Business Education*（New York：McGraw-Hill，1944），177.

③ Mustafa Aysan，"Üniversitelerde Boş Kapasite Var mı? Türkiye'de Sevk ve İdarecilik Eğitiminin Durumu ve Gelişme İmkanları"，*Sevk ve İdarecilik Eğitim Vakıf ve Türk Sevk ve İdare Derneği*（1975）：19—20.

④ *Cumhuriyetin 75 Yılında Yü kseköğretim*，324，29，Öz-Alp，"Yönetim Basamaklarına Eleman Yetiştiren Okullarla İlgili Bir İnceleme"，39，*Türk Üniversiteleri*，Vol. 1（Ankara：Başbakanli Basıimevi，1999），421，313，*Türk Üniversiteleri*，Vol. 2（Ankara：Başbakanlık Basımevi，1999），48，96.

⑤ Gemelli，"Form Imitation to Competitive-Cooperation"，181—182，Behlül Üsdiken and Nisan Selekler，"Türkiye'de İşletme Alanında Eğitim ve Araştirmanin Erken Dönemleri"，in IV. *Ulusal Yönetim ve Organizasyon Kongresi Bildiriler Kitabı*（Ankara：Orta Doğu Teknik Üniversite-si，1997），266—267.

括发起成立了“管理学教育基金会”(*Sevk ve İdarecilik Eğitim Vakfı*-SİEV)。这是在欧洲各个国家致力于发展“实业——大学纽带”的时候,土耳其出现的类似组织。① 从实践的角度讲,这意味着促进和支持案例研究,而且意味着,美国增加了对那些有希望的院系的资助。② 在20世纪70年代中期之后,来自国外的,主要是美国的对工商管理教育的援助开始全面减少。当国外基金流走的时候,当地的商务利润和投入不足以支撑企业与基金会的发展,于是基金会在1978年停止了其活动。更大的投入不得不再等15—20年。

自上而下的重构与美国模式的再发现

在1981年11月6日通过的新法律,标志着土耳其高等教育制度框架大调整的开始。除了法律上的改变在控制和管理方面引起了变化(部分地是由当时流行的美国模式所塑造③)之外,1982年7月的一项政府条文(1983年成为法律)彻底消灭了二元结构,把所有的学院/研究院都变成了大学。本科和研究生的学习明确地分开了。对本科教育的管理归院系,而研究生教育则归专业性的研究机构,更多地是归入跨学科的研究院(所)。1983年修正的一项法律允许基金会建立私立大学。④

这些商务教育立法改变的直接效果是,一夜之间商务学校都完全变成了以大学为基础的本科教育机构,并且都合并到各大学的经济与管理学院的工商管理这一部分中。⑤ 当时盛行的同一化的趋势导致了对本科教育的干预,尽管几年后这有所放松。⑥ 同样地,新的研究生教育立法规定,所有的研究

---

① Kipping and Nioche, “Much Ado About Nothingg”, 69, Bülent Yazıcı, “Sunuş Komuşması”, in *Türkiye'de Sevk ve İdarecilik Eğitimi' nin Durumu ve Gelişme İmkanlari* (İstanbul: Sevk ve İdarecilik Vakfı ve Türk Sevk ve İdare Derneği, 1975), 4.

② *Sevk ve İdarecilik Eğitim Vakfı Faaliyet Raporu* (İstanbul: SİEV, 1973), 5—10, Yazıcı, “Sunuş Konuşması”, 4—5.

③ Gürüz et al., *Türkiye'de ve Dünyada Yükseköğretim*, *Bilim ve Teknoloji*, 158.

④ 关于这些以及其他变化的更详细的讨论,可以参见 *Cumhuriyetin 75 Yılında Yükseköğretim*, *189—370*, *Altan Kitapçı*, *Yükseköğretim Mevzuatı* (İstanbul: Yaylım Yayıncılık, 1998).

⑤ 安卡拉大学的政治学院仍保留其名称。伊斯坦布尔大学和伊斯坦布尔技术大学也被当做例外,它们保留了其独立的商务院系(后者的名字有变化)。这一例外的情况后来也发生在“九月九大学”(Dokuz Eylül University)以及其他的一些私立大学,如比尔肯特大学、巴赫柴赛黑尔大学、哈里赤大学,最近,伊斯坦布尔贸易大学则以另外一个名字(Ticari İlimler——商业科学)建立了类似学院。

⑥ Ataünal, *Türkiye'de Yüksek Öğretim*, 81.

生教育,包括工商管理教育,都是两年制的,第一年学课程,第二年写论文。然而,1996 年的时候,这个情况被改变了,当时出现了一种新的研究生教育形式,即"无学位论文的硕士",这是一种独立的以职业教育为定位的体制,需要至少一年的课程学习。①

在这一时期,随着新的公立与私立大学的创建,有组织的、成规模的工商管理本科教育继续扩大。在 2003 年,土耳其 76 所大学中的 68 所开设了工商管理学的本科课程,可以授予正式的学士学位,除了个别例外之外,都是由有着同样名称的院系开办的。② 然而,尽管向美国学习了有 50 年,而且在过去的 20 年中经历了更大的同质化压力,但是,正如育思帝肯③所显示的那样,与某种程度的融合同时存在的是,在参与这些项目的大学中,在与其体制相关的课程结构方面,仍然存在很大程度的变异。总之,育斯帝肯的研究④指出了土耳其商务教育与美国的实用模式在本质上的融合,同时也指出了植根于商务学校、旧大学以及与美国模式的大学传统相关的三种系统。本研究还指出,私立大学更接近于美国模式,而新开办的公立大学则更像今天那些基于商业学校传统而建立的大学。

过去的 20 年中,最显著的发展莫过于工商管理硕士的增长,这既表现在规模上,在某种程度上也表现在多样性上。尽管学士学位依然流行⑤,但有关部门的调查数据显示,硕士的增长率极高。在 70 年代早期⑥,据估计,硕士的比例还不到 2%,现在则已经增长到接近 20%。硕士扩大的另一个表现是,现在有 58 所大学提供工商管理硕士的教育。然而,这些硕士教育很少与美国的 MBA 相似,而说到把工商管理硕士的教育放在一个大学的商学院里,这种情况就更少见了。⑦

---

① Kitapçi, *Yü kseköğretim Mevzuatı*, 649—650.

② 在不同的地方,八所大学都有不止一个教育项目。参见 Üsdiken, "Plurality in Institutional Environments and Educational Cotent", 96。资料更新于 2003 年 4 月,所据信息见于:http://www.yok.gov.tr/universiteler/。

③ Ibid., 107—109.

④ Ibid., 100—107.

⑤ 这当然与硕士教育有关。正如在第 556 页注释①中所指出的,在某种程度上与商务有关的两年制职业教育现在拥有的学生数目是最大的,本文并没有论述这个问题。

⑥ Aysan, "Üniversitelerde Boş Kapasite Var mı?"20.

⑦ 下面的数据于 2003 年 4 月得自大学网站:http://www.yok.gov.tr/universiteler/。必要时,所需资料则是直接从大学的管理部门那里获得的。在这些数据的搜集与整理方面,我要感谢 Gözdem Bebekoğlu的帮助。

特别地,传统的美国MBA并没有真正地渗入到土耳其的公立大学中。到目前为止,最普遍的教育模式是普通的管理学硕士学位,这包括(1980年后的早期管理规范中有详细阐释)一年的课程学习和一年的学位论文撰写。在41所公立大学所提供的工商管理硕士教育中,有近70%只有这一种模式。第二个主要的类型包括了商务中实用性很强的次领域(如市场、金融或人事)中的专业,或者即便不是这样,也是集中在某个特定的部门(比如旅游业)。在11所公立大学中设立了这样的课程,这种类型明显地集中在那些历史悠久、规模较大的大学,或者那些有着商务学校传统的大学。这两种类型构成了土耳其公立大学中商务硕士教育的主体,但显然这两种类型中没有一个接近于美国的MBA模式。

或许在某种程度上更接近美国模式的,是学制为3或4个学期的、"无学位的半日制"教育形式,这种形式是在土耳其的本土环境中经过改造的特殊类型,可以追溯到70年代早期。有十所公立大学中设置了这样的课程,其中八所要么是新建立的,要么就是起源自商业学校。作为另一种被改造的模式,有六所大学现在正开展两年的全日制商务教育,有的授学位,有的则不授。然而,在这其中的四所大学里,为来自其他专业的学生提供一年的预科学习,这又与美国的MBA不同。唯一不提供预科教育的两所,原本就是仿造美国模式而建立的大学。在这两所大学里,都是用英语授课,学位也叫MBA。与这两所大学类似的是另一所公立大学,它只提供"两年、全日制、无学位"的课程,部分课程也是用英语教授,有着专业限制,但并不叫MBA。①

MBA模式的渗透主要是通过私立大学,然而,即使这样也有很多限制。很多私立大学本质上是模仿公立大学而建立的,而且还经过了他们自己的改造,例如,在其中的八个案例中,同时提供"有学位"和"无学位"的课程,但都是建立在半日制教育的基础上,其中的三所还开设特殊课程。作为个别的案例,也有同时提供全日制"有学位"和"无学位"教育的,有的学校则只有半日制"有学位"的课程,而有的学校则只有半日制"无学位"的课程。在这些私立大学中,有的是全英语授课,有的则是部分用英语授课,而且都冠以MBA之名,这种倾向显然要比公立大学明显得多。然而,在私立大学中,只有三所是提供"两年、全日制、通才教育"的原型的MBA教育。这三所都冠以MBA

① 然而,需要注意的是,在相关领域中该大学也有一个"两年、全日制、有学位"的课程,但这与其所独有的"商务工程学"("engineering with business")的本科教育相联系。

之名,而且全部用英语授课。

在这些私立大学中,有两所开办了进修性的、半日制“高级管理者 MBA”(Executive MBA),这又是美国 MBA 的变种。此外,还有两所公立大学有“高级管理者 MBA”课程,而且都是用英语授课。另外,有三所私立大学也开办了类似的“高级管理者 MBA”(其中的两所以英语授课,而另一所则是用土耳其语),如前所述,这三所私立大学中的两所在全日制 MBA 方面接近于美国的原型。

值得注意的是,同样也是这三所私立大学所组成的小俱乐部,它们有独立的“商学院”,这使其身份显得非常独特。在这方面,它们不同于其他所有的公立大学①和私立大学,在其他大学里,工商管理学只是多学科的管理单位为研究生开设的专业之一。

土耳其高等教育中私立大学的出现,也是商业利益驱动的一个表现。这不仅表现为大的商业集团(如 Koç, Sabanci 和 Yasar 集团)开始建立较大规模的大学,还体现为伊斯坦布尔和伊兹密尔的商会建立了更为专业化的大学,这些大学的名称里都有工商管理或经济学之类的术语。

四、结论

在 19 世纪末直到整个 20 世纪的历史中所出现的主要商务教育形式,在它们成形之初,几乎都到过土耳其这片土地上。在二战后,输入美国模式的过程中,还包括了输出者的积极参与。明显的是,每一种新的模型都是通过一种新的组织形式引进来的。法国模式是通过商业学校的形式,德国的企业经济学是通过新的经济学院系,工商管理学的本科教育则是通过美国模式的新大学和学院,而“真正的”MBA 则是通过新的私立大学。然而,这些模式的进口,并没有在当地进行大规模的复制。在进入的时候必须进行一定的改造,因此,一开始便带有混合特征,而后,则以不同于原有模型的方式发展。那些想原原本本地复制本来模型者发现,很难使这一模式传播开来,比如,在模仿美国形式开展以文科为基础的本科教育方面,就是这样。MBA 这一学

① 两个例外是:只有研究生课程的高等技术学院(Institute of Advanced Technology)、伊斯坦布尔大学的工商管理中心。

位形式,甚至其名称都是姗姗来迟,而它在土耳其本质上是附着在一种比较老的原有模式上的,对它的再次引入还必须再等 30 年,而且仍然是小规模的、多样化的和在一定程度上被改造了的。

直到共和国建立以及在接下来的大概 30 年中,都出现了本土化的改造,这部分地归因于当时的物质条件,比如资源短缺,特别是欠发达的商务部门的运作,本质上是作为国家控制之下的企业的附属物。另外还与商务教育的早期组织形式以及组织间运作的动力机制有关。实际上,这个早期阶段是土耳其高等教育的成形时期,即职业教育融入到了公立大学的体制中,据说这也提升了科学与技术(一个本身就是来自欧洲的概念)。① 商务教育置于大学的专门院系中,并且包含了高中之后的 4—6 年的学习。这一形式构成了主导性的体制框架,进口来的那些外国模式必须努力渗入这一框架之中。从根本上来讲,正是这一框架决定了本土化的必要条件、时间间隔以及不同模式的命运。因此,例如,如果商业学校要避免被边缘化,它们就必须变得越来越像个大学。美国的那种基于文科的“学院”模式不可能而且实际上也没有受到欢迎,它只是局限在作为其载体的那两个大学里。然而,即使在那里,也出现了偏离原型的倾向,尽管目前在有些私立大学中这一模式获得了新生。② 硕士学位最终开辟出了一块天地,特别是在 1981 立法之后。然则,在工商管理教育中,占主流的并非多面手式的职业教育模式,而一般还只是作为四年本科学习的一个延续而已,只是进一步专业化的“第五个年头”罢了。

在新课程内容的引入方面,具有相对较小的伸缩度。每种新模式到来之时,都宣称更“现代”,更“科学”,因而也就比现存的其他模式“更好”。然而,在这方面,现存的组织类型还是成为重要的媒介。那些“新来的”不愿意与“旧的”相协调,结果后者出现很大的反弹,因为它们已经建立了可以支撑自身的传统、资源以及权力,比如,历史上的在商业学校反抗企业经济学的兼并中,就体现出了这一点。然而,新的还是对旧的有些渗透,特别是战后美国的实用模式。但这仍然只是局部性的,即使在今天,植根于法国、德国和美国传

---

① Güzver Yıldıran, “An Overlook at the Turkish Educational System”, in *Recent Perspectives on Turkish Education: An Inside View*, ed. Güzver Yıldıran and John Durnin (Bloomington, Indiana: Indiana University Press, 1997), 1. See also, Meyer, “The German Handelshochschulen, 1898—1933”, 22.

② Üsdiken, “Plurality in Institutional Environments and Educational Content”, 100—101.

统的三种本科教育的杂交模式仍然在土耳其持续着。①

总体而言，在谈及高等商务教育的组织模式与教育形式的本土化时，笔者的结论似乎带有某种不太情愿的论调。② 显然，首先，用关于组织研究的新制度主义的语言来说就是，在完整移植其所向往的模式的过程中，存在着对行动者的“强迫性”限制。③ 早期的工商管理中心不可能转变成硕士学位。在 1981 年立法之后，所有的硕士教育都要求写学位论文。然而，更常见的情况是，存在着自行决断的空间，而行动者又确实是有策略地行事的。在大多数情况下，它们行事的目标都是要获得结果，而且这一结果又要符合高等教育的主流制度框架，比如，商业学校想变成大学，已经在大学里的又想建立能独立授予工商管理本科学位的院系，它们为此奋斗了将近 50 年。即使在经历了 90 年代中期的硕士学位形式的“自由化”之后，很多大学包括一些新成立的私立大学，都还保留着其“第五个年头”这一特征，而且它们都坚持 1981 年立法的一个产物——必须写学位论文。必须承认，尽管有着制度框架的强大约束力，还是出现了个别的突破制度结构的情况，因为它们对特定的外国模式过于热衷。④ 当然，这种情况的扩散非常有限。不时地，还会出现一些折中的情况，比如，当初引进美国工商管理的本科模式时，就是如此。当然，完全无视外来模式的情况也极少，比如在引进硕士学位时，这在当时导致通过立法而认可之，并且，随之在一些大学与研究院里扩散开来。

本文的研究主要集中于国家层面上的教育体制以及实践领域中的制度性影响，而没有关注工商管理教育的发展与土耳其商务体制的演变之间的内在联系。大而言之，任何一种新模式的引进，都是为了迎合经济与社会变迁的需求。另外，通过前面的论述不难发现，商务教育的创新以及与此相关的想法更大程度上是模式驱动（model driven）的，而非需求驱动（demand driven）的。⑤

显然，教育与商务之间的关系是双方面的问题，还可以提出以下问题来：

---

① *Plurality in Institutional Environmeuts and Educational content*, 107.

② Eleanor D. Westney, *Imitation and Innovation: The Transfer of Western Organizational Patterns to Meiji Japan* (Cambridge, Massachusetts: Harvard University Press, 1987), 24—32.

③ Powell and DiMaggio, “The Iron Cage Revisited”, 67—69.

④ Christine Oliver, “Strategic Responses to Institutional Processes”, *Academy of Management Review* 16, no. 1 (1991): 51—59.

⑤ 有关较早时期的例证参见 Ergin, *Türkiye Maarif Tarihi*, Vol. 3, 943。他证明，伊斯坦布尔的商业学校在 1894 年重新开放后，第一批毕业生几乎全部在从事文职工作。

商业教育的发展以什么方式影响了商业部门，以及教育形式自身又是如何受到了商业部门发展的影响？反过来，以上两个问题又共同指向一个问题，即商业教育机构在多大程度上成为了特定的专门知识的来源，这种专门知识指的是与商业的再生产以及管理精英不同的知识。后一个问题又引申出通向这一位置的其他路线的问题，比如政治联系、预先的政府部门工作经验、家族纽带、留学教育、外语能力以及技术学习等。本文的研究暗示，以上这些路径对于获得更高的职位或许更为重要，而这或许又与土耳其商业的发展依赖于政府有关。① 这也导致产生了一个这样的市场——在其中，过硬的专门知识和关系网要比学习的专业更重要。因此，甚至在50年代以后，商业还没有怎么发出自己的声音，也没有怎么介入到工商管理教育中，除了商业得益于政府的资助外，这一情况或许还与如下问题有关，即实际所需与教育所供之间必须相符。商业教育一直被看做是为“技术性”工作或公司中的助手职位而建立的的知识领域，而且针对的是非实业部门。另一方面，管理精英，比如企业家，可以来自于任何地方。更确切地说，在“管理”这个概念中，土耳其的商业尽管向往美国模式，但其所受到的来自欧洲的影响同样强大，在高等教育部门对大学教育的理解中，我们即可以看出。这些推测以及可能出现的其他看法，都还需要深入的研究，这不仅是为了更好地理解商业教育所扮演的角色及其影响，而且是为了更好地认识土耳其的商业与管理职业以往的以及现在的建构方式。

（昝涛　译）

① Ayşe Buğra, *State and Business in Modern Turkey: A Comperative Studey* (New York: SUNY Press, 1994), 63—68.

美国大学：它将在什么时候形成？它应该建在哪里？它将是怎样的？①

约翰·伯格斯

现在公众受过教育的那部分人是如此关注高等教育问题。在这样的一个关键的时候，除了指出这个总的思想趋向之外，再通过拆解和分析问题并就组成问题的各个内在要素分别予以中肯和准确的讨论，当然不会是为时过早的和不合时宜的。那么，关于美国的大学：它将在什么时候形成？它应该建在哪里？它将是怎样的？这样我们就有了三个问题；而且当我们来对这三个问题逐一加以考察时，我们会发现其中每一个都不是简单的问题，需要进行进一步的分析。

一、美国的大学将在什么时候形成？

为了尽可能准确，对这个问题的回答须由三方面的条件来组成，分别是：国家什么时候能有富余的财力来支持大学；是不是有一个用以形成师资力量

---

① John W. Burgess, *Reminiscences of an American Scholar: the Beginnings of Columbia University*, New York: Columbia University Press, 1934, pp. 349—368.

约翰·W. 伯格斯(1844—1931)，美国重要的政治学家、历史学家和法学家。曾任哥伦比亚大学法学院教授，政治学院的创始院长。他对国家理论和主权问题作出了重要研究，其著作《政治学和比较宪法》(*Political Science and Comparative Constitutional Law*)被认为是美国政治学的奠基之作。同时，他对哥伦比亚大学特别是其社会科学的发展作出了重要贡献。本文最初发表于1884年。——译注

的学者群体;以及先前的训练和成果是否已经造就了一个合格的学生群体,从而能使大学工作富有成效。

这样的条件存在吗?毫无疑问,在我们这片伟大而富饶的国土上的很多地方,第一个条件是存在的。世界上伟大大学的故乡是德国,和美国相比它是贫困的。我们当然不能把贫困作为推迟创建大学的借口。这一点如此明显,所以我不必在此多费口舌了。

第二,现在我们是不是已经有了一个用以形成大学的教师群体的合格学者的群体?乍看上去,答案似乎是没有疑问的,因为美国现在已经有三百多个学院的教师群体,从中应该有足够多的真正的学者可以被充实到五六个真正的大学的师资中去。但是对那些有判断力的教学法研究者来说,对这个问题作如此回答就不完全是令人满意的。他会指摘说,美国学院里的教授通常都不是大学教授,而且他们也不可能仅仅靠从学院转赴大学任教就能成为真正的大学教授。学院教授通常对真正的大学没有切近的观察体验;他们对大学研究和教学的内容和方法几乎毫无所知,恐怕只是从一些浮泛地谈论大学的书籍文章中获得一鳞半爪;他们是美国学院的独特产物,是一种处于预备高中(gymnasium)①教师和大学教授之间的混合物——但他们作为前者的成分太多而无法成为后者,而作为后者的成分也多到无法屈尊成为前者的程度,所以他们确实无法形成、也不能属于一个真正科学的教育体系的等级序列。

不能否认的是,这种听起来很刺耳的批评中的确有某些真实的成分,但实际情况也不全然如此。在最近25年里,一大群最出色的美国学者已经获具了相当的资格,能够胜任欧洲特别是德国的最好的大学的教授职位。对此德国教授完全可以证实这一点,他们指出,他们的美国学生的勤奋和成就与德国学生相比在任何方面都不逊色。开列出一个能给任何地方的大学教席增辉的美国学者的名单,这并不是不可能的,尽管美国学者尚未享此殊荣。尽管一些我们的英国兄弟作出了悲观的评论(我最近接待过的一位英国朋友尤其悲观),但是我想,有知识的外国人对我们作出的更明智的判断是,我们现在的确已经具备了建立大学师资力量所需要的人才资源。现在的问题只是如何明智地选择人才;而依我的看法,最好的解决问题的办法是,从一开始就选择一位深入了解教育科学、学养广泛、善于识人的校长,然后依靠他来

① 我用这个词来指进入大学之前所必需的基础学习和分科学习的学程。

选择教授。一旦成功地组成了一个教授会,他们自己就能对由谁来做自己的助手和继任者作出最好的判断。但是我还要回到这一点进行更进一步的考虑。

第三,我们现在是否已经拥有了一个向往大学的学习并热切期望投入大学生活的学生群体?这本身就是一个涉及很多其他问题的问题,很难回答,甚至很难简单明了地对问题本身予以表述。简而言之,这个问题就是我们的中学教育的问题,以及中学教育和高等教育的关系问题。一想到这个问题时,人们首先会作出的反应是:美国学院每年产生的8 000到10 000名毕业生是可以构成适合和愿意进入大学学业的生源;但是,有判断力的美国教育研究者又会在这里提出反对意见,认为普通美国学院的普通毕业生不适合、也不愿意成为大学生;他们对基础知识一知半解,但同时又了解一点高级知识,所以他们不了解自己的缺陷,也没有耐心去具体、准确地了解真正的大学式方法,而且也不懂得欣赏和运用真正的大学式方法。

可悲的是,上述批评中有大量真实合理的成分。我要斗胆在此证实,如果不在德国大学里重新学习希腊文、拉丁文、现代语言、自然科学的基础知识,甚至数学,美国学院的毕业生中很少有人能够成功地在那里完成学业并获得学位。就是否能对各领域的知识有准确的理解和灵活的运用而言,美国学院的毕业生与德国的"Abiturient"(高级中学毕业生)不能相提并论,尽管前者可能知道更多的所谓"一般知识"。在我们的教育史上曾经有过一个时期:合格的中学和学院加在一起,能够造就很不错的大学预科学生,或者至少能提供一些大学的课程。当时曾经有一些学生在学院课业结束时能够相当轻松地阅读希腊文和拉丁文,而且通过数学方面的训练他已经很好地掌握了逻辑方法。但是现在学院开设的课程中加入了过多的大学阶段的内容,使得学院课程在学生能够作出选择并因这种选择而获益之前被分解为一大堆专门的课程;一些目标过高的教授将大学的方法引入学院,这都使得在大多数我们比较好的学院里上面所说到的良好状况难以为继。如今,在学生还没有真正学会如何阅读各种文字时,他们就被拖着去学习最细微的语文文献学;而在这一课业中阅读量非常有限,所以词汇量就停步不前了;在学生还没有学习各自然科学基础知识时,他就被鼓励进入某一个学科的实验室里,被鼓励去做一个这个领域的发现者,而此时他还不知道关于已有的发现中的基本原理;与此同时,有大批学生借机在相当程度上摆脱了纯数学方面的课程要求,于是也只能带着不成熟的逻辑思维能力来加入大学学业。

我承认我不能预知那些不能变成大学、也不会变成高级中学的学院最终的位置在哪里。我看不出它们有什么理由必须存在下去。维持它们的存在在很大程度上是浪费财力，而到这些学院里去读书在很大程度上是浪费时间。现在情况就是如此。我觉得，一旦美国公众清楚地意识到其教育的需要到底是什么，他们就会要求对我们的中级教育体系进行一场相当全面的改革。而且我还觉得，大体而言美国公众要求采取的方向是，在学院和高中的课程之外再增加两到三年的学程，将七年的学制增加为九年；在此期间学生将全面学习希腊语、拉丁语、德语、法语，在纯数学领域里要学到微积分，还有自然科学基础，基础通史和基础文学；然后在任何人口达到一定规模的美国城镇都建立这样的学校，将这些学校的毕业生直接送到大学里去。与我们目前的学院相比，这样的学校花费低廉，社会上大多数阶层都能负担得起。这样的学校比现在的专科学院和普通学院加在一起还能在素质上更好地、在数量上更多地适应大学。这样的学校使学生在 20 岁或者 21 岁时就进入大学，而现在专科学院和普通学院的课程是双重的，并且在很大程度上是加倍的，使得学生通常在 22 岁或者 23 岁完成学业之前无法进入大学。

此外，要依靠学院毕业生作为大学的生源，还有一些别的困难。这就是，学院毕业生通常都没有成为真正的大学学生的愿望。对一个真正热爱学问的人来说，听到学院毕业生们关于他们的学业没有用处的谈话是令人沮丧的，他们会说他们的学业和某些职业的实践没有**直接的**关系。他们会进入一所大学的法律系、医学系或者神学系，但是他们会使自己的学业完全局限于专业中所谓的实用方面。这也就说，他们将会小心地避开德国人所说的哲学学院（faculty of Philosophy）里的同源性课程和补充性课程，而这样的课程是将他们的专业从纯粹的技术提高到真正的科学所必需的。所以可以说他们并不是真正意义上的大学生，而只是技术学院的本科生。

然而，对这些看法如果不加以某些限定也是有失公允的。对我们的学院的大多数毕业生而言，这些看法的确是对的，但也有许多可贵的例外应该予以评论。我们的学院毕业生中有许多人是聪明而有活力的，他们使他们的学院学业在各方面的基础知识上都成为一种真正的大学预备训练，而且经受了诱惑而没有进入专科领域；他们当中有许多人展现了真正的学术热情和学术精神。我们的学院每年提供好几百名学生给德国的大学，其中大多数都在哲学学院里学习，而且有许多人很成功地取得了博士学位，这个事实足以说明上面的观点是正确的。总的说来，如果要说我们的学院毕业生现在的确能成为大学教育的合格的生源,那么我认为这个判断是正确的。万事开头难;为了开这个头,我们千万不能过于苛责,不然我们就永远会留在原地。但是我们也始终要注意到我们中级教育体系当中存在的这些重大缺陷,而且要积极寻找解决这些问题的办法,因为大学的最终成功将在很大程度上取决于我们是否正确地解决了这个问题。

鉴于以上简短的分析和讨论,我觉得我们可以作如下论断而不必担心被认为是傲慢和幻想:真正的大学发展的必要条件已经在我国具备了。

二、美国的大学应该在什么地方?

简短的回答是,美国的大学必须位于或者邻近财富和文化的中心。

在任何地方,如果大学位于或者邻近这样的中心,它都会获得巨大的优势,因为在这样的中心地带大学能获得所需的援助和辅助设备,包括这里的艺术和科学的展览馆、博物馆、图书馆,以及中心地区丰富多彩的生活资源。柏林、维也纳、慕尼黑、莱比锡和巴黎都是欧洲伟大大学的天然所在地。但是在美国关于为什么大学应该被置于这样的中心,还有另外一个原因,而且还是一个更有力的原因,那就是美国的大学完全依靠私人的资助。一个将高等教育交给州政府来指导和支持的州会利用州财政在任何地方建立一所大学。但是在没有政府机构赋予这种权力的州,或者是在私人捐赠是支持大学的唯一财政来源的州,大学通常都必须紧邻那些有向它提供捐赠的财力和意向的个人。我们的确会发现一些个人愿意为目标长远的事业提供支持,但是由于建立和维持大学所需的资金数额非常庞大,所以如果没有地方精英的积极性,其经费很难被保证。

当今在美国有没有这样的中心?我们可以毫不犹豫地作出肯定的答复:我们至少已经有了一个符合所有这些要求的中心;这样的中心就是那种有富余的财富、而且具有把这些财富用于支持高等教育的意愿的地方,是那种由于重视文化的人的慷慨解囊而已经拥有了上文提到的大学文化的许多辅助设施的地方。几乎没有必要再来指出这个地方共同体的名字,但是如果我们回想一下这种如此卓尔不凡的重视文化的公共精神的起源,还是有好处的。

毫无疑问,这种精神起源于那个最初建立这个共同体的人的品格。温思罗普①和他的同伴不是没落的贵族,到新大陆来试图靠建立封建地产和商栈来找回败落的财富;他们也不是来自中产阶级中的赤贫者,为了谋生被迫移民美洲。他们是正大光明的人,是血统纯正的人,是知书达理的人——他们当中有许多人是剑桥大学的毕业生,职业是传播福音的牧师;他们懂得,至善的境界在于一个社会的文化,而不是个人的富裕。他们最终建立了他们所称的自治共同体(commonwealth),他们认为社会的福祉首先在于虔诚、道义和智慧。他们最早采取的行动之一就是将公共财富的一大部分用于高等教育,其目的正如他们所表达的,是为了不让虔信和学问在世间消失。这些人的子孙后代都恪守其先辈的原则;他们已经建立了一个共同体(community),这个共同体拥有财富,也拥有将财富用于其公民和所有前来加入这个共同体的人的文化的精神。

我们是否还拥有更多的这样的共同体,这个问题尚需观察。我们有的城市财富繁荣的程度超过了波士顿,但是由于个人主义过度泛滥,奢侈之风大行其道,所以崇尚文化的共同体和崇尚文化的公众精神的发展在很大程度上受到抑制。如果哪个地方的富人认为他必须在城里有宫殿,在乡村有豪宅,在海边有别墅,还必须有蒸汽游艇、四驾大马车和私人汽车,必须极尽舒适,那么,就不会有多少财富可以留给地方共同体和国家的高等教育了。但是,我们也不必过于悲观。如果说我们是否拥有多于一个这样的共同体这个问题尚需观察,那么我们也不能现在就断言我们只有一个这样的共同体。我们在形成公众习惯方面还不是足够地先进,还无法说出我们现在处于什么状态,也无法说出我们应该一如既往还是应该改弦更张。一些热忱而有教养的人能够做很多事来教导社会恰当地利用其富余的财富,但现在在我们的许多大城市里这样的人还不多。在不远的将来,他们这类人的成功或者失败将在实际上决定我们是否会有更多的大学。

三、美国大学将会是什么样的?

这个问题包括组织、课程和方法三个方面。

① 约翰·温思罗普(John Winthrop,1587—1649),马萨诸塞湾殖民地首任总督。——译注

第一，组织的形式应该是什么样的？也就是说，什么样的组织形式与美国大学的内在特性最为相符？

我认为我们完全可以从一开始就断定，现在开始兴旺发达的大学将不会是州立大学。立法上的政策说变就变，政府人员随时变动，使得中央政府和地方政府都不完全适合指导高等教育工作。而且由于美国政治中普遍存在着的煽动性，没有什么比支持大学的拨款更能成为招致攻击的借口了。在这里没有一个政党能保证它在下一任期内继续掌权，而只有在第二个任期内政府才敢于大幅增加公共资金，使之达到足够高的水平，以做出在大多数选民眼中纯属无用的奢侈消费的开支。

所以美国大学必须是私立机构，由私人捐赠基金支持，由非公职人员组成的联合会予以指导。讨论这种状况的优势和劣势纯属浪费时间和精力。只要已经在这里延续了半个多世纪的政治纷扰依然存在，只要在此时此刻这种情形没有发生改观的迹象，就不可能有别的办法。所以我们要说的第一个原则，同时也是讨论的出发点就是：美国大学的组织中心必须是董事会——一个被赋予了获取、管理和运用财富的权力，并被赋予建立教授会和颁发大学学位的权力的实体。这个实体的产生可以有三种途径：要么是通过自愿的联合，要么是通过一个或多个捐款人的提名，要么是通过政府的任命。如果是通过前两个途径中的一种，那么董事会成员当然要为政府所认可并**正式**任命，由政府授予董事会以法人权力。至此问题就简单而又清楚了，而且必然地体现出了美国大学的内在特性。然而我们还要考虑这些问题：我们应该如何保持董事会的长久存在；以及在一方面董事会和政府的长期关系应该是怎样的，在另一方面，董事会和教授会之间的长期关系又是怎样的。当我们开始考虑这些问题时，我们就能发现这些问题是有多种解决的办法的，而其中每一个办法都并不是由美国生活的条件所严格地决定的，并不必然要排斥别的办法。这样我们在这里就有了可以讨论的问题，如果个人对这些问题的判断是基于合理的思考和经验，那这种判断就能发挥某种作用，有助于我们最好地对这些关系的原则加以调整以取得成功。第一个问题是关于使董事会长期延续的方法。这一点可以通过三种途径中的任意一种来达到，或者也可以把这三种途径结合起来。这三种途径分别是政府任命空缺的职位，董事会内部实行增选，以及由大学毕业生进行选举。

我觉得第一种方法对我们来说是绝对应该加以拒斥的。我认为，在一个在其中只能追求党派目标的政治体系里，高等教育不可能完全从政府的干预中解脱出来。我们可以有的选择是内部增选制和毕业生选举制，或者是这两种方法的某种结合。前者的优点在于有助于保持连续性，危险在于容易导致守旧落伍。

第二种方法的优点在于其进步性，同时也在于它有助于将毕业生和学校更密切地联系起来。它的危险在于激进性，以及容易导致宗派和派系纷争的思想。第三种办法乍看上去似乎能够兼采前两者之长而避其之短，但实际上这是三种办法中最容易受到反对的。在董事会内部，它为经毕业生选举产生的董事会成员和董事会内部选举产生的成员之间发生尖锐纷争创造了最好的条件。

照我看来，内部产生新成员的董事会是最可行的方式。这是经验更丰富、气氛更和谐的组织方式；在这里感到不满的少数人不会调动任何外部实体的干预来给自己撑腰。但如果校友会作为董事会的来源和上级站在董事会的身后，就会发生这种外来干预的情况。最为重要的是，内部增选制的董事会是会乐于倾听教授会的意见的，并会给教授会赋予越来越广泛的自主性。实际上董事会将会从毕业生中增选成员填补空缺，最终将使这个实体几乎全部由毕业生组成。而且，即便是毕业生在大学里的利益只能通过赋予他们以选举董事的权利才能得到保障的话，那么，我看也几乎不值得为这样的利益而使管理上的优越性受到如此之大的破坏，而管理上的持续性是我们应该尽力去维护的。我知道这样的情况完全是可能的，即极端保守的董事只选择极端保守的人来填补董事会的空缺，由此使董事会和由董事会所任命的教授会长期保持一种固步自封的状态。尽管如此，我宁可接受这种情况，也不愿意看到政治伎俩主宰选举，而选举出来的机构被派系纷争搞得毫无作为的情况发生。在真正的大学里，董事会必须是一个统治性的实体，而不是一个创议性的实体。我们一旦充分理解了这一点，就会同意这样的立场：董事会应该在构成和程序上尽可能精干简单。

第二点是关于我对董事会和政府之间合理的关系的看法，对这个问题我已经足够多地触及了。董事会当然应该期待政府能够履行其职责，但是立法机构和行政机构对大学的任何监督都应该被坚决排斥。大学董事应该是一群怀有公共精神的人，他们愿意把时间、思想、精力——甚至往往愿意把金钱——贡献于建立和维持学术的殿堂；而前来掌管大学的政府主管官员却极有可能被赋予监查的权力。所以，与其设想政府官员的干预能有什么用处，不如设想一群可敬的绅士将诚实而有效率地处理他们之间的合作和协调的问题。在通常情况下，党派作风会决定大学里的各种人事任命，这使得任何政府机构都不适合干预这种关系。这是因为，党派作风会使得任何事情都受个人和党派利益的左右，而且导致局内人对文明和文化之类的高远事务毫无兴趣。

第三是关于董事会和各级教授会之间的关系问题。假如由政府来承担调整这些关系的角色，董事会和教授会之间的关系一定处于最令人尴尬和最不利的境地。这是因为，第一，政府不知道如何作调整，第二，在大学处于发展中的阶段时，这种关系一定是处于持续的变化中的。董事会应该被作为推进各种事务的起始点和最终权威，教授会只应履行诸如向董事会提供咨询之类的功能和权利。在大学建立后的初期阶段，董事会必须更细致地行使自己的权力。在董事会已经成功地建立起教授会，而教授会的能力和忠诚也得到证明之后，董事会就应该赋予教授会以更广泛的职责和自主性；而在此时这样做是稳妥而有利的，对大学的成功是必要的。到了条件成熟的时候，按照事情的内在性质，董事会就应该只掌握资金、管理财政，而由教授会去负责规章和教学体系的运作。德国人采取的就是这种办法。但这个办法所包含的要素并不是德国所独有的，而是整个欧洲大陆所共有的，只不过德国的特点在于是由教育部所代表的政府来代替董事会的位置。德国人之所以已经找到了解决这些关系的问题的办法，只不过是因为他们比其他国家更早地开始发展真正的大学。

最后，我们来谈教授会的组织问题。在德国式大学体系中，通常将大学师资队伍分为四个教授会，也就是神学、法学、医学和哲学，其中所有的非职业学科都被置于哲学院之内。这种做法也不是德国所独有的。这是划分大学各门学问的一种很自然的方式，不仅在柏林是适用的，在纽约也一样是适用的。在德国经常被提出来加以讨论的问题是，是否将哲学院再分成两三个实体，比如道德科学教授会和自然科学教授会。但是在德国最合理的想法完全是反对这种办法的，其理由是，如果将自然科学家划分，那么自然科学教授会就会越来越偏向技术学科的方法和目的。

哲学院（philosophical faculty）是大学的灵魂和光荣。它是其他任何事物的基础。没有哲学院，神学就会成为枯燥的教条，法学就会成为一门日益枯萎的学问，而医学就会陷于危险的经验主义当中。一种根本不具有大学特性的神学院是可能存在的。实际上，美国的大多数神学院都没有大学特性，这无非是因为它们没有与哲学院的联系，无法获具心理学、逻辑学、历史学、文学和语文学的广泛基础,而神学的发展却必须依赖于这个基础。仅仅去搞教义信条和宗教意识,这绝不是大学神学。同样,我们也可能拥有一个没有大学法学院特性的法学院。我们的法学院中几乎没有一个能够达到大学法学院的层次。案例和实际操作构成了教学的主要内容,而这些是学生们想要学、而老师们一般也都去讲的东西。但这无非是把法律仅仅当成了谋生糊口的行当。这同样地是技术,而不是法学。同样地,哲学院又可以给法律的规则和判断提供历史学、逻辑学、伦理学和哲学的广泛基础,然后法学院才有资格说它有一群真正的法学院教授。医学院的情况也是如此。如果科学课程中的化学、植物学、解剖学、物理学、逻辑学和心理学不能为医学院长远的发展注入生命和能量,那么医学院就会停滞不前,沦为一种生产半吊子行医人的机器。

德国体系通常通过建立一个代表机构即大学评议会(the Senate)来整合这四个学院的教授会,并赋予这个实体以一般性的监督和管理大学的权力。以这种方式,大学各部门和分支就得到充分、协调的发展。对美国的大学来说,这种组织方式与在德国一样是成功的必要条件。缺乏这种组织方式,正是在美国高等院校里所习见的各种怪现状之所以产生的原因之一。一些思想褊狭的校长、爱管闲事的教授、热情洋溢的董事和脾气怪异的捐赠人提出了一套计划,而美国高等院校正在试图依靠这个计划成为真正的大学。

所以,在各院系教授会的组织方面德国式体制可以作为我们的榜样,我们将尽最大努力来接受和仿效这个榜样。然而到这里我们又会碰到一个问题即大学校长的问题,而德国人在这方面的经验对我们解决这个问题毫无助益。德国大学有一位校长(Rektor),每年由整个大学的正教授会议(the Assembly of the Ordinary① Professors)从教授中选举产生;而每个学院有一位院长(dean),同样也每年由其所在学院的教授会选择。这些官员掌管各级单位,负责各自单位的活动;但是永久性的校长职位并不是德国体制的实际组成部分。然而在我看来,对美国大学来说,这个职位是不可或缺的,至少在大学充分、完全地发展起来之前是不可或缺的。这个职位的必要性来自这样一个事实,即美国大学必须是一个私人机构,其生存仰赖支持者的自愿捐赠。为了在我们美国的社会中满足这个条件,大学必须在公众面前有一个永久性的代表——这个人将不仅是一个伟大的学者和一个称职的教师,而且还要拥

① 德国人用 ordinary 这个词来指正教授(full professor)。

有社会地位,风度雍容高贵,有行政管理的能力,以及激励他人的能量、热情和力量。换句话说,这个人能够把巨大社会财富的富余部分吸引到大学的财政收入中来,而且就如何花费这些钱向董事们提出最明智的建议。而且,在大学建立和发展的初期阶段,一个学术成就非凡、极为了解大学体系、具有敏锐的辨别力、知人善任的校长,是董事会赖以建立最初的教授会的最佳工具。虽然我们同意,在教授会被组成之后,他的校长在规章和教育政策方面的权力就应该在很大程度上被转交给教授会,但我们最先提到的那些功能却不应该也不可能被让渡出去。要想成功地完成这些任务,就要有经验、声望和影响力;而只要校长的任期是长久的。

第二点是关于大学的课程。

就其课程的具体科目而言,很难在预科学校和大学之间划出清晰的界限。我想,我们可以通过一系列调整而不是直接的通盘考察来更好地达到这个目的。首先,所有未知领域都属于大学。大学的首要功能是发现新的真理,是在各个方向上增长知识。给专科学院、甚至普通学院广泛地装备实验室、贮存室、博物馆和图书馆是一种巨大的物质浪费。这些东西都应该属于大学,不是作为玩赏的摆设,而是作为获得新发现的工具而予以利用的。第二,所有的职业性学科都属于大学,包括神学、法学和医学。这是一种普遍的做法,极为明显又极为必要,所以我在这里不必再花时间来给出原因。在这方面没有什么困难。第三,只有在大学预科和大学的非职业性课程也就是哲学院的课程之间作出区别之后,我们才能进行细致的观察,因为显然哲学院开设的许多课程只不过是预科学校的课程的延续。那么,是大学课程应该从预科课程停止的地方开始呢,还是预科课程应该在大学课程开始的地方停止呢,或者,无论如何衔接,在这两者之间是不是存在一个分工的自然界限?我觉得,两者之间的确有一个、而且应该有一个分工;预科和大学的目的之间的差异应该决定这个问题的解决办法,也应该决定大学教学方法问题的解决办法。

大学哲学院的课程是一种非职业性的专业(nonprofessional specializations)的集合;学生只有在多样性、数量和质量各方面都为多个方向上的专门学习做出良好准备之后,才能进入大学。他应该能够阅读包含了各科知识的主要文献的古代和现代语言;他应该在纯数学和普通自然科学的基础知识方面受到训练,打下基础;他应该在记忆里存储和理清历史上的名称、年代和重大事件;他应该培养出逻辑思维的习惯,掌握写作的方法。他对所有这些科目和知识的掌握应该达到这样一种广度和深度,从而能够以明智而成功的方式追求语文文献学、文学、历史学以及道德和政治科学等各个学科中的任意一个,或者也可以卓有成效地进入自然科学的实验室、观测站和标本室的工作。另一方面,语文文献学、文学、哲学、道德科学、历史科学和政治科学,以及在实验室、观测站和标本室里的学业,都属于大学,应该决然地将之与预备学校分离开来。如果不如此,则这些学问就不能被成功地加以追求。如果没有完成大学预科课程,则这些方面的学问就不能被欣赏;而如果这些课程被加进预科课程,则必定会导致对预科生来说更重要的另外一些东西被取代。这些课程必定会成为飘动的流沙,而不是坚硬的岩石。

这样就在预科课程和大学哲学院课程之间作出了一个总的区分。我们不能宣称调整是细致而无所不包的,但是我认为,对在这里提出的区分的总体原则加以谨慎而明智的运用,最后会达到那种结果。然而还应该补充的一点是,尽管在发现真理、保存知识的同时也应该致力于教育,但大学教育的手段和能量不应该被投入纯粹的实用性科目。比如,在神学方面,大学不应该只重视教授程式和仪轨,你能在有些教堂的读经台上更好地学到这些东西;在医学方面也不应该只重视实际操作的方法,你可以在医院的病房里更好地学到这些东西;在法学方面更是不应该只盯着程序和行政管理的技术,你可以在律师的办公室或者在政府机关的办事员的岗位上更好地学到这些东西;在自然科学方面,大学的工作不是利用它们来获取宇宙的财富——这是技术学校的目标。所有这些都是知识和教育的产业方面,它们应该自己照管自己,或者是由对它们有直接的兴趣的那些机构来照管,而不应该要求全社会来为它们作出牺牲和支持。

第三点也是最后一点,关于大学教育的方法。

德国体制在这个问题上提供了三个基本原则,分别是:由学生来选择一整套所学习的科目,通过有原创性的讲授来进行教学,在讨论课上来训练学生。但这些原则中没有什么是纯粹属于德国的。这些原则的依据如同人性一样普遍,两者之间有着同样的效力。第一,由学生自己来选择一整套所学科目,这种做法的依据是,学生能对自己的能力倾向和天赋作出最好的判断。如果他的预科学业没有能够使他具备这种判断力,那么他根本就没有资格成为一个大学学生。他要么是没有任何方面的天赋,要么就是没有得到充分的培养以使自己的天赋被发挥出来。在这两种情况下,大学都不是他该来的地方。而对这种人的关切,绝不应该使我们放弃这个培养真正的知识特长的唯一有效的方法;因为如果没有这种知识特长的发展,就不可能在新真理的发现和老真理的全面综合上取得任何进展。第二,通过有原创性的讲授来进行教学的原则的依据在于,大学教授必须是一个身处于原始材料当中的工作者。**他必须向他的学生提供他自己的观点和成体系的看法,这些都来自于他自己对材料的考察**。如果他没有这样做,而是满足于仅仅重复别人的观点,那么很可能是因为他根本不会别的,所以也就根本不是大学教授,而最多不过是预科学校里的教员。第三,挑选学生就教授的研究或试验中的专门工作进行讨论,这个原则根据的是这样一个明显的原因,即那些在某个科目上有特殊天赋的学生应该得到相应的机会,以使自己在这个领域里经验更丰富的能人的指导下开发这种天赋。

显而易见的是,上面所指出的根据和原因具有普遍的效力,而为这些原因和根据所决定的方法原则也具有普遍的适用性。所以,大体上我们只能再一次在这些方面效法德国的范例,除此之外别无选择。而且我们不能因为被不分青红皂白地指责为东施效颦就放弃这种做法。

至此,如果说这些关于美国大学的思考是正确的,我想我们就必须作如下结论:我们距离完全实现我们的大学理想还有很长的路要走,而且无疑在我们抵达目的地之前还要付出艰苦的努力。但是,我们应该知道困难在哪里,其中有哪些已经在别的地方被克服了。我们可以充分感受到,我们已经走得很远了,所以无法在受到挫折时走回头路,而且也不必去担心最终会遭到失败。

（牛可　译）

一只狗的典型一天

〔英〕瓦尔特·艾曼纽尔／著

〔英〕西尔·阿尔丁／绘

王梅／译

人民文学出版社
PEOPLE'S LITERATURE PUBLISHING HOUSE

图书在版编目（CIP）数据

一只狗的典型一天 /（英）瓦尔特·艾曼纽尔著；
（英）西尔·阿尔丁绘；王梅译．—北京：人民文学出版社，2016
（狗之物语）
ISBN 978-7-02-011857-1

Ⅰ．①一… Ⅱ．①瓦… ②西… ③王… Ⅲ．①短篇小
说－英国－现代 Ⅳ．① I561.45

中国版本图书馆 CIP 数据核字（2016）第 157603 号

责任编辑 甘 慧 尚 飞
装帧设计 李 佳

出版发行 人民文学出版社
社　　址 北京市朝内大街 166 号
邮政编码 100705
网　　址 http://www.rw-cn.com

印　　刷 上海利丰雅高印刷有限公司
经　　销 全国新华书店等

字　　数 30 千字
开　　本 850 毫米 ×1168 毫米 1/32
印　　张 2
版　　次 2016 年 10 月北京第 1 版
印　　次 2016 年 10 月第 1 次印刷

书　　号 978-7-02-011857-1
定　　价 25.00 元

我的似水流年

7:00 A.M.

我慵懒地醒了过来。因为夜里被打扰没睡好，搞得现在几乎没有力气伸个懒腰。

深夜，有个陌生人从厨房的窗口溜了进来，蹑手蹑脚的，手里拿个大袋子。我立刻冲上去和他交了朋友——因为他对我挺够意思的，帮我拿下那块我自己够不到的肉。我也投桃报李。就在我专心致志对付那块肉的时候，他搜罗了很多银器装进包里。可是，就在他准备离开时，这个残忍的家伙（现在我想那应该是个意外）踩到了我的脚，疼得我立马大叫起来，并毫不客气地咬了他一口。他丢下袋子，急慌

慌地从窗口逃了出去。

我的叫声惊醒了全家，很快，老布朗先生和小布朗少爷出现了。他们立刻发现了那只装满银器的袋子，然后就宣称我保卫了全家，喋喋不休地说些溢美之词来夸赞我。

我成了英雄。

接着，布朗小姐也下来了，对我又是摸又是亲，还把一条粉红色的绶带系在我的脖子上，让我看起来像个傻瓜。我真想知道，绶带到底有什么好？我尝过，那简直是世上最难吃的味道！

1902.

8:30 A.M. 早餐有点难以下咽。没胃口。

8:35 A.M. 吃小猫崽们的早餐。

8:36 A.M. 和贱猫（小猫崽们的妈妈）之间发生了点儿不愉快。不过我很快就撇下她走了，这个懦妇不敢公平决斗，居然用爪子！

CECIL ALDIN.
1902

9:00 AM 玛丽给我洗澡——让人深恶痛绝的事情！

被扔进浴缸，然后从头到尾擦擦擦——嘴、尾巴、全身各处——用肮脏的肥皂水。那只讨厌的猫从头到尾都在看热闹，并用她最犯贱的方式来表达嘲笑。我不知道，这个贱猫有什么可骄傲？她必须自己清理自己，而我却有一个仆人来服侍我洗澡。

不过，我也常常希望自己是条黑狗，那样保持干净的时间可以更长点。因为身上有白色斑纹，即便有个指印都会触目惊心的清晰。每次我在厨子那挨过几下，身上的痕迹都一目了然。

1902

9:30 AM　　我以一副“美狗出浴”的样子出现在所有家庭成员面前，他们都对我非常热情。说实话，还真有点凯旋的感觉。没想到，与那个家伙的一次“邂逅”居然带给我这么多荣誉。简直太妙了！布朗小姐（注：我非常喜欢她）尤其热情，亲了我一遍又一遍，叫我什么“亲爱的、干净的、勇敢的、香喷喷的小狗狗”。

9:40 AM　　有客人从前门进来，我趁机溜了出去，在泥地里开心地打着滚。感觉这更像原来的我。

9:45 AM 又有客人来访。看到我陷在泥地里，那人发出了可怕的尖叫。

所有人都认为，我今天不该受到责骂，因为我刚刚才做了英雄（击退了那个毛贼！）。但这个“所有人”，不包括布朗姑妈。搞不懂什么原因，她总是看我不顺眼，对那只贱猫却好得无以复加。这不，她又平白无故地诬蔑我为“可怕的家伙”。

9:50 A.M. 有了！

立马冲上楼去，在那个老处女的床上尽情打滚。谢天谢地，身上的污泥还是湿的！

1902.

10:00-
10:15 A.M.　开心。摇尾巴。

10:16 A.M. 下楼去厨房。

厨子正在窗前看军队路过，我就跟排骨们玩了一会儿，并且大大地咬了它们几口。厨子对此毫无察觉——他正为看到那么多士兵而心烦意乱呢，然后就继续炖他的排骨去了。

10:20 A.M.—1:00 P.M. 打瞌睡。

CECIL ALDIN

1:00 P.M.　吃午餐。

1:15 P.M.　吃小猫崽们的午餐。

CECIL ALDIN
1902

1:20 P.M. 又被那只野蛮的猫袭击了。她抓伤了我的后腿，于是我立刻休战。

备忘：以后一定要从她的小猫崽们身上找补回来！

CECIL ALDIN

1:25 P.M. 上楼去餐厅。

家里的人还正在吃午餐。布朗少爷扔了个面包粒给我，刚好打在我的鼻子上，这是侮辱！但我吞下了这粒侮辱。

接着我又扑到布朗小姐怀里，并用热切恳求的目光望着她。我认为，这眼神实在是令人难以抗拒，她给了我一块布丁。布朗姑妈告诫她不应该这么做。此时，她以无比的勇气回敬说不用她管。我真是越来越仰慕这丫头了。

1:30 P.M. 意外的收获！

一整盘沙拉酱鱼放在客厅里的搁板上。

转眼之间，它就进了我的肚子。

1:32 P.M. 肚子好痛！

1902

1:33 P.M. 越来越痛了。

1:34 P.M. 有一种要呕吐的强烈感觉。

CECIL ALDIN

1:35P.M. 立刻冲到布朗姑妈的房间，就在这里吐吧。

1:37 P.M. 好点儿了。如果当心点儿我会恢复的。

1:40 P.M. 差不多好了。

1:41 P.M. 全好了！感谢上帝，脱险了。

人们真不应该把沙拉酱鱼这样的东西到处乱放。

1:42 P.M. 去餐厅。

为了证明自己恢复得不错，我在房间里以自己的尾巴为舵，围着它一圈又一圈地全力冲刺，足足有二十多圈。接着，作为一个漂亮的收尾，我又朝布朗先生的马

CECIL ALDIN
1902

甲背心蹦了两次，当时布朗先生正在摇椅里香甜地睡着。

他被吵醒了，真的是非常震怒，用一些我闻所未闻的言辞来责骂我。如我所料，即便是布朗小姐，也说我太淘气。老布朗先生坚持必须给我点惩罚，并让布朗小姐打我。布朗小姐百般求情，但是没用。老布朗先生对所有美好的感情都很麻木。

因此布朗小姐不得不打了我，很轻柔地——彻底的享受，就像被轻拍爱抚。当然，我惨叫了，假装那是可怕的伤害，同时开始表演“悲伤的眼神”，于是她立刻带我到旁边的房间，给了我六块糖以示安慰。做得好！务必要经常这样干。

离开时她吻了我，并向我解释，我不应该跳到她可怜的老爸身上，因为正是他每天去城里为我买骨头。也许，这能说明点儿什么。

真是个善良的丫头。

2:00-3:15 P.M. 试图杀死里屋的毛皮毯子。没成功。

3:15-3:45 P.M. 闷闷不乐。

3:46 P.M. 一个小屁孩进来了，打了我。我骂了他。我可不是随便什么人的玩物！

CECIL ALDIN

3:47-4:00 P.M.

再次尝试杀死毯子。

如果不是可恶的布朗姑妈进来打断了我，这次就成功了。

我什么都没说，只是看了她一眼，用眼神告诉她：“总有一天我也会这样对你的。”

我想她一定接收到了。

4:00-5:15 P.M.

睡觉。

5:15 P.M. 一波湿疹奇痒来袭，被痒醒了。

CECIL ALDIN
1902

5:20-5:30 P.M. 又睡着了。

5:30 P.M. 又被湿疹痒醒了。抓破了一处。

Cecil Aldin
1902

5:30-6:00 P.M. 故作贪婪地盯着金丝雀，吓唬它。

6:00 P.M. 对厨房进行例行拜访。啃了一些骨头。

CECIL ALDIN
1902

6:15 P.M. 在厨房过道里追一只小猫崽子。其他小懦夫都逃跑了。

6:20 P.M. 事情越来越明朗了：

要帮助老鼠逃脱猫的魔爪。

CECIL ALDIN
1902

6:30 P.M.　上楼，路过客厅。老布朗夫人的卧室门诱人地敞开着，我进去了。

以前从没进来过。没什么东西值得据为己有。吃了“帽子”里的几朵花，糟糕的味道!

接着又去了布朗小姐的房间，非常整洁。发现了一个标有“高档糖果”的盒子，真不赖。

漂亮的房间。

7:00 P.M.　下楼吃晚餐。

吃得没滋没味的。我今天真是没什么胃口。

7:15 P.M.　吃了小猫崽们的晚餐。但我真希望他们不要再没完没了地喂他们鱼了，我吃得都要吐了！

7:16 P.M.　吐到花园里了。

7:25 P.M.　厌倦的感觉袭来，感觉提不起精神。

我决定找个地方静一静，到厨房的火炉旁躺一躺。

有时，我会觉得自己已不是从前的那只狗了。

8:00 P.M.　万岁，食欲又回来啦！

HIGH-CLASS
PURE
CONFECTIONERY
Cecil Aldin
1902.

8:01 P.M. 狼吞虎咽。

8:02 P.M. 这是我遇到过的味道最好的一块木炭。

8:05 P.M. 在厨房地板上嗅来嗅去，捡到一点儿洋葱，一把仿玳瑁梳子，一只小虾（几乎是完整的），一块恶心的不新鲜的面包，还有一截毛线。

在木炭之后，我还是最喜欢毛线。家人都曾注意到我吞下过很多这种玩意。前几天，布朗小姐还有个不赖的主意，她说，如果我能在嘴外保留一截线头，他们就可以把我当线盒用了。虽然这几乎算不上是一个玩笑，然而，它还是让我笑了。

CECIL ALDIN.
1902

8:30 P.M.

如果一个人必须依赖他人，那是会饿死的。

幸运的是，我在大厅里发现了一块焦糖布丁。我要先尝为快。

舔吃了上面的糖浆，把板油留给家人们。

8:40 P.M.

再次下楼来到厨房，坐在火炉旁，假装根本不知道什么是糖浆。

但是那只讨厌的贱猫在那里，她用那种优越的眼神上下打量我，面露猜疑。该死的，她有什么权利这样装腔作势？她还没有我一半大，也从不纳税。诅咒她的自

呜得意！诅咒她的全部！

她的眼神让我抓狂，在她背转身的时候，我立刻扑上去咬她。这个狡猾的懦妇摇着尾巴，假装她喜欢这样玩。于是我就又扑了上去，但她一个回转身反扑向我，狠狠地抓伤了我的爪子。出血了，我疼得哀嚎起来，布朗小姐闻声赶下楼来。

她亲了亲我，一面责骂那个贱猫太淘气（真该直接杀了她！），一面给了我一些糖果，接着用面包膏药把我受伤的爪子包上。上帝，她是多么爱我！

9:00 P.M.

9:15 P.M. 把面包膏药吃了。

9:15-10:00 P.M. 开始犯困。

1902

10:00 P.M. 打瞌睡。

10:15 P.M. 被送到狗屋里。

灯熄了。

又度过了沉闷乏味的一天。